ŒUVRES COMPLÈTES

DE

VOLTAIRE

21

ROMANS

ANCIENNE MAISON J. CLAYE

PARIS. — IMPRIMERIE A. QUANTIN ET Cⁱᵉ

RUE SAINT-BENOIT

ŒUVRES COMPLÈTES

DE

VOLTAIRE

NOUVELLE ÉDITION

AVEC

NOTICES, PRÉFACES, VARIANTES, TABLE ANALYTIQUE

LES NOTES DE TOUS LES COMMENTATEURS ET DES NOTES NOUVELLES

Conforme pour le texte à l'édition de BEUCHOT

ENRICHIE DES DÉCOUVERTES LES PLUS RÉCENTES

ET MISE AU COURANT

DES TRAVAUX QUI ONT PARU JUSQU'A CE JOUR

PRÉCÉDÉE DE LA

VIE DE VOLTAIRE

PAR CONDORCET

ET D'AUTRES ÉTUDES BIOGRAPHIQUES

Ornée d'un portrait en pied d'après la statue du foyer de la Comédie-Française

ROMANS

PARIS

GARNIER FRÈRES, LIBRAIRES-ÉDITEURS

6, RUE DES SAINTS-PÈRES, 6

1879

ROMANS

AVERTISSEMENT

POUR LA PRÉSENTE ÉDITION.

La supériorité de Voltaire dans le conte philosophique est une des vérités littéraires les plus universellement reconnues et les moins contestables. Nous pouvons recueillir à ce sujet divers jugements et témoignages qui seront bien placés en tête de ce volume. Relevons d'abord quelques lignes de La Harpe, qui ne sont pas à dédaigner.

« Un homme qui s'est ouvert des sentiers nouveaux dans toutes les carrières où il est entré après d'autres, un écrivain qui a donné à ses compositions en tout genre l'empreinte d'un esprit original, Voltaire a voulu faire des romans, et il fallait bien que les siens ne ressemblassent pas à ceux qu'on avait faits. Ce n'est pas que dans *Zadig* il n'ait emprunté d'ouvrages connus le fond de plusieurs chapitres : de l'Arioste, par exemple, celui de l'homme aux armes vertes; des *Mille et un Jours* celui de l'ermite, etc ; que dans *Micromégas* il n'ait imité une idée de *Gulliver;* que dans *l'Ingénu* la principale situation ne soit prise de la *Baronne de Luz,* roman de Duclos; mais l'ensemble et la manière lui appartiennent, et il a mis partout le cachet de son génie. Ce qui caractérise *Zadig, Candide, Memnon, Scarmentado, l'Ingénu,* c'est un fond de philosophie semée partout dans un style rapide, ingénieux et piquant, rendue plus sensible par des contrastes saillants et des rapprochements inattendus, qui frappent l'imagination et qui semblent à la fois le secret et le jeu de son génie. Nul n'a mieux connu l'art de tourner la raison en plaisanterie. Il converse avec ses lecteurs, et leur fait accroire qu'ils ont tout l'esprit qu'il leur donne, tant les idées qu'il jette en foule se présentent sous un jour clair et sous un aspect agréable ! Il a quelquefois, dans les petites choses, le ton sérieusement ironique et la sorte de persiflage que l'on aime dans Hamilton, auteur qui lui ressemble dans son genre comme une conversation spirituelle ressemble à un bon livre[1]. »

Voyons ensuite comment s'exprime Auger, en son temps secrétaire perpétuel de l'Académie française, et l'un des derniers *classiques,* selon le sens qu'avait ce mot pendant la première moitié de ce siècle.

« Il y a peu de lectures aussi attrayantes que celle des romans de Voltaire. Moins étendus que les compositions qu'on nomme ainsi ordinairement, on

1. *Cours de littérature;* édition 1825, tome XVI, p. 299.

les appellerait plus volontiers des contes. Plusieurs, pour le genre, ressemblent à ceux que l'Orient nous a transmis, et quelques-uns sont, en partie, des emprunts faits à la littérature anglaise. Presque tous ont un but philosophique. Ainsi *Zadig* a pour objet de démontrer que la Providence nous conduit par des voies dont le secret lui appartient, et dont souvent s'indigne notre raison bornée et peu soumise. *Candide*, tableau épouvantablement gai des misères de la vie humaine, est une réfutation du système de l'optimisme, déjà combattu par l'auteur dans son poëme du *Désastre de Lisbonne;* et *Memnon* tend à prouver que le projet d'être parfaitement raisonnable est un projet parfaitement fou : espèce d'erreur où, à vrai dire, les hommes tombent trop rarement pour qu'il soit bien nécessaire de les en préserver. Les *Voyages de Scarmentado, la Vision de Babouc, Micromégas,* etc., cachent également, sous des fictions de l'ordre naturel ou merveilleux, quelque principe de philosophie spéculative ou quelque vérité de morale pratique. *L'Ingénu* n'a pas cette unité de but moral ou philosophique qui fait de tous les autres comme autant d'apologues : c'est un tissu d'aventures vraisemblables, dont chacune, ainsi que tout événement de la vie, porte avec soi son instruction. La raison et l'esprit, le plaisant et le pathétique, y sont mêlés et fondus avec cet art facile et heureux qui constitue proprement la manière de Voltaire. Pour faire entrer dans un même cadre les mœurs contrastées de plusieurs peuples divers, genre de peinture où il excellait, Voltaire fait voyager au loin les héros de tous ses romans. Les objets vus par un étranger, tels qu'ils sont dans la réalité et non tels que l'accoutumance les fait paraître aux yeux des habitants du pays, sont représentés naturellement sous leur aspect le plus philosophique et le plus piquant : c'est l'artifice des *Lettres persanes;* c'est aussi celui de *Candide,* de *Scarmentado,* de *la Princesse de Babylone,* de *l'Ingénu,* etc.[1] »

Auger ne fait pas remarquer combien cette sorte de cosmopolitisme de ses héros est une grande nouveauté que Voltaire introduit dans les lettres. Jusqu'au xviii^e siècle, la société latine issue du monde romain compte presque seule. Bossuet lui-même, écrivant son *Discours sur l'histoire universelle,* ne regarde pas au delà. Les travaux des missionnaires jésuites sur la Chine étaient accueillis avec défiance et connus d'ailleurs d'un très-petit nombre de savants. Les fenêtres étaient closes pour ainsi dire. Voltaire brise les vitres. Il habitue ses contemporains à étendre leur vue au delà du cercle étroit où elle était bornée, à l'étendre jusqu'aux extrémités du monde. Il réduit la société latine à la place exacte qu'elle occupe sur la face du globe; il donne une notion commune plus large de l'humanité. Bien plus, il sort des limites de notre planète et nous promène avec Micromégas dans les espaces infinis du ciel. De telles conceptions indiquaient un changement prodigieux dans les idées, et pour s'en bien rendre compte il faudrait, non pas remonter de notre temps aux romans de Voltaire, mais y arriver par la littérature antérieure. C'est alors qu'on serait surpris de l'étendue nouvelle qu'a prise l'horizon.

1. *Mélanges philosophiques et littéraires,* tome I, page 421.

AVERTISSEMENT.

L'appréciation de l'académicien Auger est singulièrement calme. La critique depuis lors a haussé le ton; elle a cherché et trouvé des accents plus vifs. Quelques lignes d'un écrivain récent nous en fourniront un exemple : « C'est dans ses contes, dit-il, qu'il faut surtout chercher Voltaire : c'est là que son génie s'épanouit en toute liberté; c'est là qu'il nous surprend par sa gaieté profonde et sa raison souveraine; c'est là qu'avec son rire éclatant il nous jette la vérité à pleines mains : c'est Rabelais, c'est Montaigne, c'est Voltaire. Il y a un chef-d'œuvre de Voltaire qui renferme tout Voltaire : c'est *Candide*, un simple roman; mais c'est tout l'esprit français. Oui, tout Voltaire : l'imagination et la raillerie, la grandeur et la concision. Oui, tout l'esprit français est là. Que dis-je? Swift et Sterne ont-ils plus d'humour? L'Arioste est-il plus romanesque? Cervantes se joue-t-il mieux de la folie et de la raison? Dans l'antiquité, qui donc eût raconté ce poëme enjoué de la misère humaine? Voltaire, qui jusque-là s'était montré plutôt un dessinateur qu'un peintre, semble avoir trouvé, comme par merveille, une palette préparée par un des rois de la couleur. Comme sa touche est spirituelle et lumineuse! quelles oppositions! quels effets! quels miracles! Tous ces tableaux sont étincelants d'une immortelle lumière. C'est qu'il avait pris une torche de l'enfer pour regarder l'humanité de face et de profil. Le vieux Dante n'était pas descendu si loin. L'humanité s'était laissé surprendre, un jour de colère, sur son lit de douleur[1]... »

Prenons garde qu'en forçant le trait l'apologie ne se confonde avec la censure. En résumé, la partie de l'œuvre de Voltaire que contient ce volume est de celles que le temps a laissées intactes; le sentiment des lettrés est ici à peu près unanime; leur admiration n'a fait que croître, malgré la succession des écoles et les changements accomplis dans le goût public; et cette admiration cherche naturellement à renchérir dans ses expressions sur celles qu'ont employées les précédents écrivains.

Nous ajouterons seulement deux mots d'explication sur les principaux changements apportés par nous au texte de l'édition de Beuchot.

L'un deux consiste à avoir mis à leur place chronologique, c'est-à-dire avant *l'Ingénu*, *l'Aventure indienne* et *les Aveugles juges des couleurs*, que Beuchot avait rejetés à la fin du recueil comme n'ayant pas de date. M. G. Avenel, sans pouvoir profiter de sa découverte pour sa propre édition, a constaté, et nous avons constaté comme lui, que ces deux morceaux avaient tous deux paru dans le même volume que *le Philosophe ignorant*, en 1766 (voyez à cette date dans les *Mélanges*); seulement *les Aveugles juges des couleurs* y ont le titre de *Petite Digression*, et, dans la table, de *Petite Digression sur les Quinze-Vingts*. Leur place désormais est donc celle qui leur est assignée ici pour la première fois.

Un autre changement que nous nous sommes permis, c'est de restituer, dans *la Princesse de Babylone*, les sommaires des chapitres d'après l'édition de 1768. Cette édition, que Beuchot croit sortie des presses de Cramer, a dû

1. Introduction à la seconde partie de *Candide* (*Dernier volume des OEuvres de Voltaire*, Paris, H. Plon, 1872).

se faire certainement avec le concours de l'auteur. Voltaire avait l'habitude de diviser ainsi ses contes par des chapitres avec sommaires. *La Princesse de Babylone,* par la grande variété des incidents, n'est pas celui où ce secours était le moins nécessaire. Il n'est pas probable que Voltaire ait cette fois laissé à une main étrangère un soin qu'il prenait ordinairement. En tout cas, le lecteur est averti : il peut se former lui-même une opinion sur la question, et l'utilité de ces sommaires lui paraîtra sans doute assez appréciable pour que l'innovation soit justifiée à ses yeux.

<div style="text-align:right">Louis MOLAND.</div>

AVERTISSEMENT

DE BEUCHOT.

Les éditions in-4° et encadrée des *Œuvres de Voltaire,* données du vivant de l'auteur, présentent rassemblées celles de ses compositions qu'on désigne sous le nom de *Romans,* ou *Contes en prose.* Je n'ai pas changé cette disposition conservée dans les éditions de Kehl, et qui doit être agréable à un très-grand nombre de lecteurs; mais j'ai, dans ma classification, suivi, autant que cela m'a été possible, l'ordre chronologique; et c'est dans cet ordre que je vais parler des romans de Voltaire.

Le premier en date serait *le Voyage de Gangan,* dont il est question dans une lettre de Voltaire à Frédéric, du mois de mai ou juin 1739, et dans la réponse du prince en date du 7 juillet. Mais cet ouvrage est perdu.

1746.

Le Monde comme il va.
Le Crocheteur borgne.
Cosi-Sancta.

Longchamp, secrétaire de Voltaire de 1746 à 1754, dit dans ses *Mémoires*[1] que *Babouc, ou le Monde comme il va,* fut composé en 1746, pendant la retraite de Voltaire à Sceaux; et je n'ai rien trouvé qui contredise Longchamp. La plus ancienne édition que je connaisse est celle de 1748, dans le tome VIII de l'édition faite à Dresde des *Œuvres de Voltaire.* Ce conte fait aussi partie du *Recueil de pièces en vers et en prose, par l'auteur de la tragédie de Sémiramis,* 1750, in-12.

C'est une imitation de *Babouc,* ou du moins de son titre, qu'a faite l'auteur inconnu d'une brochure intitulée *la Lune comme elle va,* M DCC LXXXI, in-8° de trente-six pages; brochure au-dessous de la critique, et relative aux discussions entre Joseph II et les Hollandais pour l'ouverture de l'Escaut.

La Révolution française a fait naître trois imitations de *Babouc* : I. *Le Retour de Babouc à Persépolis, ou la suite du Monde comme il va,* 1789, in-8°, a eu deux éditions; c'est un opuscule de trente pages : je n'ai pu en découvrir l'auteur. — II. *Le Fils de Babouc à Persépolis, ou le Monde nouveau,* Paris, décembre 1790, in-8°, de cent vingt-quatre pages. —

1. *Mémoires sur Voltaire,* etc., 1826, 2 vol. in-8°; voyez tome II, page 240.

III. *Nouvelle Vision de Babouc, ou la Perse comme elle va*, 1796, in-8°, de cent douze pages, contenant seulement la première partie, et l'annonce de la seconde. Je ne crois pas que la seconde partie ait paru. L'auteur s'appelait Bunel.

Les éditeurs de Kehl, qui les premiers comprirent le *Crocheteur borgne* dans les *Œuvres de Voltaire*, mirent en note :

> Ce conte, ainsi que le suivant, n'a jamais été imprimé. M. de Voltaire attachait peu de prix à ces amusements de société. Il sentait très-bien que le plus joli roman ne pourrait jamais être ni aussi curieux, ni aussi instructif pour les hommes éclairés que le texte même de *la Cité de Dieu* d'où il avait tiré *Cosi-Sancta*. Quant au *Crocheteur borgne*, c'est le même sujet que celui du conte intitulé *le Blanc et le Noir*. L'idée est prise des contes orientaux, où l'on voit souvent ainsi tantôt un rêve pris pour la réalité, tantôt des aventures réelles, mais arrangées d'une manière bizarre, prises pour un rêve par celui qui les éprouve. Le but de ces contes est de montrer que la vie ne diffère point d'un songe un peu suivi; ils conviennent à des peuples dont le repos est le plus grand des biens, et qui cherchent dans la philosophie des motifs de ne point agir, et de s'abandonner aux événements. Ces deux petits romans sont de la jeunesse de M. de Voltaire, et fort antérieurs à ce qu'il a fait depuis dans ce genre.

Mais dans l'*errata* mis à la fin du tome LXX de leur collection, ces éditeurs disaient :

> Nous avons reconnu que le roman intitulé *le Crocheteur borgne*, donné par un homme en place comme une production de Voltaire, est de M. Bordes, de Lyon. On l'avait aussi faussement attribué à M. de Boufflers.

J'ai déjà dit que cet *errata* de l'édition de Kehl était l'ouvrage de M. Decroix; je tiens de ce même M. Decroix la note que voici :

> Dans l'édition de Kehl, tome LXX, page 544, on a dit que le roman intitulé *le Crocheteur borgne* est de M. Bordes, de Lyon. Des recherches ultérieures nous ont persuadés qu'il n'est pas de lui. Imprimé en 1784 sous le nom de Voltaire, dans l'édition de Kehl, il ne fut point revendiqué par les héritiers de M. Bordes, ni joint à l'édition de ses œuvres complètes, qu'ils publièrent à Lyon, en quatre volumes, 1783. Il ne le fut pas davantage par M. le chevalier de Boufflers, à qui on l'avait aussi attribué, ni par d'autres gens de lettres. D'un autre côté, on n'a trouvé aucune trace de cet ouvrage dans les écrits de M. de Voltaire. La copie en avait été donnée à feu M. Panckoucke, par une personne qui ne s'est point nommée. On voit que l'auteur anonyme a tâché d'y prendre la manière d'un grand peintre, et son petit tableau est en général fort agréable; mais on y découvre certaine affectation dans le style et quelques disparates qui ne sauraient appartenir à l'auteur de *Candide* et de *Zadig*.

Cependant le *Crocheteur borgne* avait été imprimé dès 1774, c'est-à-dire du vivant de l'auteur, dans le *Journal des dames*, de mars 1774, pages 11-24. M^me de Princen (depuis M^me de Montanclos), éditeur de ce journal, l'avait fait précéder de la note que voici :

> J'insère ici un petit conte qui est l'ouvrage d'un homme très-célèbre, qui ne l'a jamais fait imprimer. Il fut fait dans la société d'une princesse qui réunissait

chez elle les talents qu'elle protégeait. Toute faute, dans cette société, devait être réparée par un conte fait sur-le-champ : c'était une espèce de *pensum*. On sait que le pensum de la société de Boileau était la lecture de quelques vers de Chapelain. J'ai cru que la lecture de celui-ci serait agréable par la gaieté qui règne dans les idées et dans la manière dont elles sont rendues.

C'est donc à l'époque de la retraite de Voltaire chez la duchesse du Maine qu'appartient le *Crocheteur borgne*. L'édition de 1774 présente des variantes que j'ai cru devoir recueillir. La première est même tellement importante que j'ai été tenté de l'admettre dans le texte. Dans deux endroits que j'indique, j'ai préféré la version de 1774 à celle de l'édition de Kehl.

« Mme la duchesse du Maine avait imaginé une loterie de titres de différents genres d'ouvrages en vers et en prose; chacune des personnes qui tiraient ces billets était obligée de faire l'ouvrage qui s'y trouvait porté. Mme de Montauban ayant tiré pour son lot *Une Nouvelle*, elle pria M. de Voltaire d'en faire une pour elle; et il lui donna le conte suivant. »

Ce peu de mots composant l'*Avertissement* mis par les éditeurs de Kehl en tête de *Cosi-Sancta* est ma seule autorité pour placer ce roman à l'année 1746.

1747.

ZADIG.

Je possède un volume petit in-8°, intitulé *Memnon, histoire orientale*, Londres (Paris), 1747. Ce volume, réimprimé sous le même titre en 1748, contient quinze chapitres, qui font partie de *Zadig, ou la Destinée, histoire orientale*, 1748, in-12. *Zadig* a de plus que *Memnon* trois chapitres, qui sont aujourd'hui les xiie, xiiie et xviie. L'édition encadrée de 1775 est la première qui contienne le chapitre vii. Deux autres chapitres, les xive et xve, et des additions au chapitre vi, parurent pour la première fois dans les éditions de Kehl. Colini, secrétaire de Voltaire en 1753, raconte[1] que les additions faites alors à *Zadig*, « les calomnies et les méchancetés des courtisans, la fausse interprétation donnée par ceux-ci à des demi-vers trouvés dans un buisson, la disgrâce du héros, sont autant d'allégories dont l'explication se présente naturellement ». Cependant, dès l'édition de 1747, le chapitre iv contient les demi-vers; les chapitres xiv et xv n'ont été, comme je l'ai dit, ajoutés qu'en 1785; les chapitres xii, xiii et xvii sont, comme on l'a vu, de 1748. Ce serait donc au chapitre vii que se borneraient les additions faites en 1753; et ce chapitre n'a été publié qu'en 1775.

A l'occasion de *Zadig*, Longchamp raconte que Voltaire, désirant faire imprimer ce roman pour son compte, mais craignant que les imprimeurs n'en tirassent des exemplaires au delà du nombre convenu, et que le livre ne fût répandu dans le public avant que l'auteur l'eût offert à ses amis, eut recours au moyen suivant, pour parer aux inconvénients qu'il redoutait. Il fit venir l'imprimeur Prault, et lui demanda quel serait le prix d'une édition

1. *Mon Séjour auprès de Voltaire*, page 61.

tirée à mille exemplaires. Le prix parut trop élevé à Voltaire; mais, dès le lendemain, Prault vint de lui-même proposer une diminution d'un tiers dans le prix, et *Voltaire lui donna la première moitié du roman de Zadig, qui était écrit sur des cahiers détachés, dont le dernier se terminait avec la fin d'un chapitre,* annonçant que pendant que cette partie serait sous presse, il reverrait l'autre. Voltaire fit avertir Machuel, libraire de Rouen, momentanément à Paris, et, après les conventions sur le prix, lui remit la fin de l'ouvrage, en indiquant à quelle page il devait commencer. Lorsque tout fut terminé, Voltaire fit brocher les exemplaires qu'il destinait à ses amis, en fit faire la distribution, et répondit aux plaintes des imprimeurs par l'exposé des craintes qu'il avait eues.

J'ai abrégé le récit de Longchamp, sans le rendre plus vrai. Je ne connais aucune édition de *Zadig* qui le confirme, aucune dont une feuille se *termine avec la fin d'un chapitre.*

1750.

MEMNON.
BABABEC ET LES FAKIRS.

Longchamp dit que *Memnon* est de 1746; mais on a vu que c'était d'abord sous ce titre qu'avait été imprimé *Zadig*; et il est à croire que Longchamp, qui n'a rédigé ses *Mémoires* que longtemps après, aura confondu les deux ouvrages. Par la raison même que Voltaire avait donné en 1747 un *Memnon*, il est à présumer que ce n'est pas immédiatement après qu'il aura publié un autre ouvrage sous le même titre. En admettant la nécessité de l'intervalle entre deux ouvrages différents du même auteur, mais ayant le même titre, cet intervalle ne peut s'étendre au delà de 1750, puisque c'est la date que porte le tome IX de l'édition de Dresde des *Œuvres de Voltaire.* C'est sous la même date qu'a été publié le *Recueil de pièces en vers et en prose, par l'auteur de la tragédie de Sémiramis,* 1750, in-12. P. Clément, auteur des *Cinq Années littéraires,* dit dans sa quarante-sixième lettre, datée du 13 janvier 1750, qu'il n'y a pas quinze jours que le petit conte de *Memnon* est échappé à son auteur.

Bababec est aussi imprimé dans le tome IX de l'édition de Dresde, mais sous le titre de : *Lettre d'un Turc sur les Fakirs et sur son ami Bababec.* Cette pièce est citée par Diderot au mot BRAMINE, dans le tome II de l'*Encyclopédie,* publié en 1751, imprimé en 1750.

1752.

L'immense correspondance de Voltaire ne contient pas un mot qui puisse faire connaître l'époque de la publication de *Micromégas.* L'édition que je crois l'originale est sans millésime et avec un titre gravé. L'abbé Trublet, dans ses *Mémoires sur Fontenelle*[1], n'hésite pas à dire que *Micromégas*

1. Page 137.

est dirigé contre Fontenelle ; mais il ne parle pas de la date de la publication. J'ai donc conservé celle que donnent les éditions de Kehl. Il existe cependant de *Micromégas* une édition portant la date de 1750. Cette date est-elle authentique ? je n'oserais l'affirmer ; loin de là. J'ai donc suivi les éditions de Kehl, où *Micromégas* est précédé de l'avertissement que voici :

> Ce roman peut être regardé comme une imitation d'un des voyages de Gulliver. Il contient plusieurs allusions. Le nain de Saturne est M. de Fontenelle. Malgré sa douceur, sa circonspection, sa philosophie, qui devait lui faire aimer celle de M. de Voltaire, il s'était lié avec les ennemis de ce grand homme, et avait paru partager, sinon leur haine, du moins leurs préventions. Il fut fort blessé du rôle qu'il jouait dans ce roman, et d'autant plus peut-être que la critique était juste, quoique sévère, et que les éloges qui s'y mêlaient y donnaient encore plus de poids. Le mot qui termine l'ouvrage n'adoucit point la blessure, et le bien qu'on dit du secrétaire de l'Académie de Paris ne consola point M. de Fontenelle des plaisanteries qu'on se permettait sur celui de l'académie de Saturne.

1756.

LES DEUX CONSOLÉS.
HISTOIRE DES VOYAGES DE SCARMENTADO.
LE SONGE DE PLATON.

Le prospectus des frères Cramer, pour leur édition de 1756, comprend ces trois romans au nombre des *morceaux neufs* qu'ils allaient publier.

Cependant la table chronologique qui est dans le tome LXX de l'édition in-8° de Kehl range les *Voyages de Scarmentado* à l'année 1747. Longchamp[1] dit qu'ils furent composés en 1746, avec plusieurs autres romans, pendant la retraite de Voltaire à Sceaux. S'il fallait en croire Colini[2], Voltaire aurait écrit les *Voyages de Scarmentado* après l'aventure de Francfort, en 1753. « Encore froissé des injustices qu'il venait d'éprouver, il composa les *Voyages de Scarmentado*, conte ingénieux qui renferme des allusions visiblement applicables aux événements dans lesquels il avait figuré. » C'est au lecteur à prononcer si ce roman contient les *allusions* dont parle Colini. Pour moi, je ne les y ai point aperçues.

Une édition de *la Princesse de Babylone*, qui parut en 1768, est présentée comme une *Suite des Voyages de Scarmentado*.

Le *Songe de Platon* a été réimprimé dans le volume intitulé *le Secret de l'Église trahi, ou le Catéchumène, ouvrage peu connu, d'un des plus grands philosophes de nos jours,* an III (de la République), in-18 de cent huit pages. Les pages 100 à 108 contiennent *le Songe de Platon, du même auteur*. Les deux ouvrages cependant ne sont pas de la même main. *Le Secret de l'Église* n'est autre que *le Catéchumène*, 1768, réimprimé aussi sous le titre de *l'Américain sensé par hasard*. *Le Catéchumène* a été

1. *Mémoires*, etc., page 140.
2. *Mon Séjour*, etc., page 61.

reproduit dans la onzième partie, autrement onzième volume des *Nouveaux Mélanges*, faisant partie des *Œuvres de Voltaire*, imprimées chez les frères Cramer. Il n'est pas de Voltaire, mais de Bordes, dans les œuvres duquel toutefois on ne le trouve pas.

<div style="text-align:center">1759.</div>

CANDIDE.
HISTOIRE D'UN BON BRAMIN.

Candide parut au plus tard en mars 1759. Le roi de Prusse en accuse réception par sa lettre du 28 du mois d'avril.

Voltaire en avait envoyé le manuscrit à la duchesse de La Vallière, qui lui fit répondre qu'il aurait pu se passer d'y mettre tant d'indécences, et qu'un écrivain tel que lui n'avait pas besoin d'avoir recours à cette ressource pour se procurer des lecteurs.

Beaucoup d'autres personnes furent scandalisées de *Candide*, et Voltaire désavoua cet ouvrage, qu'il appelle lui-même une coïonnerie. Il ne faut pas, au reste, prendre à la lettre son titre d'optimisme. L'optimisme, dit-il ailleurs[1], n'est qu'une fatalité désespérante.

Voltaire écrivit, sous le nom de Mead, une lettre relative à *Candide*, qui fut insérée dans le *Journal encyclopédique*, du 15 juillet 1759 : on la trouvera dans les *Mélanges*, à cette date.

C'est à Thorel de Campigneulles, mort en 1809, qu'on attribue une *Seconde Partie de Candide*, publiée en 1761, et plusieurs fois réimprimée à la suite de l'ouvrage de Voltaire, comme étant de lui. On l'a même admise dans une édition intitulée *Collection complète des Œuvres de M. de Voltaire*, 1764, in-12. L'édition de *Candide*, 1778, avec des figures dessinées et gravées par Daniel Chodowicky, contient les deux parties.

Le *Remerciement de Candide à M. de Voltaire* (par Marconnay) est de 1760.

Linguet publia, en 1766, la *Cacomonade, histoire politique et morale, traduite de l'allemand, du docteur Pangloss, par le docteur lui-même, depuis son retour de Constantinople*, 1766, in-12 ; nouvelle édition, augmentée d'une lettre du même auteur, 1766, in-12. Un arrêt de la cour royale de Paris, du 16 novembre 1822 (inséré dans le *Moniteur* du 26 mars 1825, ordonne la destruction de la *Canonnade, ou Histoire du Mal de Naples*) par Linguet. Ce n'est pas la première fois que les ouvrages condamnés sont mal désignés dans les jugements. L'arrêt de la cour du parlement, du 6 août 1764, ordonne de lacérer et brûler le tome XIII du *Commentaire de Salmeron*, qui n'a que quatre volumes.

Candide en Danemark, ou l'Optimisme des honnêtes gens, est d'un auteur qu'on ne connaît pas.

Antoine Bernard et Rosalie, ou le Petit Candide, a paru en 1796, un volume in-18.

1. *Homélie sur l'athéisme.* Voyez les *Mélanges*, année 1767 ; et aussi (tome IX) une des notes du troisième *Discours sur l'Homme*.

AVERTISSEMENT DE BEUCHOT.

Le *Voyage de Candide fils au pays d'Eldorado, vers la fin du dix-huitième siècle, pour servir de suite aux aventures de monsieur son père*, an XI (1803), a deux volumes in-8°.

Le chapitre XXVI de *Candide* a été imité, en 1815, par Lemontey, dans un article intitulé *le Carnaval de Venise*.

J.-J. Rousseau prétendait[1] que c'est sa *Lettre sur la Providence* qui a donné naissance à *Candide*; *Candide en est la réponse*. Voltaire en avait fait *une de deux pages où il bat la campagne, et Candide parut dix mois après*. Ce que Rousseau appelle sa *Lettre sur la Providence* est sa lettre à Voltaire du 18 août 1756; la réponse de Voltaire est du 21 septembre 1756; *Candide* ne vit le jour que vingt-sept à vingt-neuf mois plus tard.

L'*Histoire d'un bon Bramin* est le morceau que Voltaire appelle la *Parabole du Bramin*, dans sa lettre à M^{me} du Deffant, du 13 octobre 1759.

1764.

LE BLANC ET LE NOIR.
JEANNOT ET COLIN.

Ces deux contes font partie du volume qui parut en 1764, sous le titre de *Contes de Guillaume Vadé*.

C'est à l'année 1764 qu'appartient le *Pot-Pourri*, qui, dans l'édition de 1775, ou encadrée, des *Œuvres de Voltaire*, se trouve parmi les *Romans*, mais que les éditeurs de Kehl ont mis dans les *Mélanges littéraires*, où il me semble plus convenablement placé.

1767.

L'INGÉNU, *histoire véritable, tirée des manuscrits du P. Quesnel*, 1767, deux parties, petit in-8°, fut, dans quelques éditions, intitulé *le Huron, ou l'Ingénu*.

L'ouvrage se vendait publiquement en septembre 1767, mais au bout de huit ou dix jours il fut saisi; et le prix, qui était de trois livres, monta à vingt-quatre[2].

Trois ans après, on vit paraître *l'Ingénue, ou l'Encensoir des dames, par la nièce à mon oncle*, Genève et Paris, chez Desventes, 1770, in-12.

1. Lettre de J.-J. Rousseau au prince de Vurtemberg, du 11 mars 1764.
2. *Mémoires secrets*, du 13 septembre 1767. — La saisie du livre n'empêcha pourtant pas Marmontel de brocher aussitôt sur le même sujet une comédie mêlée d'ariettes, avec musique de Grétry, mais sans la moindre allusion satirique. Ce littérateur voulait simplement payer son tribut de reconnaissance au patriarche, qui avait consacré une page de *l'Ingénu* à la défense de *Bélisaire*. On laissa jouer la pièce.
Nous avons eu depuis au théâtre : *l'Ingénu, ou le Sauvage du Canada*, pantomime par Hus, 1805; et *le Huron, ou les Trois Merlettes*, folie philosophique en vers et en prose, par Xavier, Duvert et Lausanne, 1834. (G. A.)

1768.

L'Homme aux quarante écus.
La Princesse de Babylone.

Dans *l'Homme aux quarante écus,* Voltaire attaque la *Richesse de l'État* (par Roussel de La Tour), 1763, in-8° et in-4°, et *l'Ordre naturel et essentiel des sociétés politiques* (par Lemercier de La Rivière), 1767, in-4°, ou deux volumes in-12.

L'Homme aux quarante écus parut en février 1768. Parmi les nombreuses réimpressions qui en furent faites, il en est une qui porte cette adresse singulière : *Rome, avec la permission de la docte chambre syndicale et de messeigneurs les gras fermiers généraux.*

Jean-Baptiste Josserand, garçon épicier, Jean Lecuyer, brocanteur, et Marie Suisse, sa femme, furent, le 24 septembre, condamnés, les deux premiers, à la marque et aux galères, la dernière, à cinq ans de détention à la Salpêtrière, pour avoir vendu *le Christianisme dévoilé, Éricée ou la Vestale,* et *l'Homme aux quarante écus;* ces trois ouvrages furent condamnés au feu. Pendant qu'on les brûlait à Paris, on en réimprimait à Paris, avec approbation et privilége, des fragments dans le *Mercure,* juillet et août 1768. La condamnation, à Rome, de *l'Homme aux quarante écus* est du 29 novembre 1771.

Chinki, histoire cochinchinoise qui peut servir à d'autres pays, parut la même année que *l'Homme aux quarante écus,* et a été attribué à Voltaire, parce que sur le titre d'une édition on avait ajouté : *Seconde Partie de l'Homme aux quarante écus.* On sait que *Chinki* est de l'abbé Coyer ; c'est une satire piquante contre les maîtrises : aussi l'a-t-on réimprimé à Lyon en 1824 (in-8°, de quarante-quatre pages) ; quelques personnes espéraient alors, tandis que d'autres craignaient le prochain rétablissement des corporations.

Naru, fils de Chinki, histoire cochinchinoise qui peut servir à d'autres pays, et de suite à celle de Chinki, son père, 1776, in-8°, est aussi anonyme ; l'auteur est Duvicquet d'Ordre.

L'Homme au latin, ou la Destinée des savants, histoire sans vraisemblance, 1769, in-8°, est de Siret.

L'Homme aux trente-six fortunes, 1769, est in-8°.

L'Homme aux portions, ou Conversations philosophiques et politiques, publiées par J.-J. Fazy, Paris, 1821, in-12, est une imitation de *l'Homme aux quarante écus.*

M. de Saint-Chamans a publié *le Petit-fils de l'Homme aux quarante écus,* Paris, 1823, in-8°.

La Princesse de Babylone suivit de près *l'Homme aux quarante écus,* car il en est question dans la lettre de M*me* du Deffant, du 3 mars 1768. Il en parut plusieurs éditions la même année. L'une, en cent quatre pages, porte cette adresse : *à Rome, avec la permission du saint-père.* C'est dans

AVERTISSEMENT DE BEUCHOT.

celle en cent quarante-quatre pages, et qui contient la *Lettre de l'archevêque de Contorbéry,* que j'ai pris la variante de la fin du chapitre xv. Une édition en cent cinquante-six pages est intitulée *Voyages et Aventures d'une princesse babylonienne, pour servir de suite à ceux de Scarmentado, par un vieux philosophe qui ne radote pas toujours.* Elle a cela de particulier qu'elle est divisée en vingt-deux chapitres, *avec sommaires.* Après avoir été annoncée avec éloge dans le *Mercure* de novembre 1768, page 93, elle est signalée comme infidèle dans le volume de décembre, page 55[1].

1769.

Les Lettres d'Amabed, traduites par l'abbé Tamponet, parurent en mai 1769 (voyez la lettre à M^{me} de Choiseul, du 20 mai). Outre l'édition qu'il en donna séparément, Voltaire les fit entrer dans le tome I^{er} du recueil qu'il a intitulé *les Choses utiles et agréables.* Ces deux éditions, que je crois faites sur la même composition, contiennent des notes que j'ai rétablies.

L'abbé Tamponet, docteur de Sorbonne, avait été censeur de l'*Encyclopédie*. C'était déjà sous ce nom que Voltaire avait publié les *Questions de Zapata* (voyez les *Mélanges,* année 1767).

1773.

C'est d'après la dernière phrase de l'Aventure de la Mémoire que je place ce conte à l'année 1773. Cette phrase prouve, ce me semble, que le conte est du même temps que le *Discours de l'avocat Belleguier;* voyez les *Mélanges,* année 1773.

1774.

Le Taureau blanc, traduit du syriaque.
Éloge historique de la Raison.

Le Taureau blanc, écrit en 1773 (voyez la lettre à La Harpe, du 20 septembre), circulait encore manuscrit en février 1774. J'en ai vu six éditions de la même année : trois sont sans nom d'auteur ou traducteur; une porte celui de *M. Mamaki, interprète du roi d'Angleterre pour les langues orientales;* deux sont de *dom Calmet.* C'est dans les dernières que j'ai trouvé quelques phrases du chapitre I^{er}, que j'ai rétablies.

L'*Éloge historique de la Raison, prononcé dans une académie de province, par M. Chambon,* fut composé en 1774, et publié en 1775 à la suite de *Dom Pèdre.* Voltaire y date l'Éloge de 1774, et le fait précéder d'un *Avis de l'éditeur,* ainsi conçu : « Nous ajoutons ce petit ouvrage de M. de Chambon, si connu dans la république des lettres, à la tragédie de *Dom Pèdre,* pour en faire un juste volume. » C'était déjà sous le nom de Chambon

1. Elle n'est pas infidèle; il y manque seulement la digression finale contre Cogé, Larcher, Fréron, etc. Voyez page 431. (L. M.)

que Voltaire avait donné son *Éloge de Louis XV;* voyez les lettres à Richelieu, du 31 mai; à d'Alembert, du 15 juin 1774.

Dans sa lettre au roi de Prusse, du 4 février 1775, Voltaire intitule cet écrit *Voyage de la Raison et de la Vérité;* et le titre de *Voyage* est celui sous lequel il est imprimé dans l'édition de Kehl. Le texte même de l'ouvrage me faisait un devoir de rétablir le premier titre. Ce texte porte : *Érasme fit au* xvi* siècle l'Éloge de la Folie; vous m'ordonnez de vous faire l'Éloge de la Raison,* etc.

1775.

HISTOIRE DE JENNI, *ou le Sage et l'Athée,* par M. Sherloc, traduit par M. de La Caille.

LES OREILLES DU COMTE DE CHESTERFIELD, *et le chapelain Goudman.*

Les éditeurs de Kehl datent l'*Histoire de Jenni* de 1769. Je la crois de 1775. C'est sous la date du 13 décembre de cette année que les *Mémoires secrets* en parlent; et s'il ne faut pas toujours ajouter foi à ce piquant recueil, on peut s'en rapporter à lui pour les dates, lorsque rien ne les contredit.

Chersterfield est mort le 24 mars 1773, à soixante et dix-neuf ans. C'est donc postérieurement à cette date qu'il faut classer *les Oreilles du comte de Chesterfield,* puisqu'au chapitre 1ᵉʳ il est question de la mort de Chesterfield.

A la fin du chapitre v, Voltaire parle du chevalier Hamilton, qui a fait connaître aux Napolitains étonnés l'Histoire naturelle de leur mont Vésuve. Dès 1766, on trouve dans les *Transactions philosophiques* et dans l'*Annuel Register* des observations d'Hamilton. Ce ne fut qu'en 1772 qu'il fit imprimer ses *Observations sur le Vésuve,* etc., 1772, in-8°. Voltaire lui écrivit le 17 juin 1773.

D'après ces indications, on peut croire que *les Oreilles du comte de Chesterfield* sont de 1773; mais ces raisons, suffisantes pour ne pas placer ce conte avant 1773, ne le sont pas pour changer la date de 1775, donnée par les éditeurs de Kehl.

Sans date [1].

AVENTURE INDIENNE.
AVEUGLES JUGES DES COULEURS.

B.

4 octobre 1829.

1. Voyez, à la fin de l'Avertissement pour la présente édition, la date de ces deux morceaux.

ROMANS

LE
MONDE COMME IL VA

VISION DE BABOUC[1]

(1746)

I. Parmi les génies qui président aux empires du monde, Ituriel tient un des premiers rangs, et il a le département de la haute Asie. Il descendit un matin dans la demeure du Scythe Babouc, sur le rivage de l'Oxus, et lui dit : « Babouc, les folies et les excès des Perses ont attiré notre colère : il s'est tenu hier une assemblée des génies de la haute Asie pour savoir si on châtierait Persépolis, ou si on la détruirait. Va dans cette ville, examine tout ; tu reviendras m'en rendre un compte fidèle, et je me déterminerai, sur ton rapport, à corriger la ville ou à l'exterminer. — Mais, seigneur, dit humblement Babouc, je n'ai jamais été en Perse ; je n'y connais personne. — Tant mieux, dit l'ange, tu ne seras point partial ; tu as reçu du Ciel le discernement[2] et j'y ajoute le don d'inspirer la confiance ; marche, regarde, écoute, observe, et ne crains rien ; tu seras partout bien reçu. »

1. « Les nuits blanches de Sceaux, lit-on dans la dernière des notes sur les *Souvenirs de madame de Caylus*, étaient des fêtes que donnaient à la duchesse du Maine tous ceux qui avaient l'honneur de vivre avec elle. On faisait une loterie des vingt-quatre lettres de l'alphabet ; celui qui tirait le C donnait une comédie, l'O exigeait un petit opéra, le B un ballet ; » et la lettre N, selon Decroix, imposait une nouvelle. C'est pour obéir à ces arrêts du sort que Voltaire écrivit *Babouc*, le *Crocheteur borgne*, et *Cosi-Sancta*.

2. L'édition de 1750, dont Beuchot a parlé dans son Avertissement, porte de plus ces mots : « C'est un assez beau présent. »

Babouc monta sur son chameau, et partit avec ses serviteurs. Au bout de quelques journées, il rencontra vers les plaines de Sennaar l'armée persane, qui allait combattre l'armée indienne. Il s'adressa d'abord à un soldat qu'il trouva écarté. Il lui parla, et lui demanda quel était le sujet de la guerre. « Par tous les dieux, dit le soldat, je n'en sais rien ; ce n'est pas mon affaire : mon métier est de tuer et d'être tué pour gagner ma vie ; il n'importe qui je serve. Je pourrais bien même dès demain passer dans le camp des Indiens : car on dit qu'ils donnent près d'une demi-drachme de cuivre par jour à leurs soldats de plus que nous n'en avons dans ce maudit service de Perse. Si vous voulez savoir pourquoi on se bat, parlez à mon capitaine. »

Babouc ayant fait un petit présent au soldat entra dans le camp. Il fit bientôt connaissance avec le capitaine, et lui demanda le sujet de la guerre. « Comment voulez-vous que je le sache? dit le capitaine, et que m'importe ce beau sujet? J'habite à deux cents lieues de Persépolis ; j'entends dire que la guerre est déclarée ; j'abandonne aussitôt ma famille, et je vais chercher, selon notre coutume, la fortune ou la mort, attendu que je n'ai rien à faire. — Mais vos camarades, dit Babouc, ne sont-ils pas un peu plus instruits que vous? — Non, dit l'officier ; il n'y a guère que nos principaux satrapes[1] qui savent bien précisément pourquoi on s'égorge. »

Babouc, étonné, s'introduisit chez les généraux ; il entra dans leur familiarité. L'un d'eux lui dit enfin : « La cause de cette guerre, qui désole depuis vingt ans l'Asie, vient originairement d'une querelle entre un eunuque d'une femme du grand roi de Perse, et un commis d'un bureau du grand roi des Indes. Il s'agissait d'un droit qui revenait à peu près à la trentième partie d'une darique[2]. Le premier ministre des Indes et le nôtre soutinrent dignement les droits de leurs maîtres. La querelle s'échauffa. On mit de part et d'autre en campagne une armée d'un million de soldats. Il faut recruter cette armée tous les ans de plus de quatre cent mille hommes. Les meurtres, les incendies, les ruines, les dévastations, se multiplient ; l'univers souffre, et l'acharnement continue. Notre premier ministre et celui des Indes protestent souvent qu'ils n'agissent que pour le bonheur du genre humain ; et à chaque protestation il y a toujours quelques villes détruites et quelque province ravagée. »

1. Les officiers supérieurs.
2. La darique vaut vingt-quatre francs : voyez tome XX, page 600.

Le lendemain, sur un bruit qui se répandit que la paix allait être conclue, le général persan et le général indien s'empressèrent de donner bataille ; elle fut sanglante. Babouc en vit toutes les fautes et toutes les abominations ; il fut témoin des manœuvres des principaux satrapes, qui firent ce qu'ils purent pour faire battre leur chef. Il vit des officiers tués par leurs propres troupes ; il vit des soldats qui achevaient d'égorger leurs camarades expirants pour leur arracher quelques lambeaux sanglants, déchirés et couverts de fange. Il entra dans les hôpitaux où l'on transportait les blessés, dont la plupart expiraient par la négligence inhumaine de ceux mêmes que le roi de Perse payait chèrement pour les secourir. « Sont-ce là des hommes, s'écria Babouc, ou des bêtes féroces ? Ah ! je vois bien que Persépolis sera détruite. »

Occupé de cette pensée, il passa dans le camp des Indiens : il y fut aussi bien reçu que dans celui des Perses, selon ce qui lui avait été prédit ; mais il y vit tous les mêmes excès qui l'avaient saisi d'horreur. « Oh, oh ! dit-il en lui-même, si l'ange Ituriel veut exterminer les Persans, il faut donc que l'ange des Indes détruise aussi les Indiens. » S'étant ensuite informé plus en détail de ce qui s'était passé dans l'une et l'autre armée, il apprit des actions de générosité, de grandeur d'âme, d'humanité, qui l'étonnèrent et le ravirent. « Inexplicables humains, s'écria-t-il, comment pouvez-vous réunir tant de bassesse et de grandeur, tant de vertus et de crimes ? »

Cependant la paix fut déclarée. Les chefs des deux armées, dont aucun n'avait remporté la victoire, mais qui, pour leur seul intérêt, avaient fait verser le sang de tant d'hommes, leurs semblables, allèrent briguer dans leurs cours des récompenses. On célébra la paix dans des écrits publics qui n'annonçaient que le retour de la vertu et de la félicité sur la terre. « Dieu soit loué ! dit Babouc ; Persépolis sera le séjour de l'innocence épurée ; elle ne sera point détruite comme le voulaient ces vilains génies : courons sans tarder dans cette capitale de l'Asie. »

II. Il arriva dans cette ville immense par l'ancienne entrée, qui était toute barbare, et dont la rusticité dégoûtante offensait les yeux[1]. Toute cette partie de la ville se ressentait du temps où elle avait été bâtie : car, malgré l'opiniâtreté des hommes à louer

1. Persépolis étant Paris, l'entrée toute barbare est celle du faubourg Saint-Marceau ; voyez le chapitre XXII de *Candide*.

l'antique aux dépens du moderne, il faut avouer qu'en tout genre les premiers essais sont toujours grossiers.

Babouc se mêla dans la foule d'un peuple composé de ce qu'il y avait de plus sale et de plus laid dans les deux sexes. Cette foule se précipitait d'un air hébété dans un enclos vaste et sombre. Au bourdonnement continuel, au mouvement qu'il remarqua, à l'argent que quelques personnes donnaient à d'autres pour avoir droit de s'asseoir, il crut être dans un marché où l'on vendait des chaises de paille; mais bientôt, voyant que plusieurs femmes se mettaient à genoux, en faisant semblant de regarder fixement devant elles, et en regardant les hommes de côté, il s'aperçut qu'il était dans un temple. Des voix aigres, rauques, sauvages, discordantes, faisaient retentir la voûte de sons mal articulés qui faisaient le même effet que les voix des onagres quand elles répondent, dans les plaines des Pictaves[1], au cornet à bouquin qui les appelle. Il se bouchait les oreilles ; mais il fut près de se boucher encore les yeux et le nez quand il vit entrer dans ce temple des ouvriers avec des pinces et des pelles. Ils remuèrent une large pierre, et jetèrent à droite et à gauche une terre dont s'exhalait une odeur empestée ; ensuite on vint poser un mort dans cette ouverture, et on remit la pierre par-dessus. « Quoi ! s'écria Babouc, ces peuples enterrent leurs morts dans les mêmes lieux où ils adorent la Divinité! Quoi! leurs temples sont pavés de cadavres ! Je ne m'étonne plus de ces maladies pestilentielles qui désolent souvent Persépolis. La pourriture des morts, et celle de tant de vivants rassemblés et pressés dans le même lieu, est capable d'empoisonner le globe terrestre. Ah ! la vilaine ville que Persépolis! Apparemment que les anges veulent la détruire pour en rebâtir une plus belle, et la peupler d'habitants moins malpropres, et qui chantent mieux. La Providence peut avoir ses raisons; laissons-la faire. »

III. Cependant le soleil approchait du haut de sa carrière. Babouc devait aller dîner à l'autre bout de la ville, chez une dame pour laquelle son mari, officier de l'armée, lui avait donné des lettres. Il fit d'abord plusieurs tours dans Persépolis ; il vit d'autres temples mieux bâtis et mieux ornés, remplis d'un peuple poli, et retentissant d'une musique harmonieuse ; il remarqua des fontaines publiques, lesquelles, quoique mal placées[2], frap-

1. Les Pictaves sont les Poitevins, habitants du Poitou; les onagres, les ânes.
2. C'est de Paris que Voltaire parle, sous le nom de *Persépolis :* les fontaines

paient les yeux par leur beauté; des places où semblaient respirer en bronze les meilleurs rois[1] qui avaient gouverné la Perse; d'autres places où il entendait le peuple s'écrier : « Quand verrons-nous ici le maître que nous chérissons? » Il admira les ponts magnifiques élevés sur le fleuve, les quais superbes et commodes, les palais bâtis à droite et à gauche, une maison immense[2] où des milliers de vieux soldats blessés et vainqueurs rendaient chaque jour grâces au Dieu des armées. Il entra enfin chez la dame, qui l'attendait à dîner avec une compagnie d'honnêtes gens. La maison était propre et ornée, le repas délicieux, la dame jeune, belle, spirituelle, engageante, la compagnie digne d'elle; et Babouc disait en lui-même à tout moment : « L'ange Ituriel se moque du monde de vouloir détruire une ville si charmante. »

IV. Cependant il s'aperçut que la dame, qui avait commencé par lui demander tendrement des nouvelles de son mari, parlait plus tendrement encore, sur la fin du repas, à un jeune mage. Il vit un magistrat qui, en présence de sa femme, pressait avec vivacité une veuve; et cette veuve indulgente[3] avait une main passée autour du cou du magistrat, tandis qu'elle tendait l'autre à un jeune citoyen très-beau et très-modeste. La femme du magistrat se leva de table la première pour aller entretenir dans un cabinet voisin son directeur, qui arrivait trop tard et qu'on avait attendu à dîner; et le directeur, homme éloquent, lui parla dans ce cabinet avec tant de véhémence et d'onction que la dame avait, quand elle revint, les yeux humides, les joues enflammées, la démarche mal assurée, la parole tremblante.

Alors Babouc commença à craindre que le génie Ituriel n'eût raison. Le talent qu'il avait d'attirer la confiance le mit dès le

mal placées sont la fontaine de la rue de Grenelle, faubourg Saint-Germain, et la fontaine des Innocents, qui était alors au coin des rues aux Fers et de Saint-Denis. C'est de 1788 que date la construction de cette dernière fontaine telle qu'elle est aujourd'hui. Voyez, dans le tome XIV, la liste des *Artistes célèbres du Siècle de Louis XIV* (après l'article MANSARD).

1. Les seuls rois qui eussent des statues étaient Henri IV, Louis XIII, Louis XIV. La statue de Louis XV ne fut érigée que beaucoup plus tard, en 1763 : elle avait été votée, en 1748, par le prévôt des marchands et les échevins de la ville de Paris. (B.)

— *Babouc* ne daterait-il pas plutôt de 1748 que de 1746? Le souhait que Voltaire prête au peuple de Paris nous semble être la confirmation du vote des échevins. (G. A.)

2. L'Hôtel des Invalides.

3. L'édition de 1750 porte : « Cette veuve indulgente lorgnait vivement le magistrat, tandis qu'elle tendait la main à un jeune citoyen, etc. » (B.)

jour même dans les secrets de la dame : elle lui confia son goût pour le jeune mage, l'assura que dans toutes les maisons de Persépolis il trouverait l'équivalent de ce qu'il avait vu dans la sienne. Babouc conclut qu'une telle société ne pouvait subsister ; que la jalousie, la discorde, la vengeance, devaient désoler toutes les maisons ; que les larmes et le sang devaient couler tous les jours; que certainement les maris tueraient les galants de leurs femmes, ou en seraient tués ; et qu'enfin Ituriel ferait fort bien de détruire tout d'un coup une ville abandonnée à de continuels désordres.

V. Il était plongé dans ces idées funestes, quand il se présenta à la porte un homme grave, en manteau noir, qui demanda humblement à parler au jeune magistrat. Celui-ci, sans se lever, sans le regarder, lui donna fièrement, et d'un air distrait, quelques papiers, et le congédia. Babouc demanda quel était cet homme. La maîtresse de la maison lui dit tout bas : « C'est un des meilleurs avocats de la ville ; il y a cinquante ans qu'il étudie les lois. Monsieur, qui n'a que vingt-cinq ans, et qui est satrape[1] de loi depuis deux jours, lui donne à faire l'extrait d'un procès qu'il doit juger demain, et qu'il n'a pas encore examiné. — Ce jeune étourdi fait sagement, dit Babouc, de demander conseil à un vieillard ; mais pourquoi n'est-ce pas ce vieillard qui est juge ? — Vous vous moquez, lui dit-on ; jamais ceux qui ont vieilli dans les emplois laborieux et subalternes ne parviennent aux dignités. Ce jeune homme a une grande charge, parce que son père est riche, et qu'ici le droit de rendre la justice s'achète comme une métairie[2]. — O mœurs! ô malheureuse ville! s'écria Babouc ; voilà le comble du désordre ; sans doute, ceux qui ont ainsi acheté le droit de juger vendent leurs jugements : je ne vois ici que des abîmes d'iniquité. »

Comme il marquait ainsi sa douleur et sa surprise, un jeune guerrier, qui était revenu ce jour même de l'armée, lui dit : « Pourquoi ne voulez-vous pas qu'on achète les emplois de la

1. Satrape de loi signifie ici conseiller au parlement. Il arrivait souvent aux conseillers-rapporteurs de charger quelque avocat de faire les extraits des procès à juger.

2. Voltaire n'a cessé de s'élever contre la vénalité des offices de judicature, et c'est la suppression de la vénalité qui l'avait rendu partisan des mesures prises en 1771. Voyez l'*Histoire du Parlement*, chapitre LXIX, tome XVI, pages 107-108, dans les *Mélanges,* année 1771, différentes pièces relatives au parlement Maupeou ; dans la *Correspondance,* la lettre à M^me de Florian, du 1^er avril 1771, et autres lettres.

robe? J'ai bien acheté, moi, le droit d'affronter la mort à la tête de deux mille hommes, que je commande; il m'en a coûté quarante mille dariques d'or, cette année, pour coucher sur la terre trente nuits de suite en habit rouge, et pour recevoir ensuite deux bons coups de flèches dont je me sens encore. Si je me ruine pour servir l'empereur persan, que je n'ai jamais vu, monsieur le satrape de robe peut bien payer quelque chose pour avoir le plaisir de donner audience à des plaideurs. » Babouc, indigné, ne put s'empêcher de condamner dans son cœur un pays où l'on mettait à l'encan les dignités de la paix et de la guerre; il conclut précipitamment que l'on y devait ignorer absolument la guerre et les lois, et que, quand même Ituriel n'exterminerait pas ces peuples, ils périraient par leur détestable administration.

Sa mauvaise opinion augmenta encore à l'arrivée d'un gros homme qui, ayant salué très-familièrement toute la compagnie, s'approcha du jeune officier, et lui dit : « Je ne peux vous prêter que cinquante mille dariques d'or, car, en vérité, les douanes de l'empire ne m'en ont rapporté que trois cent mille cette année. » Babouc s'informa quel était cet homme qui se plaignait de gagner si peu; il apprit qu'il y avait dans Persépolis quarante [1] rois plébéiens qui tenaient à bail l'empire de Perse, et qui en rendaient quelque chose au monarque.

VI. Après dîner il alla dans un des plus superbes temples de la ville; il s'assit au milieu d'une troupe de femmes et d'hommes qui étaient venus là pour passer le temps. Un mage parut dans une machine élevée, qui parla longtemps du vice et de la vertu. Ce mage divisa en plusieurs parties ce qui n'avait pas besoin d'être divisé; il prouva méthodiquement tout ce qui était clair; il enseigna tout ce qu'on savait. Il se passionna froidement, et sortit suant et hors d'haleine. Toute l'assemblée alors se réveilla, et crut avoir assisté à une instruction. Babouc dit : « Voilà un homme qui a fait de son mieux pour ennuyer deux ou trois cents de ses concitoyens; mais son intention était bonne : il n'y a pas là de quoi détruire Persépolis. »

Au sortir de cette assemblée, on le mena voir une fête publique qu'on donnait tous les jours de l'année : c'était dans une espèce de basilique, au fond de laquelle on voyait un palais. Les

1. *Quarante* est ce qu'on lit dans les éditions depuis 1756. Les éditions de 1748 et 1750 portent *soixante et douze*. Le nombre des fermiers généraux a varié. Louis XV, en 1755, avait créé vingt nouvelles places. (B.) — Voyez, tome XV, le chapitre xxxi du *Précis du Siècle de Louis XV*.

plus belles citoyennes de Persépolis, les plus considérables satrapes, rangés avec ordre, formaient un spectacle si beau que Babouc crut d'abord que c'était là toute la fête. Deux ou trois personnes, qui paraissaient des rois et des reines, parurent bientôt dans le vestibule de ce palais; leur langage était très-différent de celui du peuple; il était mesuré, harmonieux, et sublime. Personne ne dormait, on écoutait dans un profond silence, qui n'était interrompu que par les témoignages de la sensibilité et de l'admiration publique. Le devoir des rois, l'amour de la vertu, les dangers des passions, étaient exprimés par des traits si vifs et si touchants que Babouc versa des larmes. Il ne douta pas que ces héros et ces héroïnes, ces rois et ces reines qu'il venait d'entendre, ne fussent les prédicateurs de l'empire. Il se proposa même d'engager Ituriel à les venir entendre; bien sûr qu'un tel spectacle le réconcilierait pour jamais avec la ville.

Dès que cette fête fut finie, il voulut voir la principale reine qui avait débité dans ce beau palais une morale si noble et si pure; il se fit introduire chez Sa Majesté; on le mena par un petit escalier, au second étage, dans un appartement mal meublé, où il trouva une femme mal vêtue qui lui dit, d'un air noble et pathétique : « Ce métier-ci ne me donne pas de quoi vivre; un des princes que vous avez vus m'a fait un enfant; j'accoucherai bientôt; je manque d'argent, et sans argent on n'accouche point. » Babouc lui donna cent dariques d'or, en disant : « S'il n'y avait que ce mal-là dans la ville, Ituriel aurait tort de se tant fâcher. »

De là il alla passer sa soirée chez des marchands de magnificences inutiles. Un homme intelligent, avec lequel il avait fait connaissance, l'y mena; il acheta ce qui lui plut, et on le lui vendit avec politesse beaucoup plus qu'il ne valait. Son ami, de retour chez lui, lui fit voir combien on le trompait. Babouc mit sur ses tablettes le nom du marchand, pour le faire distinguer par Ituriel au jour de la punition de la ville. Comme il écrivait, on frappa à sa porte; c'était le marchand lui-même qui venait lui rapporter sa bourse, que Babouc avait laissée par mégarde sur son comptoir. « Comment se peut-il, s'écria Babouc, que vous soyez si fidèle et si généreux, après n'avoir pas eu honte[1] de me vendre des colifichets quatre fois au-dessus de leur valeur ? — Il

1. On lit *de honte* dans l'édition de 1748, faite à Dresde; mais l'édition de 1750, faite probablement sous les yeux de l'auteur, quoique ayant l'adresse d'Amsterdam, porte seulement *eu honte*. (B.)

n'y a aucun négociant un peu connu dans cette ville, lui répondit le marchand, qui ne fût venu vous rapporter votre bourse ; mais on vous a trompé quand on vous a dit que je vous avais vendu ce que vous avez pris chez moi quatre fois plus qu'il ne vaut : je vous l'ai vendu dix fois davantage, et cela est si vrai que, si dans un mois vous voulez le revendre, vous n'en aurez pas même ce dixième. Mais rien n'est plus juste; c'est la fantaisie passagère [1] des hommes qui met le prix à ces choses frivoles ; c'est cette fantaisie qui fait vivre cent ouvriers que j'emploie; c'est elle qui me donne une belle maison, un char commode, des chevaux ; c'est elle qui excite l'industrie, qui entretient le goût, la circulation, et l'abondance. Je vends aux nations voisines les mêmes bagatelles plus chèrement qu'à vous, et par là je suis utile à l'empire. »

Babouc, après avoir un peu rêvé, le raya de ses tablettes [2] ; « car enfin, disait-il, les arts du luxe ne sont en grand nombre dans un empire que quand tous les arts nécessaires sont exercés, et que la nation est nombreuse et opulente. Ituriel me paraît un peu sévère ».

VII. Babouc, fort incertain sur ce qu'il devait penser de Persépolis, résolut de voir les mages et les lettrés : car les uns étudient la sagesse, et les autres la religion ; et il se flatta que ceux-là obtiendraient grâce pour le reste du peuple. Dès le lendemain matin il se transporta dans un collége de mages. L'archimandrite lui avoua qu'il avait cent mille écus de rente pour avoir fait vœu de pauvreté, et qu'il exerçait un empire assez étendu en vertu de son vœu d'humilité; après quoi il laissa Babouc entre les mains d'un petit frère qui lui fit les honneurs.

Tandis que ce frère lui montrait les magnificences de cette maison de pénitence, un bruit se répandit qu'il était venu pour réformer toutes ces maisons. Aussitôt il reçut des mémoires de chacune d'elles ; et les mémoires disaient tous en substance : « Conservez-nous, et détruisez toutes les autres. » A entendre leurs apologies, ces sociétés étaient toutes nécessaires ; à entendre leurs accusations réciproques, elles méritaient toutes d'être anéanties. Il admirait comme il n'y avait aucune d'elles qui, pour édifier l'univers, ne voulût en avoir l'empire. Alors il se présenta un petit homme qui était un demi-mage [3], et qui lui dit : « Je vois bien que l'œuvre va s'accomplir, car Zerdust [4] est revenu sur la

1. C'est d'après l'édition de 1750 que j'ai ajouté le mot *passagère*. (B.)
2. C'est aussi d'après l'édition de 1750 que je rétablis la fin de cet alinéa. (B.)
3. Un janséniste.
4. Nom persan de Zoroastre.

terre ; les petites filles prophétisent en se faisant donner des coups de pincettes par-devant et le fouet par-derrière[1]. Ainsi nous vous demandons votre protection contre le grand-lama. — Comment ! dit Babouc, contre ce pontife-roi qui réside au Thibet ? — Contre lui-même. — Vous lui faites donc la guerre, et vous levez contre lui des armées ? — Non ; mais il dit que l'homme est libre ; et nous n'en croyons rien ; nous écrivons contre lui de petits livres qu'il ne lit pas : à peine a-t-il entendu parler de nous ; il nous a seulement fait condamner, comme un maître ordonne qu'on échenille les arbres de ses jardins. » Babouc frémit de la folie de ces hommes qui faisaient profession de sagesse, des intrigues de ceux qui avaient renoncé au monde, de l'ambition et de la convoitise orgueilleuse de ceux qui enseignaient l'humilité et le désintéressement ; il conclut qu'Ituriel avait de bonnes raisons pour détruire toute cette engeance.

VIII. Retiré chez lui, il envoya chercher des livres nouveaux pour adoucir son chagrin, et il pria quelques lettrés à dîner pour se réjouir. Il en vint deux fois plus qu'il n'en avait demandé, comme les guêpes que le miel attire. Ces parasites se pressaient de manger et de parler ; ils louaient deux sortes de personnes, les morts et eux-mêmes, et jamais leurs contemporains, excepté le maître de la maison. Si quelqu'un d'eux disait un bon mot, les autres baissaient les yeux et se mordaient les lèvres de douleur de ne l'avoir pas dit. Ils avaient moins de dissimulation que les mages, parce qu'ils n'avaient pas de si grands objets d'ambition. Chacun d'eux briguait une place de valet et une réputation de grand homme ; ils se disaient en face des choses insultantes, qu'ils croyaient des traits d'esprit[2]. Ils avaient eu quelque connaissance de la mission de Babouc. L'un d'eux le pria tout bas d'exterminer un auteur qui ne l'avait pas assez loué il y avait cinq ans ; un autre demanda la perte d'un citoyen qui n'avait jamais ri à ses

1. Tel est le texte de 1748 et de toutes les autres éditions. Mais l'édition de 1750, que j'aurais peut-être dû suivre, porte :

« ... par derrière. Il est évident que le monde va finir : ne pourriez-vous point, avant cette belle époque, nous protéger contre le grand-lama ? — Quel galimatias, dit Babouc ; contre le grand-lama ? contre ce pontife-roi qui réside au Thibet ? — Oui, dit le petit demi-mage avec un air opiniâtre, contre lui-même. — Vous lui faites donc la guerre, vous avez donc des armées ? dit Babouc. — Non, dit l'autre, mais nous avons écrit contre lui trois ou quatre mille gros livres qu'on ne lit point, et autant de brochures, que nous faisons lire par des femmes : à peine a-t-il entendu, etc. » (B.)

2. Cette phrase et la suivante furent ajoutées en 1756. Les éditions de 1748 et 1750 portent : « traits d'esprit. Le repas fini, etc. » (B.)

comédies ; un troisième demanda l'extinction de l'Académie, parce qu'il n'avait jamais pu parvenir à y être admis. Le repas fini, chacun d'eux s'en alla seul, car il n'y avait pas dans toute la troupe deux hommes qui pussent se souffrir, ni même se parler ailleurs que chez les riches qui les invitaient à leur table. Babouc jugea qu'il n'y aurait pas grand mal quand cette vermine périrait dans la destruction générale.

IX. Dès qu'il se fut défait d'eux, il se mit à lire quelques livres nouveaux. Il y reconnut l'esprit de ses convives. Il vit surtout avec indignation ces gazettes de la médisance, ces archives du mauvais goût, que l'envie, la bassesse et la faim, ont dictées ; ces lâches satires où l'on ménage le vautour et où l'on déchire la colombe ; ces romans dénués d'imagination, où l'on voit tant de portraits de femmes que l'auteur ne connaît pas.

Il jeta au feu tous ces détestables écrits, et sortit pour aller le soir à la promenade. On le présenta à un vieux lettré qui n'était point venu grossir le nombre de ses parasites. Ce lettré fuyait toujours la foule, connaissait les hommes, en faisait usage, et se communiquait avec discrétion. Babouc lui parla avec douleur de ce qu'il avait lu et de ce qu'il avait vu.

« Vous avez lu des choses bien méprisables, lui dit le sage lettré ; mais dans tous les temps, dans tous les pays, et dans tous les genres, le mauvais fourmille, et le bon est rare. Vous avez reçu chez vous le rebut de la pédanterie, parce que, dans toutes les professions, ce qu'il y a de plus indigne de paraître est toujours ce qui se présente avec le plus d'impudence. Les véritables sages vivent entre eux retirés et tranquilles ; il y a encore parmi nous des hommes et des livres dignes de votre attention. » Dans le temps qu'il parlait ainsi, un autre lettré les joignit ; leurs discours furent si agréables et si instructifs, si élevés au-dessus des préjugés et si conformes à la vertu, que Babouc avoua n'avoir jamais rien entendu de pareil. « Voilà des hommes, disait-il tout bas, à qui l'ange Ituriel n'osera toucher, ou il sera bien impitoyable. »

Raccommodé avec les lettrés, il était toujours en colère contre le reste de la nation. « Vous êtes étranger, lui dit l'homme judicieux qui lui parlait ; les abus se présentent à vos yeux en foule, et le bien, qui est caché et qui résulte quelquefois de ces abus mêmes, vous échappe. »[1] Alors il apprit que parmi les lettrés il

1. Ce texte est de 1756. Dans les éditions de 1748 et 1750, on lit :
« vous échappe. Alors ils le menèrent chez le principal mage, qu'on appe-

y en avait quelques-uns qui n'étaient pas envieux, et que parmi les mages même il y en avait de vertueux. Il conçut à la fin que ces grands corps, qui semblaient en se choquant préparer leurs communes ruines, étaient au fond des institutions salutaires; que chaque société de mages était un frein à ses rivales; que si ces émules différaient dans quelques opinions, ils enseignaient tous la même morale, qu'ils instruisaient le peuple, et qu'ils vivaient soumis aux lois; semblables aux précepteurs qui veillent sur le fils de la maison, tandis que le maître veille sur eux-mêmes. Il en pratiqua plusieurs, et vit des âmes célestes. Il apprit même que parmi les fous[1] qui prétendaient faire la guerre au grand-lama, il y avait eu de très-grands hommes. Il soupçonna enfin qu'il pourrait bien en être des mœurs de Persépolis comme des édifices, dont les uns lui avaient paru dignes de pitié, et les autres l'avaient ravi en admiration.

X. Il dit à son lettré : « Je conçois très-bien que ces mages, que j'avais crus si dangereux, sont en effet très-utiles, surtout quand un gouvernement sage les empêche de se rendre trop nécessaires; mais vous m'avouerez au moins que vos jeunes magistrats, qui achètent une charge de juge dès qu'ils ont appris à monter à cheval, doivent étaler dans les[2] tribunaux tout ce que l'impertinence a de plus ridicule, et tout ce que l'iniquité a de plus pervers; il vaudrait mieux sans doute donner ces places gratuitement à ces vieux jurisconsultes qui ont passé toute leur vie à peser le pour et le contre. »

Le lettré lui répliqua : « Vous avez vu notre armée avant d'arriver à Persépolis; vous savez que nos jeunes officiers se battent très-bien, quoiqu'ils aient acheté leurs charges : peut-être verrez-vous que nos jeunes magistrats ne jugent pas mal, quoiqu'ils aient payé pour juger. »

Il le mena le lendemain au grand tribunal, où l'on devait

lait le surveillant. Babouc vit dans ce mage un homme digne d'être à la tête des justes; il sut qu'il y en avait beaucoup qui lui ressemblaient. Il conçut même que ces grands corps, etc. »

Le mot évêque, en latin *episcopus*, vient du grec *episcopos*, qui veut dire inspecteur. En 1748 et 1750, l'archevêque de Paris était Christophe de Beaumont, alors récemment nommé, mais qui se rendit bientôt *ridicule et odieux à tout Paris* (voyez tome XVI, page 80). Beaumont, vingt-cinq ans après, ne permit pas qu'à la mort de Voltaire on fît le service d'usage jusque-là pour chaque membre de l'Académie française. (B.)

1. Les jansénistes.
2. L'édition de 1750 porte *leurs*. (B.)

rendre un arrêt important. La cause était connue de tout le monde. Tous ces vieux avocats qui en parlaient étaient flottants dans leurs opinions ; ils alléguaient cent lois, dont aucune n'était applicable au fond de la question ; ils regardaient l'affaire par cent côtés, dont aucun n'était dans son vrai jour : les juges décidèrent plus vite que les avocats ne doutèrent. Leur jugement fut presque unanime ; ils jugèrent bien, parce qu'ils suivaient les lumières de la raison ; et les autres avaient opiné mal, parce qu'ils n'avaient consulté que leurs livres.

Babouc conclut qu'il y avait souvent de très-bonnes choses dans les abus. Il vit dès le jour même que les richesses des financiers, qui l'avaient tant révolté, pouvaient produire un effet excellent, car, l'empereur ayant eu besoin d'argent, il trouva en une heure, par leur moyen, ce qu'il n'aurait pas eu en six mois par les voies ordinaires ; il vit que ces gros nuages, enflés de la rosée de la terre, lui rendaient en pluie ce qu'ils en recevaient [1]. D'ailleurs, les enfants de ces hommes nouveaux, souvent mieux élevés que ceux des familles plus anciennes, valaient quelquefois beaucoup mieux : car rien n'empêche qu'on ne soit un bon juge, un brave guerrier, un homme d'État habile, quand on a eu un père bon calculateur.

XI. Insensiblement Babouc faisait grâce à l'avidité du financier, qui n'est pas au fond plus avide que les autres hommes, et qui est nécessaire [2]. Il excusait la folie de se ruiner pour juger et pour se battre, folie qui produit de grands magistrats et des héros. Il pardonnait à l'envie des lettrés, parmi lesquels il se trouvait des hommes qui éclairaient le monde ; il se réconciliait avec les mages ambitieux et intrigants, chez lesquels il y avait plus de grandes vertus encore que de petits vices ; mais il lui restait bien des griefs, et surtout les galanteries des dames ; et les désolations qui en devaient être la suite le remplissaient d'inquiétude et d'effroi.

Comme il voulait pénétrer dans toutes les conditions humaines, il se fit mener chez un ministre ; mais il tremblait toujours en chemin que quelque femme ne fût assassinée en sa présence par son mari. Arrivé chez l'homme d'État, il resta deux heures dans

1. Voyez dans les *Mélanges,* année 1749, le morceau intitulé *Embellissements de Paris.*
2. L'édition de 1750 porte : « très-nécessaire. » (B.)

l'antichambre sans être annoncé, et deux heures encore après l'avoir été. Il se promettait bien dans cet intervalle de recommander à l'ange Ituriel et le ministre et ses insolents huissiers. L'antichambre était remplie de dames de tout étage, de mages de toutes couleurs, de juges, de marchands, d'officiers, de pédants ; tous se plaignaient du ministre. L'avare et l'usurier disaient : « Sans doute cet homme-là pille les provinces ; » le capricieux lui reprochait d'être bizarre ; le voluptueux disait : « Il ne songe qu'à ses plaisirs ; » l'intrigant se flattait de le voir bientôt perdu par une cabale ; les femmes espéraient qu'on leur donnerait bientôt un ministre plus jeune.

Babouc entendait leurs discours ; il ne put s'empêcher de dire : « Voilà un homme bien heureux, il a tous ses ennemis dans son antichambre ; il écrase de son pouvoir ceux qui l'envient ; il voit à ses pieds ceux qui le détestent. » Il entra enfin ; il vit un petit vieillard courbé sous le poids des années et des affaires, mais encore vif et plein d'esprit[1].

Babouc lui plut, et il parut à Babouc un homme estimable. La conversation devint intéressante. Le ministre lui avoua qu'il était un homme très-malheureux, qu'il passait pour riche, et qu'il était pauvre ; qu'on le croyait tout-puissant, et qu'il était toujours contredit ; qu'il n'avait guère obligé que des ingrats, et que dans un travail continuel de quarante années il avait eu à peine un moment de consolation. Babouc en fut touché, et pensa que, si cet homme avait fait des fautes, et si l'ange Ituriel voulait le punir, il ne fallait pas l'exterminer, mais seulement lui laisser sa place.

XII. Tandis qu'il parlait au ministre entre brusquement la belle dame chez qui Babouc avait dîné ; on voyait dans ses yeux et sur son front les symptômes de la douleur et de la colère. Elle éclata en reproches contre l'homme d'État, elle versa des larmes ; elle se plaignit avec amertume de ce qu'on avait refusé à son mari une place où sa naissance lui permettait d'aspirer, et que ses services et ses blessures méritaient ; elle s'exprima avec tant de force, elle mit tant de grâces dans ses plaintes, elle détruisit les objections avec tant d'adresse, elle fit valoir les raisons avec tant d'éloquence, qu'elle ne sortit point de la chambre sans avoir fait la fortune de son mari.

Babouc lui donna la main : « Est-il possible, madame, lui dit-il,

1. C'est le cardinal de Fleury que Voltaire désigne ici ; il en fait encore l'éloge dans le *Panégyrique de Louis XV* (voyez *Mélanges,* année 1748).

que vous vous soyez donné toute cette peine pour un homme que vous n'aimez point, et dont vous avez tout à craindre? — Un homme que je n'aime point! s'écria-t-elle; sachez que mon mari est le meilleur ami que j'aie au monde, qu'il n'y a rien que je ne lui sacrifie, hors mon amant; et qu'il ferait tout pour moi, hors de quitter sa maîtresse. Je veux vous la faire connaître : c'est une femme charmante, pleine d'esprit, et du meilleur caractère du monde; nous soupons ensemble ce soir avec mon mari et mon petit mage, venez partager notre joie. »

La dame mena Babouc chez elle. Le mari, qui était enfin arrivé plongé dans la douleur, revit sa femme avec des transports d'allégresse et de reconnaissance : il embrassait tour à tour sa femme, sa maîtresse, le petit mage, et Babouc. L'union, la gaieté, l'esprit, et les grâces, furent l'âme de ce repas. « Apprenez, lui dit la belle dame chez laquelle il soupait, que celles qu'on appelle quelquefois de malhonnêtes femmes ont presque toujours le mérite d'un très-honnête homme; et pour vous en convaincre, venez demain dîner avec moi chez la belle Téone[1]. Il y a quelques vieilles vestales qui la déchirent; mais elle fait plus de bien qu'elles toutes ensemble. Elle ne commettrait pas une légère injustice pour le plus grand intérêt; elle ne donne à son amant que des conseils généreux; elle n'est occupée que de sa gloire : il rougirait devant elle s'il avait laissé échapper une occasion de faire du bien, car rien n'encourage plus aux actions vertueuses que d'avoir pour témoin et pour juge de sa conduite une maîtresse dont on veut mériter l'estime. »

Babouc ne manqua pas au rendez-vous. Il vit une maison où régnaient tous les plaisirs. Téone régnait sur eux; elle savait parler à chacun son langage. Son esprit naturel mettait à son aise celui des autres; elle plaisait sans presque le vouloir; elle était aussi aimable que bienfaisante; et, ce qui augmentait le prix de toutes ses bonnes qualités, elle était belle.

Babouc, tout Scythe et tout envoyé qu'il était d'un génie, s'aperçut que, s'il restait encore à Persépolis, il oublierait Ituriel pour Téone. Il s'affectionnait à la ville, dont le peuple était poli, doux et bienfaisant, quoique léger, médisant, et plein de vanité. Il craignait que Persépolis ne fût condamnée; il craignait même le compte qu'il allait rendre.

1. On a prétendu que sous le nom de Téone, Voltaire désignait Mme du Châtelet; ce serait plutôt la marquise de Pompadour. (B.)

Voici comme il s'y prit pour rendre ce compte. Il fit faire par le meilleur fondeur de la ville une petite statue composée de tous les métaux, des terres et des pierres les plus précieuses et les plus viles; il la porta à Ituriel : « Casserez-vous, dit-il, cette jolie statue parce que tout n'y est pas or et diamants? » Ituriel entendit à demi-mot; il résolut de ne pas même songer à corriger Persépolis, et de laisser aller *le monde comme il va;* « car, dit-il, *si tout n'est pas bien, tout est passable*[1] ». On laissa donc subsister Persépolis, et Babouc fut bien loin de se plaindre, comme Jonas, qui se fâcha de ce qu'on ne détruisait pas Ninive[2]. Mais quand on a été trois jours dans le corps d'une baleine, on n'est pas de si bonne humeur que quand on a été à l'opéra, à la comédie, et qu'on a soupé en bonne compagnie.

1. Fin du chapitre en 1748 et 1750. Le reste fut ajouté en 1756. (B.)
2. Voyez, dans la Bible, le chapitre IV de *Jonas.*

FIN DE LA VISION DE BABOUC.

LE CROCHETEUR BORGNE

(1746)

Nos deux yeux ne rendent pas notre condition meilleure; l'un nous sert à voir les biens, et l'autre, les maux de la vie; bien des gens ont la mauvaise habitude de fermer le premier, et bien peu ferment le second : voilà pourquoi il y a tant de gens qui aimeraient mieux être aveugles que de voir tout ce qu'ils voient. Heureux les borgnes qui ne sont privés que de ce mauvais œil qui gâte tout ce qu'on regarde ! Mesrour en est un exemple.

Il aurait fallu être aveugle pour ne pas voir que Mesrour était borgne. Il l'était de naissance; mais c'était un borgne si content de son état qu'il ne s'était jamais avisé de désirer un autre œil. Ce n'étaient point les dons de la fortune qui le consolaient des torts de la nature, car il était simple crocheteur, et n'avait d'autre trésor que ses épaules; mais il était heureux, et il montrait qu'un œil de plus et de la peine de moins contribuent bien peu au bonheur : l'argent et l'appétit lui venaient toujours en proportion de l'exercice qu'il faisait; il travaillait le matin, mangeait et buvait le soir, dormait la nuit, et regardait tous ses jours comme autant de vies séparées; en sorte que le soin de l'avenir ne le troublait jamais dans la jouissance du présent. Il était, comme vous le voyez, tout à la fois borgne, crocheteur, et philosophe.

Il vit par hasard[1] passer dans un char brillant une grande

1. L'édition de 1774, celle du *Journal des dames*, de M^{me} de Princen, dont Beuchot a parlé dans son Avertissement en tête de ce volume, présente une grande variante; on y lit :

« Un jour qu'il s'était levé plus matin qu'à son ordinaire, parce que certaine liqueur, qui lui était familière, l'avait forcé de se coucher la veille un peu plus tôt que de coutume, il aperçut au crépuscule (car d'un seul œil on l'aperçoit) quelque chose qui luisait parmi des chiffons. Tout est sujet d'espoir pour un pauvre crocheteur; Mesrour crut avoir trouvé la fortune même, quand il eut

princesse qui avait un œil de plus que lui, ce qui ne l'empêcha pas de la trouver fort belle; et, comme les borgnes ne diffèrent des autres hommes qu'en ce qu'ils ont un œil de moins, il en devint éperdument amoureux. On dira peut-être que, quand on est crocheteur et borgne, il ne faut point être amoureux, surtout d'une grande princesse, et, qui plus est, d'une princesse qui a deux yeux. Je conviens qu'on a[1] bien à craindre de ne pas plaire; cependant, comme il n'y a point d'amour sans espérance, et que notre crocheteur aimait, il espéra. Comme il avait plus de jambes que d'yeux, et qu'elles étaient bonnes, il suivit l'espace de quatre lieues le char de sa déesse[2], que six grands chevaux blancs traînaient avec une grande rapidité. La mode dans ce temps-là, parmi les dames, était de voyager sans laquais et sans cocher, et de se mener elles-mêmes; les maris voulaient qu'elles fussent toujours seules afin d'être plus sûrs de leur vertu, ce qui est directement opposé au sentiment des moralistes, qui disent qu'il n'y a point de vertu dans la solitude.

Mesrour courait toujours à côté des roues du char, tournant son bon œil du côté de la dame, qui était étonnée de voir un borgne de cette agilité. Pendant qu'il prouvait ainsi qu'on est infatigable pour ce qu'on aime, une bête fauve, poursuivie par des chasseurs, traversa le grand chemin et effraya les chevaux, qui, ayant pris le mors aux dents, entraînaient la belle dans un précipice; son nouvel amant, plus effrayé encore qu'elle, quoiqu'elle le fût beaucoup, coupa les traits avec une adresse merveilleuse; les six chevaux blancs firent seuls le saut périlleux, et la dame, qui n'était pas moins blanche qu'eux, en fut quitte pour la peur. « Qui que vous soyez, lui dit-elle, je n'oublierai jamais que je vous dois la vie; demandez-moi tout ce que vous voudrez; tout ce que j'ai est à vous. — Ah! je puis avec bien plus de raison, répondit Mesrour, vous en offrir autant; mais, en vous l'offrant, je vous en offrirai toujours moins: car je n'ai qu'un œil, et vous en avez deux; mais un œil qui vous regarde vaut mieux que deux yeux qui ne voient point les vôtres. »

La dame sourit, car les galanteries d'un borgne sont toujours des galanteries, et les galanteries font toujours sourire. « Je voudrais bien pouvoir vous donner un autre œil, lui dit-elle, mais

ramassé un anneau d'or sur lequel étaient gravés des caractères inconnus pour lui, et qui l'eussent été pour bien d'autres. A peine eut-il mis cet anneau à son doigt qu'il vit passer dans un char brillant, etc. »

1. « Qu'il y a bien à craindre. » 1774.
2. « De sa divinité. » 1774.

votre mère pouvait seule vous faire ce présent-là ; suivez-moi toujours. » A ces mots elle descend de son char et continue sa route à pied ; son petit chien descendit aussi, et marchait à pied à côté d'elle, aboyant après l'étrange¹ figure de son écuyer. J'ai tort de lui donner le titre d'écuyer, car il eut beau offrir son bras, la dame ne voulut jamais l'accepter, sous prétexte qu'il était trop sale ; et vous allez voir qu'elle fut la dupe de sa propreté : elle avait de fort petits pieds, et des souliers encore plus petits que ses pieds, en sorte qu'elle n'était ni faite ni chaussée de manière à soutenir une longue marche.

De jolis pieds consolent d'avoir de mauvaises jambes, lorsqu'on passe sa vie sur sa chaise longue au milieu d'une foule de petits-maîtres ; mais à quoi servent des souliers brodés en paillettes dans un chemin pierreux, où ils ne peuvent être vus que par un crocheteur, et encore par un crocheteur qui n'a qu'un œil ? Mélinade (c'est le nom de la dame, que j'ai eu mes raisons pour ne pas dire jusqu'ici, parce qu'il n'était pas encore fait) avançait comme elle pouvait, maudissant son cordonnier, déchirant ses souliers, écorchant ses pieds, et se donnant des entorses à chaque pas. Il y avait environ une heure et demie qu'elle marchait du train des grandes dames, c'est-à-dire qu'elle avait déjà fait près d'un quart de lieue, lorsqu'elle tomba de fatigue sur la place.

Le Mesrour², dont elle avait refusé les secours pendant qu'elle était debout, balançait à les lui offrir, dans la crainte de la salir en la touchant : car il savait bien qu'il n'était pas propre, la dame le lui avait assez clairement fait entendre³, et la comparaison qu'il avait faite en chemin entre lui et sa maîtresse⁴ le lui avait fait voir encore plus clairement. Elle avait une robe d'une légère étoffe d'argent, semée de guirlandes de fleurs, qui laissait briller la beauté de sa taille ; et lui avait un sarrau brun, taché en mille endroits, troué, et rapiécé en sorte que les pièces étaient à côté des trous, et point dessus, où elles auraient pourtant été plus à leur place ; il avait comparé ses mains nerveuses et couvertes de durillons⁵ avec deux petites mains plus blanches et plus délicates que les lis ; enfin il avait vu les beaux cheveux blonds de Méli-

1. L'édition de Kehl porte « étrangère ». Nous n'hésitons pas à suivre ici le texte de 1774.
2. L'édition de 1774 porte seulement « Mesrour ».
3. « Le lui avait fait entendre assez clairement. » 1774.
4. « Entre lui et la princesse. » 1774.
5. Les éditions de Kehl portent : « *nerveuses* et converties en *durillons* ». Ici encore nous suivons l'édition de 1774.

nade, qui paraissaient à travers un léger voile de gaze, relevés les uns en tresse et les autres en boucles, et il n'avait à mettre à côté de cela que des crins noirs, hérissés, crépus, et n'ayant pour tout ornement qu'un turban déchiré.

[1] Cependant Mélinade essaye de se relever, mais elle retombe bientôt, et si malheureusement que ce qu'elle laissa voir à Mesrour lui ôta le peu de raison que la vue du visage de la princesse avait pu lui laisser. Il oublia qu'il était crocheteur, qu'il était borgne, et il ne songea plus à la distance que la fortune avait mise entre Mélinade et lui ; à peine se souvint-il qu'il était amant, car il manqua à la délicatesse qu'on dit inséparable d'un véritable amour, et qui en fait quelquefois le charme, et, plus souvent, l'ennui ; il se servit des droits que son état de crocheteur lui donnait à la brutalité, il fut brutal et heureux. La princesse alors était sans doute évanouie, ou bien elle gémissait sur son sort ; mais, comme elle était juste, elle bénissait sûrement le destin de ce que toute infortune porte avec elle sa consolation.

La nuit avait étendu ses voiles sur l'horizon, et elle cachait de son ombre le véritable bonheur de Mesrour, et les prétendus malheurs de Mélinade ; Mesrour goûtait les plaisirs des parfaits amants, et il les goûtait en crocheteur, c'est-à-dire (à la honte de l'humanité) de la manière la plus parfaite ; les faiblesses de Mélinade lui reprenaient à chaque instant, et à chaque instant son amant reprenait des forces. « Puissant Mahomet ! dit-il une fois en homme transporté, mais en mauvais catholique, il ne

1. Voici ce qu'on lit dans l'édition de 1774 :

« Mais pendant que nous nous arrêtons à la description des deux personnages, nous oublions que la pauvre Mélinade est à terre très-embarrassée. Un sommeil subit, et qui vint pourtant bien à propos, absorba dans un instant les idées fâcheuses que lui donnait sa situation désagréable. La voilà donc endormie, et c'est, comme vous voyez, tant mieux pour elle : la nuit avait étendu ses voiles sur l'horizon ; Mesrour ne voyait plus que faiblement l'objet de sa nouvelle ardeur, et comme il ne l'entendait plus (puisqu'elle ne disait mot), l'illusion allait en diminuant, et l'envie de dormir en augmentant. Plus d'un homme, sans être ni crocheteur, ni borgne, ni philosophe, a connu cet effet de l'obscurité. Aussi ne voit-on que les poëtes chagrins et les amants espagnols chanter les ressources de la nuit. Notre Mesrour n'y entendait point tant de finesse, et croyant seulement qu'il était glorieux d'imiter une grande princesse, il se coucha aussi sur la terre déjà humide de rosée ; mais par un certain respect, dont un crocheteur même ne peut se défendre, il s'éloigna de quelques pas du canapé pierreux qu'avait choisi la belle fatiguée.

« Cependant les génies, amis des hommes, travaillaient au bonheur de notre borgne, ainsi qu'à celui de Mélinade. Cette belle se trouva transportée dans un lieu enchanté avec un jeune homme d'un taille noble, dont le visage ressemblait à l'astre, etc. »

manque à ma félicité que d'être sentie par celle qui la cause ; pendant que je suis dans ton paradis, divin prophète, accorde-moi encore une faveur, c'est d'être aux yeux de Mélinade ce qu'elle serait à mon œil s'il faisait jour ; » il finit de prier, et continua de jouir. L'aurore, toujours trop diligente pour les amants, surprit Mesrour et Mélinade dans l'attitude où elle aurait pu être surprise elle-même un moment auparavant avec Tithon ; mais quel fut l'étonnement de Mélinade quand, ouvrant les yeux aux premiers rayons du jour, elle se vit dans un lieu enchanté, avec un jeune homme d'une taille noble, dont le visage ressemblait à l'astre dont la terre attendait le retour ! Il avait des joues de rose, des lèvres de corail ; ses grands yeux tendres et vifs tout à la fois exprimaient et inspiraient la volupté[1] ; son carquois d'or, orné de pierreries, était suspendu à ses épaules, et le plaisir seul faisait sonner ses flèches ; sa longue chevelure, retenue par une attache de diamants, flottait librement sur ses reins, et une étoffe transparente, brodée de perles, lui servait d'habillement, et ne cachait rien de la beauté de son corps.

« Où suis-je, et qui êtes-vous ? s'écria Mélinade dans l'excès de sa surprise. — Vous êtes, répondit-il, avec le misérable qui a eu le bonheur de vous sauver la vie, et qui s'est si bien payé de ses peines. »

Mélinade, aussi aise qu'étonnée, regretta que la métamorphose de Mesrour n'eût pas commencé plus tôt. Elle s'approche d'un palais brillant qui frappait sa vue, et lit cette inscription sur la porte : « Éloignez-vous, profanes ; ces portes ne s'ouvriront que pour le maître de l'anneau. »

1. On lit dans l'édition de 1774 :

« Exprimaient et inspiraient le sentiment le plus doux. Son carquois d'or était suspendu à ses épaules, et ses flèches paraissaient autant de traits vainqueurs. Sa longue chevelure, retenue par une attache de diamants, flottait au gré des zéphyrs, et une étoffe transparente, brodée de perles, lui servait d'habillement.

« Où suis-je, et qui êtes-vous ? s'écria Mélinade dans l'excès de sa surprise. — « Vous êtes, répondit le beau jeune homme, avec le misérable qui a eu le bonheur « de vous sauver la vie, et qui n'a eu pour récompense que le plaisir de coucher « sur la terre humide auprès de vous, tandis que vous dormiez sans vous embar- « rasser de son sort. »

« Mélinade, de plus en plus étonnée, fut pourtant bien aise de la métamorphose du borgne, et sa reconnaissance la fit remercier les dieux des dons qu'ils avaient faits à Mesrour. La princesse avançait toujours pour voir quelle serait la fin de cet enchantement, et de temps en temps jetait un coup d'œil à la dérobée sur son conducteur, qui, n'étant plus borgne, voyait des deux yeux les tendres regards de Mélinade.

« Ils approchent tous deux d'un palais brillant ; la princesse y *lit*, etc. »

Mesrour[1] s'approche à son tour pour lire la même inscription ; mais il vit d'autres caractères, et lut ces mots : « Frappe sans crainte. » Il frappa, et aussitôt les portes s'ouvrirent d'elles-mêmes avec un grand bruit. Les deux amants[2] entrèrent, au son de mille voix et de mille instruments, dans un vestibule de marbre de Paros ; de là ils passèrent dans une salle superbe, où un festin délicieux les attendait depuis[3] douze cent cinquante ans, sans qu'aucun des plats fût encore refroidi[4] : ils se mirent à table, et furent servis chacun par mille esclaves de la plus grande beauté ; le repas fut entremêlé de concerts et de danses ; et, quand il fut fini, tous les génies vinrent dans le plus grand ordre, partagés en différentes troupes, avec des habits aussi magnifiques que singuliers, prêter serment de fidélité au maître de l'anneau[5], et baiser le doigt sacré auquel il le portait.

Cependant il y avait à Bagdad un musulman fort dévot qui, ne pouvant aller se laver dans la mosquée, faisait venir l'eau de la mosquée chez lui, moyennant une légère rétribution qu'il payait au prêtre. Il venait de faire la cinquième ablution, pour se disposer à la cinquième prière ; et sa servante, jeune étourdie très-peu dévote, se débarrassa de l'eau sacrée en la jetant par la fenêtre. Elle tomba sur un malheureux endormi profondément au coin d'une borne qui lui servait de chevet. Il fut inondé, et s'éveilla. C'était le pauvre Mesrour, qui, revenant de son séjour enchanté, avait perdu dans son voyage l'anneau de Salomon. Il avait quitté ses superbes vêtements, et repris son sarrau ; son beau carquois d'or était changé en crochets de bois, et il avait[6], pour comble de malheur, laissé un de ses yeux en chemin. Il se

1. « Mesrour lit à son tour ; mais il y voit d'autres caractères : « Frappe sans « crainte, » disait l'inscription. Il frappa, etc. » 1774.

2. « Les deux enchantés. » 1774.

3. « Depuis des siècles, sans, etc. » 1774.

4. « Les génies ont toujours cette sage précaution dans leurs apprêts. Mesrour et Mélinade se mirent à table, et furent servis par mille esclaves, etc. » 1774.

5. « Au maître de l'anneau. »

« Dans ce même temps, une servante de Bagdad jette une cuvette par la fenêtre ; un malheureux, profondément endormi au coin d'une borne qui lui servait de chevet, fut inondé, et s'éveilla. C'était, etc. » 1774.

6. « Et il avait perdu, pour comble de malheur, un de ses yeux en chemin. Il se ressouvint alors de la quantité de liqueur qu'il avait bue la veille : elle avait assoupi ses sens et échauffé son imagination, au point qu'il avait cru s'être éveillé, avoir trouvé un anneau, et jouir de tout le bonheur dont il conservait le souvenir.

« Il avait jusque-là aimé l'eau-de-vie par goût ; il commença à l'aimer, etc. » 1774.

ressouvint alors qu'il avait bu la veille une grande quantité d'eau-de-vie qui avait assoupi ses sens et échauffé son imagination.

Il avait jusque-là aimé cette liqueur par goût : il commença à l'aimer par reconnaissance, et il retourna avec gaieté à son travail, bien résolu d'en employer le salaire à acheter les moyens de retrouver[1] sa chère Mélinade. Un autre se serait désolé d'être un vilain borgne, après avoir eu deux beaux yeux; d'éprouver les refus[2] des balayeuses du palais, après avoir joui des faveurs d'une princesse plus belle que les maîtresses du calife, et d'être au service de tous les bourgeois de Bagdad, après avoir régné sur tous les génies; mais Mesrour n'avait point l'œil qui voit le mauvais côté des choses[3].

1. « Revoir. » 1774.
2. « Les rebuts des poissardes, après avoir été regardé favorablement par une grande princesse, et d'être au service, etc. » 1774.
3. L'édition de 1774 est terminée par cette phrase : « Combien de gens seraient heureux, s'ils oubliaient aussi facilement les songes agréables que la fortune leur a fait faire ! »

FIN DU CROCHETEUR BORGNE.

COSI-SANCTA

UN PETIT MAL POUR UN GRAND BIEN

NOUVELLE AFRICAINE

(1746)

C'est une maxime faussement établie qu'il n'est pas permis de faire un petit mal dont un plus grand bien pourrait résulter. Saint Augustin a été entièrement de cet avis, comme il est aisé de le voir dans le récit de cette petite aventure arrivée dans son diocèse, sous le proconsulat de Septimus Acindynus, et rapportée dans le livre de la *Cité de Dieu*[1].

Il y avait à Hippone un vieux curé, grand inventeur de confréries, confesseur de toutes les jeunes filles du quartier, et qui passait pour un homme inspiré de Dieu parce qu'il se mêlait de dire la bonne aventure, métier dont il se tirait assez passablement.

On lui amena un jour une jeune fille nommée Cosi-Sancta : c'était la plus belle personne de la province. Elle avait un père et une mère jansénistes, qui l'avaient élevée dans les principes de la vertu la plus rigide ; et de tous les amants qu'elle avait eus, aucun n'avait pu seulement lui causer, dans ses oraisons, un moment de distraction. Elle était accordée depuis quelques jours à un petit vieillard ratatiné, nommé Capito, conseiller au présidial d'Hippone. C'était un petit homme bourru et chagrin, qui ne manquait pas d'esprit, mais qui était pincé dans la conversation, ricaneur, et assez mauvais plaisant ; jaloux d'ailleurs comme un Vénitien, et qui pour rien au monde ne se serait accommodé d'être l'ami des galants de sa femme. La jeune créature faisait tout ce qu'elle pouvait pour l'aimer, parce qu'il devait être son mari ; elle y allait de la meilleure foi du monde, et cependant n'y réussissait guère.

1. Voyez Bayle, article Acindynus. (*Note de Voltaire.*)

Elle alla consulter son curé, pour savoir si son mariage serait heureux. Le bon homme lui dit d'un ton de prophète : « Ma fille, ta vertu causera bien des malheurs; mais tu seras un jour canonisée pour avoir fait trois infidélités à ton mari. »

Cet oracle étonna et embarrassa cruellement l'innocence de cette belle fille. Elle pleura ; elle en demanda l'explication, croyant que ces paroles cachaient quelque sens mystique ; mais toute l'explication qu'on lui donna fût que les trois fois ne devaient point s'entendre de trois rendez-vous avec le même amant, mais de trois aventures différentes.

Alors Cosi-Sancta jeta les hauts cris ; elle dit même quelques injures au curé, et jura qu'elle ne serait jamais canonisée. Elle le fut pourtant, comme vous l'allez voir.

Elle se maria bientôt après : la noce fut très-galante ; elle soutint assez bien tous les mauvais discours qu'elle eut à essuyer, toutes les équivoques fades, toutes les grossièretés assez mal enveloppées dont on embarrasse ordinairement la pudeur des jeunes mariées[1]. Elle dansa de fort bonne grâce avec quelques jeunes gens fort bien faits et très-jolis, à qui son mari trouvait le plus mauvais air du monde.

Elle se mit au lit auprès du petit Capito, avec un peu de répugnance. Elle passa une fort bonne partie de la nuit à dormir, et se réveilla toute rêveuse. Son mari était pourtant moins le sujet de sa rêverie qu'un jeune homme nommé Ribaldos, qui lui avait donné dans la tête sans qu'elle en sût rien. Ce jeune homme semblait formé par les mains de l'Amour ; il en avait les grâces, la hardiesse et la friponnerie ; il était un peu indiscret, mais il ne l'était qu'avec celles qui le voulaient bien : c'était la coqueluche d'Hippone. Il avait brouillé toutes les femmes de la ville les unes contre les autres, et il l'était avec tous les maris et toutes les mères. Il aimait d'ordinaire par étourderie, un peu par vanité ; mais il aima Cosi-Sancta par goût, et l'aima d'autant plus éperdument que la conquête en était plus difficile.

Il s'attacha d'abord, en homme d'esprit, à plaire au mari. Il lui faisait mille avances, le louait sur sa bonne mine, et sur son esprit aisé et galant. Il perdait contre lui de l'argent au jeu, et avait tous les jours quelque confidence de rien à lui faire. Cosi-

1. C'était encore l'usage dans la jeunesse de M. de Voltaire, même dans la bonne compagnie ; mais ce ton n'est plus à la mode, parce que, suivant la remarque de J.-J. Rousseau et de plusieurs auteurs graves, nous avons dégénéré de la pureté de nos anciennes mœurs. (K.) — Voyez encore sur cet usage la lettre de Voltaire à Thieriot, en date du 5 juin 1738.

Sancta le trouvait le plus aimable du monde ; elle l'aimait déjà plus qu'elle ne croyait ; elle ne s'en doutait point, mais son mari s'en douta pour elle. Quoiqu'il eût tout l'amour-propre qu'un petit homme peut avoir, il ne laissa pas de se douter que les visites de Ribaldos n'étaient pas pour lui seul. Il rompit avec lui sur quelque mauvais prétexte, et lui défendit sa maison.

Cosi-Sancta en fut très-fâchée, et n'osa le dire; et Ribaldos, devenu plus amoureux par les difficultés, passa tout son temps à épier les moments de la voir. Il se déguisa en moine, en revendeuse à la toilette, en joueur de marionnettes ; mais il n'en fit point assez pour triompher de sa maîtresse, et il en fit trop pour n'être pas reconnu par le mari. Si Cosi-Sancta avait été d'accord avec son amant, ils auraient si bien pris leurs mesures que le mari n'aurait rien pu soupçonner; mais, comme elle combattait son goût et qu'elle n'avait rien à se reprocher, elle sauvait tout, hors les apparences ; et son mari la croyait très-coupable.

Le petit bonhomme, qui était très-colère, et qui s'imaginait que son honneur dépendait de la fidélité de sa femme, l'outragea cruellement, et la punit de ce qu'on la trouvait belle. Elle se trouva dans la plus horrible situation où une femme puisse être : accusée injustement, et maltraitée par un mari à qui elle était fidèle, et déchirée par une passion violente qu'elle cherchait à surmonter.

Elle crut que, si son amant cessait ses poursuites, son mari pourrait cesser ses injustices, et qu'elle serait assez heureuse pour se guérir d'un amour que rien ne nourrirait plus. Dans cette vue, elle se hasarda d'écrire cette lettre à Ribaldos :

« Si vous avez de la vertu, cessez de me rendre malheureuse : vous m'aimez, et votre amour m'expose aux soupçons et aux violences d'un maître que je me suis donné pour la reste de ma vie. Plût au ciel que ce fût encore le seul risque que j'eusse à courir! Par pitié pour moi, cessez vos poursuites ; je vous en conjure par cet amour même qui fait votre malheur et le mien, et qui ne peut jamais vous rendre heureux. »

La pauvre Cosi-Sancta n'avait pas prévu qu'une lettre si tendre, quoique si vertueuse, ferait un effet tout contraire à celui qu'elle espérait. Elle enflamma plus que jamais le cœur de son amant, qui résolut d'exposer sa vie pour voir sa maîtresse.

Capito, qui était assez sot pour vouloir être averti de tout, et qui avait de bons espions, fut averti que Ribaldos s'était déguisé en frère carme quêteur pour demander la charité à sa femme. Il se crut perdu : il imagina que l'habit d'un carme était bien plus

dangereux qu'un autre pour l'honneur d'un mari. Il aposta des gens pour étriller frère Ribaldos : il ne fut que trop bien servi. Le jeune homme, en entrant dans la maison, est reçu par ces messieurs ; il a beau crier qu'il est un très-honnête carme, et qu'on ne traite point ainsi de pauvres religieux, il fut assommé, et mourut, à quinze jours de là, d'un coup qu'il avait reçu sur la tête. Toutes les femmes de la ville le pleurèrent. Cosi-Sancta en fut inconsolable ; Capito même en fut fâché, mais par une autre raison, car il se trouvait une très-méchante affaire sur les bras.

Ribaldos était parent du proconsul Acindynus. Ce Romain voulut faire une punition exemplaire de cet assassinat, et, comme il avait eu quelques querelles autrefois avec le présidial d'Hippone, il ne fut pas fâché d'avoir de quoi faire pendre un conseiller ; et il fut fort aise que le sort tombât sur Capito, qui était bien le plus vain et le plus insupportable petit robin du pays.

Cosi-Sancta avait donc vu assassiner son amant, et était près de voir pendre son mari ; et tout cela pour avoir été vertueuse : car, comme je l'ai déjà dit, si elle avait donné ses faveurs à Ribaldos, le mari en eût été bien mieux trompé.

Voilà comme la moitié de la prédiction du curé fut accomplie. Cosi-Sancta se ressouvint alors de l'oracle, elle craignit fort d'en accomplir le reste ; mais, ayant bien fait réflexion qu'on ne peut vaincre sa destinée, elle s'abandonna à la Providence, qui la mena au but par les chemins du monde les plus honnêtes.

Le proconsul Acindynus était un homme plus débauché que voluptueux, s'amusant très-peu aux préliminaires, brutal, familier, vrai héros de garnison, très-craint dans la province, et avec qui toutes les femmes d'Hippone avaient eu affaire, uniquement pour ne se pas brouiller avec lui.

Il fit venir chez lui Mme Cosi-Sancta : elle arriva en pleurs ; mais elle n'en avait que plus de charmes. « Votre mari, madame, lui dit-il, va être pendu, et il ne tient qu'à vous de le sauver. — Je donnerais ma vie pour la sienne, lui dit la dame. — Ce n'est pas cela qu'on vous demande, répliqua le proconsul. — Et que faut-il donc faire ? dit-elle. — Je ne veux qu'une de vos nuits, reprit le proconsul. — Elles ne m'appartiennent pas, dit Cosi-Sancta ; c'est un bien qui est à mon mari. Je donnerai mon sang pour le sauver, mais je ne puis donner mon honneur. — Mais si votre mari y consent ? dit le proconsul. — Il est le maître, répondit la dame : chacun fait de son bien ce qu'il veut. Mais je connais mon mari, il n'en fera rien ; c'est un petit homme têtu, tout propre à se laisser pendre plutôt que de permettre qu'on me

touche du bout du doigt. — Nous allons voir cela, dit le juge en colère. »

Sur-le-champ il fait venir devant lui le criminel ; il lui propose ou d'être pendu, ou d'être cocu : il n'y avait point à balancer. Le petit bonhomme se fit pourtant tirer l'oreille. Il fit enfin ce que tout autre aurait fait à sa place. Sa femme, par charité, lui sauva la vie ; et ce fut la première des trois fois.

Le même jour, son fils tomba malade d'une maladie fort extraordinaire, inconnue à tous les médecins d'Hippone. Il n'y en avait qu'un qui eût des secrets pour cette maladie ; encore demeurait-il à Aquila, à quelques lieues d'Hippone. Il était défendu alors à un médecin établi dans une ville d'en sortir pour aller exercer sa profession dans une autre. Cosi-Sancta fut obligée elle-même d'aller à sa porte à Aquila, avec un frère qu'elle avait, et qu'elle aimait tendrement. Dans les chemins elle fut arrêtée par des brigands. Le chef de ces messieurs la trouva très-jolie ; et, comme on était prêt de tuer son frère, il s'approcha d'elle, et lui dit que, si elle voulait avoir un peu de complaisance, on ne tuerait point son frère, et qu'il ne lui en coûterait rien. La chose était pressante : elle venait de sauver la vie à son mari, qu'elle n'aimait guère ; elle allait perdre un frère, qu'elle aimait beaucoup ; d'ailleurs le danger de son fils l'alarmait : il n'y avait pas de moment à perdre. Elle se recommanda à Dieu, fit tout ce qu'on voulut ; et ce fut la seconde des trois fois.

Elle arriva le même jour à Aquila, et descendit chez le médecin. C'était un de ces médecins à la mode que les femmes envoient chercher quand elles ont des vapeurs, ou quand elles n'ont rien du tout. Il était le confident des unes, l'amant des autres : homme poli, complaisant, un peu brouillé d'ailleurs avec la Faculté, dont il avait fait de fort bonnes plaisanteries dans l'occasion.

Cosi-Sancta lui exposa la maladie de son fils, et lui offrit un gros sesterce. (Vous remarquerez qu'un gros sesterce fait, en monnaie de France, mille écus et plus.) « Ce n'est pas de cette monnaie, madame, que je prétends être payé, lui dit le galant médecin. Je vous offrirais moi-même tout mon bien, si vous étiez dans le goût de vous faire payer des cures que vous pouvez faire : guérissez-moi seulement du mal que vous me faites, et je rendrai la santé à votre fils. »

La proposition parut extravagante à la dame ; mais le destin l'avait accoutumée aux choses bizarres. Le médecin était un opi-

niâtre qui ne voulait point d'autre prix de son remède. Cosi-Sancta n'avait point de mari à consulter ; et le moyen de laisser mourir un fils qu'elle adorait, faute du plus petit secours du monde qu'elle pouvait lui donner! Elle était aussi bonne mère que bonne sœur. Elle acheta le remède au prix qu'on voulut : et ce fut la dernière des trois fois.

Elle revint à Hippone avec son frère, qui ne cessait de la remercier, durant le chemin, du courage avec lequel elle lui avait sauvé la vie.

Ainsi Cosi-Sancta, pour avoir été trop sage, fit périr son amant et condamner à mort son mari, et, pour avoir été complaisante, conserva les jours de son frère, de son fils, et de son mari. On trouva qu'une pareille femme était fort nécessaire dans une famille ; on la canonisa après sa mort, pour avoir fait tant de bien à ses parents en se mortifiant, et l'on grava sur son tombeau :

UN PETIT MAL POUR UN GRAND BIEN.

FIN DE L'HISTOIRE DE COSI-SANCTA.

ZADIG

OU

LA DESTINÉE

HISTOIRE ORIENTALE

(1747)

APPROBATION [1].

Je soussigné, qui me suis fait passer pour savant, et même pour homme d'esprit, ai lu ce manuscrit, que j'ai trouvé, malgré moi, curieux, amusant, moral, philosophique, digne de plaire à ceux mêmes qui haïssent les romans. Ainsi je l'ai décrié, et j'ai assuré M. le cadi-lesquier [2] que c'est un ouvrage détestable.

ÉPITRE DÉDICATOIRE

DE ZADIG

A LA SULTANE SHERAA [3]

PAR SADI.

Le 10 du mois de schewal, l'an 837 de l'hégire.

Charme des prunelles, tourment des cœurs, lumière de l'esprit, je ne baise point la poussière de vos pieds, parce que vous ne

1. Cette plaisanterie, parodie des approbations exigées alors pour la publication d'un livre, était dans l'édition de *Zadig* de 1748. Elle existait encore dans l'édition in-4° (tome XVII, publié en 1771). Mais ayant été omise dans l'édition encadrée de 1775, elle ne fut pas reproduite dans les éditions de Kehl. La première des éditions modernes où on la trouve est celle de M. Lequien, 1823. (B.)

2. Ou *cadhi-lesker,* ou *cadhi-asker,* chef de la justice chez les Turcs. Ce mot est ici pour garde des sceaux.

3. M^me de Pompadour.

marchez guère, ou que vous marchez sur des tapis d'Iran ou sur des roses. Je vous offre la traduction d'un livre d'un ancien sage qui, ayant le bonheur de n'avoir rien à faire, eut celui de s'amuser à écrire l'histoire de Zadig, ouvrage qui dit plus qu'il ne semble dire. Je vous prie de le lire et d'en juger : car, quoique vous soyez dans le printemps de votre vie, quoique tous les plaisirs vous cherchent, quoique vous soyez belle, et que vos talents ajoutent à votre beauté [1]; quoiqu'on vous loue du soir au matin, et que par toutes ces raisons vous soyez en droit de n'avoir pas le sens commun, cependant vous avez l'esprit très-sage et le goût très-fin, et je vous ai entendue raisonner mieux que de vieux derviches à longue barbe et à bonnet pointu. Vous êtes discrète et vous n'êtes point défiante; vous êtes douce sans être faible; vous êtes bienfaisante avec discernement; vous aimez vos amis, et vous ne vous faites point d'ennemis. Votre esprit n'emprunte jamais ses agréments des traits de la médisance; vous ne dites de mal ni n'en faites, malgré la prodigieuse facilité que vous y auriez. Enfin votre âme m'a toujours paru pure comme votre beauté. Vous avez même un petit fonds de philosophie qui m'a fait croire que vous prendriez plus de goût qu'une autre à cet ouvrage d'un sage.

Il fut écrit d'abord en ancien chaldéen, que ni vous ni moi n'entendons. On le traduisit en arabe, pour amuser le célèbre sultan Ouloug-beb. C'était du temps où les Arabes et les Persans commençaient à écrire des *Mille et une Nuits*, des *Mille et un Jours*, etc. Ouloug aimait mieux la lecture de *Zadig;* mais les sultanes aimaient mieux les *Mille et un*. « Comment pouvez-vous préférer, leur disait le sage Ouloug, des contes qui sont sans raison, et qui ne signifient rien? — C'est précisément pour cela que nous les aimons, répondaient les sultanes. »

Je me flatte que vous ne leur ressemblerez pas, et que vous serez un vrai Ouloug. J'espère même que, quand vous serez lasse des conversations générales, qui ressemblent assez aux *Mille et un*, à cela près qu'elles sont moins amusantes, je pourrai trouver une minute pour avoir l'honneur de vous parler raison. Si vous aviez été Thalestris du temps de Scander, fils de Philippe; si vous aviez été la reine de Sabée du temps de Soleiman, c'eussent été ces rois qui auraient fait le voyage.

Je prie les vertus célestes que vos plaisirs soient sans mélange, votre beauté durable, et votre bonheur sans fin.

<div style="text-align:right">Sadi.</div>

1. Elle chantait, jouait la comédie, et gravait.

CHAPITRE I.

LE BORGNE.

Du temps du roi Moabdar il y avait à Babylone un jeune homme nommé Zadig, né avec un beau naturel fortifié par l'éducation. Quoique riche et jeune, il savait modérer ses passions; il n'affectait rien; il ne voulait point toujours avoir raison, et savait respecter la faiblesse des hommes. On était étonné de voir qu'avec beaucoup d'esprit il n'insultât jamais par des railleries à ces propos si vagues, si rompus, si tumultueux, à ces médisances téméraires, à ces décisions ignorantes, à ces turlupinades grossières, à ce vain bruit de paroles, qu'on appelait *conversation* dans Babylone. Il avait appris, dans le premier livre de Zoroastre, que l'amour-propre est un ballon gonflé de vent, dont il sort des tempêtes quand on lui a fait une piqûre. Zadig surtout ne se vantait pas de mépriser les femmes et de les subjuguer. Il était généreux; il ne craignait point d'obliger des ingrats, suivant ce grand précepte de Zoroastre : *Quand tu manges, donne à manger aux chiens, dussent-ils te mordre.* Il était aussi sage qu'on peut l'être : car il cherchait à vivre avec des sages. Instruit dans les sciences des anciens Chaldéens, il n'ignorait pas les principes physiques de la nature, tels qu'on les connaissait alors, et savait de la métaphysique ce qu'on en a su dans tous les âges, c'est-à-dire fort peu de chose. Il était fermement persuadé que l'année était de trois cent soixante et cinq jours et un quart, malgré la nouvelle philosophie de son temps, et que le soleil était au centre du monde; et quand les principaux mages lui disaient, avec une hauteur insultante, qu'il avait de mauvais sentiments, et que c'était être ennemi de l'État que de croire que le soleil tournait sur lui-même, et que l'année avait douze mois, il se taisait sans colère et sans dédain.

Zadig, avec de grandes richesses, et par conséquent avec des amis, ayant de la santé, une figure aimable, un esprit juste et modéré, un cœur sincère et noble, crut qu'il pouvait être heureux. Il devait se marier à Sémire, que sa beauté, sa naissance, et sa fortune, rendaient le premier parti de Babylone. Il avait pour elle un attachement solide et vertueux, et Sémire l'aimait avec passion. Ils touchaient au moment fortuné qui allait les unir, lorsque, se promenant ensemble vers une porte de Babylone, sous les palmiers qui ornaient le rivage de l'Euphrate, ils virent

venir à eux des hommes armés de sabres et de flèches. C'étaient les satellites du jeune Orcan, neveu d'un ministre, à qui les courtisans de son oncle avaient fait accroire que tout lui était permis. Il n'avait aucune des grâces ni des vertus de Zadig ; mais, croyant valoir beaucoup mieux, il était désespéré de n'être pas préféré. Cette jalousie, qui ne venait que de sa vanité, lui fit penser qu'il aimait éperdument Sémire. Il voulait l'enlever. Les ravisseurs la saisirent, et dans les emportements de leur violence ils la blessèrent, et firent couler le sang d'une personne dont la vue aurait attendri les tigres du mont Imaüs. Elle perçait le ciel de ses plaintes. Elle s'écriait : « Mon cher époux ! on m'arrache à ce que j'adore. » Elle n'était point occupée de son danger ; elle ne pensait qu'à son cher Zadig. Celui-ci, dans le même temps, la défendait avec toute la force que donnent la valeur et l'amour. Aidé seulement de deux esclaves, il mit les ravisseurs en fuite, et ramena chez elle Sémire, évanouie et sanglante, qui en ouvrant les yeux vit son libérateur. Elle lui dit : « O Zadig ! je vous aimais comme mon époux ; je vous aime comme celui à qui je dois l'honneur et la vie. » Jamais il n'y eut un cœur plus pénétré que celui de Sémire ; jamais bouche plus ravissante n'exprima des sentiments plus touchants par ces paroles de feu qu'inspirent le sentiment du plus grand des bienfaits et le transport le plus tendre de l'amour le plus légitime. Sa blessure était légère ; elle guérit bientôt.

Zadig était blessé plus dangereusement ; un coup de flèche reçu près de l'œil lui avait fait une plaie profonde. Sémire ne demandait aux dieux que la guérison de son amant. Ses yeux étaient nuit et jour baignés de larmes : elle attendait le moment où ceux de Zadig pourraient jouir de ses regards ; mais un abcès survenu à l'œil blessé fit tout craindre. On envoya jusqu'à Memphis chercher le grand médecin Hermès, qui vint avec un nombreux cortège. Il visita le malade, et déclara qu'il perdrait l'œil ; il prédit même le jour et l'heure où ce funeste accident devait arriver. « Si c'eût été l'œil droit, dit-il, je l'aurais guéri ; mais les plaies de l'œil gauche sont incurables. » Tout Babylone, en plaignant la destinée de Zadig, admira la profondeur de la science d'Hermès. Deux jours après, l'abcès perça de lui-même ; Zadig fut guéri parfaitement. Hermès écrivit un livre où il lui prouva qu'il n'avait pas dû guérir. Zadig ne le lut point ; mais, dès qu'il put sortir, il se prépara à rendre visite à celle qui faisait l'espérance du bonheur de sa vie, et pour qui seule il voulait avoir des yeux. Sémire était à la campagne depuis trois jours. Il apprit en chemin

que cette belle dame, ayant déclaré hautement qu'elle avait une aversion insurmontable pour les borgnes, venait de se marier à Orcan la nuit même. A cette nouvelle il tomba sans connaissance ; sa douleur le mit au bord du tombeau ; il fut longtemps malade, mais enfin la raison l'emporta sur son affliction ; et l'atrocité de qu'il éprouvait servit même à le consoler.

« Puisque j'ai essuyé, dit-il, un si cruel caprice d'une fille élevée à la cour, il faut que j'épouse une citoyenne. » Il choisit Azora, la plus sage et la mieux née de la ville ; il l'épousa, et vécut un mois avec elle dans les douceurs de l'union la plus tendre. Seulement il remarquait en elle un peu de légèreté, et beaucoup de penchant à trouver toujours que les jeunes gens les mieux faits étaient ceux qui avaient le plus d'esprit et de vertu.

CHAPITRE II[1].

LE NEZ.

Un jour, Azora revint d'une promenade, tout en colère et faisant de grandes exclamations. « Qu'avez-vous, lui dit-il, ma chère épouse? Qui vous peut mettre ainsi hors de vous-même? — Hélas! dit-elle, vous seriez indigné comme moi, si vous aviez vu le spectacle dont je viens d'être témoin. J'ai été consoler la jeune veuve Cosrou, qui vient d'élever, depuis deux jours, un tombeau à son jeune époux auprès du ruisseau qui borde cette prairie. Elle a promis aux dieux, dans sa douleur, de demeurer auprès de ce tombeau tant que l'eau de ce ruisseau coulerait auprès. — Eh bien ! dit Zadig, voilà une femme estimable qui aimait véritablement son mari ! — Ah! reprit Azora, si vous saviez à quoi elle s'occupait quand je lui ai rendu visite! — A quoi donc, belle Azora ? — Elle faisait détourner le ruisseau. » Azora se répandit en des invectives si longues, éclata en reproches si violents contre la jeune veuve, que ce faste de vertu ne plut pas à Zadig.

Il avait un ami, nommé Cador, qui était un de ces jeunes gens à qui sa femme trouvait plus de probité et de mérite qu'aux autres : il le mit dans sa confidence, et s'assura, autant qu'il le pouvait, de sa fidélité par un présent considérable. Azora, ayant

1. Ce chapitre est imité d'un conte chinois, que Durand a réimprimé, en 1803, sous le titre de *la Matrone chinoise*, à la suite de sa traduction de la *Satire de Pétrone*, et que Duhalde avait déjà imprimé dans le tome III de sa *Description de la Chine*. (B.) — Voyez aussi *Contes chinois*, traduits et publiés par Abel Remusat, Paris, 1827, tome III : *la Matrone du pays de Soung*.

passé deux jours chez une de ses amies à la campagne, revint le troisième jour à la maison. Des domestiques en pleurs lui annoncèrent que son mari était mort subitement, la nuit même, qu'on n'avait pas osé lui porter cette funeste nouvelle, et qu'on venait d'ensevelir Zadig dans le tombeau de ses pères, au bout du jardin. Elle pleura, s'arracha les cheveux, et jura de mourir. Le soir, Cador lui demanda la permission de lui parler, et ils pleurèrent tous deux. Le lendemain ils pleurèrent moins, et dînèrent ensemble. Cador lui confia que son ami lui avait laissé la plus grande partie de son bien, et lui fit entendre qu'il mettrait son bonheur à partager sa fortune avec elle. La dame pleura, se fâcha, s'adoucit; le souper fut plus long que le dîner; on se parla avec plus de confiance. Azora fit l'éloge du défunt; mais elle avoua qu'il avait des défauts dont Cador était exempt.

Au milieu du souper, Cador se plaignit d'un mal de rate violent; la dame, inquiète et empressée, fit apporter toutes les essences dont elle se parfumait pour essayer s'il n'y en avait pas quelqu'une qui fût bonne pour le mal de rate; elle regretta beaucoup que le grand Hermès ne fût pas encore à Babylone; elle daigna même toucher le côté où Cador sentait de si vives douleurs. « Êtes-vous sujet à cette cruelle maladie ? lui dit-elle avec compassion. — Elle me met quelquefois au bord du tombeau, lui répondit Cador, et il n'y a qu'un seul remède qui puisse me soulager : c'est de m'appliquer sur le côté le nez d'un homme qui soit mort la veille. — Voilà un étrange remède, dit Azora. — Pas plus étrange, répondit-il, que les sachets du sieur Arnoult[1] contre l'apoplexie. » Cette raison, jointe à l'extrême mérite du jeune homme, détermina enfin la dame. « Après tout, dit-elle, quand mon mari passera du monde d'hier dans le monde du lendemain sur le pont Tchinavar, l'ange Asrael lui accordera-t-il moins le passage parce que son nez sera un peu moins long dans la seconde vie que dans la première ? » Elle prit donc un rasoir; elle alla au tombeau de son époux, l'arrosa de ses larmes, et s'approcha pour couper le nez à Zadig, qu'elle trouva tout étendu dans la tombe. Zadig se relève en tenant son nez d'une main, et arrêtant le rasoir de l'autre. « Madame, lui dit-il, ne criez plus tant contre la jeune Cosrou; le projet de me couper le nez vaut bien celui de détourner un ruisseau. »

1. Il y avait dans ce temps un Babylonien, nommé Arnoult, qui guérissait et prévenait toutes les apoplexies, dans les gazettes, avec un sachet pendu au cou. (*Note de Voltaire.*) — Cette note est de 1748; on y lit, ainsi que dans le texte, *Arnou*. Mais l'édition de 1747, sous le titre de *Memnon*, dont Beuchot a parlé dans

CHAPITRE III.

LE CHIEN ET LE CHEVAL.

Zadig éprouva que le premier mois du mariage, comme il est écrit dans le livre du Zend, est la lune du miel, et que le second est la lune de l'absinthe. Il fut quelque temps après obligé de répudier Azora, qui était devenue trop difficile à vivre, et il chercha son bonheur dans l'étude de la nature. « Rien n'est plus heureux, disait-il, qu'un philosophe qui lit dans ce grand livre que Dieu a mis sous nos yeux. Les vérités qu'il découvre sont à lui : il nourrit et il élève son âme, il vit tranquille ; il ne craint rien des hommes, et sa tendre épouse ne vient point lui couper le nez. »

Plein de ces idées, il se retira dans une maison de campagne sur les bords de l'Euphrate. Là il ne s'occupait pas à calculer combien de pouces d'eau coulaient en une seconde sous les arches d'un pont, ou s'il tombait une ligne cube de pluie dans le mois de la souris plus que dans le mois du mouton. Il n'imaginait point de faire de la soie avec des toiles d'araignée, ni de la porcelaine avec des bouteilles cassées[1], mais il étudia surtout les propriétés des animaux et des plantes, et il acquit bientôt une sagacité qui lui découvrait mille différences où les autres hommes ne voient rien que d'uniforme.

[2] Un jour, se promenant auprès d'un petit bois, il vit accourir à lui un eunuque de la reine, suivi de plusieurs officiers qui paraissaient dans la plus grande inquiétude, et qui couraient çà et là comme des hommes égarés qui cherchent ce qu'ils ont perdu de plus précieux. « Jeune homme, lui dit le premier eunuque, n'avez-vous point vu le chien de la reine ? » Zadig répondit modestement : « C'est une chienne, et non pas un chien. — Vous avez raison, reprit le premier eunuque. — C'est

son Avertissement en tête de ce volume, porte *Arnoult,* qui est le véritable nom ; voyez tome XVII, page 121.

1. Voltaire se moque ici des sujets traités dans les Mémoires de l'Académie des sciences, qui avait refusé de l'admettre dans son sein. Il semble prendre surtout à partie Réaumur pour son rapport sur la soie des araignées, imaginée par le président Bon, et pour sa découverte du verre blanc opaque, dit porcelaine de Réaumur. (G. A.)

2. L'*Année littéraire,* 1767, I, 145 et suivantes, reproche à Voltaire d'avoir pris l'idée de ce chapitre au chevalier de Mailly, auteur anonyme de : *le Voyage et les Aventures des trois princes de Sarendip, traduits du persan,* 1719 (et non 1716), in-12.

une épagneule très-petite, ajouta Zadig ; elle a fait depuis peu des chiens ; elle boite du pied gauche de devant, et elle a les oreilles très-longues. — Vous l'avez donc vue? dit le premier eunuque tout essoufflé. — Non, répondit Zadig, je ne l'ai jamais vue, et je n'ai jamais su si la reine avait une chienne. »

Précisément dans le même temps, par une bizarrerie ordinaire de la fortune, le plus beau cheval de l'écurie du roi s'était échappé des mains d'un palefrenier dans les plaines de Babylone. Le grand veneur et tous les autres officiers couraient après lui avec autant d'inquiétude que le premier eunuque après la chienne. Le grand veneur s'adressa à Zadig, et lui demanda s'il n'avait point vu passer le cheval du roi. « C'est, répondit Zadig, le cheval qui galope le mieux ; il a cinq pieds de haut, le sabot fort petit ; il porte une queue de trois pieds et demi de long ; les bossettes de son mors sont d'or à vingt-trois carats ; ses fers sont d'argent à onze deniers. — Quel chemin a-t-il pris? Où est-il? demanda le grand veneur. — Je ne l'ai point vu, répondit Zadig, et je n'en ai jamais entendu parler. »

Le grand veneur et le premier eunuque ne doutèrent pas que Zadig n'eût volé le cheval du roi et la chienne de la reine ; ils le firent conduire devant l'assemblée du grand Desterham, qui le condamna au knout, et à passer le reste de ses jours en Sibérie. A peine le jugement fut-il rendu qu'on retrouva le cheval et la chienne. Les juges furent dans la douloureuse nécessité de réformer leur arrêt ; mais ils condamnèrent Zadig à payer quatre cents onces d'or pour avoir dit qu'il n'avait point vu ce qu'il avait vu. Il fallut d'abord payer cette amende ; après quoi il fut permis à Zadig de plaider sa cause au conseil du grand desterham ; il parla en ces termes :

« Étoiles de justice, abîmes de science, miroirs de vérité, qui avez la pesanteur du plomb, la dureté du fer, l'éclat du diamant, et beaucoup d'affinité avec l'or, puisqu'il m'est permis de parler devant cette auguste assemblée, je vous jure par Orosmade que je n'ai jamais vu la chienne respectable de la reine, ni le cheval sacré du roi des rois. Voici ce qui m'est arrivé : je me promenais vers le petit bois où j'ai rencontré depuis le vénérable eunuque et le très-illustre grand veneur. J'ai vu sur le sable les traces d'un animal, et j'ai jugé aisément que c'étaient celles d'un petit chien. Des sillons légers et longs, imprimés sur de petites éminences de sable entre les traces des pattes, m'ont fait connaître que c'était une chienne dont les mamelles étaient pendantes, et qu'ainsi elle avait fait des petits il y a peu de jours. D'autres traces en un sens

différent, qui paraissaient toujours avoir rasé la surface du sable à côté des pattes de devant, m'ont appris qu'elle avait les oreilles très-longues ; et comme j'ai remarqué que le sable était toujours moins creusé par une patte que par les trois autres, j'ai compris que la chienne de notre auguste reine était un peu boiteuse, si je l'ose dire.

« A l'égard du cheval du roi des rois, vous saurez que, me promenant dans les routes de ce bois, j'ai aperçu les marques des fers d'un cheval ; elles étaient toutes à égales distances. Voilà, ai-je dit, un cheval qui a un galop parfait. La poussière des arbres, dans une route étroite qui n'a que sept pieds de large, était un peu enlevée à droite et à gauche, à trois pieds et demi du milieu de la route. Ce cheval, ai-je dit, a une queue de trois pieds et demi, qui, par ses mouvements de droite et de gauche, a balayé cette poussière. J'ai vu sous les arbres, qui formaient un berceau de cinq pieds de haut, les feuilles des branches nouvellement tombées ; et j'ai connu que ce cheval y avait touché, et qu'ainsi il avait cinq pieds de haut. Quant à son mors, il doit être d'or à vingt-trois carats : car il en a frotté les bossettes contre une pierre que j'ai reconnue être une pierre de touche, et dont j'ai fait l'essai. J'ai jugé enfin, par les marques que ses fers ont laissées sur des cailloux d'une autre espèce, qu'il était ferré d'argent à onze deniers de fin. »

Tous les juges admirèrent le profond et subtil discernement de Zadig; la nouvelle en vint jusqu'au roi et la reine. On ne parlait que de Zadig dans les antichambres, dans la chambre, et dans le cabinet ; et quoique plusieurs mages opinassent qu'on devait le brûler comme sorcier, le roi ordonna qu'on lui rendît l'amende de quatre cents onces d'or à laquelle il avait été condamné. Le greffier, les huissiers, les procureurs, vinrent chez lui en grand appareil lui apporter ses quatre cents onces ; ils en retinrent seulement trois cent quatre-vingt-dix-huit pour les frais de justice, et leurs valets demandèrent des honoraires.

Zadig vit combien il était dangereux quelquefois d'être trop savant, et se promit bien, à la première occasion, de ne point dire ce qu'il avait vu.

Cette occasion se trouva bientôt. Un prisonnier d'État s'échappa ; il passa sous les fenêtres de sa maison. On interrogea Zadig, il ne répondit rien ; mais on lui prouva qu'il avait regardé par la fenêtre. Il fut condamné pour ce crime à cinq cents onces d'or, et il remercia ses juges de leur indulgence, selon la coutume de Babylone.

« Grand Dieu ! dit-il en lui-même, qu'on est à plaindre quand on se promène dans un bois où la chienne de la reine et le cheval du roi ont passé ! qu'il est dangereux de se mettre à la fenêtre ! et qu'il est difficile d'être heureux dans cette vie ! »

CHAPITRE IV.

L'ENVIEUX.

Zadig voulut se consoler, par la philosophie et par l'amitié, des maux que lui avait faits la fortune. Il avait, dans un faubourg de Babylone, une maison ornée avec goût, où il rassemblait tous les arts et tous les plaisirs dignes d'un honnête homme. Le matin, sa bibliothèque était ouverte à tous les savants ; le soir, sa table l'était à la bonne compagnie ; mais il connut bientôt combien les savants sont dangereux ; il s'éleva une grande dispute sur une loi de Zoroastre, qui défendait de manger du griffon. « Comment défendre le griffon, disaient les uns, si cet animal n'existe pas ? — Il faut bien qu'il existe, disaient les autres, puisque Zoroastre ne veut pas qu'on en mange. » Zadig voulut les accorder, en leur disant : « S'il y a des griffons, n'en mangeons point ; s'il n'y en a point, nous en mangerons encore moins ; et par là nous obéirons tous à Zoroastre. »

Un savant, qui avait composé treize volumes sur les propriétés du griffon, et qui de plus était grand théurgite, se hâta d'aller accuser Zadig devant un archimage nommé Yébor[1], le plus sot des Chaldéens, et partant le plus fanatique. Cet homme aurait fait empaler Zadig pour la plus grande gloire du soleil, et en aurait récité le bréviaire de Zoroastre d'un ton plus satisfait. L'ami Cador (un ami vaut mieux que cent prêtres) alla trouver le vieux Yébor, et lui dit :

« Vivent le soleil et les griffons ! gardez-vous bien de punir Zadig : c'est un saint ; il a des griffons dans sa basse-cour, et il n'en mange point ; et son accusateur est un hérétique qui ose

1. Anagramme de Boyer, théatin, confesseur de dévotes titrées, évêque par leurs intrigues, qui n'avaient pu réussir à le faire supérieur de son couvent ; puis précepteur du dauphin, et enfin ministre de la feuille, par le conseil du cardinal de Fleury, qui, comme tous les hommes médiocres, aimait à faire donner les places à des hommes incapables de les remplir, mais aussi incapables de se rendre dangereux. Ce Boyer était un fanatique imbécile qui persécuta M. de Voltaire dans plus d'une occasion. (K.)

soutenir que les lapins ont le pied fendu, et ne sont point immondes. — Eh bien! dit Yébor en branlant sa tête chauve, il faut empaler Zadig pour avoir mal pensé des griffons, et l'autre pour avoir mal parlé des lapins. » Cador apaisa l'affaire par le moyen d'une fille d'honneur à laquelle il avait fait un enfant, et qui avait beaucoup de crédit dans le collége des mages. Personne ne fut empalé; de quoi plusieurs docteurs murmurèrent, et en présagèrent la décadence de Babylone. Zadig s'écria : « A quoi tient le bonheur! Tout me persécute dans ce monde, jusqu'aux êtres qui n'existent pas. » Il maudit les savants, et ne voulut plus vivre qu'en bonne compagnie.

Il rassemblait chez lui les plus honnêtes gens de Babylone, et les dames les plus aimables; il donnait des soupers délicats, souvent précédés de concerts, et animés par des conversations charmantes dont il avait su bannir l'empressement de montrer de l'esprit, qui est la plus sûre manière de n'en point avoir, et de gâter la société la plus brillante. Ni le choix de ses amis, ni celui des mets, n'étaient faits par la vanité : car en tout il préférait l'être au paraître, et par là il s'attirait la considération véritable à laquelle il ne prétendait pas.

Vis-à-vis sa maison demeurait Arimaze, personnage dont la méchante âme était peinte sur sa grossière physionomie. Il était rongé de fiel et bouffi d'orgueil, et pour comble, c'était un bel esprit ennuyeux. N'ayant jamais pu réussir dans le monde, il se vengeait par en médire[1]. Tout riche qu'il était, il avait de la peine à rassembler chez lui des flatteurs. Le bruit des chars qui entraient le soir chez Zadig l'importunait, le bruit de ses louanges l'irritait davantage. Il allait quelquefois chez Zadig, et se mettait à table sans être prié : il y corrompait toute la joie de la société, comme on dit que les harpies infectent les viandes qu'elles touchent. Il lui arriva un jour de vouloir donner une fête à une dame qui, au lieu de la recevoir, alla souper chez Zadig. Un autre jour, causant avec lui dans le palais, ils abordèrent un ministre qui pria Zadig à souper, et ne pria point Arimaze. Les plus implacables haines n'ont pas souvent des fondements plus importants. Cet homme, qu'on appelait l'*Envieux* dans Babylone, voulut perdre Zadig parce qu'on l'appelait l'*Heureux*. L'occasion de faire du mal se trouve cent fois par jour, et celle de faire du bien, une fois dans l'année, comme dit Zoroastre.

L'Envieux alla chez Zadig, qui se promenait dans ses jardins

1. Imitation d'une phrase de Montaigne, citée page 430 du tome XVII.

avec deux amis et une dame à laquelle il disait souvent des choses
galantes, sans autre intention que celle de les dire. La conver-
sation roulait sur une guerre que le roi venait de terminer heu-
reusement contre le prince d'Hyrcanie, son vassal. Zadig, qui
avait signalé son courage dans cette courte guerre, louait beau-
coup le roi, et encore plus la dame. Il prit ses tablettes, et écrivit
quatre vers qu'il fit sur-le-champ, et qu'il donna à lire à cette
belle personne.

Ses amis le prièrent de leur en faire part : la modestie, ou
plutôt un amour-propre bien entendu, l'en empêcha. Il savait que
des vers impromptus ne sont jamais bons que pour celle en l'hon-
neur de qui ils sont faits : il brisa en deux la feuille des tablettes
sur laquelle il venait d'écrire, et jeta les deux moitiés dans un
buisson de roses, où on les chercha inutilement. Une petite pluie
survint; on regagna la maison. L'Envieux, qui resta dans le jardin,
chercha tant, qu'il trouva un morceau de la feuille. Elle avait été
tellement rompue que chaque moitié de vers qui remplissait la
ligne faisait un sens, et même un vers d'une plus petite mesure;
mais, par un hasard encore plus étrange, ces petits vers se trou-
vaient former un sens qui contenait les injures les plus hor-
ribles contre le roi; on y lisait :

> Par les plus grands forfaits
> Sur le trône affermi,
> Dans la publique paix
> C'est le seul ennemi.

L'Envieux fut heureux pour la première fois de sa vie. Il avait
entre les mains de quoi perdre un homme vertueux et aimable.
Plein de cette cruelle joie, il fit parvenir jusqu'au roi cette satire
écrite de la main de Zadig : on le fit mettre en prison, lui, ses
deux amis, et la dame. Son procès lui fut bientôt fait, sans qu'on
daignât l'entendre. Lorsqu'il vint recevoir sa sentence, l'Envieux
se trouva sur son passage, et lui dit tout haut que ses vers ne
valaient rien. Zadig ne se piquait pas d'être bon poëte; mais il
était au désespoir d'être condamné comme criminel de lèse-ma-
jesté, et de voir qu'on retînt en prison une belle dame et deux
amis pour un crime qu'il n'avait pas fait. On ne lui permit pas
de parler, parce que ses tablettes parlaient : telle était la loi de
Babylone.

On le fit donc aller au supplice à travers une foule de curieux
dont aucun n'osait le plaindre, et qui se précipitaient pour
examiner son visage et pour voir s'il mourrait avec bonne grâce.

Ses parents seulement étaient affligés, car ils n'héritaient pas. Les trois quarts de son bien étaient confisqués au profit du roi, et l'autre quart au profit de l'Envieux.

Dans le temps qu'il se préparait à la mort, le perroquet du roi s'envola de son balcon, et s'abattit dans le jardin de Zadig sur un buisson de roses. Une pêche y avait été portée d'un arbre voisin par le vent; elle était tombée sur un morceau de tablettes à écrire auquel elle s'était collée. L'oiseau enleva la pêche et la tablette, et les porta sur les genoux du monarque. Le prince, curieux, y lut des mots qui ne formaient aucun sens, et qui paraissaient des fins de vers. Il aimait la poésie, et il y a toujours de la ressource avec les princes qui aiment les vers : l'aventure de son perroquet le fit rêver. La reine, qui se souvenait de ce qui avait été écrit sur une pièce de la tablette de Zadig, se la fit apporter.

On confronta les deux morceaux, qui s'ajustaient ensemble parfaitement; on lut alors les vers tels que Zadig les avait faits :

> Par les plus grands forfaits j'ai vu troubler la terre.
> Sur le trône affermi le roi sait tout dompter.
> Dans la publique paix l'amour seul fait la guerre :
> C'est le seul ennemi qui soit à redouter.

Le roi ordonna aussitôt qu'on fît venir Zadig devant lui, et qu'on fît sortir de prison ses deux amis et la belle dame. Zadig se jeta le visage contre terre, aux pieds du roi et de la reine : il leur demanda très-humblement pardon d'avoir fait de mauvais vers ; il parla avec tant de grâce, d'esprit, et de raison, que le roi et la reine voulurent le revoir. Il revint, et plut encore davantage. On lui donna tous les biens de l'Envieux, qui l'avait injustement accusé : mais Zadig les rendit tous, et l'Envieux ne fut touché que du plaisir de ne pas perdre son bien. L'estime du roi s'accrut de jour en jour pour Zadig. Il le mettait de tous ses plaisirs, et le consultait dans toutes ses affaires. La reine le regarda dès lors avec une complaisance qui pouvait devenir dangereuse pour elle, pour le roi son auguste époux, pour Zadig, et pour le royaume. Zadig commençait à croire qu'il n'est pas si difficile d'être heureux.

CHAPITRE V.

LES GÉNÉREUX.

Le temps arriva où l'on célébrait une grande fête qui revenait tous les cinq ans. C'était la coutume à Babylone de déclarer

solennellement, au bout de cinq années, celui des citoyens qui avait fait l'action la plus généreuse. Les grands et les mages étaient les juges. Le premier satrape, chargé du soin de ville, exposait les plus belles actions qui s'étaient passées sous son gouvernement. On allait aux voix : le roi prononçait le jugement. On venait à cette solennité des extrémités de la terre. Le vainqueur recevait des mains du monarque une coupe d'or garnie de pierreries, et le roi lui disait ces paroles : « Recevez ce prix de la générosité, et puissent les dieux me donner beaucoup de sujets qui vous ressemblent ! »

Ce jour mémorable venu, le roi parut sur son trône, environné des grands, des mages, et des députés de toutes les nations, qui venaient à ces jeux où la gloire s'acquérait, non par la légèreté des chevaux, non par la force du corps, mais par la vertu. Le premier satrape rapporta à haute voix les actions qui pouvaient mériter à leurs auteurs ce prix inestimable. Il ne parla point de la grandeur d'âme avec laquelle Zadig avait rendu à l'Envieux toute sa fortune : ce n'était pas une action qui méritât de disputer le prix.

Il présenta d'abord un juge qui, ayant fait perdre un procès considérable à un citoyen, par une méprise dont il n'était pas même responsable, lui avait donné tout son bien, qui était la valeur de ce que l'autre avait perdu [1].

Il produisit ensuite un jeune homme qui, étant éperdument épris d'une fille qu'il allait épouser, l'avait cédée à un ami près d'expirer d'amour pour elle, et qui avait encore payé la dot en cédant la fille.

Ensuite il fit paraître un soldat qui, dans la guerre d'Hyrcanie, avait donné encore un plus grand exemple de générosité. Des soldats ennemis lui enlevaient sa maîtresse, et il la défendait contre eux : on vint lui dire que d'autres Hyrcaniens enlevaient sa mère à quelques pas de là ; il quitta en pleurant sa maîtresse, et courut délivrer sa mère ; il retourna ensuite vers celle qu'il aimait, et la trouva expirante. Il voulut se tuer : sa mère lui remontra qu'elle n'avait que lui pour tout secours, et il eut le courage de souffrir la vie.

Les juges penchaient pour ce soldat. Le roi prit la parole, et dit : « Son action et celles des autres sont belles, mais elles ne

1. C'est à peu près le trait de Des Barreaux. Voyez, tome XIV, le *Catalogue des écrivains*, en tête du *Siècle de Louis XIV;* et dans les *Mélanges*, année 1767, la septième des *Lettres à S. A. monseigneur le Prince de****.*

m'étonnent point ; hier, Zadig en a fait une qui m'a étonné. J'avais disgracié depuis quelques jours mon ministre et mon favori Coreb. Je me plaignais de lui avec violence, et tous mes courtisans m'assuraient que j'étais trop doux : c'était à qui me dirait le plus de mal de Coreb. Je demandai à Zadig ce qu'il en pensait, et il osa en dire du bien. J'avoue que j'ai vu, dans nos histoires, des exemples qu'on a payé de son bien une erreur, qu'on a cédé sa maîtresse, qu'on a préféré une mère à l'objet de son amour ; mais je n'ai jamais lu qu'un courtisan ait parlé avantageusement d'un ministre disgracié contre qui son souverain était en colère. Je donne vingt mille pièces d'or à chacun de ceux dont on vient de réciter les actions généreuses ; mais je donne la coupe à Zadig.

— Sire, lui dit-il, c'est Votre Majesté seule qui mérite la coupe, c'est elle qui a fait l'action la plus inouïe, puisque, étant roi, vous ne vous êtes point fâché contre votre esclave, lorsqu'il contredisait votre passion. »

On admira le roi et Zadig. Le juge qui avait donné son bien, l'amant qui avait marié sa maîtresse à son ami, le soldat qui avait préféré le salut de sa mère à celui de sa maîtresse, reçurent les présents du monarque : ils virent leurs noms écrits dans le livre des généreux ; Zadig eut la coupe. Le roi acquit la réputation d'un bon prince, qu'il ne garda pas longtemps. Ce jour fut consacré par des fêtes plus longues que la loi ne le portait. La mémoire s'en conserve encore dans l'Asie. Zadig disait : « Je suis donc enfin heureux ! » Mais il se trompait.

CHAPITRE VI.

LE MINISTRE.

Le roi avait perdu son premier ministre. Il choisit Zadig pour remplir cette place. Toutes les belles dames de Babylone applaudirent à ce choix, car depuis la fondation de l'empire il n'y avait jamais eu de ministre si jeune. Tous les courtisans furent fâchés ; l'Envieux en eut un crachement de sang, et le nez lui enfla prodigieusement. Zadig, ayant remercié le roi et la reine, alla remercier aussi le perroquet : « Bel oiseau, lui dit-il, c'est vous qui m'avez sauvé la vie, et qui m'avez fait premier ministre : la chienne et le cheval de Leurs Majestés m'avaient fait beaucoup de mal, mais vous m'avez fait du bien. Voilà donc de quoi

dépendent les destins des hommes! Mais, ajouta-t-il, un bonheur si étrange sera peut-être bientôt évanoui. » Le perroquet répondit : « Oui. » Ce mot frappe Zadig. Cependant, comme il était bon physicien, et qu'il ne croyait pas que les perroquets fussent prophètes, il se rassura bientôt; il se mit à exercer son ministère de son mieux.

Il fit sentir à tout le monde le pouvoir sacré des lois, et ne fit sentir à personne le poids de sa dignité. Il ne gêna point les voix du divan, et chaque vizir pouvait avoir un avis sans lui déplaire. Quand il jugeait une affaire, ce n'était pas lui qui jugeait, c'était la loi ; mais quand elle était trop sévère, il la tempérait ; et quand on manquait de lois, son équité en faisait qu'on aurait prises pour celles de Zoroastre.

C'est de lui que les nations tiennent ce grand principe : Qu'il veut mieux hasarder de sauver un coupable que de condamner un innocent. Il croyait que les lois étaient faites pour secourir les citoyens autant que pour les intimider. Son principal talent était de démêler la vérité, que tous les hommes cherchent à obscurcir.

Dès les premiers jours de son administration il mit ce grand talent en usage. Un fameux négociant de Babylone était mort aux Indes ; il avait fait ses héritiers ses deux fils par portions égales, après avoir marié leur sœur, et il laissait un présent de trente mille pièces d'or à celui de ses deux fils qui serait jugé l'aimer davantage. L'aîné lui bâtit un tombeau, le second augmenta d'une partie de son héritage la dot de sa sœur ; chacun disait : « C'est l'aîné qui aime le mieux son père, le cadet aime mieux sa sœur ; c'est à l'aîné qu'appartiennent les trente mille pièces. »

Zadig les fit venir tous deux l'un après l'autre. Il dit à l'aîné : « Votre père n'est point mort, il est guéri de sa dernière maladie, il revient à Babylone. — Dieu soit loué, répondit le jeune homme ; mais voilà un tombeau qui m'a coûté bien cher ! » Zadig dit ensuite la même chose au cadet. « Dieu soit loué, répondit-il ; je vais rendre à mon père tout ce que j'ai ; mais je voudrais qu'il laissât à ma sœur ce que je lui ai donné. — Vous ne rendrez rien, dit Zadig, et vous aurez les trente mille pièces : c'est vous qui aimez le mieux votre père. »

Une fille fort riche avait fait une promesse de mariage à deux mages, et, après avoir reçu quelques mois des instructions de l'un et de l'autre, elle se trouva grosse. Ils voulaient tous deux l'épouser. « Je prendrai pour mon mari, dit-elle, celui des deux

qui m'a mise en état de donner un citoyen à l'empire. — C'est moi qui ai fait cette bonne œuvre, dit l'un. — C'est moi qui ai eu cet avantage, dit l'autre. — Eh bien! répondit-elle, je reconnais pour père de l'enfant celui des deux qui lui pourra donner la meilleure éducation. » Elle accoucha d'un fils. Chacun des mages veut l'élever. La cause est portée devant Zadig. Il fait venir les deux mages. « Qu'enseigneras-tu à ton pupille? dit-il au premier. — Je lui apprendrai, dit le docteur, les huit parties d'oraison, la dialectique, l'astrologie, la démonomanie; ce que c'est que la substance et l'accident, l'abstrait et le concret, les monades et l'harmonie préétablie. — Moi, dit le second, je tâcherai de le rendre juste et digne d'avoir des amis. » Zadig prononça : « Que tu sois son père ou non, tu épouseras sa mère. »

[1] Il venait tous les jours des plaintes à la cour contre l'itimadoulet de Médie, nommé *Irax*. C'était un grand seigneur dont le fonds n'était pas mauvais, mais qui était corrompu par la vanité et par la volupté. Il souffrait rarement qu'on lui parlât, et jamais qu'on l'osât contredire. Les paons ne sont pas plus vains, les colombes ne sont pas plus voluptueuses, les tortues ont moins de paresse ; il ne respirait que la fausse gloire et les faux plaisirs : Zadig entreprit de le corriger.

Il lui envoya de la part du roi un maître de musique avec douze voix et vingt-quatre violons, un maître d'hôtel avec six cuisiniers et quatre chambellans, qui ne devaient pas le quitter. L'ordre du roi portait que l'étiquette suivante serait inviolablement observée ; et voici comme les choses se passèrent.

Le premier jour, dès que le voluptueux Irax fut éveillé, le maître de musique entra, suivi des voix et des violons : on chanta une cantate qui dura deux heures, et, de trois minutes en trois minutes, le refrain était :

> Que son mérite est extrême!
> Que de grâces! que de grandeur!
> Ah! combien monseigneur
> Doit être content de lui-même!

Après l'exécution de la cantate, un chambellan lui fit une harangue de trois quarts d'heure, dans laquelle on le louait expressément de toutes les bonnes qualités qui lui manquaient.

1. Toute la fin de ce chapitre a paru pour la première fois dans les éditions de Kehl. (B.)

La harangue finie, on le conduisit à table au son des instruments. Le dîner dura trois heures; dès qu'il ouvrit la bouche pour parler, le premier chambellan dit: « Il aura raison. » A peine eut-il prononcé quatre paroles que le second chambellan s'écria: « Il a raison! » Les deux autres chambellans firent de grands éclats de rire des bons mots qu'Irax avait dits ou qu'il avait dû dire. Après dîner on lui répéta la cantate.

Cette première journée lui parut délicieuse, il crut que le roi des rois l'honorait selon ses mérites; la seconde lui parut moins agréable; la troisième fut gênante; la quatrième fut insupportable; la cinquième fut un supplice: enfin, outré d'entendre toujours chanter:

> Ah! combien monseigneur
> Doit être content de lui-même!

d'entendre toujours dire qu'il avait raison, et d'être harangué chaque jour à la même heure, il écrivit en cour pour supplier le roi qu'il daignât rappeler ses chambellans, ses musiciens, son maître d'hôtel; il promit d'être désormais moins vain et plus appliqué; il se fit moins encenser, eut moins de fêtes, et fut plus heureux; car, comme dit le Sadder[1], toujours du plaisir n'est pas du plaisir.

CHAPITRE VII[2].

LES DISPUTES ET LES AUDIENCES.

C'est ainsi que Zadig montrait tous les jours la subtilité de son génie et la bonté de son âme; on l'admirait, et cependant on l'aimait. Il passait pour le plus fortuné de tous les hommes, tout l'empire était rempli de son nom; toutes les femmes le lorgnaient; tous les citoyens célébraient sa justice; les savants le regardaient comme leur oracle; les prêtres même avouaient qu'il en savait plus que le vieux archimage Yébor. On était bien loin alors de lui faire des procès sur les griffons; on ne croyait que ce qui lui semblait croyable.

Il y avait une grande querelle dans Babylone, qui durait de-

1. Sur le Sadder, voyez tome XI, pages 34 et 199; et dans les *Mélanges*, année 1777, la *troisième niaiserie*, faisant partie de *Un Chrétien contre six Juifs*.
2. Ce chapitre n'a été publié qu'en 1775.

puis quinze cents années, et qui partageait l'empire en deux sectes opiniâtres : l'une prétendait qu'il ne fallait jamais entrer dans le temple de Mithra que du pied gauche ; l'autre avait cette coutume en abomination, et n'entrait jamais que du pied droit. On attendait le jour de la fête solennelle du feu sacré pour savoir quelle secte serait favorisée par Zadig. L'univers avait les yeux sur ses deux pieds, et toute la ville était en agitation et en suspens. Zadig entra dans le temple en sautant à pieds joints, et il prouva ensuite, par un discours éloquent, que le Dieu du ciel et de la terre, qui n'a acception de personne, ne fait pas plus de cas de la jambe gauche que de la jambe droite.

L'Envieux et sa femme prétendirent que dans son discours il n'y avait pas assez de figures, qu'il n'avait pas fait assez danser les montagnes et les collines[1]. « Il est sec et sans génie, disaient-ils ; on ne voit chez lui ni la mer s'enfuir[2], ni les étoiles tomber[3], ni le soleil se fondre comme de la cire[4] : il n'a point le bon style oriental. » Zadig se contentait d'avoir le style de la raison. Tout le monde fut pour lui, non pas parce qu'il était dans le bon chemin, non pas parce qu'il était raisonnable, non pas parce qu'il était aimable, mais parce qu'il était premier vizir.

Il termina aussi heureusement le grand procès entre les mages blancs et les mages noirs. Les blancs soutenaient que c'était une impiété de se tourner, en priant Dieu, vers l'orient d'hiver ; les noirs assuraient que Dieu avait en horreur les prières des hommes qui se tournaient vers le couchant d'été. Zadig ordonna qu'on se tournât comme on voudrait.

Il trouva ainsi le secret d'expédier, le matin, les affaires particulières et les générales ; le reste du jour, il s'occupait des embellissements de Babylone : il faisait représenter des tragédies où l'on pleurait, et des comédies où l'on riait ; ce qui était passé de mode depuis longtemps, et ce qu'il fit renaître parce qu'il avait du goût. Il ne prétendait pas en savoir plus que les artistes ; il les récompensait par des bienfaits et des distinctions, et n'était point jaloux en secret de leurs talents. Le soir, il amusait beaucoup le roi, et surtout la reine. Le roi disait : « Le grand ministre ! » La reine disait : « L'aimable ministre ! » et tous deux ajoutaient : « C'eût été grand dommage qu'il eût été pendu. »

1. Allusion aux versets 4 et 6 du psaume CXIII.
2. Versets 3 et 5 du même psaume.
3. Verset 12 du chapitre XIV d'Isaïe.
4. On lit dans l'*Exode*, XVI, 21 : *Cumque incaluisset sol, liquefiebat;* et dans *Judith*, XVI, 18 : *Petræ, sicut cera, liquescent.*

Jamais homme en place ne fut obligé de donner tant d'audiences aux dames. La plupart venaient lui parler des affaires qu'elles n'avaient point, pour en avoir une avec lui. La femme de l'Envieux s'y présenta des premières ; elle lui jura par Mithra, par le Zend-Avesta, et par le feu sacré, qu'elle avait détesté la conduite de son mari ; elle lui confia ensuite que ce mari était un jaloux, un brutal ; elle lui fit entendre que les dieux le punissaient en lui refusant les précieux effets de ce feu sacré par lequel seul l'homme est semblable aux immortels : elle finit par laisser tomber sa jarretière ; Zadig la ramassa avec sa politesse ordinaire ; mais il ne la rattacha point au genou de la dame ; et cette petite faute, si c'en est une, fut la cause des plus horribles infortunes. Zadig n'y pensa pas, et la femme de l'Envieux y pensa beaucoup.

D'autres dames se présentaient tous les jours. Les annales secrètes de Babylone prétendent qu'il succomba une fois, mais qu'il fut tout étonné de jouir sans volupté, et d'embrasser son amante avec distraction. Celle à qui il donna, sans presque s'en apercevoir, des marques de sa protection, était une femme de chambre de la reine Astarté. Cette tendre Babylonienne se disait à elle-même pour se consoler : « Il faut que cet homme-là ait prodigieusement d'affaires dans la tête, puisqu'il y songe encore même en faisant l'amour. » Il échappa à Zadig, dans les instants où plusieurs personnes ne disent mot, et où d'autres ne prononcent que des paroles sacrées, de s'écrier tout d'un coup : « La reine ! » La Babylonienne crut qu'enfin il était revenu à lui dans un bon moment, et qu'il lui disait : « Ma reine. » Mais Zadig, toujours très-distrait, prononça le nom d'Astarté. La dame, qui dans ces heureuses circonstances interprétait tout à son avantage, s'imagina que cela voulait dire : « Vous êtes plus belle que la reine Astarté. » Elle sortit du sérail de Zadig avec de très-beaux présents. Elle alla conter son aventure à l'Envieuse, qui était son amie intime ; celle-ci fut cruellement piquée de la préférence. « Il n'a pas daigné seulement, dit-elle, me rattacher cette jarretière que voici, et dont je ne veux plus me servir. — Oh ! oh ! dit la fortunée à l'Envieuse, vous portez les mêmes jarretières que la reine ! Vous les prenez donc chez la même faiseuse ? » L'Envieuse rêva profondément, ne répondit rien, et alla consulter son mari l'Envieux.

Cependant Zadig s'apercevait qu'il avait toujours des distractions quand il donnait des audiences, et quand il jugeait ; il ne savait à quoi les attribuer : c'était là sa seule peine.

Il eut un songe : il lui semblait qu'il était couché d'abord sur des herbes sèches, parmi lesquelles il y en avait quelques-unes de piquantes qui l'incommodaient ; et qu'ensuite il reposait mollement sur un lit de roses, dont il sortait un serpent qui le blessait au cœur de sa langue acérée et envenimée. « Hélas ! disait-il, j'ai été longtemps couché sur ces herbes sèches et piquantes, je suis maintenant sur le lit de roses, mais quel sera le serpent ? »

CHAPITRE VIII.

LA JALOUSIE.

Le malheur de Zadig vint de son bonheur même, et surtout de son mérite. Il avait tous les jours des entretiens avec le roi et avec Astarté, son auguste épouse. Les charmes de sa conversation redoublaient encore par cette envie de plaire qui est à l'esprit ce que la parure est à la beauté; sa jeunesse et ses grâces firent insensiblement sur Astarté une impression dont elle ne s'aperçut pas d'abord. Sa passion croissait dans le sein de l'innocence. Astarté se livrait sans scrupule et sans crainte au plaisir de voir et d'entendre un homme cher à son époux et à l'État ; elle ne cessait de le vanter au roi ; elle en parlait à ses femmes, qui enchérissaient encore sur ses louanges ; tout servait à enfoncer dans son cœur le trait qu'elle ne sentait pas. Elle faisait des présents à Zadig, dans lesquels il entrait plus de galanterie qu'elle ne pensait ; elle croyait ne lui parler qu'en reine contente de ses services, et quelquefois ses expressions étaient d'une femme sensible.

Astarté était beaucoup plus belle que cette Sémire qui haïssait tant les borgnes, et que cette autre femme qui avait voulu couper le nez à son époux. La familiarité d'Astarté, ses discours tendres, dont elle commençait à rougir, ses regards, qu'elle voulait détourner, et qui se fixaient sur les siens, allumèrent dans le cœur de Zadig un feu dont il s'étonna. Il combattit ; il appela à son secours la philosophie, qui l'avait toujours secouru ; il n'en tira que des lumières, et n'en reçut aucun soulagement. Le devoir, la reconnaissance, la majesté souveraine violée, se présentaient à ses yeux comme des dieux vengeurs ; il combattait, il triomphait ; mais cette victoire, qu'il fallait remporter à tout moment, lui coûtait des gémissements et des larmes. Il n'osait plus parler à la reine avec cette douce liberté qui avait eu tant de charmes pour tous deux : ses yeux se couvraient d'un nuage ; ses discours étaient

contraints et sans suite : il baissait la vue; et quand, malgré lui, ses regards se tournaient vers Astarté, ils rencontraient ceux de la reine mouillés de pleurs, dont il partait des traits de flamme ; ils semblaient se dire l'un à l'autre : « Nous nous adorons, et nous craignons de nous aimer ; nous brûlons tous deux d'un feu que nous condamnons. »

Zadig sortait d'auprès d'elle égaré, éperdu, le cœur surchargé d'un fardeau qu'il ne pouvait plus porter : dans la violence de ses agitations, il laissa pénétrer son secret à son ami Cador, comme un homme qui, ayant soutenu longtemps les atteintes d'une vive douleur, fait enfin connaître son mal par un cri qu'un redoublement aigu lui arrache, et par la sueur froide qui coule sur son front.

Cador lui dit : « J'ai déjà démêlé les sentiments que vous vouliez vous cacher à vous-même ; les passions ont des signes auxquels on ne peut se méprendre. Jugez, mon cher Zadig, puisque j'ai lu dans votre cœur, si le roi n'y découvrira pas un sentiment qui l'offense. Il n'a d'autre défaut que celui d'être le plus jaloux des hommes. Vous résistez à votre passion avec plus de force que la reine ne combat la sienne, parce que vous êtes philosophe, et parce que vous êtes Zadig. Astarté est femme ; elle laisse parler ses regards avec d'autant plus d'imprudence qu'elle ne se croit pas encore coupable. Malheureusement rassurée sur son innocence, elle néglige des dehors nécessaires. Je tremblerai pour elle tant qu'elle n'aura rien à se reprocher. Si vous étiez d'accord l'un et l'autre, vous sauriez tromper tous les yeux : une passion naissante et combattue éclate ; un amour satisfait sait se cacher. » Zadig frémit à la proposition de trahir le roi, son bienfaiteur ; et jamais il ne fut plus fidèle à son prince que quand il fut coupable envers lui d'un crime involontaire. Cependant la reine prononçait si souvent le nom de Zadig, son front se couvrait de tant de rougeur en le prononçant, elle était tantôt si animée, tantôt si interdite, quand elle lui parlait en présence du roi ; une rêverie si profonde s'emparait d'elle quand il était sorti, que le roi fut troublé. Il crut tout ce qu'il voyait, et imagina tout ce qu'il ne voyait point. Il remarqua surtout que les babouches de sa femme étaient bleues, et que les babouches de Zadig étaient bleues, que les rubans de sa femme étaient jaunes, et que le bonnet de Zadig était jaune ; c'étaient là de terribles indices pour un prince délicat. Les soupçons se tournèrent en certitude dans son esprit aigri.

Tous les esclaves des rois et des reines sont autant d'espions de leurs cœurs. On pénétra bientôt qu'Astarté était tendre, et que

CHAPITRE VIII.

Moabdar était jaloux. L'Envieux engagea l'Envieuse à envoyer au roi sa jarretière, qui ressemblait à celle de la reine. Pour surcroît de malheur, cette jarretière était bleue. Le monarque ne songea plus qu'à la manière de se venger. Il résolut une nuit d'empoisonner la reine, et de faire mourir Zadig par le cordeau au point du jour. L'ordre en fut donné à un impitoyable eunuque, exécuteur de ses vengeances. Il y avait alors dans la chambre du roi un petit nain qui était muet, mais qui n'était pas sourd. On le souffrait toujours : il était témoin de ce qui se passait de plus secret, comme un animal domestique. Ce petit muet était très-attaché à la reine et à Zadig. Il entendit, avec autant de surprise que d'horreur, donner l'ordre de leur mort. Mais comment faire pour prévenir cet ordre effroyable, qui allait s'exécuter dans peu d'heures ? Il ne savait pas écrire ; mais il avait appris à peindre, et savait surtout faire ressembler. Il passa une partie de la nuit à crayonner ce qu'il voulait faire entendre à la reine. Son dessin représentait le roi agité de fureur, dans un coin du tableau, donnant des ordres à son eunuque ; un cordeau bleu et un vase sur une table, avec des jarretières bleues et des rubans jaunes ; la reine, dans le milieu du tableau, expirante entre les bras de ses femmes ; et Zadig étranglé à ses pieds. L'horizon représentait un soleil levant pour marquer que cette horrible exécution devait se faire aux premiers rayons de l'aurore. Dès qu'il eut fini cet ouvrage, il courut chez une femme d'Astarté, la réveilla, et lui fit entendre qu'il fallait dans l'instant même porter ce tableau à la reine.

Cependant, au milieu de la nuit, on vient frapper à la porte de Zadig ; on le réveille ; on lui donne un billet de la reine ; il doute si c'est un songe ; il ouvre la lettre d'une main tremblante. Quelle fut sa surprise, et qui pourrait exprimer la consternation et le désespoir dont il fut accablé quand il lut ces paroles : « Fuyez, dans l'instant même, ou l'on va vous arracher la vie! Fuyez, Zadig ; je vous l'ordonne au nom de notre amour et de mes rubans jaunes. Je n'étais point coupable ; mais je sens que je vais mourir criminelle. »

Zadig eut à peine la force de parler. Il ordonna qu'on fît venir Cador ; et, sans lui rien dire, il lui donna ce billet. Cador le força d'obéir, et de prendre sur-le-champ la route de Memphis. « Si vous osez aller trouver la reine, lui dit-il, vous hâtez sa mort ; si vous parlez au roi, vous la perdez encore. Je me charge de sa destinée ; suivez la vôtre. Je répandrai le bruit que vous avez pris la route des Indes. Je viendrai bientôt vous trouver, et je vous apprendrai ce qui se sera passé à Babylone. »

Cador, dans le moment même, fit placer deux dromadaires des plus légers à la course vers une porte secrète du palais ; il y fit monter Zadig, qu'il fallut porter, et qui était près de rendre l'âme. Un seul domestique l'accompagna ; et bientôt Cador, plongé dans l'étonnement et dans la douleur, perdit son ami de vue.

Cet illustre fugitif, arrivé sur le bord d'une colline dont on voyait Babylone, tourna la vue sur le palais de la reine, et s'évanouit ; il ne reprit ses sens que pour verser des larmes, et pour souhaiter la mort. Enfin, après s'être occupé de la destinée déplorable de la plus aimable des femmes et de la première reine du monde, il fit un moment[1] de retour sur lui-même, et s'écria : « Qu'est-ce donc que la vie humaine ? O vertu ! à quoi m'avez-vous servi ? Deux femmes m'ont indignement trompé ; la troisième, qui n'est point coupable, et qui est plus belle que les autres, va mourir ! Tout ce que j'ai fait de bien a toujours été pour moi une source de malédictions, et je n'ai été élevé au comble de la grandeur que pour tomber dans le plus horrible précipice de l'infortune. Si j'eusse été méchant comme tant d'autres, je serais heureux comme eux. » Accablé de ces réflexions funestes, les yeux chargés du voile de la douleur, la pâleur de la mort sur le visage, et l'âme abîmée dans l'excès d'un sombre désespoir, il continuait son voyage vers l'Égypte.

CHAPITRE IX.

LA FEMME BATTUE.

Zadig dirigeait sa route sur les étoiles. La constellation d'Orion et le brillant astre de Sirius le guidaient vers le port[2] de Canope. Il admirait ces vastes globes de lumière qui ne paraissent que de faibles étincelles à nos yeux, tandis que la terre, qui n'est en effet qu'un point imperceptible dans la nature, paraît à notre cupidité quelque chose de si grand et de si noble. Il se figurait alors les hommes tels qu'ils sont en effet, des insectes se dévorant les uns les autres sur un petit atome de boue. Cette image vraie

1. L'erratum de l'édition de Kehl dit de mettre : *un mouvement de retour*. On a suivi pour la présente édition le texte de 1747, 1748, etc.
2. C'est d'après un erratum manuscrit de feu Decroix que j'ai mis *port*. Les éditions que j'ai vues portent toutes, sans exception, *le pôle de Canope*. Voltaire a dit, dans le chapitre v du *Taureau blanc* : *Je m'en vais auprès du lac de Sirbon, par Canope.* (B.)

semblait anéantir ses malheurs, en lui retraçant le néant de son être et celui de Babylone. Son âme s'élançait jusque dans l'infini, et contemplait, détachée de ses sens, l'ordre immuable de l'univers. Mais lorsque ensuite, rendu à lui-même et rentrant dans son cœur, il pensait qu'Astarté était peut-être morte pour lui, l'univers disparaissait à ses yeux, et il ne voyait dans la nature entière qu'Astarté mourante et Zadig infortuné.

Comme il se livrait à ce flux et à ce reflux de philosophie sublime et de douleur accablante, il avançait vers les frontières de l'Égypte; et déjà son domestique fidèle était dans la première bourgade, où il lui cherchait un logement. Zadig cependant se promenait vers les jardins qui bordaient ce village. Il vit, non loin du grand chemin, une femme éplorée qui appelait le ciel et la terre à son secours, et un homme furieux qui la suivait. Elle était déjà atteinte par lui, elle embrassait ses genoux. Cet homme l'accablait de coups et de reproches. Il jugea, à la violence de l'Égyptien et aux pardons réitérés que lui demandait la dame, que l'un était un jaloux, et l'autre une infidèle; mais quand il eut considéré cette femme, qui était d'une beauté touchante, et qui même ressemblait un peu à la malheureuse Astarté, il se sentit pénétré de compassion pour elle, et d'horreur pour l'Égyptien. « Secourez-moi, s'écria-t-elle à Zadig avec des sanglots ; tirez-moi des mains du plus barbare des hommes, sauvez-moi la vie! »

A ces cris, Zadig courut se jeter entre elle et ce barbare. Il avait quelque connaissance de la langue égyptienne. Il lui dit en cette langue: « Si vous avez quelque humanité, je vous conjure de respecter la beauté et la faiblesse. Pouvez-vous outrager ainsi un chef-d'œuvre de la nature, qui est à vos pieds, et qui n'a pour sa défense que des larmes? — Ah! ah! lui dit cet emporté, tu l'aimes donc aussi! et c'est de toi qu'il faut que je me venge. » En disant ces paroles, il laisse la dame, qu'il tenait d'une main par les cheveux, et, prenant sa lance, il veut en percer l'étranger. Celui-ci, qui était de sang-froid, évita aisément le coup d'un furieux. Il se saisit de la lance près du fer dont elle est armée. L'un veut la retirer, l'autre l'arracher. Elle se brise entre leurs mains. L'Égyptien tire son épée; Zadig s'arme de la sienne. Ils s'attaquent l'un l'autre. Celui-là porte cents coups précipités ; celui-ci les pare avec adresse. La dame, assise sur un gazon, rajuste sa coiffure, et les regarde. L'Égyptien était plus robuste que son adversaire, Zadig était plus adroit. Celui-ci se battait en homme dont la tête conduisait le bras, et celui-là comme un emporté dont une colère aveugle guidait les mouvements au hasard.

Zadig passe à lui, et le désarme; et tandis que l'Égyptien, devenu plus furieux, veut se jeter sur lui, il le saisit, le presse, le fait tomber en lui tenant l'épée sur la poitrine; il lui offre de lui donner la vie. L'Égyptien, hors de lui, tire son poignard; il en blesse Zadig dans le temps même que le vainqueur lui pardonnait. Zadig, indigné, lui plonge son épée dans le sein. L'Égyptien jette un cri horrible, et meurt en se débattant.

Zadig alors s'avança vers la dame, et lui dit d'une voix soumise: « Il m'a forcé de le tuer : je vous ai vengée; vous êtes délivrée de l'homme le plus violent que j'aie jamais vu. Que voulez-vous maintenant de moi, madame? — Que tu meures, scélérat, lui répondit-elle; que tu meures! tu as tué mon amant; je voudrais pouvoir déchirer ton cœur. — En vérité, madame, vous aviez là un étrange homme pour amant, lui répondit Zadig; il vous battait de toutes ses forces, et il voulait m'arracher la vie parce que vous m'avez conjuré de vous secourir. — Je voudrais qu'il me battît encore, reprit la dame en poussant des cris. Je le méritais bien, je lui avais donné de la jalousie. Plût au ciel qu'il me battît, et que tu fusses à sa place ! » Zadig, plus surpris et plus en colère qu'il ne l'avait été de sa vie, lui dit : « Madame, toute belle que vous êtes, vous mériteriez que je vous battisse à mon tour, tant vous êtes extravagante ; mais je n'en prendrai pas la peine[1]. » Là-dessus il remonta sur son chameau, et avança vers le bourg. A peine avait-il fait quelques pas qu'il se retourne au bruit que faisaient quatre courriers de Babylone. Ils venaient à toute bride. L'un d'eux, en voyant cette femme, s'écria: « C'est elle-même ! elle ressemble au portrait qu'on nous en a fait. » Ils ne s'embarrassèrent pas du mort, et se saisirent incontinent de la dame. Elle ne cessait de crier à Zadig : « Secourez-moi encore une fois, étranger généreux ! je vous demande pardon de m'être plainte de vous : secourez-moi, et je suis à vous jusqu'au tombeau ! » L'envie avait passé à Zadig de se battre désormais pour elle. « A d'autres! répondit-il ; vous ne m'y attraperez plus. »

D'ailleurs il était blessé, son sang coulait, il avait besoin de secours ; et la vue des quatre Babyloniens, probablement envoyés par le roi Moabdar, le remplissait d'inquiétude. Il s'avance en hâte vers le village, n'imaginant pas pourquoi quatre courriers de Babylone venaient prendre cette Égyptienne, mais encore plus étonné du caractère de cette dame.

1. C'est une scène analogue à celle de Sganarelle, Martine et M. Robert, dans le *Médecin malgré lui*.

CHAPITRE X.

L'ESCLAVAGE.

Comme il entrait dans la bourgade égyptienne, il se vit entouré par le peuple. Chacun criait : « Voilà celui qui a enlevé la belle Missouf, et qui vient d'assassiner Clétofis ! — Messieurs, dit-il, Dieu me préserve d'enlever jamais votre belle Missouf ! elle est trop capricieuse ; et, à l'égard de Clétofis, je ne l'ai point assassiné ; je me suis défendu seulement contre lui. Il voulait me tuer, parce que je lui avais demandé très-humblement grâce pour la belle Missouf, qu'il battait impitoyablement. Je suis un étranger qui vient chercher un asile dans l'Égypte ; et il n'y a pas d'apparence qu'en venant demander votre protection j'aie commencé par enlever une femme, et par assassiner un homme. »

Les Égyptiens étaient alors justes et humains. Le peuple conduisit Zadig à la maison de ville. On commença par le faire panser de sa blessure, et ensuite on l'interrogea, lui et son domestique séparément, pour savoir la vérité. On reconnut que Zadig n'était point un assassin ; mais il était coupable du sang d'un homme : la loi le condamnait à être esclave. On vendit au profit de la bourgade ses deux chameaux ; on distribua aux habitants tout l'or qu'il avait apporté ; sa personne fut exposée en vente dans la place publique, ainsi que celle de son compagnon de voyage. Un marchand arabe, nommé Sétoc, y mit l'enchère ; mais le valet, plus propre à la fatigue, fut vendu bien plus chèrement que le maître. On ne faisait pas de comparaison entre ces deux hommes. Zadig fut donc esclave subordonné à son valet : on les attacha ensemble avec une chaîne qu'on leur passa aux pieds, et en cet état ils suivirent le marchand arabe dans sa maison. Zadig, en chemin, consolait son domestique, et l'exhortait à la patience ; mais, selon sa coutume, il faisait des réflexions sur la vie humaine. « Je vois, lui disait-il, que les malheurs de ma destinée se répandent sur la tienne. Tout m'a tourné jusqu'ici d'une façon bien étrange. J'ai été condamné à l'amende pour avoir vu passer une chienne ; j'ai pensé être empalé pour un griffon ; j'ai été envoyé au supplice parce que j'avais fait des vers à la louange du roi ; j'ai été sur le point d'être étranglé parce que la reine avait des rubans jaunes, et me voici esclave avec toi parce qu'un brutal a battu sa maîtresse. Allons, ne perdons point courage ; tout ceci finira peut-

être ; il faut bien que les marchands arabes aient des esclaves ; et pourquoi ne le serais-je pas comme un autre, puisque je suis homme comme un autre? Ce marchand ne sera pas impitoyable ; il faut qu'il traite bien ses esclaves, s'il en veut tirer des services. » Il parlait ainsi, et dans le fond de son cœur il était occupé du sort de la reine de Babylone.

Sétoc, le marchand, partit deux jours après pour l'Arabie déserte avec ses esclaves et ses chameaux. Sa tribu habitait vers le désert d'Horeb. Le chemin fut long et pénible. Sétoc, dans la route, faisait bien plus de cas du valet que du maître, parce que le premier chargeait bien mieux les chameaux ; et toutes les petites distinctions furent pour lui.

Un chameau mourut à deux journées d'Horeb : on répartit sa charge sur le dos de chacun des serviteurs ; Zadig en eut sa part. Sétoc se mit à rire en voyant tous ses esclaves marcher courbés. Zadig prit la liberté de lui en expliquer la raison, et lui apprit les lois de l'équilibre. Le marchand, étonné, commença à le regarder d'un autre œil. Zadig, voyant qu'il avait excité sa curiosité, la redoubla en lui apprenant beaucoup de choses qui n'étaient point étrangères à son commerce ; les pesanteurs spécifiques des métaux et des denrées sous un volume égal ; les propriétés de plusieurs animaux utiles ; le moyen de rendre tels ceux qui ne l'étaient pas ; enfin il lui parut un sage. Sétoc lui donna la préférence sur son camarade, qu'il avait tant estimé. Il le traita bien, et n'eut pas sujet de s'en repentir.

Arrivé dans sa tribu, Sétoc commença par redemander cinq cents onces d'argent à un Hébreu auquel il les avait prêtées en présence de deux témoins ; mais ces deux témoins étaient morts, et l'Hébreu, ne pouvant être convaincu, s'appropriait l'argent du marchand, en remerciant Dieu de ce qu'il lui avait donné le moyen de tromper un Arabe. Sétoc confia sa peine à Zadig, qui était devenu son conseil. « En quel endroit, demanda Zadig, prêtâtes-vous vos cinq cents onces à cet infidèle ? — Sur une large pierre, répondit le marchand, qui est auprès du mont Horeb. — Quel est le caractère de votre débiteur ? dit Zadig — Celui d'un fripon, reprit Sétoc. — Mais je vous demande si c'est un homme vif ou flegmatique, avisé ou imprudent. — C'est de tous les mauvais payeurs, dit Sétoc, le plus vif que je connaisse. — Eh bien ! insista Zadig, permettez que je plaide votre cause devant le juge. » En effet il cita l'Hébreu au tribunal, et il parla ainsi au juge : « Oreiller du trône d'équité, je viens redemander à cet homme, au nom de mon maître, cinq cents onces d'argent qu'il ne veut pas

rendre. — Avez-vous des témoins? dit le juge. — Non, ils sont morts;
mais il reste une large pierre sur laquelle l'argent fut compté; et
s'il plaît à Votre Grandeur d'ordonner qu'on aille chercher la
pierre, j'espère qu'elle portera témoignage; nous resterons ici,
l'Hébreu et moi, en attendant que la pierre vienne; je l'enverrai
chercher aux dépens de Sétoc, mon maître. — Très-volontiers,
répondit le juge; » et il se mit à expédier d'autres affaires.

A la fin de l'audience : « Eh bien! dit-il à Zadig, votre pierre
n'est pas encore venue? » L'Hébreu, en riant, répondit : « Votre
Grandeur resterait ici jusqu'à demain que la pierre ne serait pas
encore arrivée; elle est à plus de six milles d'ici, et il faudrait
quinze hommes pour la remuer. — Eh bien! s'écria Zadig, je vous
avais bien dit que la pierre porterait témoignage; puisque cet
homme sait où elle est, il avoue donc que c'est sur elle que l'argent fut compté. » L'Hébreu, déconcerté, fut bientôt contraint de
tout avouer. Le juge ordonna qu'il serait lié à la pierre, sans
boire ni manger, jusqu'à ce qu'il eût rendu les cinq cents onces,
qui furent bientôt payées.

L'esclave Zadig et la pierre furent en grande recommandation
dans l'Arabie.

CHAPITRE XI.

LE BUCHER.

Sétoc, enchanté, fit de son esclave son ami intime. Il ne pouvait pas plus se passer de lui qu'avait fait le roi de Babylone; et
Zadig fut heureux que Sétoc n'eût point de femme. Il découvrait
dans son maître un naturel porté au bien, beaucoup de droiture
et de bon sens. Il fut fâché de voir qu'il adorait l'armée céleste,
c'est-à-dire le soleil, la lune, et les étoiles, selon l'ancien usage
d'Arabie. Il lui en parlait quelquefois avec beaucoup de discrétion. Enfin il lui dit que c'étaient des corps comme les autres,
qui ne méritaient pas plus son hommage qu'un arbre ou un
rocher. « Mais, disait Sétoc, ce sont des êtres éternels dont nous
tirons tous nos avantages; ils animent la nature; ils règlent les
saisons; ils sont d'ailleurs si loin de nous qu'on ne peut pas
s'empêcher de les révérer. — Vous recevez plus d'avantages,
répondit Zadig, des eaux de la mer Rouge, qui porte vos marchandises aux Indes. Pourquoi ne serait-elle pas aussi ancienne
que les étoiles? Et si vous adorez ce qui est éloigné de vous,
vous devez adorer la terre des Gangarides, qui est aux extré-

mités du monde. — Non, disait Sétoc, les étoiles sont trop brillantes pour que je ne les adore pas. » Le soir venu, Zadig alluma un grand nombre de flambeaux dans la tente où il devait souper avec Sétoc; et dès que son patron parut, il se jeta à genoux devant ces cires allumées, et leur dit : « Éternelles et brillantes clartés, soyez-moi toujours propices ! » Ayant proféré ces paroles, il se mit à table sans regarder Sétoc. « Que faites-vous donc? lui dit Sétoc étonné. — Je fais comme vous, répondit Zadig ; j'adore ces chandelles, et je néglige leur maître et le mien. » Sétoc comprit le sens profond de cet apologue. La sagesse de son esclave entra dans son âme; il ne prodigua plus son encens aux créatures, et adora l'Être éternel qui les a faites.

Il y avait alors dans l'Arabie une coutume affreuse, venue originairement de Scythie, et qui, s'étant établie dans les Indes par le crédit des brachmanes, menaçait d'envahir tout l'Orient. Lorsqu'un homme marié était mort, et que sa femme bien-aimée voulait être sainte, elle se brûlait en public sur le corps de son mari. C'était une fête solennelle qui s'appelait *le bûcher du veuvage*. La tribu dans laquelle il y avait eu le plus de femmes brûlées était la plus considérée. Un Arabe de la tribu de Sétoc étant mort, sa veuve, nommée *Almona*, qui était fort dévote, fit savoir le jour et l'heure où elle se jetterait dans le feu au son des tambours et des trompettes. Zadig remontra à Sétoc combien cette horrible coutume était contraire au bien du genre humain ; qu'on laissait brûler tous les jours de jeunes veuves qui pouvaient donner des enfants à l'État, ou du moins élever les leurs ; et il le fit convenir qu'il fallait, si on pouvait, abolir un usage si barbare. Sétoc répondit : « Il y a plus de mille ans que les femmes sont en possesssion de se brûler. Qui de nous osera changer une loi que le temps a consacrée? Y a-t-il rien de plus respectable qu'un ancien abus? — La raison est plus ancienne, reprit Zadig. Parlez aux chefs des tribus, et je vais trouver la jeune veuve. »

Il se fit présenter à elle ; et après s'être insinué dans son esprit par des louanges sur sa beauté, après lui avoir dit combien c'était dommage de mettre au feu tant de charmes, il la loua encore sur sa constance et sur son courage. « Vous aimiez donc prodigieusement votre mari ? lui dit-il. — Moi ? point du tout, répondit la dame arabe. C'était un brutal, un jaloux, un homme insupportable ; mais je suis fermement résolue de me jeter sur son bûcher. — Il faut, dit Zadig, qu'il y ait apparemment un plaisir bien délicieux à être brûlée vive. — Ah! cela fait frémir la nature,

dit la dame; mais il faut en passer par là. Je suis dévote; je serais perdue de réputation, et tout le monde se moquerait de moi si je ne me brûlais pas. » Zadig, l'ayant fait convenir qu'elle se brûlait pour les autres et par vanité, lui parla longtemps d'une manière à lui faire aimer un peu la vie, et parvint même à lui inspirer quelque bienveillance pour celui qui lui parlait. « Que feriez-vous enfin, lui dit-il, si la vanité de vous brûler ne vous tenait pas? — Hélas! dit la dame, je crois que je vous prierais de m'épouser. »

Zadig était trop rempli de l'idée d'Astarté pour ne pas éluder cette déclaration; mais il alla dans l'instant trouver les chefs des tribus, leur dit ce qui s'était passé, et leur conseilla de faire une loi par laquelle il ne serait permis à une veuve de se brûler qu'après avoir entretenu un jeune homme tête à tête pendant une heure entière. Depuis ce temps, aucune dame ne se brûla en Arabie. On eut au seul Zadig l'obligation d'avoir détruit en un jour une coutume si cruelle, qui durait depuis tant de siècles. Il était donc le bienfaiteur de l'Arabie.

CHAPITRE XII[1].

LE SOUPER.

Sétoc, qui ne pouvait se séparer de cet homme en qui habitait la sagesse, le mena à la grande foire de Bassora, où devaient se rendre les plus grands négociants de la terre habitable. Ce fut pour Zadig une consolation sensible de voir tant d'hommes de diverses contrées réunis dans la même place. Il lui paraissait que l'univers était une grande famille qui se rassemblait à Bassora. Il se trouva à table, dès le second jour, avec un Égyptien, un Indien gangaride, un habitant du Cathay, un Grec, un Celte, et plusieurs autres étrangers qui, dans leurs fréquents voyages vers le golfe Arabique, avaient appris assez d'arabe pour se faire entendre. L'Égyptien paraissait fort en colère. « Quel abominable pays que Bassora! disait-il; on m'y refuse mille onces d'or sur le meilleur effet du monde. — Comment donc, dit Sétoc; sur quel effet vous a-t-on refusé cette somme? — Sur le corps de ma tante, répondit l'Égyptien; c'était la plus brave femme d'Égypte. Elle m'accom-

1. Ce chapitre ne se trouvait pas dans cette histoire lorsqu'elle était intitulée *Memnon*, en 1747. (G. A.)

pagnait toujours; elle est morte en chemin : j'en ai fait une des plus belles momies que nous ayons; et je trouverais dans mon pays tout ce que je voudrais en la mettant en gage. Il est bien étrange qu'on ne veuille pas seulement me donner ici mille onces d'or sur un effet si solide. » Tout en se courrouçant, il était prêt de manger d'une excellente poule bouillie, quand l'Indien, le prenant par la main, s'écria avec douleur : « Ah! qu'allez-vous faire? — Manger de cette poule, dit l'homme à la momie. — Gardez-vous-en bien, dit le Gangaride; il se pourrait faire que l'âme de la défunte fût passée dans le corps de cette poule, et vous ne voudriez pas vous exposer à manger votre tante. Faire cuire des poules, c'est outrager manifestement la nature. — Que voulez-vous dire avec votre nature et vos poules? reprit le colérique Égyptien; nous adorons un bœuf, et nous en mangeons bien. — Vous adorez un bœuf! est-il possible? dit l'homme du Gange. — Il n'y a rien de si possible, repartit l'autre; il y a cent trente-cinq mille ans que nous en usons ainsi, et personne parmi nous n'y trouve à redire. — Ah! cent trente-cinq mille ans! dit l'Indien, ce compte est un peu exagéré; il n'y en a que quatre-vingt mille que l'Inde est peuplée, et assurément nous sommes vos anciens; et Brama nous avait défendu de manger des bœufs avant que vous vous fussiez avisés de les mettre sur les autels et à la broche. — Voilà un plaisant animal que votre Brama, pour le comparer à Apis! dit l'Égyptien; qu'a donc fait votre Brama de si beau? » Le bramin répondit : « C'est lui qui a appris aux hommes à lire et à écrire, et à qui toute la terre doit le jeu des échecs. — Vous vous trompez, dit un Chaldéen qui était auprès de lui; c'est le poisson Oannès à qui on doit de si grands bienfaits, et il est juste de ne rendre qu'à lui ses hommages. Tout le monde vous dira que c'était un être divin, qu'il avait la queue dorée, avec une belle tête d'homme, et qu'il sortait de l'eau pour venir prêcher à terre trois heures par jour. Il eut plusieurs enfants qui furent tous rois, comme chacun sait. J'ai son portrait chez moi, que je révère comme je le dois. On peut manger du bœuf tant qu'on veut; mais c'est assurément une très-grande impiété de faire cuire du poisson; d'ailleurs vous êtes tous deux d'une origine trop peu noble et trop récente pour me rien disputer. La nation égyptienne ne compte que cent trente-cinq mille ans, et les Indiens ne se vantent que de quatre-vingt mille, tandis que nous avons des almanachs de quatre mille siècles. Croyez-moi, renoncez à vos folies, et je vous donnerai à chacun un beau portrait d'Oannès. »

L'homme de Cambalu, prenant la parole, dit : « Je respecte

fort les Égyptiens, les Chaldéens, les Grecs, les Celtes, Brama, le bœuf Apis, le beau poisson Oannès ; mais peut-être que le Li ou le Tien[1], comme on voudra l'appeler, vaut bien les bœufs et les poissons. Je ne dirai rien de mon pays ; il est aussi grand que la terre d'Égypte, la Chaldée, et les Indes ensemble. Je ne dispute pas d'antiquité, parce qu'il suffit d'être heureux, et que c'est fort peu de chose d'être ancien ; mais, s'il fallait parler d'almanachs, je dirais que toute l'Asie prend les nôtres, et que nous en avions de fort bons avant qu'on sût l'arithmétique en Chaldée. — Vous êtes de grands ignorants tous tant que vous êtes ! s'écria le Grec ; est-ce que vous ne savez pas que le chaos est le père de tout, et que la forme et la matière ont mis le monde dans l'état où il est ? »

Ce Grec parla longtemps ; mais il fut enfin interrompu par le Celte, qui, ayant beaucoup bu pendant qu'on disputait, se crut alors plus savant que tous les autres, et dit en jurant qu'il n'y avait que Teutath et le gui de chêne qui valussent la peine qu'on en parlât ; que, pour lui, il avait toujours du gui dans sa poche ; que les Scythes, ses ancêtres, étaient les seules gens de bien qui eussent jamais été au monde ; qu'ils avaient, à la vérité, quelquefois mangé des hommes, mais que cela n'empêchait pas qu'on ne dût avoir beaucoup de respect pour sa nation ; et qu'enfin, si quelqu'un parlait mal de Teutath, il lui apprendrait à vivre. La querelle s'échauffa pour lors, et Sétoc vit le moment où la table allait être ensanglantée. Zadig, qui avait gardé le silence pendant toute la dispute, se leva enfin : il s'adressa d'abord au Celte, comme au plus furieux ; il lui dit qu'il avait raison, et lui demanda du gui ; il loua le Grec sur son éloquence, et adoucit tous les esprits échauffés. Il ne dit que très-peu de chose à l'homme du Cathay, parce qu'il avait été le plus raisonnable de tous. Ensuite il leur dit : « Mes amis, vous alliez vous quereller pour rien, car vous êtes tous du même avis. » A ce mot, ils se récrièrent tous. « N'est-il pas vrai, dit-il au Celte, que vous n'adorez pas ce gui, mais celui qui a fait le gui et le chêne ? — Assurément, répondit le Celte. — Et vous, monsieur l'Égyptien, vous révérez apparemment dans un certain bœuf celui qui vous a donné les bœufs ? — Oui, dit l'Égyptien. — Le poisson Oannès, continua-t-il, doit céder à celui qui a fait la mer et les poissons. — D'accord, dit le Chaldéen. — L'Indien, ajouta-t-il,

1. Mots chinois qui signifient proprement : *li*, la lumière naturelle, la raison ; et *tien*, le ciel ; et qui signifient aussi Dieu. (*Note de Voltaire.*)

et le Cathayen, reconnaissent comme vous un premier principe ; je n'ai pas trop bien compris les choses admirables que le Grec a dites, mais je suis sûr qu'il admet aussi un Être supérieur, de qui la forme et la matière dépendent. » Le Grec, qu'on admirait, dit que Zadig avait très-bien pris sa pensée. « Vous êtes donc tous de même avis, répliqua Zadig, et il n'y a pas là de quoi se quereller. » Tout le monde l'embrassa. Sétoc, après avoir vendu fort cher ses denrées, reconduisit son ami Zadig dans sa tribu. Zadig apprit en arrivant qu'on lui avait fait son procès en son absence, et qu'il allait être brûlé à petit feu.

CHAPITRE XIII[1].

LE RENDEZ-VOUS.

Pendant son voyage à Bassora, les prêtres des étoiles avaient résolu de le punir. Les pierreries et les ornements des jeunes veuves qu'ils envoyaient au bûcher leur appartenaient de droit ; c'était bien le moins qu'ils fissent brûler Zadig pour le mauvais tour qu'il leur avait joué. Ils accusèrent donc Zadig d'avoir des sentiments erronés sur l'armée céleste ; ils déposèrent contre lui, et jurèrent qu'ils lui avaient entendu dire que les étoiles ne se couchaient pas dans la mer. Ce blasphème effroyable fit frémir les juges ; ils furent prêts de déchirer leurs vêtements, quand ils ouïrent ces paroles impies, et ils l'auraient fait, sans doute, si Zadig avait eu de quoi les payer ; mais, dans l'excès de leur douleur, ils se contentèrent de le condamner à être brûlé à petit feu. Sétoc, désespéré, employa en vain son crédit pour sauver son ami ; il fut bientôt obligé de se taire. La jeune veuve Almona, qui avait pris beaucoup de goût à la vie, et qui en avait obligation à Zadig, résolut de le tirer du bûcher, dont il lui avait fait connaître l'abus. Elle roula son dessein dans sa tête, sans en parler à personne. Zadig devait être exécuté le lendemain ; elle n'avait que la nuit pour le sauver : voici comme elle s'y prit en femme charitable et prudente.

Elle se parfuma ; elle releva sa beauté par l'ajustement le plus riche et le plus galant, et alla demander une audience secrète au chef des prêtres des étoiles. Quand elle fut devant ce vieillard vénérable, elle lui parla en ces termes : « Fils aîné de la grande Ourse, frère du Taureau, cousin du grand Chien (c'étaient les

1. Ce chapitre est de la même date que les précédents.

titres de ce pontife), je viens vous confier mes scrupules. J'ai bien peur d'avoir commis un péché énorme en ne me brûlant pas dans le bûcher de mon cher mari. En effet qu'avais-je à conserver? une chair périssable, et qui est déjà toute flétrie. » En disant ces paroles, elle tira de ses longues manches de soie ses bras nus, d'une forme admirable et d'une blancheur éblouissante. « Vous voyez, dit-elle, le peu que cela vaut. » Le pontife trouva dans son cœur que cela valait beaucoup. Ses yeux le dirent, et sa bouche le confirma : il jura qu'il n'avait vu de sa vie de si beaux bras. « Hélas ! lui dit la veuve, les bras peuvent être un peu moins mal que le reste; mais vous m'avouerez que la gorge n'était pas digne de mes attentions. » Alors elle laissa voir le sein le plus charmant que la nature eût jamais formé. Un bouton de rose sur une pomme d'ivoire n'eût paru auprès que de la garance sur du buis, et les agneaux sortant du lavoir auraient semblé d'un jaune brun. Cette gorge, ses grands yeux noirs qui languissaient en brillant doucement d'un feu tendre, ses joues animées de la plus belle pourpre mêlée au blanc de lait le plus pur; sonnez, qui n'était pas comme la tour du mont Liban; ses lèvres, qui étaient comme deux bordures de corail renfermant les plus belles perles de la mer d'Arabie, tout cela ensemble fit croire au vieillard qu'il avait vingt ans. Il fit en bégayant une déclaration tendre. Almona, le voyant enflammé, lui demanda la grâce de Zadig. « Hélas! dit-il, ma belle dame, quand je vous accorderais sa grâce, mon indulgence ne servirait de rien; il faut qu'elle soit signée de trois autres de mes confrères. — Signez toujours, dit Almona. — Volontiers, dit le prêtre, à condition que vos faveurs seront le prix de ma facilité. — Vous me faites trop d'honneur, dit Almona; ayez seulement pour agréable de venir dans ma chambre après que le soleil sera couché, et dès que la brillante étoile *Sheat* sera sur l'horizon, vous me trouverez sur un sofa couleur de rose, et vous en userez comme vous pourrez avec votre servante. » Elle sortit alors, emportant avec elle la signature, et laissa le vieillard plein d'amour et de défiance de ses forces. Il employa le reste du jour à se baigner; il but une liqueur composée de la cannelle de Ceylan, et des précieuses épices de Tidor et de Ternate, et attendit avec impatience que l'étoile *Sheat* vînt à paraître.

Cependant la belle Almona alla trouver le second pontife. Celui-ci l'assura que le soleil, la lune, et tous les feux du firmament, n'étaient que des feux follets en comparaison de ses charmes. Elle lui demanda la même grâce, et on lui proposa d'en donner le prix. Elle se laissa vaincre, et donna rendez-vous au second

pontife au lever de l'étoile *Algénib*. De là elle passa chez le troisième et chez le quatrième prêtre, prenant toujours une signature, et donnant un rendez-vous d'étoile en étoile. Alors elle fit avertir les juges de venir chez elle pour une affaire importante. Ils s'y rendirent : elle leur montra les quatre noms, et leur dit à quel prix les prêtres avaient vendu la grâce de Zadig. Chacun d'eux arriva à l'heure prescrite; chacun fut bien étonné d'y trouver ses confrères, et plus encore d'y trouver les juges, devant qui leur honte fut manifestée. Zadig fut sauvé. Sétoc fut si charmé de l'habileté d'Almona, qu'il en fit sa femme[1].

CHAPITRE XIV[2].

LA DANSE.

Sétoc devait aller, pour les affaires de son commerce, dans l'île de Serendib ; mais le premier mois de son mariage, qui est, comme on sait, la lune du Miel, ne lui permettait ni de quitter sa femme, ni de croire qu'il pût jamais la quitter : il pria son ami Zadig de faire pour lui le voyage. « Hélas ! disait Zadig, faut-il que je mette encore un plus vaste espace entre la belle Astarté et moi ? Mais il faut servir mes bienfaiteurs. » Il dit, il pleura, et il partit.

Il ne fut pas longtemps dans l'île de Serendib sans y être regardé comme un homme extraordinaire. Il devint l'arbitre de tous les différends entre les négociants, l'ami des sages, le conseil du petit nombre de gens qui prennent conseil. Le roi voulut le voir et l'entendre. Il connut bientôt tout ce que valait Zadig; il

1. Dans l'édition de 1748 et dans toutes celles qui l'ont suivie, jusques à l'édition de Kehl exclusivement, ce chapitre se terminait ainsi : « Zadig partit après s'être jeté aux pieds de sa belle libératrice. Sétoc et lui se quittèrent en pleurant, en se jurant une amitié éternelle, et en se promettant que le premier des deux qui ferait une grande fortune en ferait part à l'autre.

« Zadig marcha du côté de la Syrie, toujours pensant à la malheureuse Astarté, et toujours réfléchissant sur le sort qui s'obstinait à se jouer de lui et à le persécuter. « Quoi! disait-il, quatre cents onces d'or pour avoir vu passer une chienne !
« condamné à être décapité pour quatre mauvais vers à la louange du roi! prêt
« à être étranglé parce que la reine avait des babouches de la couleur de mon
« bonnet! réduit en esclavage pour avoir secouru une femme qu'on battait; et
« sur le point d'être brûlé pour avoir sauvé la vie à toutes les jeunes veuves
« arabes! »

Venait ensuite ce qui forme aujourd'hui le chapitre XVI.

2. Ce chapitre est posthume. Il fut publié pour la première fois par les éditeurs de Kehl, qui durent changer la fin du précédent.

eut confiance en sa sagesse, et en fit son ami. La familiarité et l'estime du roi fit trembler Zadig. Il était, nuit et jour, pénétré du malheur que lui avaient attiré les bontés de Moabdar. « Je plais au roi, disait-il ; ne serai-je pas perdu? » Cependant il ne pouvait se dérober aux caresses de Sa Majesté : car il faut avouer que Nabussan, roi de Serendib, fils de Nussanab, fils de Nabassun, fils de Sanbusna, était un des meilleurs princes de l'Asie ; et quand on lui parlait il était difficile de ne le pas aimer.

Ce bon prince était toujours loué, trompé et volé : c'était à qui pillerait ses trésors. Le receveur général de l'île de Serendib donnait toujours cet exemple, fidèlement suivi par les autres. Le roi le savait ; il avait changé de trésorier plusieurs fois ; mais il n'avait pu changer la mode établie de partager les revenus du roi en deux moitiés inégales, dont la plus petite revenait toujours à Sa Majesté, et la plus grosse aux administrateurs.

Le roi Nabussan confia sa peine au sage Zadig. « Vous qui savez tant de belles choses, lui dit-il, ne sauriez-vous pas le moyen de me faire trouver un trésorier qui ne me vole point? — Assurément, répondit Zadig, je sais une façon infaillible de vous donner un homme qui ait les mains nettes. » Le roi, charmé, lui demanda, en l'embrassant, comment il fallait s'y prendre. « Il n'y a, dit Zadig, qu'à faire danser tous ceux qui se présenteront pour la dignité de trésorier, et celui qui dansera avec le plus de légèreté sera infailliblement le plus honnête homme. — Vous vous moquez, dit le roi ; voilà une plaisante façon de choisir un receveur de mes finances ! Quoi, vous prétendez que celui qui fera le mieux un entrechat sera le financier le plus intègre et le plus habile ! — Je ne vous réponds pas qu'il sera le plus habile, repartit Zadig ; mais je vous assure que ce sera indubitablement le plus honnête homme. » Zadig parlait avec tant de confiance que le roi crut qu'il avait quelque secret surnaturel pour connaître les financiers. « Je n'aime pas le surnaturel, dit Zadig, les gens et les livres à prodiges m'ont toujours déplu : si Votre Majesté veut me laisser faire l'épreuve que je lui propose, elle sera bien convaincue que mon secret est la chose la plus simple et la plus aisée. » Nabussan, roi de Serendib, fut bien plus étonné d'entendre que ce secret était simple, que si on le lui avait donné pour un miracle : « Or bien, dit-il, faites comme vous l'entendrez. — Laissez-moi faire, dit Zadig, vous gagnerez à cette épreuve plus que vous ne pensez. » Le jour même il fit publier, au nom du roi, que tous ceux qui prétendaient à l'emploi de haut receveur des deniers de Sa gracieuse Majesté Nabussan, fils de Nussanab, eussent

à se rendre, en habits de soie légère, le premier de la lune du Crocodile, dans l'antichambre du roi. Ils s'y rendirent au nombre de soixante et quatre. On avait fait venir des violons dans un salon voisin ; tout était préparé pour le bal ; mais la porte de ce salon était fermée, et il fallait, pour y entrer, passer par une petite galerie assez obscure. Un huissier vint chercher et introduire chaque candidat, l'un après l'autre, par ce passage dans lequel on le laissait seul quelques minutes. Le roi, qui avait le mot, avait étalé tous ses trésors dans cette galerie. Lorsque tous les prétendants furent arrivés dans le salon, Sa Majesté ordonna qu'on les fît danser. Jamais on ne dansa plus pesamment et avec moins de grâce ; ils avaient tous la tête baissée, les reins courbés, les mains collées à leurs côtés ? « Quels fripons ! » disait tout bas Zadig. Un seul d'entre eux formait des pas avec agilité, la tête haute, le regard assuré, les bras étendus, le corps droit, le jarret ferme. « Ah ! l'honnête homme ! le brave homme ! » disait Zadig. Le roi embrassa ce bon danseur, le déclara trésorier, et tous les autres furent punis et taxés avec la plus grande justice du monde : car chacun, dans le temps qu'il avait été dans la galerie, avait rempli ses poches, et pouvait à peine marcher. Le roi fut fâché pour la nature humaine que de ces soixante et quatre danseurs il y eût soixante et trois filous. La galerie obscure fut appelée *le corridor de la Tentation*. On aurait en Perse empalé ces soixante et trois seigneurs ; en d'autres pays on eût fait une chambre de justice qui eût consommé en frais le triple de l'argent volé, et qui n'eût rien remis dans les coffres du souverain ; dans un autre royaume, ils se seraient pleinement justifiés, et auraient fait disgracier ce danseur si léger : à Serendib, ils ne furent condamnés qu'à augmenter le trésor public, car Nabussan était fort indulgent.

Il était aussi fort reconnaissant ; il donna à Zadig une somme d'argent plus considérable qu'aucun trésorier n'en avait jamais volé au roi son maître. Zadig s'en servit pour envoyer des exprès à Babylone, qui devaient l'informer de la destinée d'Astarté. Sa voix trembla en donnant cet ordre, son sang reflua vers son cœur, ses yeux se couvrirent de ténèbres, son âme fut prête à l'abandonner. Le courrier partit, Zadig le vit embarquer ; il rentra chez le roi, ne voyant personne, croyant être dans sa chambre, et prononçant le nom d'amour. « Ah ! l'amour, dit le roi ; c'est précisément ce dont il s'agit ; vous avez deviné ce qui fait ma peine. Que vous êtes un grand homme ! J'espère que vous m'apprendrez à connaître une femme à toute épreuve, comme vous m'avez fait

trouver un trésorier désintéressé. » Zadig, ayant repris ses sens, lui promit de le servir en amour comme en finance, quoique la chose parût plus difficile encore.

CHAPITRE XV [1].

LES YEUX BLEUS.

« Le corps et le cœur, dit le roi à Zadig.... » A ces mots, le Babylonien ne put s'empêcher d'interrompre Sa Majesté. « Que je vous sais bon gré, dit-il, de n'avoir point dit *l'esprit et le cœur !* Car on n'entend que ces mots dans les conversations de Babylone ; on ne voit que des livres où il est question du cœur et de l'esprit [2], composés par des gens qui n'ont ni de l'un ni de l'autre ; mais, de grâce, sire, poursuivez. » Nabussan continua ainsi : « Le corps et le cœur sont chez moi destinés à aimer ; la première de ces deux puissances a tout lieu d'être satisfaite. J'ai ici cent femmes à mon service, toutes belles, complaisantes, prévenantes, voluptueuses même, ou feignant de l'être avec moi. Mon cœur n'est pas à beaucoup près si heureux. Je n'ai que trop éprouvé qu'on caresse beaucoup le roi de Serendib, et qu'on se soucie fort peu de Nabussan. Ce n'est pas que je croie mes femmes infidèles ; mais je voudrais trouver une âme qui fût à moi ; je donnerais pour un pareil trésor les cent beautés dont je possède les charmes : voyez si, sur ces cent sultanes, vous pouvez m'en trouver une dont je sois sûr d'être aimé. »

Zadig lui répondit comme il avait fait sur l'article des financiers : « Sire, laissez-moi faire ; mais permettez d'abord que je dispose de ce que vous aviez étalé dans la galerie de la Tentation ; je vous en rendrai bon compte, et vous n'y perdrez rien. » Le roi le laissa le maître absolu. Il choisit dans Serendib trente-trois petits bossus des plus vilains qu'il put trouver, trente-trois pages des plus beaux, et trente-trois bonzes des plus éloquents et des plus robustes. Il leur laissa à tous la liberté d'entrer dans les cellules des sultanes ; chaque petit bossu eut quatre mille pièces d'or

1. Autre chapitre posthume.
2. Ce trait porte surtout contre Rollin, qui emploie souvent ces expressions dans son *Traité des études*. Voltaire y revient souvent ; voyez, dans le présent volume, le chapitre I^{er} de *Micromégas*, le chapitre XI de *l'Homme aux quarante écus*, le chapitre IX du *Taureau blanc* ; et dans le tome IX, le 2^e vers du chant VIII de *la Pucelle*.

à donner; et dès le premier jour tous les bossus furent heureux. Les pages, qui n'avaient rien à donner qu'eux-mêmes, ne triomphèrent qu'au bout de deux ou trois jours. Les bonzes eurent un peu plus de peine; mais enfin trente-trois dévotes se rendirent à eux. Le roi, par des jalousies qui avaient vue sur toutes les cellules, vit toutes ces épreuves, et fut émerveillé. De ses cent femmes, quatre-vingt-dix-neuf succombèrent à ses yeux. Il en restait une toute jeune, toute neuve, de qui Sa Majesté n'avait jamais approché. On lui détacha un, deux, trois bossus, qui lui offrirent jusqu'à vingt mille pièces; elle fut incorruptible, et ne put s'empêcher de rire de l'idée qu'avaient ces bossus de croire que de l'argent les rendrait mieux faits. On lui présenta les deux plus beaux pages; elle dit qu'elle trouvait le roi encore plus beau. On lui lâcha le plus éloquent des bonzes, et ensuite le plus intrépide; elle trouva le premier un bavard, et ne daigna pas même soupçonner le mérite du second. « Le cœur fait tout, disait-elle; je ne céderai jamais ni à l'or d'un bossu, ni aux grâces d'un jeune homme, ni aux séductions d'un bonze : j'aimerai uniquement Nabussan, fils de Nussanab, et j'attendrai qu'il daigne m'aimer. » Le roi fut transporté de joie, d'étonnement et de tendresse. Il reprit tout l'argent qui avait fait réussir les bossus, et en fit présent à la belle Falide : c'était le nom de cette jeune personne. Il lui donna son cœur : elle le méritait bien. Jamais la fleur de la jeunesse ne fut si brillante; jamais les charmes de la beauté ne furent si enchanteurs. La vérité de l'histoire ne permet pas de taire qu'elle faisait mal la révérence; mais elle dansait comme les fées, chantait comme les sirènes, et parlait comme les Grâces : elle était pleine de talents et de vertus.

Nabussan, aimé, l'adora; mais elle avait les yeux bleus, et ce fut la source des plus grands malheurs. Il y avait une ancienne loi qui défendait aux rois d'aimer une de ces femmes que les Grecs ont appelées depuis βοῶπις[1]. Le chef des bonzes avait établi cette loi il y avait plus de cinq mille ans; c'était pour s'approprier la maîtresse du premier roi de l'île de Serendib que ce premier bonze avait fait passer l'anathème des yeux bleus en constitution fondamentale d'État. Tous les ordres de l'empire vinrent faire à Nabussan des remontrances. On disait publiquement que les derniers jours du royaume étaient arrivés, que l'abomination était à son comble, que toute la nature était menacée d'un événement sinistre; qu'en un mot Nabussan, fils de Nussanab, aimait deux

[1]. La belle aux grands yeux.

grands yeux bleus. Les bossus, les financiers, les bonzes, et les brunes, remplirent le royaume de leurs plaintes

Les peuples sauvages qui habitent le nord de Serendib profitèrent de ce mécontentement général. Ils firent une irruption dans les États du bon Nabussan. Il demanda des subsides à ses sujets ; les bonzes, qui possédaient la moitié des revenus de l'État, se contentèrent de lever les mains au ciel, et refusèrent de les mettre dans leurs coffres pour aider le roi. Ils firent de belles prières en musique, et laissèrent l'État en proie aux barbares.

« O mon cher Zadig, me tireras-tu encore de cet horrible embarras ? s'écria douloureusement Nabussan. — Très-volontiers, répondit Zadig ; vous aurez de l'argent des bonzes tant que vous en voudrez. Laissez à l'abandon les terres où sont situés leurs châteaux, et défendez seulement les vôtres. » Nabussan n'y manqua pas : les bonzes vinrent se jeter aux pieds du roi, et implorer son assistance. Le roi leur répondit par une belle musique dont les paroles étaient des prières au ciel pour la conservation de leurs terres. Les bonzes enfin donnèrent de l'argent, et le roi finit heureusement la guerre. Ainsi Zadig, par ses conseils sages et heureux, et par les plus grands services, s'était attiré l'irréconciliable inimitié des hommes les plus puissants de l'État ; les bonzes et les brunes jurèrent sa perte ; les financiers et les bossus ne l'épargnèrent pas ; on le rendit suspect au bon Nabussan. Les services rendus restent souvent dans l'antichambre, et les soupçons entrent dans le cabinet, selon la sentence de Zoroastre : c'était tous les jours de nouvelles accusations ; la première est repoussée, la seconde effleure, la troisième blesse, la quatrième tue.

Zadig, intimidé, qui avait bien fait les affaires de son ami Sétoc, et qui lui avait fait tenir son argent, ne songea plus qu'à partir de l'île, et résolut d'aller lui-même chercher des nouvelles d'Astarté. « Car, disait-il, si je reste dans Serendib, les bonzes me feront empaler ; mais où aller ? je serai esclave en Égypte, brûlé selon toutes les apparences en Arabie, étranglé à Babylone. Cependant il faut savoir ce qu'Astarté est devenue : partons, et voyons à quoi me réserve ma triste destinée. »

CHAPITRE XVI.

LE BRIGAND.

En arrivant aux frontières qui séparent l'Arabie Pétrée de la Syrie, comme il passait près d'un château assez fort, des Arabes

armés en sortirent. Il se vit entouré ; on lui criait : « Tout ce que vous avez nous appartient, et votre personne appartient à notre maître. » Zadig, pour réponse, tira son épée ; son valet, qui avait du courage, en fit autant. Ils renversèrent morts les premiers Arabes qui mirent la main sur eux ; le nombre redoubla : ils ne s'étonnèrent point, et résolurent de périr en combattant. On voyait deux hommes se défendre contre une multitude ; un tel combat ne pouvait durer longtemps. Le maître du château, nommé Arbogad, ayant vu d'une fenêtre les prodiges de valeur que faisait Zadig, conçut de l'estime pour lui. Il descendit en hâte, et vint lui-même écarter ses gens, et délivrer les deux voyageurs. « Tout ce qui passe sur mes terres est à moi, dit-il, aussi bien que ce que je trouve sur les terres des autres ; mais vous me paraissez un si brave homme que je vous exempte de la loi commune. » Il le fit entrer dans son château, ordonnant à ses gens de le bien traiter ; et, le soir, Arbogad voulut souper avec Zadig.

Le seigneur du château était un de ces Arabes qu'on appelle *voleurs*; mais il faisait quelquefois de bonnes actions parmi une foule de mauvaises ; il volait avec une rapacité furieuse, et donnait libéralement : intrépide dans l'action, assez doux dans le commerce, débauché à table, gai dans la débauche, et surtout plein de franchise. Zadig lui plut beaucoup ; sa conversation, qui s'anima, fit durer le repas ; enfin Arbogad lui dit : « Je vous conseille de vous enrôler sous moi, vous ne sauriez mieux faire ; ce métier-ci n'est pas mauvais ; vous pourrez un jour devenir ce que je suis.

— Puis-je vous demander, dit Zadig, depuis quel temps vous exercez cette noble profession ?

— Dès ma plus tendre jeunesse, reprit le seigneur. J'étais valet d'un Arabe assez habile ; ma situation m'était insupportable. J'étais au désespoir de voir que, dans toute la terre qui appartient également aux hommes, la destinée ne m'eût pas réservé ma portion. Je confiai mes peines à un vieil Arabe, qui me dit : « Mon fils, ne « désespérez pas; il y avait autrefois un grain de sable qui se lamen- « tait d'être un atome ignoré dans les déserts;'au bout de quelques « années il devint diamant, et il est à présent le plus bel orne- « ment de la couronne du roi des Indes. » Ce discours me fit impression ; j'étais le grain de sable, je résolus de devenir diamant. Je commençai par voler deux chevaux ; je m'associai des camarades ; je me mis en état de voler de petites caravanes : ainsi je fis cesser peu à peu la disproportion qui était d'abord entre les hommes et moi. J'eus ma part aux biens de ce monde,

et je fus même dédommagé avec usure : on me considéra beaucoup : je devins seigneur brigand ; j'acquis ce château par voie de fait. Le satrape de Syrie voulut m'en déposséder ; mais j'étais déjà trop riche pour avoir rien à craindre ; je donnai de l'argent au satrape, moyennant quoi je conservai ce château, et j'agrandis mes domaines ; il me nomma même trésorier des tributs que l'Arabie Pétrée payait au roi des rois. Je fis ma charge de receveur, et point du tout celle de payeur.

« Le grand desterham de Babylone envoya ici, au nom du roi Moabdar, un petit satrape pour me faire étrangler. Cet homme arriva avec son ordre : j'étais instruit de tout ; je fis étrangler en sa présence les quatre personnes qu'il avait amenées avec lui pour serrer le lacet ; après quoi je lui demandai ce que pouvait lui valoir la commission de m'étrangler. Il me répondit que ses honoraires pouvaient aller à trois cents pièces d'or. Je lui fis voir clair qu'il y aurait plus à gagner avec moi. Je le fis sous-brigand ; il est aujourd'hui un de mes meilleurs officiers, et des plus riches. Si vous m'en croyez, vous réussirez comme lui. Jamais la saison de voler n'a été meilleure, depuis que Moabdar est tué, et que tout est en confusion dans Babylone.

— Moabdar est tué ! dit Zadig ; et qu'est devenue la reine Astarté ?

— Je n'en sais rien, reprit Arbogad ; tout ce que je sais, c'est que Moabdar est devenu fou, qu'il a été tué, que Babylone est un grand coupe-gorge, que tout l'empire est désolé, qu'il y a de beaux coups à faire encore, et que pour ma part j'en ai fait d'admirables.

— Mais la reine, dit Zadig ; de grâce, ne savez-vous rien de la destinée de la reine?

— On m'a parlé d'un prince d'Hyrcanie, reprit-il ; elle est probablement parmi ses concubines, si elle n'a pas été tuée dans le tumulte ; mais je suis plus curieux de butin que de nouvelles. J'ai pris plusieurs femmes dans mes courses, je n'en garde aucune ; je les vends cher quand elles sont belles, sans m'informer de ce qu'elles sont. On n'achète point le rang ; une reine qui serait laide ne trouverait pas marchand : peut-être ai-je vendu la reine Astarté, peut-être est-elle morte ; mais peu m'importe, et je pense que vous ne devez pas vous en soucier plus que moi. » En parlant ainsi il buvait avec tant de courage, il confondait tellement toutes les idées, que Zadig n'en put tirer aucun éclaircissement.

Il restait interdit, accablé, immobile. Arbogad buvait toujours, faisait des contes, répétait sans cesse qu'il était le plus heureux de tous les hommes, exhortant Zadig à se rendre aussi

heureux que lui. Enfin, doucement assoupi par les fumées du vin, il alla dormir d'un sommeil tranquille. Zadig passa la nuit dans l'agitation la plus violente. « Quoi, disait-il, le roi est devenu fou! il est tué! Je ne puis m'empêcher de le plaindre. L'empire est déchiré, et ce brigand est heureux : ô fortune! ô destinée! un voleur est heureux, et ce que la nature a fait de plus aimable a péri peut-être d'une manière affreuse, ou vit dans un état pire que la mort. O Astarté! qu'êtes-vous devenue? »

Dès le point du jour il interrogea tous ceux qu'il rencontrait dans le château; mais tout le monde était occupé, personne ne lui répondit : on avait fait pendant la nuit de nouvelles conquêtes, on partageait les dépouilles. Tout ce qu'il put obtenir dans cette confusion tumultueuse, ce fut la permission de partir. Il en profita sans tarder, plus abîmé que jamais dans ses réflexions douloureuses.

Zadig marchait inquiet, agité, l'esprit tout occupé de la malheureuse Astarté, du roi de Babylone, de son fidèle Cador, de l'heureux brigand Arbogad, de cette femme si capricieuse que des Babyloniens avaient enlevée sur les confins de l'Égypte, enfin de tous les contre-temps et de toutes les infortunes qu'il avait éprouvées.

CHAPITRE XVII[1].

LE PÊCHEUR.

A quelques lieues du château d'Arbogad, il se trouva sur le bord d'une petite rivière, toujours déplorant sa destinée, et se regardait comme le modèle du malheur. Il vit un pêcheur couché sur la rive, tenant à peine d'une main languissante son filet, qu'il semblait abandonner, et levant les yeux vers le ciel.

« Je suis certainement le plus malheureux de tous les hommes, disait le pêcheur. J'ai été, de l'aveu de tout le monde, le plus célèbre marchand de fromages à la crème dans Babylone, et j'ai été ruiné. J'avais la plus jolie femme qu'homme pût posséder, et j'en ai été trahi. Il me restait une chétive maison, je l'ai vue pillée et détruite. Réfugié dans une cabane, je n'ai de ressource que ma pêche, et je ne prends pas un poisson. O mon filet! je ne te jetterai plus dans l'eau, c'est à moi de m'y jeter. » En disant ces mots il se lève, et s'avance dans l'attitude d'un homme qui allait se précipiter et finir sa vie.

1. Ce chapitre est de la même date que les chapitres XII et XIII.

« Eh quoi! se dit Zadig à lui-même, il y a donc des hommes aussi malheureux que moi! » L'ardeur de sauver la vie au pêcheur fut aussi prompte que cette réflexion. Il court à lui, il l'arrête, il l'interroge d'un air attendri et consolant. On prétend qu'on en est moins malheureux quand on ne l'est pas seul; mais, selon Zoroastre, ce n'est pas par malignité, c'est par besoin. On se sent alors entraîné vers un infortuné comme vers son semblable. La joie d'un homme heureux serait une insulte; mais deux malheureux sont comme deux arbrisseaux faibles qui, s'appuyant l'un sur l'autre, se fortifient contre l'orage.

« Pourquoi succombez-vous à vos malheurs? dit Zadig au pêcheur.

— C'est, répondit-il, parce que je n'y vois pas de ressource. J'ai été le plus considéré du village de Derlback auprès de Babylone, et je faisais, avec l'aide de ma femme, les meilleurs fromages à la crème de l'empire. La reine Astarté et le fameux ministre Zadig les aimaient passionnément. J'avais fourni à leurs maisons six cents fromages. J'allai un jour à la ville pour être payé; j'appris en arrivant dans Babylone que la reine et Zadig avaient disparu. Je courus chez le seigneur Zadig, que je n'avais jamais vu; je trouvai les archers du grand desterham, qui, munis d'un papier royal, pillaient sa maison loyalement et avec ordre. Je volai aux cuisines de la reine; quelques-uns des seigneurs de la bouche me dirent qu'elle était morte; d'autres dirent qu'elle était en prison; d'autres prétendirent qu'elle avait pris la fuite; mais tous m'assurèrent qu'on ne me payerait point mes fromages. J'allai avec ma femme chez le seigneur Orcan, qui était une de mes pratiques : nous lui demandâmes sa protection dans notre disgrâce. Il l'accorda à ma femme, et me la refusa. Elle était plus blanche que ces fromages à la crème qui commencèrent mon malheur; et l'éclat de la pourpre de Tyr n'était pas plus brillant que l'incarnat qui animait cette blancheur. C'est ce qui fit qu'Orcan la retint, et me chassa de sa maison. J'écrivis à ma chère femme la lettre d'un désespéré. Elle dit au porteur : « Ah, « ah! oui! je sais quel est l'homme qui m'écrit, j'en ai entendu « parler : on dit qu'il fait des fromages à la crème excellents; « qu'on m'en apporte, et qu'on les lui paye. »

« Dans mon malheur, je voulus m'adresser à la justice. Il me restait six onces d'or : il fallut en donner deux onces à l'homme de loi que je consultai, deux au procureur qui entreprit mon affaire, deux au secrétaire du premier juge. Quand tout cela fut fait, mon procès n'était pas encore commencé, et j'avais déjà

dépensé plus d'argent que mes fromages et ma femme ne valaient. Je retournai à mon village dans l'intention de vendre ma maison pour avoir ma femme.

« Ma maison valait bien soixante onces d'or ; mais on me voyait pauvre et pressé de vendre. Le premier à qui je m'adressai m'en offrit trente onces ; le second, vingt ; et le troisième, dix. J'étais prêt enfin de conclure, tant j'étais aveuglé, lorsqu'un prince d'Hyrcanie vint à Babylone, et ravagea tout sur son passage. Ma maison fut d'abord saccagée, et ensuite brûlée.

« Ayant ainsi perdu mon argent, ma femme et ma maison, je me suis retiré dans ce pays où vous me voyez ; j'ai tâché de subsister du métier de pêcheur. Les poissons se moquent de moi comme les hommes : je ne prends rien, je meurs de faim ; et sans vous, auguste consolateur, j'allais mourir dans la rivière. »

Le pêcheur ne fit point ce récit tout de suite ; car à tout moment Zadig, ému et transporté, lui disait : « Quoi ! vous ne savez rien de la destinée de la reine ? — Non, seigneur, répondait le pêcheur ; mais je sais que la reine et Zadig ne m'ont point payé mes fromages à la crème, qu'on a pris ma femme, et que je suis au désespoir. — Je me flatte, dit Zadig, que vous ne perdrez pas tout votre argent. J'ai entendu parler de ce Zadig ; il est honnête homme ; et s'il retourne à Babylone, comme il l'espère, il vous donnera plus qu'il ne vous doit ; mais pour votre femme, qui n'est pas si honnête, je vous conseille de ne pas chercher à la reprendre. Croyez-moi, allez à Babylone ; j'y serai avant vous, parce que je suis à cheval et que vous êtes à pied. Adressez-vous à l'illustre Cador ; dites-lui que vous avez rencontré son ami ; attendez-moi chez lui. Allez ; peut-être ne serez-vous pas toujours malheureux. O puissant Orosmade ! continua-t-il, vous vous servez de moi pour consoler cet homme ; de qui vous servirez-vous pour me consoler ? » En parlant ainsi il donnait au pêcheur la moitié de tout l'argent qu'il avait apporté d'Arabie, et le pêcheur, confondu et ravi, baisait les pieds de l'ami de Cador, et disait : « Vous êtes un ange sauveur. »

Cependant Zadig demandait toujours des nouvelles, et versait des larmes. « Quoi ! seigneur, s'écria le pêcheur, vous seriez donc aussi malheureux, vous qui faites du bien ? — Plus malheureux que toi cent fois, répondait Zadig. — Mais comment se peut-il faire, disait le bonhomme, que celui qui donne soit plus à plaindre que celui qui reçoit ? — C'est que ton plus grand malheur, reprit Zadig, était le besoin, et que je suis infortuné par le cœur. — Orcan vous aurait-il pris votre femme ? dit le pêcheur. »

Ce mot rappela dans l'esprit de Zadig toutes ses aventures ; il répétait la liste de ses infortunes, à commencer depuis la chienne de la reine jusqu'à son arrivée chez le brigand Arbogad. « Ah ! dit-il au pêcheur, Orcan mérite d'être puni. Mais d'ordinaire ce sont ces gens-là qui sont les favoris de la destinée. Quoi qu'il en soit, va chez le seigneur Cador, et attends-moi. » Ils se séparèrent : le pêcheur marcha en remerciant son destin, et Zadig courut en accusant toujours le sien.

CHAPITRE XVIII.

LE BASILIC.

Arrivé dans une belle prairie, il y vit plusieurs femmes qui cherchaient quelque chose avec beaucoup d'application. Il prit la liberté de s'approcher de l'une d'elles, et de lui demander s'il pouvait avoir l'honneur de les aider dans leurs recherches. « Gardez-vous-en bien, répondit la Syrienne ; ce que nous cherchons ne peut être touché que par des femmes. — Voilà qui est bien étrange, dit Zadig ; oserai-je vous prier de m'apprendre ce que c'est qu'il n'est permis qu'aux femmes de toucher ? — C'est un basilic, dit-elle. — Un basilic, madame ! et pour quelle raison, s'il vous plaît, cherchez-vous un basilic ? — C'est pour notre seigneur et maître Ogul, dont vous voyez le château sur le bord de cette rivière, au bout de la prairie. Nous sommes ses très-humbles esclaves ; le seigneur Ogul est malade ; son médecin lui a ordonné de manger un basilic cuit dans l'eau rose ; et comme c'est un animal fort rare, et qui ne se laisse jamais prendre que par des femmes, le seigneur Ogul a promis de choisir pour sa femme bien-aimée celle de nous qui lui apporterait un basilic : laissez-moi chercher, s'il vous plaît, car vous voyez ce qu'il m'en coûterait si j'étais prévenue par mes compagnes. »

Zadig laissa cette Syrienne et les autres chercher leur basilic, et continua de marcher dans la prairie. Quand il fut au bord d'un petit ruisseau, il y trouva une autre dame couchée sur le gazon, et qui ne cherchait rien. Sa taille paraissait majestueuse, mais son visage était couvert d'un voile. Elle était penchée vers le ruisseau ; de profonds soupirs sortaient de sa bouche. Elle tenait en main une petite baguette, avec laquelle elle traçait des caractères sur un sable fin qui se trouvait entre le gazon et le ruisseau. Zadig eut la curiosité de voir ce que cette femme écrivait ; il s'ap-

procha, il vit la lettre Z, puis un A : il fut étonné ; puis parut un D : il tressaillit. Jamais surprise ne fut égale à la sienne quand il vit les deux dernières lettres de son nom. Il demeura quelque temps immobile ; enfin, rompant le silence d'une voix entrecoupée : « O généreuse dame! pardonnez à un étranger, à un infortuné, d'oser vous demander par quelle aventure étonnante je trouve ici le nom de Zadig tracé de votre main divine ? » A cette voix, à ces paroles, la dame releva son voile d'une main tremblante, regarda Zadig, jeta un cri d'attendrissement, de surprise et de joie, et, succombant sous tous les mouvements divers qui assaillaient à la fois son âme, elle tomba évanouie entre ses bras. C'était Astarté elle-même, c'était la reine de Babylone, c'était celle que Zadig adorait, et qu'il se reprochait d'adorer ; c'était celle dont il avait tant pleuré et tant craint la destinée. Il fut un moment privé de l'usage de ses sens ; et quand il eut attaché ses regards sur les yeux d'Astarté, qui se rouvraient avec une langueur mêlée de confusion et de tendresse : « O puissances immortelles! s'écria-t-il, qui présidez aux destins des faibles humains, me rendez-vous Astarté? En quel temps, en quels lieux, en quel état la revois-je ? » Il se jeta à genoux devant Astarté, et il attacha son front à la poussière de ses pieds. La reine de Babylone le relève, et le fait asseoir auprès d'elle sur le bord de ce ruisseau ; elle essuyait à plusieurs reprises ses yeux, dont les larmes recommençaient toujours à couler. Elle reprenait vingt fois des discours que ses gémissements interrompaient ; elle l'interrogeait sur le hasard qui les rassemblait, et prévenait soudain ses réponses par d'autres questions. Elle entamait le récit de ses malheurs, et voulait savoir ceux de Zadig. Enfin tous deux ayant un peu apaisé le tumulte de leurs âmes, Zadig lui conta en peu de mots par quelle aventure il se trouvait dans cette prairie. « Mais, ô malheureuse et respectable reine! comment vous retrouvé-je en ce lieu écarté, vêtue en esclave, et accompagnée d'autres femmes esclaves qui cherchent un basilic pour le faire cuire dans de l'eau rose par ordonnance du médecin.

— Pendant qu'elles cherchent leur basilic, dit la belle Astarté, je vais vous apprendre tout ce que j'ai souffert, et tout ce que je pardonne au Ciel depuis que je vous revois. Vous savez que le roi mon mari trouva mauvais que vous fussiez le plus aimable de tous les hommes ; et ce fut pour cette raison qu'il prit une nuit la résolution de vous faire étrangler et de m'empoisonner. Vous savez comme le Ciel permit que mon petit muet m'avertit de l'ordre de Sa sublime Majesté. A peine le fidèle Cador vous eut-il

forcé de m'obéir et de partir, qu'il osa entrer chez moi au milieu de la nuit par une issue secrète. Il m'enleva, et me conduisit dans le temple d'Orosmade, où le mage, son frère, m'enferma dans une statue colossale dont la base touche aux fondements du temple, et dont la tête atteint la voûte. Je fus là comme ensevelie, mais servie par le mage, et ne manquant d'aucune chose nécessaire. Cependant, au point du jour, l'apothicaire de Sa Majesté entra dans ma chambre avec une potion mêlée de jusquiame, d'opium, de ciguë, d'ellébore noir et d'aconit ; et un autre officier alla chez vous avec un lacet de soie bleue. On ne trouva personne. Cador, pour mieux tromper le roi, feignit de venir nous accuser tous deux. Il dit que vous aviez pris la route des Indes, et moi celle de Memphis : on envoya des satellites après vous et après moi.

« Les courriers qui me cherchaient ne me connaissaient pas. Je n'avais presque jamais montré mon visage qu'à vous seul, en présence et par ordre de mon époux. Ils coururent à ma poursuite, sur le portrait qu'on leur faisait de ma personne : une femme de la même taille que moi, et qui peut-être avait plus de charmes, s'offrit à leurs regards sur les frontières de l'Égypte. Elle était éplorée, errante ; ils ne doutèrent pas que cette femme ne fût la reine de Babylone ; ils la menèrent à Moabdar. Leur méprise fit entrer d'abord le roi dans une violente colère ; mais bientôt, ayant considéré de plus près cette femme, il la trouva très-belle, et fut consolé. On l'appelait Missouf. On m'a dit depuis que ce nom signifie en langue égyptienne *la belle capricieuse*. Elle l'était en effet ; mais elle avait autant d'art que de caprice. Elle plut à Moabdar. Elle le subjugua au point de se faire déclarer sa femme. Alors son caractère se développa tout entier : elle se livra sans crainte à toutes les folies de son imagination. Elle voulut obliger le chef des mages, qui était vieux et goutteux, de danser devant elle ; et sur le refus du mage, elle le persécuta violemment. Elle ordonna à son grand-écuyer de lui faire une tourte de confitures. Le grand-écuyer eut beau lui représenter qu'il n'était point pâtissier, il fallut qu'il fît la tourte ; et on le chassa, parce qu'elle était trop brûlée. Elle donna la charge de grand-écuyer à son nain, et la place de chancelier à un page. C'est ainsi qu'elle gouverna Babylone. Tout le monde me regrettait. Le roi, qui avait été assez honnête homme jusqu'au moment où il avait voulu m'empoisonner et vous faire étrangler, semblait avoir noyé ses vertus dans l'amour prodigieux qu'il avait pour la belle capricieuse. Il vint au temple le grand jour du feu sacré. Je le vis implorer les dieux

pour Missouf au pied de la statue où j'étais renfermée. J'élevai la voix; je lui criai : « Les dieux refusent les vœux d'un roi devenu « tyran, qui a voulu faire mourir une femme raisonnable pour « épouser une extravagante. » Moabdar fut confondu de ces paroles au point que sa tête se troubla. L'oracle que j'avais rendu, et la tyrannie de Missouf, suffisaient pour lui faire perdre le jugement. Il devint fou en peu de jours.

« Sa folie, qui parut un châtiment du Ciel, fut le signal de la révolte. On se souleva, on courut aux armes. Babylone, si longtemps plongée dans une mollesse oisive, devint le théâtre d'une guerre civile affreuse. On me tira du creux de ma statue, et on me mit à la tête d'un parti. Cador courut à Memphis, pour vous ramener à Babylone. Le prince d'Hyrcanie, apprenant ces funestes nouvelles, revint avec son armée faire un troisième parti dans la Chaldée. Il attaqua le roi, qui courut au-devant de lui avec son extravagante Égyptienne. Moabdar mourut percé de coups. Missouf tomba aux mains du vainqueur. Mon malheur voulut que je fusse prise moi-même par un parti hyrcanien, et qu'on me menât devant le prince précisément dans le temps qu'on lui amenait Missouf. Vous serez flatté, sans doute, en apprenant que le prince me trouva plus belle que l'Égyptienne ; mais vous serez fâché d'apprendre qu'il me destina à son sérail. Il me dit fort résolûment que, dès qu'il aurait fini une expédition militaire qu'il allait exécuter, il viendrait à moi. Jugez de ma douleur. Mes liens avec Moabdar étaient rompus, je pouvais être à Zadig ; et je tombais dans les chaînes de ce barbare! Je lui répondis avec toute la fierté que me donnaient mon rang et mes sentiments. J'avais toujours entendu dire que le Ciel attachait aux personnes de ma sorte un caractère de grandeur qui, d'un mot et d'un coup d'œil, faisait rentrer dans l'abaissement du plus profond respect les téméraires qui osaient s'en écarter. Je parlai en reine, mais je fus traitée en demoiselle suivante. L'Hyrcanien, sans daigner seulement m'adresser la parole, dit à son eunuque noir que j'étais une impertinente, mais qu'il me trouvait jolie. Il lui ordonna d'avoir soin de moi et de me mettre au régime des favorites, afin de me rafraîchir le teint, et de me rendre plus digne de ses faveurs pour le jour où il aurait la commodité de m'en honorer. Je lui dis que je me tuerais : il répliqua, en riant, qu'on ne se tuait point, qu'il était fait à ces façons-là, et me quitta comme un homme qui vient de mettre un perroquet dans sa ménagerie. Quel état pour la première reine de l'univers, et, je dirai plus, pour un cœur qui était à Zadig! »

A ces paroles il se jeta à ses genoux, et les baigna de larmes. Astarté le releva tendrement, et elle continua ainsi : « Je me voyais au pouvoir d'un barbare, et rivale d'une folle avec qui j'étais renfermée. Elle me raconta son aventure d'Égypte. Je jugeai par les traits dont elle vous peignait, par le temps, par le dromadaire sur lequel vous étiez monté, par toutes les circonstances, que c'était Zadig qui avait combattu pour elle. Je ne doutai pas que vous ne fussiez à Memphis; je pris la résolution de m'y retirer. « Belle Missouf, lui dis-je, vous êtes beaucoup plus plaisante que « moi, vous divertirez bien mieux que moi le prince d'Hyrcanie. « Facilitez-moi les moyens de me sauver ; vous régnerez seule; « vous me rendrez heureuse, en vous débarrassant d'une rivale. » Missouf concerta avec moi les moyens de ma fuite. Je partis donc secrètement avec une esclave égyptienne.

« J'étais déjà près de l'Arabie, lorsqu'un fameux voleur, nommé Arbogad, m'enleva, et me vendit à des marchands qui m'ont amenée dans ce château, où demeure le seigneur Ogul. Il m'a achetée sans savoir qui j'étais. C'est un homme voluptueux qui ne cherche qu'à faire grande chère, et qui croit que Dieu l'a mis au monde pour tenir table. Il est d'un embonpoint excessif, qui est toujours prêt à le suffoquer. Son médecin, qui n'a que peu de crédit auprès de lui quand il digère bien, le gouverne despotiquement quand il a trop mangé. Il lui a persuadé qu'il le guérirait avec un basilic cuit dans de l'eau rose. Le seigneur Ogul a promis sa main à celle de ses esclaves qui lui apporterait un basilic. Vous voyez que je les laisse s'empresser à mériter cet honneur, et je n'ai jamais eu moins d'envie de trouver ce basilic depuis que le Ciel a permis que je vous revisse. »

Alors Astarté et Zadig se dirent tout ce que des sentiments longtemps retenus, tout ce que leurs malheurs et leurs amours pouvaient inspirer aux cœurs les plus nobles et les plus passionnés; et les génies qui président à l'amour portèrent leurs paroles jusqu'à la sphère de Vénus.

Les femmes rentrèrent chez Ogul sans avoir rien trouvé. Zadig se fit présenter à lui, et lui parla en ces termes : « Que la santé immortelle descende du ciel pour avoir soin de tous vos jours! Je suis médecin, j'ai accouru vers vous sur le bruit de votre maladie, et je vous ai apporté un basilic cuit dans de l'eau rose. Ce n'est pas que je prétende vous épouser : je ne vous demande que la liberté d'une jeune esclave de Babylone que vous avez depuis quelques jours ; et je consens de rester en esclavage à sa place si je n'ai pas le bonheur de guérir le magnifique seigneur Ogul. »

La proposition fut acceptée. Astarté partit pour Babylone avec le domestique de Zadig, en lui promettant de lui envoyer incessamment un courrier pour l'instruire de tout ce qui se serait passé. Leurs adieux furent aussi tendres que l'avait été leur reconnaissance. Le moment où l'on se retrouve, et celui où l'on se sépare, sont les deux plus grandes époques de la vie, comme dit le grand livre du Zend. Zadig aimait la reine autant qu'il le jurait, et la reine aimait Zadig plus qu'elle ne le lui disait.

Cependant Zadig parla ainsi à Ogul : « Seigneur, on ne mange point mon basilic, toute sa vertu doit entrer chez vous par les pores. Je l'ai mis dans une petite outre bien enflée et couverte d'une peau fine : il faut que vous poussiez cette outre de toute votre force, et que je vous la renvoie à plusieurs reprises ; et en peu de jours de régime vous verrez ce que peut mon art. » Ogul, dès le premier jour, fut tout essoufflé, et crut qu'il mourrait de fatigue. Le second, il fut moins fatigué, et dormit mieux. En huit jours il recouvra toute la force, la santé, la légèreté et la gaieté de ses plus brillantes années. « Vous avez joué au ballon, et vous avez été sobre, lui dit Zadig : apprenez qu'il n'y a point de basilic dans la nature, qu'on se porte toujours bien avec de la sobriété et de l'exercice, et que l'art de faire subsister ensemble l'intempérance et la santé est un art aussi chimérique que la pierre philosophale, l'astrologie judiciaire et la théologie des mages. »

Le premier médecin d'Ogul, sentant combien cet homme était dangereux pour la médecine, s'unit avec l'apothicaire du corps pour envoyer Zadig chercher des basilics dans l'autre monde. Ainsi, après avoir été toujours puni pour avoir bien fait, il était près de périr pour avoir guéri un seigneur gourmand. On l'invita à un excellent dîner. Il devait être empoisonné au second service ; mais il reçut un courrier de la belle Astarté au premier. Il quitta la table, et partit. Quand on est aimé d'une belle femme, dit le grand Zoroastre, on se tire toujours d'affaire dans ce monde.

CHAPITRE XIX.

LES COMBATS.

La reine avait été reçue à Babylone avec les transports qu'on a toujours pour une belle princesse qui a été malheureuse. Babylone alors paraissait plus tranquille. Le prince d'Hyrcanie avait

été tué dans un combat. Les Babyloniens, vainqueurs, déclarèrent qu'Astarté épouserait celui qu'on choisirait pour souverain. On ne voulut point que la première place du monde, qui serait celle de mari d'Astarté et de roi de Babylone, dépendît des intrigues et des cabales. On jura de reconnaître pour roi le plus vaillant et le plus sage. Une grande lice, bordée d'amphithéâtres magnifiquement ornés, fut formée à quelques lieues de la ville. Les combattants devaient s'y rendre armés de toutes pièces. Chacun d'eux avait derrière les amphithéâtres un appartement séparé, où il ne devait être vu ni connu de personne. Il fallait courir quatre lances. Ceux qui seraient assez heureux pour vaincre quatre chevaliers devaient combattre ensuite les uns contre les autres ; de façon que celui qui resterait le dernier maître du camp serait proclamé le vainqueur des jeux. Il devait revenir quatre jours après avec les mêmes armes, et expliquer les énigmes proposées par les mages. S'il n'expliquait point les énigmes, il n'était point roi, et il fallait recommencer à courir des lances, jusqu'à ce qu'on trouvât un homme qui fût vainqueur dans ces deux combats : car on voulait absolument pour roi le plus vaillant et le plus sage. La reine, pendant tout ce temps, devait être étroitement gardée : on lui permettait seulement d'assister aux jeux, couverte d'un voile ; mais on ne souffrait pas qu'elle parlât à aucun des prétendants, afin qu'il n'y eût ni faveur ni injustice.

Voilà ce qu'Astarté faisait savoir à son amant, espérant qu'il montrerait pour elle plus de valeur et d'esprit que personne. Il partit, et pria Vénus de fortifier son courage et d'éclairer son esprit. Il arriva sur le rivage de l'Euphrate la veille de ce grand jour. Il fit inscrire sa devise parmi celles des combattants, en cachant son visage et son nom, comme la loi l'ordonnait, et alla se reposer dans l'appartement qui lui échut par le sort. Son ami Cador, qui était revenu à Babylone, après l'avoir inutilement cherché en Égypte, fit porter dans sa loge une armure complète que la reine lui envoyait. Il lui fit amener aussi de sa part le plus beau cheval de Perse. Zadig reconnut Astarté à ces présents : son courage et son amour en prirent de nouvelles forces et de nouvelles espérances.

Le lendemain, la reine étant venue se placer sous un dais de pierreries, et les amphithéâtres étant remplis de toutes les dames et de tous les ordres de Babylone, les combattants parurent dans le cirque. Chacun d'eux vint mettre sa devise aux pieds du grand mage. On tira au sort les devises ; celle de Zadig fut la dernière. Le premier qui s'avança était un seigneur très-riche, nommé

Itobad, fort vain, peu courageux, très-maladroit, et sans esprit. Ses domestiques l'avaient persuadé qu'un homme comme lui devait être roi; il leur avait répondu : « Un homme comme moi doit régner; » ainsi on l'avait armé de pied en cap. Il portait une armure d'or émaillée de vert, un panache vert, une lance ornée de rubans verts. On s'aperçut d'abord, à la manière dont Itobad gouvernait son cheval, que ce n'était pas *un homme comme lui à qui le Ciel* réservait le sceptre de Babylone. Le premier chevalier qui courut contre lui le désarçonna ; le second le renversa sur la croupe de son cheval, les deux jambes en l'air et les bras étendus. Itobad se remit, mais de si mauvaise grâce que tout l'amphithéâtre se mit à rire. Un troisième ne daigna pas se servir de sa lance; mais, en lui faisant une passe, il le prit par la jambe droite, et, lui faisant faire un demi-tour, il le fit tomber sur le sable : les écuyers des jeux accoururent à lui en riant, et le remirent en selle. Le quatrième combattant le prend par la jambe gauche, et le fait tomber de l'autre côté. On le conduisit avec des huées à sa loge, où il devait passer la nuit selon la loi; et il disait en marchant à peine : « Quelle aventure pour un homme comme moi ! »

Les autres chevaliers s'acquittèrent mieux de leur devoir. Il y en eut qui vainquirent deux combattants de suite ; quelques-uns allèrent jusqu'à trois. Il n'y eut que le prince Otame qui en vainquit quatre. Enfin Zadig combattit à son tour; il désarçonna quatre cavaliers de suite avec toute la grâce possible. Il fallut donc voir qui serait vainqueur d'Otame ou de Zadig. Le premier portait des armes bleues et or, avec un panache de même; celles de Zadig étaient blanches. Tous les vœux se partageaient entre le chevalier bleu et le chevalier blanc. La reine, à qui le cœur palpitait, faisait des prières au Ciel pour la couleur blanche.

Les deux champions firent des passes et des voltes avec tant d'agilité, ils se donnèrent de si beaux coups de lance, ils étaient si fermes sur leurs arçons, que tout le monde, hors la reine, souhaitait qu'il y eût deux rois dans Babylone. Enfin, leurs chevaux étant lassés et leurs lances rompues, Zadig usa de cette adresse: il passe derrière le prince bleu, s'élance sur la croupe de son cheval, le prend par le milieu du corps, le jette à terre, se met en selle à sa place, et caracole autour d'Otame étendu sur la place. Tout l'amphithéâtre crie : « Victoire au chevalier blanc! » Otame, indigné, se relève, tire son épée; Zadig saute de cheval, le sabre à la main. Les voilà tous deux sur l'arène, livrant un nouveau combat où la force et l'agilité triomphent tour à tour. Les

CHAPITRE XIX.

plumes de leur casque, les clous de leurs brassards, les mailles de leur armure sautent au loin sous mille coups précipités. Ils frappent de pointe et de taille, à droite, à gauche, sur la tête, sur la poitrine; ils reculent, ils avancent, ils se mesurent, ils se rejoignent, ils se saisissent, ils se replient comme des serpents, ils s'attaquent comme des lions; le feu jaillit à tout moment des coups qu'ils se portent. Enfin Zadig, ayant un moment repris ses esprits, s'arrête, fait une feinte, passe sur Otame, le fait tomber, le désarme, et Otame s'écrie : « O chevalier blanc! c'est vous qui devez régner sur Babylone. » La reine était au comble de la joie. On reconduisit le chevalier bleu et le chevalier blanc chacun à leur loge, ainsi que tous les autres, selon ce qui était porté par la loi. Des muets vinrent les servir et leur apporter à manger. On peut juger si le petit muet de la reine ne fut pas celui qui servit Zadig. Ensuite on les laissa dormir seuls jusqu'au lendemain matin, temps où le vainqueur devait apporter sa devise au grand mage, pour la confronter et se faire reconnaître.

Zadig dormit, quoique amoureux, tant il était fatigué. Itobad, qui était couché auprès de lui, ne dormit point. Il se leva pendant la nuit, entra dans sa loge, prit les armes blanches de Zadig avec sa devise, et mit son armure verte à la place. Le point du jour étant venu, il alla fièrement au grand mage déclarer qu'un homme comme lui était vainqueur. On ne s'y attendait pas; mais il fut proclamé pendant que Zadig dormait encore. Astarté, surprise, et le désespoir dans le cœur, s'en retourna dans Babylone. Tout l'amphithéâtre était déjà presque vide lorsque Zadig s'éveilla; il chercha ses armes, et ne trouva que cette armure verte. Il était obligé de s'en couvrir, n'ayant rien autre chose auprès de lui. Étonné et indigné, il les endosse avec fureur, il avance dans cet équipage.

Tout ce qui était encore sur l'amphithéâtre et dans le cirque le reçut avec des huées. On l'entourait; on lui insultait en face. Jamais homme n'essuya des mortifications si humiliantes. La patience lui échappa; il écarta à coups de sabre la populace qui osait l'outrager; mais il ne savait quel parti prendre. Il ne pouvait voir la reine; il ne pouvait réclamer l'armure blanche qu'elle lui avait envoyée : c'eût été la compromettre; ainsi, tandis qu'elle était plongée dans la douleur, il était pénétré de fureur et d'inquiétude. Il se promenait sur les bords de l'Euphrate, persuadé que son étoile le destinait à être malheureux sans ressource, repassant dans son esprit toutes ses disgrâces depuis l'aventure de la femme qui haïssait les borgnes, jusqu'à celle de son armure.

« Voilà ce que c'est, disait-il, de m'être éveillé trop tard ; si j'avais moins dormi, je serais roi de Babylone, je posséderais Astarté. Les sciences, les mœurs, le courage, n'ont donc jamais servi qu'à mon infortune. » Il lui échappa enfin de murmurer contre la Providence, et il fut tenté de croire que tout était gouverné par une destinée cruelle qui opprimait les bons et qui faisait prospérer les chevaliers verts. Un de ses chagrins était de porter cette armure verte qui lui avait attiré tant de huées. Un marchand passa, il la lui vendit à vil prix, et prit du marchand une robe et un bonnet long. Dans cet équipage, il côtoyait l'Euphrate, rempli de désespoir et accusant en secret la Providence, qui le persécutait toujours.

CHAPITRE XX.

L'ERMITE [1].

Il rencontra en marchant un ermite, dont la barbe blanche et vénérable lui descendait jusqu'à la ceinture. Il tenait en main un livre qu'il lisait attentivement. Zadig s'arrêta, et lui fit une profonde inclination. L'ermite le salua d'un air si noble et si doux que Zadig eut la curiosité de l'entretenir. Il lui demanda quel livre il lisait. « C'est le livre des destinées, dit l'ermite ; voulez-vous en lire quelque chose ? » Il mit le livre dans les mains de Zadig, qui, tout instruit qu'il était dans plusieurs langues, ne put déchiffrer un seul caractère du livre. Cela redoubla encore sa curiosité. « Vous me paraissez bien chagrin, lui dit ce bon père. — Hélas ! que j'en ai sujet ! dit Zadig. — Si vous permettez que je vous accompagne, repartit le vieillard, peut-être vous serai-je utile : j'ai quelquefois répandu des sentiments de consolation dans l'âme des malheureux. » Zadig se sentit du respect pour l'air, pour la barbe, et pour le livre de l'ermite. Il lui trouva dans la conversation des lumières supérieures. L'ermite parlait de la destinée, de la justice, de la morale, du souverain bien, de la faiblesse humaine, des vertus et des vices, avec une éloquence si vive et

1. Fréron (*Année littéraire*, 1767, I, 30 et suiv.) reproche à Voltaire d'avoir tiré presque mot pour mot ce chapitre d'une pièce de cent cinquante vers, intitulée the Hermite (l'Ermite), par Th. Parnell. Avant Parnell, plusieurs auteurs avaient traité le même sujet, et entre autres l'auteur français Bluet d'Arbères, comte de Permission, dans le livre CV de ses *OEuvres*; c'est en 1604 qu'avaient paru les livres CIV et CXIII, dont on ne connaît encore qu'un seul exemplaire, découvert en 1824. (B.)

si touchante que Zadig se sentit entraîné vers lui par un charme invincible. Il le pria avec instance de ne le point quitter, jusqu'à ce qu'ils fussent de retour à Babylone. « Je vous demande moi-même cette grâce, lui dit le vieillard ; jurez-moi par Orosmade que vous ne vous séparerez pas de moi d'ici à quelques jours, quelque chose que je fasse. » Zadig jura, et ils partirent ensemble.

Les deux voyageurs arrivèrent le soir à un château superbe. L'ermite demanda l'hospitalité pour lui et pour le jeune homme qui l'accompagnait. Le portier, qu'on aurait pris pour un grand seigneur, les introduisit avec une espèce de bonté dédaigneuse. On les présenta à un principal domestique, qui leur fit voir les appartements magnifiques du maître. Ils furent admis à sa table au bas bout, sans que le seigneur du château les honorât d'un regard ; mais ils furent servis comme les autres avec délicatesse et profusion. On leur donna ensuite à laver dans un bassin d'or garni d'émeraudes et de rubis. On les mena coucher dans un bel appartement, et le lendemain matin un domestique leur apporta à chacun une pièce d'or, après quoi on les congédia.

« Le maître de la maison, dit Zadig en chemin, me paraît être un homme généreux, quoique un peu fier ; il exerce noblement l'hospitalité. » En disant ces paroles, il aperçut qu'une espèce de poche très-large que portait l'ermite paraissait tendue et enflée : il y vit le bassin d'or garni de pierreries, que celui-ci avait volé. Il n'osa d'abord en rien témoigner ; mais il était dans une étrange surprise.

Vers le midi, l'ermite se présenta à la porte d'une maison très-petite, où logeait un riche avare ; il y demanda l'hospitalité pour quelques heures. Un vieux valet mal habillé le reçut d'un ton rude, et fit entrer l'ermite et Zadig dans l'écurie, où on leur donna quelques olives pourries, de mauvais pain, et de la bière gâtée. L'ermite but et mangea d'un air aussi content que la veille ; puis s'adressant à ce vieux valet qui les observait tous deux pour voir s'ils ne volaient rien, et qui les pressait de partir, il lui donna les deux pièces d'or qu'il avait reçues le matin, et le remercia de toutes ses attentions. « Je vous prie, ajouta-t-il, faites-moi parler à votre maître. » Le valet, étonné, introduisit les deux voyageurs : « Magnifique seigneur, dit l'ermite, je ne puis que vous rendre de très-humbles grâces de la manière noble dont vous nous avez reçus : daignez accepter ce bassin d'or comme un faible gage de ma reconnaissance. » L'avare fut près de tomber à la renverse. L'ermite ne lui donna pas le temps de revenir de son

saisissement; il partit au plus vite avec son jeune voyageur. « Mon père, lui dit Zadig, qu'est-ce que tout ce que je vois? Vous ne me paraissez ressembler en rien aux autres hommes : vous volez un bassin d'or garni de pierreries à un seigneur qui vous reçoit magnifiquement, et vous le donnez à un avare qui vous traite avec indignité. — Mon fils, répondit le vieillard, cet homme magnifique, qui ne reçoit les étrangers que par vanité, et pour faire admirer ses richesses, deviendra plus sage; l'avare apprendra à exercer l'hospitalité : ne vous étonnez de rien, et suivez-moi. » Zadig ne savait encore s'il avait affaire au plus fou ou au plus sage de tous les hommes; mais l'ermite parlait avec tant d'ascendant que Zadig, lié d'ailleurs par son serment, ne put s'empêcher de le suivre.

Ils arrivèrent le soir à une maison agréablement bâtie, mais simple, où rien ne sentait ni la prodigalité ni l'avarice. Le maître était un philosophe retiré du monde, qui cultivait en paix la sagesse et la vertu, et qui cependant ne s'ennuyait pas. Il s'était plu à bâtir cette retraite dans laquelle il recevait les étrangers avec une noblesse qui n'avait rien de l'ostentation. Il alla lui-même au-devant des deux voyageurs, qu'il fit reposer d'abord dans un appartement commode. Quelque temps après, il les vint prendre lui-même pour les inviter à un repas propre et bien entendu, pendant lequel il parla avec discrétion des dernières révolutions de Babylone. Il parut sincèrement attaché à la reine, et souhaita que Zadig eût paru dans la lice pour disputer la couronne. « Mais les hommes, ajouta-t-il, ne méritent pas d'avoir un roi comme Zadig. » Celui-ci rougissait, et sentait redoubler ses douleurs. On convint dans la conversation que les choses de ce monde n'allaient pas toujours au gré des plus sages. L'ermite soutint toujours qu'on ne connaissait pas les voies de la Providence, et que les hommes avaient tort de juger d'un tout dont ils n'apercevaient que la plus petite partie.

On parla des passions. « Ah! qu'elles sont funestes! disait Zadig. — Ce sont les vents qui enflent les voiles du vaisseau, repartit l'ermite : elles le submergent quelquefois; mais sans elles il ne pourrait voguer. La bile rend colère et malade; mais sans la bile l'homme ne saurait vivre. Tout est dangereux ici-bas, et tout est nécessaire. »

On parla de plaisir, et l'ermite prouva que c'est un présent de la Divinité; « car, dit-il, l'homme ne peut se donner ni sensation ni idées, il reçoit tout; la peine et le plaisir lui viennent d'ailleurs comme son être ».

Zadig admirait comment un homme qui avait fait des choses si extravagantes pouvait raisonner si bien. Enfin, après un entretien aussi instructif qu'agréable, l'hôte reconduisit ses deux voyageurs dans leur appartement, en bénissant le Ciel qui lui avait envoyé deux hommes si sages et si vertueux. Il leur offrit de l'argent d'une manière aisée et noble qui ne pouvait déplaire. L'ermite le refusa, et lui dit qu'il prenait congé de lui, comptant partir pour Babylone avant le jour. Leur séparation fut tendre, Zadig surtout se sentait plein d'estime et d'inclination pour un homme si aimable.

Quand l'ermite et lui furent dans leur appartement, ils firent longtemps l'éloge de leur hôte. Le vieillard au point du jour éveilla son camarade. « Il faut partir, dit-il ; mais tandis que tout le monde dort encore, je veux laisser à cet homme un témoignage de mon estime et de mon affection. » En disant ces mots, il prit un flambeau, et mit le feu à la maison. Zadig, épouvanté, jeta des cris, et voulut l'empêcher de commettre une action si affreuse. L'ermite l'entraînait par une force supérieure ; la maison était enflammée. L'ermite, qui était déjà assez loin avec son compagnon, la regardait brûler tranquillement. « Dieu merci! dit-il, voilà la maison de mon cher hôte détruite de fond en comble! L'heureux homme! » A ces mots Zadig fut tenté à la fois d'éclater de rire, de dire des injures au révérend père, de le battre, et de s'enfuir ; mais il ne fit rien de tout cela, et, toujours subjugué par l'ascendant de l'ermite, il le suivit malgré lui à la dernière couchée.

Ce fut chez une veuve charitable et vertueuse qui avait un neveu de quatorze ans, plein d'agréments et son unique espérance. Elle fit du mieux qu'elle put les honneurs de sa maison. Le lendemain, elle ordonna à son neveu d'accompagner les voyageurs jusqu'à un pont qui, étant rompu depuis peu, était devenu un passage dangereux. Le jeune homme, empressé, marche au devant d'eux. Quand ils furent sur le pont : « Venez, dit l'ermite au jeune homme, il faut que je marque ma reconnaissance à votre tante. » Il le prend alors par les cheveux, et le jette dans la rivière. L'enfant tombe, reparaît un moment sur l'eau, et est engouffré dans le torrent. « O monstre! ô le plus scélérat de tous les hommes! s'écria Zadig. — Vous m'aviez promis plus de patience, lui dit l'ermite en l'interrompant ; apprenez que sous les ruines de cette maison où la Providence a mis le feu, le maître a trouvé un trésor immense ; apprenez que ce jeune homme dont la Providence a tordu le cou aurait assassiné sa tante dans un an,

et vous dans deux. — Qui te l'a dit, barbare? cria Zadig; et quand tu aurais lu cet événement dans ton livre des destinées, t'est-il permis de noyer un enfant qui ne t'a point fait de mal? »

Tandis que le Babylonien parlait, il aperçut que le vieillard n'avait plus de barbe, que son visage prenait les traits de la jeunesse. Son habit d'ermite disparut ; quatre belles ailes couvraient un corps majestueux et resplendissant de lumière. « O envoyé du ciel! ô ange divin ! s'écria Zadig en se prosternant, tu es donc descendu de l'empyrée pour apprendre à un faible mortel à se soumettre aux ordres éternels ? — Les hommes, dit l'ange Jesrad, jugent de tout sans rien connaître : tu étais celui de tous les hommes qui méritait le plus d'être éclairé. » Zadig lui demanda la permission de parler. « Je me défie de moi-même, dit-il ; mais oserai-je te prier de m'éclaircir un doute : ne vaudrait-il pas mieux avoir corrigé cet enfant, et l'avoir rendu vertueux, que de le noyer ? » Jesrad reprit : « S'il avait été vertueux, et s'il eût vécu, son destin était d'être assassiné lui-même avec la femme qu'il devait épouser, et le fils qui en devait naître. — Mais quoi ! dit Zadig, il est donc nécessaire qu'il y ait des crimes et des malheurs ? et les malheurs tombent sur les gens de bien ! — Les méchants, répondit Jesrad, sont toujours malheureux : ils servent à éprouver un petit nombre de justes répandus sur la terre, et il n'y a point de mal dont il ne naisse un bien. — Mais, dit Zadig, s'il n'y avait que du bien, et point de mal ? — Alors, reprit Jesrad, cette terre serait une autre terre, l'enchaînement des événements serait un autre ordre de sagesse ; et cet ordre, qui serait parfait, ne peut être que dans la demeure éternelle de l'Être suprême, de qui le mal ne peut approcher. Il a créé des millions de mondes dont aucun ne peut ressembler à l'autre. Cette immense variété est un attribut de sa puissance immense. Il n'y a ni deux feuilles d'arbre sur la terre, ni deux globes dans les champs infinis du ciel, qui soient semblables, et tout ce que tu vois sur le petit atome où tu es né devait être dans sa place et dans son temps fixe, selon les ordres immuables de celui qui embrasse tout. Les hommes pensent que cet enfant qui vient de périr est tombé dans l'eau par hasard, que c'est par un même hasard que cette maison est brûlée ; mais il n'y a point de hasard : tout est épreuve, ou punition, ou récompense, ou prévoyance. Souviens-toi de ce pêcheur qui se croyait le plus malheureux de tous les hommes. Orosmade t'a envoyé pour changer sa destinée. Faible mortel ! cesse de disputer contre ce qu'il faut adorer. — Mais, dit

Zadig[1]....» Comme il disait *mais*, l'ange prenait déjà son vol vers la dixième sphère. Zadig, à genoux, adora la Providence, et se soumit. L'ange lui cria du haut des airs : « Prends ton chemin vers Babylone. »

CHAPITRE XXI.

LES ÉNIGMES.

Zadig, hors de lui-même et comme un homme auprès de qui est tombé le tonnerre, marchait au hasard. Il entra dans Babylone le jour où ceux qui avaient combattu dans la lice étaient déjà assemblés dans le grand vestibule du palais pour expliquer les énigmes, et pour répondre aux questions du grand mage. Tous les chevaliers étaient arrivés, excepté l'armure verte. Dès que Zadig parut dans la ville, le peuple s'assembla autour de lui ; les yeux ne se rassasiaient point de le voir, les bouches de le bénir, les cœurs de lui souhaiter l'empire. L'Envieux le vit passer, frémit, et se détourna ; le peuple le porta jusqu'au lieu de l'assemblée. La reine, à qui on apprit son arrivée, fut en proie à l'agitation de la crainte et de l'espérance ; l'inquiétude la dévorait : elle ne pouvait comprendre ni pourquoi Zadig était sans armes, ni comment Itobad portait l'armure blanche. Un murmure confus s'éleva à la vue de Zadig. On était surpris et charmé de le revoir ; mais il n'était permis qu'aux chevaliers qui avaient combattu de paraître dans l'assemblée.

« J'ai combattu comme un autre, dit-il ; mais un autre porte ici mes armes ; et, en attendant que j'aie l'honneur de le prouver, je demande la permission de me présenter pour expliquer les énigmes. » On alla aux voix : sa réputation de probité était encore si fortement imprimée dans les esprits qu'on ne balança pas à l'admettre.

Le grand mage proposa d'abord cette question : « Quelle est de toutes les choses du monde la plus longue et la plus courte, la plus prompte et la plus lente, la plus divisible et la plus étendue, la plus négligée et la plus regrettée, sans qui rien ne se peut faire, qui dévore tout ce qui est petit, et qui vivifie tout ce qui est grand ? »

C'était à Itobad à parler. Il répondit qu'un homme comme

1. Ce chapitre explique le second titre de *Zadig*. Le *mais* philosophique est admirable. (G. A.)

lui n'entendait rien aux énigmes, et qu'il lui suffisait d'avoir vaincu à grands coups de lance. Les uns dirent que le mot de l'énigme était la fortune, d'autres la terre, d'autres la lumière. Zadig dit que c'était le temps : « Rien n'est plus long, ajouta-t-il, puisqu'il est la mesure de l'éternité ; rien n'est plus court, puisqu'il manque à tous nos projets ; rien n'est plus lent pour qui attend ; rien de plus rapide pour qui jouit ; il s'étend jusqu'à l'infini en grand ; il se divise jusque dans l'infini en petit ; tous les hommes le négligent, tous en regrettent la perte ; rien ne se fait sans lui ; il fait oublier tout ce qui est indigne de la postérité, et il immortalise les grandes choses. » L'assemblée convint que Zadig avait raison.

On demanda ensuite : « Quelle est la chose qu'on reçoit sans remercier, dont on jouit sans savoir comment, qu'on donne aux autres quand on ne sait où l'on en est, et qu'on perd sans s'en apercevoir ? »

Chacun dit son mot : Zadig devina seul que c'était la vie. Il expliqua toutes les autres énigmes avec la même facilité. Itobad disait toujours que rien n'était plus aisé, et qu'il en serait venu à bout tout aussi facilement s'il avait voulu s'en donner la peine. On proposa des questions sur la justice, sur le souverain bien, sur l'art de régner. Les réponses de Zadig furent jugées les plus solides. « C'est bien dommage, disait-on, qu'un si bon esprit soit un si mauvais cavalier.

— Illustres seigneurs, dit Zadig, j'ai eu l'honneur de vaincre dans la lice. C'est à moi qu'appartient l'armure blanche. Le seigneur Itobad s'en empara pendant mon sommeil : il jugea apparemment qu'elle lui siérait mieux que la verte. Je suis prêt à lui prouver d'abord devant vous, avec ma robe et mon épée, contre toute cette belle armure blanche qu'il m'a prise, que c'est moi qui ai eu l'honneur de vaincre le brave Otame. »

Itobad accepta le défi avec la plus grande confiance. Il ne doutait pas qu'étant casqué, cuirassé, brassardé, il ne vînt aisément à bout d'un champion en bonnet de nuit et en robe de chambre. Zadig tira son épée, en saluant la reine, qui le regardait, pénétrée de joie et de crainte. Itobad tira la sienne, en ne saluant personne. Il s'avança sur Zadig comme un homme qui n'avait rien à craindre. Il était prêt à lui fendre la tête : Zadig sut parer le coup, en opposant ce qu'on appelle le fort de l'épée au faible de son adversaire, de façon que l'épée d'Itobad se rompit. Alors Zadig, saisissant son ennemi au corps, le renversa par terre ; et lui portant la pointe de son épée au défaut de la cuirasse :

« Laissez-vous désarmer, dit-il, ou je vous tue. » Itobad, toujours surpris des disgrâces qui arrivaient à un homme comme lui, laissa faire Zadig, qui lui ôta paisiblement son magnifique casque, sa superbe cuirasse, ses beaux brassards, ses brillants cuissards ; s'en revêtit, et courut dans cet équipage se jeter aux genoux d'Astarté. Cador prouva aisément que l'armure appartenait à Zadig. Il fut reconnu roi d'un consentement unanime, et surtout de celui d'Astarté, qui goûtait, après tant d'adversités, la douceur de voir son amant digne aux yeux de l'univers d'être son époux. Itobad alla se faire appeler monseigneur dans sa maison. Zadig fut roi, et fut heureux. Il avait présent à l'esprit ce que lui avait dit l'ange Jesrad. Il se souvenait même du grain de sable devenu diamant. La reine et lui adorèrent la Providence. Zadig laissa la belle capricieuse Missouf courir le monde. Il envoya chercher le brigand Arbogad, auquel il donna un grade honorable dans son armée, avec promesse de l'avancer aux premières dignités s'il se comportait en vrai guerrier, et de le faire pendre s'il faisait le métier de brigand.

Sétoc fut appelé du fond de l'Arabie, avec la belle Almona, pour être à la tête du commerce de Babylone. Cador fut placé et chéri selon ses services ; il fut l'ami du roi, et le roi fut alors le seul monarque de la terre qui eût un ami. Le petit muet ne fut pas oublié. On donna une belle maison au pêcheur. Orcan fut condamné à lui payer une grosse somme, et à lui rendre sa femme ; mais le pêcheur, devenu sage, ne prit que l'argent.

Ni la belle Sémire ne se consolait d'avoir cru que Zadig serait borgne, ni Azora ne cessait de pleurer d'avoir voulu lui couper le nez. Il adoucit leurs douleurs par des présents. L'Envieux mourut de rage et de honte. L'empire jouit de la paix, de la gloire et de l'abondance ; ce fut le plus beau siècle de la terre : elle était gouvernée par la justice et par l'amour. On bénissait Zadig, et Zadig bénissait le Ciel [1].

1. C'est ici que finit le manuscrit qu'on a retrouvé de l'histoire de Zadig. On sait qu'il a essuyé bien d'autres aventures qui ont été fidèlement écrites. On prie messieurs les interprètes des langues orientales de les communiquer, si elles parviennent jusqu'à eux. (*Note de Voltaire.*) — Cette note parut pour la première fois dans les éditions de Kehl. (B.)

FIN DE L'HISTOIRE DE ZADIG.

MEMNON

OU

LA SAGESSE HUMAINE

(1750)

AVERTISSEMENT DE L'AUTEUR[1].

> Nous tromper dans nos entreprises,
> C'est à quoi nous sommes sujets ;
> Le matin je fais des projets,
> Et le long du jour, des sottises.

Ces petits vers conviennent assez à un grand nombre de raisonneurs ; et c'est une chose assez plaisante de voir un grave directeur d'âmes finir par un procès criminel, conjointement avec un banqueroutier[2]. A ce propos, nous réimprimons ici ce petit conte, qui est ailleurs : car il est bon qu'il soit partout.

Memnon conçut un jour le projet insensé d'être parfaitement sage. Il n'y a guère d'hommes à qui cette folie n'ait quelquefois passé par la tête. Memnon se dit à lui-même : « Pour être très-sage, et par conséquent très-heureux, il n'y a qu'à être sans passions ; et rien n'est plus aisé, comme on sait. Premièrement, je

[1]. Voltaire, dans la quatrième partie de ses *Questions sur l'Encyclopédie*, en 1771, avait un article : Confiance en soi-même, qui n'était autre chose que le conte de *Memnon*, précédé de quatre vers et de quelques lignes de prose, que les éditeurs de Kehl ont intitulés *Avertissement de l'auteur*. (B.)

[2]. Billard, et l'abbé Grizel, fameux directeur de consciences. (K.) — Sur ces deux personnages, voyez la note des *Stances à Saurin*, tome VIII, page 536.

n'aimerai jamais de femme ; car, en voyant une beauté parfaite, je me dirai à moi-même : Ces joues-là se rideront un jour ; ces beaux yeux seront bordés de rouge; cette gorge ronde deviendra plate et pendante ; cette belle tête deviendra chauve. Or je n'ai qu'à la voir à présent des mêmes yeux dont je la verrai alors, et assurément cette tête ne fera pas tourner la mienne.

« En second lieu je serai toujours sobre ; j'aurai beau être tenté par la bonne chère, par des vins délicieux, par la séduction de la société ; je n'aurai qu'à me représenter les suites des excès, une tête pesante, un estomac embarrassé, la perte de la raison, de la santé et du temps, je ne mangerai alors que pour le besoin ; ma santé sera toujours égale, mes idées toujours pures et lumineuses. Tout cela est si facile qu'il n'y a aucun mérite à y parvenir.

« Ensuite, disait Memnon, il faut penser un peu à ma fortune ; mes désirs sont modérés ; mon bien est solidement placé sur le receveur général des finances de Ninive ; j'ai de quoi vivre dans l'indépendance : c'est là le plus grand des biens. Je ne serai jamais dans la cruelle nécessité de faire ma cour ; je n'envierai personne, et personne ne m'enviera. Voilà qui est encore très-aisé. J'ai des amis, continuait-il, je les conserverai, puisqu'ils n'auront rien à me disputer. Je n'aurai jamais d'humeur avec eux, ni eux avec moi ; cela est sans difficulté. »

Ayant fait ainsi son petit plan de sagesse dans sa chambre, Memnon mit la tête à la fenêtre. Il vit deux femmes qui se promenaient sous des platanes auprès de sa maison. L'une était vieille, et paraissait ne songer à rien ; l'autre était jeune, jolie, et semblait fort occupée. Elle soupirait, elle pleurait, et n'en avait que plus de grâces. Notre sage fut touché, non pas de la beauté de la dame (il était bien sûr de ne pas sentir une telle faiblesse), mais de l'affliction où il la voyait. Il descendit ; il aborda la jeune Ninivienne dans le dessein de la consoler avec sagesse. Cette belle personne lui conta, de l'air le plus naïf et le plus touchant, tout le mal que lui faisait un oncle qu'elle n'avait point ; avec quels artifices il lui avait enlevé un bien qu'elle n'avait jamais possédé, et tout ce qu'elle avait à craindre de sa violence. « Vous me paraissez un homme de si bon conseil, lui dit-elle, que si vous aviez la condescendance de venir jusque chez moi, et d'examiner mes affaires, je suis sûre que vous me tireriez du cruel embarras où je suis. » Memnon n'hésita pas à la suivre, pour examiner sagement ses affaires, et pour lui donner un bon conseil.

La dame affligée le mena dans une chambre parfumée, et le

fit asseoir avec elle poliment sur un large sofa, où ils se tenaient tous deux les jambes croisées vis-à-vis l'un de l'autre. La dame parla en baissant les yeux, dont il échappait quelquefois des larmes, et qui en se relevant rencontraient toujours les regards du sage Memnon. Ses discours étaient pleins d'un attendrissement qui redoublait toutes les fois qu'ils se regardaient. Memnon prenait ses affaires extrêmement à cœur, et se sentait de moment en moment la plus grande envie d'obliger une personne si honnête et si malheureuse. Ils cessèrent insensiblement, dans la chaleur de la conversation, d'être vis-à-vis l'un de l'autre. Leurs jambes ne furent plus croisées. Memnon la conseilla de si près, et lui donna des avis si tendres, qu'ils ne pouvaient ni l'un ni l'autre parler d'affaires, et qu'ils ne savaient plus où ils en étaient.

Comme ils en étaient là, arrive l'oncle, ainsi qu'on peut bien le penser : il était armé de la tête aux pieds ; et la première chose qu'il dit fut qu'il allait tuer, comme de raison, le sage Memnon et sa nièce ; la dernière qui lui échappa fut qu'il pouvait pardonner pour beaucoup d'argent. Memnon fut obligé de donner tout ce qu'il avait. On était heureux dans ce temps-là d'en être quitte à si bon marché ; l'Amérique n'était pas encore découverte, et les dames affligées n'étaient pas à beaucoup près si dangereuses qu'elles le sont aujourd'hui.

Memnon, honteux et désespéré, rentra chez lui : il y trouva un billet qui l'invitait à dîner avec quelques-uns de ses intimes amis. Si je reste seul chez moi, dit-il, j'aurai l'esprit occupé de ma triste aventure, je ne mangerai point ; je tomberai malade : il vaut mieux aller faire avec mes amis intimes un repas frugal. J'oublierai, dans la douceur de leur société, la sottise que j'ai faite ce matin. Il va au rendez-vous ; on le trouve un peu chagrin. On le fait boire pour dissiper sa tristesse. Un peu de vin pris modérément est un remède pour l'âme et pour le corps. C'est ainsi que pense le sage Memnon ; et il s'enivre. On lui propose de jouer après le repas. Un jeu réglé avec des amis est un passe-temps honnête. Il joue ; on lui gagne tout ce qu'il a dans sa bourse, et quatre fois autant sur sa parole. Une dispute s'élève sur le jeu, on s'échauffe : l'un de ses amis intimes lui jette à la tête un cornet, et lui crève un œil. On rapporte chez lui le sage Memnon ivre, sans argent, et ayant un œil de moins.

Il cuve un peu son vin, et dès qu'il a la tête plus libre, il envoie son valet chercher de l'argent chez le receveur général des finances de Ninive pour payer ses intimes amis : on lui dit que son débiteur a fait le matin une banqueroute frauduleuse

qui met en alarme cent familles. Memnon, outré, va à la cour avec un emplâtre sur l'œil et un placet à la main pour demander justice au roi contre le banqueroutier. Il rencontre dans un salon plusieurs dames qui portaient toutes d'un air aisé des cerceaux de vingt-quatre pieds de circonférence. L'une d'elles, qui le connaissait un peu, dit en le regardant de côté : « Ah ! l'horreur ! » Une autre, qui le connaissait davantage, lui dit : « Bonsoir, monsieur Memnon ; mais vraiment, monsieur Memnon, je suis fort aise de vous voir ; à propos, monsieur Memnon, pourquoi avez-vous perdu un œil ? » Et elle passa sans attendre sa réponse. Memnon se cacha dans un coin, et attendit le moment où il pût se jeter aux pieds du monarque. Ce moment arriva. Il baisa trois fois la terre, et présenta son placet. Sa gracieuse Majesté le reçut très-favorablement, et donna le mémoire à un de ses satrapes pour lui en rendre compte. Le satrape tire Memnon à part, et lui dit d'un air de hauteur, en ricanant amèrement : « Je vous trouve un plaisant borgne de vous adresser au roi plutôt qu'à moi, et encore plus plaisant d'oser demander justice contre un honnête banqueroutier que j'honore de ma protection, et qui est le neveu d'une femme de chambre de ma maîtresse. Abandonnez cette affaire-là, mon ami, si vous voulez conserver l'œil qui vous reste. »

Memnon, ayant ainsi renoncé le matin aux femmes, aux excès de table, au jeu, à toute querelle, et surtout à la cour, avait été avant la nuit trompé et volé par une belle dame, s'était enivré, avait joué, avait eu une querelle, s'était fait crever un œil, et avait été à la cour, où l'on s'était moqué de lui.

Pétrifié d'étonnement et navré de douleur, il s'en retourne la mort dans le cœur. Il veut rentrer chez lui ; il y trouve des huissiers qui démeublaient sa maison de la part de ses créanciers. Il reste presque évanoui sous un platane ; il y rencontre la belle dame du matin, qui se promenait avec son cher oncle, et qui éclata de rire en voyant Memnon avec son emplâtre. La nuit vint ; Memnon se coucha sur de la paille auprès des murs de sa maison. La fièvre le saisit ; il s'endormit dans l'accès, et un esprit céleste lui apparut en songe.

Il était tout resplendissant de lumière. Il avait six belles ailes, mais ni pieds, ni tête, ni queue, et ne ressemblait à rien. « Qui es-tu ? lui dit Memnon. — Ton bon génie, lui répondit l'autre. — Rends-moi donc mon œil, ma santé, ma maison [1], mon bien, ma

1. C'est d'après les éditions de 1750 que je rétablis ici les mots *ma maison*. (B.)

sagesse, lui dit Memnon. » Ensuite il lui conta comment il avait perdu tout cela en un jour. « Voilà des aventures qui ne nous arrivent jamais dans le monde que nous habitons, dit l'esprit. — Et quel monde habitez-vous? dit l'homme affligé. — Ma patrie, répondit-il, est à cinq cents millions de lieues du soleil, dans une petite étoile auprès de Sirius, que tu vois d'ici. — Le beau pays! dit Memnon ; quoi! vous n'avez point chez vous de coquines qui trompent un pauvre homme, point d'amis intimes qui lui gagnent son argent et qui lui crèvent un œil, point de banqueroutiers, point de satrapes qui se moquent de vous en vous refusant justice? — Non, dit l'habitant de l'étoile, rien de tout cela. Nous ne sommes jamais trompés par les femmes, parce que nous n'en avons point ; nous ne faisons point d'excès de table, parce que nous ne mangeons point ; nous n'avons point de banqueroutiers, parce qu'il n'y a chez nous ni or ni argent ; on ne peut nous crever les yeux, parce que nous n'avons point de corps à la façon des vôtres ; et les satrapes ne nous font jamais d'injustice, parce que dans notre petite étoile tout le monde est égal. »

Memnon lui dit alors : « Monseigneur, sans femme et sans dîner, à quoi passez-vous votre temps ? — A veiller, dit le génie, sur les autres globes qui nous sont confiés ; et je viens pour te consoler. — Hélas! reprit Memnon, que ne veniez-vous la nuit passée pour m'empêcher de faire tant de folies? — J'étais auprès d'Assan, ton frère aîné, dit l'être céleste. Il est plus à plaindre que toi. Sa gracieuse Majesté le roi des Indes, à la cour duquel il a l'honneur d'être, lui a fait crever les deux yeux pour une petite indiscrétion, et il est actuellement dans un cachot, les fers aux pieds et aux mains. — C'est bien la peine, dit Memnon, d'avoir un bon génie dans une famille pour que, de deux frères, l'un soit borgne, l'autre aveugle ; l'un couché sur la paille, l'autre en prison. — Ton sort changera, reprit l'animal de l'étoile. Il est vrai que tu seras toujours borgne ; mais, à cela près, tu seras assez heureux, pourvu que tu ne fasses jamais le sot projet d'être parfaitement sage. — C'est donc une chose à laquelle il est impossible de parvenir? s'écria Memnon en soupirant. — Aussi impossible, lui répliqua l'autre, que d'être parfaitement habile, parfaitement fort, parfaitement puissant, parfaitement heureux. Nous-mêmes, nous en sommes bien loin. Il y a un globe où tout cela se trouve ; mais dans les cent mille millions de mondes qui sont dispersés dans l'étendue tout se suit par degrés. On a moins de sagesse et de plaisir dans le second que dans le premier, moins dans le troisième que dans le second,

ainsi du reste jusqu'au dernier, où tout le monde est complétement fou. — J'ai bien peur, dit Memnon, que notre petit globe terraqué ne soit précisément les petites-maisons de l'univers dont vous me faites l'honneur de me parler. — Pas tout à fait, dit l'esprit ; mais il en approche : il faut que tout soit en sa place.— Eh mais! dit Memnon, certains poëtes [1], certains philosophes [2], ont donc grand tort de dire que *tout est bien?* — Ils ont grande raison, dit le philosophe de là-haut, en considérant l'arrangement de l'univers entier. — Ah! je ne croirai cela, répliqua le pauvre Memnon, que quand je ne serai plus borgne. »

1. Pope.
2. Platon, Shaftesbury, Bolingbroke, Leibnitz.

FIN DE MEMNON.

BABABEC

ET LES FAKIRS

(1750)

Lorsque j'étais dans la ville de Bénarès sur le rivage du Gange, ancienne patrie des brachmanes, je tâchai de m'instruire. J'entendais passablement l'indien ; j'écoutais beaucoup, et remarquais tout. J'étais logé chez mon correspondant Omri ; c'était le plus digne homme que j'aie jamais connu. Il était de la religion des bramins, j'ai l'honneur d'être musulman : jamais nous n'avons eu une parole plus haute que l'autre au sujet de Mahomet et de Brama. Nous faisions nos ablutions chacun de notre côté, nous buvions de la même limonade, nous mangions du même riz, comme deux frères.

Un jour, nous allâmes ensemble à la pagode de Gavani. Nous y vîmes plusieurs bandes de fakirs, dont les uns étaient des janguis, c'est-à-dire des fakirs contemplatifs, et les autres, des disciples des anciens gymnosophistes, qui menaient une vie active. Ils ont, comme on sait, une langue savante, qui est celle des plus anciens brachmanes, et, dans cette langue, un livre qu'ils appellent le *Veidam*. C'est assurément le plus ancien livre de toute l'Asie, sans en excepter le *Zend-Avesta*.

Je passai devant un fakir qui lisait ce livre. « Ah ! malheureux infidèle ! s'écria-t-il, tu m'as fait perdre le nombre des voyelles que je comptais ; et de cette affaire-là mon âme passera dans le corps d'un lièvre, au lieu d'aller dans celui d'un perroquet, comme j'avais tout lieu de m'en flatter. » Je lui donnai une roupie pour le consoler. A quelques pas de là, ayant eu le malheur d'éternuer, le bruit que je fis réveilla un fakir qui était en extase. « Où suis-je ? dit-il ; quelle horrible chute ! je ne vois plus le bout de mon

nez : la lumière céleste est disparue[1]. — Si je suis cause, lui dis-je, que vous voyez enfin plus loin que le bout de votre nez, voilà une roupie pour réparer le mal que j'ai fait ; reprenez votre lumière céleste. »

M'étant ainsi tiré d'affaire discrètement, je passai aux autres gymnosophistes ; il y en eut plusieurs qui m'apportèrent de petits clous fort jolis, pour m'enfoncer dans les bras et dans les cuisses en l'honneur de Brama. J'achetai leurs clous, dont j'ai fait clouer mes tapis. D'autres dansaient sur les mains ; d'autres voltigeaient sur la corde lâche ; d'autres allaient toujours à cloche-pied. Il y en avait qui portaient des chaînes ; d'autres, un bât ; quelques-uns avaient leur tête dans un boisseau ; au demeurant les meilleures gens du monde. Mon ami Omri me mena dans la cellule d'un des plus fameux ; il s'appelait Bababec : il était nu comme un singe, et avait au cou une grosse chaîne qui pesait plus de soixante livres. Il était assis sur une chaise de bois, proprement garnie de petites pointes de clous qui lui entraient dans les fesses, et on aurait cru qu'il était sur un lit de satin. Beaucoup de femmes venaient le consulter ; il était l'oracle des familles, et on peut dire qu'il jouissait d'une très-grande réputation. Je fus témoin du long entretien qu'Omri eut avec lui. « Croyez-vous, lui dit-il, mon père, qu'après avoir passé par l'épreuve des sept métempsycoses, je puisse parvenir à la demeure de Brama ? — C'est selon, dit le fakir ; comment vivez-vous ? — Je tâche, dit Omri, d'être bon citoyen, bon mari, bon père, bon ami ; je prête de l'argent sans intérêt aux riches dans l'occasion, j'en donne aux pauvres ; j'entretiens la paix parmi mes voisins. — Vous mettez-vous quelquefois des clous dans le cul ? demanda le bramin. — Jamais, mon révérend père. — J'en suis fâché, répliqua le fakir, vous n'irez certainement que dans le dix-neuvième ciel ; et c'est dommage. — Comment, dit Omri, cela est fort honnête ; je suis très-content de mon lot : que m'importe du dix-neuvième ou du vingtième, pourvu que je fasse mon devoir dans mon pèlerinage, et que je sois bien reçu au dernier gîte ? N'est-ce pas assez d'être honnête homme dans ce pays-ci, et d'être ensuite heureux au pays de Brama ? Dans quel ciel prétendez-vous donc aller, vous, monsieur Bababec, avec vos clous et vos chaînes ? — Dans le trente-cinquième, dit Bababec. — Je vous trouve plaisant, répliqua Omri, de prétendre être logé plus haut que moi ; ce ne peut être assurément que l'effet d'une

1. Quand les fakirs veulent voir la lumière céleste, ce qui est très-commun parmi eux, ils tournent les yeux vers le bout de leur nez. (*Note de Voltaire.*)

excessive ambition. Vous condamnez ceux qui recherchent les honneurs dans cette vie, pourquoi en voulez-vous de si grands dans l'autre ? Et sur quoi d'ailleurs prétendez-vous être mieux traité que moi ? Sachez que je donne plus en aumônes en dix jours que ne vous coûtent en dix ans tous les clous que vous vous enfoncez dans le derrière. Brama a bien à faire que vous passiez la journée tout nu, avec une chaîne au cou ; vous rendez là un beau service à la patrie. Je fais cent fois plus de cas d'un homme qui sème des légumes, ou qui plante des arbres, que de tous vos camarades, qui regardent le bout de leur nez, ou qui portent un bât par excès de noblesse d'âme. » Ayant parlé ainsi, Omri se radoucit, le caressa, le persuada, l'engagea enfin à laisser là ses clous et sa chaîne, et à venir chez lui mener une vie honnête. On le décrassa, on le frotta d'essences parfumées ; on l'habilla décemment ; il vécut quinze jours d'une manière fort sage, et avoua qu'il était cent fois plus heureux qu'auparavant. Mais il perdait son crédit dans le peuple ; les femmes ne venaient plus le consulter : il quitta Omri, et reprit ses clous pour avoir de la considération.

FIN DE L'HISTOIRE DE BABABEC ET LES FAKIRS.

MICROMÉGAS

HISTOIRE PHILOSOPHIQUE

(1752)

CHAPITRE I.

VOYAGE D'UN HABITANT DU MONDE DE L'ÉTOILE SIRIUS DANS LA PLANÈTE DE SATURNE.

Dans une de ces planètes qui tournent autour de l'étoile nommée Sirius, il y avait un jeune homme de beaucoup d'esprit, que j'ai eu l'honneur de connaître dans le dernier voyage qu'il fit sur notre petite fourmilière; il s'appelait Micromégas[1], nom qui convient fort à tous les grands. Il avait huit lieues de haut : j'entends, par huit lieues, vingt-quatre mille pas géométriques de cinq pieds chacun.

Quelques géomètres[2], gens toujours utiles au public, prendront sur-le-champ la plume, et trouveront que, puisque M. Micromégas, habitant du pays de Sirius, a de la tête aux pieds vingt-quatre mille pas, qui font cent vingt mille pieds de roi, et que nous autres, citoyens de la terre, nous n'avons guère que cinq pieds, et que notre globe a neuf mille lieues de tour ; ils trouveront, dis-je, qu'il faut absolument que le globe qui l'a produit ait au juste vingt-un millions six cent mille fois plus de circonférence que notre petite terre. Rien n'est plus simple et plus ordinaire dans la nature. Les États de quelques souverains d'Allemagne ou d'Italie, dont on peut faire le tour en une demi-heure, comparés à l'empire de Turquie, de Moscovie ou de la Chine, ne

1. De *micros*, petit, et de *megas*, grand.
2. C'est ainsi qu'on lit dans les premières éditions. D'autres, au lieu de *géomètres*, portent *algébristes*. (B.)

sont qu'une faible image des prodigieuses différences que la nature a mises dans tous les êtres.

La taille de Son Excellence étant de la hauteur que j'ai dite, tous nos sculpteurs et tous nos peintres conviendront sans peine que sa ceinture peut avoir cinquante mille pieds de roi de tour : ce qui fait une très-jolie proportion [1]. Son nez étant le tiers de son beau visage, et son beau visage étant la septième partie de la hauteur de son beau corps, il faut avouer que le nez du Sirien a six mille trois cent trente-trois pieds de roi plus une fraction ; ce qui était à démontrer.

Quant à son esprit, c'est un des plus cultivés que nous ayons ; il sait beaucoup de choses ; il en a inventé quelques-unes ; il n'avait pas encore deux cent cinquante ans ; et il étudiait, selon la coutume, au collége le plus célèbre [2] de sa planète, lorsqu'il devina, par la force de son esprit, plus de cinquante propositions d'Euclide. C'est dix-huit de plus que Blaise Pascal, lequel, après en avoir deviné trente-deux en se jouant, à ce que dit sa sœur, devint depuis un géomètre assez médiocre [3], et un fort mauvais métaphysicien. Vers les quatre cent cinquante ans, au sortir de l'enfance, il disséqua beaucoup de ces petits insectes qui n'ont pas cent pieds de diamètre, et qui se dérobent aux microscopes ordinaires ; il en composa un livre fort curieux, mais qui lui fit quelques affaires. Le muphti de son pays, grand vétillard, et fort ignorant, trouva dans son livre des propositions suspectes, malsonnantes, téméraires [4], hérétiques, sentant l'hérésie, et le poursuivit vivement : il s'agissait de savoir si la forme substantielle des puces de Sirius était de même nature que celle des colimaçons. Micromégas se défendit avec esprit ; il mit les femmes de son côté ; le procès dura deux cent vingt ans. Enfin le muphti fit condamner le livre par des jurisconsultes qui ne l'avaient pas lu, et l'auteur eut ordre de ne paraître à la cour de huit cents années [5].

1. Je rétablis cette phrase d'après les premières éditions. (B.)
2. Au lieu de *le plus célèbre*, qu'on lit dans la première édition, les éditions postérieures portent : *des jésuites*. (B.)
3. Pascal devint un très-grand géomètre, non dans la classe de ceux qui ont contribué par de grandes découvertes au progrès des sciences, comme Descartes, Newton, mais dans celle des géomètres qui ont montré par leurs ouvrages un génie du premier ordre. (K.)
4. L'édition que je crois l'originale porte : *téméraires, sentant l'hérésie*. Le texte actuel existe dès 1756. (B.)
5. M. de Voltaire avait été persécuté par le théatin Boyer, pour avoir dit dans ses *Lettres philosophiques* que les facultés de notre âme se développent en même temps que nos organes, de la même manière que les facultés de l'âme des animaux. (K.)

Il ne fut que médiocrement affligé d'être banni d'une cour qui n'était remplie que de tracasseries et de petitesses. Il fit une chanson fort plaisante contre le muphti, dont celui-ci ne s'embarrassa guère; et il se mit à voyager de planète en planète, pour achever de se former *l'esprit et le cœur*[1], comme l'on dit. Ceux qui ne voyagent qu'en chaise de poste ou en berline seront sans doute étonnés des équipages de là-haut: car nous autres, sur notre petit tas de boue, nous ne concevons rien au delà de nos usages. Notre voyageur connaissait merveilleusement les lois de la gravitation, et toutes les forces attractives et répulsives. Il s'en servait si à propos que, tantôt à l'aide d'un rayon du soleil, tantôt par la commodité d'une comète, il allait de globe en globe lui et les siens, comme un oiseau voltige de branche en branche. Il parcourut la voie lactée en peu de temps, et je suis obligé d'avouer qu'il ne vit jamais à travers les étoiles dont elle est semée ce beau ciel empyrée que l'illustre vicaire Derham[2] se vante d'avoir vu au bout de sa lunette. Ce n'est pas que je prétende que M. Derham ait mal vu, à Dieu ne plaise! mais Micromégas était sur les lieux, c'est un bon observateur, et je ne veux contredire personne. Micromégas, après avoir bien tourné, arriva dans le globe de Saturne. Quelque accoutumé qu'il fût à voir des choses nouvelles, il ne put d'abord, en voyant la petitesse du globe et de ses habitants, se défendre de ce sourire de supériorité qui échappe quelquefois aux plus sages. Car enfin Saturne n'est guère que neuf cents fois plus gros que la terre, et les citoyens de ce pays-là sont des nains qui n'ont que mille toises de haut ou environ. Il s'en moqua un peu d'abord avec ses gens, à peu près comme un musicien italien se met à rire de la musique de Lulli quand il vient en France. Mais comme le Sirien avait un bon esprit, il comprit bien vite qu'un être pensant peut fort bien n'être pas ridicule pour n'avoir que six mille pieds de haut. Il se familiarisa avec les Saturniens, après les avoir étonnés. Il lia une étroite amitié avec le secrétaire de l'Académie de Saturne, homme de

1. Voyez la note 2 de la page 69.
2. Savant Anglais, auteur de la *Théologie astronomique,* et de quelques autres ouvrages qui ont pour objet de prouver l'existence de Dieu par le détail des merveilles de la nature; malheureusement, lui et ses imitateurs se trompent souvent dans l'exposition de ces merveilles: ils s'extasient sur la sagesse qui se montre dans l'ordre d'un phénomène, et on découvre que ce phénomène est tout différent de ce qu'ils ont supposé; alors c'est ce nouvel ordre qui leur paraît un chef-d'œuvre de sagesse. Ce défaut, commun à tous les ouvrages de ce genre, les a décrédités. On sait trop d'avance que, de quelque manière que les choses soient, l'auteur finira toujours par les admirer. (K.)

beaucoup d'esprit, qui n'avait à la vérité rien inventé, mais qui rendait un fort bon compte des inventions des autres, et qui faisait passablement de petits vers et de grands calculs[1]. Je rapporterai ici, pour la satisfaction des lecteurs, une conversation singulière que Micromégas eut un jour avec M. le secrétaire.

CHAPITRE II.

CONVERSATION DE L'HABITANT DE SIRIUS AVEC CELUI DE SATURNE.

Après que Son Excellence se fut couchée, et que le secrétaire se fut approché de son visage : « Il faut avouer, dit Micromégas, que la nature est bien variée. — Oui, dit le Saturnien ; la nature est comme un parterre dont les fleurs... — Ah ! dit l'autre, laissez là votre parterre. — Elle est, reprit le secrétaire, comme une assemblée de blondes et de brunes, dont les parures... — Eh ! qu'ai-je à faire de vos brunes[2] ? dit l'autre. — Elle est donc comme une galerie de peintures dont les traits... — Eh non ! dit le voyageur ; encore une fois, la nature est comme la nature. Pourquoi lui chercher des comparaisons ? — Pour vous plaire, répondit le secrétaire. — Je ne veux point qu'on me plaise, répondit le voyageur ; je veux qu'on m'instruise : commencez d'abord par me dire combien les hommes de votre globe ont de sens. — Nous en avons soixante et douze, dit l'académicien ; et nous nous plaignons tous les jours du peu. Notre imagination va au delà de nos besoins ; nous trouvons qu'avec nos soixante et douze sens, notre anneau, nos cinq lunes, nous sommes trop bornés ; et, malgré toute notre curiosité et le nombre assez grand de passions qui résultent de nos soixante et douze sens, nous avons tout le temps de nous ennuyer. — Je le crois bien, dit Micromégas ; car dans notre globe nous avons près de mille sens, et il nous reste encore je ne sais quel désir vague, je ne sais quelle inquiétude, qui nous avertit sans cesse que nous sommes peu de chose, et qu'il y a des êtres beaucoup plus parfaits. J'ai un peu voyagé ; j'ai vu des mortels fort au-dessous de nous ; j'en ai vu de fort supérieurs ; mais je n'en ai vu aucuns qui n'aient plus de désirs que de vrais besoins, et plus de besoins que de satisfaction. J'arriverai peut-être un

1. Fontenelle.
2. Voltaire se moque ici du style précieux de la *Pluralité des mondes* de Fontenelle. Voyez cet ouvrage, *Premier Soir*. (G. A.)

jour au pays où il ne manque rien ; mais jusqu'à présent personne ne m'a donné de nouvelles positives de ce pays-là. » Le Saturnien et le Sirien s'épuisèrent alors en conjectures; mais, après beaucoup de raisonnements fort ingénieux et fort incertains, il en fallut revenir aux faits. « Combien de temps vivez-vous? dit le Sirien. — Ah! bien peu, répliqua le petit homme de Saturne. — C'est tout comme chez nous, dit le Sirien ; nous nous plaignons toujours du peu. Il faut que ce soit une loi universelle de la nature.—Hélas! nous ne vivons, dit le Saturnien, que cinq cents grandes révolutions du soleil. (Cela revient à quinze mille ans ou environ, à compter à notre manière.) Vous voyez bien que c'est mourir presque au moment que l'on est né ; notre existence est un point, notre durée un instant, notre globe un atome. A peine a-t-on commencé à s'instruire un peu que la mort arrive avant qu'on ait de l'expérience. Pour moi, je n'ose faire aucuns projets ; je me trouve comme une goutte d'eau dans un océan immense. Je suis honteux, surtout devant vous, de la figure ridicule que je fais dans ce monde. »

Micromégas lui repartit : « Si vous n'étiez pas philosophe, je craindrais de vous affliger en vous apprenant que notre vie est sept cents fois plus longue que la vôtre ; mais vous savez trop bien que quand il faut rendre son corps aux éléments, et ranimer la nature sous une autre forme, ce qui s'appelle mourir ; quand ce moment de métamorphose est venu, avoir vécu une éternité, ou avoir vécu un jour, c'est précisément la même chose. J'ai été dans des pays où l'on vit mille fois plus longtemps que chez moi, et j'ai trouvé qu'on y murmurait encore. Mais il y a partout des gens de bon sens qui savent prendre leur parti et remercier l'Auteur de la nature. Il a répandu sur cet univers une profusion de variétés avec une espèce d'uniformité admirable. Par exemple tous les êtres pensants sont différents, et tous se ressemblent au fond par le don de la pensée et des désirs. La matière est partout étendue ; mais elle a dans chaque globe des propriétés diverses. Combien comptez-vous de ces propriétés diverses dans votre matière?—Si vous parlez de ces propriétés, dit le Saturnien, sans lesquelles nous croyons que ce globe ne pourrait subsister tel qu'il est, nous en comptons trois cents, comme l'étendue, l'impénétrabilité, la mobilité, la gravitation, la divisibilité, et le reste. —Apparemment, répliqua le voyageur, que ce petit nombre suffit aux vues que le Créateur avait sur votre petite habitation. J'admire en tout sa sagesse; je vois partout des différences, mais aussi partout des proportions. Votre globe est

petit, vos habitants le sont aussi; vous avez peu de sensations; votre matière a peu de propriétés; tout cela est l'ouvrage de la Providence. De quelle couleur est votre soleil bien examiné?
— D'un blanc fort jaunâtre, dit le Saturnien; et quand nous divisons un de ses rayons, nous trouvons qu'il contient sept couleurs.
— Notre soleil tire sur le rouge, dit le Sirien, et nous avons trente-neuf couleurs primitives. Il n'y a pas un soleil, parmi tous ceux dont j'ai approché, qui se ressemble, comme chez vous il n'y a pas un visage qui ne soit différent de tous les autres. »

Après plusieurs questions de cette nature, il s'informa combien de substances essentiellement différentes on comptait dans Saturne. Il apprit qu'on n'en comptait qu'une trentaine, comme Dieu, l'espace, la matière, les êtres étendus qui sentent, les êtres étendus qui sentent et qui pensent, les êtres pensants qui n'ont point d'étendue; ceux qui se pénètrent, ceux qui ne se pénètrent pas, et le reste. Le Sirien, chez qui on en comptait trois cents, et qui en avait découvert trois mille autres dans ses voyages, étonna prodigieusement le philosophe de Saturne. Enfin, après s'être communiqué l'un à l'autre un peu de ce qu'ils savaient et beaucoup de ce qu'ils ne savaient pas, après avoir raisonné pendant une révolution du soleil, ils résolurent de faire ensemble un petit voyage philosophique.

CHAPITRE III.

VOYAGE DES DEUX HABITANTS DE SIRIUS ET DE SATURNE.

Nos deux philosophes étaient prêts à s'embarquer dans l'atmosphère de Saturne avec une fort jolie provision d'instruments de mathématiques, lorsque la maîtresse du Saturnien, qui en eut des nouvelles, vint en larmes faire ses remontrances. C'était une jolie petite brune qui n'avait que six cent soixante toises, mais qui réparait par bien des agréments la petitesse de sa taille. « Ah! cruel! s'écria-t-elle, après t'avoir résisté quinze cents ans, lorsque enfin je commençais à me rendre, quand j'ai à peine passé cent[1] ans entre tes bras, tu me quittes pour aller voyager avec un géant d'un autre monde; va, tu n'es qu'un curieux, tu n'as jamais eu d'amour: si tu étais un vrai Saturnien, tu serais fidèle. Où vas-tu

1. L'édition de 1775 est la première qui porte *cent;* toutes les éditions précédentes portent : *deux cents.* (B.)

courir ? Que veux-tu ? Nos cinq lunes sont moins errantes que toi, notre anneau est moins changeant. Voilà qui est fait, je n'aimerai jamais plus personne. » Le philosophe l'embrassa, pleura avec elle, tout philosophe qu'il était ; et la dame, après s'être pâmée, alla se consoler avec un petit-maître du pays.

Cependant nos deux curieux partirent ; ils sautèrent d'abord sur l'anneau, qu'ils trouvèrent assez plat, comme l'a fort bien deviné un illustre habitant de notre petit globe [1] ; de là ils allèrent aisément de lune en lune. Une comète passait tout auprès de la dernière ; ils s'élancèrent sur elle avec leurs domestiques et leurs instruments. Quand ils eurent fait environ cent cinquante millions de lieues, ils rencontrèrent les satellites de Jupiter. Ils passèrent dans Jupiter même, et y restèrent une année, pendant laquelle ils apprirent de fort beaux secrets qui seraient actuellement sous presse sans messieurs les inquisiteurs, qui ont trouvé quelques propositions un peu dures. Mais j'en ai lu le manuscrit dans la bibliothèque de l'illustre archevêque de..., qui m'a laissé voir ses livres avec cette générosité et cette bonté qu'on ne saurait assez louer. Aussi je lui promets un long article dans la première édition qu'on fera de Moréri, et je n'oublierai pas surtout messieurs ses enfants, qui donnent une si grande espérance de perpétuer la race de leur illustre père.

Mais revenons à nos voyageurs. En sortant de Jupiter, ils traversèrent un espace d'environ cent millions de lieues, et ils côtoyèrent la planète de Mars, qui, comme on sait, est cinq fois plus petite que notre petit globe ; ils virent deux lunes qui servent à cette planète, et qui ont échappé aux regards de nos astronomes. Je sais bien que le père Castel écrira, et même assez plaisamment, contre l'existence de ces deux lunes ; mais je m'en rapporte à ceux qui raisonnent par analogie. Ces bons philosophes-là savent combien il serait difficile que Mars, qui est si loin du soleil, se passât à moins de deux lunes. Quoi qu'il en soit, nos gens trouvèrent cela si petit qu'ils craignirent de n'y pas trouver de quoi coucher, et ils passèrent leur chemin comme deux voyageurs qui dédaignent un mauvais cabaret de village, et poussent jusqu'à la ville voisine. Mais le Sirien et son compagnon se repentirent bientôt. Ils allèrent longtemps, et ne trouvèrent rien. Enfin ils aperçurent une petite lueur : c'était la terre : cela fit pitié à des gens qui venaient de Jupiter. Cependant, de peur de se repentir une seconde fois, ils résolurent de débarquer. Ils passèrent sur

1. Huygens. Voyez tome XVII, page 261.

la queue de la comète, et, trouvant une aurore boréale toute prête, ils se mirent dedans, et arrivèrent à terre sur le bord septentrional de la mer Baltique, le cinq juillet mil sept cent trente-sept, nouveau style.

CHAPITRE IV.

CE QUI LEUR ARRIVE SUR LE GLOBE DE LA TERRE.

Après s'être reposés quelque temps, ils mangèrent à leur déjeuner deux montagnes, que leurs gens leur apprêtèrent assez proprement. Ensuite ils voulurent reconnaître le petit pays où ils étaient. Ils allèrent d'abord du nord au sud. Les pas ordinaires du Sirien et de ses gens étaient d'environ trente mille pieds de roi; le nain de Saturne, dont la taille n'était que de mille toises, suivait de loin en haletant; or il fallait qu'il fit environ douze pas, quand l'autre faisait une enjambée : figurez-vous (s'il est permis de faire de telles comparaisons) un très-petit chien de manchon qui suivrait un capitaine des gardes du roi de Prusse.

Comme ces étrangers-là vont assez vite, ils eurent fait le tour du globe en trente-six heures; le soleil, à la vérité, ou plutôt la terre, fait un pareil voyage en une journée; mais il faut songer qu'on va bien plus à son aise quand on tourne sur son axe que quand on marche sur ses pieds. Les voilà donc revenus d'où ils étaient partis, après avoir vu cette mare, presque imperceptible pour eux, qu'on nomme *la Méditerranée*, et cet autre petit étang qui, sous le nom du *grand Océan*, entoure la taupinière. Le nain n'en avait eu jamais qu'à mi-jambe, et à peine l'autre avait-il mouillé son talon. Ils firent tout ce qu'ils purent en allant et en revenant dessus et dessous pour tâcher d'apercevoir si ce globe était habité ou non. Ils se baissèrent, ils se couchèrent, ils tâtèrent partout; mais leurs yeux et leurs mains n'étant point proportionnés aux petits êtres qui rampent ici, ils ne reçurent pas la moindre sensation qui pût leur faire soupçonner que nous et nos confrères les autres habitants de ce globe avons l'honneur d'exister.

Le nain, qui jugeait quelquefois un peu trop vite, décida d'abord qu'il n'y avait personne sur la terre. Sa première raison était qu'il n'avait vu personne. Micromégas lui fit sentir poliment que c'était raisonner assez mal : « Car, disait-il, vous ne voyez pas avec vos petits yeux certaines étoiles de la cinquantième grandeur que j'aperçois très-distinctement; concluez-vous de là que ces étoiles n'existent pas? — Mais, dit le nain, j'ai bien tâté. — Mais,

répondit l'autre, vous avez mal senti. — Mais, dit le nain, ce globe-ci est si mal construit, cela est si irrégulier et d'une forme qui me paraît si ridicule! tout semble être ici dans le chaos : voyez-vous ces petits ruisseaux dont aucun ne va de droit fil, ces étangs qui ne sont ni ronds, ni carrés, ni ovales, ni sous aucune forme régulière ; tous ces petits grains pointus dont ce globe est hérissé, et qui m'ont écorché les pieds? (Il voulait parler des montagnes.) Remarquez-vous encore la forme de tout le globe, comme il est plat aux pôles, comme il tourne autour du soleil d'une manière gauche, de façon que les climats des pôles sont nécessairement incultes? En vérité, ce qui fait que je pense qu'il n'y a ici personne, c'est qu'il me paraît que des gens de bon sens ne voudraient pas y demeurer. — Eh bien, dit Micromégas, ce ne sont peut-être pas non plus des gens de bon sens qui l'habitent. Mais enfin il y a quelque apparence que ceci n'est pas fait pour rien. Tout vous paraît irrégulier ici, dites-vous, parce que tout est tiré au cordeau dans Saturne et dans Jupiter. Eh! c'est peut-être pour[1] cette raison-là même qu'il y a ici un peu de confusion. Ne vous ai-je pas dit que dans mes voyages j'avais toujours remarqué de la variété? » Le Saturnien répliqua à toutes ces raisons. La dispute n'eût jamais fini, si par bonheur Micromégas, en s'échauffant à parler, n'eût cassé le fil de son collier de diamants. Les diamants tombèrent ; c'étaient de jolis petits carats assez inégaux, dont les plus gros pesaient quatre cents livres, et les plus petits cinquante. Le nain en ramassa quelques-uns ; il s'aperçut, en les approchant de ses yeux, que ces diamants, de la façon dont ils étaient taillés, étaient d'excellents microscopes. Il prit donc un petit microscope de cent soixante pieds de diamètre, qu'il appliqua à sa prunelle ; et Micromégas en choisit un de deux mille cinq cents pieds. Ils étaient excellents ; mais d'abord on ne vit rien par leur secours : il fallait s'ajuster. Enfin l'habitant de Saturne vit quelque chose d'imperceptible qui remuait entre deux eaux dans la mer Baltique : c'était une baleine. Il la prit avec le petit doigt fort adroitement ; et la mettant sur l'ongle de son pouce, il la fit voir au Sirien, qui se mit à rire pour la seconde fois de l'excès de petitesse dont étaient les habitants de notre globe. Le Saturnien, convaincu que notre monde est habité, s'imagina bien vite qu'il ne l'était que par des baleines ; et comme il était grand raisonneur, il voulut deviner d'où un si petit atome tirait son origine, son mouvement,

1. Toutes les éditions qui ont précédé celles de Kehl portent *par*. (B.)

s'il avait des idées, une volonté, une liberté. Micromégas y fut fort embarrassé ; il examina l'animal fort patiemment, et le résultat de l'examen fut qu'il n'y avait pas moyen de croire qu'une âme fût logée là. Les deux voyageurs inclinaient donc à penser qu'il n'y a point d'esprit dans notre habitation, lorsqu'à l'aide du microscope ils aperçurent quelque chose d'aussi gros qu'une baleine qui flottait sur la mer Baltique. On sait que dans ce temps-là même une volée de philosophes revenait du cercle polaire, sous lequel ils avaient été faire des observations dont personne ne s'était avisé jusqu'alors [1]. Les gazettes dirent que leur vaisseau échoua aux côtes de Bothnie, et qu'ils eurent bien de la peine à se sauver ; mais on ne sait jamais dans ce monde le dessous des cartes. Je vais raconter ingénument comme la chose se passa, sans y rien mettre du mien : ce qui n'est pas un petit effort pour un historien.

CHAPITRE V.

EXPÉRIENCES ET RAISONNEMENTS DES DEUX VOYAGEURS.

Micromégas étendit la main tout doucement vers l'endroit où l'objet paraissait, et avançant deux doigts, et les retirant par la crainte de se tromper, puis les ouvrant et les serrant, il saisit fort adroitement le vaisseau qui portait ces messieurs, et le mit encore sur son ongle, sans le trop presser, de peur de l'écraser. « Voici un animal bien différent du premier, dit le nain de Saturne ; » le Sirien mit le prétendu animal dans le creux de sa main. Les passagers et les gens de l'équipage, qui s'étaient crus enlevés par un ouragan, et qui se croyaient sur une espèce de rocher, se mettent tous en mouvement ; les matelots prennent des tonneaux de vin, les jettent sur la main de Micromégas, et se précipitent après. Les géomètres prennent leurs quarts de cercle, leurs secteurs, deux filles laponnes [2], et descendent sur les doigts du Sirien. Ils en firent tant qu'il sentit enfin remuer quelque chose qui lui chatouillait les doigts : c'était un bâton ferré qu'on lui enfonçait d'un pied dans l'index ; il jugea, par ce picotement, qu'il était sorti quelque chose du petit animal qu'il tenait ; mais il n'en soupçonna

1. C'étaient Maupertuis, Clairaut, Camus et Le Monnier. Ils rapportaient la mesure du degré de Laponie. (G. A.)
2. Voyez les notes du quatrième *Discours en vers sur l'Homme* (*de la Modération*), tome IX, et celles du *Russe à Paris*, tome X.

pas d'abord davantage. Le microscope, qui faisait à peine discerner une baleine et un vaisseau, n'avait point de prise sur un être aussi imperceptible que des hommes. Je ne prétends choquer ici la vanité de personne, mais je suis obligé de prier les importants de faire ici une petite remarque avec moi : c'est qu'en prenant la taille des hommes d'environ cinq pieds, nous ne faisons pas sur la terre une plus grande figure qu'en ferait sur une boule de dix pieds de tour un animal qui aurait à peu près la six cent millième[1] partie d'un pouce en hauteur. Figurez-vous une substance qui pourrait tenir la terre dans sa main, et qui aurait des organes en proportion des nôtres ; et il se peut très-bien faire qu'il y ait un grand nombre de ces substances : or concevez, je vous prie, ce qu'elles penseraient de ces batailles qui font gagner au vainqueur un village pour le perdre ensuite.

Je ne doute pas que si quelque capitaine des grands grenadiers lit jamais cet ouvrage, il ne hausse de deux grands pieds au moins les bonnets de sa troupe ; mais je l'avertis qu'il aura beau faire, que lui et les siens ne seront jamais que des infiniment petits.

Quelle adresse merveilleuse ne fallut-il donc pas à notre philosophe de Sirius pour apercevoir les atomes dont je viens de parler ? Quand Leuwenhoek et Hartsoeker virent les premiers, ou crurent voir la graine dont nous sommes formés, ils ne firent pas à beaucoup près une si étonnante découverte. Quel plaisir sentit Micromégas en voyant remuer ces petites machines, en examinant tous leurs tours, en les suivant dans toutes leurs opérations ! comme il s'écria ! comme il mit avec joie un de ces microscopes dans les mains de son compagnon de voyage ! « Je les vois, disaient-ils tous deux à la fois ; ne les voyez-vous pas qui portent des fardeaux, qui se baissent, qui se relèvent. » En parlant ainsi, les mains leur tremblaient, par le plaisir de voir des objets si nouveaux, et par la crainte de les perdre. Le Saturnien, passant d'un excès de défiance à un excès de crédulité, crut apercevoir qu'ils travaillaient à la propagation. « Ah ! disait-il, j'ai pris la nature sur le fait[2]. » Mais il se trompait sur les apparences : ce qui n'arrive que trop, soit qu'on se serve ou non du microscope.

1. L'édition que je crois l'originale porte *soixante millième*. (B.)
2. Expression heureuse et plaisante de Fontenelle, en rendant compte de quelques observations d'histoire naturelle. (K.)

CHAPITRE VI.

CE QUI LEUR ARRIVA AVEC LES HOMMES.

Micromégas, bien meilleur observateur que son nain, vit clairement que les atomes se parlaient ; et il le fit remarquer à son compagnon, qui, honteux de s'être mépris sur l'article de la génération, ne voulut point croire que de pareilles espèces pussent se communiquer des idées. Il avait le don des langues aussi bien que le Sirien ; il n'entendait point parler nos atomes, et il supposait qu'ils ne parlaient pas: d'ailleurs, comment ces êtres imperceptibles auraient-ils les organes de la voix, et qu'auraient-ils à dire? Pour parler, il faut penser, ou à peu près ; mais s'ils pensaient, ils auraient donc l'équivalent d'une âme: or, attribuer l'équivalent d'une âme à cette espèce, cela lui paraissait absurde. « Mais, dit le Sirien, vous avez cru tout à l'heure qu'ils faisaient l'amour ; est-ce que vous croyez qu'on puisse faire l'amour sans penser et sans proférer quelque parole, ou du moins sans se faire entendre? Supposez-vous d'ailleurs qu'il soit plus difficile de produire un argument qu'un enfant? Pour moi, l'un et l'autre me paraissent de grands mystères. — Je n'ose plus ni croire ni nier, dit le nain ; je n'ai plus d'opinion : il faut tâcher d'examiner ces insectes, nous raisonnerons après. — C'est fort bien dit, » reprit Micromégas ; et aussitôt il tira une paire de ciseaux dont il se coupa les ongles, et d'une rognure de l'ongle de son pouce il fit sur-le-champ une espèce de grande trompette parlante, comme un vaste entonnoir, dont il mit le tuyau dans son oreille. La circonférence de l'entonnoir enveloppait le vaisseau et tout l'équipage. La voix la plus faible entrait dans les fibres circulaires de l'ongle ; de sorte que, grâce à son industrie, le philosophe de là-haut entendit parfaitement le bourdonnement de nos insectes de là-bas. En peu d'heures il parvint à distinguer les paroles, et enfin à entendre le français. Le nain en fit autant, quoique avec plus de difficulté. L'étonnement des voyageurs redoublait à chaque instant. Ils entendaient des mites parler d'assez bon sens : ce jeu de la nature leur paraissait inexplicable. Vous croyez bien que le Sirien et son nain brûlaient d'impatience de lier conversation avec les atomes ; le nain craignait que sa voix de tonnerre, et surtout celle de Micromégas, n'assourdît les mites sans en être entendue. Il fallait en diminuer la force. Ils se mirent dans la bouche des

espèces de petits cure-dents, dont le bout fort effilé venait donner auprès du vaisseau. Le Sirien tenait le nain sur ses genoux, et le vaisseau avec l'équipage sur un ongle ; il baissait la tête et parlait bas. Enfin, moyennant toutes ces précautions et bien d'autres encore, il commença ainsi son discours :

« Insectes invisibles, que la main du Créateur s'est plu à faire naître dans l'abîme de l'infiniment petit, je le remercie de ce qu'il a daigné me découvrir des secrets qui semblaient impénétrables. Peut-être ne daignerait-on pas vous regarder à ma cour ; mais je ne méprise personne, et je vous offre ma protection. »

Si jamais il y eut quelqu'un d'étonné, ce furent les gens qui entendirent ces paroles. Ils ne pouvaient deviner d'où elles partaient. L'aumônier du vaisseau récita les prières des exorcismes, les matelots jurèrent, et les philosophes du vaisseau firent des systèmes ; mais quelque système qu'ils fissent, ils ne purent jamais deviner qui leur parlait. Le nain de Saturne, qui avait la voix plus douce que Micromégas, leur apprit alors en peu de mots à quelles espèces ils avaient affaire. Il leur raconta le voyage de Saturne, les mit au fait de ce qu'était M. Micromégas ; et après les avoir plaints d'être si petits, il leur demanda s'ils avaient toujours été dans ce misérable état si voisin de l'anéantissement, ce qu'ils faisaient dans un globe qui paraissait appartenir à des baleines, s'ils étaient heureux, s'ils multipliaient, s'ils avaient une âme, et cent autres questions de cette nature.

Un raisonneur de la troupe, plus hardi que les autres, et choqué de ce qu'on doutait de son âme, observa l'interlocuteur avec des pinnules[1] braquées sur un quart de cercle, fit deux stations, et à la troisième il parla ainsi : « Vous croyez donc, monsieur, parce que vous avez mille toises depuis la tête jusqu'aux pieds, que vous êtes un... — Mille toises ! s'écria le nain ; juste Ciel ! d'où peut-il savoir ma hauteur ? mille toises ! il ne se trompe pas d'un pouce ; quoi ! cet atome m'a mesuré ! il est géomètre, il connaît ma grandeur ; et moi, qui ne le vois qu'à travers un microscope, je ne connais pas encore la sienne ! — Oui, je vous ai mesuré, dit le physicien, et je mesurerai bien encore votre grand compagnon. » La proposition fut acceptée ; Son Excellence se coucha de son long : car, s'il se fût tenu debout, sa tête eût été trop au-

1. Ce sont deux petites pièces de cuivre percées, dans le milieu, d'une fente de haut en bas, dont on se sert pour prendre des distances et mesurer des angles sur le terrain. (G. A.)

dessus des nuages. Nos philosophes lui plantèrent un grand arbre dans un endroit que le docteur Swift nommerait, mais que je me garderai bien d'appeler par son nom, à cause de mon grand respect pour les dames. Puis, par une suite de triangles liés ensemble, ils conclurent que ce qu'ils voyaient était en effet un jeune homme de cent vingt mille pieds de roi [1].

Alors Micromégas prononça ces paroles : « Je vois plus que jamais qu'il ne faut juger de rien sur sa grandeur apparente. O Dieu! qui avez donné une intelligence à des substances qui paraissent si méprisables ; l'infiniment petit vous coûte aussi peu que l'infiniment grand ; et s'il est possible qu'il y ait des êtres plus petits que ceux-ci, ils peuvent encore avoir un esprit supérieur à ceux de ces superbes animaux que j'ai vus dans le ciel, dont le pied seul couvrirait le globe où je suis descendu. »

Un des philosophes lui répondit qu'il pouvait en toute sûreté croire qu'il est en effet des êtres intelligents beaucoup plus petits que l'homme. Il lui conta, non pas tout ce que Virgile a dit de fabuleux sur les abeilles, mais ce que Swammerdam a découvert, et ce que Réaumur a disséqué [2]. Il lui apprit enfin qu'il y a des animaux qui sont pour les abeilles ce que les abeilles sont pour l'homme, ce que le Sirien lui-même était pour ces animaux si vastes dont il parlait, et ce que ces grands animaux sont pour d'autres substances devant lesquelles ils ne paraissent que comme des atomes. Peu à peu la conversation devint intéressante, et Micromégas parla ainsi :

CHAPITRE VII.

CONVERSATION AVEC LES HOMMES.

« O atomes intelligents, dans qui l'Être éternel s'est plu à manifester son adresse et sa puissance, vous devez sans doute goûter des joies bien pures sur votre globe : car, ayant si peu de matière, et paraissant tout esprit, vous devez passer votre vie à aimer et à penser ; c'est la véritable vie des esprits. Je n'ai vu nulle part le vrai bonheur ; mais il est ici, sans doute. » A ce discours, tous les philosophes secouèrent la tête ; et l'un d'eux, plus franc

1. L'édition que je crois l'originale porte *un beau jeune... de cent vingt mille pieds de roi.* (B.)
2. Chacun de ces deux savants a publié des travaux volumineux sur les insectes.

que les autres, avoua de bonne foi que, si l'on en excepte un petit nombre d'habitants fort peu considérés, tout le reste est un assemblage de fous, de méchants et de malheureux. « Nous avons plus de matière qu'il ne nous en faut, dit-il, pour faire beaucoup de mal, si le mal vient de la matière ; et trop d'esprit, si le mal vient de l'esprit. Savez-vous bien, par exemple, qu'à l'heure que je vous parle[1], il y a cent mille fous de notre espèce, couverts de chapeaux, qui tuent cent mille autres animaux couverts d'un turban, ou qui sont massacrés par eux, et que, presque par toute la terre, c'est ainsi qu'on en use de temps immémorial? » Le Sirien frémit, et demanda quel pouvait être le sujet de ces horribles querelles entre de si chétifs animaux. « Il s'agit, dit le philosophe, de quelque tas de boue[2] grand comme votre talon. Ce n'est pas qu'aucun de ces millions d'hommes qui se font égorger prétende un fétu sur ce tas de boue. Il ne s'agit que de savoir s'il appartiendra à un certain homme qu'on nomme *Sultan*, ou à un autre qu'on nomme, je ne sais pourquoi, *César*. Ni l'un ni l'autre n'a jamais vu ni ne verra jamais le petit coin de terre dont il s'agit ; et presque aucun de ces animaux, qui s'égorgent mutuellement, n'a jamais vu l'animal pour lequel il s'égorge.

— Ah! malheureux! s'écria le Sirien avec indignation, peut-on concevoir cet excès de rage forcenée! Il me prend envie de faire trois pas, et d'écraser de trois coups de pied toute cette fourmilière d'assassins ridicules.

— Ne vous en donnez pas la peine, lui répondit-on ; ils travaillent assez à leur ruine. Sachez qu'au bout de dix ans, il ne reste jamais la centième partie de ces misérables; sachez que, quand même ils n'auraient pas tiré l'épée, la faim, la fatigue, ou l'intempérance, les emportent presque tous. D'ailleurs, ce n'est pas eux qu'il faut punir, ce sont ces barbares sédentaires qui du fond de leur cabinet ordonnent, dans le temps de leur digestion, le massacre d'un million d'hommes, et qui ensuite en font remercier Dieu solennellement. »

Le voyageur se sentait ému de pitié pour la petite race humaine, dans laquelle il découvrait de si étonnants contrastes. « Puisque vous êtes du petit nombre des sages, dit-il à ces messieurs, et qu'apparemment vous ne tuez personne pour de l'argent, dites-moi, je vous en prie, à quoi vous vous occupez. — Nous dis-

1. On a vu, à la fin du chapitre III, que la scène se passait en 1737. Il s'agit ici de la guerre des Turcs et des Russes, de 1736 à 1739.
2. La Crimée, qui toutefois n'a été réunie à la Russie qu'en 1783.

séquons des mouches, dit le philosophe, nous mesurons des lignes, nous assemblons des nombres; nous sommes d'accord sur deux ou trois points que nous entendons, et nous disputons sur deux ou trois mille que nous n'entendons pas. »

Il prit aussitôt fantaisie au Sirien et au Saturnien d'interroger ces atomes pensants, pour savoir les choses dont ils convenaient. « Combien comptez-vous, dit celui-ci, de l'étoile de la Canicule à la grande étoile des Gémeaux? » Ils répondirent tous à la fois : « Trente-deux degrés et demi. — Combien comptez-vous d'ici à la lune? — Soixante demi-diamètres de la terre en nombre rond. — Combien pèse votre air? » Il croyait les attraper[1], mais tous lui dirent que l'air pèse environ neuf cents fois moins qu'un pareil volume de l'eau la plus légère, et dix-neuf mille fois moins que l'or de ducat. Le petit nain de Saturne, étonné de leurs réponses, fut tenté de prendre pour des sorciers ces mêmes gens auxquels il avait refusé une âme un quart d'heure auparavant.

Enfin Micromégas leur dit : « Puisque vous savez si bien ce qui est hors de vous, sans doute vous savez encore mieux ce qui est en dedans. Dites-moi ce que c'est que votre âme, et comment vous formez vos idées. Les philosophes parlèrent tous à la fois comme auparavant; mais ils furent tous de différents avis. Le plus vieux citait Aristote, l'autre prononçait le nom de Descartes; celui-ci, de Malebranche; cet autre, de Leibnitz; cet autre, de Locke. Un vieux péripatéticien dit tout haut avec confiance : « L'âme est une entéléchie, et une raison par qui elle a la puissance d'être ce qu'elle est. C'est ce que déclare expressément Aristote, page 633 de l'édition du Louvre[2]. » Il cita le passage[3]. « Je n'entends pas trop bien le grec, dit le géant. — Ni moi non plus, dit la mite philosophique. — Pourquoi donc, reprit le Sirien, citez-vous un certain Aristote en grec? — C'est, répliqua le savant, qu'il faut bien citer ce qu'on ne comprend point du tout dans la langue qu'on entend le moins. »

1. L'édition que je crois l'originale porte : *effrayer*, au lieu de : *attraper*. (B.)
2. Le mot ἐντελέχειά se trouve bien à la page 633 du tome Ier de l'édition donnée par Guillaume du Val ou édition du Louvre, mais non la phrase telle que la citait Voltaire dans le texte de 1750, et telle qu'il la traduit ci-dessus.
3. Voici ce passage tel qu'il est transcrit dans l'édition datée de 1750 :

Ἐντελέχειά τις ἐςὶ καὶ λόγος τοῦ δύναμιν ἔχοντος τοιουδὶ εἶναι.

Ce passage d'Aristote, *de l'Ame*, livre II, chapitre II, est ainsi traduit par Casaubon : *Anima quædam perfectio et actus ac ratio est quod potentiam habet ut ejusmodi sit.* (B.)

Le cartésien prit la parole, et dit : « L'âme est un esprit pur qui a reçu dans le ventre de sa mère toutes les idées métaphysiques[1], et qui, en sortant de là, est obligée d'aller à l'école, et d'apprendre tout de nouveau ce qu'elle a si bien su, et qu'elle ne saura plus. — Ce n'était donc pas la peine, répondit l'animal de huit lieues, que ton âme fût si savante dans le ventre de ta mère, pour être si ignorante quand tu aurais de la barbe au menton. Mais qu'entends-tu par esprit ? — Que me demandez-vous là ? dit le raisonneur ; je n'en ai point d'idée ; on dit que ce n'est pas la matière. — Mais sais-tu au moins ce que c'est que la matière ? — Très-bien, lui répondit l'homme. Par exemple cette pierre est grise, est d'une telle forme, a ses trois dimensions, elle est pesante et divisible. — Eh bien ! dit le Sirien, cette chose qui te paraît être divisible, pesante, et grise, me diras-tu bien ce que c'est ? Tu vois quelques attributs ; mais le fond de la chose, le connais-tu ? — Non, dit l'autre. — Tu ne sais donc point ce que c'est que la matière. »

Alors M. Micromégas, adressant la parole à un autre sage qu'il tenait sur son pouce, lui demanda ce que c'était que son âme, et ce qu'elle faisait. « Rien du tout, dit le philosophe malebranchiste[2] ; c'est Dieu qui fait tout pour moi : je vois tout en lui, je fais tout en lui ; c'est lui qui fait tout sans que je m'en mêle. — Autant vaudrait ne pas être, reprit le sage de Sirius. Et toi, mon ami, dit-il à un Leibnitzien qui était là, qu'est-ce que ton âme ? — C'est, répondit le Leibnitzien, une aiguille qui montre les heures pendant que mon corps carillonne[3] ; ou bien, si vous voulez, c'est elle qui carillonne pendant que mon corps montre l'heure ; ou bien mon âme est le miroir de l'univers, et mon corps est la bordure du miroir : tout cela est clair. »

Un petit partisan de Locke était là tout auprès ; et quand on lui eut enfin adressé la parole : « Je ne sais pas, dit-il, comment je pense, mais je sais que je n'ai jamais pensé qu'à l'occasion de mes sens. Qu'il y ait des substances immatérielles et intelligentes, c'est de quoi je ne doute pas ; mais qu'il soit impossible à Dieu de communiquer la pensée à la matière, c'est de quoi je doute fort. Je révère la puissance éternelle ; il ne m'appartient pas de la borner : je n'affirme rien ; je me contente de croire qu'il y a plus de choses possibles qu'on ne pense[4]. »

1. Hypothèse des idées innées.
2. Voyez dans les *Mélanges*, année 1769, l'opuscule intitulé *Tout en Dieu*.
3. Hypothèse de l'harmonie préétablie.
4 Voyez, sur Locke, une des *Lettres anglaises*, et le *Traité de Métaphysique*.

L'animal de Sirius sourit : il ne trouva pas celui-là le moins sage ; et le nain de Saturne aurait embrassé le sectateur de Locke sans l'extrême disproportion. Mais il y avait là, par malheur, un petit animalcule en bonnet carré[1] qui coupa la parole à tous les autres animalcules philosophes ; il dit qu'il savait tout le secret, que tout cela se trouvait dans la *Somme de saint Thomas* ; il regarda de haut en bas les deux habitants célestes ; il leur soutint que leurs personnes, leurs mondes, leurs soleils, leurs étoiles, tout était fait uniquement pour l'homme. A ce discours, nos deux voyageurs se laissèrent aller l'un sur l'autre en étouffant de ce rire inextinguible qui, selon Homère[2], est le partage des dieux : leurs épaules et leurs ventres allaient et venaient, et dans ces convulsions le vaisseau, que le Sirien avait sur son ongle, tomba dans une poche de la culotte du Saturnien. Ces deux bonnes gens le cherchèrent longtemps ; enfin ils retrouvèrent l'équipage, et le rajustèrent fort proprement. Le Sirien reprit les petites mites ; il leur parla encore avec beaucoup de bonté, quoiqu'il fût un peu fâché dans le fond du cœur de voir que les infiniment petits eussent un orgueil presque infiniment grand. Il leur promit de leur faire un beau livre de philosophie[3], écrit fort menu pour leur usage, et que, dans ce livre, ils verraient le bout des choses. Effectivement, il leur donna ce volume avant son départ : on le porta à Paris à l'Académie des sciences ; mais quand le vieux[4] secrétaire l'eut ouvert, il ne vit rien qu'un livre tout blanc : « Ah ! dit-il, je m'en étais bien douté. »

1. Un docteur de Sorbonne.
2. *Iliade*, I, 599.
3. L'édition que je crois l'originale, et celle qui est datée de 1750, portent : « livre de philosophie, qui leur apprendrait des choses admirables, et qui leur montrerait le bon des choses. » (B.)
4. Quoique la scène se passe en 1737, comme on l'a vu pages 112 et 119, on pouvait donner l'épithète de vieux à Fontenelle, qui avait alors quatre-vingts ans, et qui mourut vingt ans après. Il s'était démis, en 1740, de la place de secrétaire perpétuel.

FIN DE L'HISTOIRE DE MICROMÉGAS.

LES
DEUX CONSOLÉS
(1756)

Le grand philosophe Citophile disait un jour à une femme désolée, et qui avait juste sujet de l'être : « Madame, la reine d'Angleterre, fille du grand Henri IV, a été aussi malheureuse que vous : on la chassa de ses royaumes; elle fut près de périr sur l'Océan par les tempêtes; elle vit mourir son royal époux sur l'échafaud.

— J'en suis fâchée pour elle, dit la dame; » et elle se mit à pleurer ses propres infortunes.

« Mais, dit Citophile, souvenez-vous de Marie Stuart : elle aimait fort honnêtement un brave musicien qui avait une très-belle basse-taille. Son mari tua son musicien à ses yeux; et ensuite sa bonne amie et sa bonne parente, la reine Élisabeth, qui se disait pucelle, lui fit couper le cou sur un échafaud tendu de noir, après l'avoir tenue en prison dix-huit années.

— Cela est fort cruel, dit la dame; » et elle se replongea dans sa mélancolie.

« Vous avez peut-être entendu parler, dit le consolateur, de la belle Jeanne de Naples, qui fut prise et étranglée?

— Je m'en souviens confusément, » dit l'affligée.

« Il faut que je vous conte, ajouta l'autre, l'aventure d'une souveraine qui fut détrônée de mon temps après souper, et qui est morte dans une île déserte.

— Je sais toute cette histoire, » répondit la dame.

« Eh bien donc, je vais vous apprendre ce qui est arrivé à une autre grande princesse à qui j'ai montré la philosophie. Elle avait un amant, comme en ont toutes les grandes et belles princesses. Son père entra dans sa chambre, et surprit l'amant, qui avait le visage tout en feu et l'œil étincelant comme une escarboucle; la dame

aussi avait le teint fort animé. Le visage du jeune homme déplut tellement au père qu'il lui appliqua le plus énorme soufflet qu'on eût jamais donné dans sa province. L'amant prit une paire de pincettes et cassa la tête au beau-père, qui guérit à peine, et qui porte encore la cicatrice de cette blessure. L'amante, éperdue, sauta par la fenêtre et se démit le pied; de manière qu'aujourd'hui elle boite visiblement, quoique d'ailleurs elle ait la taille admirable. L'amant fut condamné à la mort pour avoir cassé la tête à un très-grand prince. Vous pouvez juger de l'état où était la princesse quand on menait pendre l'amant. Je l'ai vue longtemps lorsqu'elle était en prison; elle ne me parlait jamais que de ses malheurs.

— Pourquoi ne voulez-vous donc pas que je songe aux miens? lui dit la dame.

— C'est, dit le philosophe, parce qu'il n'y faut pas songer, et que, tant de grandes dames ayant été si infortunées, il vous sied mal de vous désespérer. Songez à Hécube, songez à Niobé.

— Ah! dit la dame, si j'avais vécu de leur temps, ou de celui de tant de belles princesses, et si pour les consoler vous leur aviez conté mes malheurs, pensez-vous qu'elles vous eussent écouté? »

Le lendemain, le philosophe perdit son fils unique, et fut sur le point d'en mourir de douleur. La dame fit dresser une liste de tous les rois qui avaient perdu leurs enfants, et la porta au philosophe; il la lut, la trouva fort exacte, et n'en pleura pas moins. Trois mois après ils se revirent, et furent étonnés de se retrouver d'une humeur très-gaie. Ils firent ériger une belle statue au Temps, avec cette inscription :

A CELUI QUI CONSOLE.

FIN DES DEUX CONSOLÉS.

HISTOIRE

DES VOYAGES

DE SCARMENTADO

ÉCRITE PAR LUI-MÊME

(1756)

Je naquis dans la ville de Candie, en 1600. Mon père en était gouverneur; et je me souviens qu'un poëte médiocre, qui n'était pas médiocrement dur, nommé *Iro*[1], fit de mauvais vers à ma louange, dans lesquels il me faisait descendre de Minos en droite ligne; mais mon père ayant été disgracié, il fit d'autres vers où je ne descendais plus que de Pasiphaé et de son amant. C'était un bien méchant homme que cet Iro, et le plus ennuyeux coquin qui fût dans l'île.

Mon père m'envoya, à l'âge de quinze ans, étudier à Rome. J'arrivai dans l'espérance d'apprendre toutes les vérités; car jusque-là on m'avait enseigné tout le contraire, selon l'usage de ce bas monde, depuis la Chine jusqu'aux Alpes. Monsignor Profondo, à qui j'étais recommandé, était un homme singulier, et un des plus terribles savants qu'il y eût au monde. Il voulut m'apprendre les catégories d'Aristote, et fut sur le point de me mettre dans la catégorie de ses mignons : je l'échappai belle. Je vis des processions, des exorcismes, et quelques rapines. On disait, mais très-faussement, que la signora Olimpia[2], personne

1. Anagramme de Roi, poëte né avec des talents, que son penchant pour la satire, les aventures qui en furent la suite, sa jalousie contre les hommes de la littérature qui lui étaient supérieurs, avilirent et rendirent malheureux. Le ballet des *Éléments* et l'opéra de *Callirhoé* sont les seuls de ses ouvrages qui lui aient survécu : il mourut vieux, et avait fini par se faire dévot. (K.)

2. Belle-sœur d'Innocent X.

d'une grande prudence, vendait beaucoup de choses qu'on ne doit point vendre. J'étais dans un âge où tout cela me paraissait fort plaisant. Une jeune dame de mœurs très-douces, nommée *la signora Fatelo*, s'avisa de m'aimer. Elle était courtisée par le révérend P. *Poignardini*, et par le révérend P. *Aconiti*, jeunes profès d'un ordre qui ne subsiste plus : elle les mit d'accord en me donnant ses bonnes grâces ; mais en même temps je courus risque d'être excommunié et empoisonné. Je partis, très-content de l'architecture de Saint-Pierre.

Je voyageai en France ; c'était le temps du règne de Louis le Juste[1]. La première chose qu'on me demanda, ce fut si je voulais à mon déjeuner un petit morceau du maréchal d'Ancre, dont le peuple avait fait rôtir la chair[2], et qu'on distribuait à fort bon compte à ceux qui en voulaient.

Cet État était continuellement en proie aux guerres civiles, quelquefois pour une place au conseil, quelquefois pour deux pages de controverse. Il y avait plus de soixante ans que ce feu, tantôt couvert et tantôt soufflé avec violence, désolait ces beaux climats. C'étaient là les libertés de l'Église gallicane. « Hélas ! dis-je, ce peuple est pourtant né doux : qui peut l'avoir tiré ainsi de son caractère ? Il plaisante, et il fait des Saint-Barthélemy. Heureux le temps où il ne fera que plaisanter ! »

Je passai en Angleterre : les mêmes querelles y excitaient les mêmes fureurs. De saints catholiques avaient résolu, pour le bien de l'Église, de faire sauter en l'air, avec de la poudre, le roi, la famille royale, et tout le parlement, et de délivrer l'Angleterre de ces hérétiques. On me montra la place où la bienheureuse reine Marie, fille de Henri VIII, avait fait brûler plus de cinq cents de ses sujets. Un prêtre ibernois m'assura que c'était une très-bonne action : premièrement, parce que ceux qu'on avait brûlés étaient Anglais ; en second lieu, parce qu'ils ne prenaient jamais d'eau bénite, et qu'ils ne croyaient pas au trou de saint Patrice[3]. Il s'étonnait surtout que la reine Marie ne fût pas encore canonisée ; mais il espérait qu'elle le serait bientôt, quand le cardinal neveu aurait un peu de loisir.

J'allai en Hollande, où j'espérais trouver plus de tranquillité

1. Louis XIII eut dès son enfance, dit Voltaire, le surnom de Juste, parce qu'il était né sous le signe de la Balance. Voyez tome XIV, le *Siècle de Louis XIV*, chapitre II.

2. Voyez tome XII, page 576.

3. Sur le trou de saint Patrice, voyez tome XX, page 304 ; et dans les *Mélanges*, année 1765, la septième des *Lettres sur les miracles*.

chez des peuples plus flegmatiques. On coupait la tête à un vieillard vénérable lorsque j'arrivai à la Haye. C'était la tête chauve du premier ministre Barneveldt, l'homme qui avait le mieux mérité de la république[1]. Touché de pitié, je demandai quel était son crime, et s'il avait trahi l'État. « Il a fait bien pis, me répondit un prédicant à manteau noir ; c'est un homme qui croit que l'on peut se sauver par les bonnes œuvres aussi bien que par la foi[2]. Vous sentez bien que, si de telles opinions s'établissaient, une république ne pourrait subsister, et qu'il faut des lois sévères pour réprimer de si scandaleuses horreurs. » Un profond politique du pays me dit en soupirant : « Hélas! monsieur, le bon temps ne durera pas toujours ; ce n'est que par hasard que ce peuple est si zélé ; le fond de son caractère est porté au dogme abominable de la tolérance, un jour il y viendra : cela fait frémir. » Pour moi, en attendant que ce temps funeste de la modération et de l'indulgence fût arrivé, je quittai bien vite un pays où la sévérité n'était adoucie par aucun agrément, et je m'embarquai pour l'Espagne.

La cour était à Séville, les galions étaient arrivés, tout respirait l'abondance et la joie dans la plus belle saison de l'année. Je vis au bout d'une allée d'orangers et de citronniers une espèce de lice immense entourée de gradins couverts d'étoffes précieuses. Le roi, la reine, les infants, les infantes, étaient sous un dais superbe. Vis-à-vis de cette auguste famille était un autre trône, mais plus élevé. Je dis à un de mes compagnons de voyage : « A moins que ce trône ne soit réservé pour Dieu, je ne vois pas à quoi il peut servir. » Ces indiscrètes paroles furent entendues d'un grave Espagnol, et me coûtèrent cher. Cependant je m'imaginais que nous allions voir quelque carrousel ou quelque fête de taureaux, lorsque le grand inquisiteur parut sur ce trône, d'où il bénit le roi et le peuple.

Ensuite vint une armée de moines défilant deux à deux, blancs, noirs, gris, chaussés, déchaussés, avec barbe, sans barbe, avec capuchon pointu, et sans capuchon ; puis marchait le bourreau ; puis on voyait au milieu des alguazils et des grands environ quarante personnes couvertes de sacs sur lesquels on avait peint des diables et des flammes. C'étaient des juifs qui n'avaient pas voulu renoncer absolument à Moïse, c'étaient des chrétiens qui avaient épousé leurs commères, ou qui n'avaient pas adoré

1. Voyez l'*Essai sur les Mœurs*, chapitre CLXXXVII.
2. Barneveldt était arminien.

Notre-Dame d'Atocha[1], ou qui n'avaient pas voulu se défaire de leur argent comptant en faveur des frères hiéronymites. On chanta dévotement de très-belles prières, après quoi on brûla à petit feu tous les coupables ; de quoi toute la famille royale parut extrêmement édifiée.

Le soir, dans le temps que j'allais me mettre au lit, arrivèrent chez moi deux familiers de l'Inquisition avec la sainte Hermandad : ils m'embrassèrent tendrement, et me menèrent, sans me dire un seul mot, dans un cachot très-frais, meublé d'un lit de natte et d'un beau crucifix. Je restai là six semaines, au bout desquelles le révérend père inquisiteur m'envoya prier de venir lui parler : il me serra quelque temps entre ses bras, avec une affection toute paternelle ; il me dit qu'il était sincèrement affligé d'avoir appris que je fusse si mal logé ; mais que tous les appartements de la maison étaient remplis, et qu'une autre fois il espérait que je serais plus à mon aise. Ensuite il me demanda cordialement si je ne savais pas pourquoi j'étais là. Je dis au révérend père que c'était apparemment pour mes péchés. « Eh bien, mon cher enfant, pour quel péché ? parlez-moi avec confiance. » J'eus beau imaginer, je ne devinai point ; il me mit charitablement sur les voies.

Enfin je me souvins de mes indiscrètes paroles. J'en fus quitte pour la discipline et une amende de trente mille réales. On me mena faire la révérence au grand inquisiteur : c'était un homme poli, qui me demanda comment j'avais trouvé sa petite fête. Je lui dis que cela était délicieux, et j'allai presser mes compagnons de voyage de quitter ce pays, tout beau qu'il est. Ils avaient eu le temps de s'instruire de toutes les grandes choses que les Espagnols avaient faites pour la religion. Ils avaient lu les mémoires du fameux évêque de Chiapa[2], par lesquels il paraît qu'on avait égorgé, ou brûlé, ou noyé dix millions d'infidèles en Amérique pour les convertir. Je crus que cet évêque exagérait ; mais quand on réduirait ces sacrifices à cinq millions de victimes, cela serait encore admirable.

Le désir de voyager me pressait toujours. J'avais compté finir mon tour de l'Europe par la Turquie ; nous en prîmes la route. Je me proposai bien de ne plus dire mon avis sur les fêtes que je verrais. « Ces Turcs, dis-je à mes compagnons, sont des mécréants

1. Sur Notre-Dame d'Atocha, voyez dans les *Mélanges,* année 1769, une des notes de Voltaire sur son *Extrait d'un journal* (ou Mémoires de Dangeau).
2. Las Cases : voyez tome XII, pages 384 et 401 ; et tome XX, page 597.

qui n'ont point été baptisés, et qui par conséquent seront bien plus cruels que les révérends pères inquisiteurs. Gardons le silence quand nous serons chez les mahométans. »

J'allai donc chez eux. Je fus étrangement surpris de voir en Turquie beaucoup plus d'églises chrétiennes qu'il n'y en avait dans Candie. J'y vis jusqu'à des troupes nombreuses de moines qu'on laissait prier la vierge Marie librement, et maudire Mahomet, ceux-ci en grec, ceux-là en latin, quelques autres en arménien[1]. « Les bonnes gens que les Turcs ! » m'écriai-je. Les chrétiens grecs et les chrétiens latins étaient ennemis mortels dans Constantinople ; ces esclaves se persécutaient les uns les autres, comme des chiens qui se mordent dans la rue, et à qui leurs maîtres donnent des coups de bâton pour les séparer. Le grand-vizir protégeait alors les Grecs. Le patriarche grec m'accusa d'avoir soupé chez le patriarche latin, et je fus condamné en plein divan à cent coups de latte sur la plante des pieds, rachetables de cinq cents sequins. Le lendemain le grand-vizir fut étranglé ; le surlendemain son successeur, qui était pour le parti des Latins, et qui ne fut étranglé qu'un mois après, me condamna à la même amende, pour avoir soupé chez le patriarche grec. Je fus dans la triste nécessité de ne plus fréquenter ni l'Église grecque ni la latine. Pour m'en consoler, je pris à loyer une fort belle Circassienne, qui était la personne la plus tendre dans le tête-à-tête, et la plus dévote à la mosquée. Une nuit, dans les doux transports de son amour, elle s'écria en m'embrassant : *Alla, Illa, Alla !* ce sont les paroles sacramentales des Turcs : je crus que c'étaient celles de l'amour ; je m'écriai aussi fort tendrement : « *Alla, Illa, Alla !* — Ah ! me dit-elle, le Dieu miséricordieux soit loué ! vous êtes Turc. » Je lui dis que je le bénissais de m'en avoir donné la force, et je me crus trop heureux. Le matin l'iman vint pour me circoncire ; et, comme je fis quelque difficulté, le cadi du quartier, homme loyal, me proposa de m'empaler : je sauvai mon prépuce et mon derrière avec mille sequins, et je m'enfuis vite en Perse, résolu de ne plus entendre ni messe grecque ni latine en Turquie, et de ne plus crier : *Alla, Illa, Alla !* dans un rendez-vous.

En arrivant à Ispahan on me demanda si j'étais pour le mouton noir ou pour le mouton blanc. Je répondis que cela m'était fort indifférent, pourvu qu'il fût tendre. Il faut savoir que les factions du *mouton blanc* et du *mouton noir*[2] partageaient encore

1. Voyez tome XII, page 103.
2. Voyez tome XII, page 93.

les Persans. On crut que je me moquais des deux partis ; de sorte que je me trouvai déjà une violente affaire sur les bras aux portes de la ville : il m'en coûta encore grand nombre de sequins pour me débarrasser des moutons.

Je poussai jusqu'à la Chine avec un interprète, qui m'assura que c'était là le pays où l'on vivait librement et gaiement. Les Tartares s'en étaient rendus maîtres[1], après avoir tout mis à feu et à sang ; et les révérends Pères jésuites d'un côté, comme les révérends Pères dominicains de l'autre, disaient qu'ils y gagnaient des âmes à Dieu, sans que personne en sût rien. On n'a jamais vu de convertisseurs si zélés : car ils se persécutaient les uns les autres tour à tour ; ils écrivaient à Rome des volumes de calomnies ; ils se traitaient d'infidèles et de prévaricateurs pour une âme. Il y avait surtout une horrible querelle entre eux sur la manière de faire la révérence. Les jésuites voulaient que les Chinois saluassent leurs pères et leurs mères à la mode de la Chine, et les dominicains voulaient qu'on les saluât à la mode de Rome[2]. Il m'arriva d'être pris par les jésuites pour un dominicain. On me fit passer chez Sa Majesté tartare pour un espion du pape. Le conseil suprême chargea un premier mandarin, qui ordonna à un sergent, qui commanda à quatre sbires du pays de m'arrêter et de me lier en cérémonie. Je fus conduit après cent quarante génuflexions devant Sa Majesté. Elle me fit demander si j'étais l'espion du pape, et s'il était vrai que ce prince dût venir en personne le détrôner. Je lui répondis que le pape était un prêtre de soixante-dix ans[3] ; qu'il demeurait à quatre mille lieues de Sa sacrée Majesté tartaro-chinoise ; qu'il avait environ deux mille soldats qui montaient la garde avec un parasol ; qu'il ne détrônait personne, et que Sa Majesté pouvait dormir en sûreté. Ce fut l'aventure la moins funeste de ma vie. On m'envoya à Macao, d'où je m'embarquai pour l'Europe.

Mon vaisseau eut besoin d'être radoubé vers les côtes de Golconde. Je pris ce temps pour aller voir la cour du grand Aurengzeb, dont on disait des merveilles dans le monde : il était alors dans Delhi. J'eus la consolation de l'envisager le jour de la pompeuse cérémonie dans laquelle il reçut le présent céleste que lui envoyait le shérif de la Mecque. C'était le balai avec lequel on avait balayé la maison sainte, le *caaba*, le *beth Alla*. Ce balai est le

1. Voyez tome XIII, page 163.
2. Sur les querelles des cérémonies chinoises, voyez, tome XV, le chapitre XXXIX du *Siècle de Louis XIV*.
3. Innocent X, qui a régné de 1644 à 1655.

symbole du balai divin, qui balaye toutes les ordures de l'âme. Aurengzeb ne paraissait pas en avoir besoin ; c'était l'homme le plus pieux de tout l'Indoustan. Il est vrai qu'il avait égorgé un de ses frères et empoisonné son père ; vingt raïas et autant d'omras étaient morts dans les supplices ; mais cela n'était rien, et on ne parlait que de sa dévotion. On ne lui comparait que la sacrée majesté du sérénissime empereur de Maroc, Mulei-Ismael[1], qui coupait des têtes tous les vendredis après la prière.

Je ne disais mot ; les voyages m'avaient formé, et je sentais qu'il ne m'appartenait pas de décider entre ces deux augustes souverains. Un jeune Français, avec qui je logeais, manqua, je l'avoue, de respect à l'empereur des Indes et à celui de Maroc. Il s'avisa de dire très-indiscrètement qu'il y avait en Europe de très-pieux souverains qui gouvernaient bien leurs États et qui fréquentaient même les églises, sans pourtant tuer leurs pères et leurs frères, et sans couper les têtes de leurs sujets. Notre interprète transmit en indou le discours impie de mon jeune homme. Instruit par le passé, je fis vite seller mes chameaux : nous partîmes, le Français et moi. J'ai su depuis que la nuit même les officiers du grand Aurengzeb étant venus pour nous prendre, ils ne trouvèrent que l'interprète. Il fut exécuté en place publique, et tous les courtisans avouèrent sans flatterie que sa mort était très-juste.

Il me restait de voir l'Afrique, pour jouir de toutes les douceurs de notre continent. Je la vis en effet. Mon vaisseau fut pris par des corsaires nègres. Notre patron fit de grandes plaintes, il leur demanda pourquoi ils violaient ainsi les lois des nations. Le capitaine nègre lui répondit : « Vous avez le nez long, et nous l'avons plat ; vos cheveux sont tout droits, et notre laine est frisée ; vous avez la peau de couleur de cendre, et nous de couleur d'ébène ; par conséquent nous devons, par les lois sacrées de la nature, être toujours ennemis. Vous nous achetez aux foires de la côte de Guinée, comme des bêtes de somme, pour nous faire travailler à je ne sais quel emploi aussi pénible que ridicule. Vous nous faites fouiller à coups de nerfs de bœuf dans des montagnes pour en tirer une espèce de terre jaune qui par elle-même n'est bonne à rien, et qui ne vaut pas, à beaucoup près, un bon ognon d'Égypte ; aussi quand nous vous rencontrons, et que nous sommes les plus forts, nous vous faisons labourer nos champs, ou nous vous coupons le nez et les oreilles. »

1. Voltaire a parlé d'Aurengzeb et de Mulei-Ismael, au tome XIII, pages 140 et 157.

On n'avait rien à répliquer à un discours si sage. J'allai labourer le champ d'une vieille négresse, pour conserver mes oreilles et mon nez. On me racheta au bout d'un an. J'avais vu tout ce qu'il y a de beau, de bon et d'admirable sur la terre : je résolus de ne plus voir que mes pénates. Je me mariai chez moi : je fus cocu, et je vis que c'était l'état le plus doux de la vie.

FIN DE L'HISTOIRE DES VOYAGES DE SCARMENTADO.

SONGE DE PLATON

(1756)

———

Platon rêvait beaucoup, et on n'a pas moins rêvé depuis. Il avait songé que la nature humaine était autrefois double, et qu'en punition de ses fautes elle fut divisée en mâle et femelle.

Il avait prouvé qu'il ne peut y avoir que cinq mondes parfaits, parce qu'il n'y a que cinq corps réguliers en mathématiques. Sa république fut un de ses grands rêves. Il avait rêvé encore que le dormir naît de la veille, et la veille du dormir, et qu'on perd sûrement la vue en regardant une éclipse ailleurs que dans un bassin d'eau. Les rêves alors donnaient une grande réputation [1].

1. M. de Voltaire s'est égayé quelquefois sur Platon, dont le galimatias, regardé autrefois comme sublime, a fait plus de mal au genre humain qu'on ne le croit communément.

Il est difficile de comprendre comment un philosophe qui écrivit sur la porte de son école : *Que celui qui ignore la géométrie n'entre point ici;* qui fit lui-même des découvertes dans cette science, dont les premiers disciples inventèrent les sections coniques, dont l'école produisit presque tous les géomètres et les astronomes de la Grèce, qui enfin fut le fondateur d'une secte de sceptiques ; comment Platon, en un mot, put débiter si sérieusement tant de rêveries dans ses Dialogues, écrits d'ailleurs avec tant d'éloquence, et où l'on trouve souvent tant d'esprit, de bon sens et de finesse.

On peut croire qu'effrayé par l'exemple de Socrate, il ne voulut révéler dans ses Dialogues que la demi-philosophie, qu'il croyait à la portée du vulgaire. Il espérait qu'à la faveur de ses systèmes, des tableaux par lesquels il amusait l'imagination, des détours agréables par lesquels il conduisait ses lecteurs, il pourrait faire passer un petit nombre de vérités utiles, sans s'exposer aux persécutions des prêtres et des aréopagites. Mais, par une fatalité singulière, le sage esprit de doute, ce goût pour l'astronomie et les mathématiques, conservés dans l'école de Platon, tombèrent avec cette école : ses rêveries seules subsistèrent, devinrent des mystères sacrés, et règnent encore sur des esprits auxquels le nom de Platon n'est pas même parvenu.

Aristote, son disciple et son rival, prit une autre route ; il se bornait à exposer avec simplicité ce qu'il croyait vrai. Son *Histoire des animaux*, et même sa *Physique*, pouvaient apprendre aux Grecs à connaître la nature et à l'étudier. L'idée de réduire le raisonnement à des formes techniques est une des choses les plus

Voici un de ses songes, qui n'est pas un des moins intéressants. Il lui sembla que le grand Demiourgos, l'éternel Géomètre, ayant peuplé l'espace infini de globes innombrables, voulut éprouver la science des génies qui avaient été témoins de ses ouvrages. Il donna à chacun d'entre eux un petit morceau de matière à arranger, à peu près comme Phidias et Zeuxis auraient donné des statues et des tableaux à faire à leurs disciples, s'il est permis de comparer les petites choses aux grandes.

Démogorgon eut en partage le morceau de boue qu'on appelle *la terre*; et, l'ayant arrangé de la manière qu'on le voit aujourd'hui, il prétendait avoir fait un chef-d'œuvre. Il pensait avoir subjugué l'envie, et attendait des éloges même de ses confrères : il fut bien surpris d'être reçu d'eux avec des huées.

L'un d'eux, qui était un fort mauvais plaisant, lui dit : « Vraiment vous avez fort bien opéré; vous avez séparé votre monde en deux, et vous avez mis un grand espace d'eau entre les deux hémisphères, afin qu'il n'y eût point de communication de l'un à l'autre. On gèlera de froid sous vos deux pôles, on mourra de chaud sous votre ligne équinoxiale. Vous avez prudemment établi de grands déserts de sables, pour que les passants y mourussent de faim et de soif. Je suis assez content de vos moutons, de vos vaches, et de vos poules; mais franchement, je ne le suis pas trop

ingénieuses que jamais l'esprit humain ait découvertes. Sa *Morale* est le premier ouvrage où l'on ait essayé d'appuyer les idées de vice, de vertu, de bien et de mal, sur l'observation et sur la nature. Ses ouvrages sur l'éloquence et la poésie renferment des règles puisées dans la raison et dans la connaissance du cœur humain.

Mais, comme Pythagore, il fut trop au-dessus de son siècle. On sait que ce philosophe avait enseigné à ses disciples le vrai système du monde, et que peu de temps après lui cette doctrine fut oubliée par les Grecs, qui ne paraissaient s'en souvenir dans leurs écoles que pour la combattre. Mais les rêveries attribuées à Pythagore eurent des partisans jusqu'à la chute du paganisme. Aristote eut un sort semblable. Sa méthode de philosopher ne passa point à ses disciples; on ne chercha point à étudier la nature, à son exemple, dans les phénomènes qu'elle présente. Quelques subtilités métaphysiques bonnes ou mauvaises, extraites de ses ouvrages, des principes vagues de physique, tribut qu'il avait payé à l'ignorance de son siècle, devinrent le fondement d'une secte qui, s'étendant des Arabes aux chrétiens, régna souverainement pendant quelques siècles dans les écoles de l'Europe, n'ayant plus rien de commun avec Aristote que son nom.

Ainsi Platon et Aristote, après avoir été longtemps l'objet d'une espèce de culte, durent devenir presque ridicules aux premières lueurs de la vraie philosophie. On ne les connaissait plus que par leurs erreurs et par quelques rêveries qui servaient de base à des sottises sans nombre. C'est contre ces rêveries seules que M. de Voltaire s'est permis de s'élever quelquefois, et aux dépens desquelles il ne croyait pas que le respect qu'on doit au génie de Platon ou d'Aristote dût l'empêcher de faire rire ses lecteurs. (K.)

de vos serpents et de vos araignées. Vos ognons et vos artichauts sont de très-bonnes choses, mais je ne vois pas quelle a été votre idée en couvrant la terre de tant de plantes venimeuses, à moins que vous n'ayez eu le dessein d'empoisonner ses habitants. Il me paraît d'ailleurs que vous avez formé une trentaine d'espèces de singes, beaucoup plus d'espèces de chiens, et seulement quatre ou cinq espèces d'hommes : il est vrai que vous avez donné à ce dernier animal ce que vous appelez *la raison;* mais, en conscience, cette raison-là est trop ridicule, et approche trop de la folie. Il me paraît d'ailleurs que vous ne faites pas grand cas de cet animal à deux pieds, puisque vous lui avez donné tant d'ennemis et si peu de défense, tant de maladies et si peu de remèdes, tant de passions et si peu de sagesse. Vous ne voulez pas apparemment qu'il reste beaucoup de ces animaux-là sur terre : car, sans compter les dangers auxquels vous les exposez, vous avez si bien fait votre compte qu'un jour la petite vérole emportera tous les ans régulièrement la dixième partie de cette espèce, et que la sœur de cette petite vérole empoisonnera la source de la vie dans les neuf parties qui resteront ; et, comme si ce n'était pas encore assez, vous avez tellement disposé les choses que la moitié des survivants sera occupée à plaider, et l'autre à se tuer ; ils vous auront sans doute beaucoup d'obligation, et vous avez fait là un beau chef-d'œuvre. »

Démogorgon rougit ; il sentit bien qu'il y avait du mal moral et du mal physique dans son affaire ; mais il soutenait qu'il y avait plus de bien que de mal. « Il est aisé de critiquer, dit-il ; mais pensez-vous qu'il soit si facile de faire un animal qui soit toujours raisonnable ; qui soit libre, et qui n'abuse jamais de sa liberté ? Pensez-vous que, quand on a neuf à dix mille plantes à faire provigner, on puisse si aisément empêcher que quelques-unes de ces plantes n'aient des qualités nuisibles ? Vous imaginez-vous qu'avec une certaine quantité d'eau, de sable, de fange, et de feu, on puisse n'avoir ni mer, ni désert ? Vous venez, monsieur le rieur, d'arranger la planète de Mars ; nous verrons comment vous vous en êtes tiré avec vos deux grandes bandes, et quel bel effet font vos nuits sans lune ; nous verrons s'il n'y a chez vos gens ni folie ni maladie. »

En effet, les génies examinèrent Mars, et on tomba rudement sur le railleur. Le sérieux génie qui avait pétri Saturne ne fut pas épargné : ses confrères, les fabricateurs de Jupiter, de Mercure, de Vénus, eurent chacun des reproches à essuyer.

On écrivit des gros volumes et des brochures; on dit des bons mots, on fit des chansons, on se donna des ridicules, les partis

s'aigrirent ; enfin l'éternel Demiourgos leur imposa silence à tous: « Vous avez fait, leur dit-il, du bon et du mauvais, parce que vous avez beaucoup d'intelligence, et que vous êtes imparfaits ; vos œuvres dureront seulement quelques centaines de millions d'années ; après quoi, étant plus instruits, vous ferez mieux : il n'appartient qu'à moi de faire des choses parfaites et immortelles. »

Voilà ce que Platon enseignait à ses disciples. Quand il eut cessé de parler, l'un d'eux lui dit : *Et puis vous vous réveillâtes.*

FIN DU SONGE DE PLATON.

CANDIDE

OU

L'OPTIMISME

TRADUIT DE L'ALLEMAND
DE M. LE DOCTEUR RALPH

AVEC LES ADDITIONS QU'ON A TROUVÉES DANS LA POCHE DU DOCTEUR,
LORSQU'IL MOURUT A MINDEN, L'AN DE GRACE 1759.

(1759)

CHAPITRE I.

COMMENT CANDIDE FUT ÉLEVÉ DANS UN BEAU CHATEAU,
ET COMMENT IL FUT CHASSÉ D'ICELUI.

Il y avait en Vestphalie, dans le château de M. le baron de Thunder-ten-tronckh, un jeune garçon à qui la nature avait donné les mœurs les plus douces. Sa physionomie annonçait son âme. Il avait le jugement assez droit, avec l'esprit le plus simple; c'est, je crois, pour cette raison qu'on le nommait Candide. Les anciens domestiques de la maison soupçonnaient qu'il était fils de la sœur de monsieur le baron, et d'un bon et honnête gentilhomme du voisinage, que cette demoiselle ne voulut jamais épouser parce qu'il n'avait pu prouver que soixante et onze quartiers[1], et que le reste de son arbre généalogique avait été perdu par l'injure du temps.

1. Quartier signifie chaque degré d'ordre et de succession des descendants. En France, un homme était réputé de bonne noblesse quand il prouvait quatre quartiers du côté du père et autant du côté de la mère. En Allemagne, il fallait faire preuve de seize quartiers, tant du côté paternel que du côté maternel, c'est-à-dire avoir cinq cents ans de noblesse environ. Aussi les nobles allemands prenaient-ils bien garde de se mésallier. (G. A.)

Monsieur le baron était un des plus puissants seigneurs de la Vestphalie, car son château avait une porte et des fenêtres. Sa grande salle même était ornée d'une tapisserie. Tous les chiens de ses basses-cours composaient une meute dans le besoin; ses palefreniers étaient ses piqueurs; le vicaire du village était son grand aumônier. Ils l'appelaient tous Monseigneur, et ils riaient quand il faisait des contes.

Madame la baronne, qui pesait environ trois cent cinquante livres, s'attirait par là une très-grande considération, et faisait les honneurs de la maison avec une dignité qui la rendait encore plus respectable. Sa fille Cunégonde, âgée de dix-sept ans, était haute en couleur, fraîche, grasse, appétissante. Le fils du baron paraissait en tout digne de son père. Le précepteur Pangloss[1] était l'oracle de la maison, et le petit Candide écoutait ses leçons avec toute la bonne foi de son âge et de son caractère.

Pangloss enseignait la métaphysico-théologo-cosmolo-nigologie. Il prouvait admirablement qu'il n'y a point d'effet sans cause, et que, dans ce meilleur des mondes possibles, le château de monseigneur le baron était le plus beau des châteaux, et madame la meilleure des baronnes possibles.

« Il est démontré, disait-il, que les choses ne peuvent être autrement: car tout étant fait pour une fin, tout est nécessairement pour la meilleure fin. Remarquez bien que les nez ont été faits pour porter des lunettes; aussi avons-nous des lunettes[2]. Les jambes sont visiblement instituées pour être chaussées, et nous avons des chausses. Les pierres ont été formées pour être taillées et pour en faire des châteaux; aussi monseigneur a un très-beau château: le plus grand baron de la province doit être le mieux logé; et les cochons étant faits pour être mangés, nous mangeons du porc toute l'année. Par conséquent, ceux qui ont avancé que tout est bien ont dit une sottise: il fallait dire que tout est au mieux. »

Candide écoutait attentivement, et croyait innocemment: car il trouvait M^{lle} Cunégonde extrêmement belle, quoiqu'il ne prît jamais la hardiesse de le lui dire. Il concluait qu'après le bonheur d'être né baron de Thunder-ten-tronckh, le second degré de bonheur était d'être M^{lle} Cunégonde; le troisième, de la voir tous les jours; et le quatrième, d'entendre maître Pangloss,

1. De *pan*, tout, et *glossa*, langue.
2. Voyez tome XVIII, page 103; dans les *Mélanges*, année 1738, le chapitre xi de la troisième partie des *Éléments de la philosophie de Newton*; et année 1768, le chapitre x des *Singularités de la nature*.

le plus grand philosophe de la province, et par conséquent de toute la terre.

Un jour, Cunégonde, en se promenant auprès du château, dans le petit bois qu'on appelait parc, vit entre des broussailles le docteur Pangloss qui donnait une leçon de physique expérimentale à la femme de chambre de sa mère, petite brune très-jolie et très-docile. Comme M^{lle} Cunégonde avait beaucoup de disposition pour les sciences, elle observa, sans souffler, les expériences réitérées dont elle fut témoin ; elle vit clairement la raison suffisante[1] du docteur, les effets et les causes, et s'en retourna tout agitée, toute pensive, toute remplie du désir d'être savante, songeant qu'elle pourrait bien être la raison suffisante du jeune Candide, qui pouvait aussi être la sienne.

Elle rencontra Candide en revenant au château, et rougit ; Candide rougit aussi. Elle lui dit bonjour d'une voix entrecoupée ; et Candide lui parla sans savoir ce qu'il disait. Le lendemain, après le dîner, comme on sortait de table, Cunégonde et Candide se trouvèrent derrière un paravent ; Cunégonde laissa tomber son mouchoir, Candide le ramassa ; elle lui prit innocemment la main ; le jeune homme baisa innocemment la main de la jeune demoiselle avec une vivacité, une sensibilité, une grâce toute particulière ; leurs bouches se rencontrèrent, leurs yeux s'enflammèrent, leurs genoux tremblèrent, leurs mains s'égarèrent. M. le baron de Thunder-ten-tronckh passa auprès du paravent, et, voyant cette cause et cet effet, chassa Candide du château à grands coups de pied dans le derrière. Cunégonde s'évanouit : elle fut souffletée par madame la baronne dès qu'elle fut revenue à elle-même ; et tout fut consterné dans le plus beau et le plus agréable des châteaux possibles.

CHAPITRE II.

CE QUE DEVINT CANDIDE PARMI LES BULGARES.

Candide, chassé du paradis terrestre, marcha longtemps sans savoir où, pleurant, levant les yeux au ciel, les tournant souvent vers le plus beau des châteaux, qui renfermait la plus belle des baronnettes ; il se coucha sans souper au milieu des champs entre

[1]. Principe leibnitzien, duquel dépendent toutes les vérités contingentes. Il n'y a personne qui ne se détermine à une chose sans une *raison suffisante* qui lui fasse voir que cette chose est préférable à l'autre. (G. A.)

deux sillons ; la neige tombait à gros flocons. Candide, tout transi, se traîna le lendemain vers la ville voisine, qui s'appelle *Valdberg-hoff-trarbk-dikdorff*, n'ayant point d'argent, mourant de faim et de lassitude. Il s'arrêta tristement à la porte d'un cabaret. Deux hommes habillés de bleu [1] le remarquèrent : « Camarade, dit l'un, voilà un jeune homme très-bien fait, et qui a la taille requise ; ils s'avancèrent vers Candide, et le prièrent à dîner très-civilement. — Messieurs, leur dit Candide avec une modestie charmante, vous me faites beaucoup d'honneur, mais je n'ai pas de quoi payer mon écot. — Ah ! monsieur, lui dit un des bleus, les personnes de votre figure et de votre mérite ne payent jamais rien : n'avez-vous pas cinq pieds cinq pouces de haut ? — Oui, messieurs, c'est ma taille, dit-il en faisant la révérence. — Ah ! monsieur, mettez-vous à table ; non-seulement nous vous défrayerons, mais nous ne souffrirons jamais qu'un homme comme vous manque d'argent ; les hommes ne sont faits que pour se secourir les uns les autres. — Vous avez raison, dit Candide ; c'est ce que M. Pangloss m'a toujours dit, et je vois bien que tout est au mieux. » On le prie d'accepter quelques écus, il les prend et veut faire son billet ; on n'en veut point, on se met à table. « N'aimez-vous pas tendrement ?... — Oh ! oui, répond-il, j'aime tendrement Mlle Cunégonde. — Non, dit l'un de ces messieurs, nous vous demandons si vous n'aimez pas tendrement le roi des Bulgares ? — Point du tout, dit-il, car je ne l'ai jamais vu. — Comment ! c'est le plus charmant des rois, et il faut boire à sa santé. — Oh ! très-volontiers, messieurs. » Et il boit. « C'en est assez, lui dit-on, vous voilà l'appui, le soutien, le défenseur, le héros des Bulgares [2] ; votre fortune est faite, et votre gloire est assurée. On lui met sur-le-champ les fers aux pieds, et on le mène au régiment. On le fait tourner à droite, à gauche, hausser la baguette, remettre la baguette, coucher en joue, tirer, doubler le pas, et on lui donne trente coups de bâton [3] ; le lendemain, il fait l'exercice un peu moins mal, et il ne reçoit que vingt coups ; le surlendemain, on ne lui en donne que dix, et il est regardé par ses camarades comme un prodige.

Candide, tout stupéfait, ne démêlait pas encore trop bien comment il était un héros. Il s'avisa un beau jour de printemps de

1. Recruteurs prussiens.
2. Les Bulgares sont les Prussiens.
3. Dans l'armée prussienne on n'emprisonnait pas le soldat ; on lui donnait la *schlague*, comme étant une peine moins nuisible à sa santé, et même moins démoralisante ! (G. A.)

s'aller promener, marchant tout droit devant lui, croyant que c'était un privilége de l'espèce humaine, comme de l'espèce animale, de se servir de ses jambes à son plaisir. Il n'eut pas fait deux lieues que voilà quatre autres héros de six pieds qui l'atteignent, qui le lient, qui le mènent dans un cachot. On lui demanda juridiquement ce qu'il aimait le mieux d'être fustigé trente-six fois par tout le régiment, ou de recevoir à la fois douze balles de plomb dans la cervelle. Il eut beau dire que les volontés sont libres, et qu'il ne voulait ni l'un ni l'autre, il fallut faire un choix : il se détermina, en vertu du don de Dieu qu'on nomme *liberté*, à passer trente-six fois par les baguettes ; il essuya deux promenades. Le régiment était composé de deux mille hommes. Cela lui composa quatre mille coups de baguettes, qui, depuis la nuque du cou jusqu'au cul, lui découvrirent les muscles et les nerfs. Comme on allait procéder à la troisième course, Candide, n'en pouvant plus, demanda en grâce qu'on voulût bien avoir la bonté de lui casser la tête : il obtint cette faveur ; on lui bande les yeux ; on le fait mettre à genoux. Le roi des Bulgares passe dans ce moment, s'informe du crime du patient ; et comme ce roi[1] avait un grand génie : il comprit, par tout ce qu'il apprit de Candide, que c'était un jeune métaphysicien fort ignorant des choses de ce monde, et il lui accorda sa grâce avec une clémence qui sera louée dans tous les journaux et dans tous les siècles. Un brave chirurgien guérit Candide en trois semaines avec les émollients enseignés par Dioscoride. Il avait déjà un peu de peau, et pouvait marcher, quand le roi des Bulgares livra bataille au roi des Abares[2].

CHAPITRE III.

COMMENT CANDIDE SE SAUVA D'ENTRE LES BULGARES, ET CE QU'IL DEVINT.

Rien n'était si beau, si leste, si brillant, si bien ordonné que les deux armées. Les trompettes, les fifres, les hautbois, les tambours, les canons, formaient une harmonie telle qu'il n'y en eut jamais en enfer. Les canons renversèrent d'abord à peu près six mille hommes de chaque côté; en suite la mousqueterie ôta du

1. Frédéric II.
2. Les Abares figurent les Français; Voltaire écrivit *Candide* pendant la guerre de Sept ans.

meilleur des mondes environ neuf à dix mille coquins qui en infectaient la surface. La baïonnette fut aussi la raison suffisante de la mort de quelques milliers d'hommes. Le tout pouvait bien se monter à une trentaine de mille âmes. Candide, qui tremblait comme un philosophe, se cacha du mieux qu'il put pendant cette boucherie héroïque.

Enfin, tandis que les deux rois faisaient chanter des *Te Deum*, chacun dans son camp, il prit le parti d'aller raisonner ailleurs des effets et des causes. Il passa par-dessus des tas de morts et de mourants, et gagna d'abord un village voisin ; il était en cendres : c'était un village abare que les Bulgares avaient brûlé, selon les lois du droit public. Ici des vieillards criblés de coups regardaient mourir leurs femmes égorgées, qui tenaient leurs enfants à leurs mamelles sanglantes; là des filles, éventrées après avoir assouvi les besoins naturels de quelques héros, rendaient les derniers soupirs; d'autres, à demi brûlées, criaient qu'on achevât de leur donner la mort. Des cervelles étaient répandues sur la terre à côté de bras et de jambes coupés.

Candide s'enfuit au plus vite dans un autre village : il appartenait à des Bulgares, et les héros abares l'avaient traité de même. Candide, toujours marchant sur des membres palpitants, ou à travers des ruines, arriva enfin hors du théâtre de la guerre, portant quelques petites provisions dans son bissac, et n'oubliant jamais M[lle] Cunégonde. Ses provisions lui manquèrent quand il fut en Hollande ; mais ayant entendu dire que tout le monde était riche dans ce pays-là, et qu'on y était chrétien, il ne douta pas qu'on ne le traitât aussi bien qu'il l'avait été dans le château de monsieur le baron, avant qu'il en eût été chassé pour les beaux yeux de M[lle] Cunégonde.

Il demanda l'aumône à plusieurs graves personnages, qui lui répondirent tous que, s'il continuait à faire ce métier, on l'enfermerait dans une maison de correction pour lui apprendre à vivre.

Il s'adressa ensuite à un homme[1] qui venait de parler tout seul une heure de suite sur la charité dans une grande assemblée. Cet orateur, le regardant de travers, lui dit : « Que venez-vous faire ici ? y êtes-vous pour la bonne cause ? — Il n'y a point d'effet sans cause, répondit modestement Candide ; tout est enchaîné nécessairement, et arrangé pour le mieux. Il a fallu que je fusse chassé d'auprès de M[lle] Cunégonde, que j'aie passé par les baguettes, et il faut que je demande mon pain, jusqu'à ce que je puisse en

1. Ministre protestant.

gagner; tout cela ne pouvait être autrement. — Mon ami, lui dit l'orateur, croyez-vous que le pape soit l'antechrist? — Je ne l'avais pas encore entendu dire, répondit Candide ; mais, qu'il le soit ou qu'il ne le soit pas, je manque de pain. — Tu ne mérites pas d'en manger, dit l'autre ; va, coquin ; va, misérable, ne m'approche de ta vie. » La femme de l'orateur ayant mis la tête à la fenêtre, et avisant un homme qui doutait que le pape fût antechrist, lui répandit sur le chef un plein..... O Ciel ! à quel excès se porte le zèle de la religion dans les dames !

Un homme qui n'avait point été baptisé, un bon anabaptiste[1], nommé Jacques, vit la manière cruelle et ignominieuse dont on traitait ainsi un de ses frères, un être à deux pieds sans plumes, qui avait une âme ; il l'amena chez lui, le nettoya, lui donna du pain et de la bière, lui fit présent de deux florins, et voulut même lui apprendre à travailler dans ses manufactures aux étoffes de Perse qu'on fabrique en Hollande. Candide, se prosternant presque devant lui, s'écriait: « Maître Pangloss me l'avait bien dit que tout est au mieux dans ce monde, car je suis infiniment plus touché de votre extrême générosité que de la dureté de ce monsieur à manteau noir, et de madame son épouse.

Le lendemain, en se promenant, il rencontra un gueux tout couvert de pustules, les yeux morts, le bout du nez rongé, la bouche de travers, les dents noires, et parlant de la gorge, tourmenté d'une toux violente, et crachant une dent à chaque effort.

CHAPITRE IV.

COMMENT CANDIDE RENCONTRA SON ANCIEN MAÎTRE DE PHILOSOPHIE, LE DOCTEUR PANGLOSS, ET CE QUI EN ADVINT.

Candide, plus ému encore de compassion que d'horreur, donna à cet épouvantable gueux les deux florins qu'il avait reçus de son honnête anabaptiste Jacques. Le fantôme le regarda fixement, versa des larmes, et sauta à son cou. Candide, effrayé, recule. « Hélas ! dit le misérable à l'autre misérable, ne reconnaissez-vous plus votre cher Pangloss ? — Qu'entends-je ? Vous, mon cher maître ! vous, dans cet état horrible ! Quel malheur vous est-il

1. Les anabaptistes étaient tolérés en Hollande. Ils se distinguaient par une conduite de mœurs et un extérieur extrêmement simple et uni ; en quoi ils avaient beaucoup de conformité avec les quakers. Voyez, à leur sujet, l'*Essai sur les Mœurs*, chapitre CXXXI.

donc arrivé? Pourquoi n'êtes-vous plus dans le plus beau des châteaux? Qu'est devenue M^lle Cunégonde, la perle des filles, le chef-d'œuvre de la nature?—Je n'en peux plus, dit Pangloss. » Aussitôt Candide le mena dans l'étable de l'anabaptiste, où il lui fit manger un peu de pain; et quand Pangloss fut refait: « Eh bien! lui dit-il, Cunégonde? — Elle est morte, reprit l'autre. » Candide s'évanouit à ce mot; son ami rappela ses sens avec un peu de mauvais vinaigre qui se trouva par hasard dans l'étable. Candide rouvre les yeux. « Cunégonde est morte! Ah! meilleur des mondes, où êtes-vous? Mais de quelle maladie est-elle morte? Ne serait-ce point de m'avoir vu chasser du beau château de monsieur son père à grands coups de pied? — Non, dit Pangloss, elle a été éventrée par des soldats bulgares, après avoir été violée autant qu'on peut l'être; ils ont cassé la tête à monsieur le baron, qui voulait la défendre; madame la baronne a été coupée en morceaux; mon pauvre pupille, traité précisément comme sa sœur; et quant au château, il n'est pas resté pierre sur pierre, pas une grange, pas un mouton, pas un canard, pas un arbre; mais nous avons été bien vengés, car les Abares en ont fait autant dans une baronnie voisine qui appartenait à un seigneur bulgare. »

A ce discours, Candide s'évanouit encore; mais, revenu à soi et ayant dit tout ce qu'il devait dire, il s'enquit de la cause et de l'effet, et de la raison suffisante qui avaient mis Pangloss dans un si piteux état. « Hélas! dit l'autre, c'est l'amour: l'amour, le consolateur du genre humain, le conservateur de l'univers, l'âme de tous les êtres sensibles, le tendre amour. — Hélas! dit Candide, je l'ai connu, cet amour, ce souverain des cœurs, cette âme de notre âme; il ne m'a jamais valu qu'un baiser et vingt coups de pied au cul. Comment cette belle cause a-t-elle pu produire en vous un effet si abominable? »

Pangloss répondit en ces termes: « O mon cher Candide! vous avez connu Paquette, cette jolie suivante de notre auguste baronne; j'ai goûté dans ses bras les délices du paradis, qui ont produit ces tourments d'enfer dont vous me voyez dévoré; elle en était infectée, elle en est peut-être morte. Paquette tenait ce présent d'un cordelier très-savant qui avait remonté à la source, car il l'avait eu d'une vieille comtesse, qui l'avait reçu d'un capitaine de cavalerie, qui le devait à une marquise, qui le tenait d'un page, qui l'avait reçu d'un jésuite qui, étant novice, l'avait eu en droite ligne d'un des compagnons de Christophe Colomb. Pour moi, je ne le donnerai à personne, car je me meurs.

CHAPITRE IV.

— O Pangloss! s'écria Candide, voilà une étrange généalogie! n'est-ce pas le diable qui en fut la souche?

— Point du tout, répliqua ce grand homme ; c'était une chose indispensable dans le meilleur des mondes, un ingrédient nécessaire : car si Colomb n'avait pas attrapé dans une île de l'Amérique cette maladie[1] qui empoisonne la source de la génération, qui souvent même empêche la génération, et qui est évidemment l'opposé du grand but de la nature, nous n'aurions ni le chocolat ni la cochenille; il faut encore observer que jusqu'aujourd'hui, dans notre continent, cette maladie nous est particulière, comme la controverse. Les Turcs, les Indiens, les Persans, les Chinois, les Siamois, les Japonais, ne la connaissent pas encore; mais il y a une raison suffisante pour qu'ils la connaissent à leur tour dans quelques siècles. En attendant, elle a fait un merveilleux progrès parmi nous, et surtout dans ces grandes armées composées d'honnêtes stipendiaires bien élevés, qui décident du destin des États; on peut assurer que, quand trente mille hommes combattent en bataille rangée contre des troupes égales en nombre, il y a environ vingt mille vérolés de chaque côté.

— Voilà qui est admirable, dit Candide; mais il faut vous faire guérir.

— Et comment le puis-je? dit Pangloss; je n'ai pas le sou, mon ami, et dans toute l'étendue de ce globe on ne peut ni se faire saigner, ni prendre un lavement sans payer, ou sans qu'il y ait quelqu'un qui paye pour nous. »

Ce dernier discours détermina Candide; il alla se jeter aux pieds de son charitable anabaptiste Jacques, et lui fit une peinture si touchante de l'état où son ami était réduit, que le bonhomme n'hésita pas à recueillir le docteur Pangloss; il le fit guérir à ses dépens. Pangloss, dans la cure, ne perdit qu'un œil et une oreille. Il écrivait bien, et savait parfaitement l'arithmétique. L'anabaptiste Jacques en fit son teneur de livres. Au bout de deux mois, étant obligé d'aller à Lisbonne pour les affaires de son commerce, il mena dans son vaisseau ses deux philosophes. Pangloss lui expliqua comment tout était on ne peut mieux. Jacques n'était pas de cet avis. « Il faut bien, disait-il, que les hommes aient un peu corrompu la nature, car ils ne sont point nés loups, et ils sont devenus loups. Dieu ne leur a donné ni canons de vingt-quatre, ni baïonnettes; et ils se sont fait des baïonnettes et des canons pour se détruire. Je pourrais mettre en

1. Voyez tome XIX, page 572.

ligne de compte les banqueroutes, et la justice, qui s'empare des biens des banqueroutiers pour en frustrer les créanciers. — Tout cela était indispensable, répliquait le docteur borgne, et les malheurs particuliers font le bien général ; de sorte que plus il y a de malheurs particuliers, et plus tout est bien. » Tandis qu'il raisonnait, l'air s'obscurcit, les vents soufflèrent des quatre coins du monde, et le vaisseau fut assailli de la plus horrible tempête, à la vue du port de Lisbonne.

CHAPITRE V.

TEMPÊTE, NAUFRAGE, TREMBLEMENT DE TERRE, ET CE QUI ADVINT DU DOCTEUR PANGLOSS, DE CANDIDE, ET DE L'ANABAPTISTE JACQUES.

La moitié des passagers affaiblis, expirants de ces angoisses inconcevables que le roulis d'un vaisseau porte dans les nerfs et dans toutes les humeurs du corps agitées en sens contraires, n'avait pas même la force de s'inquiéter du danger. L'autre moitié jetait des cris et faisait des prières ; les voiles étaient déchirées, les mâts brisés, le vaisseau entr'ouvert. Travaillait qui pouvait, personne ne s'entendait, personne ne commandait. L'anabaptiste aidait un peu à la manœuvre ; il était sur le tillac ; un matelot furieux le frappe rudement et l'étend sur les planches ; mais du coup qu'il lui donna, il eut lui-même une si violente secousse qu'il tomba hors du vaisseau, la tête la première. Il restait suspendu et accroché à une partie de mât rompu. Le bon Jacques court à son secours, l'aide à remonter, et de l'effort qu'il fait il est précipité dans la mer à la vue du matelot, qui le laissa périr sans daigner seulement le regarder. Candide approche, voit son bienfaiteur qui reparaît un moment, et qui est englouti pour jamais. Il veut se jeter après lui dans la mer : le philosophe Pangloss l'en empêche, en lui prouvant que la rade de Lisbonne avait été formée exprès pour que cet anabaptiste s'y noyât. Tandis qu'il le prouvait *a priori*, le vaisseau s'entr'ouvre ; tout périt, à la réserve de Pangloss, de Candide, et de ce brutal de matelot qui avait noyé le vertueux anabaptiste : le coquin nagea heureusement jusqu'au rivage, où Pangloss et Candide furent portés sur une planche.

Quand ils furent revenus un peu à eux, ils marchèrent vers Lisbonne ; il leur restait quelque argent, avec lequel ils espéraient se sauver de la faim après avoir échappé à la tempête.

A peine ont-ils mis le pied dans la ville, en pleurant la mort de leur bienfaiteur, qu'ils sentent la terre trembler sous leurs pas[1]; la mer s'élève en bouillonnant dans le port, et brise les vaisseaux qui sont à l'ancre. Des tourbillons de flammes et de cendres couvrent les rues et les places publiques; les maisons s'écroulent, les toits sont renversés sur les fondements, et les fondements se dispersent; trente mille habitants de tout âge et de tout sexe sont écrasés sous des ruines. Le matelot disait en sifflant et en jurant : « Il y aura quelque chose à gagner ici. — Quelle peut être la raison suffisante de ce phénomène? disait Pangloss. — Voici le dernier jour du monde ! s'écriait Candide. » Le matelot court incontinent au milieu des débris, affronte la mort pour trouver de l'argent, en trouve, s'en empare, s'enivre, et, ayant cuvé son vin, achète les faveurs de la première fille de bonne volonté qu'il rencontre sur les ruines des maisons détruites, et au milieu des mourants et des morts. Pangloss le tirait cependant par la manche : « Mon ami, lui disait-il, cela n'est pas bien, vous manquez à la raison universelle, vous prenez mal votre temps. — Tête et sang, répondit l'autre, je suis matelot et né à Batavia ; j'ai marché quatre fois sur le crucifix dans quatre voyages au Japon[2] ; tu as bien trouvé ton homme avec ta raison universelle ! »

Quelques éclats de pierre avaient blessé Candide; il était étendu dans la rue et couvert de débris. Il disait à Pangloss : « Hélas ! procure-moi un peu de vin et d'huile ; je me meurs. — Ce tremblement de terre n'est pas une chose nouvelle, répondit Pangloss ; la ville de Lima éprouva les mêmes secousses en Amérique l'année passée; mêmes causes, mêmes effets : il y a certainement une traînée de soufre sous terre depuis Lima jusqu'à Lisbonne. — Rien n'est plus probable, dit Candide; mais, pour Dieu, un peu d'huile et de vin. — Comment, probable? répliqua le philosophe, je soutiens que la chose est démontrée. » Candide perdit connaissance, et Pangloss lui apporta un peu d'eau d'une fontaine voisine.

Le lendemain, ayant trouvé quelques provisions de bouche en se glissant à travers des décombres, ils réparèrent un peu leurs forces. Ensuite ils travaillèrent comme les autres à soulager les habitants échappés à la mort. Quelques citoyens, secourus par

1. Le tremblement de terre de Lisbonne est du 1er novembre 1755. — On estima le dommage des églises, palais et maisons, à cent cinquante millions de crusades (la crusade vaut plus de 2 francs), celui des marchandises qui furent détruites par le feu, ou pillées par les brigands, à plus de quarante millions, et il périt quinze à vingt mille habitants. (G. A.)

2. Voyez tome XIII, page 171.

eux, leur donnèrent un aussi bon dîner qu'on le pouvait dans un tel désastre : il est vrai que le repas était triste ; les convives arrosaient leur pain de leurs larmes ; mais Pangloss les consola, en les assurant que les choses ne pouvaient être autrement : « Car, dit-il, tout ceci est ce qu'il y a de mieux ; car s'il y a un volcan à Lisbonne, il ne pouvait être ailleurs ; car il est impossible que les choses ne soient pas où elles sont, car tout est bien. »

Un petit homme noir, familier de l'Inquisition, lequel était à côté de lui, prit poliment la parole et dit : « Apparemment que monsieur ne croit pas au péché originel ; car si tout est au mieux, il n'y a donc eu ni chute ni punition. — Je demande très-humblement pardon à Votre Excellence, répondit Pangloss encore plus poliment, car la chute de l'homme et la malédiction entraient nécessairement dans le meilleur des mondes possibles. — Monsieur ne croit donc pas à la liberté ? dit le familier. — Votre Excellence m'excusera, dit Pangloss ; la liberté peut subsister avec la nécessité absolue : car il était nécessaire que nous fussions libres ; car enfin la volonté déterminée.... » Pangloss était au milieu de sa phrase, quand le familier fit un signe de tête à son estafier qui lui servait à boire du vin de Porto ou d'Oporto.

CHAPITRE VI.

COMMENT ON FIT UN BEL AUTO-DA-FÉ POUR EMPÊCHER LES TREMBLEMENTS DE TERRE, ET COMMENT CANDIDE FUT FESSÉ.

Après le tremblement de terre qui avait détruit les trois quarts de Lisbonne, les sages du pays n'avaient pas trouvé un moyen plus efficace pour prévenir une ruine totale que de donner au peuple un bel auto-da-fé[1] ; il était décidé par l'université de Coïmbre que le spectacle de quelques personnes brûlées à petit feu, en grande cérémonie, est un secret infailllible pour empêcher la terre de trembler.

On avait en conséquence saisi un Biscayen convaincu d'avoir épousé sa commère, et deux Portugais qui en mangeant un poulet en avaient arraché le lard : on vint lier après le dîner le docteur Pangloss et son disciple Candide, l'un pour avoir parlé, et l'autre pour avoir écouté avec un air d'approbation : tous deux

1. Après le tremblement de terre de Lisbonne, on y fit en effet un *auto-da-fé*, le 20 juin 1756 ; voyez, tome XV, le chapitre XXXI du *Précis du Siècle de Louis XV*.

furent menés séparément dans des appartements d'une extrême fraîcheur, dans lesquels on n'était jamais incommodé du soleil : huit jours après ils furent tous deux revêtus d'un san-benito, et on orna leurs têtes de mitres de papier : la mitre et le san-benito de Candide étaient peints de flammes renversées, et de diables qui n'avaient ni queues ni griffes ; mais les diables de Pangloss portaient griffes et queues, et les flammes étaient droites. Ils marchèrent en procession ainsi vêtus, et entendirent un sermon très-pathétique, suivi d'une belle musique en faux-bourdon. Candide fut fessé en cadence, pendant qu'on chantait ; le Biscayen et les deux hommes qui n'avaient pas voulu manger de lard furent brûlés, et Pangloss fut pendu, quoique ce ne soit pas la coutume[1]. Le même jour, la terre trembla de nouveau avec un fracas épouvantable[2].

Candide, épouvanté, interdit, éperdu, tout sanglant, tout palpitant, se disait à lui-même : « Si c'est ici le meilleur des mondes possibles, que sont donc les autres ? Passe encore si je n'étais que fessé, je l'ai été chez les Bulgares ; mais, ô mon cher Pangloss, le plus grand des philosophes ! faut-il vous avoir vu pendre, sans que je sache pourquoi ! O mon cher anabaptiste, le meilleur des hommes ! faut-il que vous ayez été noyé dans le port ! ô mademoiselle Cunégonde ! la perle des filles, faut-il qu'on vous ait fendu le ventre ! »

Il s'en retournait, se soutenant à peine, prêché, fessé, absous et béni, lorsqu'une vieille l'aborda, et lui dit : « Mon fils, prenez courage, suivez-moi. »

CHAPITRE VII.

COMMENT UNE VIEILLE PRIT SOIN DE CANDIDE, ET COMMENT IL RETROUVA CE QU'IL AIMAIT.

Candide ne prit point courage, mais il suivit la vieille dans une masure : elle lui donna un pot de pommade pour se frotter, lui laissa à manger et à boire ; elle lui montra un petit lit assez propre ; il y avait auprès du lit un habit complet. « Mangez, buvez, dormez, lui dit-elle, et que Notre-Dame d'Atocha[3], mon-

1. Voyez, sur la pendaison de Pangloss pour cause d'optimisme, la lettre de Voltaire à Vernet, mars 1759.
2. Il y eut en effet d'autres secousses en 1756.
3. Sur Notre-Dame d'Atocha, voyez dans les *Mélanges*, année 1769, une des notes de Voltaire sur son *Extrait d'un journal* (ou Mémoires de Dangeau).

seigneur saint Antoine de Padoue, et monseigneur saint Jacques de Compostelle prennent soin de vous! je reviendrai demain. » Candide, toujours étonné de tout ce qu'il avait vu, de tout ce qu'il avait souffert, et encore plus de la charité de la vieille, voulut lui baiser la main. « Ce n'est pas ma main qu'il faut baiser, dit la vieille; je reviendrai demain. Frottez-vous de pommade, mangez et dormez. »

Candide, malgré tant de malheurs, mangea et dormit. Le lendemain, la vieille lui apporte à déjeuner, visite son dos, le frotte elle-même d'une autre pommade; elle lui apporte ensuite à dîner; elle revient sur le soir, et apporte à souper. Le surlendemain, elle fit encore les mêmes cérémonies. « Qui êtes-vous? lui disait toujours Candide; qui vous a inspiré tant de bonté? quelles grâces puis-je vous rendre? » La bonne femme ne répondait jamais rien. Elle revint sur le soir, et n'apporta point à souper : « Venez avec moi, dit-elle, et ne dites mot. » Elle le prend sous le bras, et marche avec lui dans la campagne environ un quart de mille : ils arrivent à une maison isolée, entourée de jardins et de canaux. La vieille frappe à une petite porte. On ouvre; elle mène Candide, par un escalier dérobé, dans un cabinet doré, le laisse sur un canapé de brocart, referme la porte, et s'en va. Candide croyait rêver, et regardait toute sa vie comme un songe funeste, et le moment présent comme un songe agréable.

La vieille reparut bientôt; elle soutenait avec peine une femme tremblante, d'une taille majestueuse, brillante de pierreries, et couverte d'un voile. « Otez ce voile, dit la vieille à Candide. » Le jeune homme approche; il lève le voile d'une main timide. Quel moment! quelle surprise! il croit voir M^lle Cunégonde; il la voyait en effet, c'était elle-même. La force lui manque, il ne peut proférer une parole, il tombe à ses pieds. Cunégonde tombe sur le canapé. La vieille les accable d'eaux spiritueuses, ils reprennent leurs sens, ils se parlent; ce sont d'abord des mots entrecoupés, des demandes et des réponses qui se croisent, des soupirs, des larmes, des cris. La vieille leur recommande de faire moins de bruit, et les laisse en liberté. « Quoi! c'est vous, lui dit Candide; vous vivez! je vous retrouve en Portugal! On ne vous a donc pas violée? On ne vous a point fendu le ventre, comme le philosophe Pangloss me l'avait assuré?
— Si fait, dit la belle Cunégonde; mais on ne meurt pas toujours de ces deux accidents. — Mais votre père et votre mère ont-ils été tués? — Il n'est que trop vrai, dit Cunégonde en pleu-

rant. — Et votre frère? — Mon frère a été tué aussi. — Et pourquoi êtes-vous en Portugal? et comment avez-vous su que j'y étais? et par quelle étrange aventure m'avez-vous fait conduire dans cette maison? — Je vous dirai tout cela, répliqua la dame; mais il faut auparavant que vous m'appreniez tout ce qui vous est arrivé depuis le baiser innocent que vous me donnâtes, et les coups de pied que vous reçûtes. »

Candide lui obéit avec un profond respect; et quoiqu'il fût interdit, quoique sa voix fût faible et tremblante, quoique l'échine lui fît encore un peu mal, il lui raconta de la manière la plus naïve tout ce qu'il avait éprouvé depuis le moment de leur séparation. Cunégonde levait les yeux au ciel : elle donna des larmes à la mort du bon anabaptiste et de Pangloss ; après quoi elle parla en ces termes à Candide, qui ne perdait pas une parole, et qui la dévorait des yeux.

CHAPITRE VIII.

HISTOIRE DE CUNÉGONDE.

« J'étais dans mon lit et je dormais profondément, quand il plut au Ciel d'envoyer les Bulgares dans notre beau château de Thunder-ten-tronckh ; ils égorgèrent mon père et mon frère, et coupèrent ma mère par morceaux. Un grand Bulgare, haut de six pieds, voyant qu'à ce spectacle j'avais perdu connaissance, se mit à me violer; cela me fit revenir, je repris mes sens, je criai, je me débattis, je mordis, j'égratignai, je voulais arracher les yeux à ce grand Bulgare, ne sachant pas que tout ce qui arrivait dans le château de mon père était une chose d'usage : le brutal me donna un coup de couteau dans le flanc gauche dont je porte encore la marque. — Hélas! j'espère bien la voir, dit le naïf Candide. — Vous la verrez, dit Cunégonde; mais continuons. — Continuez, » dit Candide.

Elle reprit ainsi le fil de son histoire : « Un capitaine bulgare entra, il me vit toute sanglante, et le soldat ne se dérangeait pas. Le capitaine se mit en colère du peu de respect que lui témoignait ce brutal, et le tua sur mon corps. Ensuite il me fit panser, et m'emmena prisonnière de guerre dans son quartier. Je blanchissais le peu de chemises qu'il avait, je faisais sa cuisine ; il me trouvait fort jolie, il faut l'avouer ; et je ne nierai pas qu'il ne fût très-bien fait, et qu'il n'eût la peau blanche et douce ; d'ailleurs

peu d'esprit, peu de philosophie : on voyait bien qu'il n'avait pas été élevé par le docteur Pangloss. Au bout de trois mois, ayant perdu tout son argent, et s'étant dégoûté de moi, il me vendit à un juif nommé don Issachar, qui trafiquait en Hollande et en Portugal, et qui aimait passionnément les femmes. Ce juif s'attacha beaucoup à ma personne, mais il ne pouvait en triompher ; je lui ai mieux résisté qu'au soldat bulgare : une personne d'honneur peut être violée une fois, mais sa vertu s'en affermit. Le juif, pour m'apprivoiser, me mena dans cette maison de campagne que vous voyez. J'avais cru jusque-là qu'il n'y avait rien sur la terre de si beau que le château de Thunder-ten-tronckh ; j'ai été détrompée.

« Le grand inquisiteur m'aperçut un jour à la messe ; il me lorgna beaucoup, et me fit dire qu'il avait à me parler pour des affaires secrètes. Je fus conduite à son palais ; je lui appris ma naissance ; il me représenta combien il était au-dessous de mon rang d'appartenir à un israélite. On proposa de sa part à don Issachar de me céder à monseigneur. Don Issachar, qui est le banquier de la cour, et homme de crédit, n'en voulut rien faire. L'inquisiteur le menaça d'un auto-da-fé. Enfin mon juif, intimidé, conclut un marché par lequel la maison et moi leur appartiendraient à tous deux en commun ; que le juif aurait pour lui les lundis, mercredis et le jour du sabbat, et que l'inquisiteur aurait les autres jours de la semaine. Il y a six mois que cette convention subsiste. Ce n'a pas été sans querelles ; car souvent il a été indécis si la nuit du samedi au dimanche appartenait à l'ancienne loi ou à la nouvelle. Pour moi, j'ai résisté jusqu'à présent à toutes les deux ; et je crois que c'est pour cette raison que j'ai toujours été aimée.

« Enfin, pour détourner le fléau des tremblements de terre, et pour intimider don Issachar, il plut à monseigneur l'inquisiteur de célébrer un auto-da-fé. Il me fit l'honneur de m'y inviter. Je fus très-bien placée ; on servit aux dames des rafraîchissements entre la messe et l'exécution. Je fus, à la vérité, saisie d'horreur en voyant brûler ces deux juifs et cet honnête Biscayen qui avait épousé sa commère ; mais quelle fut ma surprise, mon effroi, mon trouble, quand je vis, dans un san-benito et sous une mitre, une figure qui ressemblait à celle de Pangloss ! Je me frottai les yeux, je regardai attentivement, je le vis pendre ; je tombai en faiblesse. A peine reprenais-je mes sens que je vous vis dépouillé tout nu ; ce fut là le comble de l'horreur, de la consternation, de la douleur, du désespoir. Je vous dirai, avec vérité, que votre peau

est encore plus blanche, et d'un incarnat plus parfait que celle de mon capitaine des Bulgares. Cette vue redoubla tous les sentiments qui m'accablaient, qui me dévoraient. Je m'écriai, je voulus dire : « Arrêtez, barbares! » Mais la voix me manqua, et mes cris auraient été inutiles. Quand vous eûtes été bien fessé: « Comment se « peut-il faire, disais-je, que l'aimable Candide et le sage Pangloss « se trouvent à Lisbonne, l'un pour recevoir cent coups de fouet, « et l'autre pour être pendu par l'ordre de monseigneur l'inqui- « siteur, dont je suis la bien-aimée? Pangloss m'a donc bien « cruellement trompée, quand il me disait que tout va le mieux « du monde! »

« Agitée, éperdue, tantôt hors de moi-même, et tantôt prête de mourir de faiblesse, j'avais la tête remplie du massacre de mon père, de ma mère, de mon frère, de l'insolence de mon vilain soldat bulgare, du coup de' couteau qu'il me donna, de ma servitude, de mon métier de cuisinière, de mon capitaine bulgare, de mon vilain don Issachar, de mon abominable inquisiteur, de la pendaison du docteur Pangloss, de ce grand *miserere* en faux-bourdon pendant lequel on vous fessait, et surtout du baiser que je vous avais donné derrière un paravent, le jour que je vous avais vu pour la dernière fois. Je louai Dieu, qui vous ramenait à moi par tant d'épreuves. Je recommandai à ma vieille d'avoir soin de vous, et de vous amener ici dès qu'elle le pourrait. Elle a très-bien exécuté ma commission ; j'ai goûté le plaisir inexprimable de vous revoir, de vous entendre, de vous parler. Vous devez avoir une faim dévorante ; j'ai grand appétit ; commençons par souper. »

Les voilà qui se mettent tous deux à table ; et, après le souper, ils se replacent sur ce beau canapé dont on a déjà parlé ; ils y étaient quand le signor don Issachar, l'un des maîtres de la maison, arriva. C'était le jour du sabbat. Il venait jouir de ses droits, et expliquer son tendre amour.

CHAPITRE IX.

CE QUI ADVINT DE CUNÉGONDE, DE CANDIDE, DU GRAND INQUISITEUR, ET D'UN JUIF.

Cet Issachar était le plus colérique Hébreu qu'on eût vu dans Israël, depuis la captivité en Babylone. « Quoi! dit-il, chienne de galiléenne, ce n'est pas assez de monsieur l'inquisiteur? Il faut

que ce coquin partage aussi avec moi ? » En disant cela il tire un long poignard dont il était toujours pourvu, et, ne croyant pas que son adverse partie eût des armes, il se jette sur Candide ; mais notre bon Vestphalien avait reçu une belle épée de la vieille avec l'habit complet. Il tire son épée, quoiqu'il eût les mœurs fort douces, et vous étend l'israélite roide mort sur le carreau, aux pieds de la belle Cunégonde.

« Sainte Vierge ! s'écria-t-elle, qu'allons-nous devenir ? Un homme tué chez moi ! si la justice vient, nous sommes perdus. — Si Pangloss n'avait pas été pendu, dit Candide, il nous donnerait un bon conseil dans cette extrémité, car c'était un grand philosophe. A son défaut, consultons la vieille. » Elle était fort prudente, et commençait à dire son avis quand une autre petite porte s'ouvrit. Il était une heure après minuit, c'était le commencement du dimanche. Ce jour appartenait à monseigneur l'inquisiteur. Il entre et voit le fessé Candide, l'épée à la main, un mort étendu par terre, Cunégonde effarée, et la vieille donnant des conseils.

Voici dans ce moment ce qui se passa dans l'âme de Candide, et comment il raisonna : « Si ce saint homme appelle du secours, il me fera infailliblement brûler, il pourra en faire autant de Cunégonde ; il m'a fait fouetter impitoyablement ; il est mon rival ; je suis en train de tuer ; il n'y a pas à balancer. » Ce raisonnement fut net et rapide ; et, sans donner le temps à l'inquisiteur de revenir de sa surprise, il le perce d'outre en outre, et le jette à côté du juif. « En voici bien d'une autre, dit Cunégonde ; il n'y a plus de rémission ; nous sommes excommuniés, notre dernière heure est venue ! Comment avez-vous fait, vous qui êtes né si doux, pour tuer en deux minutes un juif et un prélat ? — Ma belle demoiselle, répondit Candide, quand on est amoureux, jaloux, et fouetté par l'Inquisition, on ne se connaît plus. »

La vieille prit alors la parole, et dit : « Il y a trois chevaux andalous dans l'écurie, avec leurs selles et leurs brides : que le brave Candide les prépare ; madame a des moyadors[1] et des diamants, montons vite à cheval, quoique je ne puisse me tenir que sur une fesse, et allons à Cadix ; il fait le plus beau temps du monde, et c'est un grand plaisir de voyager pendant la fraîcheur de la nuit. »

Aussitôt Candide selle les trois chevaux ; Cunégonde, la vieille,

1. Pistoles.

et lui, font trente milles d'une traite. Pendant qu'ils s'éloignaient, la sainte Hermandad arrive dans la maison, on enterre monseigneur dans une belle église, on jette Issachar à la voirie.

Candide, Cunégonde, et la vieille, étaient déjà dans la petite ville d'Avacéna, au milieu des montagnes de la Sierra-Morena; et ils parlaient ainsi dans un cabaret.

CHAPITRE X.

DANS QUELLE DÉTRESSE CANDIDE, CUNÉGONDE, ET LA VIEILLE, ARRIVENT A CADIX, ET LEUR EMBARQUEMENT.

« Qui a donc pu me voler mes pistoles et mes diamants? disait en pleurant Cunégonde; de quoi vivrons-nous? comment ferons-nous? où trouver des inquisiteurs et des juifs qui m'en donnent d'autres? — Hélas! dit la vieille, je soupçonne fort un révérend père cordelier qui coucha hier dans la même auberge que nous à Badajos; Dieu me garde de faire un jugement téméraire! mais il entra deux fois dans notre chambre, et il partit longtemps avant nous. — Hélas! dit Candide, le bon Pangloss m'avait souvent prouvé que les biens de la terre sont communs à tous les hommes, que chacun y a un droit égal. Ce cordelier devait bien, suivant ces principes, nous laisser de quoi achever notre voyage. Il ne vous reste donc rien du tout, ma belle Cunégonde? — Pas un maravédis, dit-elle. — Quel parti prendre? dit Candide. — Vendons un des chevaux, dit la vieille; je monterai en croupe derrière mademoiselle, quoique je ne puisse me tenir que sur une fesse, et nous arriverons à Cadix. »

Il y avait dans la même hôtellerie un prieur de bénédictins; il acheta le cheval bon marché. Candide, Cunégonde, et la vieille, passèrent par Lucena, par Chillas, par Lebrixa, et arrivèrent enfin à Cadix. On y équipait une flotte, et on y assemblait des troupes pour mettre à la raison les révérends pères jésuites du Paraguai, qu'on accusait d'avoir fait révolter une de leurs hordes contre les rois d'Espagne et de Portugal, auprès de la ville du Saint-Sacrement[1]. Candide, ayant servi chez les Bulgares, fit l'exercice bulgarien devant le général de la petite armée avec tant de grâce, de célérité, d'adresse, de fierté, d'agilité, qu'on lui donna une

1. Voyez tome XII, page 428; et dans les *Mélanges*, année 1759, la *Lettre de M. Mead aux auteurs du Journal encyclopédique.*

compagnie d'infanterie à commander. Le voilà capitaine; il s'embarque avec Mlle Cunégonde, la vieille, deux valets, et les deux chevaux andalous qui avaient appartenu à M. le grand inquisiteur de Portugal.

Pendant toute la traversée ils raisonnèrent beaucoup sur la philosophie du pauvre Pangloss. « Nous allons dans un autre univers, disait Candide; c'est dans celui-là, sans doute, que tout est bien : car il faut avouer qu'on pourrait gémir un peu de ce qui se passe dans le nôtre en physique et en morale. — Je vous aime de tout mon cœur, disait Cunégonde; mais j'ai encore l'âme tout effarouchée de ce que j'ai vu, de ce que j'ai éprouvé. — Tout ira bien, répliquait Candide; la mer de ce nouveau monde vaut déjà mieux que les mers de notre Europe; elle est plus calme, les vents plus constants. C'est certainement le nouveau monde qui est le meilleur des univers possibles. — Dieu le veuille! disait Cunégonde; mais j'ai été si horriblement malheureuse dans le mien que mon cœur est presque fermé à l'espérance. — Vous vous plaignez, leur dit la vieille; hélas! vous n'avez pas éprouvé des infortunes telles que les miennes. » Cunégonde se mit presque à rire, et trouva cette bonne femme fort plaisante de prétendre être plus malheureuse qu'elle. « Hélas! lui dit-elle, ma bonne, à moins que vous n'ayez été violée par deux Bulgares, que vous n'ayez reçu deux coups de couteau dans le ventre, qu'on n'ait démoli deux de vos châteaux, qu'on n'ait égorgé à vos yeux deux mères et deux pères, et que vous n'ayez vu deux de vos amants fouettés dans un auto-da-fé, je ne vois pas que vous puissiez l'emporter sur moi; ajoutez que je suis née baronne avec soixante et douze quartiers, et que j'ai été cuisinière. — Mademoiselle, répondit la vieille, vous ne savez pas quelle est ma naissance; et si je vous montrais mon derrière, vous ne parleriez pas comme vous faites, et vous suspendriez votre jugement. » Ce discours fit naître une extrême curiosité dans l'esprit de Cunégonde et de Candide. La vieille leur parla en ces termes.

CHAPITRE XI.

HISTOIRE DE LA VIEILLE.

« Je n'ai pas eu toujours les yeux éraillés et bordés d'écarlate; mon nez n'a pas toujours touché à mon menton, et je n'ai pas toujours été servante. Je suis la fille du pape Urbain X et de la

princesse de Palestrine¹. On m'éleva jusqu'à quatorze ans dans un palais auquel tous les châteaux de vos barons allemands n'auraient pas servi d'écurie ; et une de mes robes valait mieux que toutes les magnificences de la Vestphalie. Je croissais en beauté, en grâces, en talents, au milieu des plaisirs, des respects, et des espérances : j'inspirais déjà de l'amour ; ma gorge se formait ; et quelle gorge ! blanche, ferme, taillée comme celle de la Vénus de Médicis ; et quels yeux ! quelles paupières ! quels sourcils noirs ! quelles flammes brillaient dans mes deux prunelles, et effaçaient la scintillation des étoiles ! comme me disaient les poëtes du quartier. Les femmes qui m'habillaient et qui me déshabillaient tombaient en extase en me regardant par devant et par derrière ; et tous les hommes auraient voulu être à leur place.

« Je fus fiancée à un prince souverain de Massa-Carrara² : quel prince ! aussi beau que moi, pétri de douceur et d'agréments, brillant d'esprit et brûlant d'amour ; je l'aimais comme on aime pour la première fois, avec idolâtrie, avec emportement. Les noces furent préparées : c'était une pompe, une magnificence inouïe ; c'étaient des fêtes, des carrousels, des opéra-buffa continuels ; et toute l'Italie fit pour moi des sonnets dont il n'y eut pas un seul de passable. Je touchais au moment de mon bonheur, quand une vieille marquise qui avait été maîtresse de mon prince l'invita à prendre du chocolat chez elle : il mourut en moins de deux heures avec des convulsions épouvantables ; mais ce n'est qu'une bagatelle. Ma mère, au désespoir, et bien moins affligée que moi, voulut s'arracher pour quelque temps à un séjour si funeste. Elle avait une très-belle terre auprès de Gaïete : nous nous embarquâmes sur une galère du pays, dorée comme l'autel de Saint-Pierre de Rome. Voilà qu'un corsaire de Salé fond sur nous et nous aborde ; nos soldats se défendirent comme les soldats du pape : ils se mirent tous à genoux en jetant leurs armes, et en demandant au corsaire une absolution *in articulo mortis*.

« Aussitôt on les dépouilla nus comme des singes, et ma mère aussi, nos filles d'honneur aussi, et moi aussi. C'est une chose admirable que la diligence avec laquelle ces messieurs désha-

1. Voyez l'extrême discrétion de l'auteur ; il n'y eut jusqu'à présent aucun pape nommé Urbain X ; il craint de donner une bâtarde à un pape connu. Quelle circonspection ! quelle délicatesse de conscience ! (*Note de Voltaire.*) — Cette note est posthume. Elle n'était même pas dans les éditions de Kehl. Je la tiens de feu Decroix. Le dernier pape du nom d'Urbain est Urbain VIII, mort en 1644. (B.)

2. Duché de l'Italie d'alors, situé au sud du duché de Toscane, et célèbre par ses marbres.

billent le monde; mais ce qui me surprit davantage, c'est qu'ils nous mirent à tous le doigt dans un endroit où nous autres femmes nous ne nous laissons mettre d'ordinaire que des canules. Cette cérémonie me paraissait bien étrange : voilà comme on juge de tout quand on n'est pas sorti de son pays. J'appris bientôt que c'était pour voir si nous n'avions pas caché là quelques diamants : c'est un usage établi de temps immémorial parmi les nations policées qui courent sur mer. J'ai su que messieurs les religieux chevaliers de Malte n'y manquent jamais quand ils prennent des Turcs et des Turques ; c'est une loi du droit des gens à laquelle on n'a jamais dérogé.

« Je ne vous dirai point combien il est dur pour une jeune princesse d'être menée esclave à Maroc avec sa mère; vous concevez assez tout ce que nous eûmes à souffrir dans le vaisseau corsaire. Ma mère était encore très-belle ; nos filles d'honneur, nos simples femmes de chambre, avaient plus de charmes qu'on n'en peut trouver dans toute l'Afrique ; pour moi, j'étais ravissante, j'étais la beauté, la grâce même, et j'étais pucelle ; je ne le fus pas longtemps: cette fleur, qui avait été réservée pour le beau prince de Massa-Carrara, me fut ravie par le capitaine corsaire ; c'était un nègre abominable, qui croyait encore me faire beaucoup d'honneur. Certes il fallait que Mme la princesse de Palestrine et moi fussions bien fortes pour résister à tout ce que nous éprouvâmes jusqu'à notre arrivée à Maroc ! Mais, passons; ce sont des choses si communes qu'elles ne valent pas la peine qu'on en parle.

« Maroc nageait dans le sang quand nous arrivâmes. Cinquante fils de l'empereur Mulei-Ismael[1] avaient chacun leur parti : ce qui produisait en effet cinquante guerres civiles, de noirs contre noirs, de noirs contre basanés, de basanés contre basanés, de mulâtres contre mulâtres : c'était un carnage continuel dans toute l'étendue de l'empire.

« A peine fûmes-nous débarquées que des noirs d'une faction ennemie de celle de mon corsaire se présentèrent pour lui enlever son butin. Nous étions, après les diamants et l'or, ce qu'il avait de plus précieux. Je fus témoin d'un combat tel que vous n'en voyez jamais dans vos climats d'Europe. Les peuples septentrionaux n'ont pas le sang assez ardent ; ils n'ont pas la rage des femmes au point où elle est commune en Afrique. Il semble que

1. Sur Mulei-Ismael, qui régnait en 1702, et vécut cent cinq ans, voyez tome XI, page 465; tome XIII, page 140; tome XIV, le chapitre xviii du *Siècle de Louis XIV;* tome XIX, page 304.

vos Européans aient du lait dans les veines ; c'est du vitriol, c'est du feu qui coule dans celles des habitants du mont Atlas et des pays voisins. On combattit avec la fureur des lions, des tigres, et des serpents de la contrée, pour savoir qui nous aurait. Un Maure saisit ma mère par le bras droit, le lieutenant de mon capitaine la retint par le bras gauche ; un soldat maure la prit par une jambe, un de nos pirates la tenait par l'autre. Nos filles se trouvèrent presque toutes en un moment tirées ainsi à quatre soldats. Mon capitaine me tenait cachée derrière lui ; il avait le cimeterre au poing, et tuait tout ce qui s'opposait à sa rage. Enfin je vis toutes nos Italiennes et ma mère déchirées, coupées, massacrées par les monstres qui se les disputaient. Les captifs, mes compagnons, ceux qui les avaient pris, soldats, matelots, noirs, basanés, blancs, mulâtres, et enfin mon capitaine, tout fut tué, et je demeurai mourante sur un tas de morts. Des scènes pareilles se passaient, comme on sait, dans l'étendue de plus de trois cents lieues, sans qu'on manquât aux cinq prières par jour ordonnées par Mahomet.

« Je me débarrassai avec beaucoup de peine de la foule de tant de cadavres sanglants entassés, et je me traînai sous un grand oranger au bord d'un ruisseau voisin ; j'y tombai d'effroi, de lassitude, d'horreur, de désespoir et de faim. Bientôt après, mes sens accablés se livrèrent à un sommeil qui tenait plus de l'évanouissement que du repos. J'étais dans cet état de faiblesse et d'insensibilité, entre la mort et la vie, quand je me sentis pressée de quelque chose qui s'agitait sur mon corps ; j'ouvris les yeux, je vis un homme blanc et de bonne mine qui soupirait, et qui disait entre ses dents : *O che sciagura d'essere senza coglioni!*

CHAPITRE XII.

SUITE DES MALHEURS DE LA VIEILLE.

« Étonnée et ravie d'entendre la langue de ma patrie, et non moins surprise des paroles que proférait cet homme, je lui répondis qu'il y avait de plus grands malheurs que celui dont il se plaignait ; je l'instruisis en peu de mots des horreurs que j'avais essuyées, et je retombai en faiblesse. Il m'emporta dans une maison voisine, me fit mettre au lit, me fit donner à manger, me servit, me consola, me flatta, me dit qu'il n'avait rien vu de si beau que moi, et que jamais il n'avait tant regretté ce que

personne ne pouvait lui rendre. « Je suis né à Naples, me dit-il ;
« on y chaponne deux ou trois mille enfants tous les ans ; les
« uns en meurent, les autres acquièrent une voix plus belle que
« celle des femmes, les autres vont gouverner des États[1]. On me
« fit cette opération avec un très-grand succès, et j'ai été musicien
« de la chapelle de M^me la princesse de Palestrine.—De ma mère !
« m'écriai-je. — De votre mère ! s'écria-t-il en pleurant ; quoi !
« vous seriez cette jeune princesse que j'ai élevée jusqu'à l'âge
« de six ans, et qui promettait déjà d'être aussi belle que vous
« êtes ? — C'est moi-même ; ma mère est à quatre cents pas d'ici,
« coupée en quartiers sous un tas de morts..... »

« Je lui contai tout ce qui m'était arrivé ; il me conta aussi
ses aventures, et m'apprit comment il avait été envoyé chez le
roi de Maroc par une puissance chrétienne[2], pour conclure avec
ce monarque un traité par lequel on lui fournirait de la poudre,
des canons, et des vaisseaux, pour l'aider à exterminer le commerce des autres chrétiens. « Ma mission est faite, dit cet hon-
« nête eunuque ; je vais m'embarquer à Ceuta, et je vous ramè-
« nerai en Italie. *Ma che sciagura d'essere senza coglioni !* »

« Je le remerciai avec des larmes d'attendrissement ; et au
lieu de me mener en Italie, il me conduisit à Alger, et me vendit
au dey de cette province. A peine fus-je vendue que cette peste
qui a fait le tour de l'Afrique, de l'Asie, de l'Europe, se déclara
dans Alger avec fureur. Vous avez vu des tremblements de terre ;
mais, mademoiselle, avez-vous jamais eu la peste ?

— Jamais, répondit la baronne.

— Si vous l'aviez eue, reprit la vieille, vous avoueriez qu'elle
est bien au-dessus d'un tremblement de terre. Elle est fort commune en Afrique ; j'en fus attaquée. Figurez-vous quelle situation pour la fille d'un pape, âgée de quinze ans, qui en trois
mois de temps avait éprouvé la pauvreté, l'esclavage, avait été
violée presque tous les jours, avait vu couper sa mère en quatre,
avait essuyé la faim et la guerre, et mourait pestiférée dans
Alger ! Je n'en mourus pourtant pas ; mais mon eunuque et le
dey, et presque tout le sérail d'Alger périrent.

« Quand les premiers ravages de cette épouvantable peste furent

1. Farinelli, chanteur italien, né à Naples en 1705, sans être ministre gouvernait l'Espagne sous Ferdinand VI ; il est mort en 1782. Voltaire reparle de ce Farinelli dans la *Conversation de l'intendant des menus en exercice ;* voyez les *Mélanges,* année 1761.

2. Le roi de Portugal. C'était pendant la guerre pour la succession d'Espagne. Voyez, tome XIV, *Siècle de Louis XIV,* chapitre XVIII.

CHAPITRE XII.

passés, on vendit les esclaves du dey. Un marchand m'acheta, et me mena à Tunis; il me vendit à un autre marchand, qui me revendit à Tripoli; de Tripoli je fus revendue à Alexandrie, d'Alexandrie revendue à Smyrne, de Symrne à Constantinople. J'appartins enfin à un aga des janissaires, qui fut bientôt commandé pour aller défendre Azof contre les Russes, qui l'assiégeaient.

« L'aga, qui était un très-galant homme, mena avec lui tout son sérail, et nous logea dans un petit fort sur les Palus-Méotides, gardé par deux eunuques noirs et vingt soldats. On tua prodigieusement de Russes, mais ils nous le rendirent bien : Azof fut mis à feu et à sang[1], et on ne pardonna ni au sexe, ni à l'âge; il ne resta que notre petit fort : les ennemis voulurent nous prendre par famine. Les vingt janissaires avaient juré de ne se jamais rendre. Les extrémités de la faim où ils furent réduits les contraignirent à manger nos deux eunuques, de peur de violer leur serment. Au bout de quelques jours ils résolurent de manger les femmes.

« Nous avions un iman très-pieux et très-compatissant, qui leur fit un beau sermon par lequel il leur persuada de ne nous pas tuer tout à fait. « Coupez, dit-il, seulement une fesse à chacune « de ces dames, vous ferez très-bonne chère; s'il faut y revenir, « vous en aurez encore autant dans quelques jours; le Ciel vous « saura gré d'une action si charitable, et vous serez secourus. »

« Il avait beaucoup d'éloquence; il les persuada : on nous fit cette horrible opération; l'iman nous appliqua le même baume qu'on met aux enfants qu'on vient de circoncire : nous étions toutes à la mort.

« A peine les janissaires eurent-ils fait le repas que nous leur avions fourni, que les Russes arrivent sur des bateaux plats : pas un janissaire ne réchappa. Les Russes ne firent aucune attention à l'état où nous étions. Il y a partout des chirurgiens français; un d'eux, qui était fort adroit, prit soin de nous; il nous guérit, et je me souviendrai toute ma vie que, quand mes plaies furent bien fermées, il me fit des propositions. Au reste, il nous dit à toutes de nous consoler; il nous assura que dans plusieurs siéges pareille chose était arrivée, et que c'était la loi de la guerre.

« Dès que mes compagnes purent marcher, on les fit aller à Moscou; j'échus en partage à un boïard qui me fit sa jardinière,

1. Les Russes prirent Azof sous Pierre le Grand, en 1696, et la rendirent à la paix, en 1711; ils la reprirent et la fortifièrent; mais à la paix de 1739, ils la rendirent après l'avoir démantelée. La prise d'Azof, sous Catherine II, est postérieure de dix ans à *Candide*.

et qui me donnait vingt coups de fouet par jour ; mais ce seigneur ayant été roué au bout de deux ans avec une trentaine de boïards pour quelque tracasserie de cour, je profitai de cette aventure : je m'enfuis ; je traversai toute la Russie ; je fus longtemps servante de cabaret à Riga, puis à Rostock, à Vismar, à Leipsick, à Cassel, à Utrecht, à Leyde, à la Haye, à Rotterdam ; j'ai vieilli dans la misère et dans l'opprobre, n'ayant que la moitié d'un derrière, me souvenant toujours que j'étais fille d'un pape ; je voulus cent fois me tuer, mais j'aimais encore la vie. Cette faiblesse ridicule est peut-être un de nos penchants les plus funestes : car y a-t-il rien de plus sot que de vouloir porter continuellement un fardeau qu'on veut toujours jeter par terre ; d'avoir son être en horreur, et de tenir à son être ; enfin de caresser le serpent qui nous dévore, jusqu'à ce qu'il nous ait mangé le cœur ?

« J'ai vu dans les pays que le sort m'a fait parcourir, et dans les cabarets où j'ai servi, un nombre prodigieux de personnes qui avaient leur existence en exécration ; mais je n'en ai vu que douze qui aient mis volontairement fin à leur misère : trois nègres, quatre Anglais, quatre Genevois, et un professeur allemand nommé Robeck [1]. J'ai fini par être servante chez le juif don Issachar ; il me mit auprès de vous, ma belle demoiselle ; je me suis attachée à votre destinée, et j'ai été plus occupée de vos aventures que des miennes. Je ne vous aurais même jamais parlé de mes malheurs si vous ne m'aviez pas un peu piquée, et s'il n'était d'usage, dans un vaisseau, de conter des histoires pour se désennuyer. Enfin, mademoiselle, j'ai de l'expérience, je connais le monde ; donnez-vous un plaisir, engagez chaque passager à vous conter son histoire, et s'il s'en trouve un seul qui n'ait souvent maudit sa vie, qui ne se soit souvent dit à lui-même qu'il était le plus malheureux des hommes, jetez-moi dans la mer la tête la première. »

CHAPITRE XIII.

COMMENT CANDIDE FUT OBLIGÉ DE SE SÉPARER DE LA BELLE CUNÉGONDE ET DE LA VIEILLE.

La belle Cunégonde, ayant entendu l'histoire de la vieille, lui fit toutes les politesses qu'on devait à une personne de son rang

1. Robeck (Jean), né à Calmar en Suède, en 1672, se noya volontairement en 1730. J.-J. Rousseau parle de Robeck dans sa *Nouvelle Héloïse*, lettre vingt et unième de la troisième partie.

et de son mérite. Elle accepta la proposition ; elle engagea tous les passagers, l'un après l'autre, à lui conter leurs aventures. Candide et elle avouèrent que la vieille avait raison. « C'est bien dommage, disait Candide, que le sage Pangloss ait été pendu contre la coutume dans un auto-da-fé ; il nous dirait des choses admirables sur le mal physique et sur le mal moral qui couvrent la terre et la mer, et je me sentirais assez de force pour oser lui faire respectueusement quelques objections. »

A mesure que chacun racontait son histoire, le vaisseau avançait. On aborda dans Buénos-Ayres. Cunégonde, le capitaine Candide, et la vieille, allèrent chez le gouverneur don Fernando d'Ibaraa, y Figueora, y Mascarenes, y Lampourdos, y Souza. Ce seigneur avait une fierté convenable à un homme qui portait tant de noms. Il parlait aux hommes avec le dédain le plus noble, portant le nez si haut, élevant si impitoyablement la voix, prenant un ton si imposant, affectant une démarche si altière, que tous ceux qui le saluaient étaient tentés de le battre. Il aimait les femmes à la fureur. Cunégonde lui parut ce qu'il avait jamais vu de plus beau. La première chose qu'il fit fut de demander si elle n'était point la femme du capitaine. L'air dont il fit cette question alarma Candide : il n'osa pas dire qu'elle était sa femme, parce qu'en effet elle ne l'était point ; il n'osa pas dire que c'était sa sœur, parce qu'elle ne l'était pas non plus ; et quoique ce mensonge officieux eût été autrefois très à la mode chez les anciens[1], et qu'il pût être utile aux modernes, son âme était trop pure pour trahir la vérité. « Mademoiselle Cunégonde, dit-il, doit me faire l'honneur de m'épouser, et nous supplions Votre Excellence de daigner faire notre noce. »

Don Fernando d'Ibaraa, y Figueora, y Mascarenes, y Lampourdos, y Souza, relevant sa moustache, sourit amèrement, et ordonna au capitaine Candide d'aller faire la revue de sa compagnie. Candide obéit ; le gouverneur demeura avec Mlle Cunégonde. Il lui déclara sa passion, lui protesta que le lendemain il l'épouserait à la face de l'Église, ou autrement, ainsi qu'il plairait à ses charmes. Cunégonde lui demanda un quart d'heure pour se recueillir, pour consulter la vieille, et pour se déterminer.

La vieille dit à Cunégonde : « Mademoiselle, vous avez soixante et douze quartiers et pas une obole ; il ne tient qu'à vous d'être la femme du plus grand seigneur de l'Amérique méridionale, qui a une très-belle moustache ; est-ce à vous de vous piquer d'une

[1] Voyez l'article ABRAHAM, tome XVII, page 30.

fidélité à toute épreuve ? Vous avez été violée par les Bulgares ;
un juif et un inquisiteur ont eu vos bonnes grâces : les malheurs
donnent des droits. J'avoue que si j'étais à votre place, je ne ferais
aucun scrupule d'épouser monsieur le gouverneur, et de faire la
fortune de monsieur le capitaine Candide. » Tandis que la vieille
parlait avec toute la prudence que l'âge et l'expérience donnent,
on vit entrer dans le port un petit vaisseau ; il portait un alcade
et des alguazils, et voici ce qui était arrivé.

La vieille avait très-bien deviné que ce fut un cordelier à la
grande manche qui vola l'argent et les bijoux de Cunégonde dans
la ville de Badajos, lorsqu'elle fuyait en hâte avec Candide. Ce
moine voulut vendre quelques-unes des pierreries à un joaillier.
Le marchand les reconnut pour celles du grand inquisiteur. Le
cordelier, avant d'être pendu, avoua qu'il les avait volées : il indiqua les personnes, et la route qu'elles prenaient. La fuite de Cunégonde et de Candide était déjà connue. On les suivit à Cadix : on
envoya, sans perdre de temps, un vaisseau à leur poursuite. Le
vaisseau était déjà dans le port de Buénos-Ayres. Le bruit se
répandit qu'un alcade allait débarquer, et qu'on poursuivait les
meurtriers de monseigneur le grand inquisiteur. La prudente
vieille vit dans l'instant tout ce qui était à faire. « Vous ne pouvez
fuir, dit-elle à Cunégonde, et vous n'avez rien à craindre : ce n'est
pas vous qui avez tué monseigneur, et d'ailleurs le gouverneur,
qui vous aime, ne souffrira pas qu'on vous maltraite ; demeurez. »
Elle court sur-le-champ à Candide : « Fuyez, dit-elle, ou dans
une heure vous allez être brûlé. » Il n'y avait pas un moment
à perdre ; mais comment se séparer de Cunégonde, et où se
réfugier ?

CHAPITRE XIV.

COMMENT CANDIDE ET CACAMBO FURENT REÇUS CHEZ LES JÉSUITES DU PARAGUAI.

Candide avait amené de Cadix un valet tel qu'on en trouve
beaucoup sur les côtes d'Espagne et dans les colonies. C'était un
quart d'Espagnol, né d'un métis dans le Tucuman ; il avait été
enfant de chœur, sacristain, matelot, moine, facteur, soldat,
laquais. Il s'appelait Cacambo, et aimait fort son maître, parce
que son maître était un fort bon homme. Il sella au plus vite les
deux chevaux andalous. « Allons, mon maître, suivons le conseil
de la vieille ; partons, et courons sans regarder derrière nous. »

CHAPITRE XIV.

Candide versa des larmes : « O ma chère Cunégonde ! faut-il vous abandonner dans le temps que monsieur le gouverneur va faire nos noces ! Cunégonde amenée de si loin, que deviendrez-vous? — Elle deviendra ce qu'elle pourra, dit Cacambo ; les femmes ne sont jamais embarrassées d'elles; Dieu y pourvoit; courons. — Où me mènes-tu ? où allons-nous? que ferons-nous sans Cunégonde? disait Candide. — Par saint Jacques de Compostelle, dit Cacambo, vous alliez faire la guerre aux jésuites; allons la faire pour eux: je sais assez les chemins, je vous mènerai dans leur royaume, ils seront charmés d'avoir un capitaine qui fasse l'exercice à la bulgare ; vous ferez une fortune prodigieuse : quand on n'a pas son compte dans un monde, on le trouve dans un autre. C'est un très-grand plaisir de voir et de faire des choses nouvelles. — Tu as donc été déjà dans le Paraguai? dit Candide. — Eh vraiment oui ! dit Cacambo ; j'ai été cuistre dans le collége de l'Assomption, et je connais le gouvernement de los padres comme je connais les rues de Cadix. C'est une chose admirable que ce gouvernement. Le royaume a déjà plus de trois cents lieues de diamètre ; il est divisé en trente provinces[1]. Los padres y ont tout, et les peuples rien ; c'est le chef-d'œuvre de la raison et de la justice. Pour moi, je ne vois rien de si divin que los padres, qui font ici la guerre au roi d'Espagne et au roi de Portugal, et qui en Europe confessent ces rois ; qui tuent ici des Espagnols, et qui à Madrid les envoient au ciel: cela me ravit; avançons : vous allez être le plus heureux de tous les hommes. Quel plaisir auront los padres quand ils sauront qu'il leur vient un capitaine qui sait l'exercice bulgare ! »

Dès qu'ils furent arrivés à la première barrière, Cacambo dit à la garde avancée qu'un capitaine demandait à parler à monseigneur le commandant. On alla avertir la grande garde. Un officier paraguain courut aux pieds du commandant lui donner part de la nouvelle. Candide et Cacambo furent d'abord désarmés ; on se saisit de leurs deux chevaux andalous. Les deux étrangers sont introduits au milieu de deux files de soldats ; le commandant était au bout, le bonnet à trois cornes en tête, la robe retroussée, l'épée au côté, l'esponton à la main. Il fit un signe ; aussitôt vingt-quatre soldats entourent les deux nouveaux venus. Un sergent leur dit qu'il faut attendre, que le commandant ne peut leur parler, que le révérend père provincial ne permet pas qu'aucun Espagnol ouvre la bouche qu'en sa présence, et demeure plus de

1. On en comptait trente et une dès 1717.

trois heures dans le pays. « Et où est le révérend père provincial ?
dit Cacambo. — Il est à la parade après avoir dit sa messe,
répondit le sergent, et vous ne pourrez baiser ses éperons que
dans trois heures. — Mais, dit Cacambo, monsieur le capitaine,
qui meurt de faim comme moi, n'est point Espagnol, il est Allemand ; ne pourrions-nous point déjeuner en attendant sa révérence ? »

Le sergent alla sur-le-champ rendre compte de ce discours
au commandant. « Dieu soit béni! dit ce seigneur, puisqu'il est
Allemand, je peux lui parler; qu'on le mène dans ma feuillée. »
Aussitôt on conduit Candide dans un cabinet de verdure, orné
d'une très-jolie colonnade de marbre vert et or, et de treillages
qui renfermaient des perroquets, des colibris, des oiseaux-mouches, des pintades, et tous les oiseaux les plus rares. Un excellent
déjeuner était préparé dans des vases d'or; et tandis que les
Paraguains mangèrent du maïs dans des écuelles de bois, en plein
champ, à l'ardeur de soleil, le révérend père commandant entra
dans la feuillée.

C'était un très-beau jeune homme, le visage plein, assez blanc,
haut en couleur, le sourcil relevé, l'œil vif, l'oreille rouge, les
lèvres vermeilles, l'air fier, mais d'une fierté qui n'était ni celle
d'un Espagnol ni celle d'un jésuite. On rendit à Candide et à
Cacambo leurs armes, qu'on leur avait saisies, ainsi que les deux
chevaux andalous; Cacambo leur fit manger l'avoine auprès de
la feuillée, ayant toujours l'œil sur eux, crainte de surprise.

Candide baisa d'abord le bas de la robe du commandant,
ensuite ils se mirent à table. « Vous êtes donc Allemand? lui dit
le jésuite en cette langue. — Oui, mon révérend père, » dit Candide. L'un et l'autre, en prononçant ces paroles, se regardaient
avec une extrême surprise, et une émotion dont ils n'étaient pas
les maîtres. « Et de quel pays d'Allemagne êtes-vous? dit le jésuite.
— De la sale province de Vestphalie[1], dit Candide ; je suis né
dans le château de Thunder-ten-tronckh. — O ciel ! est-il possible !
s'écria le commandant. — Quel miracle ! s'écria Candide. — Serait-ce vous? dit le commandant. — Cela n'est pas possible, dit
Candide. » Ils se laissent tomber tous deux à la renverse, ils s'embrassent, ils versent des ruisseaux de larmes. « Quoi ! serait-ce
vous, mon révérend père? vous, le frère de la belle Cunégonde!
vous, qui fûtes tué par les Bulgares! vous, le fils de monsieur le
baron! vous, jésuite au Paraguai ! Il faut avouer que ce monde est

1. Voyez la lettre de Voltaire à Frédéric, en date du 6 décembre 1740.

une étrange chose. O Pangloss! Pangloss! que vous seriez aise si vous n'aviez pas été pendu! »

Le commandant fit retirer les esclaves nègres et les Paraguains qui servaient à boire dans des gobelets de cristal de roche. Il remercia Dieu et saint Ignace mille fois; il serrait Candide entre ses bras, leurs visages étaient baignés de pleurs. « Vous seriez bien plus étonné, plus attendri, plus hors de vous-même, dit Candide, si je vous disais que M{lle} Cunégonde, votre sœur, que vous avez crue éventrée, est pleine de santé. — Où? — Dans votre voisinage, chez M. le gouverneur de Buénos-Ayres; et je venais pour vous faire la guerre. » Chaque mot qu'ils prononcèrent dans cette longue conversation accumulait prodige sur prodige. Leur âme tout entière volait sur leur langue, était attentive dans leurs oreilles, et étincelante dans leurs yeux. Comme ils étaient Allemands, ils tinrent table longtemps, en attendant le révérend père provincial; et le commandant parla ainsi à son cher Candide :

CHAPITRE XV.

COMMENT CANDIDE TUA LE FRÈRE DE SA CHÈRE CUNÉGONDE.

« J'aurai toute ma vie présent à la mémoire le jour horrible où je vis tuer mon père et ma mère, et violer ma sœur. Quand les Bulgares furent retirés, on ne trouva point cette sœur adorable, et on mit dans une charrette ma mère, mon père, et moi, deux servantes et trois petits garçons égorgés, pour nous aller enterrer dans une chapelle de jésuites, à deux lieues du château de mes pères. Un jésuite nous jeta de l'eau bénite; elle était horriblement salée; il en entra quelques gouttes dans mes yeux : le père s'aperçut que ma paupière faisait un petit mouvement : il mit la main sur mon cœur, et le sentit palpiter; je fus secouru, et au bout de trois semaines il n'y paraissait pas. Vous savez, mon cher Candide, que j'étais fort joli; je le devins encore davantage; aussi le révérend père Croust[1], supérieur de la maison, prit pour moi la plus tendre amitié : il me donna l'habit de novice; quelque temps après je fus envoyé à Rome. Le père général avait besoin d'une recrue de jeunes jésuites allemands. Les souverains du Paraguai reçoivent

1. Dans les premières éditions, au lieu de *Croust*, on lit : *Didrie*. Mais l'édition faisant partie du volume intitulé *Seconde Suite des Mélanges*, 1761, porte déjà Croust. (B.) — Il est question du révérend P. Croust, *le plus brutal de la société*, dans le tome XIX, page 500.

le moins qu'ils peuvent de jésuites espagnols ; ils aiment mieux les étrangers, dont ils se croient plus maîtres. Je fus jugé propre par le révérend père général pour aller travailler dans cette vigne. Nous partîmes, un Polonais, un Tyrolien, et moi. Je fus honoré, en arrivant, du sous-diaconat et d'une lieutenance ; je suis aujourd'hui colonel et prêtre. Nous recevrons vigoureusement les troupes du roi d'Espagne ; je vous réponds qu'elles seront excommuniées et battues. La Providence vous envoie ici pour nous seconder. Mais est-il bien vrai que ma chère sœur Cunégonde soit dans le voisinage, chez le gouverneur de Buénos-Ayres ? » Candide l'assura par serment que rien n'était plus vrai. Leurs larmes recommencèrent à couler.

Le baron ne pouvait se lasser d'embrasser Candide ; il l'appelait son frère, son sauveur. « Ah! peut-être, lui dit-il, nous pourrons ensemble, mon cher Candide, entrer en vainqueurs dans la ville, et reprendre ma sœur Cunégonde. — C'est tout ce que je souhaite, dit Candide ; car je comptais l'épouser, et je l'espère encore. — Vous, insolent! répondit le baron, vous auriez l'impudence d'épouser ma sœur, qui a soixante et douze quartiers! Je vous trouve bien effronté d'oser me parler d'un dessein si téméraire ! » Candide, pétrifié d'un tel discours, lui répondit : « Mon révérend père, tous les quartiers du monde n'y font rien ; j'ai tiré votre sœur des bras d'un juif et d'un inquisiteur ; elle m'a assez d'obligations, elle veut m'épouser. Maître Pangloss m'a toujours dit que les hommes sont égaux ; et assurément je l'épouserai.— C'est ce que nous verrons, coquin! » dit le jésuite baron de Thunder-ten-tronckh ; et en même temps il lui donna un grand coup du plat de son épée sur le visage. Candide dans l'instant tire la sienne, et l'enfonce jusqu'à la garde dans le ventre du baron jésuite ; mais en la retirant toute fumante, il se mit à pleurer : « Hélas! mon Dieu, dit-il, j'ai tué mon ancien maître, mon ami, mon beau-frère ; je suis le meilleur homme du monde, et voilà déjà trois hommes que je tue ; et dans ces trois il y a deux prêtres. »

Cacambo, qui faisait sentinelle à la porte de la feuillée, accourut. « Il ne nous reste qu'à vendre cher notre vie, lui dit son maître ; on va, sans doute, entrer dans la feuillée ; il faut mourir les armes à la main. » Cacambo, qui en avait bien vu d'autres, ne perdit point la tête ; il prit la robe de jésuite que portait le baron, la mit sur le corps de Candide, lui donna le bonnet carré du mort, et le fit monter à cheval. Tout cela se fit en un clin d'œil. « Galopons, mon maître ; tout le monde vous prendra pour

un jésuite qui va donner des ordres ; et nous aurons passé les frontières avant qu'on puisse courir après nous. » Il volait déjà en prononçant ces paroles, et en criant en espagnol : « Place, place pour le révérend père colonel ! »

CHAPITRE XVI.

CE QUI ADVINT AUX DEUX VOYAGEURS AVEC DEUX FILLES, DEUX SINGES, ET LES SAUVAGES NOMMÉS OREILLONS.

Candide et son valet furent au delà des barrières, et personne ne savait encore dans le camp la mort du jésuite allemand. Le vigilant Cacambo avait eu soin de remplir sa valise de pain, de chocolat, de jambon, de fruits, et de quelques mesures de vin. Ils s'enfoncèrent avec leurs chevaux andalous dans un pays inconnu où ils ne découvrirent aucune route. Enfin une belle prairie entrecoupée de ruisseaux se présenta devant eux. Nos deux voyageurs font repaître leurs montures. Cacambo propose à son maître de manger, et lui en donne l'exemple. « Comment veux-tu, disait Candide, que je mange du jambon, quand j'ai tué le fils de monsieur le baron, et que je me vois condamné à ne revoir la belle Cunégonde de ma vie ? A quoi me servira de prolonger mes misérables jours, puisque je dois les traîner loin d'elle dans les remords et dans le désespoir ? Et que dira le Journal de Trévoux [1]. »

En parlant ainsi, il ne laissa pas de manger. Le soleil se couchait. Les deux égarés entendirent quelques petits cris qui paraissaient poussés par des femmes. Ils ne savaient si ces cris étaient de douleur ou de joie ; mais ils se levèrent précipitamment avec cette inquiétude et cette alarme que tout inspire dans un pays inconnu. Ces clameurs partaient de deux filles toutes nues qui couraient légèrement au bord de la prairie, tandis que deux singes les suivaient en leur mordant les fesses. Candide fut touché de pitié ; il avait appris à tirer chez les Bulgares, et il aurait abattu une noisette dans un buisson sans toucher aux feuilles. Il prend son fusil espagnol à deux coups, tire, et tue les deux singes. « Dieu soit loué, mon cher Cacambo ! j'ai délivré d'un grand péril ces deux pauvres créatures : si j'ai commis un péché en

1. L'ouvrage cité sous le titre de *Journal de Trévoux*, du nom de la ville où il s'imprima, est intitulé *Mémoires pour servir à l'histoire des sciences et des beaux-arts*. Ce titre a subi plusieurs changements.

tuant un inquisiteur et un jésuite, je l'ai bien réparé en sauvant la vie à deux filles. Ce sont peut-être deux demoiselles de condition, et cette aventure nous peut procurer de très-grands avantages dans le pays. »

Il allait continuer, mais sa langue devint percluse quand il vit ces deux filles embrasser tendrement les deux singes, fondre en larmes sur leurs corps, et remplir l'air des cris les plus douloureux. « Je ne m'attendais pas à tant de bonté d'âme, » dit-il enfin à Cacambo ; lequel lui répliqua : « Vous avez fait là un beau chef-d'œuvre, mon maître ; vous avez tué les deux amants de ces demoiselles. — Leurs amants ! serait-il possible ? Vous vous moquez de moi, Cacambo ; le moyen de vous croire ? — Mon cher maître, repartit Cacambo, vous êtes toujours étonné de tout ; pourquoi trouvez-vous si étrange que dans quelques pays il y ait des singes qui obtiennent les bonnes grâces des dames ? Ils sont des quarts d'homme, comme je suis un quart d'Espagnol. — Hélas ! reprit Candide, je me souviens d'avoir entendu dire à maître Pangloss qu'autrefois pareils accidents étaient arrivés, et que ces mélanges avaient produit des égypans, des faunes, des satyres ; que plusieurs grands personnages de l'antiquité en avaient vu ; mais je prenais cela pour des fables. — Vous devez être convaincu à présent, dit Cacambo, que c'est une vérité, et vous voyez comment en usent les personnes qui n'ont pas reçu une certaine éducation ; tout ce que je crains, c'est que ces dames ne nous fassent quelque méchante affaire. »

Ces réflexions solides engagèrent Candide à quitter la prairie, et à s'enfoncer dans un bois. Il y soupa avec Cacambo ; et tous deux, après avoir maudit l'inquisiteur de Portugal, le gouverneur de Buénos-Ayres, et le baron, s'endormirent sur de la mousse. A leur réveil, ils sentirent qu'ils ne pouvaient remuer ; la raison en était que pendant la nuit les Oreillons, habitants du pays, à qui les deux dames les avaient dénoncés, les avaient garrottés avec des cordes d'écorces d'arbre. Ils étaient entourés d'une cinquantaine d'Oreillons tout nus, armés de flèches, de massues, et de haches de caillou : les uns faisaient bouillir une grande chaudière ; les autres préparaient des broches, et tous criaient : « C'est un jésuite, c'est un jésuite ! nous serons vengés, et nous ferons bonne chère ; mangeons du jésuite, mangeons du jésuite[1] ! »

1. Ce mot est resté. C'est là une des premières attaques violentes des philosophes contre les jésuites, qui, par leurs dénonciations, avaient fait suspendre la publication de l'*Encyclopédie*. (G. A.)

CHAPITRE XVI.

« Je vous l'avais bien dit, mon cher maître, s'écria tristement Cacambo, que ces deux filles nous joueraient d'un mauvais tour. » Candide, apercevant la chaudière et les broches, s'écria: « Nous allons certainement être rôtis ou bouillis. Ah! que dirait maître Pangloss, s'il voyait comme la pure nature est faite? Tout est bien; soit, mais j'avoue qu'il est bien cruel d'avoir perdu M^lle Cunégonde et d'être mis à la broche par des Oreillons. » Cacambo ne perdait jamais la tête. « Ne désespérez de rien, dit-il au désolé Candide; j'entends un peu le jargon de ces peuples, je vais leur parler. — Ne manquez pas, dit Candide, de leur représenter quelle est l'inhumanité affreuse de faire cuire des hommes, et combien cela est peu chrétien. »

« Messieurs, dit Cacambo, vous comptez donc manger aujourd'hui un jésuite? c'est très-bien fait; rien n'est plus juste que de traiter ainsi ses ennemis. En effet le droit naturel nous enseigne à tuer notre prochain, et c'est ainsi qu'on en agit dans toute la terre. Si nous n'usons pas du droit de le manger, c'est que nous avons d'ailleurs de quoi faire bonne chère; mais vous n'avez pas les mêmes ressources que nous : certainement il vaut mieux manger ses ennemis que d'abandonner aux corbeaux et aux corneilles le fruit de sa victoire. Mais, messieurs, vous ne voudriez pas manger vos amis. Vous croyez aller mettre un jésuite en broche, et c'est votre défenseur, c'est l'ennemi de vos ennemis que vous allez rôtir. Pour moi, je suis né dans votre pays ; monsieur que vous voyez est mon maître, et bien loin d'être jésuite, il vient de tuer un jésuite, il en porte les dépouilles; voilà le sujet de votre méprise. Pour vérifier ce que je vous dis, prenez sa robe, portez-la à la première barrière du royaume de los padres; informez-vous si mon maître n'a pas tué un officier jésuite. Il vous faudra peu de temps ; vous pourrez toujours nous manger, si vous trouvez que je vous ai menti. Mais, si je vous ai dit la vérité, vous connaissez trop les principes du droit public, les mœurs et les lois, pour ne nous pas faire grâce. »

Les Oreillons trouvèrent ce discours très-raisonnable; ils députèrent deux notables pour aller en diligence s'informer de la vérité ; les deux députés s'acquittèrent de leur commission en gens d'esprit, et revinrent bientôt apporter de bonnes nouvelles. Les Oreillons délièrent leurs deux prisonniers, leur firent toutes sortes de civilités, leur offrirent des filles, leur donnèrent des rafraîchissements, et les reconduisirent jusqu'aux confins de leurs États, en criant avec allégresse : « Il n'est point jésuite, il n'est point jésuite! »

Candide ne se lassait point d'admirer le sujet de sa délivrance.
« Quel peuple! disait-il, quels hommes! quelles mœurs! si je n'avais pas eu le bonheur de donner un grand coup d'épée au travers du corps du frère de M^{lle} Cunégonde, j'étais mangé sans rémission. Mais, après tout, la pure nature est bonne, puisque ces gens-ci, au lieu de me manger, m'ont fait mille honnêtetés dès qu'ils ont su que je n'étais pas jésuite. »

CHAPITRE XVII.

ARRIVÉE DE CANDIDE ET DE SON VALET AU PAYS D'ELDORADO[1], ET CE QU'ILS Y VIRENT.

Quand ils furent aux frontières des Oreillons : « Vous voyez, dit Cacambo à Candide, que cet hémisphère-ci ne vaut pas mieux que l'autre ; croyez-moi, retournons en Europe par le plus court chemin. — Comment y retourner, dit Candide ; et où aller? Si je vais dans mon pays, les Bulgares et les Abares y égorgent tout ; si je retourne en Portugal, j'y suis brûlé ; si nous restons dans ce pays-ci, nous risquons à tout moment d'être mis en broche. Mais comment se résoudre à quitter la partie du monde que M^{lle} Cunégonde habite? — Tournons vers la Cayenne, dit Cacambo, nous y trouverons des Français[2], qui vont par tout le monde ; ils pourront nous aider. Dieu aura peut-être pitié de nous. »

Il n'était pas facile d'aller à la Cayenne : ils savaient bien à peu près de quel côté il fallait marcher ; mais des montagnes, des fleuves, des précipices, des brigands, des sauvages, étaient partout de terribles obstacles. Leurs chevaux moururent de fatigue ; leurs provisions furent consumées ; ils se nourrirent un mois entier de fruits sauvages, et se trouvèrent enfin auprès d'une petite rivière bordée de cocotiers, qui soutinrent leur vie et leurs espérances.

Cacambo, qui donnait toujours d'aussi bons conseils que la vieille, dit à Candide : « Nous n'en pouvons plus, nous avons assez marché ; j'aperçois un canot vide sur le rivage, emplissons-le de cocos, jetons-nous dans cette petite barque, laissons-nous

1. Après le royaume artificiel des jésuites au Paraguai, voici le royaume imaginaire. On croyait à son existence dans le xvi^e siècle, et on le plaçait sur les bords d'un prétendu lac Parime, dans le Venézuéla actuel. Eldorado veut dire *pays d'or*. (G. A.)

2. Elle était possédée par les Français dès 1625.

aller au courant; une rivière mène toujours à quelque endroit habité. Si nous ne trouvons pas des choses agréables, nous trouverons du moins des choses nouvelles. — Allons, dit Candide, recommandons-nous à la Providence. »

Ils voguèrent quelques lieues entre des bords, tantôt fleuris, tantôt arides, tantôt unis, tantôt escarpés. La rivière s'élargissait toujours; enfin elle se perdait sous une voûte de rochers épouvantables qui s'élevaient jusqu'au ciel. Les deux voyageurs eurent la hardiesse de s'abandonner aux flots sous cette voûte. Le fleuve, resserré en cet endroit, les porta avec une rapidité et un bruit horrible. Au bout de vingt-quatre heures ils revirent le jour; mais leur canot se fracassa contre les écueils; il fallut se traîner de rocher en rocher pendant une lieue entière; enfin ils découvrirent un horizon immense, bordé de montagnes inaccessibles. Le pays était cultivé pour le plaisir comme pour le besoin; partout l'utile était agréable[1]: les chemins étaient couverts ou plutôt ornés de voitures d'une forme et d'une matière brillante, portant des hommes et des femmes d'une beauté singulière, traînés rapidement par de gros moutons rouges qui surpassaient en vitesse les plus beaux chevaux d'Andalousie, de Tétuan et de Méquinez.

« Voilà pourtant, dit Candide, un pays qui vaut mieux que la Vestphalie. » Il mit pied à terre avec Cacambo auprès du premier village qu'il rencontra. Quelques enfants du village, couverts de brocarts d'or tout déchirés, jouaient au palet à l'entrée du bourg; nos deux hommes de l'autre monde s'amusèrent à les regarder : leurs palets étaient d'assez larges pièces rondes, jaunes, rouges, vertes, qui jetaient un éclat singulier. Il prit envie aux voyageurs d'en ramasser quelques-uns; c'était de l'or, c'était des émeraudes, des rubis, dont le moindre aurait été le plus grand ornement du trône du Mogol. « Sans doute, dit Cacambo, ces enfants sont les fils du roi du pays, qui jouent au petit palet. » Le magister du village parut dans ce moment pour les faire rentrer à l'école.
« Voilà, dit Candide, le précepteur de la famille royale. »

Les petits gueux quittèrent aussitôt le jeu, en laissant à terre leurs palets, et tout ce qui avait servi à leurs divertissements. Candide les ramasse, court au précepteur, et les lui présente humblement, lui faisant entendre par signes que leurs altesses royales avaient oublié leur or et leurs pierreries. Le magister du

1. Tel est le texte de toutes les éditions données du vivant de l'auteur, et même des éditions de Kehl. Quelques éditeurs récents ont mis : *l'utile était* joint à *l'agréable*. (B.)

village, en souriant, les jeta par terre, regarda un moment la figure de Candide avec beaucoup de surprise, et continua son chemin.

Les voyageurs ne manquèrent pas de ramasser l'or, les rubis, et les émeraudes. « Où sommes-nous? s'écria Candide. Il faut que les enfants des rois de ce pays soient bien élevés, puisqu'on leur apprend à mépriser l'or et les pierreries. » Cacambo était aussi surpris que Candide. Ils approchèrent enfin de la première maison du village ; elle était bâtie comme un palais d'Europe. Une foule de monde s'empressait à la porte, et encore plus dans le logis; une musique très-agréable se faisait entendre, et une odeur délicieuse de cuisine se faisait sentir. Cacambo s'approcha de la porte, et entendit qu'on parlait péruvien ; c'était sa langue maternelle; car tout le monde sait que Cacambo était né au Tucuman[1], dans un village où l'on ne connaissait que cette langue. « Je vous servirai d'interprète, dit-il à Candide ; entrons, c'est ici un cabaret. »

Aussitôt deux garçons et deux filles de l'hôtellerie, vêtus de drap d'or, et les cheveux renoués avec des rubans, les invitent à se mettre à la table de l'hôte. On servit quatre potages garnis chacun de deux perroquets, un contour bouilli qui pesait deux cents livres, deux singes rôtis d'un goût excellent, trois cents colibris dans un plat, et six cents oiseaux-mouches dans un autre ; des ragoûts exquis, des pâtisseries délicieuses ; le tout dans des plats d'une espèce de cristal de roche. Les garçons et les filles de l'hôtellerie versaient plusieurs liqueurs faites de cannes de sucre.

Les convives étaient pour la plupart des marchands et des voituriers, tous d'une politesse extrême, qui firent quelques questions à Cacambo avec la discrétion la plus circonspecte, et qui répondirent aux siennes d'une manière à le satisfaire.

Quand le repas fut fini, Cacambo crut, ainsi que Candide, bien payer son écot en jetant sur la table de l'hôte deux de ces larges pièces d'or qu'il avait ramassées ; l'hôte et l'hôtesse éclatèrent de rire, et se tinrent longtemps les côtés. Enfin ils se remirent. « Messieurs, dit l'hôte, nous voyons bien que vous êtes des étrangers; nous ne sommes pas accoutumés à en voir. Pardonnez-nous si nous nous sommes mis à rire quand vous nous avez offert en payement les cailloux de nos grands chemins. Vous n'avez pas sans doute de la monnaie du pays, mais il n'est pas nécessaire d'en avoir pour dîner ici. Toutes les hôtelleries établies pour la commodité du commerce sont payées par le gouvernement. Vous avez

1. Cette province est au nord-ouest de Buénos-Ayres.

fait mauvaise chère ici, parce que c'est un pauvre village; mais partout ailleurs vous serez reçus comme vous méritez de l'être. » Cacambo expliquait à Candide tous les discours de l'hôte, et Candide les écoutait avec la même admiration et le même égarement que son ami Cacambo les rendait. « Quel est donc ce pays, disaient-ils l'un et l'autre, inconnu à tout le reste de la terre, et où toute la nature est d'une espèce si différente de la nôtre? C'est probablement le pays où tout va bien : car il faut absolument qu'il y en ait un de cette espèce. Et, quoi qu'en dit maître Pangloss, je me suis souvent aperçu que tout allait assez mal en Vestphalie. »

CHAPITRE XVIII.

CE QU'ILS VIRENT DANS LE PAYS D'ELDORADO[1].

Cacambo témoigna à son hôte toute sa curiosité ; l'hôte lui dit : « Je suis fort ignorant, et je m'en trouve bien ; mais nous avons ici un vieillard retiré de la cour qui est le plus savant homme du royaume, et le plus communicatif. » Aussitôt il mène Cacambo chez le vieillard. Candide ne jouait plus que le second personnage, et accompagnait son valet. Ils entrèrent dans une maison fort simple, car la porte n'était que d'argent, et les lambris des appartements n'étaient que d'or, mais travaillés avec tant de goût que les plus riches lambris ne l'effaçaient pas. L'antichambre n'étai à la vérité incrustée que de rubis et d'émeraudes; mais l'ordre dans lequel tout était arrangé réparait bien cette extrême simplicité.

Le vieillard reçut les deux étrangers sur un sofa matelassé de plumes de colibri, et leur fit présenter des liqueurs dans des vases de diamant ; après quoi il satisfit à leur curiosité en ces termes :

« Je suis âgé de cent soixante et douze ans, et j'ai appris de feu mon père, écuyer du roi, les étonnantes révolutions du Pérou dont il avait été témoin. Le royaume où nous sommes est l'ancienne patrie des Incas, qui en sortirent très-imprudemment pour aller subjuguer une partie du monde, et qui furent enfin détruits par les Espagnols. « Les princes de leur famille qui restèrent dans leur pays natal furent plus sages; ils ordonnèrent, du consentement de la nation, qu'aucun habitant ne sortirait jamais de notre petit

1. Sur le pays d'Eldorado, voyez tome XII, page 408.

royaume ; et c'est ce qui nous a conservé notre innocence et notre félicité. Les Espagnols ont eu une connaissance confuse de ce pays, ils l'ont appelé *Eldorado;* et un Anglais, nommé le chevalier Raleigh [1], en a même approché il y a environ cent années ; mais, comme nous sommes entourés de rochers inabordables et de précipices, nous avons toujours été jusqu'à présent à l'abri de la rapacité des nations de l'Europe, qui ont une fureur inconcevable pour les cailloux et pour la fange de notre terre, et qui, pour en avoir, nous tueraient tous jusqu'au dernier. »

La conversation fut longue; elle roula sur la forme du gouvernement, sur les mœurs, sur les femmes, sur les spectacles publics, sur les arts. Enfin Candide, qui avait toujours du goût pour la métaphysique, fit demander par Cacambo si dans le pays il y avait une religion.

Le vieillard rougit un peu. « Comment donc ! dit-il; en pouvez-vous douter ? Est-ce que vous nous prenez pour des ingrats ? » Cacambo demanda humblement quelle était la religion d'Eldorado. Le vieillard rougit encore : « Est-ce qu'il peut y avoir deux religions ? dit-il. Nous avons, je crois, la religion de tout le monde ; nous adorons Dieu du soir jusqu'au matin. — N'adorez-vous qu'un seul Dieu ? dit Cacambo, qui servait toujours d'interprète aux doutes de Candide. — Apparemment, dit le vieillard, qu'il n'y en a ni deux, ni trois, ni quatre. Je vous avoue que les gens de votre monde font des questions bien singulières. » Candide ne se lassait pas de faire interroger ce bon vieillard ; il voulut savoir comment on priait Dieu dans Eldorado. « Nous ne le prions point, dit le bon et respectable sage ; nous n'avons rien à lui demander, il nous a donné tout ce qu'il nous faut ; nous le remercions sans cesse. » Candide eut la curiosité de voir des prêtres ; il fit demander où ils étaient. Le bon vieillard sourit. « Mes amis, dit-il, nous sommes tous prêtres ; le roi et tous les chefs de famille chantent des cantiques d'actions de grâces solennellement tous les matins, et cinq ou six mille musiciens les accompagnent. — Quoi ! vous n'avez point de moines qui enseignent, qui disputent, qui gouvernent, qui cabalent, et qui font brûler les gens qui ne sont pas de leur avis ? — Il faudrait que nous fussions fous, dit le vieillard ; nous sommes tous ici du même avis, et nous n'entendons pas ce que vous voulez dire avec vos moines. » Candide à tous ces dis-

1. Walter Raleigh, celui-là même que Jacques II fit mettre à mort, en 1618, pour donner satisfaction à l'Espagne. Il avait été, en effet, à la recherche du pays des mines d'or. Voyez l'*Essai sur les Mœurs,* chapitre CLI.

cours demeurait en extase, et disait en lui-même : « Ceci est bien différent de la Vestphalie et du château de monsieur le baron : si notre ami Pangloss avait vu Eldorado, il n'aurait plus dit que le château de Thunder-ten-tronckh était ce qu'il y avait de mieux sur la terre ; il est certain qu'il faut voyager [1]. »

Après cette longue conversation, le bon vieillard fit atteler un carrosse à six moutons, et donna douze de ses domestiques aux deux voyageurs pour les conduire à la cour. « Excusez-moi, leur dit-il, si mon âge me prive de l'honneur de vous accompagner. Le roi vous recevra d'une manière dont vous ne serez pas mécontents, et vous pardonnerez sans doute aux usages du pays, s'il y en a quelques-uns qui vous déplaisent. »

Candide et Cacambo montent en carrosse ; les six moutons volaient, et en moins de quatre heures on arriva au palais du roi, situé à un bout de la capitale. Le portail était de deux cent vingt pieds de haut, et de cent de large ; il est impossible d'exprimer quelle en était la matière. On voit assez quelle supériorité prodigieuse elle devait avoir sur ces cailloux et sur ce sable que nous nommons or et pierreries.

Vingt belles filles de la garde reçurent Candide et Cacambo à la descente du carrosse, les conduisirent aux bains, les vêtirent de robes d'un tissu de duvet de colibri ; après quoi les grands officiers et les grandes officières de la couronne les menèrent à l'appartement de Sa Majesté au milieu de deux files, chacune de mille musiciens, selon l'usage ordinaire. Quand ils approchèrent de la salle du trône, Cacambo demanda à un grand officier comment il fallait s'y prendre pour saluer Sa Majesté : si on se jetait à genoux ou ventre à terre ; si on mettait les mains sur la tête ou sur le derrière ; si on léchait la poussière de la salle ; en un mot, quelle était la cérémonie. « L'usage, dit le grand officier, est d'embrasser le roi et de le baiser des deux côtés. » Candide et Cacambo sautèrent au cou de Sa Majesté, qui les reçut avec toute la grâce imaginable, et qui les pria poliment à souper.

En attendant, on leur fit voir la ville, les édifices publics élevés jusqu'aux nues, les marchés ornés de mille colonnes, les fontaines d'eau pure, les fontaines d'eau rose, celles de liqueurs de cannes de sucre qui coulaient continuellement dans de grandes places pavées d'une espèce de pierreries qui répandaient une odeur semblable à celle du girofle et de la cannelle. Candide demanda à

1. Comparez cette conversation à celle de Voltaire lui-même avec un quaker, dans la première de ses *Lettres anglaises*.

voir la cour de justice, le parlement ; on lui dit qu'il n'y en avait point, et qu'on ne plaidait jamais. Il s'informa s'il y avait des prisons, et on lui dit que non. Ce qui le surprit davantage, et qui lui fit le plus de plaisir, ce fut le palais des sciences, dans lequel il vit une galerie de deux mille pas, toute pleine d'instruments de mathématiques et de physique.

Après avoir parcouru toute l'après-dînée à peu près la millième partie de la ville, on les remena chez le roi. Candide se mit à table entre Sa Majesté, son valet Cacambo, et plusieurs dames. Jamais on ne fit meilleure chère, et jamais on n'eut plus d'esprit à souper qu'en eut Sa Majesté. Cacambo expliquait les bons mots du roi à Candide, et, quoique traduits, ils paraissaient toujours des bons mots. De tout ce qui étonnait Candide, ce n'était pas ce qui l'étonna le moins.

Ils passèrent un mois dans cet hospice. Candide ne cessait de dire à Cacambo : « Il est vrai, mon ami, encore une fois, que le château où je suis né ne vaut pas le pays où nous sommes ; mais enfin Mlle Cunégonde n'y est pas, et vous avez sans doute quelque maîtresse en Europe. Si nous restons ici, nous n'y serons que comme les autres ; au lieu que si nous retournons dans notre monde, seulement avec douze moutons chargés de cailloux d'Eldorado, nous serons plus riches que tous les rois ensemble, nous n'aurons plus d'inquisiteurs à craindre, et nous pourrons aisément reprendre Mlle Cunégonde. »

Ce discours plut à Cacambo ; on aime tant à courir, à se faire valoir chez les siens, à faire parade de ce qu'on a vu dans ses voyages, que les deux heureux résolurent de ne plus l'être, et de demander leur congé à Sa Majesté.

« Vous faites une sottise, leur dit le roi ; je sais bien que mon pays est peu de chose ; mais, quand on est passablement quelque part, il faut y rester. Je n'ai pas assurément le droit de retenir des étrangers ; c'est une tyrannie qui n'est ni dans nos mœurs ni dans nos lois : tous les hommes sont libres ; partez quand vous voudrez, mais la sortie est bien difficile. Il est impossible de remonter la rivière rapide sur laquelle vous êtes arrivés par miracle, et qui court sous des voûtes de rochers. Les montagnes qui entourent tout mon royaume ont dix mille pieds de hauteur, et sont droites comme des murailles : elles occupent chacune en largeur un espace de plus de dix lieues ; on ne peut en descendre que par des précipices. Cependant, puisque vous voulez absolument partir, je vais donner ordre aux intendants des machines d'en faire une qui puisse vous transporter commodément. Quand

on vous aura conduits au revers des montagnes, personne ne pourra vous accompagner : car mes sujets ont fait vœu de ne jamais sortir de leur enceinte, et ils sont trop sages pour rompre leur vœu. Demandez-moi d'ailleurs tout ce qu'il vous plaira. — Nous ne demandons à Votre Majesté, dit Cacambo, que quelques moutons chargés de vivres, de cailloux, et de la boue du pays. » Le roi rit : « Je ne conçois pas, dit-il, quel goût vos gens d'Europe ont pour notre boue jaune ; mais emportez-en tant que vous voudrez, et grand bien vous fasse. »

Il donna l'ordre sur-le-champ à ses ingénieurs de faire une machine pour guinder ces deux hommes extraordinaires hors du royaume. Trois mille bons physiciens y travaillèrent ; elle fut prête au bout de quinze jours, et ne coûta pas plus de vingt millions de livres sterling, monnaie du pays. On mit sur la machine Candide et Cacambo ; il y avait deux grands moutons rouges sellés et bridés pour leur servir de monture quand ils auraient franchi les montagnes, vingt moutons de bât chargés de vivres, trente qui portaient des présents de ce que le pays a de plus curieux, et cinquante chargés d'or, de pierreries et de diamants. Le roi embrassa tendrement les deux vagabonds.

Ce fut un beau spectacle que leur départ, et la manière ingénieuse dont ils furent hissés, eux et leurs moutons, au haut des montagnes. Les physiciens prirent congé d'eux après les avoir mis en sûreté, et Candide n'eut plus d'autre désir et d'autre objet que d'aller présenter ses moutons à Mlle Cunégonde. « Nous avons, dit-il, de quoi payer le gouverneur de Buénos-Ayres, si Mlle Cunégonde peut être mise à prix. Marchons vers la Cayenne, embarquons-nous, et nous verrons ensuite quel royaume nous pourrons acheter. »

CHAPITRE XIX.

CE QUI LEUR ARRIVA A SURINAM, ET COMMENT CANDIDE FIT CONNAISSANCE AVEC MARTIN.

La première journée de nos deux voyageurs fut assez agréable. Ils étaient encouragés par l'idée de se voir possesseurs de plus de trésors que l'Asie, l'Europe et l'Afrique, n'en pouvaient rassembler. Candide, transporté, écrivit le nom de Cunégonde sur les arbres. A la seconde journée, deux de leurs moutons s'enfoncèrent dans des marais, et y furent abîmés avec leurs charges ; deux

autres moutons moururent de fatigue quelques jours après ; sept ou huit périrent ensuite de faim dans un désert ; d'autres tombèrent au bout de quelques jours dans des précipices. Enfin, après cent jours de marche, il ne leur resta que deux moutons. Candide dit à Cacambo : « Mon ami, vous voyez comme les richesses de ce monde sont périssables ; il n'y a rien de solide que la vertu et le bonheur de revoir M^{lle} Cunégonde. — Je l'avoue, dit Cacambo ; mais il nous reste encore deux moutons avec plus de trésors que n'en aura jamais le roi d'Espagne ; et je vois bien de loin une ville que je soupçonne être Surinam, appartenante aux Hollandais. Nous sommes au bout de nos peines et au commencement de notre félicité. »

En approchant de la ville, ils rencontrèrent un nègre étendu par terre, n'ayant plus que la moitié de son habit, c'est-à-dire d'un caleçon de toile bleue ; il manquait à ce pauvre homme la jambe gauche et la main droite. « Eh ! mon Dieu ! lui dit Candide en hollandais, que fais-tu là, mon ami, dans l'état horrible où je te vois ? — J'attends mon maître, M. Vanderdendur, le fameux négociant, répondit le nègre. — Est-ce M. Vanderdendur, dit Candide, qui t'a traité ainsi ? — Oui, monsieur, dit le nègre, c'est l'usage. On nous donne un caleçon de toile pour tout vêtement deux fois l'année. Quand nous travaillons aux sucreries, et que la meule nous attrape le doigt, on nous coupe la main ; quand nous voulons nous enfuir, on nous coupe la jambe : je me suis trouvé dans les deux cas. C'est à ce prix que vous mangez du sucre en Europe. Cependant, lorsque ma mère me vendit dix écus patagons sur la côte de Guinée, elle me disait : « Mon cher enfant, « bénis nos fétiches, adore-les toujours, ils te feront vivre heu- « reux ; tu as l'honneur d'être esclave de nos seigneurs les blancs, « et tu fais par là la fortune de ton père et de ta mère. » Hélas ! je ne sais pas si j'ai fait leur fortune, mais ils n'ont pas fait la mienne. Les chiens, les singes et les perroquets, sont mille fois moins malheureux que nous ; les fétiches hollandais qui m'ont converti me disent tous les dimanches que nous sommes tous enfants d'Adam, blancs et noirs. Je ne suis pas généalogiste ; mais si ces prêcheurs disent vrai, nous sommes tous cousins issus de germain. Or vous m'avouerez qu'on ne peut pas en user avec ses parents d'une manière plus horrible.

— O Pangloss ! s'écria Candide, tu n'avais pas deviné cette abomination ; c'en est fait, il faudra qu'à la fin je renonce à ton optimisme. — Qu'est-ce qu'optimisme ? disait Cacambo. — Hélas ! dit Candide, c'est la rage de soutenir que tout est bien quand on

est mal »; et il versait des larmes en regardant son nègre; et en pleurant, il entra dans Surinam.

La première chose dont ils s'informent, c'est s'il n'y a point au port quelque vaisseau qu'on pût envoyer à Buénos-Ayres. Celui à qui ils s'adressèrent était justement un patron espagnol qui s'offrit à faire avec eux un marché honnête. Il leur donna rendez-vous dans un cabaret. Candide et le fidèle Cacambo allèrent l'y attendre avec leurs deux moutons.

Candide, qui avait le cœur sur les lèvres, conta à l'Espagnol toutes ses aventures, et lui avoua qu'il voulait enlever Mlle Cunégonde. « Je me garderai bien de vous passer à Buénos-Ayres, dit le patron; je serais pendu, et vous aussi; la belle Cunégonde est la maîtresse favorite de monseigneur. » Ce fut un coup de foudre pour Candide, il pleura longtemps; enfin il tira à part Cacambo. « Voici, mon cher ami, lui dit-il, ce qu'il faut que tu fasses. Nous avons chacun dans nos poches pour cinq ou six millions de diamants, tu es plus habile que moi; va prendre Mlle Cunégonde à Buénos-Ayres. Si le gouverneur fait quelque difficulté, donne-lui un million; s'il ne se rend pas, donne-lui-en deux; tu n'as point tué d'inquisiteur, on ne se défiera point de toi. J'équiperai un autre vaisseau, j'irai t'attendre à Venise : c'est un pays libre où l'on n'a rien à craindre ni des Bulgares, ni des Abares, ni des juifs, ni des inquisiteurs. » Cacambo applaudit à cette sage résolution. Il était au désespoir de se séparer d'un bon maître devenu son ami intime; mais le plaisir de lui être utile l'emporta sur la douleur de le quitter. Ils s'embrassèrent en versant des larmes : Candide lui recommanda de ne point oublier la bonne vieille. Cacambo partit dès le jour même : c'était un très-bon homme que ce Cacambo.

Candide resta encore quelque temps à Surinam, et attendit qu'un autre patron voulût le mener en Italie, lui et les deux moutons qui lui restaient. Il prit des domestiques, et acheta tout ce qui lui était nécessaire pour un long voyage; enfin M. Vanderdendur, maître d'un gros vaisseau, vint se présenter à lui. « Combien voulez-vous, demanda-t-il à cet homme, pour me mener en droiture à Venise, moi, mes gens, mon bagage, et les deux moutons que voilà? » Le patron s'accorda à dix mille piastres; Candide n'hésita pas.

« Oh! oh! dit à part soi le prudent Vanderdendur, cet étranger donne dix mille piastres tout d'un coup! il faut qu'il soit bien riche. » Puis, revenant un moment après, il signifia qu'il ne pouvait partir à moins de vingt mille. « Eh bien! vous les aurez,

dit Candide. — Ouais, se dit tout bas le marchand, cet homme donne vingt mille piastres aussi aisément que dix mille. »

Il revint encore, et dit qu'il ne pouvait le conduire à Venise à moins de trente mille piastres. « Vous en aurez donc trente mille, répondit Candide. — Oh! oh! se dit encore le marchand hollandais, trente mille piastres ne coûtent rien à cet homme-ci; sans doute les deux moutons portent des trésors immenses : n'insistons pas davantage; faisons-nous d'abord payer les trente mille piastres, et puis nous verrons. »

Candide vendit deux petits diamants, dont le moindre valait plus que tout l'argent que demandait le patron. Il le paya d'avance. Les deux moutons furent embarqués. Candide suivait dans un petit bateau pour joindre le vaisseau à la rade ; le patron prend son temps, met à la voile, démarre ; le vent le favorise. Candide, éperdu et stupéfait, le perd bientôt de vue. « Hélas! cria-t-il, voilà un tour digne de l'ancien monde. » Il retourne au rivage, abîmé dans la douleur : car enfin il avait perdu de quoi faire la fortune de vingt monarques.

Il se transporte chez le juge hollandais; et, comme il était un peu troublé, il frappe rudement à la porte ; il entre, expose son aventure, et crie un peu plus haut qu'il ne convenait. Le juge commença par lui faire payer dix mille piastres pour le bruit qu'il avait fait ; ensuite il l'écouta patiemment, lui promit d'examiner son affaire sitôt que le marchand serait revenu, et se fit payer dix mille autres piastres pour les frais de l'audience.

Ce procédé acheva de désespérer Candide ; il avait à la vérité essuyé des malheurs mille fois plus douloureux ; mais le sang-froid du juge, et celui du patron dont il était volé, alluma sa bile, et le plongea dans une noire mélancolie. La méchanceté des hommes se présentait à son esprit dans toute sa laideur, il ne se nourrissait que d'idées tristes. Enfin un vaisseau français étant sur le point de partir pour Bordeaux, comme il n'avait plus de moutons chargés de diamants à embarquer, il loua une chambre du vaisseau à juste prix, et fit signifier dans la ville qu'il payerait le passage, la nourriture, et donnerait deux mille piastres à un honnête homme qui voudrait faire le voyage avec lui, à condition que cet homme serait le plus dégoûté de son état et le plus malheureux de la province.

Il se présenta une foule de prétendants qu'une flotte n'aurait pu contenir. Candide, voulant choisir entre les plus apparents, il distingua une vingtaine de personnes qui lui paraissaient sociables, et qui toutes prétendaient mériter la préférence. Il les

assembla dans son cabaret, et leur donna à souper, à condition que chacun ferait serment de raconter fidèlement son histoire, promettant de choisir celui qui lui paraîtrait le plus à plaindre et le plus mécontent de son état, à plus juste titre, et de donner aux autres quelques gratifications.

La séance dura jusqu'à quatre heures du matin. Candide, en écoutant toutes leurs aventures, se ressouvenait de ce que lui avait dit la vieille en allant à Buénos-Ayres, et de la gageure qu'elle avait faite, qu'il n'y avait personne sur le vaisseau à qui il ne fût arrivé de très-grands malheurs. Il songeait à Pangloss à chaque aventure qu'on lui contait. « Ce Pangloss, disait-il, serait bien embarrassé à démontrer son système. Je voudrais qu'il fût ici. Certainement si tout va bien, c'est dans Eldorado, et non pas dans le reste de la terre. » Enfin il se détermina en faveur d'un pauvre savant qui avait travaillé dix ans pour les libraires à Amsterdam. Il jugea qu'il n'y avait point de métier au monde dont on dût être plus dégoûté.

Ce savant, qui était d'ailleurs un bon homme, avait été volé par sa femme, battu par son fils, et abandonné de sa fille, qui s'était fait enlever par un Portugais. Il venait d'être privé d'un petit emploi duquel il subsistait; et les prédicants de Surinam le persécutaient parce qu'ils le prenaient pour un socinien. Il faut avouer que les autres étaient pour le moins aussi malheureux que lui; mais Candide espérait que le savant le désennuierait dans le voyage. Tous ses autres rivaux trouvèrent que Candide leur faisait une grande injustice; mais il les apaisa en leur donnant à chacun cent piastres.

CHAPITRE XX.

CE QUI ARRIVA SUR MER A CANDIDE ET A MARTIN.

Le vieux savant, qui s'appelait Martin, s'embarqua donc pour Bordeaux avec Candide. L'un et l'autre avaient beaucoup vu et beaucoup souffert; et quand le vaisseau aurait dû faire voile de Surinam au Japon par le cap de Bonne-Espérance, ils auraient eu de quoi s'entretenir du mal moral et du mal physique pendant tout le voyage.

Cependant Candide avait un grand avantage sur Martin, c'est qu'il espérait toujours revoir M^lle Cunégonde, et que Martin n'avait rien à espérer; de plus il avait de l'or et des diamants; et, quoi-

qu'il eût perdu cent gros moutons rouges chargés des plus grands trésors de la terre, quoiqu'il eût toujours sur le cœur la friponnerie du patron hollandais; cependant, quand il songeait à ce qui lui restait dans ses poches, et quand il parlait de Cunégonde, surtout à la fin du repas, il penchait alors pour le système de Pangloss.

« Mais vous, monsieur Martin, dit-il au savant, que pensez-vous de tout cela? Quelle est votre idée sur le mal moral et le mal physique? — Monsieur, répondit Martin, mes prêtres m'ont accusé d'être socinien[1]; mais la vérité du fait est que je suis manichéen[2]. — Vous vous moquez de moi, dit Candide; il n'y a plus de manichéens dans le monde. — Il y a moi, dit Martin; je ne sais qu'y faire, mais je ne peux penser autrement. — Il faut que vous ayez le diable au corps, dit Candide. — Il se mêle si fort des affaires de ce monde, dit Martin, qu'il pourrait bien être dans mon corps, comme partout ailleurs; mais je vous avoue qu'en jetant la vue sur ce globe, ou plutôt sur ce globule, je pense que Dieu l'a abandonné à quelque être malfaisant; j'en excepte toujours Eldorado. Je n'ai guère vu de ville qui ne désirât la ruine de la ville voisine, point de famille qui ne voulût exterminer quelque autre famille. Partout les faibles ont en exécration les puissants devant lesquels ils rampent, et les puissants les traitent comme des troupeaux dont on vend la laine et la chair. Un million d'assassins enrégimentés, courant d'un bout de l'Europe à l'autre, exerce le meurtre et le brigandage avec discipline pour gagner son pain, parce qu'il n'a pas de métier plus honnête; et dans les villes qui paraissent jouir de la paix, et où les arts fleurissent, les hommes sont dévorés de plus d'envie, de soins et d'inquiétudes, qu'une ville assiégée n'éprouve de fléaux. Les chagrins secrets sont encore plus cruels que les misères publiques. En un mot, j'en ai tant vu et tant éprouvé que je suis manichéen. — Il y a pourtant du bon, répliquait Candide. — Cela peut être, disait Martin; mais je ne le connais pas. »

Au milieu de cette dispute, on entendit un bruit de canon. Le bruit redouble de moment en moment. Chacun prend sa lunette. On aperçoit deux vaisseaux qui combattaient à la distance d'environ trois milles : le vent les amena l'un et l'autre si près du vaisseau français qu'on eut le plaisir de voir le combat tout à son

1. Les sociniens rejettent les mystères et n'admettent que l'évidence ; voyez tome XVIII, page 408.
2. Les manichéens admettent un bon et un mauvais principe; voyez tome XI, pages 18, 202.

aise. Enfin l'un des deux vaisseaux lâcha à l'autre une bordée si bas et si juste, qu'il le coula à fond. Candide et Martin aperçurent distinctement une centaine d'hommes sur le tillac du vaisseau qui s'enfonçait; ils levaient tous les mains au ciel, et jetaient des clameurs effroyables : en un moment tout fut englouti.

« Eh bien! dit Martin, voilà comme les hommes se traitent les uns les autres. — Il est vrai, dit Candide, qu'il y a quelque chose de diabolique dans cette affaire. » En parlant ainsi, il aperçut je ne sais quoi d'un rouge éclatant, qui nageait auprès de son vaisseau. On détacha la chaloupe pour voir ce que ce pouvait être : c'était un de ses moutons. Candide eut plus de joie de retrouver ce mouton qu'il n'avait été affligé d'en perdre cent tous chargés de gros diamants d'Eldorado.

Le capitaine français aperçut bientôt que le capitaine du vaisseau submergeant était espagnol, et que celui du vaisseau submergé était un pirate hollandais; c'était celui-là même qui avait volé Candide. Les richesses immenses dont ce scélérat s'était emparé furent ensevelies avec lui dans la mer, et il n'y eut qu'un mouton de sauvé. « Vous voyez, dit Candide à Martin, que le crime est puni quelquefois ; ce coquin de patron hollandais a eu le sort qu'il méritait. — Oui, dit Martin ; mais fallait-il que les passagers qui étaient sur son vaisseau périssent aussi ? Dieu a puni ce fripon, le diable a noyé les autres. »

Cependant le vaisseau français et l'espagnol continuèrent leur route, et Candide continua ses conversations avec Martin. Ils disputèrent quinze jours de suite, et au bout de quinze jours ils étaient aussi avancés que le premier. Mais enfin ils parlaient, ils se communiquaient des idées, ils se consolaient. Candide caressait son mouton. « Puisque je t'ai retrouvé, dit-il, je pourrai bien retrouver Cunégonde. »

CHAPITRE XXI.

CANDIDE ET MARTIN APPROCHENT DES CÔTES DE FRANCE, ET RAISONNENT.

On aperçut enfin les côtes de France. « Avez-vous jamais été en France, monsieur Martin ? dit Candide. — Oui, dit Martin, j'ai parcouru plusieurs provinces. Il y en a où la moitié des habitants est folle, quelques-unes où l'on est trop rusé, d'autres où l'on est communément assez doux et assez bête, d'autres où l'on fait le

bel esprit; et, dans toutes, la principale occupation est l'amour; la seconde, de médire; et la troisième, de dire des sottises. — Mais, monsieur Martin, avez-vous vu Paris? — Oui, j'ai vu Paris; il tient de toutes ces espèces-là; c'est un chaos, c'est une presse dans laquelle tout le monde cherche le plaisir, et où presque personne ne le trouve, du moins à ce qu'il m'a paru. J'y ai séjourné peu; j'y fus volé, en arrivant, de tout ce que j'avais, par des filous, à la foire Saint-Germain; on me prit moi-même pour un voleur, et je fus huit jours en prison; après quoi je me fis correcteur d'imprimerie pour gagner de quoi retourner à pied en Hollande. Je connus la canaille écrivante, la canaille cabalante, et la canaille convulsionnaire. On dit qu'il y a des gens fort polis dans cette ville-là : je le veux croire.

— Pour moi, je n'ai nulle curiosité de voir la France, dit Candide; vous devinez aisément que quand on a passé un mois dans Eldorado, on ne se soucie plus de rien voir sur la terre que M^{lle} Cunégonde : je vais l'attendre à Venise; nous traverserons la France pour aller en Italie; ne m'accompagnerez-vous pas? — Très-volontiers, dit Martin; on dit que Venise n'est bonne que pour les nobles vénitiens, mais que cependant on y reçoit très-bien les étrangers quand ils ont beaucoup d'argent : je n'en ai point; vous en avez, je vous suivrai partout. — A propos, dit Candide, pensez-vous que la terre ait été originairement une mer, comme on l'assure dans ce gros livre qui appartient au capitaine du vaisseau[1]? — Je n'en crois rien du tout, dit Martin, non plus que de toutes les rêveries qu'on nous débite depuis quelque temps. — Mais à quelle fin ce monde a-t-il donc été formé? dit Candide. — Pour nous faire enrager, répondit Martin. — N'êtes-vous pas bien étonné, continua Candide, de l'amour que ces deux filles du pays des Oreillons avaient pour ces deux singes, et dont je vous ai conté l'aventure? — Point du tout, dit Martin; je ne vois pas ce que cette passion a d'étrange : j'ai tant vu de choses extraordinaires qu'il n'y a plus rien d'extraordinaire pour moi. —

1. La Bible. On lit dans la Genèse, chapitre 1^{er}, verset 2 : *Tenebræ erant super faciem abyssi*, paroles que Demaillet donne comme présentant la même idée que ce vers d'Ovide (*Métam.*, I, 15) :

Quaque erat et tellus, illic et pontus et aer.

Voyez la première journée de *Telliamed*, où il est dit que *la mer a été supérieure d'un grand nombre de coudées à la plus haute de toutes nos montagnes*. Voltaire parle souvent de Demaillet et de son *Telliamed*. Voyez entre autres, dans les *Mélanges*, année 1768, le chapitre xviii des *Singularités de la nature;* et, année 1777, le onzième des *Dialogues d'Évhémère*. (B.)

Croyez-vous, dit Candide, que les hommes se soient toujours mutuellement massacrés comme ils font aujourd'hui? qu'ils aient toujours été menteurs, fourbes, perfides, ingrats, brigands, faibles, volages, lâches, envieux, gourmands, ivrognes, avares, ambitieux, sanguinaires, calomniateurs, débauchés, fanatiques, hypocrites et sots? — Croyez-vous, dit Martin, que les éperviers aient toujours mangé des pigeons quand ils en ont trouvé? — Oui, sans doute, dit Candide. — Eh bien! dit Martin, si les éperviers ont toujours eu le même caractère, pourquoi voulez-vous que les hommes aient changé le leur? — Oh! dit Candide, il y a bien de la différence, car le libre arbitre... » En raisonnant ainsi, ils arrivèrent à Bordeaux.

CHAPITRE XXII[1].

CE QUI ARRIVA EN FRANCE A CANDIDE ET A MARTIN.

Candide ne s'arrêta dans Bordeaux qu'autant de temps qu'il en fallait pour vendre quelques cailloux du Dorado, et pour s'accommoder d'une bonne chaise à deux places : car il ne pouvait plus se passer de son philosophe Martin ; il fut seulement très-fâché de se séparer de son mouton, qu'il laissa à l'Académie des sciences de Bordeaux, laquelle proposa pour le sujet du prix de cette année de trouver pourquoi la laine de ce mouton était rouge ; et le prix fut adjugé à un savant du Nord, qui démontra par A, plus B, moins C divisé par Z, que le mouton devait être rouge, et mourir de la clavelée[2].

Cependant tous les voyageurs que Candide rencontra dans les cabarets de la route lui disaient : « Nous allons à Paris. » Cet empressement général lui donna enfin l'envie de voir cette capitale ; ce n'était pas beaucoup se détourner du chemin de Venise.

1. Ce chapitre XXII a été beaucoup augmenté en 1761 ; voyez la note 2 de la page 189.

2. Quelques progrès que les sciences aient faits, il est impossible que, sur dix mille hommes qui les cultivent en Europe, et sur trois cents académies qui y sont établies, il ne se trouve point quelque académie qui propose des prix ridicules, et quelques savants qui fassent d'étranges applications des sciences les plus utiles. Ce ridicule avait frappé M. de Voltaire dans son séjour à Berlin. Les savants du Nord conservaient encore à cette époque quelques restes de l'ancienne barbarie scolastique ; et la philosophie hardie, mais hypothétique et absurde de Leibnitz, n'avait pas contribué à les en dépouiller. (K.)

Il entra par le faubourg Saint-Marceau [1], et crut être dans le plus vilain village de la Vestphalie.

A peine Candide fut-il dans son auberge, qu'il fut attaqué d'une maladie légère, causée par ses fatigues. Comme il avait au doigt un diamant énorme, et qu'on avait aperçu dans son équipage une cassette prodigieusement pesante, il eut aussitôt auprès de lui deux médecins qu'il n'avait pas mandés, quelques amis intimes qui ne le quittèrent pas, et deux dévotes qui faisaient chauffer ses bouillons. Martin disait : « Je me souviens d'avoir été malade aussi à Paris dans mon premier voyage ; j'étais fort pauvre : aussi n'eus-je ni amis, ni dévotes, ni médecins, et je guéris. »

Cependant, à force de médecines et de saignées, la maladie de Candide devint sérieuse. Un habitué du quartier vint avec douceur lui demander un billet payable au porteur pour l'autre monde : Candide n'en voulut rien faire ; les dévotes l'assurèrent que c'était une nouvelle mode [2] ; Candide répondit qu'il n'était point homme à la mode. Martin voulut jeter l'habitué par les fenêtres. Le clerc jura qu'on n'enterrerait point Candide. Martin jura qu'il enterrerait le clerc s'il continuait à les importuner. La querelle s'échauffa : Martin le prit par les épaules, et le chassa rudement ; ce qui causa un grand scandale, dont on fit un procès-verbal.

Candide guérit ; et pendant sa convalescence il eut très-bonne compagnie à souper chez lui. On jouait gros jeu. Candide était tout étonné que jamais les as ne lui vinssent ; et Martin ne s'en étonnait pas.

Parmi ceux qui lui faisaient les honneurs de la ville, il y avait un petit abbé périgourdin, l'un de ces gens empressés, toujours alertes, toujours serviables, effrontés, caressants, accommodants, qui guettent les étrangers à leur passage, leur content l'histoire scandaleuse de la ville, et leur offrent des plaisirs à tout prix. Celui-ci mena d'abord Candide et Martin à la comédie. On y jouait une tragédie nouvelle. Candide se trouva placé auprès de quelques beaux esprits. Cela ne l'empêcha pas de pleurer à des scènes jouées parfaitement. Un des raisonneurs qui étaient à ses côtés lui dit dans un entr'acte : « Vous avez grand tort de pleurer, cette actrice est fort mauvaise ; l'acteur qui joue avec elle est plus mau-

1. Comparez ce tableau de Paris à celui que Voltaire a déjà esquissé dans *Babouc*.
2. Affaire des billets de confession. Voyez, tome XV, le *Précis du Siècle de Louis XV*, chapitre XXXVI.

CHAPITRE XXII.

vais acteur encore; la pièce est encore plus mauvaise que les acteurs; l'auteur ne sait pas un mot d'arabe, et cependant la scène est en Arabie [1]; et, de plus, c'est un homme qui ne croit pas aux idées innées; je vous apporterai demain vingt brochures contre lui [2]. — Monsieur, combien avez-vous de pièces de théâtre en France? » dit Candide à l'abbé; lequel répondit: « Cinq ou six mille. — C'est beaucoup, dit Candide; combien y en a-t-il de bonnes? — Quinze ou seize, répliqua l'autre. — C'est beaucoup, » dit Martin.

Candide fut très-content d'une actrice qui faisait la reine Élisabeth, dans une assez plate tragédie [3] que l'on joue quelquefois. « Cette actrice, dit-il à Martin, me plaît beaucoup; elle a un faux air de Mlle Cunégonde; je serais bien aise de la saluer. » L'abbé périgourdin s'offrit à l'introduire chez elle. Candide, élevé en Allemagne, demanda quelle était l'étiquette, et comment on traitait en France les reines d'Angleterre. « Il faut distinguer, dit l'abbé; en province, on les mène au cabaret; à Paris, on les respecte quand elles sont belles, et on les jette à la voirie quand elles sont mortes. — Des reines à la voirie! dit Candide. — Oui vraiment, dit Martin; monsieur l'abbé a raison: j'étais à Paris quand Mlle Monime [4] passa, comme on dit, de cette vie à l'autre; on lui refusa ce que ces gens-ci appellent *les honneurs de la sépulture*,

1. La Grange-Chancel adressa à Voltaire, en 1718, une *Épître à M. Arouet de Voltaire*, dans laquelle on trouve ces vers:

> Que ton exactitude à dépeindre les mœurs
> S'étende jusqu'aux noms de tes moindres acteurs,
> Et qu'en les prononçant ils nous fassent connaître
> Les pays et les temps où tu les fais renaître.
> Je vois avec dépit, pour ne produire rien,
> Chez le Thébain Œdipe, Hidaspe l'Indien.

Voltaire profita de la critique, et mit *Araspe* au lieu de *Hidaspe*. C'est peut-être à ces vers de La Grange-Chancel que Voltaire fait ici allusion. (B.)

2. Dans l'édition de 1759, on lit:

« ... contre lui. — Monsieur, lui dit l'abbé périgourdin, avez-vous remarqué
« cette jeune personne qui a un visage si piquant et une taille si fine? Il ne
« vous en coûtera que dix mille francs par mois, et pour cinquante mille écus de
« diamants. — Je n'ai qu'un jour ou deux à lui donner, répondit Candide, parce
« que j'ai un rendez-vous à Venise, qui presse. »

« Le soir, après souper, l'insinuant Périgourdin redoubla de politesse et d'attentions. « Vous avez donc, monsieur, lui dit-il, un rendez-vous à Venise, etc. »
Le texte actuel existe dès 1761. (B.)

3. C'est probablement *le Comte d'Essex*, tragédie de Thomas Corneille. (*Note de M. Decroix.*)

4. Mlle Lecouvreur. — Sur le refus de sépulture à Mlle Lecouvreur, en 1730, voyez, dans les *Petits Poëmes*, tome IX, page 369, la pièce intitulée *la Mort de mademoiselle Lecouvreur*.

c'est-à-dire de pourrir avec tous les gueux du quartier dans un vilain cimetière ; elle fut enterrée toute seule de sa bande au coin de la rue de Bourgogne ; ce qui dut lui faire une peine extrême, car elle pensait très-noblement. — Cela est bien impoli, dit Candide. — Que voulez-vous? dit Martin ; ces gens-ci sont ainsi faits. Imaginez toutes les contradictions, toutes les incompatibilités possibles, vous les verrez dans le gouvernement, dans les tribunaux, dans les églises, dans les spectacles de cette drôle de nation. — Est-il vrai qu'on rit toujours à Paris? dit Candide. — Oui, dit l'abbé; mais c'est en enrageant : car on s'y plaint de tout avec de grands éclats de rire ; même[1] on y fait en riant les actions les plus détestables.

— Quel est, dit Candide, ce gros cochon qui me disait tant de mal de la pièce où j'ai tant pleuré, et des acteurs qui m'ont fait tant de plaisir? — C'est un mal-vivant, répondit l'abbé, qui gagne sa vie à dire du mal de toutes les pièces et de tous les livres ; il hait quiconque réussit, comme les eunuques haïssent les jouissants ; c'est un de ces serpents de la littérature qui se nourrissent de fange et de venin ; c'est un folliculaire. — Qu'appelez-vous folliculaire? dit Candide. — C'est, dit l'abbé, un faiseur de feuilles, un Fréron. »

C'est ainsi que Candide, Martin, et le Périgourdin, raisonnaient sur l'escalier, en voyant défiler le monde au sortir de la pièce. « Quoique je sois très-empressé de revoir Mlle Cunégonde, dit Candide, je voudrais pourtant souper avec Mlle Clairon, car elle m'a paru admirable. »

L'abbé n'était pas homme à approcher de Mlle Clairon, qui ne voyait que bonne compagnie. « Elle est engagée pour ce soir, dit-il ; mais j'aurai l'honneur de vous mener chez une dame de qualité, et là vous connaîtrez Paris comme si vous y aviez été quatre ans. »

Candide, qui était naturellement curieux, se laissa mener chez la dame, au fond du faubourg Saint-Honoré ; on y était occupé d'un pharaon ; douze tristes pontes tenaient chacun en main un petit livre de cartes, registre cornu de leurs infortunes. Un profond silence régnait, la pâleur était sur le front des pontes, l'inquiétude sur celui du banquier ; et la dame du logis, assise auprès de ce banquier impitoyable, remarquait avec des yeux de lynx tous les parolis, tous les sept-et-le-va de campagne, dont chaque joueur cornait ses cartes ; elle les faisait décorner avec

1. Feu Decroix proposait, au lieu de *même*, de mettre ici *comme*. Je n'ai trouvé cette version dans aucune édition. (B.)

une attention sévère, mais polie, et ne se fâchait point, de peur de perdre ses pratiques. La dame se faisait appeler la marquise de Parolignac. Sa fille, âgée de quinze ans, était au nombre des pontes, et avertissait d'un clin d'œil des friponneries de ces pauvres gens qui tâchaient de réparer les cruautés du sort. L'abbé périgourdin, Candide, et Martin, entrèrent ; personne ne se leva, ni les salua, ni les regarda ; tous étaient profondément occupés de leurs cartes. « Mme la baronne de Thunder-ten-tronckh était plus civile, » dit Candide.

Cependant l'abbé s'approcha de l'oreille de la marquise, qui se leva à moitié, honora Candide d'un sourire gracieux, et Martin d'un air de tête tout à fait noble ; elle fit donner un siége et un jeu de cartes à Candide, qui perdit cinquante mille francs en deux tailles : après quoi on soupa très-gaiement ; et tout le monde était étonné que Candide ne fût pas ému de sa perte ; les laquais disaient entre eux, dans leur langage de laquais: « Il faut que ce soit quelque milord anglais. »

Le souper fut comme la plupart des soupers de Paris, d'abord du silence, ensuite un bruit de paroles qu'on ne distingue point, puis des plaisanteries dont la plupart sont insipides, de fausses nouvelles, de mauvais raisonnements, un peu de politique, et beaucoup de médisance ; on parla même de livres nouveaux. « Avez-vous vu, dit l'abbé périgourdin, le roman du sieur Gauchat, docteur en théologie? — Oui, répondit un des convives ; mais je n'ai pu l'achever. Nous avons une foule d'écrits impertinents ; mais tous ensemble n'approchent pas de l'impertinence de Gauchat, docteur en théologie[1] ; je suis si rassasié de cette immensité de détestables livres qui nous inondent que je me suis mis à ponter au pharaon. — Et les *Mélanges* de l'archidiacre Trublet, qu'en dites-vous? dit l'abbé. — Ah! dit Mme de Parolignac, l'ennuyeux mortel! comme il vous dit curieusement ce que tout le monde sait! comme il discute pesamment ce qui ne vaut pas la peine d'être remarqué légèrement! comme il s'approprie, sans esprit, l'esprit des autres! comme il gâte ce qu'il pille! comme il me dégoûte! mais il ne me dégoûtera plus ; c'est assez d'avoir lu quelques pages de l'archidiacre. »

1. Il faisait un mauvais ouvrage intitulé *Lettres sur quelques écrits de ce temps*. On lui donna une abbaye, et il fut plus richement récompensé que s'il avait fait l'*Esprit des lois,* et résolu le problème de la précession des équinoxes. (K.) — C'est d'Alembert qui a résolu le problème de la précession des équinoxes : voyez, tome XV, la note des éditeurs sur le chapitre XLIII du *Précis du Siècle de Louis XV.*

Il y avait à table un homme savant et de goût qui appuya ce que disait la marquise. On parla ensuite de tragédies ; la dame demanda pourquoi il y avait des tragédies qu'on jouait quelquefois, et qu'on ne pouvait lire. L'homme de goût expliqua très-bien comment une pièce pouvait avoir quelque intérêt, et n'avoir presque aucun mérite ; il prouva en peu de mots que ce n'était pas assez d'amener une ou deux de ces situations qu'on trouve dans tous les romans, et qui séduisent toujours les spectateurs ; mais qu'il faut être neuf sans être bizarre, souvent sublime et toujours naturel, connaître le cœur humain et le faire parler ; être grand poëte, sans que jamais aucun personnage de la pièce paraisse poëte ; savoir parfaitement sa langue, la parler avec pureté, avec une harmonie continue, sans que jamais la rime coûte rien au sens. « Quiconque, ajouta-t-il, n'observe pas toutes ces règles peut faire une ou deux tragédies applaudies au théâtre, mais il ne sera jamais compté au rang des bons écrivains ; il y a très-peu de bonnes tragédies : les unes sont des idylles en dialogues bien écrits et bien rimés ; les autres, des raisonnements politiques qui endorment, ou des amplifications qui rebutent ; les autres, des rêves d'énergumène, en style barbare, des propos interrompus, de longues apostrophes aux dieux, parce qu'on ne sait point parler aux hommes, des maximes fausses, des lieux communs ampoulés. »

Candide écouta ce propos avec attention, et conçut une grande idée du discoureur ; et, comme la marquise avait eu soin de le placer à côté d'elle, il s'approcha de son oreille, et prit la liberté de lui demander qui était cet homme qui parlait si bien. « C'est un savant, dit la dame, qui ne ponte point, et que l'abbé m'amène quelquefois à souper : il se connaît parfaitement en tragédies et en livres, et il a fait une tragédie sifflée, et un livre dont on n'a jamais vu hors de la boutique de son libraire qu'un exemplaire, qu'il m'a dédié. — Le grand homme ! dit Candide, c'est un autre Pangloss. »

Alors, se tournant vers lui, il lui dit : « Monsieur, vous pensez, sans doute, que tout est au mieux dans le monde physique et dans le moral, et que rien ne pouvait être autrement ? — Moi, monsieur, lui répondit le savant, je ne pense rien de tout cela : je trouve que tout va de travers chez nous ; que personne ne sait ni quel est son rang, ni quelle est sa charge, ni ce qu'il fait, ni ce qu'il doit faire, et qu'excepté le souper, qui est assez gai, et où il paraît assez d'union, tout le reste du temps se passe en querelles impertinentes : jansénistes contre molinistes, gens du

parlement contre gens d'église, gens de lettres contre gens de lettres, courtisans contre courtisans, financiers contre le peuple, femmes contre maris, parents contre parents ; c'est une guerre éternelle. »

Candide lui répliqua : « J'ai vu pis : mais un sage, qui depuis a eu le malheur d'être pendu, m'apprit que tout cela est à merveille : ce sont des ombres à un beau tableau. — Votre pendu se moquait du monde, dit Martin ; vos ombres sont des taches horribles. — Ce sont les hommes qui font les taches, dit Candide, et ils ne peuvent pas s'en dispenser. — Ce n'est donc pas leur faute, dit Martin. » La plupart des pontes, qui n'entendaient rien à ce langage, buvaient ; et Martin raisonna avec le savant, et Candide raconta une partie de ses aventures à la dame du logis.

Après souper, la marquise mena Candide dans son cabinet, et le fit asseoir sur un canapé. « Eh bien ! lui dit-elle, vous aimez donc toujours éperdument M^{lle} Cunégonde de Thunder-ten-tronckh ? — Oui madame », répondit Candide. La marquise lui répliqua avec un souris tendre : « Vous me répondez comme un jeune homme de Vestphalie ; un Français m'aurait dit : Il est vrai que j'ai aimé M^{lle} Cunégonde ; mais, en vous voyant, madame, je crains de ne la plus aimer. — Hélas ! madame, dit Candide, je répondrai comme vous voudrez. — Votre passion pour elle, dit la marquise, a commencé en ramassant son mouchoir ; je veux que vous ramassiez ma jarretière. — De tout mon cœur », dit Candide ; et il la ramassa. « Mais je veux que vous me la remettiez », dit la dame ; et Candide la lui remit. « Voyez-vous, dit la dame, vous êtes étranger ; je fais quelquefois languir mes amants de Paris quinze jours, mais je me rends à vous dès la première nuit, parce qu'il faut faire les honneurs de son pays à un jeune homme de Vestphalie. » La belle, ayant aperçu deux énormes diamants aux deux mains de son jeune étranger, les loua de si bonne foi que des doigts de Candide ils passèrent aux doigts de la marquise.

Candide, en s'en retournant avec son abbé périgourdin, sentit quelques remords d'avoir fait une infidélité à M^{lle} Cunégonde. M. l'abbé entra dans sa peine ; il n'avait qu'une légère part aux cinquante mille livres perdues au jeu par Candide, et à la valeur des deux brillants moitié donnés, moitié extorqués. Son dessein était de profiter, autant qu'il le pourrait, des avantages que la connaissance de Candide pouvait lui procurer. Il lui parla beaucoup de Cunégonde, et Candide lui dit qu'il demanderait

bien pardon à cette belle de son infidélité, quand il la verrait à Venise.

Le Périgourdin redoublait de politesses et d'attentions, et prenait un intérêt tendre à tout ce que Candide disait, à tout ce qu'il faisait, à tout ce qu'il voulait faire.

« Vous avez donc, monsieur, lui dit-il, un rendez-vous à Venise? — Oui, monsieur l'abbé, dit Candide; il faut absolument que j'aille trouver Mlle Cunégonde. » Alors, engagé par le plaisir de parler de ce qu'il aimait, il conta, selon son usage, une partie de ses aventures avec cette illustre Vestphalienne.

« Je crois, dit l'abbé, que Mlle Cunégonde a bien de l'esprit, et qu'elle écrit des lettres charmantes. — Je n'en ai jamais reçu, dit Candide; car, figurez-vous qu'ayant été chassé du château pour l'amour d'elle, je ne pus lui écrire; que bientôt après j'appris qu'elle était morte, qu'ensuite je la retrouvai, et que je la perdis, et que je lui ai envoyé à deux mille cinq cents lieues d'ici un exprès dont j'attends la réponse. »

L'abbé écoutait attentivement, et paraissait un peu rêveur. Il prit bientôt congé des deux étrangers, après les avoir tendrement embrassés. Le lendemain Candide reçut à son réveil une lettre conçue en ces termes:

« Monsieur mon très-cher amant, il y a huit jours que je suis malade en cette ville; j'apprends que vous y êtes. Je volerais dans vos bras si je pouvais remuer. J'ai su votre passage à Bordeaux; j'y ai laissé le fidèle Cacambo et la vieille, qui doivent bientôt me suivre. Le gouverneur de Buénos-Ayres a tout pris, mais il me reste votre cœur. Venez; votre présence me rendra la vie ou me fera mourir de plaisir. »

Cette lettre charmante, cette lettre inespérée, transporta Candide d'une joie inexprimable; et la maladie de sa chère Cunégonde l'accabla de douleur. Partagé entre ces deux sentiments, il prend son or et ses diamants, et se fait conduire avec Martin à l'hôtel où Mlle Cunégonde demeurait. Il entre en tremblant d'émotion, son cœur palpite, sa voix sanglote; il veut ouvrir les rideaux du lit; il veut faire apporter de la lumière. « Gardez-vous-en bien, lui dit la suivante; la lumière la tue »; et soudain elle referme le rideau. « Ma chère Cunégonde, dit Candide en pleurant, comment vous portez-vous? si vous ne pouvez me voir, parlez-moi du moins. — Elle ne peut parler, dit la suivante. » La dame alors tire du lit une main potelée que Candide arrose longtemps de ses larmes, et qu'il remplit ensuite de diamants, en laissant un sac plein d'or sur le fauteuil.

CHAPITRE XXII.

Au milieu de ses transports arrive un exempt suivi de l'abbé périgourdin et d'une escouade. « Voilà donc, dit-il, ces deux étrangers suspects? » Il les fait incontinent saisir, et ordonne à ses braves de les traîner en prison. « Ce n'est pas ainsi qu'on traite les voyageurs dans Eldorado, dit Candide. — Je suis plus manichéen que jamais, dit Martin. — Mais, monsieur, où nous menez-vous? dit Candide. — Dans un cul de basse-fosse », dit l'exempt.

Martin, ayant repris son sang-froid, jugea que la dame qui se prétendait Cunégonde était une friponne, monsieur l'abbé périgourdin un fripon qui avait abusé au plus vite de l'innocence de Candide, et l'exempt un autre fripon dont on pouvait aisément se débarrasser.

Plutôt que de s'exposer aux procédures de la justice, Candide, éclairé par son conseil, et d'ailleurs toujours impatient de revoir la véritable Cunégonde, propose à l'exempt trois petits diamants d'environ trois mille pistoles chacun. « Ah! monsieur, lui dit l'homme au bâton d'ivoire, eussiez-vous commis tous les crimes imaginables, vous êtes le plus honnête homme du monde. Trois diamants! chacun de trois mille pistoles! Monsieur! je me ferais tuer pour vous, au lieu de vous mener dans un cachot. On arrête tous les étrangers, mais laissez-moi faire; j'ai un frère à Dieppe en Normandie; je vais vous y mener; et si vous avez quelque diamant à lui donner, il aura soin de vous comme moi-même.
— Et pourquoi arrête-t-on tous les étrangers? » dit Candide.

L'abbé périgourdin prit alors la parole, et dit : « C'est parce qu'un gueux du pays d'Atrébatie[1] a entendu dire des sottises: cela seul lui a fait commettre un parricide, non pas tel que celui de 1610 au mois de mai[2], mais tel que celui de 1594 au mois de décembre[3], et tel que plusieurs autres commis dans d'autres années et dans d'autres mois par d'autres gueux qui avaient entendu dire des sottises. »

L'exempt alors expliqua de quoi il s'agissait. « Ah! les monstres! s'écria Candide; quoi! de telles horreurs chez un peuple qui danse et qui chante! Ne pourrai-je sortir au plus vite de ce pays où des singes agacent des tigres? J'ai vu des ours dans mon pays;

1. Artois. Damiens était né à Arras, capitale de l'Artois. (K.) — L'attentat de Damiens est du 5 janvier 1757; voyez, tome XV, le chapitre xxxvii du *Précis du Siècle de Louis XV;* et tome XVI, page 92.

2. Le 14 mai 1610 est le jour de l'assassinat de Henri IV par Ravaillac; voyez tome XII, page 559.

3. Le 27 décembre 1594, Jean Châtel, élève des jésuites, donna un coup de couteau à Henri IV; voyez tome XII, page 556.

je n'ai vu des hommes que dans le Dorado. Au nom de Dieu, monsieur l'exempt, menez-moi à Venise, où je dois attendre Mᴸˡᵉ Cunégonde. — Je ne peux vous mener qu'en Basse-Normandie, dit le barigel [1]. » Aussitôt il lui fait ôter ses fers, dit qu'il s'est mépris, renvoie ses gens, emmène à Dieppe Candide et Martin, et les laisse entre les mains de son frère. Il y avait un petit vaisseau hollandais à la rade. Le Normand, à l'aide de trois autres diamants, devenu le plus serviable des hommes, embarque Candide et ses gens dans le vaisseau qui allait faire voile pour Portsmouth en Angleterre. Ce n'était pas le chemin de Venise ; mais Candide croyait être délivré de l'enfer ; et il comptait bien reprendre la route de Venise à la première occasion.

CHAPITRE XXIII.

CANDIDE ET MARTIN VONT SUR LES CÔTES D'ANGLETERRE ; CE QU'ILS Y VOIENT.

« Ah! Pangloss! Pangloss! Ah! Martin! Martin! Ah! ma chère Cunégonde! qu'est-ce que ce monde-ci? disait Candide sur le vaisseau hollandais. — Quelque chose de bien fou et de bien abominable, répondait Martin. — Vous connaissez l'Angleterre ; y est-on aussi fou qu'en France? — C'est une autre espèce de folie, dit Martin. Vous savez que ces deux nations sont en guerre pour quelques arpents de neige vers le Canada [2], et qu'elles dépensent pour cette belle guerre beaucoup plus que tout le Canada ne vaut. De vous dire précisément s'il y a plus de gens à lier dans un pays que dans un autre, c'est ce que mes faibles lumières ne me permettent pas ; je sais seulement qu'en général les gens que nous allons voir sont fort atrabilaires. »

En causant ainsi ils abordèrent à Porstmouth ; une multitude de peuple couvrait le rivage, et regardait attentivement un assez gros homme qui était à genoux, les yeux bandés, sur le tillac d'un des vaisseaux de la flotte ; quatre soldats, postés vis-à-vis de cet homme, lui tirèrent chacun trois balles dans le crâne, le plus paisiblement du monde ; et toute l'assemblée s'en retourna extrêmement satisfaite [3]. « Qu'est-ce donc que tout ceci? dit Candide ;

1. Chef de sbires.
2. Voyez, tome XV, *le Précis du Siècle de Louis XV*, chapitre xxxv.
3. L'amiral Byng. M. de Voltaire ne le connaissait pas, et fit des efforts pour le sauver. Il n'abhorrait pas moins les atrocités politiques que les atrocités théo-

et quel démon exerce partout son empire? » Il demanda qui était ce gros homme qu'on venait de tuer en cérémonie. « C'est un amiral, lui répondit-on. — Et pourquoi tuer cet amiral? — C'est, lui dit-on, parce qu'il n'a pas fait tuer assez de monde; il a livré un combat à un amiral français [1], et on a trouvé qu'il n'était pas assez près de lui. — Mais, dit Candide, l'amiral français était aussi loin de l'amiral anglais que celui-ci l'était de l'autre! — Cela est incontestable, lui répliqua-t-on; mais dans ce pays-ci il est bon de tuer de temps en temps un amiral pour encourager les autres. »

Candide fut si étourdi et si choqué de ce qu'il voyait et de ce qu'il entendait qu'il ne voulut pas seulement mettre pied à terre, et qu'il fit son marché avec le patron hollandais (dût-il le voler comme celui de Surinam) pour le conduire sans délai à Venise.

Le patron fut prêt au bout de deux jours. On côtoya la France; on passa à la vue de Lisbonne, et Candide frémit [2]. On entra dans le détroit et dans la Méditerranée; enfin on aborda à Venise. « Dieu soit loué! dit Candide, en embrassant Martin; c'est ici que je reverrai la belle Cunégonde. Je compte sur Cacambo comme sur moi-même. Tout est bien, tout va bien, tout va le mieux qu'il soit possible. »

CHAPITRE XXIV.

DE PAQUETTE, ET DE FRÈRE GIROFLÉE.

Dès qu'il fut à Venise, il fit chercher Cacambo dans tous les cabarets, dans tous les cafés, chez toutes les filles de joie, et ne le trouva point. Il envoyait tous les jours à la découverte de tous les vaisseaux et de toutes les barques : nulles nouvelles de Cacambo. « Quoi! disait-il à Martin, j'ai eu le temps de passer de Surinam à Bordeaux, d'aller de Bordeaux à Paris, de Paris à Dieppe, de Dieppe à Portsmouth, de côtoyer le Portugal et l'Espagne, de traverser toute la Méditerranée, de passer quelques mois à Venise; et la belle Cunégonde n'est point venue! Je n'ai rencontré au lieu d'elle qu'une drôlesse et un abbé périgourdin! Cunégonde

logiques; et il savait que Byng était une victime que les ministres anglais sacrifiaient à l'ambition de garder leurs places. (K.) — L'amiral Byng fut exécuté le 14 mars 1757; voyez tome XV, le chapitre xxxi du *Précis du Siècle de Louis XV*.

1. Combat près de Minorque, livré à l'amiral La Galissonnière.
2. Voyez le chapitre ix.

est morte, sans doute ; je n'ai plus qu'à mourir. Ah ! il valait mieux rester dans le paradis du Dorado que de revenir dans cette maudite Europe. Que vous avez raison, mon cher Martin ! tout n'est qu'illusion et calamité. »

Il tomba dans une mélancolie noire, et ne prit aucune part à l'opéra *alla moda*, ni aux autres divertissements du carnaval ; pas une dame ne lui donna la moindre tentation. Martin lui dit : « Vous êtes bien simple, en vérité, de vous figurer qu'un valet métis qui a cinq ou six millions dans ses poches ira chercher votre maîtresse au bout du monde, et vous l'amènera à Venise. Il la prendra pour lui, s'il la trouve ; s'il ne la trouve pas, il en prendra une autre : je vous conseille d'oublier votre valet Cacambo et votre maîtresse Cunégonde. » Martin n'était pas consolant. La mélancolie de Candide augmenta, et Martin ne cessait de lui prouver qu'il y avait peu de vertu et peu de bonheur sur la terre ; excepté peut-être dans Eldorado[1], où personne ne pouvait aller.

En disputant sur cette matière importante, et en attendant Cunégonde, Candide aperçut un jeune théatin dans la place Saint-Marc, qui tenait sous le bras une fille. Le théatin paraissait frais, potelé, vigoureux ; ses yeux étaient brillants, son air assuré, sa mine haute, sa démarche fière. La fille était très-jolie, et chantait ; elle regardait amoureusement son théatin, et de temps en temps lui pinçait ses grosses joues. « Vous m'avouerez du moins, dit Candide à Martin, que ces gens-ci sont heureux. Je n'ai trouvé jusqu'à présent dans toute la terre habitable, excepté dans Eldorado, que des infortunés ; mais pour cette fille et ce théatin, je gage que ce sont des créatures très-heureuses. — Je gage que non, dit Martin. — Il n'y a qu'à les prier à dîner, dit Candide, et vous verrez si je me trompe. »

Aussitôt il les aborde, il leur fait son compliment, et les invite à venir à son hôtellerie manger des macaronis, des perdrix de Lombardie, des œufs d'esturgeon, et à boire du vin de Montepulciano, du lacryma-christi, du chypre, et du samos. La demoiselle rougit, le théatin accepta la partie, et la fille le suivit en regardant Candide avec des yeux de surprise et de confusion, qui furent obscurcis de quelques larmes. A peine fut-elle entrée dans la chambre de Candide, qu'elle lui dit : « Eh quoi ! monsieur Candide ne reconnaît plus Paquette ! »

A ces mots, Candide, qui ne l'avait pas considérée jusque-là

1. Voyez chapitre XVIII.

avec attention, parce qu'il n'était occupé que de Cunégonde, lui dit : « Hélas! ma pauvre enfant, c'est donc vous qui avez mis le docteur Pangloss dans le bel état où je l'ai vu?

— Hélas! monsieur, c'est moi-même, dit Paquette; je vois que vous êtes instruit de tout. J'ai su les malheurs épouvantables arrivés à toute la maison de madame la baronne et à la belle Cunégonde. Je vous jure que ma destinée n'a guère été moins triste. J'étais fort innocente quand vous m'avez vue. Un cordelier, qui était mon confesseur, me séduisit aisément. Les suites en furent affreuses; je fus obligée de sortir du château quelque temps après que monsieur le baron vous eut renvoyé à grands coups de pied dans le derrière. Si un fameux médecin n'avait pas pris pitié de moi, j'étais morte. Je fus quelque temps par reconnaissance la maîtresse de ce médecin. Sa femme, qui était jalouse à la rage, me battait tous les jours impitoyablement; c'était un furie. Ce médecin était le plus laid de tous les hommes, et moi la plus malheureuse de toutes les créatures d'être battue continuellement pour un homme que je n'aimais pas. Vous savez, monsieur, combien il est dangereux pour une femme acariâtre d'être l'épouse d'un médecin. Celui-ci, outré des procédés de sa femme, lui donna un jour, pour la guérir d'un petit rhume, une médecine si efficace qu'elle en mourut en deux heures de temps dans des convulsions horribles. Les parents de madame intentèrent à monsieur un procès criminel; il prit la fuite, et moi, je fus mise en prison. Mon innocence ne m'aurait pas sauvée si je n'avais été un peu jolie. Le juge m'élargit, à condition qu'il succéderait au médecin. Je fus bientôt supplantée par une rivale, chassée sans récompense, et obligée de continuer ce métier abominable qui vous paraît si plaisant à vous autres hommes, et qui n'est pour nous qu'un abîme de misère. J'allai exercer la profession à Venise. Ah! monsieur, si vous pouviez vous imaginer ce que c'est que d'être obligée de caresser indifféremment un vieux marchand, un avocat, un moine, un gondolier, un abbé; d'être exposée à toutes les insultes, à toutes les avanies; d'être souvent réduite à emprunter une jupe pour aller se la faire lever par un homme dégoûtant; d'être volée par l'un de ce qu'on a gagné avec l'autre; d'être rançonnée par les officiers de justice, et de n'avoir en perspective qu'une vieillesse affreuse, un hôpital, et un fumier, vous concluriez que je suis une des plus malheureuses créatures du monde. »

Paquette ouvrait ainsi son cœur au bon Candide, dans un cabinet, en présence de Martin, qui disait à Candide : « Vous voyez que j'ai déjà gagné la moitié de la gageure. »

Frère Giroflée était resté dans la salle à manger, et buvait un coup en attendant le dîner. « Mais, dit Candide à Paquette, vous aviez l'air si gai, si content, quand je vous ai rencontrée; vous chantiez, vous caressiez le théatin avec une complaisance naturelle; vous m'avez paru aussi heureuse que vous prétendez être infortunée. — Ah! monsieur, répondit Paquette, c'est encore là une des misères du métier. J'ai été hier volée et battue par un officier, et il faut aujourd'hui que je paraisse de bonne humeur pour plaire à un moine. »

Candide n'en voulut pas davantage; il avoua que Martin avait raison. On se mit à table avec Paquette et le théatin; le repas fut assez amusant, et sur la fin on se parla avec quelque confiance. « Mon père, dit Candide au moine, vous me paraissez jouir d'une destinée que tout le monde doit envier; la fleur de la santé brille sur votre visage, votre physionomie annonce le bonheur; vous avez une très-jolie fille pour votre récréation, et vous paraissez très-content de votre état de théatin.

— Ma foi, monsieur, dit frère Giroflée, je voudrais que tous les théatins fussent au fond de la mer. J'ai été tenté cent fois de mettre le feu au couvent, et d'aller me faire turc. Mes parents me forcèrent, à l'âge de quinze ans, d'endosser cette détestable robe, pour laisser plus de fortune à un maudit frère aîné, que Dieu confonde! La jalousie, la discorde, la rage, habitent dans le couvent. Il est vrai que j'ai prêché quelques mauvais sermons qui m'ont valu un peu d'argent dont le prieur me vole la moitié; le reste me sert à entretenir des filles; mais quand je rentre le soir dans le monastère, je suis prêt à me casser la tête contre les murs du dortoir; et tous mes confrères sont dans le même cas. »

Martin se tournant vers Candide avec son sang-froid ordinaire: « Eh bien! lui dit-il, n'ai-je pas gagné la gageure tout entière? » Candide donna deux mille piastres à Paquette, et mille piastres à frère Giroflée. « Je vous réponds, dit-il, qu'avec cela ils seront heureux. — Je n'en crois rien du tout, dit Martin; vous les rendrez peut-être avec ces piastres beaucoup plus malheureux encore.

— Il en sera ce qui pourra, dit Candide; mais une chose me console, je vois qu'on retrouve souvent les gens qu'on ne croyait jamais retrouver: il se pourra bien faire qu'ayant rencontré mon mouton rouge et Paquette, je rencontre aussi Cunégonde. — Je souhaite, dit Martin, qu'elle fasse un jour votre bonheur; mais c'est de quoi je doute fort. — Vous êtes bien dur, dit Candide. — C'est que j'ai vécu, dit Martin. — Mais regardez ces gondoliers, dit Candide; ne chantent-ils pas sans cesse? — Vous ne les voyez

pas dans leur ménage, avec leurs femmes et leurs marmots d'enfants, dit Martin. Le doge a ses chagrins, les gondoliers ont les leurs. Il est vrai qu'à tout prendre le sort d'un gondolier est préférable à celui d'un doge ; mais je crois la différence si médiocre que cela ne vaut pas la peine d'être examiné.

— On parle, dit Candide, du sénateur Pococurante, qui demeure dans ce beau palais sur la Brenta, et qui reçoit assez bien les étrangers. On prétend que c'est un homme qui n'a jamais eu de chagrin. — Je voudrais voir une espèce si rare », dit Martin. Candide aussitôt fit demander au seigneur Pococurante la permission de venir le voir le lendemain.

CHAPITRE XXV.

VISITE CHEZ LE SEIGNEUR POCOCURANTE, NOBLE VÉNITIEN.

Candide et Martin allèrent en gondole sur la Brenta, et arrivèrent au palais du noble Pococurante. Les jardins étaient bien entendus, et ornés de belles statues de marbre ; le palais, d'une belle architecture. Le maître du logis, homme de soixante ans, fort riche, reçut très-poliment les deux curieux, mais avec très-peu d'empressement, ce qui déconcerta Candide, et ne déplut point à Martin.

D'abord deux filles jolies et proprement mises servirent du chocolat, qu'elles firent très-bien mousser. Candide ne put s'empêcher de les louer sur leur beauté, sur leur bonne grâce, et sur leur adresse. « Ce sont d'assez bonnes créatures, dit le sénateur Pococurante ; je les fais quelquefois coucher dans mon lit : car je suis bien las des dames de la ville, de leurs coquetteries, de leurs jalousies, de leurs querelles, de leurs humeurs, de leurs petitesses, de leur orgueil, de leurs sottises, et des sonnets qu'il faut faire ou commander pour elles ; mais, après tout, ces deux filles commencent fort à m'ennuyer. »

Candide, après le déjeuner, se promenant dans une longue galerie, fut surpris de la beauté des tableaux. Il demanda de quel maître étaient les deux premiers. « Ils sont de Raphaël, dit le sénateur ; je les achetai fort cher par vanité, il y a quelques années ; on dit que c'est ce qu'il y a de plus beau en Italie, mais ils ne me plaisent point du tout : la couleur en est très-rembrunie, les figures ne sont pas assez arrondies, et ne sortent point assez ; les draperies ne ressemblent en rien à une étoffe : en un mot, quoi qu'on

en dise, je ne trouve point là une imitation vraie de la nature. Je n'aimerai un tableau que quand je croirai voir la nature elle-même : il n'y en a point de cette espèce. J'ai beaucoup de tableaux, mais je ne les regarde plus. »

Pococurante, en attendant le dîner, se fit donner un concerto. Candide trouva la musique délicieuse. « Ce bruit, dit Pococurante, peut amuser une demi-heure ; mais s'il dure plus longtemps, il fatigue tout le monde, quoique personne n'ose l'avouer. La musique aujourd'hui n'est plus que l'art d'exécuter des choses difficiles, et ce qui n'est que difficile ne plaît point à la longue.

« J'aimerais peut-être mieux l'opéra, si on n'avait pas trouvé le secret d'en faire un monstre qui me révolte. Ira voir qui voudra de mauvaises tragédies en musique, où les scènes ne sont faites que pour amener très-mal à propos deux ou trois chansons ridicules qui font valoir le gosier d'une actrice ; se pâmera de plaisir qui voudra ou qui pourra, en voyant un châtré fredonner le rôle de César et de Caton, et se promener d'un air gauche sur des planches ; pour moi, il y a longtemps que j'ai renoncé à ces pauvretés, qui font aujourd'hui la gloire de l'Italie, et que des souverains payent si chèrement. » Candide disputa un peu, mais avec discrétion. Martin fut entièrement de l'avis du sénateur.

On se mit à table ; et, après un excellent dîner, on entra dans la bibliothèque. Candide, en voyant un Homère magnifiquement relié, loua l'illustrissime sur son bon goût. « Voilà, dit-il, un livre qui faisait les délices du grand Pangloss, le meilleur philosophe de l'Allemagne. — Il ne fait pas les miennes, dit froidement Pococurante ; on me fit accroire autrefois que j'avais du plaisir en le lisant ; mais cette répétition continuelle de combats qui se ressemblent tous, ces dieux qui agissent toujours pour ne rien faire de décisif, cette Hélène qui est le sujet de la guerre, et qui à peine est une actrice de la pièce ; cette Troie qu'on assiége, et qu'on ne prend point : tout cela me causait le plus mortel ennui. J'ai demandé quelquefois à des savants s'ils s'ennuyaient autant que moi à cette lecture : tous les gens sincères m'ont avoué que le livre leur tombait des mains, mais qu'il fallait toujours l'avoir dans sa bibliothèque, comme un monument de l'antiquité, et comme ces médailles rouillées qui ne peuvent être de commerce.

— Votre Excellence ne pense pas ainsi de Virgile? dit Candide.
— Je conviens, dit Pococurante, que le second, le quatrième et le sixième livre de son *Énéide*, sont excellents ; mais pour son pieux Énée, et le fort Cloanthe, et l'ami Achates, et le petit Ascanius, et

CHAPITRE XXV.

l'imbécile roi Latinus, et la bourgeoise Amata, et l'insipide Lavinia, je ne crois pas qu'il y ait rien de si froid et de plus désagréable. J'aime mieux le Tasse et les contes à dormir debout de l'Arioste.

— Oserais-je vous demander, monsieur, dit Candide, si vous n'avez pas un grand plaisir à lire Horace? — Il y a des maximes, dit Pococurante, dont un homme du monde peut faire son profit, et qui, étant resserrées dans des vers énergiques, se gravent plus aisément dans la mémoire ; mais je me soucie fort peu de son voyage à Brindes, et de sa description d'un mauvais dîner, et de la querelle de crocheteurs entre je ne sais quel Pupilus[1] dont les paroles, dit-il, *étaient pleines de pus*, et un autre dont les paroles *étaient du vinaigre*[2]. Je n'ai lu qu'avec un extrême dégoût ses vers grossiers contre des vieilles et contre des sorcières ; et je ne vois pas quel mérite il peut y avoir à dire à son ami Mecenas que, s'il est mis par lui au rang des poëtes lyriques, il frappera les astres de son front sublime[3]. Les sots admirent tout dans un auteur estimé. Je ne lis que pour moi ; je n'aime que ce qui est à mon usage. » Candide, qui avait été élevé à ne jamais juger de rien par lui-même, était fort étonné de ce qu'il entendait ; et Martin trouvait la façon de penser de Pococurante assez raisonnable.

« Oh! voici un Cicéron, dit Candide ; pour ce grand homme-là, je pense que vous ne vous lassez point de le lire. — Je ne le lis jamais, répondit le Vénitien. Que m'importe qu'il ait plaidé pour Rabirius ou pour Cluentius? J'ai bien assez des procès que je juge ; je me serais mieux accommodé de ses œuvres philosophiques ; mais quand j'ai vu qu'il doutait de tout, j'ai conclu que j'en savais autant que lui, et que je n'avais besoin de personne pour être ignorant.

— Ah! voilà quatre-vingts volumes de recueils d'une académie des sciences, s'écria Martin ; il se peut qu'il y ait là du bon. — Il y en aurait, dit Pococurante, si un seul des auteurs de ces fatras avait inventé seulement l'art de faire des épingles ; mais il n'y a dans tous ces livres que de vains systèmes, et pas une seule chose utile.

— Que de pièces de théâtre je vois là, dit Candide, en italien,

1. Ce n'est pas Pupilus, mais Rupilius, que nomme Horace, livre I*er*, satire VII, vers 1 :
 Rupili pus atque venenum.

2. *Italo perfusus aceto*, dit Horace dans la même pièce, vers 32.
3. Horace, odes, I, 1.

en espagnol, en français! — Oui, dit le sénateur, il y en a trois mille, et pas trois douzaines de bonnes. Pour ces recueils de sermons, qui tous ensemble ne valent pas une page de Sénèque, et tous ces gros volumes de théologie, vous pensez bien que je ne les ouvre jamais, ni moi, ni personne. »

Martin aperçut des rayons chargés de livres anglais. « Je crois, dit-il, qu'un républicain doit se plaire à la plupart de ces ouvrages écrits si librement. — Oui, répondit Pococurante; il est beau d'écrire ce qu'on pense : c'est le privilége de l'homme. Dans toute notre Italie, on n'écrit que ce qu'on ne pense pas ; ceux qui habitent dans la patrie des Césars et des Antonins n'osent avoir une idée sans la permission d'un jacobin. Je serais content de la liberté qui inspire les génies anglais si la passion et l'esprit de parti ne corrompaient pas tout ce que cette précieuse liberté a d'estimable. »

Candide, apercevant un Milton, lui demanda s'il ne regardait pas cet auteur comme un grand homme. « Qui? dit Pococurante, ce barbare qui fait un long commentaire du premier chapitre de la *Genèse*, en dix livres de vers durs? ce grossier imitateur des Grecs, qui défigure la création, et qui, tandis que Moïse représente l'Être éternel produisant le monde par la parole, fait prendre un grand compas par le Messiah dans une armoire du ciel pour tracer son ouvrage? Moi, j'estimerais celui qui a gâté l'enfer et le diable du Tasse ; qui déguise Lucifer tantôt en crapaud, tantôt en pygmée ; qui lui fait rebattre cent fois les mêmes discours ; qui le fait disputer sur la théologie ; qui, en imitant sérieusement l'invention comique des armes à feu de l'Arioste, fait tirer le canon dans le ciel par les diables? Ni moi ni personne en Italie n'a pu se plaire à toutes ces tristes extravagances. Le *mariage du Péché et de la Mort*, et les couleuvres dont le Péché accouche, font vomir tout homme qui a le goût un peu délicat ; et sa longue description d'un hôpital n'est bonne que pour un fossoyeur. Ce poëme obscur, bizarre et dégoûtant, fut méprisé à sa naissance ; je le traite aujourd'hui comme il fut traité dans sa patrie par les contemporains[1]. Au reste, je dis ce que je pense, et je me soucie fort peu que les autres pensent comme moi. » Candide était affligé de ces discours ; il respectait Homère, il aimait un peu Milton. « Hélas! dit-il tout bas à Martin, j'ai bien peur que cet homme-ci n'ait un

1. Voyez ce que Voltaire dit du *Paradis perdu* de Milton, dans le chapitre IX de l'*Essai sur la Poésie épique,* imprimé dans le tome VIII, à la suite de *la Henriade.*

souverain mépris pour nos poëtes allemands. — Il n'y aurait pas grand mal à cela, dit Martin. — Oh! quel homme supérieur! disait encore Candide entre ses dents, quel grand génie que ce Pococurante! rien ne peut lui plaire. »

Après avoir fait ainsi la revue de tous les livres, ils descendirent dans le jardin. Candide en loua toutes les beautés. « Je ne sais rien de si mauvais goût, dit le maître ; nous n'avons ici que des colifichets, mais je vais dès demain en faire planter un d'un dessin plus noble. »

Quand les deux curieux eurent pris congé de Son Excellence : « Or çà, dit Candide à Martin, vous conviendrez que voilà le plus heureux de tous les hommes, car il est au-dessus de tout ce qu'il possède. — Ne voyez-vous pas, dit Martin, qu'il est dégoûté de tout ce qu'il possède ? Platon a dit, il y a longtemps, que les meilleurs estomacs ne sont pas ceux qui rebutent tous les aliments. — Mais, dit Candide, n'y a-t-il pas du plaisir à tout critiquer, à sentir des défauts où les autres hommes croient voir des beautés ? — C'est-à-dire, reprit Martin, qu'il y a du plaisir à n'avoir pas de plaisir ? — Oh bien! dit Candide, il n'y a donc d'heureux que moi, quand je reverrai Mlle Cunégonde. — C'est toujours bien fait d'espérer », dit Martin.

Cependant les jours, les semaines s'écoulaient ; Cacambo ne revenait point, et Candide était si abîmé dans sa douleur qu'il ne fit pas même réflexion que Paquette et frère Giroflée n'étaient pas venus seulement le remercier.

CHAPITRE XXVI.

D'UN SOUPER QUE CANDIDE ET MARTIN FIRENT AVEC SIX ÉTRANGERS, ET QUI ILS ÉTAIENT.

Un soir que Candide, suivi de Martin, allait se mettre à table avec les étrangers qui logeaient dans la même hôtellerie, un homme à visage couleur de suie l'aborda par derrière, et, le prenant par le bras, lui dit : « Soyez prêt à partir avec nous, n'y manquez pas. » Il se retourne, et voit Cacambo. Il n'y avait que la vue de Cunégonde qui pût l'étonner et lui plaire davantage. Il fut sur le point de devenir fou de joie. Il embrasse son cher ami. « Cunégonde est ici, sans doute ? Où est-elle ? Mène-moi vers elle, que je meure de joie avec elle. — Cunégonde n'est point ici, dit Cacambo, elle est à Constantinople. — Ah Ciel ! à Constantinople ! mais fût-

elle à la Chine, j'y vole, partons. — Nous partirons après souper, reprit Cacambo; je ne peux vous en dire davantage; je suis esclave, mon maître m'attend ; il faut que j'aille le servir à table : ne dites mot; soupez, et tenez-vous prêt. »

Candide, partagé entre la joie et la douleur, charmé d'avoir revu son agent fidèle, étonné de le voir esclave, plein de l'idée de retrouver sa maîtresse, le cœur agité, l'esprit bouleversé, se mit à table avec Martin, qui voyait de sang-froid toutes ces aventures, et avec six étrangers qui étaient venus passer le carnaval à Venise.

Cacambo, qui versait à boire à l'un de ces six étrangers, s'approcha de l'oreille de son maître, sur la fin du repas, et lui dit : « Sire, Votre Majesté partira quand elle voudra, le vaisseau est prêt. » Ayant dit ces mots, il sortit. Les convives, étonnés, se regardaient sans proférer une seule parole, lorsqu'un autre domestique, s'approchant de son maître, lui dit : « Sire, la chaise de Votre Majesté est à Padoue, et la barque est prête. » Le maître fit un signe, et le domestique partit. Tous les convives se regardèrent encore, et la surprise commune redoubla. Un troisième valet, s'approchant aussi d'un troisième étranger, lui dit : « Sire, croyez-moi, Votre Majesté ne doit pas rester ici plus longtemps : je vais tout préparer » ; et aussitôt il disparut.

Candide et Martin ne doutèrent pas alors que ce ne fût une mascarade du carnaval. Un quatrième domestique dit au quatrième maître : « Votre Majesté partira quand elle voudra », et sortit comme les autres. Le cinquième valet en dit autant au cinquième maître. Mais le sixième valet parla différemment au sixième étranger, qui était auprès de Candide; il lui dit : « Ma foi, sire, on ne veut plus faire crédit à Votre Majesté ni à moi non plus, et nous pourrions bien être coffrés cette nuit, vous et moi ; je vais pourvoir à mes affaires : adieu. »

Tous les domestiques ayant disparu, les six étrangers, Candide, et Martin, demeurèrent dans un profond silence. Enfin Candide le rompit : « Messieurs, dit-il, voilà une singulière plaisanterie. Pourquoi êtes-vous tous rois? Pour moi, je vous avoue que ni moi ni Martin nous ne le sommes. »

Le maître de Cacambo prit alors gravement la parole, et dit en italien : « Je ne suis point plaisant, je m'appelle Achmet III[1] ;

1. Achmet III, dont il est parlé dans l'*Histoire de Charles XII* et dans l'*Histoire de Russie sous Pierre le Grand*, avait été déposé en 1730; il est mort en 1736.

j'ai été grand sultan plusieurs années ; je détrônai mon frère ; mon neveu m'a détroné ; on a coupé le cou à mes vizirs ; j'achève ma vie dans le vieux sérail ; mon neveu le grand sultan Mahmoud me permet de voyager quelquefois pour ma santé ; et je suis venu passer le carnaval à Venise. »

Un jeune homme qui était auprès d'Achmet parla après lui, et dit : « Je m'appelle Ivan[1] ; j'ai été empereur de toutes les Russies ; j'ai été détrôné au berceau ; mon père et ma mère ont été enfermés ; on m'a élevé en prison ; j'ai quelquefois la permission de voyager, accompagné de ceux qui me gardent ; et je suis venu passer le carnaval à Venise. »

Le troisième dit : « Je suis Charles-Édouard[2], roi d'Angleterre ; mon père m'a cédé ses droits au royaume ; j'ai combattu pour les soutenir ; on a arraché le cœur à huit cents de mes partisans, et on leur en a battu les joues ; j'ai été mis en prison ; je vais à Rome faire une visite au roi mon père, détrôné ainsi que moi et mon grand-père ; et je suis venu passer le carnaval à Venise. »

Le quatrième prit alors la parole et dit : « Je suis roi des Polaques ; le sort de la guerre m'a privé de mes États héréditaires[3] ; mon père a éprouvé les mêmes revers ; je me résigne à la Providence comme le sultan Achmet, l'empereur Ivan, et le roi Charles-Édouard, à qui Dieu donne une longue vie ; et je suis venu passer le carnaval à Venise. »

Le cinquième dit : « Je suis aussi roi des Polaques[4] ; j'ai perdu mon royaume deux fois ; mais la Providence m'a donné un autre État[5] dans lequel j'ai fait plus de bien que tous les rois des Sarmates ensemble n'en ont jamais pu faire sur les bords de la Vistule. Je me résigne aussi à la Providence ; et je suis venu passer le carnaval à Venise. »

Il restait au sixième monarque à parler. « Messieurs, dit-il, je ne suis pas si grand seigneur que vous ; mais enfin j'ai été roi tout comme un autre ; je suis Théodore[6] ; on m'a élu roi en Corse ; on

1. Ivan, né en 1730, détrôné la même année, emprisonné, et enfin poignardé en 1762.
2. Sur Charles-Édouard, voyez, tome XV, le chapitre xxxv du *Précis du Siècle de Louis XV*.
3. Auguste, électeur de Saxe et roi de Pologne, chassé de ses États héréditaires pendant la guerre de 1756 ; voyez, tome XV, le chapitre xxxii du *Précis du Siècle de Louis XV;* il est mort en 1763.
4. Stanislas Leczinski, beau-père de Louis XV ; voyez, tome XV, le chapitre iv du *Précis du Siècle de Louis XV;* il est mort en 1765.
5. La Lorraine.
6. Sur le roi de Corse, Théodore, mort le 2 décembre 1756, voyez, tome XV, le chapitre xl du *Précis du Siècle de Louis XV*.

m'a appelé *Votre Majesté*, et à présent à peine m'appelle-t-on *Monsieur*; j'ai fait frapper de la monnaie, et je ne possède pas un denier; j'ai eu deux secrétaires d'État, et j'ai à peine un valet ; je me suis vu sur un trône, et j'ai longtemps été à Londres en prison sur la paille; j'ai bien peur d'être traité de même ici, quoique je sois venu, comme Vos Majestés, passer le carnaval à Venise. »

Les cinq autres rois écoutèrent ce discours avec une noble compassion. Chacun d'eux donna vingt sequins au roi Théodore pour avoir des habits et des chemises; Candide lui fit présent d'un diamant de deux mille sequins. « Quel est donc, disaient les cinq rois, cet homme qui est en état de donner cent fois autant que chacun de nous, et qui le donne? Êtes-vous roi aussi, monsieur? — Non, messieurs, et n'en ai nulle envie. »

Dans l'instant qu'on sortait de table, il arriva dans la même hôtellerie quatre altesses sérénissimes qui avaient aussi perdu leurs États par le sort de la guerre, et qui venaient passer le reste du carnaval à Venise; mais Candide ne prit pas seulement garde à ces nouveaux venus. Il n'était occupé que d'aller trouver sa chère Cunégonde à Constantinople.

CHAPITRE XXVII.

VOYAGE DE CANDIDE A CONSTANTINOPLE.

Le fidèle Cacambo avait déjà obtenu du patron turc qui allait reconduire le sultan Achmet à Constantinople qu'il recevrait Candide et Martin sur son bord. L'un et l'autre s'y rendirent après s'être prosternés devant Sa misérable Hautesse. Candide, chemin faisant, disait à Martin : « Voilà pourtant six rois détrônés avec qui nous avons soupé! et encore dans ces six rois il y en a un à qui j'ai fait l'aumône. Peut-être y a-t-il beaucoup d'autres princes plus infortunés. Pour moi, je n'ai perdu que cent moutons, et je vole dans les bras de Cunégonde. Mon cher Martin, encore une fois, Pangloss avait raison, tout est bien. — Je le souhaite, dit Martin. — Mais, dit Candide, voilà une aventure bien peu vraisemblable que nous avons eue à Venise. On n'avait jamais vu ni ouï conter que six rois détrônés soupassent ensemble au cabaret. — Cela n'est pas plus extraordinaire, dit Martin, que la plupart des choses qui nous sont arrivées. Il est très-commun que des rois soient détrônés; et à l'égard de l'honneur que nous avons eu de souper avec eux, c'est une bagatelle qui ne mérite pas notre

attention. Qu'importe avec qui l'on soupe, pourvu qu'on fasse bonne chère? »

A peine Candide fut-il dans le vaisseau qu'il sauta au cou de son ancien valet, de son ami Cacambo. « Eh bien! lui dit-il, que fait Cunégonde? Est-elle toujours un prodige de beauté? M'aime-t-elle toujours? Comment se porte-t-elle? Tu lui as, sans doute, acheté un palais à Constantinople?

— Mon cher maître, répondit Cacambo, Cunégonde lave les écuelles sur le bord de la Propontide, chez un prince qui a très-peu d'écuelles; elle est esclave dans la maison d'un ancien souverain, nommé Ragotski[1], à qui le Grand Turc donne trois écus par jour dans son asile; mais, ce qui est bien plus triste, c'est qu'elle a perdu sa beauté, et qu'elle est devenue horriblement laide. — Ah! belle ou laide, dit Candide, je suis honnête homme, et mon devoir est de l'aimer toujours. Mais comment peut-elle être réduite à un état si abject avec les cinq ou six millions que tu avais emportés? — Bon, dit Cacambo, ne m'en a-t-il pas fallu donner deux au señor don Fernando d'Ibaraa, y Figueora, y Mascarenès, y Lampourdos, y Souza, gouverneur de Buénos-Ayres, pour avoir la permission de reprendre Mlle Cunégonde? Et un pirate ne nous a-t-il pas bravement dépouillés de tout le reste? Ce pirate ne nous a-t-il pas menés au cap de Matapan, à Milo, à Nicarie, à Samos, à Petra, aux Dardanelles, à Marmara, à Scutari? Cunégonde et la vieille servent chez ce prince dont je vous ai parlé, et moi, je suis esclave du sultan détrôné. — Que d'épouvantables calamités enchaînées les unes aux autres! dit Candide. Mais, après tout, j'ai encore quelques diamants; je délivrerai aisément Cunégonde. C'est bien dommage qu'elle soit devenue si laide. »

Ensuite, se tournant vers Martin : « Que pensez-vous, dit-il, qui soit le plus à plaindre, de l'empereur Achmet, de l'empereur Ivan, du roi Charles-Édouard, ou de moi? — Je n'en sais rien, dit Martin; il faudrait que je fusse dans vos cœurs pour le savoir. — Ah! dit Candide, si Pangloss était ici, il le saurait, et nous l'apprendrait. — Je ne sais, dit Martin, avec quelles balances votre Pangloss aurait pu peser les infortunes des hommes, et apprécier leurs douleurs. Tout ce que je présume c'est qu'il y a des millions d'hommes sur la terre cent fois plus à plaindre que le roi Charles-Édouard, l'empereur Ivan, et le sultan Achmet. — Cela pourrait bien être, dit Candide. »

1. Voltaire a parlé de Ragotski dans le chapitre xxii du *Siècle de Louis XIV*; voyez tome XIV. Ragotski est mort en 1735.

On arriva en peu de jours sur le canal de la mer Noire. Candide commença par racheter Cacambo fort cher ; et, sans perdre de temps, il se jeta dans une galère, avec ses compagnons, pour aller sur le rivage de la Propontide chercher Cunégonde, quelque laide qu'elle pût être.

Il y avait dans la chiourme deux forçats qui ramaient fort mal, et à qui le levanti patron appliquait de temps en temps quelques coups de nerf de bœuf sur leurs épaules nues ; Candide, par un mouvement naturel, les regarda plus attentivement que les autres galériens, et s'approcha d'eux avec pitié. Quelques traits de leurs visages défigurés lui parurent avoir un peu de ressemblance avec Pangloss et avec ce malheureux jésuite, ce baron, ce frère de M^lle Cunégonde. Cette idée l'émut et l'attrista. Il les considéra encore plus attentivement. « En vérité, dit-il à Cacambo, si je n'avais pas vu pendre maître Pangloss, et si je n'avais pas eu le malheur de tuer le baron, je croirais que ce sont eux qui rament dans cette galère. »

Au nom du baron et de Pangloss les deux forçats poussèrent un grand cri, s'arrêtèrent sur leur banc, et laissèrent tomber leurs rames. Le levanti patron accourait sur eux, et les coups de nerf de bœuf redoublaient. « Arrêtez ! arrêtez ! seigneur, s'écria Candide ; je vous donnerai tant d'argent que vous voudrez. — Quoi ! c'est Candide ! disait l'un des forçats. — Quoi ! c'est Candide ! disait l'autre. — Est-ce un songe ? dit Candide ; veillé-je ? suis-je dans cette galère ? Est-ce là monsieur le baron, que j'ai tué ? Est-ce là maître Pangloss, que j'ai vu pendre ? — C'est nous-mêmes, c'est nous-mêmes, répondaient-ils. — Quoi ! c'est là ce grand philosophe ? disait Martin. — Eh ! monsieur le levanti patron, dit Candide, combien voulez-vous d'argent pour la rançon de M. de Thunder-ten-tronckh, un des premiers barons de l'empire, et de M. Pangloss, le plus profond métaphysicien d'Allemagne ? — Chien de chrétien, répondit le levanti patron, puisque ces deux chiens de forçats chrétiens sont des barons et des métaphysiciens, ce qui est sans doute une grande dignité dans leur pays, tu m'en donneras cinquante mille sequins. — Vous les aurez, monsieur ; remenez-moi comme un éclair à Constantinople, et vous serez payé sur-le-champ. Mais non, menez-moi chez M^lle Cunégonde. » Le levanti patron, sur la première offre de Candide, avait déjà tourné la proue vers la ville, et il faisait ramer plus vite qu'un oiseau ne fend les airs.

Candide embrassa cent fois le baron et Pangloss. « Et comment ne vous ai-je pas tué, mon cher baron ? et mon cher Pan-

gloss, comment êtes-vous en vie après avoir été pendu ? et pourquoi êtes-vous tous deux aux galères en Turquie ? — Est-il bien vrai que ma chère sœur soit dans ce pays ? disait le baron. — Oui, répondit Cacambo. — Je revois donc mon cher Candide ! s'écriait Pangloss. » Candide leur présentait Martin et Cacambo. Ils s'embrassaient tous ; ils parlaient tous à la fois. La galère volait, ils étaient déjà dans le port. On fit venir un juif, à qui Candide vendit pour cinquante mille sequins un diamant de la valeur de cent mille, et qui lui jura par Abraham qu'il n'en pouvait donner davantage. Il paya incontinent la rançon du baron et de Pangloss. Celui-ci se jeta aux pieds de son libérateur, et les baigna de larmes ; l'autre le remercia par un signe de tête, et lui promit de lui rendre cet argent à la première occasion. « Mais est-il bien possible que ma sœur soit en Turquie ? disait-il. — Rien n'est si possible, reprit Cacambo, puisqu'elle écure la vaisselle chez un prince de Transylvanie. » On fit aussitôt venir deux juifs : Candide vendit encore des diamants ; et ils repartirent tous dans une autre galère pour aller délivrer Cunégonde.

CHAPITRE XXVIII.

CE QUI ARRIVA A CANDIDE, A CUNÉGONDE, A PANGLOSS, A MARTIN, ETC.

« Pardon, encore une fois, dit Candide au baron ; pardon, mon révérend père, de vous avoir donné un grand coup d'épée au travers du corps.

— N'en parlons plus, dit le baron ; je fus un peu trop vif, je l'avoue ; mais puisque vous voulez savoir par quel hasard vous m'avez vu aux galères, je vous dirai qu'après avoir été guéri de ma blessure par le frère apothicaire du collége, je fus attaqué et enlevé par un parti espagnol ; on me mit en prison à Buénos-Ayres dans le temps que ma sœur venait d'en partir. Je demandai à retourner à Rome auprès du père général. Je fus nommé pour aller servir d'aumônier à Constantinople auprès de monsieur l'ambassadeur de France. Il n'y avait pas huit jours que j'étais entré en fonction, quand je trouvai sur le soir un jeune icoglan très-bien fait. Il faisait fort chaud : le jeune homme voulut se baigner ; je pris cette occasion de me baigner aussi. Je ne savais pas que ce fût un crime capital pour un chrétien d'être trouvé tout nu avec un jeune musulman. Un cadi me fit donner cent

coups de bâton sous la plante des pieds, et me condamna aux galères. Je ne crois pas qu'on ait fait une plus horrible injustice. Mais je voudrais bien savoir pourquoi ma sœur est dans la cuisine d'un souverain de Transylvanie réfugié chez les Turcs.

— Mais vous, mon cher Pangloss, dit Candide, comment se peut-il que je vous revoie?

— Il est vrai, dit Pangloss, que vous m'avez vu pendre : je devais naturellement être brûlé; mais vous vous souvenez qu'il plut à verse lorsqu'on allait me cuire : l'orage fut si violent qu'on désespéra d'allumer le feu; je fus pendu, parce qu'on ne put mieux faire : un chirurgien acheta mon corps, m'emporta chez lui, et me disséqua. Il me fit d'abord une incision cruciale depuis le nombril jusqu'à la clavicule. On ne pouvait pas avoir été plus mal pendu que je l'avais été. L'exécuteur des hautes œuvres de la sainte Inquisition, lequel était sous-diacre, brûlait à la vérité les gens à merveille, mais il n'était pas accoutumé à pendre : la corde était mouillée et glissa mal, elle fut mal nouée; enfin je respirais encore : l'incision cruciale me fit jeter un si grand cri que mon chirurgien tomba à la renverse; et, croyant qu'il disséquait le diable, il s'enfuit en mourant de peur, et tomba encore sur l'escalier en fuyant. Sa femme accourut au bruit, d'un cabinet voisin : elle me vit sur la table étendu avec mon incision cruciale; elle eut encore plus de peur que son mari, s'enfuit, et tomba sur lui. Quand ils furent un peu revenus à eux, j'entendis la chirurgienne qui disait au chirurgien : « Mon bon, de quoi vous avisez- « vous aussi de disséquer un hérétique? Ne savez-vous pas que « le diable est toujours dans le corps de ces gens-là? Je vais vite « chercher un prêtre pour l'exorciser. » Je frémis à ce propos, et je ramassai le peu de forces qui me restaient pour crier : « Ayez pitié de moi! » Enfin le barbier portugais s'enhardit : il recousit ma peau; sa femme même eut soin de moi; je fus sur pied au bout de quinze jours. Le barbier me trouva une condition, et me fit laquais d'un chevalier de Malte qui allait à Venise; mais mon maître n'ayant pas de quoi me payer, je me mis au service d'un marchand vénitien, et je le suivis à Constantinople.

« Un jour il me prit fantaisie d'entrer dans une mosquée; il n'y avait qu'un vieux iman et une jeune dévote très-jolie qui disait ses patenôtres; sa gorge était toute découverte : elle avait entre ses deux tétons un beau bouquet de tulipes, de roses, d'anémones, de renoncules, d'hyacinthes, et d'oreilles d'ours; elle laissa tomber son bouquet; je le ramassai, et je le lui remis avec un empressement très-respectueux. Je fus si longtemps à le lui

remettre que l'iman se mit en colère, et, voyant que j'étais chrétien, il cria à l'aide. On me mena chez le cadi, qui me fit donner cent coups de latte sous la plante des pieds, et m'envoya aux galères. Je fus enchaîné précisément dans la même galère et au même banc que monsieur le baron. Il y avait dans cette galère quatre jeunes gens de Marseille, cinq prêtres napolitains, et deux moines de Corfou, qui nous dirent que de pareilles aventures arrivaient tous les jours. Monsieur le baron prétendait qu'il avait essuyé une plus grande injustice que moi ; je prétendais, moi, qu'il était beaucoup plus permis de remettre un bouquet sur la gorge d'une femme que d'être tout nu avec un icoglan. Nous disputions sans cesse, et nous recevions vingt coups de nerf de bœuf par jour, lorsque l'enchaînement des événements de cet univers vous a conduit dans notre galère, et que vous nous avez rachetés.

— Eh bien ! mon cher Pangloss, lui dit Candide, quand vous avez été pendu, disséqué, roué de coups, et que vous avez ramé aux galères, avez-vous toujours pensé que tout allait le mieux du monde?

— Je suis toujours de mon premier sentiment, répondit Pangloss ; car enfin je suis philosophe : il ne me convient pas de me dédire, Leibnitz ne pouvant pas avoir tort, et l'harmonie préétablie étant d'ailleurs la plus belle chose du monde, aussi bien que le plein et la matière subtile. »

CHAPITRE XXIX.

COMMENT CANDIDE RETROUVA CUNÉGONDE ET LA VIEILLE.

Pendant que Candide, le baron, Pangloss, Martin, et Cacambo, contaient leurs aventures, qu'ils raisonnaient sur les événements contingents ou non contingents de cet univers, qu'ils disputaient sur les effets et les causes, sur le mal moral et sur le mal physique, sur la liberté et la nécessité, sur les consolations que l'on peut éprouver lorsqu'on est aux galères en Turquie, ils abordèrent sur le rivage de la Propontide, à la maison du prince de Transylvanie. Les premiers objets qui se présentèrent furent Cunégonde et la vieille, qui étendaient des serviettes sur des ficelles pour les faire sécher.

Le baron pâlit à cette vue. Le tendre amant Candide, en voyant sa belle Cunégonde rembrunie, les yeux éraillés, la gorge sèche,

les joues ridées, les bras rouges et écaillés, recula trois pas, saisi d'horreur, et avança ensuite par bon procédé. Elle embrassa Candide et son frère ; on embrassa la vieille : Candide les racheta toutes deux.

Il y avait une petite métairie dans le voisinage ; la vieille proposa à Candide de s'en accommoder, en attendant que toute la troupe eût une meilleure destinée. Cunégonde ne savait pas qu'elle était enlaidie, personne ne l'en avait avertie : elle fit souvenir Candide de ses promesses avec un ton si absolu que le bon Candide n'osa pas la refuser. Il signifia donc au baron qu'il allait se marier avec sa sœur. « Je ne souffrirai jamais, dit le baron, une telle bassesse de sa part, et une telle insolence de la vôtre ; cette infamie ne me sera jamais reprochée : les enfants de ma sœur ne pourraient entrer dans les chapitres d'Allemagne. Non, jamais ma sœur n'épousera qu'un baron de l'empire. » Cunégonde se jeta à ses pieds, et les baigna de larmes ; il fut inflexible. « Maître fou, lui dit Candide, je t'ai réchappé des galères, j'ai payé ta rançon, j'ai payé celle de ta sœur ; elle lavait ici des écuelles, elle est laide, j'ai la bonté d'en faire ma femme ; et tu prétends encore t'y opposer ! je te retuerais si j'en croyais ma colère. — Tu peux me tuer encore, dit le baron, mais tu n'épouseras pas ma sœur de mon vivant. »

CHAPITRE XXX.

CONCLUSION.

Candide, dans le fond de son cœur, n'avait aucune envie d'épouser Cunégonde ; mais l'impertinence extrême du baron le déterminait à conclure le mariage, et Cunégonde le pressait si vivement qu'il ne pouvait s'en dédire. Il consulta Pangloss, Martin, et le fidèle Cacambo. Pangloss fit un beau mémoire par lequel il prouvait que le baron n'avait nul droit sur sa sœur, et qu'elle pouvait, selon toutes les lois de l'empire, épouser Candide de la main gauche. Martin conclut à jeter le baron dans la mer ; Cacambo décida qu'il fallait le rendre au levanti patron, et le remettre aux galères, après quoi on l'enverrait à Rome au père général par le premier vaisseau. L'avis fut trouvé fort bon ; la vieille l'approuva ; on n'en dit rien à sa sœur ; la chose fut exécutée pour quelque argent, et on eut le plaisir d'attraper un jésuite, et de punir l'orgueil d'un baron allemand.

Il était tout naturel d'imaginer qu'après tant de désastres

Candide, marié avec sa maîtresse et vivant avec le philosophe Pangloss, le philosophe Martin, le prudent Cacambo, et la vieille, ayant d'ailleurs rapporté tant de diamants de la patrie des anciens Incas, mènerait la vie du monde la plus agréable ; mais il fut tant friponné par les juifs qu'il ne lui resta plus rien que sa petite métairie ; sa femme, devenant tous les jours plus laide, devint acariâtre et insupportable ; la vieille était infirme, et fut encore de plus mauvaise humeur que Cunégonde. Cacambo, qui travaillait au jardin, et qui allait vendre des légumes à Constantinople, était excédé de travail, et maudissait sa destinée. Pangloss était au désespoir de ne pas briller dans quelque université d'Allemagne. Pour Martin, il était fermement persuadé qu'on est également mal partout ; il prenait les choses en patience. Candide, Martin, et Pangloss, disputaient quelquefois de métaphysique et de morale.

On voyait souvent passer sous les fenêtres de la métairie des bateaux chargés d'effendis, de bachas, de cadis, qu'on envoyait en exil à Lemnos, à Mytilène, à Erzeroum ; on voyait venir d'autres cadis, d'autres bachas, d'autres effendis, qui prenaient la place des expulsés, et qui étaient expulsés à leur tour ; on voyait des têtes proprement empaillées qu'on allait présenter à la Sublime-Porte. Ces spectacles faisaient redoubler les dissertations ; et quand on ne disputait pas, l'ennui était si excessif que la vieille osa un jour leur dire : « Je voudrais savoir lequel est le pire, ou d'être violée cent fois par des pirates nègres, d'avoir une fesse coupée, de passer par les baguettes chez les Bulgares, d'être fouetté et pendu dans un auto-da-fé, d'être disséqué, de ramer en galère, d'éprouver enfin toutes les misères par lesquelles nous avons tous passé, ou bien de rester ici à ne rien faire ? — C'est une grande question », dit Candide.

Ce discours fit naître de nouvelles réflexions, et Martin surtout conclut que l'homme était né pour vivre dans les convulsions de l'inquiétude, ou dans la léthargie de l'ennui. Candide n'en convenait pas, mais il n'assurait rien. Pangloss avouait qu'il avait toujours horriblement souffert ; mais ayant soutenu une fois que tout allait à merveille, il le soutenait toujours, et n'en croyait rien.

Une chose acheva de confirmer Martin dans ses détestables principes, de faire hésiter plus que jamais Candide, et d'embarrasser Pangloss. C'est qu'ils virent un jour aborder dans leur métairie Paquette et le frère Giroflée, qui étaient dans la plus extrême misère ; ils avaient bien vite mangé leurs trois mille piastres, s'étaient quittés, s'étaient raccommodés, s'étaient brouillés,

avaient été mis en prison ; s'étaient enfuis, et enfin frère Giroflée s'était fait turc. Paquette continuait son métier partout, et n'y gagnait plus rien. « Je l'avais bien prévu, dit Martin à Candide, que vos présents seraient bientôt dissipés et ne les rendraient que plus misérables. Vous avez regorgé de millions de piastres, vous et Cacambo, et vous n'êtes pas plus heureux que frère Giroflée et Paquette. — Ah ! ah ! dit Pangloss à Paquette, le Ciel vous ramène donc ici parmi nous. Ma pauvre enfant ! savez-vous bien que vous m'avez coûté le bout du nez, un œil, et une oreille ? Comme vous voilà faite ! eh ! qu'est-ce que ce monde ! » Cette nouvelle aventure les engagea à philosopher plus que jamais.

Il y avait dans le voisinage un derviche très-fameux qui passait pour le meilleur philosophe de la Turquie ; ils allèrent le consulter ; Pangloss porta la parole, et lui dit : « Maître, nous venons vous prier de nous dire pourquoi un aussi étrange animal que l'homme a été formé. — De quoi te mêles-tu ? lui dit le derviche ; est-ce là ton affaire ? — Mais, mon révérend père, dit Candide, il y a horriblement de mal sur la terre. — Qu'importe, dit le derviche, qu'il y ait du mal ou du bien ? Quand Sa Hautesse envoie un vaisseau en Égypte, s'embarrasse-t-elle si les souris qui sont dans le vaisseau sont à leur aise ou non ? — Que faut-il donc faire ? dit Pangloss. — Te taire, dit le derviche. — Je me flattais, dit Pangloss, de raisonner un peu avec vous des effets et des causes, du meilleur des mondes possibles, de l'origine du mal, de la nature de l'âme, et de l'harmonie préétablie. » Le derviche, à ces mots, leur ferma la porte au nez.

Pendant cette conversation, la nouvelle s'était répandue qu'on venait d'étrangler à Constantinople deux vizirs du banc et le muphti, et qu'on avait empalé plusieurs de leurs amis. Cette catastrophe faisait partout un grand bruit pendant quelques heures. Pangloss, Candide, et Martin, en retournant à la petite métairie, rencontrèrent un bon vieillard qui prenait le frais à sa porte sous un berceau d'orangers. Pangloss, qui était aussi curieux que raisonneur, lui demanda comment se nommait le muphti qu'on venait d'étrangler. « Je n'en sais rien, répondit le bonhomme; et je n'ai jamais su le nom d'aucun muphti ni d'aucun vizir. J'ignore absolument l'aventure dont vous me parlez ; je présume qu'en général ceux qui se mêlent des affaires publiques périssent quelquefois misérablement, et qu'ils le méritent ; mais je ne m'informe jamais de ce qu'on fait à Constantinople ; je me contente d'y envoyer vendre les fruits du jardin que je cultive. »

CHAPITRE XXX.

Ayant dit ces mots, il fit entrer les étrangers dans sa maison ; ses deux filles et ses deux fils leur présentèrent plusieurs sortes de sorbets qu'ils faisaient eux-mêmes, du kaïmak piqué d'écorces de cédrat confit, des oranges, des citrons, des limons, des ananas, des dattes, des pistaches, du café de Moka qui n'était point mêlé avec le mauvais café de Batavia et des îles. Après quoi les deux filles de ce bon musulman parfumèrent les barbes de Candide, de Pangloss, et de Martin.

« Vous devez avoir, dit Candide au Turc, une vaste et magnifique terre ? — Je n'ai que vingt arpents, répondit le Turc ; je les cultive avec mes enfants ; le travail éloigne de nous trois grands maux, l'ennui, le vice, et le besoin. »

Candide, en retournant dans sa métairie, fit de profondes réflexions sur le discours du Turc. Il dit à Pangloss et à Martin : « Ce bon vieillard me paraît s'être fait un sort bien préférable à celui des six rois avec qui nous avons eu l'honneur de souper. — Les grandeurs, dit Pangloss, sont fort dangereuses, selon le rapport de tous les philosophes : car enfin Églon, roi des Moabites, fut assassiné par Aod ; Absalon fut pendu par les cheveux et percé de trois dards ; le roi Nadab, fils de Jéroboam, fut tué par Baasa ; le roi Éla, par Zambri ; Ochosias, par Jéhu ; Athalie, par Joïada ; les rois Joachim, Jéchonias, Sédécias, furent esclaves. Vous savez comment périrent Crésus, Astyage, Darius, Denys de Syracuse, Pyrrhus, Persée, Annibal, Jugurtha, Arioviste, César, Pompée, Néron, Othon, Vitellius, Domitien, Richard II d'Angleterre, Édouard II, Henri VI, Richard III, Marie Stuart, Charles Ier, les trois Henri de France, l'empereur Henri IV ? Vous savez... — Je sais aussi, dit Candide, qu'il faut cultiver notre jardin. — Vous avez raison, dit Pangloss ; car quand l'homme fut mis dans le jardin d'Éden, il y fut mis *ut operaretur eum*, pour qu'il travaillât : ce qui prouve que l'homme n'est pas né pour le repos. — Travaillons sans raisonner, dit Martin ; c'est le seul moyen de rendre la vie supportable. »

Toute la petite société entra dans ce louable dessein ; chacun se mit à exercer ses talents. La petite terre rapporta beaucoup. Cunégonde était, à la vérité, bien laide ; mais elle devint une excellente pâtissière ; Paquette broda ; la vieille eut soin du linge. Il n'y eut pas jusqu'à frère Giroflée qui ne rendît service ; il fut un très-bon menuisier, et même devint honnête homme ; et Pangloss disait quelquefois à Candide : « Tous les événements sont enchaînés dans le meilleur des mondes possibles : car enfin si vous n'aviez pas été chassé d'un beau château à grands coups de

pied dans le derrière pour l'amour de M^lle Cunégonde, si vous n'aviez pas été mis à l'Inquisition, si vous n'aviez pas couru l'Amérique à pied, si vous n'aviez pas donné un bon coup d'épée au baron, si vous n'aviez pas perdu tous vos moutons du bon pays d'Eldorado, vous ne mangeriez pas ici des cédrats confits et des pistaches. — Cela est bien dit, répondit Candide, mais il faut cultiver notre jardin[1]. »

[1]. Voyez, dans les *Mélanges*, année 1759, la *Lettre aux auteurs du Journal encyclopedique*, datée du 1^er avril.

FIN DE CANDIDE.

HISTOIRE

D'UN BON BRAMIN

(1759)

Je rencontrai dans mes voyages un vieux bramin, homme fort sage, plein d'esprit, et très-savant ; de plus, il était riche, et, partant, il en était plus sage encore : car, ne manquant de rien, il n'avait besoin de tromper personne. Sa famille était très-bien gouvernée par trois belles femmes qui s'étudiaient à lui plaire ; et, quand il ne s'amusait pas avec ses femmes, il s'occupait à philosopher.

Près de sa maison, qui était belle, ornée et accompagnée de jardins charmants, demeurait une vieille Indienne, bigote, imbécile, et assez pauvre.

Le bramin me dit un jour : « Je voudrais n'être jamais né. » Je lui demandai pourquoi. Il me répondit : « J'étudie depuis quarante ans, ce sont quarante années de perdues ; j'enseigne les autres, et j'ignore tout : cet état porte dans mon âme tant d'humiliation et de dégoût que la vie m'est insupportable ; je suis né, je vis dans le temps, et je ne sais pas ce que c'est que le temps ; je me trouve dans un point entre deux éternités[1], comme disent nos sages, et je n'ai nulle idée de l'éternité ; je suis composé de matière ; je pense, je n'ai jamais pu m'instruire de ce qui produit la pensée ; j'ignore si mon entendement est en moi une simple faculté, comme celle de marcher, de digérer, et si je pense avec ma tête comme je prends avec mes mains. Non-seulement le principe de ma pensée m'est inconnu, mais le principe de mes mouvements m'est également caché : je ne sais pourquoi j'existe ;

1. Voyez, tome XVIII, page 521 ; et dans les *Mélanges,* année 1772, le paragraphe III de l'opuscule intitulé *Il faut prendre un parti.*

cependant on me fait chaque jour des questions sur tous ces points : il faut répondre ; je n'ai rien de bon à dire ; je parle beaucoup, et je demeure confus et honteux de moi-même après avoir parlé.

« C'est bien pis quand on me demande si Brama a été produit par Vitsnou, ou s'ils sont tous deux éternels. Dieu m'est témoin que je n'en sais pas un mot, et il y paraît bien à mes réponses. Ah ! mon révérend père, me dit-on, apprenez-nous comment le mal inonde toute la terre. Je suis aussi en peine que ceux qui me font cette question : je leur dis quelquefois que tout est le mieux du monde ; mais ceux qui ont été ruinés et mutilés à la guerre n'en croient rien, ni moi non plus ; je me retire chez moi accablé de ma curiosité et de mon ignorance. Je lis nos anciens livres, et ils redoublent mes ténèbres. Je parle à mes compagnons : les uns me répondent qu'il faut jouir de la vie, et se moquer des hommes ; les autres croient savoir quelque chose, et se perdent dans des idées extravagantes ; tout augmente le sentiment douloureux que j'éprouve. Je suis prêt quelquefois de tomber dans le désespoir, quand je songe qu'après toutes mes recherches je ne sais ni d'où je viens, ni ce que je suis, ni où j'irai, ni ce que je deviendrai. »

L'état de ce bon homme me fit une vraie peine : personne n'était ni plus raisonnable ni de meilleure foi que lui. Je conçus que plus il avait de lumières dans son entendement et de sensibilité dans son cœur, plus il était malheureux.

Je vis le même jour la vieille femme qui demeurait dans son voisinage : je lui demandai si elle avait jamais été affligée de ne savoir pas comment son âme était faite. Elle ne comprit seulement pas ma question : elle n'avait jamais réfléchi un seul moment de sa vie sur un seul des points qui tourmentaient le bramin ; elle croyait aux métamorphoses de Vitsnou de tout son cœur, et pourvu qu'elle pût avoir quelquefois de l'eau du Gange[1] pour se laver, elle se croyait la plus heureuse des femmes.

Frappé du bonheur de cette pauvre créature, je revins à mon philosophe, et je lui dis : « N'êtes-vous pas honteux d'être malheureux, dans le temps qu'à votre porte il y a un vieil automate qui ne pense à rien, et qui vit content ? — Vous avez raison, me répondit-il ; je me suis dit cent fois que je serais heureux si j'étais aussi sot que ma voisine, et cependant je ne voudrais pas d'un tel bonheur. »

1. Voyez tome XI, page 18 ; et tome XII, page 438.

Cette réponse de mon bramin me fit une plus grande impression que tout le reste ; je m'examinai moi-même, et je vis qu'en effet je n'aurais pas voulu être heureux à condition d'être imbécile.

Je proposai la chose à des philosophes, et ils furent de mon avis. « Il y a pourtant, disais-je, une furieuse contradiction dans cette manière de penser : car enfin de quoi s'agit-il ? d'être heureux. Qu'importe d'avoir de l'esprit ou d'être sot ? Il y a bien plus : ceux qui sont contents de leur être sont bien sûrs d'être contents ; ceux qui raisonnent ne sont pas si sûrs de bien raisonner. Il est donc clair, disais-je, qu'il faudrait choisir de n'avoir pas le sens commun, pour peu que ce sens commun contribue à notre mal-être. » Tout le monde fut de mon avis, et cependant je ne trouvai personne qui voulût accepter le marché de devenir imbécile pour devenir content. De là je conclus que, si nous faisons cas du bonheur, nous faisons encore plus de cas de la raison.

Mais, après y avoir réfléchi, il paraît que de préférer la raison à la félicité, c'est être très-insensé. Comment donc cette contradiction peut-elle s'expliquer ? comme toutes les autres. Il y a là de quoi parler beaucoup.

FIN DE L'HISTOIRE D'UN BON BRAMIN.

LE BLANC ET LE NOIR

(1764)

Tout le monde dans la province de Candahar connaît l'aventure du jeune Rustan. Il était fils unique d'un mirza du pays : c'est comme qui dirait marquis parmi nous, ou baron chez les Allemands. Le mirza, son père, avait un bien honnête. On devait marier le jeune Rustan à une demoiselle, ou mirzasse de sa sorte. Les deux familles le désiraient passionnément. Il devait faire la consolation de ses parents, rendre sa femme heureuse, et l'être avec elle.

Mais par malheur il avait vu la princesse de Cachemire à la foire de Cabul, qui est la foire la plus considérable du monde, et incomparablement plus fréquentée que celle de Bassora et d'Astracan ; et voici pourquoi le vieux prince de Cachemire était venu à la foire avec sa fille.

Il avait perdu les deux plus rares pièces de son trésor : l'une était un diamant gros comme le pouce, sur lequel sa fille était gravée par un art que les Indiens possédaient alors, et qui s'est perdu depuis ; l'autre était un javelot qui allait de lui-même où l'on voulait : ce qui n'est pas une chose bien extraordinaire parmi nous, mais qui l'était à Cachemire.

Un faquir de Son Altesse lui vola ces deux bijoux ; il les porta à la princesse. « Gardez soigneusement ces deux pièces, lui dit-il; votre destinée en dépend. » Il partit alors, et on ne le revit plus. Le duc de Cachemire, au désespoir, résolut d'aller voir, à la foire de Cabul, si de tous les marchands qui s'y rendent des quatre coins du monde il n'y en aurait pas un qui eût son diamant et son arme. Il menait sa fille avec lui dans tous ses voyages. Elle porta son diamant bien enfermé dans sa ceinture ; mais pour le javelot, qu'elle ne pouvait si bien cacher, elle l'avait enfermé soigneusement à Cachemire dans son grand coffre de la Chine.

Rustan et elle se virent à Cabul ; ils s'aimèrent avec toute la bonne foi de leur âge, et toute la tendresse de leur pays. La princesse, pour gage de son amour, lui donna son diamant, et Rustan lui promit à son départ de l'aller voir secrètement à Cachemire.

Le jeune mirza avait deux favoris qui lui servaient de secrétaires, d'écuyers, de maîtres d'hôtel et de valets de chambre. L'un s'appelait Topaze : il était beau, bien fait, blanc comme une Circassienne, doux et serviable comme un Arménien, sage comme Guèbre. L'autre se nommait Ébène : c'était un nègre fort joli, plus empressé, plus industrieux que Topaze, et qui ne trouvait rien de difficile. Il leur communiqua le projet de son voyage. Topaze tâcha de l'en détourner avec le zèle circonspect d'un serviteur qui ne voulait pas lui déplaire ; il lui représenta tout ce qu'il hasardait. Comment laisser deux familles au désespoir ? comment mettre le couteau dans le cœur de ses parents ? Il ébranla Rustan ; mais Ébène le raffermit et leva tous ses scrupules.

Le jeune homme manquait d'argent pour un si long voyage. Le sage Topaze ne lui en aurait pas fait prêter ; Ébène y pourvut. Il prit adroitement le diamant de son maître, en fit faire un faux tout semblable, qu'il remit à sa place, et donna le véritable en gage à un Arménien pour quelques milliers de roupies.

Quand le marquis eut ses roupies, tout fut prêt pour le départ. On chargea un éléphant de son bagage ; on monta à cheval. Topaze dit à son maître : « J'ai pris la liberté de vous faire des remontrances sur votre entreprise ; mais, après avoir remontré, il faut obéir ; je suis à vous, je vous aime, je vous suivrai jusqu'au bout du monde ; mais consultons en chemin l'oracle qui est à deux parasanges d'ici. » Rustan y consentit. L'oracle répondit : « Si tu vas à l'orient, tu seras à l'occident. » Rustan ne comprit rien à cette réponse. Topaze soutint qu'elle ne contenait rien de bon. Ébène, toujours complaisant, lui persuada qu'elle était très-favorable.

Il y avait encore un autre oracle dans Cabul ; ils y allèrent. L'oracle de Cabul répondit en ces mots : « Si tu possèdes, tu ne posséderas pas ; si tu es vainqueur, tu ne vaincras pas ; si tu es Rustan, tu ne le seras pas. » Cet oracle parut encore plus inintelligible que l'autre. « Prenez garde à vous, disait Topaze. — Ne redoutez rien », disait Ébène ; et ce ministre, comme on peut le croire, avait toujours raison auprès de son maître, dont il encourageait la passion et l'espérance.

Au sortir de Cabul, on marcha par une grande forêt, on s'assit sur l'herbe pour manger, on laissa les chevaux paître. On se pré-

parait à décharger l'éléphant qui portait le dîner et le service, lorsqu'on s'aperçut que Topaze et Ébène n'étaient plus avec la petite caravane. On les appelle ; la forêt retentit des noms d'Ébène et de Topaze. Les valets les cherchent de tous côtés, et remplissent la forêt de leurs cris ; ils reviennent sans avoir rien vu, sans qu'on leur ait répondu. « Nous n'avons trouvé, dirent-ils à Rustan, qu'un vautour qui se battait avec un aigle, et qui lui ôtait toutes ses plumes. » Le récit de ce combat piqua la curiosité de Rustan ; il alla à pied sur le lieu, il n'aperçut ni vautour ni aigle ; mais il vit son éléphant, encore tout chargé de son bagage, qui était assailli par un gros rhinocéros. L'un frappait de sa corne, l'autre de sa trompe. Le rhinocéros lâcha prise à la vue de Rustan ; on ramena son éléphant, mais on ne trouva plus les chevaux. « Il arrive d'étranges choses dans les forêts quand on voyage ! » s'écriait Rustan. Les valets étaient consternés, et le maître au désespoir d'avoir perdu à la fois ses chevaux, son cher nègre, et le sage Topaze, pour lequel il avait toujours de l'amitié, quoiqu'il ne fût jamais de son avis.

L'espérance d'être bientôt aux pieds de la belle princesse de Cachemire le consolait, quand il rencontra un grand âne rayé, à qui un rustre vigoureux et terrible donnait cent coups de bâton. Rien n'est si beau, ni si rare, ni si léger à la course que les ânes de cette espèce. Celui-ci répondait aux coups redoublés du vilain par des ruades qui auraient pu déraciner un chêne. Le jeune mirza prit, comme de raison, le parti de l'âne, qui était une créature charmante. Le rustre s'enfuit en disant à l'âne : « Tu me le payeras. » L'âne remercia son libérateur en son langage, s'approcha, se laissa caresser, et caressa. Rustan monte dessus après avoir dîné, et prend le chemin de Cachemire avec ses domestiques, qui suivent, les uns à pied, les autres montés sur l'éléphant.

A peine était-il sur son âne que cet animal tourne vers Cabul, au lieu de suivre la route de Cachemire. Son maître a beau tourner la bride, donner des saccades, serrer les genoux, appuyer des éperons, rendre la bride, tirer à lui, fouetter à droite et à gauche, l'animal opiniâtre courait toujours vers Cabul.

Rustan suait, se démenait, se désespérait, quand il rencontre un marchand de chameaux qui lui dit : « Maître, vous avez là un âne bien malin qui vous mène où vous ne voulez pas aller ; si vous voulez me le céder, je vous donnerai quatre de mes chameaux à choisir. » Rustan remercia la Providence de lui avoir procuré un si bon marché. « Topaze avait grand tort, dit-il, de

me dire que mon voyage serait malheureux. » Il monte sur le plus beau chameau, les trois autres suivent ; il rejoint sa caravane, et se voit dans le chemin de son bonheur.

A peine a-t-il marché quatre parasanges qu'il est arrêté par un torrent profond, large et impétueux, qui roulait des rochers blanchis d'écume. Les deux rivages étaient des précipices affreux qui éblouissaient la vue et glaçaient le courage ; nul moyen de passer, nul d'aller à droite ou à gauche. « Je commence à craindre, dit Rustan, que Topaze n'ait eu raison de blâmer mon voyage, et moi grand tort de l'entreprendre ; encore, s'il était ici, il me pourrait donner quelques bons avis. Si j'avais Ébène, il me consolerait, et il trouverait des expédients ; mais tout me manque. » Son embarras était augmenté par la consternation de sa troupe : la nuit était noire, on la passa à se lamenter. Enfin la fatigue et l'abattement endormirent l'amoureux voyageur. Il se réveille au point du jour, et voit un beau pont de marbre élevé sur le torrent d'une rive à l'autre.

Ce furent des exclamations, des cris d'étonnement et de joie. « Est-il possible ? est-ce un songe ? quel prodige ! quel enchantement ! oserons-nous passer ? » Toute la troupe se mettait à genoux, se relevait, allait au pont, baisait la terre, regardait le ciel, étendait les mains, posait le pied en tremblant, allait, revenait, était en extase ; et Rustan disait : « Pour le coup le ciel me favorise : Topaze ne savait ce qu'il disait ; les oracles étaient en ma faveur ; Ébène avait raison ; mais pourquoi n'est-il pas ici ? »

A peine la troupe fut-elle au delà du torrent que voilà le pont qui s'abîme dans l'eau avec un fracas épouvantable. « Tant mieux ! tant mieux ! s'écria Rustan ; Dieu soit loué ! le ciel soit béni ! il ne veut pas que je retourne dans mon pays, où je n'aurais été qu'un simple gentilhomme ; il veut que j'épouse ce que j'aime. Je serai prince de Cachemire ; c'est ainsi qu'en *possédant* ma maîtresse, je ne *posséderai* pas mon petit marquisat à Candahar. *Je serais Rustan, et je ne le serai pas*, puisque je deviendrai un grand prince : voilà une grande partie de l'oracle expliquée nettement en ma faveur, le reste s'expliquera de même ; je suis trop heureux. Mais pourquoi Ébène n'est-il pas auprès de moi ? je le regrette mille fois plus que Topaze. »

Il avança encore quelques parasanges avec la plus grande allégresse ; mais, sur la fin du jour, une enceinte de montagnes plus roides qu'une contrescarpe, et plus hautes que n'aurait été la tour de Babel si elle avait été achevée, barra entièrement la caravane saisie de crainte.

Tout le monde s'écria : « Dieu veut que nous périssions ici ! il n'a brisé le pont que pour nous ôter tout espoir de retour ; il n'a élevé la montagne que pour nous priver de tout moyen d'avancer. O Rustan ! ô malheureux marquis ! nous ne verrons jamais Cachemire, nous ne rentrerons jamais dans la terre de Candahar. »

La plus cuisante douleur, l'abattement le plus accablant, succédaient dans l'âme de Rustan à la joie immodérée qu'il avait ressentie, aux espérances dont il s'était enivré. Il était bien loin d'interpréter les prophéties à son avantage. « O ciel ! ô Dieu paternel ! faut-il que j'aie perdu mon ami Topaze ! »

Comme il prononçait ces paroles en poussant de profonds soupirs, et en versant des larmes au milieu de ses suivants désespérés, voilà la base de la montagne qui s'ouvre, une longue galerie en voûte, éclairée de cent mille flambeaux, se présente aux yeux éblouis ; et Rustan de s'écrier, et ses gens de se jeter à genoux, et de tomber d'étonnement à la renverse, et de crier miracle ! et de dire : « Rustan est le favori de Vitsnou, le bien-aimé de Brama ; il sera le maître du monde. » Rustan le croyait, il était hors de lui, élevé au-dessus de lui-même. « Ah ! Ébène, mon cher Ébène ! où êtes-vous ? que n'êtes-vous témoin de toutes ces merveilles ! comment vous ai-je perdu ? Belle princesse de Cachemire, quand reverrai-je vos charmes ? »

Il avance avec ses domestiques, son éléphant, ses chameaux, sous la voûte de la montagne, au bout de laquelle il entre dans une prairie émaillée de fleurs et bordée de ruisseaux : au bout de la prairie ce sont des allées d'arbres à perte de vue ; et au bout de ces allées, une rivière, le long de laquelle sont mille maisons de plaisance, avec des jardins délicieux. Il entend partout des concerts de voix et d'instruments ; il voit des danses ; il se hâte de passer un des ponts de la rivière ; il demande au premier homme qu'il rencontre quel est ce beau pays.

Celui auquel il s'adressait lui répondit : « Vous êtes dans la province de Cachemire ; vous voyez les habitants dans la joie et dans les plaisirs ; nous célébrons les noces de notre belle princesse, qui va se marier avec le seigneur Barbabou, à qui son père l'a promise ; que Dieu perpétue leur félicité ! » A ces paroles Rustan tomba évanoui, et le seigneur cachemirien crut qu'il était sujet à l'épilepsie ; il le fit porter dans sa maison, où il fut longtemps sans connaissance. On alla chercher les deux plus habiles médecins du canton ; ils tâtèrent le pouls du malade, qui, ayant repris un peu ses esprits, poussait des sanglots, roulait les yeux, et s'écriait de temps en temps : « Topaze, Topaze, vous aviez bien raison ! »

L'un des deux médecins dit au seigneur cachemirien : « Je vois à son accent que c'est un jeune homme de Candahar, à qui l'air de ce pays ne vaut rien ; il faut le renvoyer chez lui ; je vois à ses yeux qu'il est devenu fou ; confiez-le-moi, je le remènerai dans sa patrie, et je le guérirai. » L'autre médecin assura qu'il n'était malade que de chagrin, qu'il fallait le mener aux noces de la princesse, et le faire danser. Pendant qu'ils consultaient, le malade reprit ses forces ; les deux médecins furent congédiés, et Rustan demeura tête à tête avec son hôte.

« Seigneur, lui dit-il, je vous demande pardon de m'être évanoui devant vous, je sais que cela n'est pas poli ; je vous supplie de vouloir bien accepter mon éléphant en reconnaissance des bontés dont vous m'avez honoré. » Il lui conta ensuite toutes ses aventures, en se gardant bien de lui parler de l'objet de son voyage. « Mais, au nom de Vitsnou et de Brama, lui dit-il, apprenez-moi quel est cet heureux Barbabou qui épouse la princesse de Cachemire ; pourquoi son père l'a choisi pour gendre, et pourquoi la princesse l'a accepté pour son époux.

— Seigneur, lui dit le Cachemirien, la princesse n'a point du tout accepté Barbabou ; au contraire, elle est dans les pleurs, tandis que toute la province célèbre avec joie son mariage ; elle s'est enfermée dans la tour de son palais ; elle ne veut voir aucune des réjouissances qu'on fait pour elle. » Rustan, en entendant ces paroles, se sentit renaître ; l'éclat de ses couleurs, que la douleur avait flétries, reparut sur son visage. « Dites-moi, je vous prie, continua-t-il, pourquoi le prince de Cachemire s'obstine à donner sa fille à un Barbabou dont elle ne veut pas.

— Voici le fait, répondit le Cachemirien. Savez-vous que notre auguste prince avait perdu un gros diamant et un javelot qui lui tenaient fort au cœur?

— Ah ! je le sais très-bien, dit Rustan.

— Apprenez donc, dit l'hôte, que notre prince, au désespoir de n'avoir point de nouvelles de ses deux bijoux, après les avoir fait longtemps chercher par toute la terre, a promis sa fille à quiconque lui rapporterait l'un ou l'autre. Il est venu un seigneur Barbabou qui était muni du diamant, et il épouse demain la princesse. »

Rustan pâlit, bégaya un compliment, prit congé de son hôte, et courut sur son dromadaire à la ville capitale où se devait faire la cérémonie. Il arrive au palais du prince ; il dit qu'il a des choses importantes à lui communiquer ; il demande une audience ; on lui répond que le prince est occupé des préparatifs de la noce :

« C'est pour cela même, dit-il, que je veux lui parler. » Il presse tant qu'il est introduit. « Monseigneur, dit-il, que Dieu couronne tous vos jours de gloire et de magnificence! votre gendre est un fripon.

— Comment un fripon! qu'osez-vous dire? est-ce ainsi qu'on parle à un duc de Cachemire du gendre qu'il a choisi?

— Oui, un fripon, reprit Rustan; et pour le prouver à Votre Altesse, c'est que voici votre diamant que je vous rapporte. »

Le duc, tout étonné, confronta les deux diamants; et comme il ne s'y connaissait guère, il ne put dire quel était le véritable. « Voilà deux diamants, dit-il, et je n'ai qu'une fille; me voilà dans un étrange embarras! » Il fit venir Barbabou, et lui demanda s'il ne l'avait point trompé. Barbabou jura qu'il avait acheté son diamant d'un Arménien; l'autre ne disait pas de qui il tenait le sien, mais il proposa un expédient : ce fut qu'il plût à Son Altesse de le faire combattre sur-le-champ contre son rival. « Ce n'est pas assez que votre gendre donne un diamant, disait-il; il faut aussi qu'il donne des preuves de valeur : ne trouvez-vous pas bon que celui qui tuera l'autre épouse la princesse?

— Très-bon, répondit le prince, ce sera un fort beau spectacle pour la cour; battez-vous vite tous deux: le vainqueur prendra les armes du vaincu, selon l'usage de Cachemire, et il épousera ma fille. »

Les deux prétendants descendent aussitôt dans la cour. Il y avait sur l'escalier une pie et un corbeau. Le corbeau criait : « Battez-vous, battez-vous ; » la pie : « Ne vous battez pas. » Cela fit rire le prince; les deux rivaux y prirent garde à peine : ils commencent le combat; tous les courtisans faisaient un cercle autour d'eux. La princesse, se tenant toujours renfermée dans sa tour, ne voulut point assister à ce spectacle; elle était bien loin de se douter que son amant fût à Cachemire, et elle avait tant d'horreur pour Barbabou qu'elle ne voulait rien voir. Le combat se passa le mieux du monde; Barbabou fut tué roide, et le peuple en fut charmé, parce qu'il était laid, et que Rustan était fort joli : c'est presque toujours ce qui décide de la faveur publique.

Le vainqueur revêtit la cotte de maille, l'écharpe, et le casque du vaincu, et vint, suivi de toute la cour, au son des fanfares, se présenter sous les fenêtres de sa maîtresse. Tout le monde criait : « Belle princesse, venez voir votre beau mari qui a tué son vilain rival » ; ses femmes répétaient ces paroles. La princesse mit par malheur la tête à la fenêtre, et voyant l'armure d'un homme qu'elle abhorrait, elle courut en désespérée à son coffre de la Chine, et tira le javelot fatal qui alla percer son cher Rustan au

défaut de la cuirasse ; il jeta un grand cri, et à ce cri la princesse crut reconnaître la voix de son malheureux amant.

Elle descend échevelée, la mort dans les yeux et dans le cœur. Rustan était déjà tombé tout sanglant dans les bras de son père. Elle le voit : ô moment! ô vue! ô reconnaissance dont on ne peut exprimer ni la douleur, ni la tendresse, ni l'horreur! Elle se jette sur lui, elle l'embrasse : « Tu reçois, lui dit-elle, les premiers et les derniers baisers de ton amante et de ta meurtrière. » Elle retire le dard de la plaie, l'enfonce dans son cœur, et meurt sur l'amant qu'elle adore. Le père, épouvanté, éperdu, prêt à mourir comme elle, tâche en vain de la rappeler à la vie ; elle n'était plus. Il maudit ce dard fatal, le brise en morceaux, jette au loin ses deux diamants funestes; et, tandis qu'on prépare les funérailles de sa fille au lieu de son mariage, il fait transporter dans son palais Rustan ensanglanté, qui avait encore un reste de vie.

On le porte dans un lit. La première chose qu'il voit aux deux côtés de ce lit de mort, c'est Topaze et Ébène. Sa surprise lui rendit un peu de force. « Ah! cruels, dit-il, pourquoi m'avez-vous abandonné? Peut-être la princesse vivrait encore, si vous aviez été près du malheureux Rustan.

— Je ne vous ai pas abandonné un seul moment, dit Topaze.

— J'ai toujours été près de vous, dit Ébène.

— Ah! que dites-vous? pourquoi insulter à mes derniers moments? répondit Rustan d'une voix languissante.

— Vous pouvez m'en croire, dit Topaze ; vous savez que je n'approuvai jamais ce fatal voyage dont je prévoyais les horribles suites. C'est moi qui étais l'aigle qui a combattu contre le vautour, et qu'il a déplumé; j'étais l'éléphant qui emportait le bagage pour vous forcer à retourner dans votre patrie ; j'étais l'âne rayé qui vous ramenait malgré vous chez votre père ; c'est moi qui ai égaré vos chevaux ; c'est moi qui ai formé le torrent qui vous empêchait de passer ; c'est moi qui ai élevé la montagne qui vous fermait un chemin si funeste ; j'étais le médecin qui vous conseillait l'air natal ; j'étais la pie qui vous criait de ne point combattre.

— Et moi, dit Ébène, j'étais le vautour qui a déplumé l'aigle ; le rhinocéros qui donnait cent coups de corne à l'éléphant, le vilain qui battait l'âne rayé ; le marchand qui vous donnait des chameaux pour courir à votre perte ; j'ai bâti le pont sur lequel vous avez passé ; j'ai creusé la caverne que vous avez traversée ; je suis le médecin qui vous encourageait à marcher ; le corbeau qui vous criait de vous battre.

— Hélas! souviens-toi des oracles, dit Topaze : *Si tu vas à l'orient, tu seras à l'occident.* — Oui, dit Ébène, on ensevelit ici les morts le visage tourné à l'occident : l'oracle était clair, que ne l'as-tu compris ? *Tu as possédé, et tu ne possédais pas :* car tu avais le diamant, mais il était faux, et tu n'en savais rien. Tu es vainqueur, et tu meurs ; tu es Rustan, et tu cesses de l'être : tout a été accompli. »

Comme il parlait ainsi, quatre ailes blanches couvrirent le corps de Topaze, et quatre ailes noires celui d'Ébène. « Que vois-je ? » s'écria Rustan. Topaze et Ébène répondirent ensemble : « Tu vois tes deux génies. — Eh! messieurs, leur dit le malheureux Rustan, de quoi vous mêliez-vous ? et pourquoi deux génies pour un pauvre homme ? — C'est la loi, dit Topaze ; chaque homme a ses deux génies, c'est Platon qui l'a dit le premier[1], et d'autres l'ont répété ensuite ; tu vois que rien n'est plus véritable : moi, qui te parle, je suis ton bon génie, et ma charge était de veiller auprès de toi jusqu'au dernier moment de ta vie ; je m'en suis fidèlement acquitté.

— Mais, dit le mourant, si ton emploi était de me servir, je suis donc d'une nature fort supérieure à la tienne ; et puis comment oses-tu dire que tu es mon bon génie, quand tu m'as laissé tromper dans tout ce que j'ai entrepris, et que tu me laisses mourir, moi et ma maîtresse, misérablement ? — Hélas! c'était ta destinée, dit Topaze. — Si c'est la destinée qui fait tout, dit le mourant, à quoi un génie est-il bon ? Et toi, Ébène, avec tes quatre ailes noires, tu es apparemment mon mauvais génie ? — Vous l'avez dit, répondit Ébène. — Mais tu étais donc aussi le mauvais génie de ma princesse ? — Non, elle avait le sien, et je l'ai parfaitement secondé. — Ah! maudit Ébène, si tu es si méchant, tu n'appartiens donc pas au même maître que Topaze ? vous avez été formés tous deux par deux principes différents, dont l'un est bon, et l'autre méchant de sa nature ? — Ce n'est pas une conséquence, dit Ébène, mais c'est une grande difficulté. — Il n'est pas possible, reprit l'agonisant, qu'un être favorable ait fait un génie si funeste. — Possible ou non possible, repartit Ébène, la chose est comme je te le dis. — Hélas! dit Topaze, mon pauvre ami, ne vois-tu pas que ce coquin-là a encore la malice de te faire disputer pour allumer ton sang et précipiter l'heure de ta mort ? — Va, je ne suis guère plus content de toi que de lui, dit le triste Rustan : il avoue du moins qu'il a voulu me faire du mal ; et toi,

1. Voyez tome XIX, page 247.

qui prétendais me défendre, tu ne m'as servi de rien. — J'en suis bien fâché, dit le bon génie. — Et moi aussi, dit le mourant ; il y a quelque chose là-dessous que je ne comprends pas. — Ni moi non plus, dit le pauvre bon génie. — J'en serai instruit dans un moment, dit Rustan. — C'est ce que nous verrons, dit Topaze. »

Alors tout disparut. Rustan se retrouva dans la maison de son père, dont il n'était pas sorti, et dans son lit, où il avait dormi une heure.

Il se réveille en sursaut, tout en sueur, tout égaré ; il se tâte, il appelle, il crie, il sonne. Son valet de chambre, Topaze, accourt en bonnet de nuit, et tout en bâillant. « Suis-je mort, suis-je en vie ? s'écria Rustan ; la belle princesse de Cachemire en réchappera-t-elle ?.... — Monseigneur rêve-t-il ? répondit froidement Topaze.

— Ah ! s'écriait Rustan, qu'est donc devenu ce barbare Ébène avec ses quatre ailes noires ? c'est lui qui me fait mourir d'une mort si cruelle. — Monseigneur, je l'ai laissé là-haut qui ronfle ; voulez-vous qu'on le fasse descendre ? — Le scélérat ! il y a six mois entiers qu'il me persécute ; c'est lui qui me mena à cette fatale foire de Cabul ; c'est lui qui m'escamota le diamant que m'avait donné la princesse ; il est seul la cause de mon voyage, de la mort de ma princesse, et du coup de javelot dont je meurs à la fleur de mon âge.

— Rassurez-vous, dit Topaze ; vous n'avez jamais été à Cabul ; il n'y a point de princesse de Cachemire ; son père n'a jamais eu que deux garçons qui sont actuellement au collége. Vous n'avez jamais eu de diamant ; la princesse ne peut être morte, puisqu'elle n'est pas née ; et vous vous portez à merveille.

— Comment ! il n'est pas vrai que tu m'assistais à la mort dans le lit du prince de Cachemire ? Ne m'as-tu pas avoué que, pour me garantir de tant de malheurs, tu avais été aigle, éléphant, âne rayé, médecin, et pie ? — Monseigneur, vous avez rêvé tout cela : nos idées ne dépendent pas plus de nous dans le sommeil que dans la veille. Dieu a voulu que cette file d'idées vous ait passé par la tête, pour vous donner apparemment quelque instruction dont vous ferez votre profit.

— Tu te moques de moi, reprit Rustan ; combien de temps ai-je dormi ? — Monseigneur, vous n'avez encore dormi qu'une heure. — Eh bien ! maudit raisonneur, comment veux-tu qu'en une heure de temps j'aie été à la foire de Cabul il y a six mois, que j'en sois revenu, que j'aie fait le voyage de Cachemire, et que nous soyons morts, Barbabou, la princesse, et moi ? — Monsei-

gneur, il n'y a rien de plus aisé et de plus ordinaire, et vous auriez pu réellement faire le tour du monde, et avoir beaucoup plus d'aventures en bien moins de temps.

« N'est-il pas vrai que vous pouvez lire en une heure l'abrégé de l'histoire des Perses, écrite par Zoroastre? cependant cet abrégé contient huit cent mille années. Tous ces événements passent sous vos yeux l'un après l'autre en une heure; or vous m'avouerez qu'il est aussi aisé à Brama de les resserrer tous dans l'espace d'une heure que de les étendre dans l'espace de huit cent mille années; c'est précisément la même chose. Figurez-vous que le temps tourne sur une roue dont le diamètre est infini. Sous cette roue immense est une multitude innombrable de roues les unes dans les autres; celle du centre est imperceptible, et fait un nombre infini de tours précisément dans le même temps que la grande roue n'en achève qu'un. Il est clair que tous les événements, depuis le commencement du monde jusqu'à sa fin, peuvent arriver successivement en beaucoup moins de temps que la cent millième partie d'une seconde; et on peut dire même que la chose est ainsi.

— Je n'y entends rien, dit Rustan. — Si vous voulez, dit Topaze, j'ai un perroquet qui vous le fera aisément comprendre. Il est né quelque temps avant le déluge, il a été dans l'arche; il a beaucoup vu; cependant il n'a encore qu'un an et demi : il vous contera son histoire, qui est fort intéressante.

— Allez vite chercher votre perroquet, dit Rustan; il m'amusera jusqu'à ce que je puisse me rendormir. — Il est chez ma sœur la religieuse, dit Topaze; je vais le chercher, vous en serez content; sa mémoire est fidèle, il conte simplement, sans chercher à montrer de l'esprit à tout propos, et sans faire des phrases. — Tant mieux, dit Rustan, voilà comme j'aime les contes. » On lui amena le perroquet, lequel parla ainsi.

N. B. M^{lle} Catherine Vadé n'a jamais pu trouver l'histoire du perroquet dans le portefeuille de feu son cousin Antoine Vadé, auteur de ce conte. C'est grand dommage, vu le temps auquel vivait ce perroquet. (*Note de Voltaire.*) — Cette note existe dès 1764. (B.)

FIN DE L'HISTOIRE LE BLANC ET LE NOIR.

JEANNOT ET COLIN

(1764)

Plusieurs personnes dignes de foi ont vu Jeannot et Colin à l'école dans la ville d'Issoire, en Auvergne, ville fameuse dans tout l'univers par son collége et par ses chaudrons. Jeannot était fils d'un marchand de mulets très-renommé; Colin devait le jour à un brave laboureur des environs, qui cultivait la terre avec quatre mulets, et qui, après avoir payé la taille, le taillon, les aides et gabelles, le sou pour livre, la capitation et les vingtièmes, ne se trouvait pas puissamment riche au bout de l'année.

Jeannot et Colin étaient fort jolis pour des Auvergnats; ils s'aimaient beaucoup, et ils avaient ensemble de petites privautés, de petites familiarités, dont on se ressouvient toujours avec agrément quand on se rencontre ensuite dans le monde.

Le temps de leurs études était sur le point de finir, quand un tailleur apporta à Jeannot un habit de velours à trois couleurs, avec une veste de Lyon de fort bon goût; le tout était accompagné d'une lettre à M. de La Jeannotière. Colin admira l'habit, et ne fut point jaloux; mais Jeannot prit un air de supériorité qui affligea Colin. Dès ce moment Jeannot n'étudia plus, se regarda au miroir, et méprisa tout le monde. Quelque temps après un valet de chambre arrive en poste, et apporte une seconde lettre à M. le marquis de La Jeannotière : c'était un ordre de monsieur son père de faire venir monsieur son fils à Paris. Jeannot monta en chaise en tendant la main à Colin avec un sourire de protection assez noble. Colin sentit son néant, et pleura. Jeannot partit dans toute la pompe de sa gloire.

Les lecteurs qui aiment à s'instruire doivent savoir que M. Jeannot, le père, avait acquis assez rapidement des biens immenses dans les affaires. Vous demandez comment on fait ces grandes fortunes? C'est parce qu'on est heureux. M. Jeannot était

bien fait, sa femme aussi, et elle avait encore de la fraîcheur. Ils allèrent à Paris pour un procès qui les ruinait, lorsque la fortune, qui élève et qui abaisse les hommes à son gré, les présenta à la femme d'un entrepreneur des hôpitaux des armées, homme d'un grand talent, et qui pouvait se vanter d'avoir tué plus de soldats en un an que le canon n'en fait périr en dix. Jeannot plut à madame; la femme de Jeannot plut à monsieur. Jeannot fut bientôt de part dans l'entreprise; il entra dans d'autres affaires. Dès qu'on est dans le fil de l'eau, il n'y a qu'à se laisser aller: on fait sans peine une fortune immense. Les gredins, qui du rivage vous regardent voguer à pleines voiles, ouvrent des yeux étonnés; ils ne savent comment vous avez pu parvenir; ils vous envient au hasard, et font contre vous des brochures que vous ne lisez point. C'est ce qui arriva à Jeannot le père, qui fut bientôt M. de La Jeannotière, et qui, ayant acheté un marquisat au bout de six mois, retira de l'école monsieur le marquis son fils, pour le mettre à Paris dans le beau monde.

Colin, toujours tendre, écrivit une lettre de compliments à son ancien camarade, et lui fit ces lignes pour le congratuler. Le petit marquis ne lui fit point de réponse: Colin en fut malade de douleur.

Le père et la mère donnèrent d'abord un gouverneur au jeune marquis: ce gouverneur, qui était un homme du bel air, et qui ne savait rien, ne put rien enseigner à son pupille. Monsieur voulait que son fils apprît le latin, madame ne le voulait pas. Ils prirent pour arbitre un auteur qui était célèbre alors par des ouvrages agréables. Il fut prié à dîner. Le maître de la maison commença par lui dire: « Monsieur, comme vous savez le latin, et que vous êtes un homme de la cour...

— Moi, monsieur, du latin! je n'en sais pas un mot, répondit le bel esprit, et bien m'en a pris; il est clair qu'on parle beaucoup mieux sa langue quand on ne partage pas son application entre elle et les langues étrangères. Voyez toutes nos dames, elles ont l'esprit plus agréable que les hommes; leurs lettres sont écrites avec centfoisplus de grâce; elles n'ont sur nous cette supériorité que parce qu'elles ne savent pas le latin.

— Eh bien! n'avais-je pas raison? dit madame. Je veux que mon fils soit un homme d'esprit, qu'il réussisse dans le monde; et vous voyez bien que, s'il savait le latin, il serait perdu. Joue-t-on, s'il vous plaît, la comédie et l'opéra en latin? Plaide-t-on en latin quand on a un procès? Fait-on l'amour en latin? » Monsieur, ébloui de ces raisons, passa condamnation, et il fut conclu que

le jeune marquis ne perdrait point son temps à connaître Cicéron, Horace, et Virgile. Mais qu'apprendra-t-il donc ? car encore faut-il qu'il sache quelque chose ; ne pourrait-on pas lui montrer un peu de géographie? « A quoi cela lui servira-t-il ? répondit le gouverneur. Quand monsieur le marquis ira dans ses terres, les postillons ne sauront-ils pas les chemins? Ils ne l'égareront certainement pas. On n'a pas besoin d'un quart de cercle pour voyager, et on va très-commodément de Paris en Auvergne, sans qu'il soit besoin de savoir sous quelle latitude on se trouve.

— Vous avez raison, répliqua le père ; mais j'ai entendu parler d'une belle science qu'on appelle, je crois, l'*astronomie*.

— Quelle pitié! repartit le gouverneur ; se conduit-on par les astres dans ce monde? et faudra-t-il que monsieur le marquis se tue à calculer une éclipse, quand il la trouve à point nommé dans l'almanach, qui lui enseigne de plus les fêtes mobiles, l'âge de la lune, et celui de toutes les princesses de l'Europe? »

Madame fut entièrement de l'avis du gouverneur. Le petit marquis était au comble de la joie ; le père était très-indécis. « Que faudra-t-il donc apprendre à mon fils? disait-il.

— A être aimable, répondit l'ami que l'on consultait ; et s'il sait les moyens de plaire, il saura tout : c'est un art qu'il apprendra chez madame sa mère, sans que ni l'un ni l'autre se donnent la moindre peine. »

Madame, à ce discours, embrassa le gracieux ignorant, et lui dit : « On voit bien, monsieur, que vous êtes l'homme du monde le plus savant ; mon fils vous devra toute son éducation : je m'imagine pourtant qu'il ne serait pas mal qu'il sût un peu d'histoire.

— Hélas ! madame, à quoi cela est-il bon? répondit-il ; il n'y a certainement d'agréable et d'utile que l'histoire du jour. Toutes les histoires anciennes, comme le disait un de nos beaux esprits[1], ne sont que des fables convenues ; et pour les modernes, c'est un chaos qu'on ne peut débrouiller. Qu'importe à monsieur votre fils que Charlemagne ait institué les douze pairs de France, et que son successeur ait été bègue[2]?

— Rien n'est mieux dit! s'écria le gouverneur : on étouffe l'esprit des enfants sous un amas de connaissances inutiles ; mais de toutes les sciences la plus absurde, à mon avis, et celle qui est la plus capable d'étouffer toute espèce de génie : c'est la géométrie. Cette science ridicule a pour objet des surfaces,

1. Fontenelle.
2. Louis le Bègue est le cinquième successeur de Charlemagne.

des lignes, et des points, qui n'existent pas dans la nature. On fait passer en esprit cent mille lignes courbes entre un cercle et une ligne droite qui le touche, quoique dans la réalité on n'y puisse pas passer un fétu. La géométrie, en vérité, n'est qu'une mauvaise plaisanterie. »

Monsieur et madame n'entendaient pas trop ce que le gouverneur voulait dire ; mais ils furent entièrement de son avis.

« Un seigneur comme monsieur le marquis, continua-t-il, ne doit pas se dessécher le cerveau dans ces vaines études. Si un jour il a besoin d'un géomètre sublime pour lever le plan de ses terres, il les fera arpenter pour son argent. S'il veut débrouiller l'antiquité de sa noblesse, qui remonte aux temps les plus reculés, il enverra chercher un bénédictin. Il en est de même de tous les arts. Un jeune seigneur heureusement né n'est ni peintre, ni musicien, ni architecte, ni sculpteur ; mais il fait fleurir tous ces arts en les encourageant par sa magnificence. Il vaut sans doute mieux les protéger que de les exercer ; il suffit que monsieur le marquis ait du goût ; c'est aux artistes à travailler pour lui ; et c'est en quoi on a très-grande raison de dire que les gens de qualité (j'entends ceux qui sont très-riches) savent tout sans avoir rien appris, parce qu'en effet ils savent à la longue juger de toutes les choses qu'ils commandent et qu'ils payent. »

L'aimable ignorant prit alors la parole, et dit : « Vous avez très-bien remarqué, madame, que la grande fin de l'homme est de réussir dans la société. De bonne foi, est-ce par les sciences qu'on obtient ce succès ? S'est-on jamais avisé dans la bonne compagnie de parler de géométrie ? Demande-t-on jamais à un honnête homme quel astre se lève aujourd'hui avec le soleil ? S'informe-t-on à souper si Clodion le Chevelu passa le Rhin ?

— Non, sans doute, s'écria la marquise de La Jeannotière, que ses charmes avaient initiée quelquefois dans le beau monde ; et monsieur mon fils ne doit point éteindre son génie par l'étude de tous ces fatras, mais enfin que lui apprendra-t-on ? Car il est bon qu'un jeune seigneur puisse briller dans l'occasion, comme dit monsieur mon mari. Je me souviens d'avoir ouï dire à un abbé que la plus agréable des sciences était une chose dont j'ai oublié le nom, mais qui commence par un *B*.

— Par un *B*, madame ? ne serait-ce point la botanique ?

— Non, ce n'était point de botanique qu'il me parlait ; elle commençait, vous dis-je, par un *B*, et finissait par un *on*.

— Ah ! j'entends, madame ; c'est le blason : c'est, à la vérité, une science fort profonde ; mais elle n'est plus à la mode depuis

qu'on a perdu l'habitude de faire peindre ses armes aux portières de son carrosse; c'était la chose du monde la plus utile dans un État bien policé. D'ailleurs, cette étude serait infinie : il n'y a point aujourd'hui de barbier qui n'ait ses armoiries ; et vous savez que tout ce qui devient commun est peu fêté. » Enfin, après avoir examiné le fort et le faible des sciences, il fut décidé que monsieur le marquis apprendrait à danser[1].

La nature, qui fait tout, lui avait donné un talent qui se développa bientôt avec un succès prodigieux : c'était de chanter agréablement des vaudevilles. Les grâces de la jeunesse, jointes à ce don supérieur, le firent regarder comme le jeune homme de la plus grande espérance. Il fut aimé des femmes ; et ayant la tête toute pleine de chansons, il en fit pour ses maîtresses. Il pillait *Bacchus et l'Amour* dans un vaudeville, *la nuit et le jour* dans un autre, *les charmes et les alarmes* dans un troisième ; mais, comme il y avait toujours dans ses vers quelques pieds de plus ou de moins qu'il ne fallait, il les faisait corriger moyennant vingt louis d'or par chanson ; et il fut mis dans l'*Année littéraire* au rang des La Fare, des Chaulieu, des Hamilton, des Sarrasin et des Voiture.

Madame la marquise crut alors être la mère d'un bel esprit, et donna à souper aux beaux esprits de Paris. La tête du jeune homme fut bientôt renversée; il acquit l'art de parler sans s'entendre, et se perfectionna dans l'habitude de n'être propre à rien. Quand son père le vit si éloquent, il regretta vivement de ne lui avoir pas fait apprendre le latin, car il lui aurait acheté une grande charge dans la robe. La mère, qui avait des sentiments plus nobles, se chargea de solliciter un régiment pour son fils; et en attendant il fit l'amour. L'amour est quelquefois plus cher qu'un régiment. Il dépensa beaucoup, pendant que ses parents s'épuisaient encore davantage à vivre en grands seigneurs.

Une jeune veuve de qualité, leur voisine, qui n'avait qu'une fortune médiocre, voulut bien se résoudre à mettre en sûreté les grands biens de M. et de M^{me} de La Jeannotière, en se les appropriant, et en épousant le jeune marquis. Elle l'attira chez elle, se laissa aimer, lui fit entrevoir qu'il ne lui était pas indifférent, le conduisit par degrés, l'enchanta, le subjugua sans peine. Elle lui donnait tantôt des éloges, tantôt des conseils; elle devint la meilleure amie du père et de la mère. Une vieille voisine proposa le mariage; les parents, éblouis de la splendeur de cette alliance,

1. Cette scène rappelle le premier acte du *Bourgeois gentilhomme.*

acceptèrent avec joie la proposition : ils donnèrent leur fils unique à leur amie intime. Le jeune marquis allait épouser une femme qu'il adorait et dont il était aimé ; les amis de la maison le félicitaient ; on allait rédiger les articles, en travaillant aux habits de noce et à l'épithalame.

Il était, un matin, aux genoux de la charmante épouse que l'amour, l'estime, et l'amitié, allaient lui donner ; ils goûtaient, dans une conversation tendre et animée, les prémices de leur bonheur ; ils s'arrangeaient pour mener une vie délicieuse, lorsqu'un valet de chambre de madame la mère arrive tout effaré. « Voici bien d'autres nouvelles, dit-il ; des huissiers déménagent la maison de monsieur et de madame ; tout est saisi par des créanciers ; on parle de prise de corps, et je vais faire mes diligences pour être payé de mes gages. — Voyons un peu, dit le marquis, ce que c'est que ça[1], ce que c'est que cette aventure-là. — Oui, dit la veuve, allez punir ces coquins-là, allez vite. » Il y court, il arrive à la maison ; son père était déjà emprisonné : tous les domestiques avaient fui chacun de leur côté, en emportant tout ce qu'ils avaient pu. Sa mère était seule, sans secours, sans consolation, noyée dans les larmes ; il ne lui restait rien que le souvenir de sa fortune, de sa beauté, de ses fautes, et de ses folles dépenses.

Après que le fils eut longtemps pleuré avec la mère, il lui dit enfin : « Ne nous désespérons pas ; cette jeune veuve m'aime éperdument ; elle est plus généreuse encore que riche, je réponds d'elle ; je vole à elle, et je vais vous l'amener. » Il retourne donc chez sa maîtresse, il la trouve tête à tête avec un jeune officier fort aimable. « Quoi ! c'est vous, monsieur de La Jeannotière ; que venez-vous faire ici ? abandonne-t-on ainsi sa mère ? Allez chez cette pauvre femme, et dites-lui que je lui veux toujours du bien : j'ai besoin d'une femme de chambre, et je lui donnerai la préférence. — Mon garçon, tu me parais assez bien tourné, lui dit l'officier ; si tu veux entrer dans ma compagnie, je te donnerai un bon engagement. »

Le marquis stupéfait, la rage dans le cœur, alla chercher son ancien gouverneur, déposa ses douleurs dans son sein, et lui demanda des conseils. Celui-ci lui proposa de se faire, comme lui, gouverneur d'enfants. « Hélas ! je ne sais rien, vous ne m'avez rien appris, et vous êtes la première cause de mon malheur » ; et il sanglotait en lui parlant ainsi. « Faites des romans, lui dit un bel esprit qui était là ; c'est une excellente ressource à Paris. »

1. Expression fort à la mode chez les petits-maîtres au xviiie siècle.

Le jeune homme, plus désespéré que jamais, courut chez le confesseur de sa mère : c'était un théatin très-accrédité, qui ne dirigeait que les femmes de la première considération ; dès qu'il le vit, il se précipita vers lui. « Eh ! mon Dieu ! monsieur le marquis, où est votre carrosse ? comment se porte la respectable madame la marquise votre mère ? » Le pauvre malheureux lui conta le désastre de sa famille. A mesure qu'il s'expliquait, le théatin prenait une mine plus grave, plus indifférente, plus imposante : « Mon fils, voilà où Dieu vous voulait ; les richesses ne servent qu'à corrompre le cœur ; Dieu a donc fait la grâce à votre mère de la réduire à la mendicité ? — Oui, monsieur. — Tant mieux, elle est sûre de son salut. — Mais, mon père, en attendant, n'y aurait-il pas moyen d'obtenir quelques secours dans ce monde ? — Adieu, mon fils ; il y a une dame de la cour qui m'attend. »

Le marquis fut prêt à s'évanouir ; il fut traité à peu près de même par tous ses amis, et apprit mieux à connaître le monde dans une journée que dans tout le reste de sa vie.

Comme il était plongé dans l'accablement du désespoir, il vit avancer une chaise roulante, à l'antique, espèce de tombereau couvert, accompagné de rideaux de cuir, suivi de quatre charrettes énormes toutes chargées. Il y avait dans la chaise un jeune homme grossièrement vêtu ; c'était un visage rond et frais qui respirait la douceur et la gaieté. Sa petite femme brune, et assez grossièrement agréable, était cahotée à côté de lui. La voiture n'allait pas comme le char d'un petit-maître : le voyageur eut tout le temps de contempler le marquis immobile, abîmé dans sa douleur. « Eh ! mon Dieu ! s'écria-t-il, je crois que c'est là Jeannot. » A ce nom, le marquis lève les yeux, la voiture s'arrête : « C'est Jeannot lui-même, c'est Jeannot. » Le petit homme rebondi ne fait qu'un saut, et court embrasser son ancien camarade. Jeannot reconnut Colin ; la honte et les pleurs couvrirent son visage. « Tu m'as abandonné, dit Colin ; mais tu as beau être grand seigneur, je t'aimerai toujours. » Jeannot, confus et attendri, lui conta, en sanglotant, une partie de son histoire. « Viens dans l'hôtellerie où je loge me conter le reste, lui dit Colin ; embrasse ma petite femme, et allons dîner ensemble. »

Ils vont tous trois à pied, suivis du bagage. « Qu'est-ce donc que tout cet attirail ? vous appartient-il ? — Oui, tout est à moi et à ma femme. Nous arrivons du pays ; je suis à la tête d'une bonne manufacture de fer étamé et de cuivre. J'ai épousé la fille d'un riche négociant en ustensiles nécessaires aux grands et aux petits ; nous travaillons beaucoup ; Dieu nous bénit ; nous n'avons

point changé d'état ; nous sommes heureux, nous aiderons notre ami Jeannot. Ne sois plus marquis ; toutes les grandeurs de ce monde ne valent pas un bon ami. Tu reviendras avec moi au pays, je t'apprendrai le métier, il n'est pas bien difficile ; je te mettrai de part, et nous vivrons gaiement dans le coin de terre où nous sommes nés. »

Jeannot, éperdu, se sentait partagé entre la douleur et la joie, la tendresse et la honte ; et il se disait tout bas : « Tous mes amis du bel air m'ont trahi, et Colin, que j'ai méprisé, vient seul à mon secours. Quelle instruction ! » La bonté d'âme de Colin développe dans le cœur de Jeannot le germe du bon naturel, que le monde n'avait pas encore étouffé. Il sentit qu'il ne pouvait abandonner son père et sa mère. « Nous aurons soin de ta mère, dit Colin ; et quant à ton bonhomme de père, qui est en prison, j'attends un peu les affaires : ses créanciers, voyant qu'il n'a plus rien, s'accommoderont pour peu de chose ; je me charge de tout. » Colin fit tant qu'il tira le père de prison. Jeannot retourna dans sa patrie avec ses parents, qui reprirent leur première profession. Il épousa une sœur de Colin, laquelle, étant de même humeur que le frère, le rendit très-heureux. Et Jeannot le père, et Jeannotte la mère, et Jeannot le fils, virent que le bonheur n'est pas dans la vanité.

FIN DE JEANNOT ET COLIN.

AVENTURE INDIENNE

(1766)

Pythagore, dans son séjour aux Indes, apprit, comme tout le monde sait, à l'école des gymnosophistes, le langage des bêtes et celui des plantes. Se promenant un jour dans une prairie assez près du rivage de la mer, il entendit ces paroles : « Que je suis malheureuse d'être née herbe ! à peine suis-je parvenue à deux pouces de hauteur que voilà un monstre dévorant, un animal horrible, qui me foule sous ses larges pieds ; sa gueule est armée d'une rangée de faux tranchantes, avec laquelle il me coupe, me déchire et m'engloutit. Les hommes nomment ce monstre un *mouton*. Je ne crois pas qu'il y ait au monde une plus abominable créature. »

Pythagore avança quelques pas ; il trouva une huître qui bâillait sur un petit rocher ; il n'avait point encore embrassé cette admirable loi par laquelle il est défendu de manger les animaux nos semblables. Il allait avaler l'huître, lorsqu'elle prononça ces mots attendrissants : « O nature ! que l'herbe, qui est comme moi ton ouvrage, est heureuse ! Quand on l'a coupée, elle renaît, elle est immortelle ; et nous, pauvres huîtres, en vain sommes-nous défendues par une double cuirasse ; des scélérats nous mangent par douzaines à leur déjeuner, et c'en est fait pour jamais. Quelle épouvantable destinée que celle d'une huître, et que les hommes sont barbares ! »

Pythagore tressaillit ; il sentit l'énormité du crime qu'il allait commettre : il demanda pardon à l'huître en pleurant, et la remit bien proprement sur son rocher.

Comme il rêvait profondément à cette aventure en retournant à la ville, il vit des araignées qui mangeaient des mouches, des hirondelles qui mangeaient des araignées, des éperviers qui mangeaient des hirondelles. « Tous ces gens-là, dit-il, ne sont pas philosophes. »

Pythagore, en entrant, fut heurté, froissé, renversé par une multitude de gredins et de gredines qui couraient en criant : « C'est

bien fait, c'est bien fait, ils l'ont bien mérité! — Qui? quoi?» dit Pythagore en se relevant ; et les gens couraient toujours en disant : « Ah! que nous aurons de plaisir à les voir cuire! » Pythagore crut qu'on parlait de lentilles ou de quelques autres légumes ; point du tout, c'était de deux pauvres Indiens. « Ah! sans doute, dit Pythagore, ce sont deux grands philosophes qui sont las de la vie ; ils sont bien aises de renaître sous une autre forme ; il y a du plaisir à changer de maison, quoiqu'on soit toujours mal logé : il ne faut pas disputer des goûts. »

Il avança avec la foule jusqu'à la place publique, et ce fut là qu'il vit un grand bûcher allumé, et vis-à-vis de ce bûcher un banc qu'on appelait un *tribunal*, et sur ce banc des juges, et ces juges tenaient tous une queue de vache à la main, et ils avaient sur la tête un bonnet ressemblant parfaitement aux deux oreilles de l'animal qui porta Silène quand il vint autrefois au pays avec Bacchus, après avoir traversé la mer Érythrée à pied sec, et avoir arrêté le soleil et la lune, comme on le raconte fidèlement dans les *Orphiques*.

Il y avait parmi ces juges un honnête homme fort connu de Pythagore. Le sage de l'Inde expliqua au sage de Samos de quoi il était question dans la fête qu'on allait donner au peuple indou.

« Les deux Indiens, dit-il, n'ont nulle envie d'être brûlés ; mes graves confrères les ont condamnés à ce supplice, l'un pour avoir dit que la substance de Xaca n'est pas la substance de Brama ; et l'autre, pour avoir soupçonné qu'on pouvait plaire à l'Être suprême par la vertu, sans tenir en mourant une vache par la queue ; parce que, disait-il, on peut être vertueux en tout temps, et qu'on ne trouve pas toujours une vache à point nommé. Les bonnes femmes de la ville ont été si effrayées de ces deux propositions hérétiques qu'elles n'ont point donné de repos aux juges jusqu'à ce qu'ils aient ordonné le supplice de ces deux infortunés. »

Pythagore jugea que depuis l'herbe jusqu'à l'homme il y avait bien des sujets de chagrin. Il fit pourtant entendre raison aux juges, et même aux dévotes : et c'est ce qui n'est arrivé que cette seule fois.

Ensuite il alla prêcher la tolérance à Crotone ; mais un intolérant mit le feu à sa maison : il fut brûlé, lui qui avait tiré deux Indous des flammes. *Sauve qui peut!*

FIN DE L'AVENTURE INDIENNE.

LES AVEUGLES

JUGES DES COULEURS

(1766)

Dans les commencements de la fondation des Quinze-Vingts, on sait qu'ils étaient tous égaux, et que leurs petites affaires se décidaient à la pluralité des voix. Ils distinguaient parfaitement au toucher la monnaie de cuivre de celle d'argent; aucun d'eux ne prit jamais du vin de Brie pour du vin de Bourgogne. Leur odorat était plus fin que celui de leurs voisins qui avaient deux yeux. Ils raisonnèrent parfaitement sur les quatre sens, c'est-à-dire qu'ils en connurent tout ce qu'il est permis d'en savoir; et ils vécurent paisibles et fortunés autant que des Quinze-Vingts peuvent l'être. Malheureusement un de leurs professeurs prétendit avoir des notions claires sur le sens de la vue; il se fit écouter, il intrigua, il forma des enthousiastes : enfin on le reconnut pour le chef de la communauté. Il se mit à juger souverainement des couleurs, et tout fut perdu.

Ce premier dictateur des Quinze-Vingts se forma d'abord un petit conseil, avec lequel il se rendit le maître de toutes les aumônes. Par ce moyen personne n'osa lui résister. Il décida que tous les habits des Quinze-Vingts étaient blancs : les aveugles le crurent; ils ne parlaient que de leurs beaux habits blancs, quoiqu'il n'y en eût pas un seul de cette couleur. Tout le monde se moqua d'eux, ils allèrent se plaindre au dictateur, qui les reçut fort mal; il les traita de novateurs, d'esprits forts, de rebelles, qui se laissaient séduire par les opinions erronées de ceux qui avaient des yeux, et qui osaient douter de l'infaillibilité de leur maître. Cette querelle forma deux partis. Le dictateur, pour les apaiser, rendit un arrêt par lequel tous leurs habits étaient rouges. Il n'y avait pas un habit rouge aux Quinze-Vingts. On se moqua d'eux plus que jamais : nouvelles plaintes de la part de la communauté.

Le dictateur entra en fureur, les autres aveugles aussi : on se battit longtemps, et la concorde ne fut rétablie que lorsqu'il fut permis à tous les Quinze-Vingts de suspendre leur jugement sur la couleur de leurs habits.

Un sourd, en lisant cette petite histoire, avoua que les aveugles avaient eu tort de juger les couleurs ; mais il resta ferme dans l'opinion qu'il n'appartient qu'aux sourds de juger de la musique.

FIN DES AVEUGLES JUGES DES COULEURS.

L'INGÉNU

HISTOIRE VÉRITABLE

TIRÉE DES MANUSCRITS DU P. QUESNEL [1].

(1767)

CHAPITRE I.

COMMENT LE PRIEUR DE NOTRE-DAME DE LA MONTAGNE ET MADEMOISELLE SA SŒUR RENCONTRÈRENT UN HURON.

Un jour saint Dunstan [2], Irlandais de nation et saint de profession, partit d'Irlande sur une petite montagne qui vogua vers les côtes de France, et arriva par cette voiture à la baie de Saint-Malo. Quand il fut à bord, il donna la bénédiction à sa montagne, qui lui fit de profondes révérences, et s'en retourna en Irlande par le même chemin qu'elle était venue.

Dunstan fonda un petit prieuré dans ces quartiers-là, et lui donna le nom de prieuré de la Montagne, qu'il porte encore, comme un chacun sait.

En l'année 1689 [3], le 15 juillet au soir, l'abbé de Kerkabon, prieur de Notre-Dame de la Montagne, se promenait sur le bord de la mer avec M{lle} de Kerkabon, sa sœur, pour prendre le frais. Le prieur, déjà un peu sur l'âge, était un très-bon ecclésiastique, aimé de ses voisins, après l'avoir été autrefois de ses voisines. Ce

1. Le P. Quesnel, à qui Voltaire attribue *l'Ingénu*, est le janséniste auteur des *Réflexions morales*, dont cent et une propositions furent condamnées par la bulle *Unigenitus*.
2. Né vers 924, mort en 988.
3. Année où Guillaume III venait d'être proclamé roi d'Angleterre, et où commencèrent les hostilités entre la France et l'Angleterre

qui lui avait donné surtout une grande considération, c'est qu'il était le seul bénéficier du pays qu'on ne fût pas obligé de porter dans son lit quand il avait soupé avec ses confrères. Il savait assez honnêtement de théologie ; et quand il était las de lire saint Augustin, il s'amusait avec Rabelais : aussi tout le monde disait du bien de lui.

M^{lle} de Kerkabon, qui n'avait jamais été mariée, quoiqu'elle eût grande envie de l'être, conservait de la fraîcheur à l'âge de quarante-cinq ans ; son caractère était bon et sensible ; elle aimait le plaisir, et était dévote.

Le prieur disait à sa sœur, en regardant la mer : « Hélas ! c'est ici que s'embarqua notre pauvre frère avec notre chère belle-sœur M^{me} de Kerkabon, sa femme, sur la frégate *l'Hirondelle*, en 1669, pour aller servir en Canada. S'il n'avait pas été tué, nous pourrions espérer de le revoir encore.

— Croyez-vous, disait M^{lle} de Kerkabon, que notre belle-sœur ait été mangée par les Iroquois, comme on nous l'a dit ? Il est certain que si elle n'avait pas été mangée, elle serait revenue au pays. Je la pleurerai toute ma vie : c'était une femme charmante ; et notre frère, qui avait beaucoup d'esprit, aurait fait assurément une grande fortune. »

Comme ils s'attendrissaient l'un et l'autre à ce souvenir, ils virent entrer dans la baie de Rance[1] un petit bâtiment qui arrivait avec la marée : c'étaient des Anglais qui venaient vendre quelques denrées de leur pays. Ils sautèrent à terre, sans regarder monsieur le prieur ni mademoiselle sa sœur, qui fut très-choquée du peu d'attention qu'on avait pour elle.

Il n'en fut pas de même d'un jeune homme très-bien fait qui s'élança d'un saut par-dessus la tête de ses compagnons, et se trouva vis-à-vis mademoiselle. Il lui fit un signe de tête, n'étant pas dans l'usage de faire la révérence. Sa figure et son ajustement attirèrent les regards du frère et de la sœur. Il était nu-tête et nu-jambes, les pieds chaussés de petites sandales, le chef orné de longs cheveux en tresses, un petit pourpoint qui serrait une taille fine et dégagée ; l'air martial et doux. Il tenait dans sa main une petite bouteille d'eau des Barbades[2], et dans l'autre une espèce de bourse dans laquelle était un gobelet et de très-bon biscuit de mer. Il parlait français fort intelligiblement. Il présenta de son eau

1. C'est la baie où vient se jeter la rivière de Rance.
2. Sorte de tafia composé que fabriquaient les Anglais de la Barbade (Ile des Antilles).

des Barbades à M^lle de Kerkabon et à monsieur son frère; il en but avec eux; il leur en fit reboire encore, et tout cela d'un air si simple et si naturel que le frère et la sœur en furent charmés. Ils lui offrirent leurs services, en lui demandant qui il était et où il allait. Le jeune homme leur répondit qu'il n'en savait rien, qu'il était curieux, qu'il avait voulu voir comment les côtes de France étaient faites, qu'il était venu, et allait s'en retourner.

Monsieur le prieur, jugeant à son accent qu'il n'était pas Anglais, prit la liberté de lui demander de quel pays il était. « Je suis Huron [1], » lui répondit le jeune homme.

M^lle de Kerkabon, étonnée et enchantée de voir un Huron qui lui avait fait des politesses, pria le jeune homme à souper; il ne se fit pas prier deux fois, et tous trois allèrent de compagnie au prieuré de Notre-Dame de la Montagne.

La courte et ronde demoiselle le regardait de tous ses petits yeux, et disait de temps en temps au prieur : « Ce grand garçon-là a un teint de lis et de rose! qu'il a une belle peau pour un Huron! — Vous avez raison, ma sœur, disait le prieur. » Elle faisait cent questions coup sur coup, et le voyageur répondait toujours fort juste.

Le bruit se répandit bientôt qu'il y avait un Huron au prieuré. La bonne compagnie du canton s'empressa d'y venir souper. L'abbé de Saint-Yves y vint avec mademoiselle sa sœur, jeune basse-brette, fort jolie et très-bien élevée. Le bailli, le receveur des tailles, et leurs femmes, furent du souper. On plaça l'étranger entre M^lle de Kerkabon et M^lle de Saint-Yves. Tout le monde le regardait avec admiration; tout le monde lui parlait et l'interrogeait à la fois; le Huron ne s'en émouvait pas. Il semblait qu'il eût pris pour sa devise celle de milord Bolingbroke [2]: *Nihil admirari*. Mais à la fin, excédé de tant de bruit, il leur dit avec assez de douceur, mais avec un peu de fermeté : « Messieurs, dans mon pays on parle l'un après l'autre ; comment voulez-vous que je vous réponde quand vous m'empêchez de vous entendre? » La raison fait toujours rentrer les hommes en eux-mêmes pour quelques moments : il se fit un grand silence. Monsieur le bailli, qui s'emparait toujours des étrangers dans quelque maison qu'il se trouvât, et qui était le plus grand questionneur de la province, lui dit en ouvrant la bouche d'un demi-pied : « Monsieur, comment vous nommez-vous? — On m'a toujours appelé l'Ingénu,

1. Naturel du Canada.
2. Voyez les *Lettres au prince de Brunswick*.

reprit le Huron, et on m'a confirmé ce nom en Angleterre, parce que je dis toujours naïvement ce que je pense, comme je fais tout ce que je veux.

— Comment, étant né Huron, avez-vous pu, monsieur, venir en Angleterre ? — C'est qu'on m'y a mené ; j'ai été fait, dans un combat, prisonnier par les Anglais, après m'être assez bien défendu ; et les Anglais, qui aiment la bravoure, parce qu'ils sont braves et qu'ils sont aussi honnêtes que nous, m'ayant proposé de me rendre à mes parents ou de venir en Angleterre, j'acceptai le dernier parti, parce que de mon naturel j'aime passionnément à voir du pays.

— Mais, monsieur, dit le bailli avec son ton imposant, comment avez-vous pu abandonner ainsi père et mère? — C'est que je n'ai jamais connu ni père ni mère », dit l'étranger. La compagnie s'attendrit, et tout le monde répétait : *Ni père, ni mère!* « Nous lui en servirons, dit la maîtresse de la maison à son frère le prieur ; que ce monsieur le Huron est intéressant ! » L'Ingénu la remercia avec une cordialité noble et fière, et lui fit comprendre qu'il n'avait besoin de rien.

« Je m'aperçois, monsieur l'Ingénu, dit le grave bailli, que vous parlez mieux français qu'il n'appartient à un Huron. — Un Français, dit-il, que nous avions pris dans ma grande jeunesse en Huronie, et pour qui je conçus beaucoup d'amitié, m'enseigna sa langue ; j'apprends très-vite ce que je veux apprendre. J'ai trouvé en arrivant à Plymouth un de vos Français réfugiés que vous appelez *huguenots*[1], je ne sais pourquoi ; il m'a fait faire quelques progrès dans la connaissance de votre langue ; et dès que j'ai pu m'exprimer intelligiblement, je suis venu voir votre pays, parce que j'aime assez les Français quand ils ne font pas trop de questions. »

L'abbé de Saint-Yves, malgré ce petit avertissement, lui demanda laquelle des trois langues lui plaisait davantage, la huronne, l'anglaise, ou la française. — La huronne, sans contredit, répondit l'Ingénu. — Est-il possible? s'écria M^{lle} de Kerkabon ; j'avais toujours cru que le français était la plus belle de toutes les langues après le bas-breton. »

Alors ce fut à qui demanderait à l'Ingénu comment on disait en huron du tabac, et il répondait *taya*; comment on disait manger, et il répondait *essenten*. M^{lle} de Kerkabon voulut absolument savoir comment on disait faire l'amour ; il lui répondit

[1]. L'émigration des protestants avait commencé dès 1681.

trovander[1], et soutint, non sans apparence de raison, que ces mots-là valaient bien les mots français et anglais qui leur correspondaient. *Trovander* parut très-joli à tous les convives.

Monsieur le prieur, qui avait dans sa bibliothèque la grammaire huronne dont le révérend P. Sagar Théodat, récollet, fameux missionnaire, lui avait fait présent, sortit de table un moment pour l'aller consulter. Il revint tout haletant de tendresse et de joie ; il reconnut l'Ingénu pour un vrai Huron. On disputa un peu sur la multiplicité des langues, et on convint que, sans l'aventure de la tour de Babel, toute la terre aurait parlé français.

L'interrogant bailli, qui jusque-là s'était défié un peu du personnage, conçut pour lui un profond respect ; il lui parla avec plus de civilité qu'auparavant, de quoi l'Ingénu ne s'aperçut pas.

M^{lle} de Saint-Yves était fort curieuse de savoir comment on faisait l'amour au pays des Hurons. « En faisant de belles actions, répondit-il, pour plaire aux personnes qui vous ressemblent. » Tous les convives applaudirent avec étonnement. M^{lle} de Saint-Yves rougit et fut fort aise. M^{lle} de Kerkabon rougit aussi, mais elle n'était pas si aise : elle fut un peu piquée que la galanterie ne s'adressât pas à elle ; mais elle était si bonne personne que son affection pour le Huron n'en fut point du tout altérée. Elle lui demanda, avec beaucoup de bonté, combien il avait eu de maîtresses en Huronie. « Je n'en ai jamais eu qu'une, dit l'Ingénu ; c'était M^{lle} Abacaba, la bonne amie de ma chère nourrice ; les joncs ne sont pas plus droits, l'hermine n'est pas plus blanche, les moutons sont moins doux, les aigles moins fiers, et les cerfs ne sont pas si légers que l'était Abacaba. Elle poursuivait un jour un lièvre dans notre voisinage, environ à cinquante lieues de notre habitation ; un Algonquin mal élevé, qui habitait cent lieues plus loin, vint lui prendre son lièvre ; je le sus, j'y courus, je terrassai l'Algonquin d'un coup de massue, je l'amenai aux pieds de ma maîtresse, pieds et poings liés. Les parents d'Abacaba voulurent le manger ; mais je n'eus jamais de goût pour ces sortes de festins ; je lui rendis sa liberté, j'en fis un ami. Abacaba fut si touchée de mon procédé qu'elle me préféra à tous ses amants. Elle m'aimerait encore si elle n'avait pas été mangée par un ours : j'ai puni l'ours, j'ai porté longtemps sa peau ; mais cela ne m'a pas consolé. »

M^{lle} de Saint-Yves, à ce récit, sentait un plaisir secret d'apprendre que l'Ingénu n'avait eu qu'une maîtresse, et qu'Abacaba n'était

1. Tous ces noms sont en effet hurons. (*Note de Voltaire.*)

plus; mais elle ne démêlait pas la cause de son plaisir. Tout le monde fixait les yeux sur l'Ingénu; on le louait beaucoup d'avoir empêché ses camarades de manger un Algonquin.

L'impitoyable bailli, qui ne pouvait réprimer sa fureur de questionner, poussa enfin la curiosité jusqu'à s'informer de quelle religion était monsieur le Huron; s'il avait choisi la religion anglicane, ou la gallicane, ou la huguenote? « Je suis de ma religion, dit-il, comme vous de la vôtre. — Hélas! s'écria la Kerkabon, je vois bien que ces malheureux Anglais n'ont pas seulement songé à le baptiser. — Eh! mon Dieu, disait M^{lle} de Saint-Yves, comment se peut-il que les Hurons ne soient pas catholiques? Est-ce que les révérends pères jésuites ne les ont pas tous convertis? » L'Ingénu l'assura que dans son pays on ne convertissait personne; que jamais un vrai Huron n'avait changé d'opinion, et que même il n'y avait point dans sa langue de terme qui signifiât *inconstance*. Ces derniers mots plurent extrêmement à M^{lle} de Saint-Yves.

« Nous le baptiserons, nous le baptiserons, disait la Kerkabon à monsieur le prieur; vous en aurez l'honneur, mon cher frère; je veux absolument être sa marraine : M. l'abbé de Saint-Yves le présentera sur les fonts; ce sera une cérémonie bien brillante; il en sera parlé dans toute la Basse-Bretagne, et cela nous fera un honneur infini. » Toute la compagnie seconda la maîtresse de la maison; tous les convives criaient : « Nous le baptiserons! » L'Ingénu répondit qu'en Angleterre on laissait vivre les gens à leur fantaisie. Il témoigna que la proposition ne lui plaisait point du tout, et que la loi des Hurons valait pour le moins la loi des Bas-Bretons; enfin il dit qu'il repartait le lendemain. On acheva de vider sa bouteille d'eau des Barbades, et chacun s'alla coucher.

Quand on eut reconduit l'Ingénu dans sa chambre, M^{lle} de Kerkabon et son amie M^{lle} de Saint-Yves ne purent se tenir de regarder par le trou d'une large serrure pour voir comment dormait un Huron. Elles virent qu'il avait étendu la couverture du lit sur le plancher, et qu'il reposait dans la plus belle attitude du monde.

CHAPITRE II.

LE HURON, NOMMÉ L'INGÉNU, RECONNU DE SES PARENTS.

L'Ingénu, selon sa coutume, s'éveilla avec le soleil, au chant du coq, qu'on appelle en Angleterre et en Huronie *la trompette du jour*. Il n'était pas comme la bonne compagnie, qui languit

CHAPITRE II.

dans un lit oiseux jusqu'à ce que le soleil ait fait la moitié de son tour, qui ne peut ni dormir ni se lever, qui perd tant d'heures précieuses dans cet état mitoyen entre la vie et la mort, et qui se plaint encore que la vie est trop courte.

Il avait déjà fait deux ou trois lieues, il avait tué trente pièces de gibier à balle seule, lorsqu'en rentrant il trouva M. le prieur de Notre-Dame de la Montagne et sa discrète sœur, se promenant en bonnet de nuit dans leur petit jardin. Il leur présenta toute sa chasse, et en tirant de sa chemise une espèce de petit talisman qu'il portait toujours à son cou, il les pria de l'accepter en reconnaissance de leur bonne réception. « C'est ce que j'ai de plus précieux, leur dit-il ; on m'a assuré que je serais toujours heureux tant que je porterais ce petit brimborion sur moi, et je vous le donne afin que vous soyez toujours heureux. »

Le prieur et mademoiselle sourirent avec attendrissement de la naïveté de l'Ingénu. Ce présent consistait en deux petits portraits assez mal faits, attachés ensemble avec une courroie fort grasse.

M^{lle} de Kerkabon lui demanda s'il y avait des peintres en Huronie. « Non, dit l'Ingénu ; cette rareté me vient de ma nourrice ; son mari l'avait eue par conquête, en dépouillant quelques Français du Canada qui nous avaient fait la guerre ; c'est tout ce que j'en ai su. »

Le prieur regardait attentivement ces portraits ; il changea de couleur, il s'émut, ses mains tremblèrent. « Par Notre-Dame de la Montagne, s'écria-t-il, je crois que voilà le visage de mon frère le capitaine et de sa femme ! » Mademoiselle, après les avoir considérés avec la même émotion, en jugea de même. Tous deux étaient saisis d'étonnement et d'une joie mêlée de douleur ; tous deux s'attendrissaient ; tous deux pleuraient ; leur cœur palpitait ; ils poussaient des cris ; ils s'arrachaient les portraits ; chacun d'eux les prenait et les rendait vingt fois en une seconde ; ils dévoraient des yeux les portraits et le Huron ; ils lui demandaient l'un après l'autre, et tous deux à la fois, en quel lieu, en quel temps, comment ces miniatures étaient tombées entre les mains de sa nourrice ; ils rapprochaient, ils comptaient les temps depuis le départ du capitaine ; ils se souvenaient d'avoir eu nouvelle qu'il avait été jusqu'au pays des Hurons, et que depuis ce temps ils n'en avaient jamais entendu parler.

L'Ingénu leur avait dit qu'il n'avait connu ni père ni mère. Le prieur, qui était homme de sens, remarqua que l'Ingénu avait un peu de barbe ; il savait très-bien que les Hurons n'en ont point.

« Son menton est cotonné, il est donc fils d'un homme d'Europe; mon frère et ma belle-sœur ne parurent plus après l'expédition contre les Hurons, en 1669 ; mon neveu devait alors être à la mamelle; la nourrice huronne lui a sauvé la vie et lui a servi de mère. » Enfin, après cent questions et cent réponses, le prieur et sa sœur conclurent que le Huron était leur propre neveu. Ils l'embrassaient en versant des larmes ; et l'Ingénu riait, ne pouvant s'imaginer qu'un Huron fût neveu d'un prieur bas-breton.

Toute la compagnie descendit; M. de Saint-Yves, qui était grand physionomiste, compara les deux portraits avec le visage de l'Ingénu ; il fit très-habilement remarquer qu'il avait les yeux de sa mère, le front et le nez de feu M. le capitaine de Kerkabon, et des joues qui tenaient de l'un et de l'autre.

M^{lle} de Saint-Yves, qui n'avait jamais vu le père ni la mère, assura que l'Ingénu leur ressemblait parfaitement. Ils admiraient tous la Providence et l'enchaînement des événements de ce monde. Enfin on était si persuadé, si convaincu de la naissance de l'Ingénu, qu'il consentit lui-même à être neveu de monsieur le prieur, en disant qu'il aimait autant l'avoir pour oncle qu'un autre.

On alla rendre grâce à Dieu dans l'église de Notre-Dame de la Montagne, tandis que le Huron, d'un air indifférent, s'amusait à boire dans la maison.

Les Anglais qui l'avaient amené, et qui étaient prêts à mettre à la voile, vinrent lui dire qu'il était temps de partir. « Apparemment, leur dit-il, que vous n'avez pas retrouvé vos oncles et vos tantes : je reste ici ; retournez à Plymouth, je vous donne toutes mes hardes, je n'ai plus besoin de rien au monde puisque je suis le neveu d'un prieur. » Les Anglais mirent à la voile, en se souciant fort peu que l'Ingénu eût des parents ou non en Basse-Bretagne.

Après que l'oncle, la tante, et la compagnie, eurent chanté le *Te Deum;* après que le bailli eut encore accablé l'Ingénu de questions ; après qu'on eut épuisé tout ce que l'étonnement, la joie, la tendresse, peuvent faire dire, le prieur de la Montagne et l'abbé de Saint-Yves conclurent à faire baptiser l'Ingénu au plus vite. Mais il n'en était pas d'un grand Huron de vingt-deux ans comme d'un enfant qu'on régénère sans qu'il en sache rien. Il fallait l'instruire, et cela paraissait difficile : car l'abbé de Saint-Yves supposait qu'un homme qui n'était pas né en France n'avait pas le sens commun.

Le prieur fit observer à la compagnie que, si en effet M. l'Ingénu, son neveu, n'avait pas eu le bonheur de naître en Basse-Bretagne, il n'en avait pas moins d'esprit ; qu'on en pouvait juger

par toutes ses réponses, et que sûrement la nature l'avait beaucoup favorisé, tant du côté paternel que du maternel.

On lui demanda d'abord s'il avait jamais lu quelque livre. Il dit qu'il avait lu Rabelais traduit en anglais, et quelques morceaux de Shakespeare qu'il savait par cœur ; qu'il avait trouvé ces livres chez le capitaine du vaisseau qui l'avait amené de l'Amérique à Plymouth, et qu'il en était fort content. Le bailli ne manqua pas de l'interroger sur ces livres. « Je vous avoue, dit l'Ingénu, que j'ai cru en deviner quelque chose, et que je n'ai pas entendu le reste. »

L'abbé de Saint-Yves, à ce discours, fit réflexion que c'était ainsi que lui-même avait toujours lu, et que la plupart des hommes ne lisaient guère autrement. « Vous avez sans doute la *Bible?* dit-il au Huron. — Point du tout, monsieur l'abbé ; elle n'était pas parmi les livres de mon capitaine ; je n'en ai jamais entendu parler. — Voilà comme sont ces maudits Anglais, criait M^{lle} de Kerkabon ; ils feront plus de cas d'une pièce de Shakespeare, d'un plum-pudding et d'une bouteille de rhum que du *Pentateuque.* Aussi n'ont-ils jamais converti personne en Amérique. Certainement ils sont maudits de Dieu ; et nous leur prendrons la Jamaïque et la Virginie avant qu'il soit peu de temps. »

Quoi qu'il en soit, on fit venir le plus habile tailleur de Saint-Malo pour habiller l'Ingénu de pied en cap. La compagnie se sépara ; le bailli alla faire ses questions ailleurs. M^{lle} de Saint-Yves, en partant, se retourna plusieurs fois pour regarder l'Ingénu ; et il lui fit des révérences plus profondes qu'il n'en avait jamais fait[1] à personne en sa vie.

Le bailli, avant de prendre congé, présenta à M^{lle} de Saint-Yves un grand nigaud de fils qui sortait du collége ; mais à peine le regarda-t-elle, tant elle était occupée de la politesse du Huron.

CHAPITRE III.

LE HURON, NOMMÉ L'INGÉNU, CONVERTI.

Monsieur le prieur, voyant qu'il était un peu sur l'âge, et que Dieu lui envoyait un neveu pour sa consolation, se mit en tête qu'il pourrait lui résigner son bénéfice s'il réussissait à le baptiser, et à le faire entrer dans les ordres.

1. Plusieurs éditions de 1767 portent *faites.* (B.)

L'Ingénu avait une mémoire excellente. La fermeté des organes de Basse-Bretagne, fortifiée par le climat du Canada, avait rendu sa tête si vigoureuse que, quand on frappait dessus, à peine le sentait-il; et quand on gravait dedans, rien ne s'effaçait; il n'avait jamais rien oublié. Sa conception était d'autant plus vive et plus nette que, son enfance n'ayant point été chargée des inutilités et des sottises qui accablent la nôtre, les choses entraient dans sa cervelle sans nuage. Le prieur résolut enfin de lui faire lire le Nouveau Testament. L'Ingénu le dévora avec beaucoup de plaisir; mais, ne sachant ni dans quel temps ni dans quel pays toutes les aventures rapportées dans ce livre étaient arrivées, il ne douta point que le lieu de la scène ne fût en Basse-Bretagne; et il jura qu'il couperait le nez et les oreilles à Caïphe et à Pilate si jamais il rencontrait ces marauds-là.

Son oncle, charmé de ces bonnes dispositions, le mit au fait en peu de temps; il loua son zèle; mais il lui apprit que ce zèle était inutile, attendu que ces gens-là étaient morts il y avait environ seize cent quatre-vingt-dix années. L'Ingénu sut bientôt presque tout le livre par cœur. Il proposait quelquefois des difficultés qui mettaient le prieur fort en peine. Il était obligé souvent de consulter l'abbé de Saint-Yves, qui, ne sachant que répondre, fit venir un jésuite bas-breton pour achever la conversion du Huron [1].

Enfin la grâce opéra; l'Ingénu promit de se faire chrétien; il ne douta pas qu'il ne dût commencer par être circoncis; « car, disait-il, je ne vois pas dans le livre qu'on m'a fait lire un seul personnage qui ne l'ait été; il est donc évident que je dois faire le sacrifice de mon prépuce: le plus tôt c'est le mieux. Il ne délibéra point : il envoya chercher le chirurgien du village, et le pria de lui faire l'opération, comptant réjouir infiniment M{lle} de Kerkabon et toute la compagnie quand une fois la chose serait faite. Le frater, qui n'avait point encore fait cette opération, en avertit la famille, qui jeta les hauts cris. La bonne Kerkabon trembla que son neveu, qui paraissait résolu et expéditif, ne se fît lui-même l'opération très-maladroitement, et qu'il n'en résultât de tristes effets auxquels les dames s'intéressent toujours par bonté d'âme.

1. Il est à croire que pour toutes les répliques du Huron sur la religion, Voltaire s'est inspiré de la relation du baron de La Hontan sur les sauvages du Canada. Ce baron, qui avait vécu longtemps parmi eux, rapporte quelques entretiens qu'il eut sur la religion avec un de ces sauvages, et il paraît que le baron n'avait pas toujours l'avantage dans la dispute. (G. A.)

Le prieur redressa les idées du Huron ; il lui remontra que la circoncision n'était plus de mode ; que le baptême était beaucoup plus doux et plus salutaire ; que la loi de grâce n'était pas comme la loi de rigueur. L'Ingénu, qui avait beaucoup de bon sens et de droiture, disputa, mais reconnut son erreur : ce qui est assez rare en Europe aux gens qui disputent ; enfin il promit de se faire baptiser quand on voudrait.

Il fallait auparavant se confesser ; et c'était là le plus difficile. L'Ingénu avait toujours en poche le livre que son oncle lui avait donné. Il n'y trouvait pas qu'un seul apôtre se fût confessé, et cela le rendait très-rétif. Le prieur lui ferma la bouche en lui montrant, dans l'épître de saint Jacques le Mineur, ces mots qui font tant de peine aux hérétiques : *Confessez vos péchés les uns aux autres.* Le Huron se tut, et se confessa à un récollet. Quand il eut fini, il tira le récollet du confessionnal, et, saisissant son homme d'un bras vigoureux, il se mit à sa place, et le fit mettre à genoux devant lui : « Allons, mon ami, il est dit : *Confessez-vous les uns aux autres*; je t'ai conté mes péchés, tu ne sortiras pas d'ici que tu ne m'aies conté les tiens. » En parlant ainsi, il appuyait son large genou contre la poitrine de son adverse partie. Le récollet pousse des hurlements qui font retentir l'église. On accourt au bruit, on voit le catéchumène qui gourmait le moine au nom de saint Jacques le Mineur. La joie de baptiser un Bas-Breton huron et anglais était si grande qu'on passa par-dessus ces singularités. Il y eut même beaucoup de théologiens qui pensèrent que la confession n'était pas nécessaire, puisque le baptême tenait lieu de tout.

On prit jour avec l'évêque de Saint-Malo, qui, flatté comme on peut le croire, de baptiser un Huron, arriva dans un pompeux équipage, suivi de son clergé. Mlle de Saint-Yves, en bénissant Dieu, mit sa plus belle robe et fit venir une coiffeuse de Saint-Malo pour briller à la cérémonie. L'interrogant bailli accourut avec toute la contrée. L'église était magnifiquement parée ; mais quand il fallut prendre le Huron pour le mener aux fonts baptismaux, on ne le trouva point.

L'oncle et la tante le cherchèrent partout. On crut qu'il était à la chasse, selon sa coutume. Tous les conviés à la fête parcoururent les bois et les villages voisins : point de nouvelles du Huron.

On commençait à craindre qu'il ne fût retourné en Angleterre. On se souvenait de lui avoir entendu dire qu'il aimait fort ce pays-là. Monsieur le prieur et sa sœur étaient persuadés qu'on

n'y baptisait personne, et tremblaient pour l'âme de leur neveu. L'évêque était confondu et prêt à s'en retourner; le prieur et l'abbé de Saint-Yves se désespéraient; le bailli interrogeait tous les passants avec sa gravité ordinaire; M^lle de Kerkabon pleurait; M^lle de Saint-Yves ne pleurait pas, mais elle poussait de profonds soupirs qui semblaient témoigner son goût pour les sacrements. Elles se promenaient tristement le long des saules et des roseaux qui bordent la petite rivière de Rance, lorsqu'elles aperçurent au milieu de la rivière une grande figure assez blanche, les deux mains croisées sur la poitrine. Elles jetèrent un grand cri et se détournèrent. Mais, la curiosité l'emportant bientôt sur toute autre considération, elles se coulèrent doucement entre les roseaux ; et quand elles furent bien sûres de n'être point vues, elles voulurent voir de quoi il s'agissait.

CHAPITRE IV.

L'INGÉNU BAPTISÉ.

Le prieur et l'abbé, étant accourus, demandèrent à l'Ingénu ce qu'il faisait là. « Eh parbleu ! messieurs, j'attends le baptême : il y a une heure que je suis dans l'eau jusqu'au cou, et il n'est pas honnête de me laisser morfondre.

— Mon cher neveu, lui dit tendrement le prieur, ce n'est pas ainsi qu'on baptise en Basse-Bretagne; reprenez vos habits et venez avec nous. » M^lle de Saint-Yves, en entendant ce discours, disait tout bas à sa compagne : « Mademoiselle, croyez-vous qu'il reprenne sitôt ses habits ? »

Le Huron cependant repartit au prieur : « Vous ne m'en ferez pas accroire cette fois-ci comme l'autre ; j'ai bien étudié depuis ce temps-là, et je suis très-certain qu'on ne se baptise pas autrement. L'eunuque de la reine Candace[1] fut baptisé dans un ruisseau ; je vous défie de me montrer dans le livre que vous m'avez donné qu'on s'y soit jamais pris d'une autre façon. Je ne serai point baptisé du tout, ou je le serai dans la rivière. » On eut beau lui remontrer que les usages avaient changé, l'Ingénu était têtu, car il était Breton et Huron. Il revenait toujours à l'eunuque de

1. Dans les premières éditions on avait mis : *la reine de Candace*. En corrigeant cette faute, Voltaire mit dans l'*errata* un *N. B.*, en ces termes : « Comment le P. Quesnel aurait-il ignoré que Candace était le nom des belles reines d'Éthiopie, comme Pharaon ou Pharon était le titre des rois d'Égypte? »

CHAPITRE IV.

la reine Candace ; et quoique mademoiselle sa tante et M^lle de Saint-Yves, qui l'avaient observé entre les saules, fussent en droit de lui dire qu'il ne lui appartenait pas de citer un pareil homme, elles n'en firent pourtant rien, tant était grande leur discrétion. L'évêque vint lui-même lui parler, ce qui est beaucoup ; mais il ne gagna rien : le Huron disputa contre l'évêque.

« Montrez-moi, lui dit-il, dans le livre que m'a donné mon oncle, un seul homme qui n'ait pas été baptisé dans la rivière, et je ferai tout ce que vous voudrez. »

La tante, désespérée, avait remarqué que la première fois que son neveu avait fait la révérence il en avait fait une plus profonde à M^lle de Saint-Yves qu'à aucune autre personne de la compagnie, qu'il n'avait pas même salué monsieur l'évêque avec ce respect mêlé de cordialité qu'il avait témoigné à cette belle demoiselle. Elle prit le parti de s'adresser à elle dans ce grand embarras ; elle la pria d'interposer son crédit pour engager le Huron à se faire baptiser de la même manière que les Bretons, ne croyant pas que son neveu pût jamais être chrétien s'il persistait à vouloir être baptisé dans l'eau courante.

M^lle de Saint-Yves rougit du plaisir secret qu'elle sentait d'être chargée d'une si importante commission. Elle s'approcha modestement de l'Ingénu, et, lui serrant la main d'une manière tout à fait noble : « Est-ce que vous ne ferez rien pour moi ? » lui dit-elle ; et en prononçant ces mots elle baissait les yeux, et les relevait avec une grâce attendrissante. « Ah ! tout ce que vous voudrez, mademoiselle, tout ce que vous me commanderez : baptême d'eau, baptême de feu[1], baptême de sang, il n'y a rien que je vous refuse. » M^lle de Saint-Yves eut la gloire de faire en deux paroles ce que ni les empressements du prieur, ni les interrogations réitérées du bailli, ni les raisonnements même de monsieur l'évêque, n'avaient pu faire. Elle sentit son triomphe ; mais elle n'en sentait pas encore toute l'étendue.

Le baptême fut administré et reçu avec toute la décence, toute la magnificence, tout l'agrément possibles. L'oncle et la tante cédèrent à M. l'abbé de Saint-Yves et à sa sœur l'honneur de tenir l'Ingénu sur les fonts. M^lle de Saint-Yves rayonnait de joie de se voir marraine. Elle ne savait pas à quoi ce grand titre l'asservissait ; elle accepta cet honneur sans en connaître les fatales conséquences.

Comme il n'y a jamais eu de cérémonie qui ne fût suivie d'un

1. Voyez tome XVII, page 540.

grand dîner, on se mit à table au sortir du baptême. Les goguenards de Basse-Bretagne dirent qu'il ne fallait pas baptiser son vin. Monsieur le prieur disait que le vin, selon Salomon, réjouit le cœur de l'homme. Monsieur l'évêque ajoutait que le patriarche Juda devait lier son ânon à la vigne, et tremper son manteau dans le sang du raisin, et qu'il était bien triste qu'on n'en pût faire autant en Basse-Bretagne, à laquelle Dieu avait dénié les vignes. Chacun tâchait de dire un bon mot sur le baptême de l'Ingénu, et des galanteries à la marraine. Le bailli, toujours interrogant, demandait au Huron s'il serait fidèle à ses promesses. « Comment voulez-vous que je manque à mes promesses, répondit le Huron, puisque je les ai faites entre les mains de Mlle de Saint-Yves ? »

Le Huron s'échauffa ; il but beaucoup à la santé de sa marraine. « Si j'avais été baptisé de votre main, dit-il, je sens que l'eau froide qu'on m'a versée sur le chignon m'aurait brûlé. » Le bailli trouva cela trop poétique, ne sachant pas combien l'allégorie est familière au Canada. Mais la marraine en fut extrêmement contente.

On avait donné le nom d'Hercule au baptisé. L'évêque de Saint-Malo demandait toujours quel était ce patron dont il n'avait jamais entendu parler. Le jésuite, qui était fort savant, lui dit que c'était un saint qui avait fait douze miracles. Il y en avait un treizième qui valait les douze autres, mais dont il ne convenait pas à un jésuite de parler : c'était celui d'avoir changé cinquante filles en femmes en une seule nuit. Un plaisant qui se trouva là releva ce miracle avec énergie. Toutes les dames baissèrent les yeux, et jugèrent à la physionomie de l'Ingénu qu'il était digne du saint dont il portait le nom.

CHAPITRE V.

L'INGÉNU AMOUREUX.

Il faut avouer que depuis ce baptême et ce dîner Mlle de Saint-Yves souhaita passionnément que monsieur l'évêque la fît encore participante de quelque beau sacrement avec M. Hercule l'Ingénu. Cependant, comme elle était bien élevée et fort modeste, elle n'osait convenir tout à fait avec elle-même de ses tendres sentiments ; mais, s'il lui échappait un regard, un mot, un geste, une pensée, elle enveloppait tout cela d'un voile de pudeur infiniment aimable. Elle était tendre, vive et sage.

CHAPITRE V.

Dès que monsieur l'évêque fut parti, l'Ingénu et M{sup}lle{/sup} de Saint-Yves se rencontrèrent sans avoir fait réflexion qu'ils se cherchaient. Ils se parlèrent sans avoir imaginé ce qu'ils se diraient. L'Ingénu lui dit d'abord qu'il l'aimait de tout son cœur, et que la belle Abacaba, dont il avait été fou dans son pays, n'approchait pas d'elle. Mademoiselle lui répondit, avec sa modestie ordinaire, qu'il fallait en parler au plus vite à monsieur le prieur son oncle et à mademoiselle sa tante, et que de son côté elle en dirait deux mots à son cher frère l'abbé de Saint-Yves, et qu'elle se flattait d'un consentement commun.

L'Ingénu lui répond qu'il n'avait besoin du consentement de personne, qu'il lui paraissait extrêmement ridicule d'aller demander à d'autres ce qu'on devait faire; que, quand deux parties sont d'accord, on n'a pas besoin d'un tiers pour les accommoder. « Je ne consulte personne, dit-il, quand j'ai envie de déjeuner, ou de chasser, ou de dormir : je sais bien qu'en amour il n'est pas mal d'avoir le consentement de la personne à qui on en veut; mais, comme ce n'est ni de mon oncle ni de ma tante que je suis amoureux, ce n'est pas à eux que je dois m'adresser dans cette affaire, et, si vous m'en croyez, vous vous passerez aussi de M. l'abbé de Saint-Yves. »

On peut juger que la belle Bretonne employa toute la délicatesse de son esprit à réduire son Huron aux termes de la bienséance. Elle se fâcha même, et bientôt se radoucit. Enfin on ne sait comment aurait fini cette conversation si, le jour baissant, monsieur l'abbé n'avait ramené sa sœur à son abbaye. L'Ingénu laissa coucher son oncle et sa tante, qui étaient un peu fatigués de la cérémonie et de leur long dîner. Il passa une partie de la nuit à faire des vers en langue huronne pour sa bien-aimée : car il faut savoir qu'il n'y a aucun pays de la terre où l'amour n'ait rendu les amants poëtes.

Le lendemain, son oncle lui parla ainsi après le déjeuner, en présence de M{sup}lle{/sup} de Kerkabon, qui était tout attendrie : « Le ciel soit loué de ce que vous avez l'honneur, mon cher neveu, d'être chrétien et Bas-Breton ! Mais cela ne suffit pas; je suis un peu sur l'âge; mon frère n'a laissé qu'un petit coin de terre qui est très-peu de chose; j'ai un bon prieuré : si vous voulez seulement vous faire sous-diacre, comme je l'espère, je vous résignerai mon prieuré, et vous vivrez fort à votre aise, après avoir été la consolation de ma vieillesse. »

L'Ingénu répondit : « Mon oncle, grand bien vous fasse ! vivez tant que vous pourrez. Je ne sais pas ce que c'est que d'être

sous-diacre ni que de résigner ; mais tout me sera bon pourvu que j'aie M^lle de Saint-Yves à ma disposition. — Eh ! mon Dieu ! mon neveu, que me dites-vous là ? Vous aimez donc cette belle demoiselle à la folie ? — Oui, mon oncle. — Hélas ! mon neveu, il est impossible que vous l'épousiez. — Cela est très-possible, mon oncle ; car non-seulement elle m'a serré la main en me quittant, mais elle m'a promis qu'elle me demanderait en mariage ; et assurément je l'épouserai. — Cela est impossible, vous dis-je ; elle est votre marraine : c'est un péché épouvantable à une marraine de serrer la main de son filleul ; il n'est pas permis d'épouser sa marraine ; les lois divines et humaines s'y opposent. — Morbleu ! mon oncle, vous vous moquez de moi ; pourquoi serait-il défendu d'épouser sa marraine, quand elle est jeune et jolie ? Je n'ai point vu dans le livre que vous m'avez donné qu'il fût mal d'épouser les filles qui ont aidé les gens à être baptisés. Je m'aperçois tous les jours qu'on fait ici une infinité de choses qui ne sont point dans votre livre, et qu'on n'y fait rien de tout ce qu'il dit : je vous avoue que cela m'étonne et me fâche. Si on me prive de la belle Saint-Yves, sous prétexte de mon baptême, je vous avertis que je l'enlève, et que je me débaptise. »

Le prieur fut confondu ; sa sœur pleura. « Mon cher frère, dit-elle, il ne faut pas que notre neveu se damne ; notre saint-père le pape peut lui donner dispense, et alors il pourra être chrétiennement heureux avec ce qu'il aime. » L'Ingénu embrassa sa tante. « Quel est donc, dit-il, cet homme charmant qui favorise avec tant de bonté les garçons et les filles dans leurs amours ? Je veux lui aller parler tout à l'heure. »

On lui expliqua ce que c'était que le pape ; et l'Ingénu fut encore plus étonné qu'auparavant. « Il n'y a pas un mot de tout cela dans votre livre, mon cher oncle ; j'ai voyagé, je connais la mer ; nous sommes ici sur la côte de l'Océan ; et je quitterais M^lle de Saint-Yves pour aller demander la permission de l'aimer à un homme qui demeure vers la Méditerranée, à quatre cents lieues d'ici, et dont je n'entends point la langue ! Cela est d'un ridicule incompréhensible. Je vais sur-le-champ chez M. l'abbé de Saint-Yves, qui ne demeure qu'à une lieue de vous, et je vous réponds que j'épouserai ma maîtresse dans la journée. »

Comme il parlait encore, entra le bailli, qui, selon sa coutume, lui demanda où il allait. « Je vais me marier », dit l'Ingénu en courant ; et au bout d'un quart d'heure il était déjà chez sa belle et chère basse-brette, qui dormait encore. « Ah ! mon frère !

disait M^{lle} de Kerkabon au prieur, jamais vous ne ferez un sous-diacre de notre neveu. »

Le bailli fut très-mécontent de ce voyage : car il prétendait que son fils épousât la Saint-Yves : et ce fils était encore plus sot et plus insupportable que son père.

CHAPITRE VI.

L'INGÉNU COURT CHEZ SA MAITRESSE, ET DEVIENT FURIEUX.

A peine l'Ingénu était arrivé, qu'ayant demandé à une vieille servante où était la chambre de sa maîtresse, il avait poussé fortement la porte mal fermée, et s'était élancé vers le lit. M^{lle} de Saint-Yves, se réveillant en sursaut, s'était écriée : « Quoi! c'est vous! ah! c'est vous! arrêtez-vous, que faites-vous? » Il avait répondu : « Je vous épouse », et en effet il l'épousait, si elle ne s'était pas débattue avec toute l'honnêteté d'une personne qui a de l'éducation.

L'Ingénu n'entendait pas raillerie ; il trouvait toutes ces façons-là extrêmement impertinentes. « Ce n'était pas ainsi qu'en usait M^{lle} Abacaba, ma première maîtresse ; vous n'avez point de probité ; vous m'avez promis mariage, et vous ne voulez point faire mariage : c'est manquer aux premières lois de l'honneur ; je vous apprendrai à tenir votre parole, et je vous remettrai dans le chemin de la vertu. »

L'Ingénu possédait une vertu mâle et intrépide, digne de son patron Hercule, dont on lui avait donné le nom à son baptême ; il allait l'exercer dans toute son étendue, lorsqu'aux cris perçants de la demoiselle plus discrètement vertueuse accourut le sage abbé de Saint-Yves, avec sa gouvernante, un vieux domestique dévot, et un prêtre de paroisse. Cette vue modéra le courage de l'assaillant. « Eh, mon Dieu! mon cher voisin, lui dit l'abbé, que faites-vous là ? — Mon devoir, répliqua le jeune homme ; je remplis mes promesses, qui sont sacrées. »

M^{lle} de Saint-Yves se rajusta en rougissant. On emmena l'Ingénu dans un autre appartement. L'abbé lui remontra l'énormité du procédé. L'Ingénu se défendit sur les priviléges de la loi naturelle, qu'il connaissait parfaitement. L'abbé voulut prouver que la loi positive devait avoir tout l'avantage, et que, sans les conventions faites entre les hommes, la loi de nature ne serait presque jamais qu'un brigandage naturel. « Il faut, lui disait-il, des

notaires, des prêtres, des témoins, des contrats, des dispenses. » L'Ingénu lui répondit par la réflexion que les sauvages ont toujours faite : « Vous êtes donc de bien malhonnêtes gens, puisqu'il faut entre vous tant de précautions. »

L'abbé eut de la peine à résoudre cette difficulté. « Il y a, dit-il, je l'avoue, beaucoup d'inconstants et de fripons parmi nous ; et il y en aurait autant chez les Hurons s'ils étaient rassemblés dans une grande ville; mais aussi il y a des âmes sages, honnêtes, éclairées, et ce sont ces hommes-là qui ont fait les lois. Plus on est homme de bien, plus on doit s'y soumettre : on donne l'exemple aux vicieux, qui respectent un frein que la vertu s'est donné elle-même. »

Cette réponse frappa l'Ingénu. On a déjà remarqué qu'il avait l'esprit juste. On l'adoucit par des paroles flatteuses ; on lui donna des espérances : ce sont les deux piéges où les hommes des deux hémisphères se prennent ; on lui présenta même Mlle de Saint-Yves, quand elle eut fait sa toilette. Tout se passa avec la plus grande bienséance; mais, malgré cette décence, les yeux étincelants de l'Ingénu Hercule firent toujours baisser ceux de sa maîtresse, et trembler la compagnie.

On eut une peine extrême à le renvoyer chez ses parents. Il fallut encore employer le crédit de la belle Saint-Yves ; plus elle sentait son pouvoir sur lui, et plus elle l'aimait. Elle le fit partir, et en fut très-affligée; enfin, quand il fut parti, l'abbé, qui non-seulement était le frère très-aîné de Mlle de Saint-Yves, mais qui était aussi son tuteur, prit le parti de soustraire sa pupille aux empressements de cet amant terrible. Il alla consulter le bailli, qui, destinant toujours son fils à la sœur de l'abbé, lui conseilla de mettre la pauvre fille dans une communauté. Ce fut un coup terrible : une indifférente qu'on mettrait en couvent jetterait les hauts cris ; mais une amante, et une amante aussi sage que tendre ! c'était de quoi la mettre au désespoir.

L'Ingénu, de retour chez le prieur, raconta tout avec sa naïveté ordinaire. Il essuya les mêmes remontrances, qui firent quelque effet sur son esprit, et aucun sur ses sens ; mais le lendemain, quand il voulut retourner chez sa belle maîtresse pour raisonner avec elle sur la loi naturelle et sur la loi de convention, monsieur le bailli lui apprit avec une joie insultante qu'elle était dans un couvent. « Eh bien ! dit-il, j'irai raisonner dans ce couvent. — Cela ne se peut, dit le bailli. » Il lui expliqua fort au long ce que c'était qu'un couvent ou un convent, que ce mot venait du latin *conventus*, qui signifie assemblée ; et le Huron ne pouvait com-

prendre pourquoi il ne pouvait pas être admis dans l'assemblée. Sitôt qu'il fut instruit que cette assemblée était une espèce de prison où l'on tenait les filles renfermées, chose horrible, inconnue chez les Hurons et chez les Anglais, il devint aussi furieux que le fut son patron Hercule lorsque Euryte, roi d'Œchalie, non moins cruel que l'abbé de Saint-Yves, lui refusa la belle Iole sa fille, non moins belle que la sœur de l'abbé. Il voulait aller mettre le feu au couvent, enlever sa maîtresse, ou se brûler avec elle. M{lle} de Kerkabon, épouvantée, renonçait plus que jamais à toutes les espérances de voir son neveu sous-diacre, et disait en pleurant qu'il avait le diable au corps depuis qu'il était baptisé.

CHAPITRE VII.

L'INGÉNU REPOUSSE LES ANGLAIS.

L'Ingénu, plongé dans une sombre et profonde mélancolie, se promena vers le bord de la mer, son fusil à deux coups sur l'épaule, son grand coutelas au côté, tirant de temps en temps sur quelques oiseaux, et souvent tenté de tirer sur lui-même ; mais il aimait encore la vie, à cause de M{lle} de Saint-Yves. Tantôt il maudissait son oncle, sa tante, toute la Basse-Bretagne, et son baptême ; tantôt il les bénissait, puisqu'ils lui avaient fait connaître celle qu'il aimait. Il prenait sa résolution d'aller brûler le couvent, et il s'arrêtait tout court, de peur de brûler sa maîtresse. Les flots de la Manche ne sont pas plus agités par les vents d'est et d'ouest que son cœur l'était par tant de mouvements contraires.

Il marchait à grands pas, sans savoir où, lorsqu'il entendit le son du tambour. Il vit de loin tout un peuple dont une moitié courait au rivage, et l'autre s'enfuyait.

Mille cris s'élèvent de tous côtés ; la curiosité et le courage le précipitent à l'instant vers l'endroit d'où partaient ces clameurs : il y vole en quatre bonds. Le commandant de la milice, qui avait soupé avec lui chez le prieur, le reconnut aussitôt ; il court à lui, les bras ouverts : « Ah! c'est l'Ingénu, il combattra pour nous. » Et les milices, qui mouraient de peur, se rassurèrent et crièrent aussi : « C'est l'Ingénu! c'est l'Ingénu! »

— Messieurs, dit-il, de quoi s'agit-il? Pourquoi êtes-vous si effarés? A-t-on mis vos maîtresses dans des couvents? » Alors cent voix confuses s'écrient : « Ne voyez-vous pas les Anglais qui

abordent? — Eh bien! répliqua le Huron, ce sont de braves gens; ils ne m'ont point enlevé ma maîtresse. »

Le commandant lui fit entendre que les Anglais venaient piller l'abbaye de la Montagne, boire le vin de son oncle, et peut-être enlever M^{lle} de Saint-Yves; que le petit vaisseau sur lequel il avait abordé en Bretagne n'était venu que pour reconnaître la côte; qu'ils faisaient des actes d'hostilité sans avoir déclaré la guerre au roi de France, et que la province était exposée. « Ah! si cela est, ils violent la loi naturelle; laissez-moi faire; j'ai demeuré longtemps parmi eux, je sais leur langue, je leur parlerai; je ne crois pas qu'ils puissent avoir un si méchant dessein. »

Pendant cette conversation, l'escadre anglaise approchait; voilà le Huron qui court vers elle, se jette dans un petit bateau, arrive, monte au vaisseau amiral, et demande s'il est vrai qu'ils viennent ravager le pays sans avoir déclaré la guerre honnêtement. L'amiral et tout son bord firent de grands éclats de rire, lui firent boire du punch, et le renvoyèrent.

L'Ingénu, piqué, ne songea plus qu'à se bien battre contre ses anciens amis, pour ses compatriotes et pour monsieur le prieur. Les gentilshommes du voisinage accouraient de toutes parts; il se joint à eux: on avait quelques canons; il les charge, il les pointe, il les tire l'un après l'autre. Les Anglais débarquent; il court à eux, il en tue trois de sa main, il blesse même l'amiral, qui s'était moqué de lui. Sa valeur anime le courage de toute la milice; les Anglais se rembarquent, et toute la côte retentissait des cris de victoire: Vive le roi, vive l'Ingénu[1]! Chacun l'embrassait, chacun s'empressait d'étancher le sang de quelques blessures légères qu'il avait reçues. « Ah! disait-il, si M^{lle} de Saint-Yves était là, elle me mettrait une compresse. »

Le bailli, qui s'était caché dans sa cave pendant le combat, vint lui faire compliment comme les autres. Mais il fut bien surpris quand il entendit Hercule l'Ingénu dire à une douzaine de jeunes gens de bonne volonté, dont il était entouré: « Mes amis, ce n'est rien d'avoir délivré l'abbaye de la Montagne; il faut délivrer une fille. » Toute cette bouillante jeunesse prit feu à ces seules paroles. On le suivait déjà en foule, on courait au couvent. Si le bailli n'avait pas sur-le-champ averti le commandant, si on n'avait pas couru après la troupe joyeuse, c'en était fait. On

1. Les Anglais furent en effet maintes fois repoussés de nos côtes pendant cette guerre de 1689, et sous Louis XV, en 1759, même aventure leur arriva aux mêmes lieux. C'est pourquoi Voltaire esquisse cette scène. (G. A.)

ramena l'Ingénu chez son oncle et sa tante, qui le baignèrent de larmes de tendresse.

« Je vois bien que vous ne serez jamais ni sous-diacre ni prieur, lui dit l'oncle ; vous serez un officier encore plus brave que mon frère le capitaine, et probablement aussi gueux. » Et Mlle de Kerkabon pleurait toujours en l'embrassant, et en disant : « Il se fera tuer comme mon frère ; il vaudrait bien mieux qu'il fût sous-diacre.»

L'Ingénu, dans le combat, avait ramassé une grosse bourse remplie de guinées, que probablement l'amiral avait laissé tomber. Il ne douta pas qu'avec cette bourse il ne pût acheter toute la Basse-Bretagne, et surtout faire Mlle de Saint-Yves grande dame. Chacun l'exhorta à faire le voyage de Versailles pour y recevoir le prix de ses services. Le commandant, les principaux officiers, le comblèrent de certificats. L'oncle et la tante approuvèrent le voyage du neveu. Il devait être, sans difficulté, présenté au roi : cela seul lui donnerait un prodigieux relief dans la province. Ces deux bonnes gens ajoutèrent à la bourse anglaise un présent considérable de leurs épargnes. L'Ingénu disait en lui-même : « Quand je verrai le roi, je lui demanderai Mlle de Saint-Yves en mariage, et certainement il ne me refusera pas. » Il partit donc aux acclamations de tout le canton, étouffé d'embrassements, baigné des larmes de sa tante, béni par son oncle, et se recommandant à la belle Saint-Yves.

CHAPITRE VIII.

L'INGÉNU VA EN COUR. IL SOUPE EN CHEMIN AVEC DES HUGUENOTS.

L'Ingénu prit le chemin de Saumur par le coche, parce qu'il n'y avait point alors d'autre commodité. Quand il fut à Saumur, il s'étonna de trouver la ville presque déserte, et de voir plusieurs familles qui déménageaient. On lui dit que, six ans auparavant, Saumur contenait plus de quinze mille âmes, et qu'à présent il n'y en avait pas six mille. Il ne manqua pas d'en parler à souper dans son hôtellerie. Plusieurs protestants étaient à table : les uns se plaignaient amèrement, d'autres frémissaient de colère, d'autres disaient en pleurant :

. . . . Nos dulcia linquimus arva,
Nos patriam fugimus [1].

1. Virgile, *Éclog.* I, vers 3.

L'Ingénu, qui ne savait pas le latin, se fit expliquer ces paroles, qui signifient : Nous abandonnons nos douces campagnes, nous fuyons notre patrie ¹.

« Et pourquoi fuyez-vous votre patrie, messieurs? — C'est qu'on veut que nous reconnaissions le pape. — Et pourquoi ne le reconnaîtriez-vous pas? Vous n'avez donc point de marraines que vous vouliez épouser? Car on m'a dit que c'était lui qui en donnait la permission. — Ah! monsieur, ce pape dit qu'il est le maître du domaine des rois. — Mais, messieurs, de quelle profession êtes-vous? — Monsieur, nous sommes pour la plupart des drapiers et des fabricants. — Si votre pape dit qu'il est le maître de vos draps et de vos fabriques, vous faites très-bien de ne le pas reconnaître; mais pour les rois, c'est leur affaire; de quoi vous mêlez-vous ² ? » Alors un petit homme noir ³ prit la parole, et exposa très-savamment les griefs de la compagnie. Il parla de la révocation de l'édit de Nantes avec tant d'énergie, il déplora d'une manière si pathétique le sort de cinquante mille familles fugitives et de cinquante mille autres converties par les dragons, que l'Ingénu à son tour versa des larmes. « D'où vient donc, disait-il, qu'un si grand roi, dont la gloire s'étend jusque chez les Hurons, se prive ainsi de tant de cœurs qui l'auraient aimé, et de tant de bras qui l'auraient servi?

— C'est qu'on l'a trompé comme les autres grands rois, répondit l'homme noir. On lui a fait croire que, dès qu'il aurait dit un mot, tous les hommes penseraient comme lui ; et qu'il nous ferait changer de religion comme son musicien Lulli fait changer en un moment les décorations de ses opéras. Non-seulement il perd déjà cinq à six cent mille sujets très-utiles, mais il s'en fait des ennemis; et le roi Guillaume, qui est actuellement maître de l'Angleterre, a composé plusieurs régiments de ces mêmes Français qui auraient combattu pour leur monarque.

« Un tel désastre est d'autant plus étonnant que le pape régnant ⁴, à qui Louis XIV sacrifie une partie de son peuple, est son ennemi déclaré. Ils ont encore tous deux, depuis neuf ans, une querelle violente. Elle a été poussée si loin que la France a espéré enfin de voir briser le joug qui la soumet depuis tant de siècles à cet étranger, et surtout de ne lui plus donner d'argent:

1. L'édit de Nantes avait été révoqué en 1685. Voyez, tome XIV, le *Siècle de Louis XIV*, chapitre xxxvi.
2. C'est la réponse de Fontenelle à un marchand de Rouen, janséniste.
3. Ministre protestant.
4. Innocent XI. Voyez tome XVI, page 52.

ce qui est le premier mobile des affaires de ce monde. Il paraît donc évident qu'on a trompé ce grand roi sur ses intérêts comme sur l'étendue de son pouvoir, et qu'on a donné atteinte à la magnanimité de son cœur. »

L'Ingénu, attendri de plus en plus, demanda quels étaient les Français qui trompaient ainsi un monarque si cher aux Hurons. « Ce sont les jésuites, lui répondit-on ; c'est surtout le P. de La Chaise, confesseur de Sa Majesté. Il faut espérer que Dieu les en punira un jour, et qu'ils seront chassés comme ils nous chassent[1]. Y a-t-il un malheur égal aux nôtres? Mons de Louvois nous envoie de tous côtés des jésuites et des dragons. — Oh bien! messieurs, répliqua l'Ingénu, qui ne pouvait plus se contenir, je vais à Versailles recevoir la récompense due à mes services; je parlerai à ce mons de Louvois : on m'a dit que c'est lui qui fait la guerre de son cabinet. Je verrai le roi, je lui ferai connaître la vérité ; il est impossible qu'on ne se rende pas à cette vérité quand on la sent. Je reviendrai bientôt pour épouser Mlle de Saint-Yves, et je vous prie à la noce. » Ces bonnes gens le prirent alors pour un grand seigneur qui voyageait *incognito* par le coche. Quelques-uns le prirent pour le fou du roi.

Il y avait à table un jésuite déguisé qui servait d'espion au révérend P. de La Chaise. Il lui rendait compte de tout, et le P. de La Chaise en instruisait mons de Louvois. L'espion écrivit. L'Ingénu et la lettre arrivèrent presque en même temps à Versailles.

CHAPITRE IX.

ARRIVÉE DE L'INGÉNU A VERSAILLES. SA RÉCEPTION A LA COUR.

L'Ingénu débarque en pot de chambre[2] dans la cour des cuisines. Il demande aux porteurs de chaise à quelle heure on peut voir le roi. Les porteurs lui rient au nez, tout comme avait fait l'amiral anglais. Il les traita de même, il les battit; ils voulurent le lui rendre, et la scène allait être sanglante s'il n'eût passé un garde du corps, gentilhomme breton, qui écarta la canaille. « Monsieur, lui dit le voyageur, vous me paraissez un brave homme ; je suis le neveu de M. le prieur de Notre-Dame de la

1. Les jésuites avaient été chassés en 1764.
2. C'est une voiture de Paris à Versailles, laquelle ressemble à un petit tombereau couvert. (*Note de Voltaire.*)

Montagne ; j'ai tué des Anglais, je viens parler au roi ; je vous prie de me mener dans sa chambre. » Le garde, ravi de trouver un brave de sa province, qui ne paraissait pas au fait des usages de la cour, lui apprit qu'on ne parlait pas ainsi au roi, et qu'il fallait être présenté par monseigneur de Louvois. « Eh bien ! menez-moi donc chez ce monseigneur de Louvois, qui sans doute me conduira chez Sa Majesté. — Il est encore plus difficile, répliqua le garde, de parler à monseigneur de Louvois qu'à Sa Majesté ; mais je vais vous conduire chez M. Alexandre, le premier commis de la guerre : c'est comme si vous parliez au ministre. » Ils vont donc chez ce M. Alexandre, premier commis, et ils ne purent être introduits ; il était en affaire avec une dame de la cour, et il y avait ordre de ne laisser entrer personne. « Eh bien ! dit le garde, il n'y a rien de perdu ; allons chez le premier commis de M. Alexandre : c'est comme si vous parliez à M. Alexandre lui-même. »

Le Huron, tout étonné, le suit ; ils restent ensemble une demi-heure dans une petite antichambre. « Qu'est-ce donc que tout ceci ? dit l'Ingénu ; est-ce que tout le monde est invisible dans ce pays-ci ? Il est bien plus aisé de se battre en Basse-Bretagne contre les Anglais que de rencontrer à Versailles les gens à qui on a affaire. » Il se désennuya en racontant ses amours à son compatriote. Mais l'heure en sonnant rappela le garde du corps à son poste. Ils se promirent de se revoir le lendemain, et l'Ingénu resta encore une autre demi-heure dans l'antichambre, en rêvant à Mlle de Saint-Yves, et à la difficulté de parler aux rois et aux premiers commis.

Enfin le patron parut. « Monsieur, lui dit l'Ingénu, si j'avais attendu pour repousser les Anglais aussi longtemps que vous m'avez fait attendre mon audience, ils ravageraient actuellement la Basse-Bretagne tout à leur aise. » Ces paroles frappèrent le commis. Il dit enfin au Breton : « Que demandez-vous ? — Récompense, dit l'autre ; voici mes titres. » Il lui étala tous ses certificats. Le commis lut, et lui dit que probablement on lui accorderait la permission d'acheter une lieutenance. « Moi ! que je donne de l'argent pour avoir repoussé les Anglais ? que je paye le droit de me faire tuer pour vous, pendant que vous donnez ici vos audiences tranquillement ? Je crois que vous voulez rire. Je veux une compagnie de cavalerie pour rien ; je veux que le roi fasse sortir Mlle de Saint-Yves du couvent, et qu'il me la donne par mariage ; je veux parler au roi en faveur de cinquante mille familles que je prétends lui rendre ; en un mot, je veux être utile : qu'on m'emploie et qu'on m'avance.

CHAPITRE IX.

— Comment vous nommez-vous, monsieur, qui parlez si haut?

— Oh! oh! reprit l'Ingénu, vous n'avez donc pas lu mes certificats? C'est donc ainsi qu'on en use? Je m'appelle Hercule de Kerkabon; je suis baptisé, je loge au Cadran bleu, et je me plaindrai de vous au roi. » Le commis conclut, comme les gens de Saumur, qu'il n'avait pas la tête bien saine, et n'y fit pas grande attention.

Ce même jour, le révérend P. La Chaise, confesseur de Louis XIV, avait reçu la lettre de son espion, qui accusait le Breton Kerkabon de favoriser dans son cœur les huguenots, et de condamner la conduite des jésuites. M. de Louvois, de son côté, avait reçu une lettre de l'interrogant bailli, qui dépeignait l'Ingénu comme un garnement qui voulait brûler les couvents et enlever les filles.

L'Ingénu, après s'être promené dans les jardins de Versailles, où il s'ennuya, après avoir soupé en Huron et en Bas-Breton, s'était couché dans la douce espérance de voir le roi le lendemain, d'obtenir Mlle de Saint-Yves en mariage; d'avoir au moins une compagnie de cavalerie, et de faire cesser la persécution contre les huguenots. Il se berçait de ces flatteuses idées, quand la maréchaussée entra dans sa chambre. Elle se saisit d'abord de son fusil à deux coups et de son grand sabre.

On fit un inventaire de son argent comptant, et on le mena dans le château que fit construire le roi Charles V, fils de Jean II, auprès de la rue Saint-Antoine, à la porte des Tournelles[1].

Quel était en chemin l'étonnement de l'Ingénu! je vous le laisse à penser. Il crut d'abord que c'était un rêve. Il resta dans l'engourdissement, puis tout à coup transporté d'une fureur qui redoublait ses forces, il prend à la gorge deux de ses conducteurs, qui étaient avec lui dans le carrosse, les jette par la portière, se jette après eux, et entraîne le troisième, qui voulait le retenir. Il tombe de l'effort, on le lie, on le remonte dans la voiture. « Voilà donc, disait-il, ce que l'on gagne à chasser les Anglais de la Basse-Bretagne! Que dirais-tu, belle Saint-Yves, si tu me voyais dans cet état? »

On arrive enfin au gîte qui lui était destiné. On le porte en silence dans la chambre où il devait être enfermé, comme un mort qu'on porte dans un cimetière. Cette chambre était déjà occupée par un vieux solitaire de Port-Royal, nommé Gordon, qui y languissait depuis deux ans. « Tenez, lui dit le chef des sbires, voilà de la compagnie que je vous amène »; et sur-le-champ on

1. La Bastille.

referma les énormes verrous de la porte épaisse, revêtue de larges barres. Les deux captifs restèrent séparés de l'univers entier.

CHAPITRE X.

L'INGÉNU, ENFERMÉ A LA BASTILLE AVEC UN JANSÉNISTE.

M. Gordon était un vieillard frais et serein, qui savait deux grandes choses : supporter l'adversité, et consoler les malheureux. Il s'avança d'un air ouvert et compatissant vers son compagnon, et lui dit en l'embrassant : « Qui que vous soyez, qui venez partager mon tombeau, soyez sûr que je m'oublierai toujours moi-même pour adoucir vos tourments dans l'abîme infernal où nous sommes plongés. Adorons la Providence qui nous y a conduits, souffrons en paix, et espérons. » Ces paroles firent sur l'âme de l'Ingénu l'effet des gouttes d'Angleterre [1], qui rappellent un mourant à la vie, et lui font entr'ouvrir des yeux étonnés.

Après les premiers compliments, Gordon, sans le presser de lui apprendre la cause de son malheur, lui inspira, par la douceur de son entretien, et par cet intérêt que prennent deux malheureux l'un à l'autre, le désir d'ouvrir son cœur et de déposer le fardeau qui l'accablait ; mais il ne pouvait deviner le sujet de son malheur : cela lui paraissait un effet sans cause ; et le bonhomme Gordon était aussi étonné que lui-même.

« Il faut, dit le janséniste au Huron, que Dieu ait de grands desseins sur vous, puisqu'il vous a conduit du lac Ontario en Angleterre et en France, qu'il vous a fait baptiser en Basse-Bretagne, et qu'il vous a mis ici pour votre salut [2]. — Ma foi, répondit l'Ingénu, je crois que le diable s'est mêlé seul de ma destinée. Mes compatriotes d'Amérique ne m'auraient jamais traité avec la barbarie que j'éprouve : ils n'en ont pas d'idée. On les appelle *sauvages* ; ce sont des gens de bien grossiers, et les hommes de ce pays-ci sont des coquins raffinés. Je suis, à la vérité, bien surpris d'être venu d'un autre monde pour être enfermé dans celui-ci sous quatre verrous avec un prêtre ; mais je fais réflexion au nombre prodigieux d'hommes qui partent d'un hémisphère pour aller se faire tuer dans l'autre, ou qui font naufrage en

1. Remède chimique qui était en vogue à la fin du XVIIe siècle. Son inventeur, Goddard, exerçait la médecine à Londres sous Charles II ; c'est pourquoi ce remède s'appela en France *gouttes d'Angleterre*. (G. A.)
2. Doctrine janséniste des élus.

chemin, et qui sont mangés des poissons : je ne vois pas les gracieux desseins de Dieu sur tous ces gens-là. »

On leur apporta à dîner par un guichet. La conversation roula sur la Providence, sur les lettres de cachet, et sur l'art de ne pas succomber aux disgrâces auxquelles tout homme est exposé dans ce monde. « Il y a deux ans que je suis ici, dit le vieillard, sans autre consolation que moi-même et des livres ; je n'ai pas eu un moment de mauvaise humeur.

— Ah! monsieur Gordon, s'écria l'Ingénu, vous n'aimez donc pas votre marraine? Si vous connaissiez comme moi M^{lle} de Saint-Yves, vous seriez au désespoir. » A ces mots il ne put retenir ses larmes, et il se sentit alors un peu moins oppressé. « Mais, dit-il, pourquoi donc les larmes soulagent-elles? Il me semble qu'elles devraient faire un effet contraire.

— Mon fils, tout est physique en nous, dit le bon vieillard; toute sécrétion fait du bien au corps; et tout ce qui le soulage soulage l'âme : nous sommes les machines de la Providence. »

L'Ingénu, qui, comme nous l'avons dit plusieurs fois, avait un grand fonds d'esprit, fit de profondes réflexions sur cette idée, dont il semblait qu'il avait la semence en lui-même. Après quoi il demanda à son compagnon pourquoi sa machine était depuis deux ans sous quatre verrous. « Par la grâce efficace, répondit Gordon ; je passe pour janséniste : j'ai connu Arnauld et Nicole ; les jésuites nous ont persécutés[1]. Nous croyons que le pape n'est qu'un évêque comme un autre ; et c'est pour cela que le P. de la Chaise a obtenu du roi, son pénitent, un ordre de me ravir, sans aucune formalité de justice, le bien le plus précieux des hommes, la liberté.

— Voilà qui est bien étrange, dit l'Ingénu ; tous les malheureux que j'ai rencontrés ne le sont qu'à cause du pape. A l'égard de votre grâce efficace, je vous avoue que je n'y entends rien ; mais je regarde comme une grande grâce que Dieu m'ait fait trouver dans mon malheur un homme comme vous, qui verse dans mon cœur des consolations dont je me croyais incapable. »

Chaque jour la conversation devenait plus intéressante et plus instructive. Les âmes des deux captifs s'attachaient l'une à l'autre. Le vieillard savait beaucoup, et le jeune homme voulait beaucoup apprendre. Au bout d'un mois il étudia la géométrie ; il la dévorait. Gordon lui fit lire la physique de Rohault[2], qui était encore

1. Voyez le chapitre XXXVII du *Siècle de Louis XIV*.
2. Le *Traité de Physique* de Rohault est de 1671.

à la mode, et il eut le bon esprit de n'y trouver que des incertitudes.

Ensuite il lut le premier volume de la *Recherche de la vérité*[1]. Cette nouvelle lumière l'éclaira. « Quoi ! dit-il, notre imagination et nos sens nous trompent à ce point ! quoi ! les objets ne forment point nos idées, et nous ne pouvons nous les donner nous-mêmes ! » Quand il eut lu le second volume, il ne fut plus si content, et il conclut qu'il est plus aisé de détruire que de bâtir.

Son confrère, étonné qu'un jeune ignorant fît cette réflexion, qui n'appartient qu'aux âmes exercées, conçut une grande idée de son esprit, et s'attacha à lui davantage.

« Votre Malebranche, lui dit un jour l'Ingénu, me paraît avoir écrit la moitié de son livre avec sa raison, et l'autre avec son imagination et ses préjugés. »

Quelques jours après, Gordon lui demanda : « Que pensez-vous donc de l'âme, de la manière dont nous recevons nos idées, de notre volonté, de la grâce, du libre arbitre ?

— Rien, lui repartit l'Ingénu ; si je pensais quelque chose, c'est que nous sommes sous la puissance de l'Être éternel comme les astres et les éléments ; qu'il fait tout en nous, que nous sommes de petites roues de la machine immense dont il est l'âme ; qu'il agit par des lois générales, et non par des vues particulières : cela seul me paraît intelligible ; tout le reste est pour moi un abîme de ténèbres.

— Mais, mon fils, ce serait faire Dieu auteur du péché.

— Mais, mon père, votre grâce efficace ferait Dieu auteur du péché aussi : car il est certain que tous ceux à qui cette grâce serait refusée pécheraient ; et qui nous livre au mal n'est-il pas l'auteur du mal ? »

Cette naïveté embarrassait fort le bonhomme ; il sentait qu'il faisait de vains efforts pour se tirer de ce bourbier ; et il entassait tant de paroles qui paraissaient avoir du sens et qui n'en avaient point (dans le goût de la prémotion physique[2]), que l'Ingénu en avait pitié. Cette question tenait évidemment à l'origine du bien et du mal ; et alors il fallait que le pauvre Gordon passât en revue la boîte de Pandore, l'œuf d'Orosmade percé par Arimane[3], l'ini-

1. Le premier volume de l'ouvrage de Malebranche est de 1674. Dans cette partie, Malebranche se montre disciple de Descartes, et rejette en philosophie l'autorité.

2. Système soutenu par les thomistes. C'est le concours immédiat de Dieu avec la créature.

3. Voyez tome XI, page 202.

mitié entre Typhon et Osiris, et enfin le péché originel ; et ils couraient l'un et l'autre dans cette nuit profonde, sans jamais se rencontrer. Mais enfin ce roman de l'âme détournait leur vue de la contemplation de leur propre misère, et, par un charme étrange, la foule des calamités répandues sur l'univers diminuait la sensation de leurs peines : ils n'osaient se plaindre quand tout souffrait.

Mais, dans le repos de la nuit, l'image de la belle Saint-Yves effaçait dans l'esprit de son amant toutes les idées de métaphysique et de morale. Il se réveillait les yeux mouillés de larmes ; et le vieux janséniste oubliait sa grâce efficace, et l'abbé de Saint-Cyran, et Jansénius[1], pour consoler un jeune homme qu'il croyait en péché mortel.

Après leurs lectures, après leurs raisonnements, ils parlaient encore de leurs aventures ; et, après en avoir inutilement parlé, ils lisaient ensemble ou séparément. L'esprit du jeune homme se fortifiait de plus en plus. Il serait surtout allé très-loin en mathématiques sans les distractions que lui donnait M^{lle} de Saint-Yves.

Il lut des histoires, elles l'attristèrent. Le monde lui parut trop méchant et trop misérable. En effet, l'histoire n'est que le tableau des crimes et des malheurs. La foule des hommes innocents et paisibles disparaît toujours sur ces vastes théâtres. Les personnages ne sont que des ambitieux pervers. Il semble que l'histoire ne plaise que comme la tragédie, qui languit si elle n'est animée par les passions, les forfaits, et les grandes infortunes. Il faut armer Clio du poignard, comme Melpomène.

Quoique l'histoire de France soit remplie d'horreurs, ainsi que toutes les autres, cependant elle lui parut si dégoûtante dans ses commencements, si sèche dans son milieu, si petite enfin, même du temps de Henri IV, toujours si dépourvue de grands monuments, si étrangère à ces belles découvertes qui ont illustré d'autres nations, qu'il était obligé de lutter contre l'ennui pour lire tous ces détails de calamités obscures resserrées dans un coin du monde.

Gordon pensait comme lui. Tous deux riaient de pitié quand il était question des souverains de Fezensac[2], de Fesansaguet, et d'Astarac. Cette étude en effet ne serait bonne que pour leurs

1. Voyez le chapitre xxxvii du *Siècle de Louis XIV*.
2. Le comté de Fezensac, ayant sept lieues de longueur sur cinq de largeur; il avait été, en 1140, réuni au comté d'Armagnac. Le vicomté de Fesansaguet, ou petit Fezensac, fut aussi, en 1404, réuni au comté d'Armagnac. Le comté d'Astarac avait environ treize lieues de longueur et onze de largeur.

héritiers, s'ils en avaient. Les beaux siècles de la république romaine le rendirent quelque temps indifférent pour le reste de la terre. Le spectacle de Rome victorieuse et législatrice des nations occupait son âme entière. Il s'échauffait en contemplant ce peuple qui fut gouverné sept cents ans par l'enthousiasme de la liberté et de la gloire.

Ainsi se passaient les jours, les semaines, les mois ; et il se serait cru heureux dans le séjour du désespoir, s'il n'avait point aimé.

Son bon naturel s'attendrissait encore sur le prieur de Notre-Dame de la Montagne, et sur la sensible Kerkabon. « Que penseront-ils, répétait-il souvent, quand ils n'auront point de mes nouvelles ? Ils me croiront un ingrat. » Cette idée le tourmentait ; il plaignait ceux qui l'aimaient, beaucoup plus qu'il ne se plaignait lui-même.

CHAPITRE XI.

COMMENT L'INGÉNU DÉVELOPPE SON GÉNIE.

La lecture agrandit l'âme, et un ami éclairé la console. Notre captif jouissait de ces deux avantages, qu'il n'avait pas soupçonnés auparavant. « Je serais tenté, dit-il, de croire aux métamorphoses, car j'ai été changé de brute en homme. » Il se forma une bibliothèque choisie d'une partie de son argent dont on lui permettait de disposer. Son ami l'encouragea à mettre par écrit ses réflexions. Voici ce qu'il écrivit sur l'histoire ancienne :

« Je m'imagine que les nations ont été longtemps comme moi, qu'elles ne se sont instruites que fort tard, qu'elles n'ont été occupées pendant des siècles que du moment présent qui coulait, très-peu du passé, et jamais de l'avenir. J'ai parcouru cinq ou six cents lieues du Canada, je n'y ai pas trouvé un seul monument ; personne n'y sait rien de ce qu'a fait son bisaïeul. Ne serait-ce pas là l'état naturel de l'homme ? L'espèce de ce continent-ci me paraît supérieure à celle de l'autre. Elle a augmenté son être depuis plusieurs siècles par les arts et par les connaissances. Est-ce parce qu'elle a de la barbe au menton, et que Dieu a refusé la barbe aux Américains ? Je ne le crois pas : car je vois que les Chinois n'ont presque point de barbe, et qu'ils cultivent les arts depuis plus de cinq mille années. En effet, s'ils ont plus de quatre mille ans d'annales, il faut bien que la nation ait été rassemblée et florissante depuis plus de cinquante siècles.

« Une chose me frappe surtout dans cette ancienne histoire de la Chine, c'est que presque tout y est vraisemblable et naturel. Je l'admire en ce qu'il n'y a rien de merveilleux.

« Pourquoi toutes les autres nations se sont-elles donné des origines fabuleuses? Les anciens chroniqueurs de l'histoire de France, qui ne sont pas fort anciens, font venir les Français d'un Francus, fils d'Hector ; les Romains se disaient issus d'un Phrygien, quoiqu'il n'y eût pas dans leur langue un seul mot qui eût le moindre rapport à la langue de Phrygie ; les dieux avaient habité dix mille ans en Égypte, et les diables, en Scythie, où ils avaient engendré les Huns. Je ne vois avant Thucydide que des romans semblables aux Amadis, et beaucoup moins amusants. Ce sont partout des apparitions, des oracles, des prodiges, des sortiléges, des métamorphoses, des songes expliqués, et qui font la destinée des plus grands empires et des plus petits États : ici des bêtes qui parlent, là des bêtes qu'on adore, des dieux transformés en hommes, et des hommes transformés en dieux. Ah ! s'il nous faut des fables, que ces fables soient du moins l'emblème de la vérité ! J'aime les fables des philosophes, je ris de celles des enfants, et je hais celles des imposteurs. »

Il tomba un jour sur une histoire de l'empereur Justinien. On y lisait que des apédeutes[1] de Constantinople avaient donné, en très-mauvais grec, un édit contre le plus grand capitaine du siècle[2], parce que ce héros avait prononcé ces paroles dans la chaleur de la conversation : « La vérité luit de sa propre lumière, et on n'éclaire pas les esprits avec les flammes des bûchers[3]. » Les apédeutes assurèrent que cette proposition était hérétique, sentant l'hérésie, et que l'axiome contraire était catholique, universel, et grec : « On n'éclaire les esprits qu'avec la flamme des bûchers, et la vérité ne saurait luire de sa propre lumière. » Ces linostoles[4] condamnèrent ainsi plusieurs discours du capitaine, et donnèrent un édit.

« Quoi ! s'écria l'Ingénu, des édits rendus par ces gens-là !

— Ce ne sont point des édits, répliqua Gordon, ce sont des contr'édits[5] dont tout le monde se moquait à Constantinople, et

1. Ignorants, gens sans éducation.
2. La faculté de théologie de Paris avait donné, en mauvais latin, une censure du *Bélisaire* de Marmontel.
3. Phrase textuelle du *Bélisaire*.
4. Couverts de longs habits de lin (tels que des surplis). L'auteur fait ici allusion à la censure du *Bélisaire* de Marmontel par la Sorbonne.
5. L'édition encadrée de 1775 porte : *contr'édits;* on lit de même dans les éditions de Kehl. Toutes les éditions antérieures à 1775 portent : *contredits*. Mais

l'empereur tout le premier : c'était un sage prince, qui avait su réduire les apédeutes linostoles à ne pouvoir faire que du bien. Il savait que ces messieurs-là et plusieurs autres pastophores [1] avaient lassé de contr'édits la patience des empereurs ses prédécesseurs en matière plus grave.

— Il fit fort bien, dit l'Ingénu ; on doit soutenir les pastophores et les contenir. »

Il mit par écrit beaucoup d'autres réflexions qui épouvantèrent le vieux Gordon. « Quoi! dit-il en lui-même, j'ai consumé cinquante ans à m'instruire, et je crains de ne pouvoir atteindre au bon sens naturel de cet enfant presque sauvage! je tremble d'avoir laborieusement fortifié des préjugés ; il n'écoute que la simple nature. »

Le bonhomme avait quelques-uns de ces petits livres de critique, de ces brochures périodiques où des hommes incapables de rien produire dénigrent les productions des autres, où les Visé[2] insultent aux Racine, et les Faydit[3] aux Fénelon. L'Ingénu en parcourut quelques-uns. « Je les compare, disait-il, à certains moucherons qui vont déposer leurs œufs dans le derrière des plus beaux chevaux : cela ne les empêche pas de courir. » A peine les deux philosophes daignèrent-ils jeter les yeux sur ces excréments de la littérature.

Ils lurent bientôt ensemble les éléments de l'astronomie ; l'Ingénu fit venir des sphères : ce grand spectacle le ravissait. « Qu'il est dur, disait-il, de ne commencer à connaître le ciel que lorsqu'on me ravit le droit de le contempler! Jupiter et Saturne roulent dans ces espaces immenses ; des millions de soleils éclairent des milliards de mondes ; et dans le coin de terre où je suis jeté, il se trouve des êtres qui me privent, moi être voyant et pensant, de tous ces mondes où ma vue pourrait atteindre, et de celui où Dieu m'a fait naître! La lumière faite pour tout l'univers est perdue pour moi. On ne me la cachait pas dans l'horizon septentrional où j'ai passé mon enfance et ma jeunesse. Sans vous, mon cher Gordon, je serais ici dans le néant. »

on ne doit pas oublier que beaucoup d'ouvrages de Voltaire ont été imprimés en pays étrangers, et quelquefois loin des yeux de l'auteur. (B.)
1. Vêtus de longues robes ou manteaux.
2. Visé, fondateur du *Mercure galant* en 1672.
3. Auteur de la *Télémachomanie*.

CHAPITRE XII.

CE QUE L'INGÉNU PENSE DES PIÈCES DE THÉATRE.

Le jeune Ingénu ressemblait à un de ces arbres vigoureux qui, nés dans un sol ingrat, étendent en peu de temps leurs racines et leurs branches quand ils sont transplantés dans un terrain favorable ; et il était bien extraordinaire qu'une prison fût ce terrain.

Parmi les livres qui occupaient le loisir des deux captifs, il se trouva des poésies, des traductions de tragédies grecques, quelques pièces du théâtre français. Les vers qui parlaient d'amour portèrent à la fois dans l'âme de l'Ingénu le plaisir et la douleur. Ils lui parlaient tous de sa chère Saint-Yves. La fable des deux Pigeons[1] lui perça le cœur ; il était bien loin de pouvoir revenir à son colombier.

Molière l'enchanta. Il lui faisait connaître les mœurs de Paris et du genre humain. « A laquelle de ses comédies donnez-vous la préférence?

— Au *Tartuffe*, sans difficulté.

— Je pense comme vous, dit Gordon ; c'est un tartufe qui m'a plongé dans ce cachot, et peut-être ce sont des tartufes qui ont fait votre malheur. Comment trouvez-vous ces tragédies grecques?

— Bonnes pour des Grecs, dit l'Ingénu. » Mais quand il lut l'*Iphigénie* moderne, *Phèdre*, *Andromaque*, *Athalie*, il fut en extase, il soupira, il versa des larmes, il les sut par cœur sans avoir envie de les apprendre.

« Lisez *Rodogune*, lui dit Gordon ; on dit que c'est le chef-d'œuvre du théâtre ; les autres pièces qui vous ont fait tant de plaisir sont peu de chose en comparaison. » Le jeune homme, dès la première page, lui dit : « Cela n'est pas du même auteur.

— A quoi le voyez-vous?

— Je n'en sais rien encore ; mais ces vers-là ne vont ni à mon oreille ni à mon cœur.

— Oh! ce n'est rien que les vers », répliqua Gordon.

L'Ingénu répondit : « Pourquoi donc en faire? »

Après avoir lu très-attentivement la pièce, sans autre dessein que celui d'avoir du plaisir, il regardait son ami avec des yeux secs et étonnés, et ne savait que dire. Enfin, pressé de rendre compte de ce qu'il avait senti, voici ce qu'il répondit : « Je n'ai

1. De La Fontaine

guère entendu le commencement ; j'ai été révolté du milieu ; la dernière scène m'a beaucoup ému, quoiqu'elle me paraisse peu vraisemblable : je ne me suis intéressé pour personne, et je n'ai pas retenu vingt vers, moi qui les retiens tous quand ils me plaisent.

— Cette pièce passe pourtant pour la meilleure que nous ayons.

— Si cela est, répliqua-t-il, elle est peut-être comme bien des gens qui ne méritent pas leurs places. Après tout, c'est ici une affaire de goût ; le mien ne doit pas encore être formé : je peux me tromper ; mais vous savez que je suis assez accoutumé à dire ce que je pense, ou plutôt ce que je sens. Je soupçonne qu'il y a souvent de l'illusion, de la mode, du caprice, dans les jugements des hommes. J'ai parlé d'après la nature ; il se peut que chez moi la nature soit très-imparfaite ; mais il se peut aussi qu'elle soit quelquefois peu consultée par la plupart des hommes. » Alors il récita des vers d'*Iphigénie*, dont il était plein ; et quoiqu'il ne déclamât pas bien, il y mit tant de vérité et d'onction qu'il fit pleurer le vieux janséniste. Il lut ensuite *Cinna* ; il ne pleura point, mais il admira.

CHAPITRE XIII.

LA BELLE SAINT-YVES VA A VERSAILLES.

Pendant que notre infortuné s'éclairait plus qu'il ne se consolait ; pendant que son génie, étouffé depuis si longtemps, se déployait avec tant de rapidité et de force ; pendant que la nature, qui se perfectionnait en lui, le vengeait des outrages de la fortune, que devinrent monsieur le prieur et sa bonne sœur, et la belle recluse Saint-Yves ? Le premier mois, on fut inquiet, et au troisième on fut plongé dans la douleur : les fausses conjectures, les bruits mal fondés, alarmèrent ; au bout de six mois, on le crut mort. Enfin M. et Mlle de Kerkabon apprirent, par une ancienne lettre qu'un garde du roi avait écrite en Bretagne, qu'un jeune homme semblable à l'Ingénu était arrivé un soir à Versailles, mais qu'il avait été enlevé pendant la nuit, et que depuis ce temps personne n'en avait entendu parler.

« Hélas ! dit Mlle de Kerkabon, notre neveu aura fait quelque sottise, et se sera attiré de fâcheuses affaires. Il est jeune, il est Bas-Breton, il ne peut savoir comme on doit se comporter à la cour. Mon cher frère, je n'ai jamais vu Versailles ni Paris ; voici

une belle occasion, nous retrouverons peut-être notre pauvre neveu : c'est le fils de notre frère ; notre devoir est de le secourir. Qui sait si nous ne pourrons point parvenir enfin à le faire sous-diacre, quand la fougue de la jeunesse sera amortie ? Il avait beaucoup de dispositions pour les sciences. Vous souvenez-vous comme il raisonnait sur l'Ancien et sur le Nouveau Testament ? Nous sommes responsables de son âme ; c'est nous qui l'avons fait baptiser ; sa chère maîtresse Saint-Yves passe les journées à pleurer. En vérité il faut aller à Paris. S'il est caché dans quelqu'une de ces vilaines maisons de joie dont on m'a fait tant de récits, nous l'en tirerons. » Le prieur fut touché des discours de sa sœur. Il alla trouver l'évêque de Saint-Malo, qui avait baptisé le Huron, et lui demanda sa protection et ses conseils. Le prélat approuva le voyage. Il donna au prieur des lettres de recommandation pour le P. de La Chaise, confesseur du roi, qui avait la première dignité du royaume, pour l'archevêque de Paris Harlay, et pour l'évêque de Meaux Bossuet.

Enfin le frère et la sœur partirent ; mais, quand ils furent arrivés à Paris, il se trouvèrent égarés comme dans un vaste labyrinthe, sans fil et sans issue. Leur fortune était médiocre, et il leur fallait tous les jours des voitures pour aller à la découverte, et ils ne découvraient rien.

Le prieur se présenta chez le révérend P. de La Chaise : il était avec M^{lle} du Tron, et ne pouvait donner audience à des prieurs. Il alla à la porte de l'archevêque : le prélat[1] était enfermé avec la belle M^{me} de Lesdiguières pour les affaires de l'Église. Il courut à la maison de campagne de l'évêque de Meaux : celui-ci examinait, avec M^{lle} de Mauléon, l'amour mystique de M^{me} Guyon. Cependant il parvint à se faire entendre de ces deux prélats ; tous deux lui déclarèrent qu'ils ne pouvaient se mêler de son neveu, attendu qu'il n'était pas sous-diacre.

Enfin il vit le jésuite ; celui-ci le reçut à bras ouverts, lui protesta qu'il avait toujours eu pour lui une estime particulière, ne

1. François de Harlay de Chanvalon, archevêque de Paris de 1670 à 1695, refusa la sépulture à Molière, fit enfermer M^{me} Guyon, donna la bénédiction nuptiale à Louis XIV et à M^{me} de Maintenon. Il était connu par ses aventures galantes. Un jour qu'il entrait dans un salon où étaient un grand nombre de belles dames, il dit :

Formosi pecoris custos ;

l'une d'elles acheva le vers de Virgile en ajoutant :

formosior ipse. (B.)

l'ayant jamais connu. Il jura que la Société avait toujours été attachée aux Bas-Bretons. « Mais, dit-il, votre neveu n'aurait-il pas le malheur d'être huguenot ? — Non, assurément, mon révérend père. — Serait-il point janséniste ? — Je puis assurer à Votre Révérence qu'à peine est-il chrétien : il y a environ onze mois que nous l'avons baptisé. — Voilà qui est bien, voilà qui est bien ; nous aurons soin de lui. Votre bénéfice est-il considérable ? — Oh ! fort peu de chose, et mon neveu nous coûte beaucoup. — Y a-t-il quelques jansénistes dans le voisinage ? Prenez bien garde, mon cher monsieur le prieur, ils sont plus dangereux que les huguenots et les athées. — Mon révérend père, nous n'en avons point ; on ne sait ce que c'est que le jansénisme à Notre-Dame de la Montagne. — Tant mieux ; allez, il n'y a rien que je ne fasse pour vous. » Il congédia affectueusement le prieur, et n'y pensa plus.

Le temps s'écoulait, le prieur et la bonne sœur se désespéraient.

Cependant le maudit bailli pressait le mariage de son grand benêt de fils avec la belle Saint-Yves, qu'on avait fait sortir exprès du couvent. Elle aimait toujours son cher filleul autant qu'elle détestait le mari qu'on lui présentait. L'affront d'avoir été mise dans un couvent augmentait sa passion ; l'ordre d'épouser le fils du bailli y mettait le comble. Les regrets, la tendresse, et l'horreur, bouleversaient son âme. L'amour, comme on sait, est bien plus ingénieux et plus hardi dans un jeune fille que l'amitié ne l'est dans un vieux prieur et dans une tante de quarante-cinq ans passés. De plus, elle s'était bien formée dans son couvent par les romans qu'elle avait lus à la dérobée.

La belle Saint-Yves se souvenait de la lettre qu'un garde du corps avait écrite en Basse-Bretagne, et dont on avait parlé dans la province. Elle résolut d'aller elle-même prendre des informations à Versailles ; de se jeter aux pieds des ministres, si son mari était en prison, comme on le disait, et d'obtenir justice pour lui. Je ne sais quoi l'avertissait secrètement qu'à la cour on ne refuse rien à une jolie fille ; mais elle ne savait pas ce qu'il en coûtait.

Sa résolution prise, elle est consolée, elle est tranquille, elle ne rebute plus son sot prétendu ; elle accueille le détestable beau-père, caresse son frère, répand l'allégresse dans la maison ; puis, le jour destiné à la cérémonie, elle part secrètement à quatre heures du matin avec ses petits présents de noce, et tout ce qu'elle a pu rassembler. Ses mesures étaient si bien prises qu'elle était déjà à plus de dix lieues lorsqu'on entra dans sa chambre, vers

le midi. La surprise et la consternation furent grandes. L'interrogant bailli fit ce jour-là plus de questions qu'il n'en avait fait dans toute la semaine ; le mari resta plus sot qu'il ne l'avait jamais été. L'abbé de Saint-Yves, en colère, prit le parti de courir après sa sœur. Le bailli et son fils voulurent l'accompagner. Ainsi la destinée conduisait à Paris presque tout ce canton de la Basse-Bretagne.

La belle Saint-Yves se doutait bien qu'on la suivrait. Elle était à cheval ; elle s'informait adroitement des courriers s'ils n'avaient point rencontré un gros abbé, un énorme bailli, et un jeune benêt, qui couraient sur le chemin de Paris. Ayant appris au troisième jour qu'ils n'étaient pas loin, elle prit une route différente, et eut assez d'habileté et de bonheur pour arriver à Versailles tandis qu'on la cherchait inutilement dans Paris.

Mais comment se conduire à Versailles ? Jeune, belle, sans conseil, sans appui, inconnue, exposée à tout, comment oser chercher un garde du roi ? Elle imagina de s'adresser à un jésuite du bas étage ; il y en avait pour toutes les conditions de la vie : comme Dieu, disaient-ils, a donné différentes nourritures aux diverses espèces d'animaux, il avait donné au roi son confesseur, que tous les solliciteurs de bénéfices appelaient *le chef de l'Église gallicane;* ensuite venaient les confesseurs des princesses ; les ministres n'en avaient point : ils n'étaient pas si sots. Il y avait les jésuites du grand commun, et surtout les jésuites des femmes de chambre par lesquelles on savait les secrets des maîtresses ; et ce n'était pas un petit emploi. La belle Saint-Yves s'adressa à un de ces derniers, qui s'appelait le P. Tout-à-tous. Elle se confessa à lui, lui exposa ses aventures, son état, son danger, et le conjura de la loger chez quelque bonne dévote qui la mît à l'abri des tentations.

Le P. Tout-à-tous l'introduisit chez la femme d'un officier du gobelet, l'une de ses plus affidées pénitentes. Dès qu'elle y fut, elle s'empressa de gagner la confiance et l'amitié de cette femme ; elle s'informa du garde breton, et le fit prier de venir chez elle. Ayant su de lui que son amant avait été enlevé après avoir parlé à un premier commis, elle court chez ce commis : la vue d'une belle femme l'adoucit, car il faut convenir que Dieu n'a créé les femmes que pour apprivoiser les hommes.

Le plumitif attendri lui avoua tout. Votre amant est à la Bastille depuis près d'un an, et sans vous il y serait peut-être toute sa vie. La tendre Saint-Yves s'évanouit. Quand elle eut repris ses sens, le plumitif lui dit : « Je suis sans crédit pour faire du bien ; tout mon pouvoir se borne à faire du mal quelquefois. Croyez-

moi, allez chez M. de Saint-Pouange, qui fait le bien et le mal, cousin et favori de monseigneur de Louvois. Ce ministre a deux âmes : M. de Saint-Pouange en est une ; M^me Dufresnoy [1], l'autre; mais elle n'est pas à présent à Versailles ; il ne vous reste que de fléchir le protecteur que je vous indique. »

La belle Saint-Yves, partagée entre un peu de joie et d'extrêmes douleurs, entre quelque espérance et de tristes craintes, poursuivie par son frère, adorant son amant, essuyant ses larmes et en versant encore, tremblante, affaiblie, et reprenant courage, courut vite chez M. de Saint-Pouange.

CHAPITRE XIV.

PROGRÈS DE L'ESPRIT DE L'INGÉNU.

L'Ingénu faisait des progrès rapides dans les sciences, et surtout dans la science de l'homme. La cause du développement rapide de son esprit était due à son éducation sauvage presque autant qu'à la trempe de son âme : car, n'ayant rien appris dans son enfance, il n'avait point appris de préjugés. Son entendement, n'ayant point été courbé par l'erreur, était demeuré dans toute sa rectitude. Il voyait les choses comme elles sont, au lieu que les idées qu'on nous donne dans l'enfance nous les font voir toute notre vie comme elles ne sont point. « Vos persécuteurs sont abominables, disait-il à son ami Gordon. Je vous plains d'être opprimé, mais je vous plains d'être janséniste. Toute secte me paraît le ralliement de l'erreur. Dites-moi s'il y a des sectes en géométrie?

— Non, mon cher enfant, lui dit en soupirant le bon Gordon; tous les hommes sont d'accord sur la vérité quand elle est démontrée, mais ils sont trop partagés sur les vérités obscures.

— Dites sur les faussetés obscures. S'il y avait eu une seule vérité cachée dans vos amas d'arguments qu'on ressasse depuis tant de siècles, on l'aurait découverte sans doute ; et l'univers aurait été d'accord au moins sur ce point-là. Si cette vérité était nécessaire comme le soleil l'est à la terre, elle serait brillante comme lui. C'est une absurdité, c'est un outrage au genre humain, c'est un attentat contre l'Être infini et suprême de dire : Il y a une vérité essentielle à l'homme, et Dieu l'a cachée. »

1. Dans les éditions antérieures aux éditions de Kehl, on lit : « Madame du Belloy. » (B.)

CHAPITRE XIV.

Tout ce que disait ce jeune ignorant, instruit par la nature, faisait une impression profonde sur l'esprit du vieux savant infortuné. « Serait-il bien vrai, s'écria-t-il, que je me fusse rendu malheureux pour des chimères? Je suis bien plus sûr de mon malheur que de la grâce efficace. J'ai consumé mes jours à raisonner sur la liberté de Dieu et du genre humain; mais j'ai perdu la mienne; ni saint Augustin ni saint Prosper ne me tireront de l'abîme où je suis. »

L'Ingénu, livré à son caractère, dit enfin : « Voulez-vous que je vous parle avec une confiance hardie? Ceux qui se font persécuter pour ces vaines disputes de l'école me semblent peu sages; ceux qui persécutent me paraissent des monstres. »

Les deux captifs étaient fort d'accord sur l'injustice de leur captivité. « Je suis cent fois plus à plaindre que vous, disait l'Ingénu; je suis né libre comme l'air; j'avais deux vies, la liberté et l'objet de mon amour : on me les ôte. Nous voici tous deux dans les fers, sans en savoir la raison et sans pouvoir la demander. J'ai vécu Huron vingt ans; on dit que ce sont des barbares, parce qu'ils se vengent de leurs ennemis; mais ils n'ont jamais opprimé leurs amis. A peine ai-je mis le pied en France, que j'ai versé mon sang pour elle; j'ai peut-être sauvé une province, et pour récompense je suis englouti dans ce tombeau des vivants, où je serais mort de rage sans vous. Il n'y a donc point de lois dans ce pays? On condamne les hommes sans les entendre! Il n'en est pas ainsi en Angleterre. Ah! ce n'était pas contre les Anglais que je devais me battre. » Ainsi sa philosophie naissante ne pouvait dompter la nature outragée dans le premier de ses droits, et laissait un libre cours à sa juste colère.

Son compagnon ne le contredit point. L'absence augmente toujours l'amour qui n'est pas satisfait, et la philosophie ne le diminue pas. Il parlait aussi souvent de sa chère Saint-Yves que de morale et de métaphysique. Plus ses sentiments s'épuraient, et plus il aimait. Il lut quelques romans nouveaux; il en trouva peu qui lui peignissent la situation de son âme. Il sentait que son cœur allait toujours au delà de ce qu'il lisait. « Ah! disait-il, presque tous ces auteurs-là n'ont que de l'esprit et de l'art. » Enfin le bon prêtre janséniste devenait insensiblement le confident de sa tendresse. Il ne connaissait l'amour auparavant que comme un péché dont on s'accuse en confession. Il apprit à le connaître comme un sentiment aussi noble que tendre, qui peut élever l'âme autant que l'amollir, et produire même quelquefois des vertus. Enfin, pour dernier prodige, un Huron convertissait un janséniste.

CHAPITRE XV.

LA BELLE SAINT-YVES RÉSISTE A DES PROPOSITIONS DÉLICATES.

La belle Saint-Yves, plus tendre encore que son amant, alla donc chez M. de Saint-Pouange, accompagnée de l'amie chez qui elle logeait, toutes deux cachées dans leurs coiffes. La première chose qu'elle vit à la porte ce fut l'abbé de Saint-Yves, son frère, qui en sortait. Elle fut intimidée ; mais la dévote amie la rassura. « C'est précisément parce qu'on a parlé contre vous qu'il faut que vous parliez. Soyez sûre que dans ce pays les accusateurs ont toujours raison si on ne se hâte de les confondre. Votre présence d'ailleurs, ou je me trompe fort, fera plus d'effet que les paroles de votre frère. »

Pour peu qu'on encourage une amante passionnée, elle est intrépide. La Saint-Yves se présente à l'audience. Sa jeunesse, ses charmes, ses yeux tendres mouillés de quelques pleurs, attirèrent tous les regards. Chaque courtisan du sous-ministre oublia un moment l'idole du pouvoir pour contempler celle de la beauté. Le Saint-Pouange la fit entrer dans un cabinet ; elle parla avec attendrissement et avec grâce. Saint-Pouange se sentit touché. Elle tremblait, il la rassura. « Revenez ce soir, lui dit-il ; vos affaires méritent qu'on y pense et qu'on en parle à loisir ; il y a ici trop de monde ; on expédie les audiences trop rapidement : il faut que je vous entretienne à fond de tout ce qui vous regarde. » Ensuite, ayant fait l'éloge de sa beauté et de ses sentiments, il lui recommanda de venir à sept heures du soir [1].

Elle n'y manqua pas ; la dévote amie l'accompagna encore, mais elle se tint dans le salon, et lut le *Pédagogue chrétien* [2], pendant que le Saint-Pouange et la belle Saint-Yves étaient dans l'arrière-cabinet. « Croiriez-vous bien, mademoiselle, lui dit-il d'abord, que votre frère est venu me demander une lettre de cachet contre vous ? En vérité j'en expédierais plutôt une pour le

1. Le Saint-Pouange est historiquement ressemblant ; mais sous ses traits, il faut voir le fameux Saint-Florentin, qui avait alors la police dans son ministère. On connaît les mœurs et les abus de pouvoir de ce favori de Louis XV. En même temps que Voltaire publiait *l'Ingénu*, on lançait contre le même homme un vigoureux pamphlet intitulé *les Sabbatines et les Florentines*. Le premier nom faisait allusion à sa maîtresse, la comtesse de Langeac, ci-devant M^me Sabbatin. (G. A.)

2. Ouvrage que Voltaire appelle *excellent livre pour les sots* (voyez tome XVIII, page 548). L'auteur est le P. Outreman.

renvoyer en Basse-Bretagne. — Hélas! monsieur, on est donc bien libéral de lettres de cachet dans vos bureaux, puisqu'on en vient solliciter du fond du royaume, comme des pensions. Je suis bien loin d'en demander une contre mon frère. J'ai beaucoup à me plaindre de lui, mais je respecte la liberté des hommes; je demande celle d'un homme que je veux épouser, d'un homme à qui le roi doit la conservation d'une province, qui peut le servir utilement, et qui est le fils d'un officier tué à son service. De quoi est-il accusé? Comment a t-on pu le traiter si cruellement sans l'entendre? »

Alors le sous-ministre lui montra la lettre du jésuite espion et celle du perfide bailli. « Quoi! il y a de pareils monstres sur la terre! et on veut me forcer ainsi à épouser le fils ridicule d'un homme ridicule et méchant! et c'est sur de pareils avis qu'on décide ici de la destinée des citoyens! » Elle se jeta à genoux, elle demanda avec des sanglots la liberté du brave homme qui l'adorait. Ses charmes en cet état parurent dans leur plus grand avantage. Elle était si belle que le Saint-Pouange, perdant toute honte, lui insinua qu'elle réussirait si elle commençait par lui donner les prémices de ce qu'elle réservait à son amant. La Saint-Yves, épouvantée et confuse, feignit longtemps de ne le pas entendre; il fallut s'expliquer plus clairement. Un mot lâché d'abord avec retenue en produisait un plus fort, suivi d'un autre plus expressif. On offrit non-seulement la révocation de la lettre de cachet, mais des récompenses, de l'argent, des honneurs, des établissements; et plus on promettait, plus le désir de n'être pas refusé augmentait.

La Saint-Yves pleurait, elle était suffoquée, à demi renversée sur un sofa, croyant à peine ce qu'elle voyait, ce qu'elle entendait. Le Saint-Pouange, à son tour, se jeta à ses genoux. Il n'était pas sans agréments, et aurait pu ne pas effaroucher un cœur moins prévenu; mais Saint-Yves adorait son amant, et croyait que c'était un crime horrible de le trahir pour le servir. Saint-Pouange redoublait les prières et les promesses : enfin la tête lui tourna au point qu'il lui déclara que c'était le seul moyen de tirer de sa prison l'homme auquel elle prenait un intérêt si violent et si tendre. Cet étrange entretien se prolongeait. La dévote de l'antichambre, en lisant son *Pédagogue chrétien*, disait : « Mon Dieu! que peuvent-ils faire là depuis deux heures? Jamais monseigneur de Saint-Pouange n'a donné une si longue audience; peut-être qu'il a tout refusé à cette pauvre fille, puisqu'elle le prie encore. »

Enfin sa compagne sortit de l'arrière-cabinet, tout éperdue,

sans pouvoir parler, réfléchissant profondément sur le caractère des grands et des demi-grands, qui sacrifient si légèrement la liberté des hommes et l'honneur des femmes.

Elle ne dit pas un mot pendant tout le chemin. Arrivée chez l'amie, elle éclata, elle lui conta tout. La dévote fit de grands signes de croix. « Ma chère amie, il faut consulter dès demain le P. Tout-à-tous, notre directeur ; il a beaucoup de crédit auprès de M. de Saint-Pouange ; il confesse plusieurs servantes de sa maison ; c'est un homme pieux et accommodant, qui dirige aussi des femmes de qualité : abandonnez-vous à lui, c'est ainsi que j'en use ; je m'en suis toujours bien trouvée. Nous autres, pauvres femmes, nous avons besoin d'être conduites par un homme. — Eh bien donc! ma chère amie, j'irai trouver demain le P. Tout-à-tous. »

CHAPITRE XVI.

ELLE CONSULTE UN JÉSUITE.

Dès que la belle et désolée Saint-Yves fut avec son bon confesseur, elle lui confia qu'un homme puissant et voluptueux lui proposait de faire sortir de prison celui qu'elle devait épouser légitimement, et qu'il demandait un grand prix de son service ; qu'elle avait une répugnance horrible pour une telle infidélité, et que, s'il ne s'agissait que de sa propre vie, elle la sacrifierait plutôt que de succomber.

« Voilà un abominable pécheur! lui dit le P. Tout-à-tous. Vous devriez bien me dire le nom de ce vilain homme : c'est à coup sûr quelque janséniste ; je le dénoncerai à sa révérence le P. de La Chaise, qui le fera mettre dans le gîte où est à présent la chère personne que vous devez épouser. »

La pauvre fille, après un long embarras et de grandes irrésolutions, lui nomma enfin Saint-Pouange.

« Monseigneur de Saint-Pouange! s'écria le jésuite ; ah! ma fille, c'est tout autre chose ; il est cousin du plus grand ministre que nous ayons jamais eu, homme de bien, protecteur de la bonne cause, bon chrétien ; il ne peut avoir eu une telle pensée ; il faut que vous ayez mal entendu. — Ah! mon père, je n'ai entendu que trop bien ; je suis perdue, quoi que je fasse ; je n'ai que le choix du malheur et de la honte : il faut que mon amant reste enseveli tout vivant, ou que je me rende indigne de vivre. Je ne puis le laisser périr, et je ne puis le sauver. »

CHAPITRE XVI.

Le P. Tout-à-tous tâcha de la calmer par ces douces paroles :

« Premièrement, ma fille, ne dites jamais ce mot *mon amant;* il y a quelque chose de mondain qui pourrait offenser Dieu : dites *mon mari;* car, bien qu'il ne le soit pas encore, vous le regardez comme tel ; et rien n'est plus honnête.

« Secondement, bien qu'il soit votre époux en idée, en espérance, il ne l'est pas en effet : ainsi vous ne commettriez pas un adultère, péché énorme qu'il faut toujours éviter autant qu'il est possible.

« Troisièmement, les actions ne sont pas d'une malice de coulpe quand l'intention est pure, et rien n'est plus pur que de délivrer votre mari.

« Quatrièmement, vous avez des exemples dans la sainte antiquité, qui peuvent merveilleusement servir à votre conduite. Saint Augustin rapporte[1] que sous le proconsulat de Septimius Acyndinus[2], en l'an 340 de notre salut, un pauvre homme, ne pouvant payer à César ce qui appartenait à César, fut condamné à la mort, comme il est juste, malgré la maxime : *Où il n'y a rien le roi perd ses droits.* Il s'agissait d'une livre d'or ; le condamné avait une femme en qui Dieu avait mis la beauté et la prudence. Un vieux richard promit de donner une livre d'or, et même plus, à la dame, à condition qu'il commettrait avec elle le péché immonde. La dame ne crut point faire mal en sauvant son mari. Saint Augustin approuve fort sa généreuse résignation. Il est vrai que le vieux richard la trompa, et peut-être même son mari n'en fut pas moins pendu ; mais elle avait fait tout ce qui était en elle pour sauver sa vie.

« Soyez sûre, ma fille, que quand un jésuite vous cite saint Augustin, il faut que ce saint ait pleinement raison. Je ne vous conseille rien, vous êtes sage ; il est à présumer que vous serez utile à votre mari. Monseigneur de Saint-Pouange est un honnête homme, il ne vous trompera pas : c'est tout ce que je puis vous dire ; je prierai Dieu pour vous, et j'espère que tout se passera à sa plus grande gloire. »

La belle Saint-Yves, non moins effrayée des discours du jésuite que des propositions du sous-ministre, s'en retourna éperdue chez son amie. Elle était tentée de se délivrer, par la mort, de l'horreur de laisser dans une captivité affreuse l'amant qu'elle adorait, et de la honte de le délivrer au prix de ce qu'elle

1. C'est le conte de Cosi-Sancta, que nous avons donné précédemment, page 25.
2. Voyez, dans le *Dictionnaire de Bayle,* l'article Acyndinus.

avait de plus cher, et qui ne devait appartenir qu'à cet amant infortuné.

CHAPITRE XVII.

ELLE SUCCOMBE PAR VERTU.

Elle priait son amie de la tuer; mais cette femme, non moins indulgente que le jésuite, lui parla plus clairement encore. « Hélas! dit-elle, les affaires ne se font guère autrement dans cette cour si aimable, si galante, si renommée. Les places les plus médiocres et les plus considérables n'ont souvent été données qu'au prix qu'on exige de vous. Écoutez, vous m'avez inspiré de l'amitié et de la confiance; je vous avouerai que si j'avais été aussi difficile que vous l'êtes, mon mari ne jouirait pas du petit poste qui le fait vivre; il le sait, et loin d'en être fâché, il voit en moi sa bienfaitrice, et il se regarde comme ma créature. Pensez-vous que tous ceux qui ont été à la tête des provinces, ou même des armées, aient dû leurs honneurs et leur fortune à leurs seuls services? Il en est qui en sont redevables à mesdames leurs femmes. Les dignités de la guerre ont été sollicitées par l'amour, et la place a été donnée au mari de la plus belle.

« Vous êtes dans une situation bien plus intéressante : il s'agit de rendre votre amant au jour et de l'épouser; c'est un devoir sacré qu'il vous faut remplir. On n'a point blâmé les belles et grandes dames dont je vous parle; on vous applaudira, on dira que vous ne vous êtes permis une faiblesse que par un excès de vertu.

— Ah! quelle vertu! s'écria la belle Saint-Yves; quel labyrinthe d'iniquités! quel pays! et que j'apprends à connaître les hommes! Un P. de La Chaise et un bailli ridicule font mettre mon amant en prison, ma famille me persécute, on ne me tend la main dans mon désastre que pour me déshonorer. Un jésuite a perdu un brave homme, un autre jésuite veut me perdre; je ne suis entourée que de piéges, et je touche au moment de tomber dans la misère. Il faut que je me tue, ou que je parle au roi; je me jetterai à ses pieds sur son passage, quand il ira à la messe ou à la comédie.

— On ne vous laissera pas approcher, lui dit sa bonne amie; et si vous aviez le malheur de parler, mons de Louvois et le révérend P. de La Chaise pourraient vous enterrer dans le fond d'un couvent pour le reste de vos jours. »

Tandis que cette brave personne augmentait ainsi les perplexités de cette âme désespérée, et enfonçait le poignard dans son cœur, arrive un exprès de M. de Saint-Pouange avec une lettre et deux beaux pendants d'oreilles. Saint-Yves rejeta le tout en pleurant; mais l'amie s'en chargea.

Dès que le messager fut parti, la confidente lit la lettre dans laquelle on propose un petit souper aux deux amies pour le soir. Saint-Yves jure qu'elle n'ira point. La dévote veut lui essayer les deux boucles de diamants. Saint-Yves ne le put souffrir. Elle combattit la journée entière. Enfin, n'ayant en vue que son amant, vaincue, entraînée, ne sachant où on la mène, elle se laisse conduire au souper fatal. Rien n'avait pu la déterminer à se parer des pendants d'oreilles; la confidente les apporta, elle les lui ajusta malgré elle avant qu'on se mît à table. Saint-Yves était si confuse, si troublée, qu'elle se laissait tourmenter; et le patron en tirait un augure très-favorable. Vers la fin du repas, la confidente se retira discrètement. Le patron montra alors la révocation de la lettre de cachet, le brevet d'une gratification considérable, celui d'une compagnie, et n'épargna pas les promesses. « Ah! lui dit Saint-Yves, que je vous aimerais si vous ne vouliez pas être tant aimé! »

Enfin, après une longue résistance, après des sanglots, des cris, des larmes, affaiblie du combat, éperdue, languissante, il fallut se rendre. Elle n'eut d'autre ressource que de se promettre de ne penser qu'à l'Ingénu, tandis que le cruel jouirait impitoyablement de la nécessité où elle était réduite.

CHAPITRE XVIII.

ELLE DÉLIVRE SON AMANT ET UN JANSÉNISTE.

Au point du jour elle vole à Paris, munie de l'ordre du ministre. Il est difficile de peindre ce qui se passait dans son cœur pendant ce voyage. Qu'on imagine une âme vertueuse et noble, humiliée de son opprobre, enivrée de tendresse, déchirée des remords d'avoir trahi son amant, pénétrée du plaisir de délivrer ce qu'elle adore! Ses amertumes, ses combats, son succès, partageaient toutes ses réflexions. Ce n'était plus cette fille simple dont une éducation provinciale avait rétréci les idées. L'amour et le malheur l'avaient formée. Le sentiment avait fait autant de progrès en elle que la raison en avait fait dans l'esprit de son

amant infortuné. Les filles apprennent à sentir plus aisément que les hommes n'apprennent à penser. Son aventure était plus instructive que quatre ans de couvent.

Son habit était d'une simplicité extrême. Elle voyait avec horreur les ajustements sous lesquels elle avait paru devant son funeste bienfaiteur ; elle avait laissé ses boucles de diamants à sa compagne sans même les regarder. Confuse et charmée, idolâtre de l'Ingénu, et se haïssant elle-même, elle arrive enfin à la porte de

> ... cet affreux château, palais de la vengeance,
> Qui renferme souvent le crime et l'innocence [1].

Quand il fallut descendre du carrosse, les forces lui manquèrent ; on l'aida ; elle entra, le cœur palpitant, les yeux humides, le front consterné. On la présente au gouverneur ; elle veut lui parler, sa voix expire ; elle montre son ordre en articulant à peine quelques paroles. Le gouverneur aimait son prisonnier ; il fut très-aise de sa délivrance. Son cœur n'était pas endurci comme celui de quelques honorables geôliers ses confrères, qui, ne pensant qu'à la rétribution attachée à la garde de leurs captifs, fondant leurs revenus sur leurs victimes, et vivant du malheur d'autrui, se faisaient en secret une joie affreuse des larmes des infortunés.

Il fait venir le prisonnier dans son appartement. Les deux amants se voient, et tous deux s'évanouissent. La belle Saint-Yves resta longtemps sans mouvement et sans vie : l'autre rappela bientôt son courage. « C'est apparemment là madame votre femme, lui dit le gouverneur ; vous ne m'aviez point dit que vous fussiez marié. On me mande que c'est à ses soins généreux que vous devez votre délivrance. — Ah ! je ne suis pas digne d'être sa femme, » dit la belle Saint-Yves d'une voix tremblante ; et elle retomba encore en faiblesse.

Quand elle eut repris ses sens, elle présenta, toujours tremblante, le brevet de la gratification, et la promesse par écrit d'une compagnie. L'Ingénu, aussi étonné qu'attendri, s'éveillait d'un songe pour retomber dans un autre. « Pourquoi ai-je été renfermé ici ? comment avez-vous pu m'en tirer ? où sont les monstres qui m'y ont plongé ? Vous êtes une divinité qui descendez du ciel à mon secours. »

La belle Saint-Yves baissait la vue, regardait son amant, rou-

1. *Henriade,* chant IV, vers 456-57.

gissait, et détournait, le moment d'après, ses yeux mouillés de pleurs. Elle lui apprit enfin tout ce qu'elle savait, et tout ce qu'elle avait éprouvé, excepté ce qu'elle aurait voulu se cacher pour jamais, et ce qu'un autre que l'Ingénu, plus accoutumé au monde et plus instruit des usages de la cour, aurait deviné facilement.

« Est-il possible qu'un misérable comme ce bailli ait eu le pouvoir de me ravir ma liberté? Ah! je vois bien qu'il en est des hommes comme des plus vils animaux; tous peuvent nuire. Mais est-il possible qu'un moine, un jésuite confesseur du roi, ait contribué à mon infortune autant que ce bailli, sans que je puisse imaginer sous quel prétexte ce détestable fripon m'a persécuté? M'a-t-il fait passer pour un janséniste? Enfin, comment vous êtes-vous souvenue de moi? je ne le méritais pas, je n'étais alors qu'un sauvage. Quoi! vous avez pu, sans conseil, sans secours, entreprendre le voyage de Versailles! Vous y avez paru, et on a brisé mes fers! Il est donc dans la beauté et dans la vertu un charme invincible qui fait tomber les portes de fer, et qui amollit les cœurs de bronze! »

A ce mot de *vertu*, des sanglots échappèrent à la belle Saint-Yves. Elle ne savait pas combien elle était vertueuse dans le crime qu'elle se reprochait.

Son amant continua ainsi : « Ange, qui avez rompu mes liens, si vous avez eu (ce que je ne comprends pas encore) assez de crédit pour me faire rendre justice, faites-la donc rendre aussi à un vieillard qui m'a le premier appris à penser, comme vous m'avez appris à aimer. La calamité nous a unis; je l'aime comme un père, je ne peux vivre ni sans vous ni sans lui.

— Moi! que je sollicite le même homme qui....

— Oui, je veux tout vous devoir, et je ne veux devoir jamais rien qu'à vous : écrivez à cet homme puissant, comblez-moi de vos bienfaits, achevez ce que vous avez commencé, achevez vos prodiges. » Elle sentait qu'elle devait faire tout ce que son amant exigeait: elle voulut écrire, sa main ne pouvait obéir. Elle recommença trois fois sa lettre, la déchira trois fois ; elle écrivit enfin, et les deux amants sortirent après avoir embrassé le vieux martyr de la grâce efficace.

L'heureuse et désolée Saint-Yves savait dans quelle maison logeait son frère; elle y alla ; son amant prit un appartement dans la même maison.

A peine y furent-ils arrivés que son protecteur lui envoya l'ordre de l'élargissement du bonhomme Gordon, et lui demanda

un rendez-vous pour le lendemain. Ainsi, à chaque action honnête et généreuse qu'elle faisait, son déshonneur en était le prix. Elle regardait avec exécration cet usage de vendre le malheur et le bonheur des hommes. Elle donna l'ordre de l'élargissement à son amant, et refusa le rendez-vous d'un bienfaiteur qu'elle ne pouvait plus voir sans expirer de douleur et de honte. L'Ingénu ne pouvait se séparer d'elle que pour aller délivrer un ami : il y vola. Il remplit ce devoir en réfléchissant sur les étranges événements de ce monde, et en admirant la vertu courageuse d'une jeune fille à qui deux infortunés devaient plus que la vie.

CHAPITRE XIX.

L'INGÉNU, LA BELLE SAINT-YVES, ET LEURS PARENTS, SONT RASSEMBLÉS.

La généreuse et respectable infidèle était avec son frère l'abbé de Saint-Yves, le bon prieur de la Montagne, et la dame de Kerkabon. Tous étaient également étonnés ; mais leur situation et leurs sentiments étaient bien différents. L'abbé de Saint-Yves pleurait ses torts aux pieds de sa sœur, qui lui pardonnait. Le prieur et sa tendre sœur pleuraient aussi, mais de joie ; le vilain bailli et son insupportable fils ne troublaient point cette scène touchante. Ils étaient partis au premier bruit de l'élargissement de leur ennemi ; ils couraient ensevelir dans leur province leur sottise et leur crainte.

Les quatre personnages, agités de cent mouvements divers, attendaient que le jeune homme revînt avec l'ami qu'il devait délivrer. L'abbé de Saint-Yves n'osait lever les yeux devant sa sœur ; la bonne Kerkabon disait : « Je reverrai donc mon cher neveu ! — Vous le reverrez, dit la charmante Saint-Yves, mais ce n'est plus le même homme ; son maintien, son ton, ses idées, son esprit, tout est changé. Il est devenu aussi respectable qu'il était naïf et étranger à tout. Il sera l'honneur et la consolation de votre famille ; que ne puis-je être aussi le bonheur de la mienne! — Vous n'êtes point non plus la même, dit le prieur ; que vous est-il donc arrivé qui ait fait en vous un si grand changement? »

Au milieu de cette conversation l'Ingénu arrive, tenant par la main son janséniste. La scène alors devint plus neuve et plus intéressante. Elle commença par les tendres embrassements de l'oncle et de la tante. L'abbé de Saint-Yves se mettait presque aux genoux de l'Ingénu, qui n'était plus l'ingénu. Les deux amants

se parlaient par des regards qui exprimaient tous les sentiments dont ils étaient pénétrés. On voyait éclater la satisfaction, la reconnaissance, sur le front de l'un ; l'embarras était peint dans les yeux tendres et un peu égarés de l'autre. On était étonné qu'elle mêlât de la douleur à tant de joie.

Le vieux Gordon devint en peu de moments cher à toute la famille. Il avait été malheureux avec le jeune prisonnier, et c'était un grand titre. Il devait sa délivrance aux deux amants, cela seul le réconciliait avec l'amour ; l'âpreté de ses anciennes opinions sortait de son cœur : il était changé en homme, ainsi que le Huron. Chacun raconta ses aventures avant le souper. Les deux abbés, la tante, écoutaient comme des enfants qui entendent des histoires de revenants, et comme des hommes qui s'intéressaient tous à tant de désastres. « Hélas! dit Gordon, il y a peut-être plus de cinq cents personnes vertueuses qui sont à présent dans les mêmes fers que Mlle de Saint-Yves a brisés : leurs malheurs sont inconnus. On trouve assez de mains qui frappent sur la foule des malheureux, et rarement une secourable. » Cette réflexion si vraie augmentait sa sensibilité et sa reconnaissance : tout redoublait le triomphe de la belle Saint-Yves ; on admirait la grandeur et la fermeté de son âme. L'admiration était mêlée de ce respect qu'on sent malgré soi pour une personne qu'on croit avoir du crédit à la cour. Mais l'abbé de Saint-Yves disait quelquefois : « Comment ma sœur a-t-elle pu faire pour obtenir sitôt ce crédit? »

On allait se mettre à table de très-bonne heure : voilà que la bonne amie de Versailles arrive, sans rien savoir de tout ce qui s'était passé ; elle était en carrosse à six chevaux, et on voit bien à qui appartient l'équipage. Elle entre avec l'air imposant d'une personne de cour qui a de grandes affaires, salue très-légèrement la compagnie, et tirant la belle Saint-Yves à l'écart : « Pourquoi vous faire tant attendre? Suivez-moi ; voilà vos diamants que vous aviez oubliés. » Elle ne put dire ces paroles si bas que l'Ingénu ne les entendît : il vit les diamants ; le frère fut interdit ; l'oncle et la tante n'éprouvèrent qu'une surprise de bonnes gens qui n'avaient jamais vu une telle magnificence. Le jeune homme, qui s'était formé par un an de réflexions, en fit malgré lui, et parut troublé un moment. Son amante s'en aperçut ; une pâleur mortelle se répandit sur son beau visage, un frisson la saisit, elle se soutenait à peine. « Ah! madame, dit-elle à la fatale amie, vous m'avez perdue! vous me donnez la mort! » Ces paroles percèrent le cœur de l'Ingénu ; mais il avait déjà appris à se posséder ; il ne

les releva point, de peur d'inquiéter sa maîtresse devant son frère; mais il pâlit comme elle.

Saint-Yves, éperdue de l'altération qu'elle apercevait sur le visage de son amant, entraîne cette femme hors de la chambre dans un petit passage, jette les diamants à terre devant elle. « Ah ! ce ne sont pas eux qui m'ont séduite, vous le savez ; mais celui qui les a donnés ne me reverra jamais. » L'amie les ramassait, et Saint-Yves ajoutait : « Qu'il les reprenne ou qu'il vous les donne ; allez, ne me rendez plus honteuse de moi-même. » L'ambassadrice enfin s'en retourna, ne pouvant comprendre les remords dont elle était témoin.

La belle Saint-Yves, oppressée, éprouvant dans son corps une révolution qui la suffoquait, fut obligée de se mettre au lit ; mais pour n'alarmer personne elle ne parla point de ce qu'elle souffrait, et, ne prétextant que sa lassitude, elle demanda la permission de prendre du repos ; mais ce fut après avoir rassuré la compagnie par des paroles consolantes et flatteuses, et jeté sur son amant des regards qui portaient le feu dans son âme.

Le souper, qu'elle n'animait pas, fut triste dans le commencement, mais de cette tristesse intéressante qui fournit de ces conversations attachantes et utiles, si supérieures à la frivole joie qu'on recherche, et qui n'est d'ordinaire qu'un bruit importun.

Gordon fit en peu de mots l'histoire et du jansénisme et du molinisme, et des persécutions dont un parti accablait l'autre, et de l'opiniâtreté de tous les deux. L'Ingénu en fit la critique, et plaignit les hommes qui, non contents de tant de discordes que leurs intérêts allument, se font de nouveaux maux pour des intérêts chimériques, et pour des absurdités inintelligibles. Gordon racontait, l'autre jugeait ; les convives écoutaient avec émotion, et s'éclairaient d'une lumière nouvelle. On parla de la longueur de nos infortunes et de la brièveté de la vie. On remarqua que chaque profession a un vice et un danger qui lui sont attachés, et que, depuis le prince jusqu'au dernier des mendiants, tout semble accuser la nature. Comment se trouve-t-il tant d'hommes qui, pour si peu d'argent, se font les persécuteurs, les satellites, les bourreaux des autres hommes ? Avec quelle indifférence inhumaine un homme en place signe la destruction d'une famille, et avec quelle joie plus barbare des mercenaires l'exécutent !

« J'ai vu dans ma jeunesse, dit le bonhomme Gordon, un parent du maréchal de Marillac, qui, étant poursuivi dans sa province pour la cause de cet illustre malheureux, se cachait dans Paris sous un nom supposé. C'était un vieillard de soixante

CHAPITRE XIX.

et douze ans. Sa femme, qui l'accompagnait, était à peu près de son âge. Ils avaient eu un fils libertin qui, à l'âge de quatorze ans, s'était enfui de la maison paternelle : devenu soldat, puis déserteur, il avait passé par tous les degrés de la débauche et de la misère; enfin, ayant pris un nom de terre, il était dans les gardes du cardinal de Richelieu (car ce prêtre, ainsi que le Mazarin, avait des gardes); il avait obtenu un bâton d'exempt dans cette compagnie de satellites. Cet aventurier fut chargé d'arrêter le vieillard et son épouse, et s'en acquitta avec toute la dureté d'un homme qui voulait plaire à son maître. Comme il les conduisait, il entendit ces deux victimes déplorer la longue suite des malheurs qu'elles avaient éprouvés depuis leur berceau. Le père et la mère comptaient parmi leurs plus grandes infortunes les égarements et la perte de leur fils. Il les reconnut; il ne les conduisit pas moins en prison, en les assurant que Son Éminence devait être servie de préférence à tout. Son Éminence récompensa son zèle.

« J'ai vu un espion du P. de La Chaise trahir son propre frère, dans l'espérance d'un petit bénéfice qu'il n'eut point; et je l'ai vu mourir, non de remords, mais de douleur d'avoir été trompé par le jésuite.

« L'emploi de confesseur, que j'ai longtemps exercé, m'a fait connaître l'intérieur des familles; je n'en ai guère vu qui ne fussent plongées dans l'amertume, tandis qu'au dehors, couvertes du masque du bonheur, elles paraissaient nager dans la joie; et j'ai toujours remarqué que les grands chagrins étaient le fruit de notre cupidité effrénée.

— Pour moi, dit l'Ingénu, je pense qu'une âme noble, reconnaissante et sensible, peut vivre heureuse; et je compte bien jouir d'une félicité sans mélange avec la belle et généreuse Saint-Yves : car je me flatte, ajouta-t-il, en s'adressant à son frère avec le sourire de l'amitié, que vous ne me refuserez pas, comme l'année passée, et que je m'y prendrai d'une manière plus décente. »

L'abbé se confondit en excuses du passé et en protestations d'un attachement éternel.

L'oncle Kerkabon dit que ce serait le plus beau jour de sa vie. La bonne tante, en s'extasiant et en pleurant de joie, s'écriait : « Je vous l'avais bien dit que vous ne seriez jamais sous-diacre! ce sacrement-ci vaut mieux que l'autre; plût à Dieu que j'en eusse été honorée! mais je vous servirai de mère. » Alors ce fut à qui renchérirait sur les louanges de la tendre Saint-Yves.

Son amant avait le cœur trop plein de ce qu'elle avait fait

pour lui, il l'aimait trop pour que l'aventure des diamants eût fait sur son cœur une impression dominante. Mais ces mots qu'il avait trop entendus, *vous me donnez la mort*, l'effrayaient encore en secret, et corrompaient toute sa joie, tandis que les éloges de sa belle maîtresse augmentaient encore son amour. Enfin on n'était plus occupé que d'elle ; on ne parlait que du bonheur que ces deux amants méritaient ; on s'arrangeait pour vivre tous ensemble dans Paris ; on faisait des projets de fortune et d'agrandissement ; on se livrait à toutes ces espérances que la moindre lueur de félicité fait naître si aisément. Mais l'Ingénu, dans le fond de son cœur, éprouvait un sentiment secret qui repoussait cette illusion. Il relisait ces promesses signées Saint-Pouange, et les brevets signés Louvois ; on lui dépeignit ces deux hommes tels qu'ils étaient, ou qu'on les croyait être. Chacun parla des ministres et du ministère avec cette liberté de table, regardée en France comme la plus précieuse liberté qu'on puisse goûter sur la terre.

« Si j'étais roi de France, dit l'Ingénu, voici le ministre de la guerre que je choisirais : je voudrais un homme de la plus haute naissance, par la raison qu'il donne des ordres à la noblesse. J'exigerais qu'il eût été lui-même officier, qu'il eût passé par tous les grades, qu'il fût au moins lieutenant-général des armées, et digne d'être maréchal de France : car n'est-il pas nécessaire qu'il ait servi lui-même, pour mieux connaître les détails du service? et les officiers n'obéiront-ils pas avec cent fois plus d'allégresse à un homme de guerre, qui aura comme eux signalé son courage, qu'à un homme de cabinet qui ne peut que deviner tout au plus les opérations d'une campagne, quelque esprit qu'il puisse avoir? Je ne serais pas fâché que mon ministre fût généreux, quoique mon garde du trésor royal en fût quelquefois un peu embarrassé. J'aimerais qu'il eût un travail facile, et que même il se distinguât par cette gaieté d'esprit, partage d'un homme supérieur aux affaires qui plaît tant à la nation, et qui rend tous les devoirs moins pénibles. Il désirait que ce ministre eût ce caractère, parce qu'il avait toujours remarqué que cette belle humeur est incompatible avec la cruauté. »

Mons de Louvois n'aurait peut-être pas été satisfait des souhaits de l'Ingénu ; il avait une autre sorte de mérite.

Mais pendant qu'on était à table, la maladie de cette fille malheureuse prenait un caractère funeste ; son sang s'était allumé, une fièvre dévorante s'était déclarée, elle souffrait, et ne se plaignait point, attentive à ne as troubler la joie des convives.

Son frère, sachant qu'elle ne dormait pas, alla au chevet de son lit ; il fut surpris de l'état où elle était. Tout le mond accourut ; l'amant se présentait à la suite du frère. Il était, sans doute, le plus alarmé et le plus attendri de tous ; mais il avait appris à joindre la discrétion à tous les dons heureux que la nature lui avait prodigués, et le sentiment prompt des bienséances commençait à dominer dans lui.

On fit venir aussitôt un médecin du voisinage. C'était un de ceux qui visitent leurs malades en courant, qui confondent la maladie qu'ils viennent de voir avec celle qu'ils voient, qui mettent une pratique aveugle dans une science à laquelle toute la maturité d'un discernement sain et réfléchi ne peut ôter son incertitude et ses dangers. Il redoubla le mal par sa précipitation à prescrire un remède alors à la mode. De la mode jusque dans la médecine ! Cette manie était trop commune dans Paris.

La triste Saint-Yves contribuait encore plus que son médecin à rendre sa maladie dangereuse. Son âme tuait son corps. La foule des pensées qui l'agitaient portait dans ses veines un poison plus dangereux que celui de la fièvre la plus brûlante.

CHAPITRE XX.

LA BELLE SAINT-YVES MEURT, ET CE QUI EN ARRIVE.

On appela un autre médecin : celui-ci, au lieu d'aider la nature et de la laisser agir dans une jeune personne dans qui tous les organes rappelaient la vie, ne fut occupé que de contrecarrer son confrère. La maladie devint mortelle en deux jours. Le cerveau, qu'on croit le siége de l'entendement, fût attaqué aussi violemment que le cœur, qui est, dit-on, le siége des passions.

Quelle mécanique incompréhensible a soumis les organes au sentiment et à la pensée ? Comment une seule idée douloureuse dérange-t-elle le cours du sang ? Et comment le sang à son tour porte-t-il ses irrégularités dans l'entendement humain ? Quel est ce fluide inconnu et dont l'existence est certaine, qui, plus prompt, plus actif que la lumière, vole, en moins d'un clin d'œil, dans tous les canaux de la vie, produit les sensations, la mémoire, la tristesse ou la joie, la raison ou le vertige, rappelle avec horreur ce qu'on voudrait oublier, et fait d'un animal pensant ou un objet d'admiration, ou un sujet de pitié et de larmes ?

C'était là ce que disait le bon Gordon ; et cette réflexion si

naturelle, que rarement font les hommes, ne dérobait rien à son attendrissement ; car il n'était pas de ces malheureux philosophes qui s'efforcent d'être insensibles. Il était touché du sort de cette jeune fille, comme un père qui voit mourir lentement son enfant chéri. L'abbé de Saint-Yves était désespéré, le prieur et sa sœur répandaient des ruisseaux de larmes. Mais qui pourrait peindre l'état de son amant? Nulle langue n'a des expressions qui répondent à ce comble de douleurs ; les langues sont trop imparfaites.

La tante, presque sans vie, tenait la tête de la mourante dans ses faibles bras ; son frère était à genoux au pied du lit ; son amant pressait sa main, qu'il baignait de pleurs, et éclatait en sanglots : il la nommait sa bienfaitrice, son espérance, sa vie, la moitié de lui-même, sa maîtresse, son épouse. A ce mot d'épouse elle soupira, le regarda avec une tendresse inexprimable, et soudain jeta un cri d'horreur ; puis, dans un de ces intervalles où l'accablement, et l'oppression des sens, et les souffrances suspendues, laissent à l'âme sa liberté et sa force, elle s'écria : « Moi, votre épouse! ah! cher amant, ce nom, ce bonheur, ce prix, n'étaient plus faits pour moi ; je meurs, et je le mérite. O dieu de mon cœur! ô vous que j'ai sacrifié à des démons infernaux, c'en est fait, je suis punie, vivez heureux. » Ces paroles tendres et terribles ne pouvaient être comprises ; mais elles portaient dans tous les cœurs l'effroi et l'attendrissement ; elle eut le courage de s'expliquer. Chaque mot fit frémir d'étonnement, de douleur et de pitié, tous les assistants. Tous se réunissaient à détester l'homme puissant qui n'avait réparé une horrible injustice que par un crime, et qui avait forcé la plus respectable innocence à être sa complice.

« Qui? vous coupable! lui dit son amant ; non, vous ne l'êtes pas ; le crime ne peut être que dans le cœur, le vôtre est à la vertu et à moi. »

Il confirmait ce sentiment par des paroles qui semblaient ramener à la vie la belle Saint-Yves. Elle se sentit consolée, et s'étonnait d'être aimée encore. Le vieux Gordon l'aurait condamnée dans le temps qu'il n'était que janséniste ; mais, étant devenu sage, il l'estimait, et il pleurait.

Au milieu de tant de larmes et de craintes, pendant que le danger de cette fille si chère remplissait tous les cœurs, que tout était consterné, on annonce un courrier de la cour. Un courrier! et de qui? et pourquoi? C'était de la part du confesseur du roi pour le prieur de la Montagne ; ce n'était pas le P. de La Chaise qui écrivait, c'était le frère Vadbled, son valet de chambre, homme

très-important dans ce temps-là, lui qui mandait aux archevêques les volontés du révérend père, lui qui donnait audience, lui qui promettait des bénéfices, lui qui faisait quelquefois expédier des lettres de cachet. Il écrivait à l'abbé de la Montagne que « Sa Révérence était informée des aventures de son neveu, que sa prison n'était qu'une méprise, que ces petites disgrâces arrivaient fréquemment, qu'il ne fallait pas y faire attention, qu'enfin il convenait que lui prieur vînt lui présenter son neveu le lendemain, qu'il devait amener avec lui le bonhomme Gordon, que lui frère Vadbled les introduirait chez Sa Révérence et chez mons de Louvois, lequel leur dirait un mot dans son antichambre ».

Il ajoutait que l'histoire de l'Ingénu et son combat contre les Anglais avaient été contés au roi, que sûrement le roi daignerait le remarquer quand il passerait dans la galerie, et peut-être même lui ferait un signe de tête. La lettre finissait par l'espérance dont on le flattait, que toutes les dames de la cour s'empresseraient de faire venir son neveu à leur toilette, que plusieurs d'entre elles lui diraient : « Bonjour, monsieur l'Ingénu » ; et qu'assurément il serait question de lui au souper du roi. La lettre était signée : « Votre affectionné Vadbled, frère jésuite. »

Le prieur ayant lu la lettre tout haut, son neveu furieux, et commandant un moment à sa colère, ne dit rien au porteur ; mais se tournant vers le compagnon de ses infortunes, il lui demanda ce qu'il pensait de ce style. Gordon lui répondit : « C'est donc ainsi qu'on traite les hommes comme des singes ! On les bat et on les fait danser. » L'Ingénu, reprenant son caractère, qui revient toujours dans les grands mouvements de l'âme, déchira la lettre par morceaux, et les jeta au nez du courrier : « Voilà ma réponse. » Son oncle, épouvanté, crut voir le tonnerre et vingt lettres de cachet tomber sur lui. Il alla vite écrire et excuser, comme il put, ce qu'il prenait pour l'emportement d'un jeune homme, et qui était la saillie d'une grande âme.

Mais des soins plus douloureux s'emparaient de tous les cœurs. La belle et infortunée Saint-Yves sentait déjà sa fin approcher ; elle était dans le calme, mais dans ce calme affreux de la nature affaissée qui n'a plus la force de combattre. « O mon cher amant ! dit-elle d'une voix tombante, la mort me punit de ma faiblesse ; mais j'expire avec la consolation de vous savoir libre. Je vous ai adoré en vous trahissant, et je vous adore en vous disant un éternel adieu. »

Elle ne se parait pas d'une vaine fermeté ; elle ne concevait pas cette misérable gloire de faire dire à quelques voisins : Elle

est morte avec courage. Qui peut perdre à vingt ans son amant, sa vie, et ce qu'on appelle l'*honneur*, sans regrets et sans déchirements? Elle sentait toute l'horreur de son état, et le faisait sentir par ces mots et par ces regards mourants qui parlent avec tant d'empire. Enfin elle pleurait comme les autres dans les moments où elle eut la force de pleurer.

Que d'autres cherchent à louer les morts fastueuses de ceux qui entrent dans la destruction avec insensibilité : c'est le sort de tous les animaux. Nous ne mourons comme eux avec indifférence que quand l'âge ou la maladie nous rend semblables à eux par la stupidité de nos organes. Quiconque fait une grande perte a de grands regrets; s'il les étouffe, c'est qu'il porte la vanité jusque dans les bras de la mort.

Lorsque le moment fatal fut arrivé, tous les assistants jetèrent des larmes et des cris. L'Ingénu perdit l'usage de ses sens. Les âmes fortes ont des sentiments bien plus violents que les autres quand elles sont tendres. Le bon Gordon le connaissait assez pour craindre qu'étant revenu à lui il ne se donnât la mort. On écarta toutes les armes; le malheureux jeune homme s'en aperçut; il dit à ses parents et à Gordon, sans pleurer, sans gémir, sans s'émouvoir : « Pensez-vous donc qu'il y ait quelqu'un sur la terre qui ait le droit et le pouvoir de m'empêcher de finir ma vie ? » Gordon se garda bien de lui étaler ces lieux communs fastidieux par lesquels on essaye de prouver qu'il n'est pas permis d'user de sa liberté pour cesser d'être quand on est horriblement mal, qu'il ne faut pas sortir de sa maison quand on ne peut plus y demeurer, que l'homme est sur la terre comme un soldat à son poste : comme s'il importait à l'Être des êtres que l'assemblage de quelques parties de matière fût dans un lieu ou dans un autre; raisons impuissantes qu'un désespoir ferme et réfléchi dédaigne d'écouter, et auxquelles Caton ne répondit que par un coup de poignard.

Le morne et terrible silence de l'Ingénu, ses yeux sombres, ses lèvres tremblantes, les frémissements de son corps, portaient dans l'âme de tous ceux qui le regardaient ce mélange de compassion et d'effroi qui enchaîne toutes les puissances de l'âme, qui exclut tout discours, et qui ne se manifeste que par des mots entrecoupés. L'hôtesse et sa famille étaient accourues; on tremblait de son désespoir, on le gardait à vue, on observait tous ses mouvements. Déjà le corps glacé de la belle Saint-Yves avait été porté dans une salle basse, loin des yeux de son amant, qui semblait la chercher encore, quoiqu'il ne fût plus en état de rien voir.

Au milieu de ce spectacle de la mort, tandis que le corps est exposé à la porte de la maison, que deux prêtres à côté d'un bénitier récitent des prières d'un air distrait, que des passants jettent quelques gouttes d'eau bénite sur la bière par oisiveté, que d'autres poursuivent leur chemin avec indifférence, que les parents pleurent, et qu'un amant est prêt de s'arracher la vie, le Saint-Pouange arrive avec l'amie de Versailles.

Son goût passager, n'ayant été satisfait qu'une fois, était devenu de l'amour. Le refus de ses bienfaits l'avait piqué. Le P. de La Chaise n'aurait jamais pensé à venir dans cette maison ; mais Saint-Pouange ayant tous les jours devant les yeux l'image de la belle Saint-Yves, brûlant d'assouvir une passion qui par une seule jouissance avait enfoncé dans son cœur l'aiguillon des désirs, ne balança pas à venir lui-même chercher celle qu'il n'aurait pas peut-être voulu revoir trois fois si elle était venue d'elle-même.

Il descend de carrosse ; le premier objet qui se présente à lui est une bière ; il détourne les yeux avec ce simple dégoût d'un homme nourri dans les plaisirs, qui pense qu'on doit lui épargner tout spectacle qui pourrait le ramener à la contemplation de la misère humaine. Il veut monter. La femme de Versailles demande par curiosité qui on va enterrer ; on prononce le nom de Mlle de Saint-Yves. A ce nom, elle pâlit et pousse[1] un cri affreux ; Saint-Pouange se retourne ; la surprise et la douleur remplissent son âme. Le bon Gordon était là, les yeux remplis de larmes. Il interrompt ses tristes prières pour apprendre à l'homme de cour toute cette horrible catastrophe. Il lui parle avec cet empire que donnent la douleur et la vertu. Saint-Pouange n'était point né méchant ; le torrent des affaires et des amusements avait emporté son âme, qui ne se connaissait pas encore. Il ne touchait point à la vieillesse, qui endurcit d'ordinaire le cœur des ministres ; il écoutait Gordon, les yeux baissés, et il en essuyait quelques pleurs qu'il était étonné de répandre : il connut le repentir.

« Je veux voir absolument, dit-il, cet homme extraordinaire dont vous m'avez parlé ; il m'attendrit presque autant que cette innocente victime dont j'ai causé la mort. » Gordon le suit jusqu'à la chambre où le prieur, la Kerkabon, l'abbé de Saint-Yves, et quel-

1. Toutes les éditions, depuis 1767 jusques et compris les éditions de Kehl, et quelques-unes de celles qui les ont suivies, portent *poussa*. C'est un *erratum* manuscrit de feu Decroix, qui a proposé de mettre *pousse*. (B.)

ques voisins, rappelaient à la vie le jeune homme retombé en défaillance.

« J'ai fait votre malheur, lui dit le sous-ministre; j'emploierai ma vie à le réparer. » La première idée qui vint à l'Ingénu fut de le tuer, et de se tuer lui-même après. Rien n'était plus à sa place ; mais il était sans armes et veillé de près. Saint-Pouange ne se rebuta point des refus accompagnés du reproche, du mépris, et de l'horreur qu'il avait mérités, et qu'on lui prodigua. Le temps adoucit tout. Mons de Louvois vint enfin à bout de faire un excellent officier de l'Ingénu, qui a paru sous un autre nom à Paris et dans les armées, avec l'approbation de tous les honnêtes gens, et qui a été à la fois un guerrier et un philosophe intrépide.

Il ne parlait jamais de cette aventure sans gémir ; et cependant sa consolation était d'en parler. Il chérit la mémoire de la tendre Saint-Yves jusqu'au dernier moment de sa vie. L'abbé de Saint-Yves et le prieur eurent chacun un bon bénéfice ; la bonne Kerkabon aima mieux voir son neveu dans les honneurs militaires que dans le sous-diaconat. La dévote de Versailles garda les boucles de diamants, et reçut encore un beau présent. Le P. Tout-à-tous eut des boîtes de chocolat, de café, de sucre candi, de citrons confits, avec les *Méditations du révérend P. Croiset*, et *la Fleur des saints* [1], reliées en maroquin. Le bon Gordon vécut avec l'Ingénu jusqu'à sa mort dans la plus intime amitié ; il eut un bénéfice aussi, et oublia pour jamais la grâce efficace et le concours concomitant. Il prit pour sa devise : *Malheur est bon à quelque chose*. Combien d'honnêtes gens dans le monde ont pu dire : *Malheur n'est bon à rien !*

1. Du jésuite Ribadeneira. Voyez, tome X, une note du *Russe à Paris* et une du *Marseillais et le Lion*, et tome XVIII, page 491.

FIN DE L'INGÉNU.

L'HOMME

AUX QUARANTE ÉCUS

(1768)

AVERTISSEMENT

DES ÉDITEURS DE L'ÉDITION DE KEHL.

Après la paix de 1748, les esprits parurent se porter, en France, vers l'agriculture et l'économie politique, et on publia beaucoup d'ouvrages sur ces deux objets. M. de Voltaire vit avec peine que, sur des matières qui touchaient de si près au bonheur des hommes, l'esprit de système vint se mêler aux observations et aux discussions utiles. C'est dans un moment d'humeur contre ces systèmes qu'il s'amusa à faire ce roman. On venait de proposer des moyens de s'enrichir par l'agriculture, dont les uns demandaient des avances supérieures aux moyens des cultivateurs les plus riches, tandis que les autres offraient des profits chimériques. On avait employé dans un grand nombre d'ouvrages des expressions bizarres, comme celle de *despotisme légal*[1], pour exprimer le gouvernement d'un souverain absolu qui conformerait toutes ses volontés aux principes démontrés de l'économie politique ; comme celle qui faisait la puissance législative *copropriétaire de toutes les possessions*[2], pour dire que chaque homme, étant intéressé aux lois qui lui assurent la libre jouissance de sa propriété, devait payer proportionnellement sur son revenu pour les dépenses que nécessite le maintien de ces lois et de la sûreté publique.

Ces expressions nuisirent à des vérités d'ailleurs utiles. Ceux qui ont dit les premiers que les principes de l'administration des États étaient dictés par la raison et par la nature ; qu'ils devaient être les mêmes dans les monarchies et dans les républiques ; que c'était du rétablissement de ces principes

1. Expression du marquis de Mirabeau.
2. Expression de Lemercier de La Rivière.

que dépendaient la vraie richesse, la force, le bonheur des nations, et même la jouissance des droits des hommes les plus importants ; que le droit de propriété pris dans toute son étendue, celui de faire de son industrie, de ses denrées, un usage absolument libre, étaient des droits aussi naturels, et surtout bien plus importants, pour les quatre-vingt-dix-neuf centièmes des hommes, que celui de faire partie pour un dix-millionième de la puissance législative ; ceux qui ont ajouté que la conservation de la sûreté, de la liberté personnelle, est moins liée qu'on ne croit avec la liberté de la constitution ; que, sur tous ces points, les lois qui sont conformes à la justice et à la raison sont les meilleures en politique, et même les seules bonnes dans toutes les formes de gouvernement ; qu'enfin, tant que les lois ou l'administration sont mauvaises, le gouvernement le plus à désirer est celui où l'on peut espérer la réforme de ces lois la plus prompte et la plus entière : tous ceux qui ont dit ces vérités ont été utiles aux hommes, en leur apprenant que le bonheur était plus près d'eux qu'ils ne pensaient ; et que ce n'est point en bouleversant le monde, mais en l'éclairant, qu'ils peuvent espérer de trouver le bien-être et la liberté.

L'idée que la félicité humaine dépend d'une connaissance plus entière, plus parfaite de la vérité, et par conséquent des progrès de la raison, est la plus consolante qu'on puisse nous offrir : car les progrès de la raison sont dans l'homme la seule chose qui n'ait point de bornes, et la connaissance de la vérité, la seule qui puisse être éternelle.

L'impôt sur le produit des terres est le plus utile à celui qui lève l'impôt, le moins onéreux à celui qui le paye, le seul juste parce qu'il est le seul où chacun paye à mesure de ce qu'il possède, de l'intérêt qu'il a au maintien de la société.

Cette vérité a été encore établie par les mêmes écrivains, et c'est une de celles qui ont sur le bonheur des hommes une influence plus puissante et plus directe. Mais si des hommes, d'ailleurs éclairés et de bonne foi, ont nié cette vérité, c'est en grande partie la faute de ceux qui ont cherché à la prouver. Nous disons en partie, parce que nous connaissons peu de circonstances où la faute soit tout entière d'un seul côté. Si les partisans de cette opinion l'avaient développée d'une manière plus analytique et avec plus de clarté ; si ceux qui l'ont rejetée avaient voulu l'examiner avec plus de soin, les opinions auraient été bien moins partagées ; du moins les objections que les derniers ont faites semblent le prouver. Ils auraient senti que les impôts annuels, de quelque manière qu'ils soient imposés, sont levés sur le produit de la terre ; qu'un impôt territorial ne diffère d'un autre que parce qu'il est levé avec moins de frais, ne met aucune entrave dans le commerce, ne porte la mort dans aucune branche d'industrie, n'occasionne aucune vexation, parce qu'il peut être distribué avec égalité sur les différentes productions, proportionnellement au produit net que chaque terre rapporte à son propriétaire.

Nous avons combattu dans les notes quelques-unes des opinions de M. de Voltaire, qui sont contraires à ce principe, parce qu'elles ont pour objet des questions très-importantes au bonheur public, et que son ouvrage

était destiné à être lu par les hommes de tous les états dans l'Europe entière. Nous avons cru qu'il était de notre devoir d'exposer la vérité, ou du moins ce que nous croyons la vérité.

Un vieillard, qui toujours plaint le présent et vante le passé, me disait : « Mon ami, la France n'est pas aussi riche qu'elle l'a été sous Henri IV. Pourquoi? C'est que les terres ne sont pas si bien cultivées ; c'est que les hommes manquent à la terre, et que le journalier ayant enchéri son travail, plusieurs colons laissent leurs héritages en friche.

— D'où vient cette disette de manœuvres?

— De ce que quiconque s'est senti un peu d'industrie a embrassé les métiers de brodeur, de ciseleur, d'horloger, d'ouvrier en soie, de procureur, ou de théologien. C'est que la révocation de l'édit de Nantes a laissé un très-grand vide dans le royaume; que les religieuses et les mendiants se sont multipliés, et qu'enfin chacun a fui, autant qu'il a pu, le travail pénible de la culture, pour laquelle Dieu nous a fait naître, et que nous avons rendue ignominieuse, tant nous sommes sensés !

« Une autre cause de notre pauvreté est dans nos besoins nouveaux. Il faut payer à nos voisins quatre millions d'un article, et cinq ou six d'un autre, pour mettre dans notre nez une poudre puante venue de l'Amérique ; le café, le thé, le chocolat, la cochenille, l'indigo, les épiceries, nous coûtent plus de soixante millions par an. Tout cela était inconnu du temps de Henri IV, aux épiceries près, dont la consommation était bien moins grande. Nous brûlons cent fois plus de bougie, et nous tirons plus de la moitié de notre cire de l'étranger, parce que nous négligeons les ruches. Nous voyons cent fois plus de diamants aux oreilles, au cou, aux mains de nos citoyennes de Paris et de nos grandes villes qu'il n'y en avait chez toutes les dames de la cour de Henri IV, en comptant la reine. Il a fallu payer presque toutes ces superfluités argent comptant.

« Observez surtout que nous payons plus de quinze millions de rentes sur l'Hôtel de Ville aux étrangers, et que Henri IV, à son avénement, en ayant trouvé pour deux millions en tout sur cet hôtel imaginaire, en remboursa sagement une partie pour délivrer l'État de ce fardeau.

« Considérez que nos guerres civiles avaient fait verser en France les trésors du Mexique, lorsque don *Felipe el discreto* vou-

lait acheter la France, et que depuis ce temps-là les guerres étrangères nous ont débarrassés de la moitié de notre argent.

« Voilà en partie les causes de notre pauvreté. Nous la cachons sous des lambris vernis, et par l'artifice des marchandes de modes : nous sommes pauvres avec goût. Il y a des financiers, des entrepreneurs, des négociants très-riches; leurs enfants, leurs gendres, sont très-riches; en général la nation ne l'est pas. »

Le raisonnement de ce vieillard, bon ou mauvais, fit sur moi une impression profonde : car le curé de ma paroisse, qui a toujours eu de l'amitié pour moi, m'a enseigné un peu de géométrie et d'histoire, et je commence à réfléchir, ce qui est très-rare dans ma province. Je ne sais s'il avait raison en tout; mais, étant fort pauvre, je n'eus pas grand'peine à croire que j'avais beaucoup de compagnons[1].

I. — DÉSASTRE DE L'HOMME AUX QUARANTE ÉCUS.

Je suis bien aise d'apprendre à l'univers[2] que j'ai une terre qui me vaudrait net quarante écus de rente, n'était la taxe à laquelle elle est imposée.

Il parut plusieurs édits de quelques personnes qui, se trouvant de loisir, gouvernent l'État au coin de leur feu[3]. Le préambule de ces édits était que la puissance *législatrice et exécutrice est née de*

1. M^{me} de Maintenon, qui en tout genre était une femme fort entendue, excepté dans celui sur lequel elle consultait le trigaud et processif abbé Gobelin, son confesseur; M^{me} de Maintenon, dis-je, dans une de ses lettres, fait le compte du ménage de son frère et de sa femme, en 1680. Le mari et la femme avaient à payer le loyer d'une maison agréable; leurs domestiques étaient au nombre de dix ; ils avaient quatre chevaux et deux cochers, un bon dîner tous les jours. M^{me} de Maintenon évalue le tout à neuf mille francs par an, et met trois mille livres pour le jeu, les spectacles, les fantaisies, et les magnificences de monsieur et de madame.

Il faudrait à présent environ quarante mille livres pour mener une telle vie dans Paris ; il n'en eût fallu que six mille du temps de Henri IV. Cet exemple prouve assez que le vieux bonhomme ne radote pas absolument. (*Note de Voltaire.*)
— La question doit se réduire à savoir si le produit réel des terres (les frais de culture prélevés) a augmenté ou diminué depuis le temps de Henri IV, ou depuis celui de Louis XIV; et il paraît que l'augmentation est incontestable. La nation est donc réellement plus riche qu'elle ne l'était alors. (K.) — Pour le compte fait par M^{me} de Maintenon, voyez tome XVIII, page 456.

2. Dans un *Mémoire présenté au roi*, en 1760, Lefranc de Pompignan avait dit : « Il faut que tout l'univers sache, etc. » Voyez dans les *Mélanges*, année 1760, une des notes sur le premier des *Dialogues chrétiens*.

3. L'Homme aux quarante écus *s'imagine* que ces édits ont paru, et que les économistes sont au gouvernement. (G. A.)

droit divin copropriétaire de ma terre, et que je lui dois au moins la moitié de ce que je mange. L'énormité de l'estomac de la puissance législatrice et exécutrice me fit faire un grand signe de croix. Que serait-ce si cette puissance, qui préside à *l'ordre essentiel des sociétés*, avait ma terre en entier! L'un est encore plus divin que l'autre.

Monsieur le contrôleur général sait que je ne payais en tout que douze livres; que c'était un fardeau très-pesant pour moi, et que j'y aurais succombé si Dieu ne m'avait donné le génie de faire des paniers d'osier, qui m'aidaient à supporter ma misère. Comment donc pourrai-je tout d'un coup donner au roi vingt écus?

Les nouveaux ministres disaient encore dans leur préambule qu'on ne doit taxer que les terres, parce que tout vient de la terre, jusqu'à la pluie, et que par conséquent il n'y a que les fruits de la terre qui doivent l'impôt[1].

Un de leurs huissiers vint chez moi dans la dernière guerre; il me demanda pour ma quote-part trois setiers de blé et un sac de fèves, le tout valant vingt écus, pour soutenir la guerre qu'on faisait, et dont je n'ai jamais su la raison, ayant seulement entendu dire que, dans cette guerre, il n'y avait rien à gagner du tout pour mon pays, et beaucoup à perdre. Comme je n'avais alors ni blé, ni fèves, ni argent, la puissance législatrice et exécutrice me fit traîner en prison, et on fit la guerre comme on put.

En sortant de mon cachot, n'ayant que la peau sur les os, je rencontrai un homme joufflu et vermeil dans un carrosse à six chevaux; il avait six laquais, et donnait à chacun d'eux pour gages le double de mon revenu. Son maître d'hôtel, aussi vermeil que lui, avait deux mille francs d'appointements, et lui en volait par an vingt mille. Sa maîtresse lui coûtait quarante mille écus en six mois; je l'avais connu autrefois dans le temps qu'il était moins riche que moi : il m'avoua, pour me consoler, qu'il jouissait de quatre cent mille livres de rente. « Vous en payez donc deux cent mille à l'État, lui dis-je, pour soutenir la guerre avantageuse que nous avons : car moi, qui n'ai juste que mes cent vingt livres, il faut que j'en paye la moitié?

— Moi, dit-il, que je contribue aux besoins de l'État! Vous voulez rire, mon ami; j'ai hérité d'un oncle qui avait gagné huit millions à Cadix et à Surate; je n'ai pas un pouce de terre, tout mon bien est en contrats, en billets sur la place : je ne dois rien à l'État; c'est à vous de donner la moitié de votre subsistance,

1. Système des physiocrates.

vous qui êtes un seigneur terrien. Ne voyez-vous pas que, si le ministre des finances exigeait de moi quelques secours pour la patrie, il serait un imbécile qui ne saurait pas calculer ? Car tout vient de la terre ; l'argent et les billets ne sont que des gages d'échange : au lieu de mettre sur une carte au pharaon cent setiers de blé, cent bœufs, mille moutons, et deux cents sacs d'avoine, je joue des rouleaux d'or qui représentent ces denrées dégoûtantes. Si, après avoir mis l'impôt unique sur ces denrées, on venait encore me demander de l'argent, ne voyez-vous pas que ce serait un double emploi ? que ce serait demander deux fois la même chose ? Mon oncle vendit à Cadix pour deux millions de votre blé, et pour deux millions d'étoffes fabriquées avec votre laine : il gagna plus de cent pour cent dans ces deux affaires. Vous concevez bien que ce profit fut fait sur des terres déjà taxées : ce que mon oncle achetait dix sous de vous, il le revendait plus de cinquante francs au Mexique ; et, tous frais faits, il est revenu avec huit millions.

« Vous sentez bien qu'il serait d'une horrible injustice de lui redemander quelques oboles sur les dix sous qu'il vous donna. Si vingt neveux comme moi, dont les oncles auraient gagné dans le bon temps chacun huit millions au Mexique, à Buénos-Ayres, à Lima, à Surate ou à Pondichéry, prêtaient seulement à l'État chacun deux cent mille francs dans les besoins urgents de la patrie, cela produirait quatre millions : quelle horreur ! Payez, mon ami, vous qui jouissez en paix d'un revenu clair et net de quarante écus ; servez bien la patrie, et venez quelquefois dîner avec ma livrée[1]. »

1. Ce chapitre renferme deux objections contre l'établissement d'un impôt unique : l'une, que si l'impôt était établi sur les terres seules, le citoyen dont le revenu est en contrats en serait exempt ; la seconde, que celui qui s'enrichit par le commerce étranger en serait également exempt. Mais, 1° supposons que le propriétaire d'un capital en argent en retire un intérêt de cinq pour cent, et qu'il soit assujetti à un impôt d'un cinquième : il est clair que c'est seulement quatre pour cent qu'il retire ; si l'impôt est ôté pour être levé d'une autre manière, il aura cinq pour cent ; mais la concurrence entre les prêteurs faisait trouver de l'argent réellement à quatre pour cent, quoiqu'on l'appelât à cinq pour cent : la même concurrence fera donc baisser le taux nominal de l'intérêt à quatre pour cent. Supposons encore que l'on ajoute un nouvel impôt sur les terres, tout restant d'ailleurs le même, l'intérêt dé l'argent ne changera point ; mais si vous mettez une partie de l'impôt sur les capitalistes, il augmentera. Les capitalistes payeront donc l'impôt de même, soit qu'il tombe en partie immédiatement sur eux, soit qu'on les en exempte. A la vérité, dans le cas où l'on changerait en impôt territorial un impôt sur les capitalistes, ceux à qui l'on n'offrirait pas le remboursement de leur capital aliéné à perpétuité, ceux dont le capital n'est aliéné que pour un temps, y gagneraient pendant quelques années ; mais les pro-

Ce discours plausible me fit beaucoup réfléchir, et ne me consola guère.

II. — ENTRETIEN AVEC UN GÉOMÈTRE.

Il arrive quelquefois qu'on ne peut rien répondre, et qu'on n'est pas persuadé. On est atterré sans pouvoir être convaincu. On sent dans le fond de son âme un scrupule, une répugnance qui nous empêche de croire ce qu'on nous a prouvé. Un géomètre vous démontre qu'entre un cercle et une tangente vous pouvez faire passer une infinité de lignes courbes, et que vous n'en pouvez faire passer une droite : vos yeux, votre raison, vous disent le contraire. Le géomètre vous répond gravement que c'est là un infini du second ordre. Vous vous taisez, et vous vous en retournez tout stupéfait, sans avoir aucune idée nette, sans rien comprendre, et sans rien répliquer.

Vous consultez un géomètre de meilleure foi, qui vous explique le mystère. « Nous supposons, dit-il, ce qui ne peut être dans la nature, des lignes qui ont de la longueur sans largeur : il est impossible, physiquement parlant, qu'une ligne réelle en pénètre une autre. Nulle courbe, ni nulle droite réelle ne peut passer entre deux lignes réelles qui se touchent : ce ne sont là que des jeux de l'entendement, des chimères idéales ; et la véritable géométrie est l'art de mesurer les choses existantes. »

Je fus très-content de l'aveu de ce sage mathématicien, et je me mis à rire, dans mon malheur, d'apprendre qu'il y avait de la charlatanerie jusque dans la science qu'on appelle la *haute science*[1].

priétaires y gagneraient encore plus par la destruction des abus qu'entraîne toute autre méthode d'imposition.

2° Supposons qu'un négociant paye un droit de sortie pour une marchandise exportée, et que ce droit soit changé en impôt territorial : alors son profit paraîtra augmenter ; mais, comme il se contentait d'un moindre profit, la concurrence entre les négociants le fera tomber au même taux, en augmentant à proportion le prix d'achat des denrées exportées. Si, au contraire, payant un droit pour les marchandises importées, ce droit est supprimé, la concurrence fera tomber ces marchandises à proportion ; ainsi, dans tous les cas, le profit de ce marchand sera le même, et dans aucun il ne payera réellement l'impôt. (K.)

1. Il y a ici une équivoque : quand on dit qu'une ligne courbe passe entre le cercle et sa tangente, on entend que cette ligne courbe se trouve entre le cercle et sa tangente au delà du point de contact et en deçà : car, à ce point, elle se confond avec ces deux lignes. Les lignes sont la limite des surfaces, comme les surfaces sont la limite des corps, et ces limites doivent être supposées sans largeur : il n'y a point de charlatanerie là dedans. La mesure de l'étendue abstraite est l'objet de la géométrie ; celle des choses existantes en est l'application. (K.)

Mon géomètre était un citoyen philosophe qui avait daigné quelquefois causer avec moi dans ma chaumière. Je lui dis : « Monsieur, vous avez tâché d'éclairer les badauds de Paris sur le plus grand intérêt des hommes, la durée de la vie humaine. Le ministère a connu par vous seul ce qu'il doit donner aux rentiers viagers, selon leurs différents âges. Vous avez proposé de donner aux maisons de la ville l'eau qui leur manque, et de nous sauver enfin de l'opprobre et du ridicule d'entendre toujours crier *à l'eau*, et de voir des femmes enfermées dans un cerceau oblong porter deux seaux d'eau, pesant ensemble trente livres, à un quatrième étage auprès d'un privé [1]. Faites-moi, je vous prie, l'amitié de me dire combien il y a d'animaux à deux mains et à deux pieds en France.

LE GÉOMÈTRE.

On prétend qu'il y en a environ vingt millions, et je veux bien adopter ce calcul très-probable [2], en attendant qu'on le vérifie ; ce qui serait très-aisé, et qu'on n'a pas encore fait, parce qu'*on ne s'avise jamais de tout.*

L'HOMME AUX QUARANTE ÉCUS.

Combien croyez-vous que le territoire de France contienne d'arpents ?

LE GÉOMÈTRE.

Cent trente millions, dont presque la moitié est en chemins, en villes, villages, landes, bruyères, marais, sables, terres stériles, couvents inutiles, jardins de plaisance plus agréables qu'utiles, terrains incultes, mauvais terrains mal cultivés. On pourrait réduire les terres d'un bon rapport à soixante et quinze millions d'arpents carrés ; mais comptons-en quatre-vingts millions : on ne saurait trop faire pour sa patrie.

L'HOMME AUX QUARANTE ÉCUS.

Combien croyez-vous que chaque arpent rapporte l'un dans l'autre, année commune, en blés, en semences de toute espèce,

1. Ce géomètre est feu M. Deparcieux, de l'Académie des sciences. Il a donné l'*Essai sur la probabilité de la vie humaine*, et un projet pour amener à Paris l'eau de la rivière d'Yvette. C'était un excellent citoyen qui avait du talent pour la mécanique pratique, mais il n'était pas géomètre. Le célèbre Halley s'était occupé avant lui des probabilités de la vie humaine. (K.)

2. Cela est prouvé par les mémoires des intendants, faits à la fin du XVIIe siècle, combinés avec le dénombrement par feux, composé en 1753 par ordre de M. le comte d'Argenson, et surtout avec l'ouvrage très-exact de M. de Messance, fait sous les yeux de M. l'intendant de La Michaudière, l'un des hommes les plus éclairés. (*Note de Voltaire*.)

vins, étangs, bois, métaux, bestiaux, fruits, laines, soies, lait, huiles, tous frais faits, sans compter l'impôt?

LE GÉOMÈTRE.

Mais, s'ils produisent chacun vingt-cinq livres, c'est beaucoup ; cependant mettons trente livres, pour ne pas décourager nos concitoyens. Il y a des arpents qui produisent des valeurs renaissantes estimées trois cents livres ; il y en a qui produisent trois livres. La moyenne proportionnelle entre trois et trois cents est trente : car vous voyez bien que trois est à trente comme trente est à trois cents. Il est vrai que, s'il y avait beaucoup d'arpents à trois livres, et très-peu à trois cents livres, notre compte ne s'y trouverait pas ; mais, encore une fois, je ne veux point chicaner.

L'HOMME AUX QUARANTE ÉCUS.

Eh bien! monsieur, combien les quatre-vingts millions d'arpents donneront-ils de revenu, estimé en argent?

LE GÉOMÈTRE.

Le compte est tout fait : cela produit par an deux milliards quatre cents millions de livres numéraires au cours de ce jour.

L'HOMME AUX QUARANTE ÉCUS.

J'ai lu que Salomon possédait lui seul vingt-cinq milliards d'argent comptant ; et certainement il n'y a pas deux milliards quatre cents millions d'espèces circulantes dans la France, qu'on m'a dit être beaucoup plus grande et plus riche que le pays de Salomon.

LE GÉOMÈTRE.

C'est là le mystère : il y a peut-être à présent environ neuf cents millions d'argent circulant dans le royaume, et cet argent, passant de main en main, suffit pour payer toutes les denrées et tous les travaux ; le même écu peut passer mille fois de la poche du cultivateur dans celle du cabaretier et du commis des aides.

L'HOMME AUX QUARANTE ÉCUS.

J'entends. Mais vous m'avez dit que nous sommes vingt millions d'habitants, hommes et femmes, vieillards et enfants : combien pour chacun, s'il vous plaît.

LE GÉOMÈTRE.

Cent vingt livres, ou quarante écus.

L'HOMME AUX QUARANTE ÉCUS.

Vous avez deviné tout juste mon revenu : j'ai quatre arpents qui, en comptant les années de repos mêlées avec les années de produit, me valent cent vingt livres ; c'est peu de chose.

Quoi! si chacun avait une portion égale, comme dans l'âge d'or, chacun n'aurait que cinq louis d'or par an?

LE GÉOMÈTRE.

Pas davantage, suivant notre calcul, que j'ai un peu enflé. Tel est l'état de la nature humaine. La vie et la fortune sont bien bornées : on ne vit à Paris, l'un portant l'autre, que vingt-deux à vingt-trois ans ; et, l'un portant l'autre, on n'a tout au plus que cent vingt livres par an à dépenser : c'est-à-dire que votre nourriture, votre vêtement, votre logement, vos meubles, sont représentés par la somme de cent vingt livres.

L'HOMME AUX QUARANTE ÉCUS.

Hélas! que vous ai-je fait pour m'ôter ainsi la fortune et la vie? Est-il vrai que je n'aie que vingt-trois ans à vivre, à moins que je ne vole la part de mes camarades.

LE GÉOMÈTRE.

Cela est incontestable dans la bonne ville de Paris ; mais de ces vingt-trois ans il en faut retrancher au moins dix de votre enfance : car l'enfance n'est pas une jouissance de la vie, c'est une préparation, c'est le vestibule de l'édifice, c'est l'arbre qui n'a pas encore donné de fruits, c'est le crépuscule d'un jour. Retranchez des treize années qui vous restent le temps du sommeil et celui de l'ennui, c'est au moins la moitié : reste six ans et demi que vous passez dans le chagrin, les douleurs, quelques plaisirs, et l'espérance[1].

L'HOMME AUX QUARANTE ÉCUS.

Miséricorde! votre compte ne va pas à trois ans d'une existence supportable.

LE GÉOMÈTRE.

Ce n'est pas ma faute. La nature se soucie fort peu des individus. Il y a d'autres insectes qui ne vivent qu'un jour, mais dont l'espèce dure à jamais. La nature est comme ces grands princes qui comptent pour rien la perte de quatre cent mille hommes, pourvu qu'ils viennent à bout de leurs augustes desseins.

1. S'il est question de la vie physique et individuelle de l'homme considéré comme un être doué de raison, ayant des idées, de la mémoire, des affections morales, elle doit commencer avant dix ans. S'il est question de la vie considérée par rapport à la société, on doit la commencer plus tard. D'ailleurs, pour évaluer la durée de la vie prise dans un de ces deux sens, il faudrait prendre une autre méthode : évaluer la durée de la vie réelle par toutes les durées de la vie physique, et en former ensuite une vie mitoyenne; on aurait un résultat différent, mais qui conduirait aux mêmes réflexions. Le temps où la jouissance entière de nos facultés nous permet de prétendre au bonheur se réduirait toujours à un bien petit nombre d'années. (K.)

L'HOMME AUX QUARANTE ÉCUS.

Quarante écus, et trois ans à vivre ! quelle ressource imagineriez-vous contre ces deux malédictions?

LE GÉOMÈTRE.

Pour la vie, il faudrait rendre dans Paris l'air plus pur, que les hommes mangeassent moins, qu'ils fissent plus d'exercice, que les mères allaitassent leurs enfants, qu'on ne fût plus assez malavisé pour craindre l'inoculation : c'est ce que j'ai dit [1]; et pour la fortune, il n'y a qu'à se marier, faire des garçons et des filles.

L'HOMME AUX QUARANTE ÉCUS.

Quoi ! le moyen de vivre commodément est d'associer ma misère à celle d'un autre ?

LE GÉOMÈTRE.

Cinq ou six misères ensemble font un établissement très-tolérable. Ayez une brave femme, deux garçons et deux filles seulement, cela fait sept cent vingt livres pour votre petit ménage, supposé que justice soit faite, et que chaque individu ait cent vingt livres de rente.

Vos enfants en bas âge ne vous coûtent presque rien ; devenus grands, ils vous soulagent ; leurs secours mutuels vous sauvent presque toutes les dépenses, et vous vivez très-heureusement en philosophe, pourvu que ces messieurs qui gouvernent l'État n'aient pas la barbarie de vous extorquer à chacun vingt écus par an[2]; mais le malheur est que nous ne sommes plus dans l'âge d'or, où les hommes, nés tous égaux, avaient également part aux productions succulentes d'une terre non cultivée. Il s'en faut beaucoup aujourd'hui que chaque être à deux mains et à deux pieds possède un fonds de cent vingt livres de revenu.

L'HOMME AUX QUARANTE ÉCUS.

Ah ! vous nous ruinez. Vous nous disiez tout à l'heure que dans un pays où il y a quatre-vingts millions d'arpents de terre assez bonne, et vingt millions d'habitants, chacun doit jouir de cent vingt livres de rente, et vous nous les ôtez.

LE GÉOMÈTRE.

Je comptais suivant les registres du siècle d'or, et il faut

1. Voltaire a, presque le premier en France, parlé de l'inoculation ; voyez, dans les *Mélanges*, année 1734, la onzième des *Lettres philosophiques*.
2. C'est une plaisanterie. Ceux qui ont dit que la puissance législatrice et exécutrice était copropriétaire de tous les biens n'ont pas prétendu qu'elle eût le droit d'en prendre la moitié, mais seulement la portion nécessaire pour défendre l'État et le bien gouverner. Il n'y a que l'expression qui soit ridicule. (K.)

compter suivant le siècle de fer. Il y a beaucoup d'habitants qui n'ont que la valeur de dix écus de rente, d'autres qui n'en ont que quatre ou cinq, et plus de six millions d'hommes qui n'ont absolument rien.

L'HOMME AUX QUARANTE ÉCUS.

Mais ils mourraient de faim au bout de trois jours.

LE GÉOMÈTRE.

Point du tout : les autres qui possèdent leurs portions les font travailler, et partagent avec eux; c'est ce qui paye le théologien, le confiturier, l'apothicaire, le prédicateur, le comédien, le procureur et le fiacre. Vous vous êtes cru à plaindre de n'avoir que cent vingt livres à dépenser par an, réduites à cent huit livres à cause de votre taxe de douze francs; mais regardez les soldats qui donnent leur sang pour la patrie : ils ne disposent, à quatre sous par jour, que de soixante et treize livres, et ils vivent gaiement en s'associant par chambrées.

L'HOMME AUX QUARANTE ÉCUS.

Ainsi donc un ex-jésuite a plus de cinq fois la paye d'un soldat[1]. Cependant les soldats ont rendu plus de services à l'État sous les yeux du roi à Fontenoy, à Laufelt, au siége de Fribourg, que n'en a jamais rendu le révérend P. La Valette[2].

LE GÉOMÈTRE.

Rien n'est plus vrai; et même chaque jésuite devenu libre a plus à dépenser qu'il ne coûtait à son couvent : il y en a même qui ont gagné beaucoup d'argent à faire des brochures contre les parlements, comme le révérend P. Patouillet et le révérend P. Nonotte. Chacun s'ingénie dans ce monde : l'un est à la tête d'une manufacture d'étoffes; l'autre, de porcelaine; un autre entreprend l'opéra; celui-ci fait la gazette ecclésiastique; cet autre, une tragédie bourgeoise, ou un roman dans le goût anglais; il entretient le papetier, le marchand d'encre, le libraire, le colporteur, qui sans lui demanderaient l'aumône. Ce n'est enfin que la restitution de cent vingt livres à ceux qui n'ont rien qui fait fleurir l'État.

L'HOMME AUX QUARANTE ÉCUS.

Plaisante manière de fleurir!

LE GÉOMÈTRE.

Il n'y en a point d'autre : par tout pays le riche fait vivre le pauvre. Voilà l'unique source de l'industrie du commerce. Plus la

1. Un ex-jésuite avait quatre cents francs de pension.
2. Son procès pour banqueroute frauduleuse avait amené l'expulsion des jésuites.

nation est industrieuse, plus elle gagne sur l'étranger. Si nous attrapions de l'étranger dix millions par an pour la balance du commerce, il y aurait dans vingt ans deux cents millions de plus dans l'État : ce serait dix francs de plus à répartir loyalement sur chaque tête, c'est-à-dire que les négociants feraient gagner à chaque pauvre dix francs de plus, dans l'espérance de faire des gains encore plus considérables ; mais le commerce a ses bornes, comme la fertilité de la terre : autrement la progression irait à l'infini ; et puis il n'est pas sûr que la balance de notre commerce nous soit toujours favorable : il y a des temps où nous perdons.

L'HOMME AUX QUARANTE ÉCUS.

J'ai entendu parler beaucoup de population. Si nous nous avisions de faire le double d'enfants de ce que nous en faisons ; si notre patrie était peuplée du double ; si nous avions quarante millions d'habitants au lieu de vingt, qu'arriverait-il ?

LE GÉOMÈTRE.

Il arriverait que chacun n'aurait à dépenser que vingt écus, l'un portant l'autre, ou qu'il faudrait que la terre rendît le double de ce qu'elle rend, ou qu'il y aurait le double de pauvres, ou qu'il faudrait avoir le double d'industrie, et gagner le double sur l'étranger, ou envoyer la moitié de la nation en Amérique, ou que la moitié de la nation mangeât l'autre.

L'HOMME AUX QUARANTE ÉCUS.

Contentons-nous donc de nos vingt millions d'hommes, et de nos cent vingt livres par tête, réparties comme il plaît à Dieu ; mais cette situation est triste, et votre siècle de fer est bien dur.

LE GÉOMÈTRE.

Il n'y a aucune nation qui soit mieux, et il en est beaucoup qui sont plus mal. Croyez-vous qu'il y ait dans le Nord de quoi donner la valeur de cent vingt livres à chaque habitant ? S'ils avaient eu l'équivalent, les Huns, les Goths, les Vandales, et les Francs, n'auraient pas déserté leur patrie pour aller s'établir ailleurs, le fer et la flamme à la main.

L'HOMME AUX QUARANTE ÉCUS.

Si je vous laissais dire, vous me persuaderiez bientôt que je suis heureux avec mes cent vingt francs.

LE GÉOMÈTRE.

Si vous pensiez être heureux, en ce cas vous le seriez.

L'HOMME AUX QUARANTE ÉCUS.

On ne peut s'imaginer être ce qu'on n'est pas, à moins qu'on ne soit fou.

LE GÉOMÈTRE.

Je vous ai déjà dit que, pour être plus à votre aise et plus heureux que vous n'êtes, il faut que vous preniez une femme ; mais j'ajouterai qu'elle doit avoir comme vous cent vingt livres de rente, c'est-à-dire quatre arpents à dix écus l'arpent. Les anciens Romains n'en avaient chacun que trois. Si vos enfants sont industrieux, ils pourront en gagner chacun autant en travaillant pour les autres.

L'HOMME AUX QUARANTE ÉCUS.

Ainsi ils ne pourront avoir de l'argent sans que d'autres en perdent.

LE GÉOMÈTRE.

C'est la loi de toutes les nations ; on ne respire qu'à ce prix.

L'HOMME AUX QUARANTE ÉCUS.

Et il faudra que ma femme et moi nous donnions chacun la moitié de notre récolte à la puissance législatrice et exécutrice, et que les nouveaux ministres d'État nous enlèvent la moitié du prix de nos sueurs et de la substance de nos pauvres enfants avant qu'ils puissent gagner leur vie ! Dites-moi, je vous prie, combien nos nouveaux ministres font entrer d'argent de droit divin dans les coffres du roi.

LE GÉOMÈTRE.

Vous payez vingt écus pour quatre arpents qui vous en rapportent quarante. L'homme riche qui possède quatre cents arpents payera deux mille écus par ce nouveau tarif, et les quatre-vingts millions d'arpents rendront au roi douze cents millions de livres par année, ou quatre cents millions d'écus.

L'HOMME AUX QUARANTE ÉCUS.

Cela me paraît impraticable et impossible.

LE GÉOMÈTRE.

Vous avez très-grande raison, et cette impossibilité est une démonstration géométrique qu'il y a un vice fondamental de raisonnement dans nos nouveaux ministres.

L'HOMME AUX QUARANTE ÉCUS.

N'y a-t-il pas aussi une prodigieuse injustice démontrée à me prendre la moitié de mon blé, de mon chanvre, de la laine de mes moutons, etc., et de n'exiger aucun secours de ceux qui auront gagné dix ou vingt, ou trente mille livres de rente avec mon chanvre, dont ils ont tissu de la toile ; avec ma laine, dont ils ont fabriqué des draps ; avec mon blé, qu'ils auront vendu plus cher qu'ils ne l'ont acheté ?

LE GÉOMÈTRE.

L'injustice de cette administration est aussi évidente que son calcul est erroné. Il faut que l'industrie soit favorisée ; mais il faut que l'industrie opulente secoure l'État. Cette industrie vous a certainement ôté une partie de vos cent vingt livres, et se les est appropriées en vous vendant vos chemises et votre habit vingt fois plus cher qu'ils ne vous auraient coûté si vous les aviez faits vous-même. Le manufacturier, qui s'est enrichi à vos dépens, a, je l'avoue, donné un salaire à ses ouvriers, qui n'avaient rien par eux-mêmes ; mais il a retenu pour lui, chaque année, une somme qui lui a valu enfin trente mille livres de rente : il a donc acquis cette fortune à vos dépens ; vous ne pourrez jamais lui vendre vos denrées assez cher pour vous rembourser de ce qu'il a gagné sur vous : car, si vous tentiez ce surhaussement, il en ferait venir de l'étranger à meilleur prix. Une preuve que cela est ainsi, c'est qu'il reste toujours possesseur de ses trente mille livres de rente, et vous restez avec vos cent vingt livres, qui diminuent souvent, bien loin d'augmenter.

Il est donc nécessaire et équitable que l'industrie raffinée du négociant paye plus que l'industrie grossière du laboureur. Il en est de même des receveurs des deniers publics. Votre taxe avait été jusqu'ici de douze francs avant que nos grands ministres vous eussent pris vingt écus. Sur ces douze francs, le publicain retenait dix sous pour lui. Si dans votre province il y a cinq cent mille âmes, il aura gagné deux cent cinquante mille francs par an. Qu'il en dépense cinquante, il est clair qu'au bout de dix ans il aura deux millions de bien. Il est très-juste qu'il contribue à proportion, sans quoi tout serait perverti et bouleversé[1].

1. Voici deux nouvelles objections contre l'idée de réduire tous les impôts à un seul. Celle des financiers n'est qu'une plaisanterie, puisqu'il n'y aurait plus alors de financiers, mais seulement des hommes chargés, moyennant des appointements modiques, de recevoir les deniers publics. Restent les commerçants, les manufacturiers ; mais il est clair que si les objets de leur commerce et de leur industrie n'étaient plus assujettis à aucun droit, leur profit resterait le même, parce qu'ils vendraient meilleur marché ou achèteraient plus cher les matières premières. Ce ne sont point eux qui payent ces impôts, ce sont ceux qui achètent d'eux ou qui leur vendent ; et ils continueraient de les payer sous une autre forme. Si c'est au contraire un impôt personnel, une capitation dont on les délivre, il fallait déduire cet impôt, cette capitation, de l'intérêt qu'ils tiraient de leurs fonds : ainsi supposons cet intérêt de dix pour cent et cet impôt d'un dixième, ils ne retireraient donc réellement que neuf pour cent ; et, cet impôt supprimé, la concurrence les obligera bientôt à borner le même intérêt à ces neuf pour cent auxquels elle les avait déjà bornés. Il en est de même de ceux qui vivent de leurs salaires : si vous leur ôtez les impôts personnels, si vous ôtez des droits qui augmentaient pour eux le prix de certaines denrées, leurs salaires baisseront à proportion. (K.)

L'HOMME AUX QUARANTE ÉCUS.

Je vous remercie d'avoir taxé ce financier, cela soulage mon imagination ; mais puisqu'il a si bien augmenté son superflu, comment puis-je faire pour accroître aussi ma petite fortune ?

LE GÉOMÈTRE.

Je vous l'ai déjà dit, en vous mariant, en travaillant, en tâchant de tirer de votre terre quelques gerbes de plus que ce qu'elle vous produisait.

L'HOMME AUX QUARANTE ÉCUS.

Je suppose que j'aie bien travaillé ; que toute la nation en ait fait autant ; que la puissance législatrice et exécutrice en ait reçu un plus gros tribut : combien la nation a-t-elle gagné au bout de l'année ?

LE GÉOMÈTRE.

Rien du tout ; à moins qu'elle n'ait fait un commerce étranger utile ; mais elle aura vécu plus commodément. Chacun aura eu à proportion plus d'habits, de chemises, de meubles, qu'il n'en avait auparavant. Il y aura eu dans l'État une circulation plus abondante ; les salaires auront été augmentés avec le temps à peu près en proportion du nombre des gerbes de blé, des toisons de moutons, des cuirs de bœufs, de cerfs et de chèvres, qui auront été employés, des grappes de raisin qu'on aura foulées dans le pressoir. On aura payé au roi plus de valeurs de denrées en argent, et le roi aura rendu plus de valeurs à tous ceux qu'il aura fait travailler sous ses ordres ; mais il n'y aura pas un écu de plus dans le royaume.

L'HOMME AUX QUARANTE ÉCUS.

Que restera-t-il donc à la puissance au bout de l'année ?

LE GÉOMÈTRE.

Rien, encore une fois ; c'est ce qui arrive à toute puissance : elle ne thésaurise pas ; elle a été nourrie, vêtue, logée, meublée ; tout le monde l'a été aussi, chacun suivant son état ; et, si elle thésaurise, elle a arraché à la circulation autant d'argent qu'elle en a entassé ; elle a fait autant de malheureux qu'elle a mis de fois quarante écus dans ses coffres.

L'HOMME AUX QUARANTE ÉCUS.

Mais ce grand Henri IV n'était donc qu'un vilain, un ladre, un pillard : car on m'a conté qu'il avait encaqué dans la Bastille plus de cinquante millions de notre monnaie d'aujourd'hui ?

LE GÉOMÈTRE.

C'était un homme aussi bon, aussi prudent que valeureux. Il allait faire une juste guerre, et en amassant dans ses coffres vingt-

deux millions de son temps, en ayant encore à recevoir plus de vingt autres qu'il laissait circuler, il épargnait à son peuple plus de cent millions qu'il en aurait coûté s'il n'avait pas pris ces utiles mesures. Il se rendait moralement sûr du succès contre un ennemi qui n'avait pas les mêmes précautions. Le calcul des probabilités [1] était prodigieusement en sa faveur. Ces vingt-deux millions encaissés prouvaient qu'il y avait alors dans le royaume la valeur de vingt-deux millions d'excédant dans les biens de la terre : ainsi personne ne souffrait [2].

L'HOMME AUX QUARANTE ÉCUS.

Mon vieillard me l'avait bien dit qu'on était à proportion plus riche sous l'administration du duc de Sully que sous celle des nouveaux ministres, qui ont mis l'impôt unique, et qui m'ont pris vingt écus sur quarante. Dites-moi, je vous prie, y a-t-il une nation au monde qui jouisse de ce beau bénéfice de l'impôt unique ?

LE GÉOMÈTRE.

Pas une nation opulente. Les Anglais, qui ne rient guère, se sont mis à rire quand ils ont appris que des gens d'esprit avaient proposé parmi nous cette administration [3]. Les Chinois exigent

1. La question se réduit à savoir s'il vaut mieux thésauriser pendant la paix que d'emprunter pendant la guerre. Le premier parti serait beaucoup plus avantageux dans un pays où la constitution et l'état des lumières permettraient de compter sur un système d'administration de finances indépendant des révolutions du ministère. (K.)

2. Cette dernière phrase a été supprimée dans les éditions. Je l'ai rétablie, parce que je l'ai trouvée dans toutes les éditions depuis 1768 jusques et compris 1775. Voltaire avait déjà parlé du trésor de Henri IV, dans son opuscule intitulé *Des Embellissements de Paris;* voyez les *Mélanges,* année 1749 (B.)

3. Cela est vrai ; mais l'Angleterre est un des pays de l'Europe où l'on trouve le plus de préjugés sur tous les objets de l'administration et du gouvernement. Tout écrivain politique en Angleterre peut prétendre aux places, et rien ne nuit plus dans la recherche de la vérité que d'avoir un intérêt, bien ou mal entendu, de la trouver conforme plutôt à une opinion qu'à une autre. Il est très-possible, par cette raison, que les lumières aient moins de peine à se répandre dans une monarchie que dans une république ; et s'il existe dans les républiques plus d'enthousiasme patriotique, on trouve dans quelques monarchies un patriotisme plus éclairé.

D'ailleurs, l'établissement d'un impôt unique est une opération qui doit se faire avec lenteur, et qui exige, pour ne causer aucun désordre passager, beaucoup de sagesse dans les mesures. Il faut en effet s'assurer d'abord par quelles espèces de propriétés, par quels cantons chaque espèce d'impôt est réellement payée, et dans quelle proportion chaque espèce de propriétés, chaque canton, ou la totalité de l'État, y contribuent ; il faut répartir ensuite dans la même proportion l'impôt qui doit les remplacer.

Il faut par conséquent avoir un cadastre général de toutes les terres ; mais, quelque exactitude qu'on suppose dans ce cadastre, quelque sagacité que l'on ait

une taxe de tous les vaisseaux marchands qui abordent à Kanton ; les Hollandais payent à Nangasaqui, quand ils sont reçus au Japon sous prétexte qu'ils ne sont pas chrétiens ; les Lapons et les Samoyèdes, à la vérité, sont soumis à un impôt unique en peaux de martres ; la république de Saint-Marin ne paye que des dîmes pour entretenir l'État dans sa splendeur.

Il y a dans notre Europe une nation célèbre par son équité et par sa valeur qui ne paye aucune taxe : c'est le peuple helvétien. Mais voici ce qui est arrivé : ce peuple s'est mis à la place des ducs d'Autriche et de Zeringen[1] ; les petits cantons sont démocratiques et très-pauvres ; chaque habitant y paye une somme très-modique pour les besoins de la petite république. Dans les cantons riches, on est chargé envers l'État des redevances que les archiducs d'Autriche et les seigneurs fonciers exigeaient : les cantons protestants sont à proportion du double plus riches que les catholiques, parce que l'État y possède les biens des moines. Ceux qui étaient sujets des archiducs d'Autriche, des ducs de Zeringen, et des moines, le sont aujourd'hui de la patrie ; ils payent à cette patrie les mêmes dîmes, les mêmes droits, les mêmes lods et ventes qu'ils payaient à leurs anciens maîtres ; et, comme les sujets en général ont très-peu de commerce, le négoce n'est assujetti à aucune charge, excepté de petits droits d'entrepôt : les hommes trafiquent de leur valeur avec les puissances étrangères, et se vendent pour quelques années, ce qui fait entrer quelque argent dans leur pays à nos dépens ; et c'est un exemple aussi unique dans le monde policé que l'est l'impôt établi par vos nouveaux législateurs.

mise dans la distribution de la taxe qui remplace les impôts indirects, il est impossible de ne pas commettre des erreurs très-sensibles : il est donc nécessaire de ne faire cette opération que successivement, et il faut de plus être en état de faire un sacrifice momentané d'une partie du revenu public, quoique le résultat de ce changement de forme des impôts puisse être à la fois d'en diminuer le fardeau pour le peuple, et d'augmenter leur produit pour le souverain. Enfin, comme la plupart des terres sont affermées, comme lorsqu'on en soumet le produit à un nouvel impôt destiné à remplacer un impôt d'un autre genre, une partie seulement de la compensation qui se fait alors serait au profit du propriétaire, et le reste au profit du fermier : c'est une nouvelle raison de mettre dans cette opération beaucoup de ménagement, quand même on serait parvenu à connaître à peu près dans chaque genre de culture la partie de l'impôt que l'on doit faire porter au propriétaire, et celle dont, jusqu'à l'expiration du bail, le fermier doit être chargé ; mais si cet ouvrage est difficile, il ne l'est pas moins d'assigner à quel point la nation qui l'exécuterait verrait augmenter en peu d'années son bien-être, ses richesses et sa puissance. (K.)

1. Les ducs de Zeringen, ou Zehringen, étaient puissants dans l'Helvétie ou la Suisse, au moyen âge. Berthold V, le dernier de sa race, mourut en 1218.

L'HOMME AUX QUARANTE ÉCUS.

Ainsi, monsieur, les Suisses ne sont pas de droit divin dépouillés de la moitié de leurs biens ; et celui qui possède quatre vaches n'en donne pas deux à l'État?

LE GÉOMÈTRE.

Non, sans doute. Dans un canton, sur treize tonneaux de vin on en donne un et on en boit douze. Dans un autre canton, on paye la douzième partie et on en boit onze.

L'HOMME AUX QUARANTE ÉCUS.

Ah! qu'on me fasse Suisse! Le maudit impôt que l'impôt unique et inique qui m'a réduit à demander l'aumône! Mais trois ou quatre cents impôts, dont les noms même me sont impossibles à retenir et à prononcer, sont-ils plus justes et plus honnêtes? Y a-t-il jamais eu un législateur qui, en fondant un État, ait imaginé de créer des conseillers du roi mesureurs de charbon, jaugeurs de vin, mouleurs de bois, langueyeurs de porcs, contrôleurs de beurre salé? d'entretenir une armée de faquins deux fois plus nombreuse que celle d'Alexandre, commandée par soixante généraux[1] qui mettent le pays à contribution, qui remportent des victoires signalées tous les jours, qui font des prisonniers, et qui quelquefois les sacrifient en l'air ou sur un petit théâtre de planches, comme faisaient les anciens Scythes, à ce que m'a dit mon curé?

Une telle législation, contre laquelle tant de cris s'élevaient, et qui faisait verser tant de larmes, valait-elle mieux que celle qui m'ôte tout d'un coup nettement et paisiblement la moitié de mon existence? J'ai peur qu'à bien compter on ne m'en prît en détail les trois quarts sous l'ancienne finance.

LE GÉOMÈTRE.

Iliacos intra muros peccatur et extra[2].
Est modus in rebus[3].
Caveas ne quid nimis[4].

L'HOMME AUX QUARANTE ÉCUS.

J'ai appris un peu d'histoire et de géométrie, mais je ne sais pas le latin.

1. Fermiers généraux.
2. Horace, livre I*er*, épître II, vers 16.
3. *Id.*, livre I*er*, satire 1*re*, vers 106.
4. Phèdre, liv II, fable v.

LE GÉOMÈTRE.

Cela signifie à peu près : « On a tort des deux côtés. Gardez le milieu en tout. Rien de trop. »

L'HOMME AUX QUARANTE ÉCUS.

Oui, rien de trop, c'est ma situation ; mais je n'ai pas assez.

LE GÉOMÈTRE.

Je conviens que vous périrez de faim, et moi aussi, et l'État aussi, supposé que la nouvelle administration dure seulement deux ans ; mais il faut espérer que Dieu aura pitié de nous.

L'HOMME AUX QUARANTE ÉCUS.

On passe sa vie à espérer, et on meurt en espérant. Adieu, monsieur ; vous m'avez instruit, mais j'ai le cœur navré.

LE GÉOMÈTRE.

C'est souvent le fruit de la science. »

III. — AVENTURE AVEC UN CARME.

Quand j'eus bien remercié l'académicien de l'Académie des sciences de m'avoir mis au fait, je m'en allai tout pantois, louant la Providence, mais grommelant entre mes dents ces tristes paroles : « Vingt écus de rente seulement pour vivre, et n'avoir que vingt-deux ans à vivre! » Hélas! puisse notre vie être encore plus courte, puisqu'elle est si malheureuse!

Je me trouvai bientôt vis-à-vis d'une maison superbe. Je sentais déjà la faim ; je n'avais pas seulement la cent vingtième partie de la somme qui appartient de droit à chaque individu ; mais, dès qu'on m'eut appris que ce palais était le couvent des révérends pères carmes déchaussés, je conçus de grandes espérances, et je dis : « Puisque ces saints sont assez humbles pour marcher pieds nus, ils seront assez charitables pour me donner à dîner. »

Je sonnai ; un carme vint : « Que voulez-vous, mon fils? — Du pain, mon révérend père ; les nouveaux édits m'ont tout ôté. — Mon fils, nous demandons nous-mêmes l'aumône ; nous ne la faisons pas. — Quoi! votre saint institut vous ordonne de n'avoir pas de bas, et vous avez une maison de prince, et vous me refusez à manger! — Mon fils, il est vrai que nous sommes sans souliers et sans bas : c'est une dépense de moins ; mais nous n'avons pas plus froid aux pieds qu'aux mains ; et si notre saint institut nous avait ordonné d'aller cul nu, nous n'aurions point froid au derrière. A l'égard de notre belle maison, nous l'avons aisément bâtie, parce que nous avons cent mille livres de rente en maisons dans la même rue. — Ah! ah! vous me laissez mourir de faim,

et vous avez cent mille livres de rente! Vous en rendez donc cinquante mille au nouveau gouvernement? — Dieu nous préserve de payer une obole! Le seul produit de la terre cultivée par des mains laborieuses, endurcies de calus et mouillées de larmes, doit des tributs à la puissance législatrice et exécutrice. Les aumônes qu'on nous a données nous ont mis en état de faire bâtir ces maisons, dont nous tirons cent mille livres par an ; mais ces aumônes venant des fruits de la terre, ayant déjà payé le tribut, elles ne doivent pas payer deux fois : elles ont sanctifié les fidèles qui se sont appauvris en nous enrichissant, et nous continuons à demander l'aumône et à mettre à contribution le faubourg Saint-Germain pour sanctifier encore les fidèles. » Ayant dit ces mots, le carme me ferma la porte au nez [1].

Je passai par-devant l'hôtel des mousquetaires gris ; je contai la chose à un de ces messieurs : ils me donnèrent un bon dîner et un écu. L'un d'eux proposa d'aller brûler le couvent ; mais un mousquetaire plus sage lui remontra que le temps n'était pas encore venu, et le pria d'attendre encore deux ou trois ans.

IV. — AUDIENCE DE M. LE CONTROLEUR GÉNÉRAL.

J'allai, avec mon écu, présenter un placet à M. le contrôleur général, qui donnait audience ce jour-là.

Son antichambre était remplie de gens de toute espèce. Il y avait surtout des visages encore plus pleins, des ventres plus rebondis, des mines plus fières que mon homme aux huit millions. Je n'osais m'approcher ; je les voyais, et ils ne me voyaient pas.

Un moine, gros décimateur, avait intenté un procès à des citoyens qu'il appelait *ses paysans*. Il avait déjà plus de revenu que la moitié de ses paroissiens ensemble, et de plus il était seigneur de fief. Il prétendait que ses vassaux, ayant converti avec des peines extrêmes leurs bruyères en vignes, ils lui devaient la dixième partie de leur vin, ce qui faisait, en comptant le prix du travail et des échalas, et des futailles, et du cellier, plus du quart

1. L'ouvrage que M. de Voltaire avait le plus en vue est intitulé *Considérations sur l'ordre essentiel et naturel des sociétés politiques*. On y trouve plusieurs questions importantes, analysées avec beaucoup de sagacité et de profondeur. L'auteur y prouve que les maisons, ne rapportant aucun produit réel, ne doivent point payer d'impôts; que l'on doit regarder le loyer qu'elles rapportent comme l'intérêt du capital qu'elles représentent, et que, si on les exemptait des impôts auxquels elles sont assujetties, les loyers diminueraient à proportion. (K.)

de la récolte. « Mais comme les dîmes, disait-il, sont de droit divin, je demande le quart de la substance de mes paysans au nom de Dieu. » Le ministre lui dit: « Je vois combien vous êtes charitable ! »

Un fermier général, fort intelligent dans les aides, lui dit alors : « Monseigneur, ce village ne peut rien donner à ce moine : car, ayant fait payer aux paroissiens l'année passée trente-deux impôts pour leur vin, et les ayant fait condamner ensuite à payer le trop bu, ils sont entièrement ruinés. J'ai fait vendre leurs bestiaux et leurs meubles, ils sont encore mes redevables. Je m'oppose aux prétentions du révérend père.

— Vous avez raison d'être son rival, repartit le ministre ; vous aimez l'un et l'autre également votre prochain, et vous m'édifiez tous deux. »

Un troisième, moine et seigneur, dont les paysans sont mainmortables, attendait aussi un arrêt du conseil qui le mit en possession de tout le bien d'un badaud de Paris, qui, ayant par inadvertance demeuré un an et un jour dans une maison sujette à cette servitude et enclavée dans les États de ce prêtre, y était mort au bout de l'année. Le moine réclamait tout le bien du badaud, et cela de droit divin [1].

Le ministre trouva le cœur du moine aussi juste et aussi tendre que celui des deux premiers.

Un quatrième, qui était contrôleur du domaine, présenta un beau mémoire par lequel il se justifiait d'avoir réduit vingt familles à l'aumône. Elles avaient hérité de leurs oncles ou tantes, ou frères, ou cousins ; il avait fallu payer les droits. Le domanier leur avait prouvé généreusement qu'elles n'avaient pas assez estimé leurs héritages, qu'elles étaient beaucoup plus riches qu'elles ne croyaient, et, en conséquence, les ayant condamnées à l'amende du triple, les ayant ruinées en frais, et fait mettre en prison les pères de famille, il avait acheté leurs meilleures possessions sans bourse délier [2].

Le contrôleur général lui dit (d'un ton un peu amer à la vérité) : « *Euge* [3] *!* contrôleur *bone et fidelis; quia super pauca fuisti fidelis*, fermier général *te constituam* [4]. » Cependant il dit tout bas à un

1. Voyez tome XVII, page 593.
2. Le cas à peu près semblable est arrivé dans la province que j'habite, et le contrôleur du domaine a été forcé à faire restitution ; mais il n'a pas été puni. (*Note de Voltaire.*) — Voyez, tome X, le conte intitulé *les Finances*.
3. Je me fis expliquer ces paroles par un savant à quarante écus : elles me réjouirent. (*Note de Voltaire.*)
4. On lit dans l'évangile de saint Matthieu, chapitre xxv, versets 21 et 23:

maître des requêtes qui était à côté de lui : « Il faudra bien faire rendre gorge à ces sangsues sacrées et à ces sangsues profanes : il est temps de soulager le peuple, qui, sans nos soins et notre équité, n'aurait jamais de quoi vivre que dans l'autre monde. »

Des hommes d'un génie profond lui présentèrent des projets. L'un avait imaginé de mettre des impôts sur l'esprit. « Tout le monde, disait-il, s'empressera de payer, personne ne voulant passer pour un sot. » Le ministre lui dit : « Je vous déclare exempt de la taxe. »

Un autre proposa d'établir l'impôt unique sur les chansons et sur le rire, attendu que la nation était la plus gaie du monde, et qu'une chanson la consolait de tout ; mais le ministre observa que depuis quelque temps on ne faisait plus guère de chansons plaisantes, et il craignit que, pour échapper à la taxe, on ne devînt trop sérieux.

Vint un sage et brave citoyen qui offrit de donner au roi trois fois plus, en faisant payer par la nation trois fois moins. Le ministre lui conseilla d'apprendre l'arithmétique.

Un quatrième prouvait au roi, par amitié, qu'il ne pouvait recueillir que soixante et quinze millions ; mais qu'il allait lui en donner deux cent vingt-cinq. « Vous me ferez plaisir, dit le ministre, quand nous aurons payé les dettes de l'État. »

Enfin arriva un commis de l'auteur nouveau[1] qui fait la puissance législatrice copropriétaire de toutes nos terres par le droit divin, et qui donnait au roi douze cents millions de rente. Je reconnus l'homme qui m'avait mis en prison pour n'avoir pas payé mes vingt écus. Je me jetai aux pieds de M. le contrôleur général, et je lui demandai justice ; il fit un grand éclat de rire, et me dit que c'était un tour qu'on m'avait joué. Il ordonna à ces mauvais plaisants de me donner cent écus de dédommagement, et m'exempta de taille pour le reste de ma vie. Je lui dis : « Monseigneur, Dieu vous bénisse ! »

V. — LETTRE A L'HOMME AUX QUARANTE ÉCUS.

Quoique je sois trois fois aussi riche que vous, c'est-à-dire quoique je possède trois cent soixante livres ou francs de revenu,

Euge, serve bone et fidelis; quia super pauca fuisti fidelis, super multa te constituam; paroles dont voici la traduction par Legros : « Courage, bon et fidèle serviteur ; parce que vous avez été fidèle en peu de chose, je vous en donnerai beaucoup *plus* à gouverner. » (B.)

1. Lemercier de La Rivière.

je vous écris cependant comme d'égal à égal, sans affecter l'orgueil des grandes fortunes.

J'ai lu l'histoire de votre désastre et de la justice que M. le contrôleur général vous a rendue ; je vous en fais mon compliment ; mais par malheur je viens de lire le *Financier citoyen*[1], malgré la répugnance que m'avait inspirée le titre, qui paraît contradictoire à bien des gens. Ce citoyen vous ôte vingt francs de vos rentes, et à moi soixante : il n'accorde que cent francs à chaque individu sur la totalité des habitants ; mais, en récompense, un homme non moins illustre enfle nos rentes jusqu'à cent cinquante livres ; je vois que votre géomètre a pris un juste milieu. Il n'est point de ces magnifiques seigneurs qui d'un trait de plume peuplent Paris d'un million d'habitants, et vous font rouler quinze cents millions d'espèces sonnantes dans le royaume, après tout ce que nous avons perdu dans nos guerres dernières[2].

Comme vous êtes grand lecteur, je vous prêterai le *Financier citoyen* ; mais n'allez pas le croire en tout : il cite le testament du grand ministre Colbert, et il ne sait pas que c'est une rapsodie ridicule faite par un Gatien de Courtilz ; il cite la *Dîme* du maréchal de Vauban, et il ne sait pas qu'elle est d'un Bois-Guillebert[3] ; il cite le testament du cardinal de Richelieu, et il ne sait pas qu'il est de l'abbé de Bourzéis. Il suppose que ce cardinal assure que *quand la viande enchérit, on donne une paye plus forte au soldat*. Cependant la viande enchérit beaucoup sous son ministère, et la paye du soldat n'augmenta point : ce qui prouve, indépendamment de cent autres preuves, que ce livre reconnu pour supposé dès qu'il parut, et ensuite attribué au cardinal même, ne lui

1. Ouvrage de Navau, publié en 1757, deux volumes in-12.
2. Il s'en faut beaucoup que ces évaluations puissent être précises, et ceux qui les ont faites se sont bien gardés de prendre toute la peine nécessaire pour parvenir au degré de précision qu'on pourrait atteindre. Ce qu'il est important de savoir, c'est qu'un État qui a deux millions d'habitants et celui qui en a vingt, le pays dont le territoire est fertile et celui où le sol est ingrat, celui qui a un excédant de subsistance et celui qui est obligé d'en réparer le défaut par le commerce, etc., doivent avoir les mêmes lois d'administration. C'est une des plus grandes vérités que les écrivains économistes français aient annoncées, et une de celles qu'ils ont le mieux établies. (K.)
3. Bois-Guillebert fit imprimer le *Détail de la France*, 1695, 1696, 1699, in-12 ; 1707, deux volumes in-12. Cette dernière édition a été reproduite par l'auteur sous le titre de : *Testament politique de M. de Vauban;* ce qui a induit Voltaire en erreur. Le *Projet de dixme royale*, 1707, in-4° et in-12, est de Vauban. Bois-Guillebert avait laissé en manuscrit une critique du *Projet de dixme royale*. (B.)

appartient pas plus que les testaments du cardinal Alberoni[1] et du maréchal de Belle-Isle[2] ne leur appartiennent.

Défiez-vous toute votre vie des testaments et des systèmes : j'en ai été la victime comme vous. Si les Solons et les Lycurgues modernes se sont moqués de vous, les nouveaux Triptolèmes se sont encore plus moqués de moi, et, sans une petite succession qui m'a ranimé, j'étais mort de misère.

J'ai cent vingt arpents labourables dans le plus beau pays de la nature, et le sol le plus ingrat. Chaque arpent ne rend, tous frais faits, dans mon pays, qu'un écu de trois livres. Dès que j'eus lu dans les journaux qu'un célèbre agriculteur[3] avait inventé un nouveau semoir, et qu'il labourait sa terre par planches, afin qu'en semant moins il recueillît davantage, j'empruntai vite de l'argent, j'achetai un semoir, je labourai par planches ; je perdis ma peine et mon argent, aussi bien que l'illustre agriculteur qui ne sème plus par planches[4].

Mon malheur voulut que je lusse le Journal économique, qui se vend à Paris chez Boudet[5]. Je tombai sur l'expérience d'un Parisien ingénieux qui, pour se réjouir, avait fait labourer son parterre quinze fois, et y avait semé du froment, au lieu d'y planter des tulipes ; il eut une récolte très-abondante. J'empruntai encore de l'argent. « Je n'ai qu'à donner trente labours, me disais-je, j'aurai le double de la récolte de ce digne Parisien, qui s'est formé des principes d'agriculture à l'Opéra et à la Comédie ; et me voilà enrichi par ses leçons et par son exemple. »

Labourer seulement quatre fois dans mon pays est une chose impossible ; la rigueur et les changements soudains des saisons ne le permettent pas ; et d'ailleurs le malheur que j'avais eu de semer par planches, comme l'illustre agriculteur dont j'ai parlé, m'avait forcé à vendre mon attelage. Je fais labourer trente fois mes cent vingt arpents par toutes les charrues qui sont à quatre lieues à la ronde. Trois labours pour chaque arpent coûtent douze livres, c'est un prix fait ; il fallut donner trente façons par arpent ; le labour de chaque arpent me coûta cent vingt

1. Voyez dans les *Mélanges*, année 1753, l'*Examen du testament d'Alberoni*.
2. Le *Testament politique du maréchal duc de Belle-Isle*, 1761, in-12, est de Chévrier.
3. Probablement Thomé, de Lyon, mort vers 1780, à qui l'on doit des *Mémoires sur la pratique du semoir*, 1760 et 1761.
4. M. Duhamel du Monceau. (K.)
5. Les premières éditions portent *Boudot ;* et on lit ainsi dans l'édition in-4°. Voltaire avait voulu déguiser un peu le nom d'Antoine Boudet, imprimeur-libraire à Paris, mort en 1789, et chez qui se publiait le *Journal économique*. (B.)

livres : la façon de mes cent vingt arpents me revint à quatorze mille quatre cents livres. Ma récolte, qui se monte, année commune, dans mon maudit pays, à trois cents setiers, monta, il est vrai, à trois cent trente, qui, à vingt livres le setier, me produisirent six mille six cents livres : je perdis sept mille huit cents livres ; il est vrai que j'eus la paille.

J'étais ruiné, abîmé, sans une vieille tante qu'un grand médecin dépêcha dans l'autre monde, en raisonnant aussi bien en médecine que moi en agriculture.

Qui croirait que j'eus encore la faiblesse de me laisser séduire par le Journal de Boudet ? Cet homme-là, après tout, n'avait pas juré ma perte. Je lis dans son recueil qu'il n'y a qu'à faire une avance de quatre mille francs pour avoir quatre mille livres de rente en artichauts : certainement Boudet me rendra en artichauts ce qu'il m'a fait perdre en blé. Voilà mes quatre mille francs dépensés, et mes artichauts mangés par des rats de campagne. Je fus hué dans mon canton comme le diable de Papefiguière[1].

J'écrivais une lettre de reproches fulminante à Boudet. Pour toute réponse le traître s'égaya dans son Journal à mes dépens. Il me nia impudemment que les Caraïbes fussent nés rouges ; je fus obligé de lui envoyer une attestation d'un ancien procureur du roi de la Guadeloupe, comme quoi Dieu a fait les Caraïbes rouges ainsi que les Nègres noirs. Mais cette petite victoire ne m'empêcha pas de perdre jusqu'au dernier sou toute la succession de ma tante, pour avoir trop cru les nouveaux systèmes. Mon cher monsieur, encore une fois, gardez-vous des charlatans.

VI. — NOUVELLES DOULEURS OCCASIONNÉES PAR LES NOUVEAUX SYSTÈMES.

(Ce petit morceau est tiré des manuscrits d'un vieux solitaire.)

Je vois que si de bons citoyens se sont amusés à gouverner les États, et à se mettre à la place des rois[2] ; si d'autres se sont crus des Triptolèmes et des Cérès, il y en a de plus fiers qui se sont mis sans façon à la place de Dieu, et qui ont créé l'univers avec leur plume, comme Dieu le créa autrefois par la parole.

Un des premiers qui se présenta à mes adorations fut un des-

1. Voyez *Pantagruel,* livre IV, chapitre XLVI.
2. Les économistes.

cendant de Thalès, nommé Telliamed[1], qui m'apprit que les montagnes et les hommes sont produits par les eaux de la mer. Il y eut d'abord de beaux hommes marins qui ensuite devinrent amphibies. Leur belle queue fourchue se changea en cuisses et en jambes. J'étais encore tout plein des *Métamorphoses* d'Ovide, et d'un livre où il était démontré que la race des hommes était bâtarde d'une race de babouins : j'aimais autant descendre d'un poisson que d'un singe.

Avec le temps j'eus quelques doutes sur cette généalogie, et même sur la formation des montagnes. « Quoi ! me dit-il, vous ne savez pas que les courants de la mer, qui jettent toujours du sable à droite et à gauche à dix ou douze pieds de hauteur, tout au plus, ont produit, dans une suite infinie de siècles, des montagnes de vingt mille pieds de haut, lesquelles ne sont pas de sable ? Apprenez que la mer a nécessairement couvert tout le globe. La preuve en est qu'on a vu des ancres de vaisseau sur le mont Saint-Bernard, qui étaient là plusieurs siècles avant que les hommes eussent des vaisseaux. Figurez-vous que la terre est un globe de verre qui a été longtemps tout couvert d'eau. »

Plus il m'endoctrinait, plus je devenais incrédule. « Quoi donc ! me dit-il, n'avez-vous pas vu le falun de Touraine[2] à trente-six lieues de la mer? C'est un amas de coquilles avec lesquelles on engraisse la terre comme avec du fumier. Or, si la mer a déposé dans la succession des temps une mine entière de coquilles à trente-six lieues de l'Océan, pourquoi n'aura-t-elle pas été jusqu'à trois mille lieues pendant plusieurs siècles sur notre globe de verre ? »

Je lui répondis : « Monsieur Telliamed, il y a des gens qui font quinze lieues par jour à pied ; mais ils ne peuvent en faire cinquante. Je ne crois pas que mon jardin soit de verre ; et quant à votre falun, je doute encore qu'il soit un lit de coquilles de mer. Il se pourrait bien que ce ne fût qu'une mine de petites pierres calcaires qui prennent aisément la forme des fragments de coquilles, comme il y a des pierres qui sont figurées en langues, et qui ne sont point des langues ; en étoiles, et qui ne sont point des astres ; en serpents roulés sur eux-mêmes, et qui ne sont point des serpents ; en parties naturelles du beau sexe, et qui ne sont

1. Nom anagrammatique de Demaillet, et sous lequel a été publié un ouvrage d'après ses idées ; voyez ce que Voltaire en dit dans les chapitres xi et xviii des *Singularités de la nature* (*Mélanges*, année 1768).

2. Voyez dans les *Mélanges*, année 1768, le chapitre xvi des *Singularités de la nature*.

point pourtant les dépouilles des dames. On voit des dendrites, des pierres figurées, qui représentent des arbres et des maisons, sans que jamais ces petites pierres aient été des maisons et des chênes.

« Si la mer avait déposé tant de lits de coquilles en Touraine, pourquoi aurait-elle négligé la Bretagne, la Normandie, la Picardie, et toutes les autres côtes ? J'ai bien peur que ce falun tant vanté ne vienne pas plus de la mer que les hommes. Et quand la mer se serait répandue à trente-six lieues, ce n'est pas à dire qu'elle ait été jusqu'à trois mille, et même jusqu'à trois cents, et que toutes les montagnes aient été produites par les eaux[1]. J'aimerais autant dire que le Caucase a formé la mer, que de prétendre que la mer a fait le Caucase.

— Mais, monsieur l'incrédule, que répondrez-vous aux huîtres pétrifiées qu'on a trouvées sur le sommet des Alpes ?

— Je répondrai, monsieur le créateur, que je n'ai pas vu plus d'huîtres pétrifiées que d'ancres de vaisseau sur le haut du mont Cenis[2]. Je répondrai ce qu'on a déjà dit, qu'on a trouvé des écailles d'huîtres (qui se pétrifient aisément) à de très-grandes distances de la mer, comme on a déterré des médailles romaines à cent lieues de Rome ; et j'aime mieux croire que des pèlerins de Saint-Jacques ont laissé quelques coquilles vers Saint-Maurice que d'imaginer que la mer a formé le mont Saint-Bernard.

« Il y a des coquillages partout ; mais est-il bien sûr qu'ils ne soient pas les dépouilles des testacées et des crustacées de nos lacs et de nos rivières, aussi bien que des petits poissons marins ?

— Monsieur l'incrédule, je vous tournerai en ridicule dans le monde que je me propose de créer.

— Monsieur le créateur, à vous permis ; chacun est le maître dans son monde ; mais vous ne me ferez jamais croire que celui où nous sommes soit de verre, ni que quelques coquilles soient des démonstrations que la mer a produit les Alpes et le mont Taurus. Vous savez qu'il n'y a aucune coquille dans les montagnes d'Amérique. Il faut que ce ne soit pas vous qui ayez créé cet hémisphère, et que vous vous soyez contenté de former l'ancien monde : c'est bien assez[3].

1. C'est le système de Buffon ; voyez dans les *Mélanges,* année 1768, le chapitre II des *Singularités de la nature.*

2. Voyez dans les *Mélanges,* année 1768, le chapitre XIII des *Singularités de la nature.*

3. Voyez, sur les coquilles et la formation des montagnes, la *Dissertation sur les changements arrivés dans notre globe* (*Mélanges,* année 1746). Quant à l'opi-

— Monsieur, monsieur, si on n'a pas découvert de coquilles sur les montagnes d'Amérique, on en découvrira.

— Monsieur, c'est parler en créateur qui sait son secret, et qui est sûr de son fait. Je vous abandonne, si vous voulez, votre falun, pourvu que vous me laissiez mes montagnes. Je suis d'ailleurs le très-humble et très-obéissant serviteur de votre providence. »

Dans le temps que je m'instruisais ainsi avec Telliamed, un jésuite irlandais[1] déguisé en homme, d'ailleurs grand observateur, et ayant de bons microscopes, fit des anguilles avec de la farine de blé ergoté. On ne douta pas alors qu'on ne fît des hommes avec de la farine de bon froment. Aussitôt on créa des particules organiques qui composèrent des hommes. Pourquoi non? Le grand géomètre Fatio[2] avait bien ressuscité des morts à Londres : on pouvait tout aussi aisément faire à Paris des vivants avec des particules organiques ; mais malheureusement les nouvelles anguilles de Needham ayant disparu, les nouveaux hommes disparurent aussi, et s'enfuirent chez les monades, qu'ils rencontrèrent dans le plein au milieu de la matière subtile, globuleuse, et cannelée[3].

Ce n'est pas que ces créateurs de systèmes n'aient rendu de grands services à la physique ; à Dieu ne plaise que je méprise leurs travaux! On les a comparés à des alchimistes qui, en faisant de l'or (qu'on ne fait point), ont trouvé de bons remèdes, ou du moins des choses très-curieuses. On peut être un homme d'un rare mérite, et se tromper sur la formation des animaux et sur la structure du globe.

Les poissons changés en hommes, et les eaux changées en montagnes, ne m'avaient pas fait autant de mal que M. Boudet. Je me bornais tranquillement à douter, lorsqu'un Lapon[4] me prit sous sa protection. C'était un profond philosophe, mais qui ne pardonnait jamais aux gens qui n'étaient pas de son avis. Il me fit d'abord connaître clairement l'avenir en exaltant mon

nion que la terre est de verre, et qu'une comète l'a détachée du soleil, c'est une plaisanterie de M. de Buffon, qui a voulu faire une expérience morale sur la crédulité des Parisiens. (K.)

1. Needham.
2. Voyez tome XIX, page 86; et dans les *Mélanges*, année 1769, le chapitre xxxvi de *Dieu et les Hommes*.
3. Voyez, sur les anguilles, les *Singularités de la nature,* chapitre xx (*Mélanges*, année 1768).
4. Par ce mot de Lapon, Voltaire désigne Maupertuis, qui avait fait un voyage au pôle, et en avait ramené deux Laponnes qu'il avait enlevées; voyez une note, page 114.

âme. Je fis de si prodigieux efforts d'exaltation que j'en tombai malade ; mais il me guérit en m'enduisant de poix-résine de la tête aux pieds. A peine fus-je en état de marcher qu'il me proposa un voyage aux terres australes pour y disséquer des têtes de géants, ce qui nous ferait connaître clairement la nature de l'âme. Je ne pouvais supporter la mer ; il eut la bonté de me mener par terre. Il fit creuser un grand trou dans le globe terraqué : ce trou allait droit chez les Patagons. Nous partîmes ; je me cassai une jambe à l'entrée du trou ; on eut beaucoup de peine à me redresser la jambe : il s'y forma un calus qui m'a beaucoup soulagé.

J'ai déjà parlé de tout cela dans une de mes diatribes[1], pour instruire l'univers très-attentif à ces grandes choses. Je suis bien vieux ; j'aime quelquefois à répéter mes contes, afin de les inculquer mieux dans la tête des petits garçons pour lesquels je travaille depuis si longtemps.

VII. — MARIAGE DE L'HOMME AUX QUARANTE ÉCUS.

L'homme aux quarante écus s'étant beaucoup formé, et ayant fait une petite fortune, épousa une jolie fille qui possédait cent écus de rente. Sa femme devint bientôt grosse. Il alla trouver son géomètre, et lui demanda si elle lui donnerait un garçon ou une fille. Le géomètre lui répondit que les sages-femmes, les femmes de chambre, le savaient pour l'ordinaire ; mais que les physiciens, qui prédisent les éclipses, n'étaient pas si éclairés qu'elles.

Il voulut savoir ensuite si son fils ou sa fille avaient déjà une âme. Le géomètre dit que ce n'était pas son affaire, et qu'il en fallait parler au théologien du coin.

L'homme aux quarante écus, qui était déjà l'homme aux deux cents pour le moins, demanda en quel endroit était son enfant[2].

1. Voyez la *Diatribe du Docteur Akakia* (*Mélanges*, année 1752).
2. Voltaire, dans ses *Questions sur l'Encyclopédie*, avait, à l'article Génération (comme il est dit tome XIX, page 224), reproduit une partie de ce qu'on va lire, mais avec des variantes que voici :

LE JEUNE MARIÉ.

« Monsieur, dites-moi, je vous prie, si ma femme me donnera un garçon ou une fille.

LE PHILOSOPHE.

« Monsieur, les sages-femmes et les femmes de chambre disent quelquefois qu'elles le savent ; mais les philosophes avouent qu'ils n'en savent rien.

LE JEUNE MARIÉ.

« Je crois que ma femme n'est grosse que depuis huit jours : dites-moi si mon enfant a déjà une âme.

« Dans une petite poche, lui dit son ami, entre la vessie et l'intestin rectum.

— O Dieu paternel! s'écria-t-il, l'âme immortelle de mon fils née et logée entre de l'urine et quelque chose de pis!

— Oui, mon cher voisin, l'âme d'un cardinal n'a point eu d'autre berceau; et avec cela on fait le fier, on se donne des airs.

— Ah! monsieur le savant, ne pourriez-vous point me dire comment les enfants se font?

— Non, mon ami; mais, si vous voulez, je vous dirai ce que les philosophes ont imaginé, c'est-à-dire comment les enfants ne se font point.

LE PHILOSOPHE.

« Ce n'est pas là l'affaire des géomètres; adressez-vous au théologien du coin.

LE JEUNE MARIÉ.

« Refuserez-vous de me dire en quel endroit il est placé?

LE PHILOSOPHE.

« Dans une petite poche qui s'élargit tous les jours, et qui est juste entre l'intestin rectum et la vessie.

LE JEUNE MARIÉ.

« O Dieu paternel! l'âme de mon fils entre de l'urine et quelque chose de pis! quelle auberge pour l'être pensant, et cela pendant neuf mois!

LE PHILOSOPHE.

« Oui, mon cher voisin, l'âme d'un pape n'a point eu d'autre berceau; et cependant on se donne des airs, on fait le fier.

LE JEUNE MARIÉ.

« Je sais bien qu'il n'y a point d'animal qui doive être moins fier que l'homme. Mais comme je vous ai déjà dit que j'étais très-curieux, je voudrais savoir comment, dans cette poche, un peu de liqueur devient une grosse masse de chair si bien organisée. En un mot, vous qui êtes si savant, ne pourriez-vous point me dire comment les enfants se font?

LE PHILOSOPHE.

« Non, mon ami; mais, si vous voulez, je vous dirai ce que les médecins ont imaginé: c'est-à-dire, comment les enfants ne se font point.

« Premièrement, Hippocrate écrit que les deux véhicules fluides de l'homme et de la femme s'élancent et s'unissent ensemble, et que dans le moment l'enfant est conçu par cette union.

« Le révérend P. Sanchez, le docteur de l'Espagne, est entièrement de l'avis d'Hippocrate; et il en a même fait un fort plaisant article de théologie, que tous les Espagnols ont cru fermement jusqu'à ce que tous les jésuites aient été renvoyés du pays.

LE JEUNE MARIÉ.

« Je suis assez content d'Hippocrate et de Sanchez. Ma femme a rempli, ou je suis bien trompé, toutes les conditions imposées par ces grands hommes pour former un enfant et pour lui donner une âme.

LE PHILOSOPHE.

« Malheureusement il y a beaucoup de femmes qui, etc. » (B.)

' — Voltaire revient sur la question de l'âme du fœtus, dans le paragraphe XI de l'opuscule intitulé *Il faut prendre un parti;* voyez *Mélanges,* année 1772.

« Premièrement, le révérend P. Sanchez, dans son excellent livre *de Matrimonio*, est entièrement de l'avis d'Hippocrate ; il croit comme un article de foi que les deux véhicules fluides de l'homme et de la femme s'élancent et s'unissent ensemble, et que dans le moment l'enfant est conçu par cette union ; et il est si persuadé de ce système physique, devenu théologique, qu'il examine, chapitre xxi du livre second, *utrum virgo Maria semen emiserit in copulatione cum Spiritu Sancto.*

— Eh ! monsieur, je vous ai déjà dit que je n'entends pas le latin ; expliquez-moi en français l'oracle du P. Sanchez. »

Le géomètre lui traduisit le texte, et tous deux frémirent d'horreur.

Le nouveau marié, en trouvant Sanchez prodigieusement ridicule, fut pourtant assez content d'Hippocrate ; et il se flattait que sa femme avait rempli toutes les conditions imposées par ce médecin pour faire un enfant.

« Malheureusement, lui dit le voisin, il y a beaucoup de femmes qui ne répandent aucune liqueur, qui ne reçoivent qu'avec aversion les embrassements de leurs maris, et qui cependant en ont des enfants. Cela seul décide contre Hippocrate et Sanchez.

« De plus, il y a très-grande apparence que la nature agit toujours dans les mêmes cas par les mêmes principes : or il y a beaucoup d'espèces d'animaux qui engendrent sans copulation, comme les poissons écaillés, les huîtres, les pucerons. Il a donc fallu que les physiciens cherchassent une mécanique de génération qui convînt à tous les animaux. Le célèbre Harvey, qui le premier démontra la circulation, et qui était digne de découvrir le secret de la nature, crut l'avoir trouvé dans les poules : elles pondent des œufs ; il jugea que les femmes pondaient aussi. Les mauvais plaisants dirent que c'est pour cela que les bourgeois, et même quelques gens de cour, appellent leur femme ou leur maîtresse *ma poule*, et qu'on dit que toutes les femmes sont coquettes, parce qu'elles voudraient que les coqs les trouvassent belles. Malgré ces railleries, Harvey ne changea point d'avis, et il fut établi dans toute l'Europe que nous venons d'un œuf[1].

Mais, monsieur, vous m'avez dit que la nature est toujours semblable à elle-même, qu'elle agit toujours par le même principe dans le même cas : les femmes, les juments, les ânesses, les anguilles, ne pondent point ; vous vous moquez de moi.

1. Voyez, dans la *Correspondance*, la lettre à Thieriot, du 15 septembre 1768.

LE GÉOMÈTRE.

Elles ne pondent point en dehors, mais elles pondent en dedans; elles ont des ovaires comme tous les oiseaux; les juments, les anguilles, en ont aussi. Un œuf se détache de l'ovaire; il est couvé dans la matrice. Voyez tous les poissons écaillés, les grenouilles: ils jettent des œufs, que le mâle féconde. Les baleines et les autres animaux marins de cette espèce font éclore leurs œufs dans leur matrice. Les mites, les teignes, les plus vils insectes, sont visiblement formés d'un œuf : tout vient d'un œuf; et notre globe est un grand œuf qui contient tous les autres.

L'HOMME AUX QUARANTE ÉCUS.

Mais vraiment ce système porte tous les caractères de la vérité; il est simple, il est uniforme, il est démontré aux yeux dans plus de la moitié des animaux; j'en suis fort content, je n'en veux point d'autre : les œufs de ma femme me sont fort chers.

LE GÉOMÈTRE.

On s'est lassé à la longue de ce système : on a fait les enfants d'une autre façon.

L'HOMME AUX QUARANTE ÉCUS.

Et pourquoi, puisque celle-là est si naturelle?

LE GÉOMÈTRE.

C'est qu'on a prétendu que nos femmes n'ont point d'ovaire, mais seulement de petites glandes.

L'HOMME AUX QUARANTE ÉCUS.

Je soupçonne que des gens qui avaient un autre système à débiter ont voulu décréditer les œufs.

LE GÉOMÈTRE.

Cela pourrait bien être. Deux Hollandais[1] s'avisèrent d'examiner la liqueur séminale au microscope, celle de l'homme, celle de plusieurs animaux, et ils crurent y apercevoir des animaux déjà tout formés qui couraient avec une vitesse inconcevable. Ils en virent même dans le fluide séminal du coq. Alors on jugea que les mâles faisaient tout, et les femelles rien; elles ne servirent plus qu'à porter le trésor que le mâle leur avait confié.

L'HOMME AUX QUARANTE ÉCUS.

Voilà qui est bien étrange. J'ai quelques doutes sur tous ces petits animaux qui frétillent si prodigieusement dans une liqueur, pour être ensuite immobiles dans les œufs des oiseaux, et pour être non moins immobiles neuf mois, à quelques culbutes près, dans le ventre de la femme; cela ne me paraît pas conséquent.

1. Leuwenhoeck et Hartsoeker.

Ce n'est pas, autant que j'en puis juger, la marche de la nature. Comment sont faits, s'il vous plaît, ces petits hommes qui sont si bons nageurs dans la liqueur dont vous me parlez?

LE GÉOMÈTRE.

Comme des vermisseaux. Il y avait surtout un médecin, nommé Andry, qui voyait des vers partout, et qui voulait absolument détruire le système d'Harvey. Il aurait, s'il l'avait pu, anéanti la circulation du sang, parce qu'un autre l'avait découverte. Enfin deux Hollandais et M. Andry, à force de tomber dans le péché d'Onan et de voir les choses au microscope, réduisirent l'homme à être chenille. Nous sommes d'abord un ver comme elle; de là, dans notre enveloppe, nous devenons comme elle, pendant neuf mois, une vraie chrysalide, que les paysans appellent *fève*. Ensuite, si la chenille devient papillon, nous devenons hommes : voilà nos métamorphoses.

L'HOMME AUX QUARANTE ÉCUS.

Eh bien! s'en est-on tenu là? N'y a-t-il point eu depuis de nouvelle mode?

LE GÉOMÈTRE.

On s'est dégoûté d'être chenille. Un philosophe extrêmement plaisant a découvert dans une *Vénus physique*[1] que l'attraction faisait les enfants; et voici comment la chose s'opère. Le sperme étant tombé dans la matrice, l'œil droit attire l'œil gauche, qui arrive pour s'unir à lui en qualité d'œil; mais il en est empêché par le nez, qu'il rencontre en chemin, et qui l'oblige de se placer à gauche. Il en est de même des bras, des cuisses et des jambes, qui tiennent aux cuisses. Il est difficile d'expliquer, dans cette hypothèse, la situation des mamelles et des fesses. Ce grand philosophe n'admet aucun dessein de l'Être créateur dans la formation des animaux; il est bien loin de croire que le cœur soit fait pour recevoir le sang et pour le chasser, l'estomac pour digérer, les yeux pour voir, les oreilles pour entendre : cela lui paraît trop vulgaire; tout se fait par attraction.

L'HOMME AUX QUARANTE ÉCUS.

Voilà un maître fou. Je me flatte que personne n'a pu adopter une idée aussi extravagante.

LE GÉOMÈTRE.

On en rit beaucoup; mais ce qu'il y eut de triste, c'est que cet insensé ressemblait aux théologiens, qui persécutent autant qu'ils peuvent ceux qu'ils font rire.

1. Titre d'un ouvrage de Maupertuis.

D'autres philosophes ont imaginé d'autres manières qui n'ont pas fait une plus grande fortune : ce n'est plus le bras qui va chercher le bras ; ce n'est plus la cuisse qui court après la cuisse ; ce sont de petites molécules, de petites particules de bras et de cuisse qui se placent les unes sur les autres. On sera peut-être enfin obligé d'en revenir aux œufs, après avoir perdu bien du temps.

L'HOMME AUX QUARANTE ÉCUS.

J'en suis ravi ; mais quel a été le résultat de toutes ces disputes ?

LE GÉOMÈTRE.

Le doute. Si la question avait été débattue entre des théologaux, il y aurait eu des excommunications et du sang répandu ; mais entre des physiciens la paix est bientôt faite : chacun a couché avec sa femme, sans penser le moins du monde à son ovaire, ni à ses trompes de Fallope. Les femmes sont devenues grosses ou enceintes, sans demander seulement comment ce mystère s'opère. C'est ainsi que vous semez du blé, et que vous ignorez comment le blé germe en terre [1].

L'HOMME AUX QUARANTE ÉCUS.

Oh ! je le sais bien ; on me l'a dit il y a longtemps : c'est par pourriture [2]. Cependant il me prend quelquefois envie de rire de tout ce qu'on m'a dit.

LE GÉOMÈTRE.

C'est une fort bonne envie. Je vous conseille de douter de tout, excepté que les trois angles d'un triangle sont égaux à deux droits, et que les triangles qui ont même base et même hauteur sont égaux entre eux, ou autres propositions pareilles, comme, par exemple, que deux et deux font quatre.

L'HOMME AUX QUARANTE ÉCUS.

Oui, je crois qu'il est fort sage de douter ; mais je sens que je

1. Les observations de Haller et de Spallanzani semblent avoir prouvé que l'embryon existe avant la fécondation dans l'œuf des oiseaux, et, par analogie, dans la femelle vivipare ; que la substance du sperme est nécessaire pour la fécondation, et qu'une quantité presque infiniment petite peut suffire. Mais comment, dans ce système, expliquer la ressemblance des mulets avec leurs pères ? Comment cet embryon et cet œuf se forment-ils dans la femelle ? Comment le sperme agit-il sur cet embryon ? Voilà ce qu'on ignore encore. Peut-être quelque jour en saura-t-on davantage. Les vers spermatiques ne deviennent plus du moins des hommes, ni des lapins. Quant aux molécules organiques, elles ressemblent trop aux monades ; mais remarquons, à l'honneur de Leibnitz, que jamais il ne s'est avisé de prétendre avoir vu des monades dans son microscope. (K.)

2. Saint Paul, *Corinth.*, xv, 36 ; et saint Jean, xii, 24.

suis curieux depuis que j'ai fait fortune et que j'ai du loisir. Je voudrais, quand ma volonté remue mon bras ou ma jambe, découvrir le ressort par lequel ma volonté les remue : car sûrement il y en a une. Je suis quelquefois tout étonné de pouvoir lever et abaisser mes yeux, et de ne pouvoir dresser mes oreilles. Je pense, et je voudrais connaître un peu...... là...... toucher au doigt ma pensée. Cela doit être fort curieux. Je cherche si je pense par moi-même, si Dieu me donne mes idées, si mon âme est venue dans mon corps à six semaines ou à un jour, comment elle s'est logée dans mon cerveau[1] ; si je pense beaucoup quand je dors profondément, et quand je suis en léthargie. Je me creuse la cervelle pour savoir comment un corps en pousse un autre. Mes sensations ne m'étonnent pas moins : j'y trouve du divin, et surtout dans le plaisir.

J'ai fait quelquefois mes efforts pour imaginer un nouveau sens, et je n'ai jamais pu y parvenir. Les géomètres savent toutes ces choses ; ayez la bonté de m'instruire.

<center>LE GÉOMÈTRE.</center>

Hélas ! nous sommes aussi ignorants que vous ; adressez-vous à la Sorbonne. »

<center>VIII. — L'HOMME AUX QUARANTE ÉCUS, DEVENU PÈRE, RAISONNE SUR LES MOINES.</center>

Quand l'homme aux quarante écus se vit père d'un garçon, il commença à se croire un homme de quelque poids dans l'État ; il espéra donner au moins dix sujets au roi, qui seraient tous utiles. C'était l'homme du monde qui faisait le mieux des paniers ; et sa femme était une excellente couturière. Elle était née dans le voisinage d'une grosse abbaye de cent mille livres de rente. Son mari me demanda un jour pourquoi ces messieurs, qui étaient en petit nombre, avaient englouti tant de parts de quarante écus. « Sont-ils plus utiles que moi à la patrie ?

— Non, mon cher voisin.

— Servent-ils comme moi à la population du pays ?

— Non, au moins en apparence.

— Cultivent-ils la terre ? défendent-ils l'État quand il est attaqué ?

1. Ceci rappelle un passage de la scène I^{re} de l'acte III du *Festin de Pierre*; et cependant il ne paraît pas que Voltaire ait eu connaissance des éditions qui contenaient ce passage ; voyez, dans les *Mélanges*, année 1739, une des notes sur la *Vie de Molière*.

— Non, ils prient Dieu pour vous.

— Eh bien! je prierai Dieu pour eux; partageons. Combien croyez-vous que les couvents renferment de ces gens utiles, soit en hommes, soit en filles, dans le royaume?

— Par les mémoires des intendants, faits sur la fin du dernier siècle, il y en avait environ quatre-vingt-dix mille.

— Par notre ancien compte, ils ne devraient, à quarante écus par tête, posséder que dix millions huit cent mille livres : combien en ont-ils?

— Cela va à cinquante millions, en comptant les messes et les quêtes des moines mendiants, qui mettent réellement un impôt considérable sur le peuple. Un frère quêteur d'un couvent de Paris s'est vanté publiquement que sa besace valait quatre-vingt mille livres de rente.

— Voyons combien cinquante millions répartis entre quatre-vingt-dix mille têtes tondues donnent à chacune.

— Cinq cent cinquante-cinq livres.

— C'est une somme considérable dans une société nombreuse, où les dépenses diminuent par la quantité même des consommateurs : car il en coûte bien moins à dix personnes pour vivre ensemble que si chacun avait séparément son logis et sa table.

« Les ex-jésuites, à qui on donne aujourd'hui quatre cents livres de pension, ont donc réellement perdu à ce marché?

— Je ne le crois pas : car ils sont presque tous retirés chez des parents qui les aident; plusieurs disent la messe pour de l'argent, ce qu'ils ne faisaient pas auparavant; d'autres se sont faits précepteurs; d'autres ont été soutenus par des dévotes; chacun s'est tiré d'affaire, et peut-être y en a-t-il peu aujourd'hui qui, ayant goûté du monde et de la liberté, voulussent reprendre leurs anciennes chaînes[1]. La vie monacale, quoi qu'on en dise, n'est point du tout à envier. C'est une maxime assez connue que les moines sont des gens qui s'assemblent sans se connaître, vivent sans s'aimer, et meurent sans se regretter.

1. Les jésuites n'auraient point été à plaindre si on eût doublé cette pension de quatre cents livres en faveur de ceux qui auraient eu des infirmités, ou plus de soixante ans; si les autres eussent pu posséder des bénéfices, ou remplir des emplois sans faire un serment qu'ils ne pouvaient prêter avec honneur; si l'on avait permis à ceux qui auraient voulu vivre en commun de se réunir sous l'inspection du magistrat; mais la haine des jansénistes pour les jésuites, le préjugé qu'ils pouvaient être à craindre, et leur insolent fanatisme dans le temps de leur destruction, et même après qu'elle eut été consommée, ont empêché de remplir, à leur égard, ce qu'eussent exigé la justice et l'humanité. (K.)

— Vous pensez donc qu'on leur rendrait un très-grand service de les défroquer tous?

— Ils y gagneraient beaucoup sans doute, et l'État encore davantage; on rendrait à la patrie des citoyens et des citoyennes qui ont sacrifié témérairement leur liberté dans un âge où les lois ne permettent pas qu'on dispose d'un fonds de dix sous de rente; on tirerait ces cadavres de leurs tombeaux : ce serait une vraie résurrection. Leurs maisons deviendraient des hôtels de ville, des hôpitaux, des écoles publiques, ou seraient affectées à des manufactures; la population deviendrait plus grande, tous les arts seraient mieux cultivés. On pourrait du moins diminuer le nombre de ces victimes volontaires en fixant le nombre des novices : la patrie aurait plus d'hommes utiles et moins de malheureux. C'est le sentiment de tous les magistrats, c'est le vœu unanime du public, depuis que les esprits sont éclairés. L'exemple de l'Angleterre et de tant d'autres États est une preuve évidente de la nécessité de cette réforme. Que ferait aujourd'hui l'Angleterre si, au lieu de quarante mille hommes de mer, elle avait quarante mille moines? Plus les arts se sont multipliés, plus le nombre des sujets laborieux est devenu nécessaire. Il y a certainement dans les cloîtres beaucoup de talents ensevelis qui sont perdus pour l'État. Il faut, pour faire fleurir un royaume, le moins de prêtres possible, et le plus d'artisans. L'ignorance et la barbarie de nos pères, loin d'être une règle pour nous, n'est qu'un avertissement de faire ce qu'ils feraient s'ils étaient en notre place avec nos lumières.

— Ce n'est donc point par haine contre les moines que vous voulez les abolir? C'est par pitié pour eux; c'est par amour pour la patrie. Je pense comme vous. Je ne voudrais point que mon fils fût moine; et si je croyais que je dusse avoir des enfants pour le cloître, je ne coucherais plus avec ma femme.

— Quel est en effet le bon père de famille qui ne gémisse de voir son fils et sa fille perdus pour la société? Cela s'appelle *se sauver;* mais un soldat qui se sauve quand il faut combattre est puni. Nous sommes tous des soldats de l'État; nous sommes à la solde de la société, nous devenons des déserteurs quand nous la quittons. Que dis-je? les moines sont des parricides qui étouffent une postérité tout entière. Quatre-vingt-dix mille cloîtrés, qui braillent ou qui nasillent du latin, pourraient donner à l'État chacun deux sujets : cela fait cent soixante mille[1] hommes qu'ils font périr

1. Il faudrait *cent quatre-vingt mille.* En me conformant à toutes les éditions, sans excepter les premières, j'ai dû signaler cette erreur de plume. (B.)

dans leur germe. Au bout de cent ans la perte est immense : cela est démontré [1].

« Pourquoi donc le monachisme a-t-il prévalu? parce que le gouvernement fut presque partout détestable et absurde depuis Constantin ; parce que l'empire romain eut plus de moines que de soldats ; parce qu'il y en avait cent mille dans la seule Égypte ; parce qu'ils étaient exempts de travail et de taxe ; parce que les chefs des nations barbares qui détruisirent l'empire, s'étant faits chrétiens pour gouverner des chrétiens, exercèrent la plus horrible tyrannie ; parce qu'on se jetait en foule dans les cloîtres pour échapper aux fureurs de ces tyrans, et qu'on se plongeait dans un esclavage pour en éviter un autre ; parce que les papes, en instituant tant d'ordres différents de fainéants sacrés, se firent autant de sujets dans les autres États ; parce qu'un paysan aime mieux être appelé *mon révérend père*, et donner des bénédictions, que de conduire la charrue ; parce qu'il ne sait pas que la charrue est plus noble que le froc ; parce qu'il aime mieux vivre aux dépens des sots que par un travail honnête ; enfin parce qu'il ne sait pas qu'en se faisant moine il se prépare des jours malheureux, tissus d'ennui et de repentir.

— Allons, monsieur, plus de moines, pour leur bonheur et pour le nôtre. Mais je suis fâché d'entendre dire au seigneur de mon village, père de quatre garçons et de trois filles, qu'il ne saura où les placer s'il ne fait pas ses filles religieuses.

— Cette allégation trop souvent répétée est inhumaine, antipatriotique, destructive de la société.

« Toutes les fois qu'on peut dire d'un état de vie, quel qu'il puisse être, si tout le monde embrassait cet état le genre humain serait perdu, il est démontré que cet état ne vaut rien, et que celui qui le prend nuit au genre humain autant qu'il est en lui.

« Or il est clair que si tous les garçons et toutes les filles s'encloîtraient le monde périrait : donc la moinerie est par cela

1. C'est une erreur. Le nombre des hommes dépend essentiellement de la quantité des subsistances : dans un grand État comme la France, quatre-vingt-dix mille personnes enlevées à la culture et aux arts utiles causent sans doute une perte ; mais l'industrie du reste de la nation la répare sans peine. Les moines sont surtout nuisibles, parce qu'ils servent à nourrir le fanatisme et la superstition, et parce qu'ils absorbent des richesses immenses qui pourraient être employées au soulagement du peuple, ou pour l'éducation publique. Au reste, il ne serait pas impossible de calculer l'effet que peut avoir sur la population l'existence d'une classe de célibataires ; mais ce calcul serait très-compliqué, et dépend d'un beaucoup plus grand nombre d'éléments que ne l'ont cru les savants d'après le calcul desquels M. de Voltaire parle ici. K.

seul l'ennemie de la nature humaine, indépendamment des maux affreux qu'elle a causés quelquefois.

— Ne pourrait-on pas en dire autant des soldats?

— Non assurément : car si chaque citoyen porte les armes à son tour, comme autrefois dans toutes les républiques, et surtout dans celle de Rome, le soldat n'en est que meilleur cultivateur ; le soldat citoyen se marie, il combat pour sa femme et pour ses enfants. Plût à Dieu que tous les laboureurs fussent soldats et mariés! ils seraient d'excellents citoyens. Mais un moine, en tant que moine, n'est bon qu'à dévorer la substance de ses compatriotes. Il n'y a point de vérité plus reconnue.

— Mais les filles, monsieur, les filles des pauvres gentilshommes, qu'on ne peut marier, que feront-elles?

— Elles feront, on l'a dit mille fois, comme les filles d'Angleterre, d'Écosse, d'Irlande, de Suisse, de Hollande, de la moitié de l'Allemagne, de Suède, de Norvége, du Danemark, de Tartarie, de Turquie, d'Afrique, et de presque tout le reste de la terre ; elles seront bien meilleures épouses, bien meilleures mères, quand on se sera accoutumé, ainsi qu'en Allemagne, à prendre des femmes sans dot. Une femme ménagère et laborieuse fera plus de bien dans une maison que la fille d'un financier, qui dépense plus en superfluités qu'elle n'a porté de revenu chez son mari.

« Il faut qu'il y ait des maisons de retraite pour la vieillesse, pour l'infirmité, pour la difformité. Mais, par le plus détestable des abus, les fondations ne sont que pour la jeunesse et pour les personnes bien conformées. On commence, dans le cloître, par faire étaler aux novices des deux sexes leur nudité, malgré toutes les lois de la pudeur ; on les examine attentivement devant et derrière. Qu'une vieille bossue aille se présenter pour entrer dans un cloître, on la chassera avec mépris, à moins qu'elle ne donne une dot immense. Que dis-je? toute religieuse doit être dotée, sans quoi elle est le rebut du couvent. Il n'y eut jamais d'abus plus intolérable [1].

— Allez, allez, monsieur, je vous jure que mes filles ne seront jamais religieuses. Elles apprendront à filer, à coudre, à faire de la dentelle, à broder, à se rendre utiles. Je regarde les vœux comme un attentat contre la patrie et contre soi-même. Expliquez-moi,

[1]. Le grand-duc Léopold vient de défendre aux couvents de ses États d'exiger ni même de recevoir aucune dot; mais, de peur que des parents avares ne trouvent dans cette loi un encouragement pour forcer leurs filles à prendre le parti du cloître, ils seront obligés de donner aux hôpitaux une dot égale à celle que le couvent aurait exigée. (K.)

je vous prie, comment il se peut faire qu'un de mes amis, pour contredire le genre humain, prétende que les moines sont très-utiles à la population d'un État, parce que leurs bâtiments sont mieux entretenus que ceux des seigneurs, et leurs terres mieux cultivées?

— Eh! quel est donc votre ami qui avance une proposition si étrange?

— C'est l'*Ami des hommes*[1], ou plutôt celui des moines.

— Il a voulu rire; il sait trop bien que dix familles qui ont chacune cinq mille livres de rente en terre sont cent fois, mille fois plus utiles qu'un couvent qui jouit d'un revenu de cinquante mille livres, et qui a toujours un trésor secret. Il vante les belles maisons bâties par les moines, et c'est précisément ce qui irrite les citoyens : c'est le sujet des plaintes de l'Europe. Le vœu de pauvreté condamne les palais, comme le vœu d'humilité contredit l'orgueil, et comme le vœu d'anéantir sa race contredit la nature.

— Je commence à croire qu'il faut beaucoup se défier des livres.

— Il faut en user avec eux comme avec les hommes : choisir les plus raisonnables, les examiner, et ne se rendre jamais qu'à l'évidence. »

IX. — DES IMPOTS PAYÉS A L'ÉTRANGER.

Il y a un mois que l'homme aux quarante écus vint me trouver en se tenant les côtés de rire, et il riait de si grand cœur que je me mis à rire aussi sans savoir de quoi il était question : tant l'homme est né imitateur! tant l'instinct nous maîtrise! tant les grands mouvements de l'âme sont contagieux!

> Ut ridentibus arrident, ita flentibus adflent[2]
> Humani vultus.

Quand il eut bien ri, il me dit qu'il venait de rencontrer un homme qui se disait protonotaire du saint-siége, et que cet homme

1. L'*Ami des hommes*, par le marquis de Mirabeau, première partie, chapitre II. Voyez aussi, dans les *Mélanges*, année 1763, la onzième des *Remarques pour servir de supplément à l'Essai sur les mœurs*.

2. Le jésuite Sanadon a mis *adsunt* pour *adflent*. Un amateur d'Horace prétend que c'est pour cela qu'on a chassé les jésuites. (*Note de Voltaire.*) — Ces vers sont d'Horace, *Art poétique*, vers 101-2. La leçon *adsunt* a prévalu; elle est dans tous les manuscrits. Voyez *Voltaire et ses Maîtres*, page 206.

envoyait une grosse somme d'argent à trois cents lieues d'ici, à un Italien, au nom d'un Français à qui le roi avait donné un petit fief, et que ce Français ne pourrait jamais jouir des bienfaits du roi s'il ne donnait à cet Italien la première année de son revenu [1].

« La chose est très-vraie, lui dis-je ; mais elle n'est pas si plaisante. Il en coûte à la France environ quatre cent mille livres par an en menus droits de cette espèce ; et, depuis environ deux siècles et demi que cet usage dure, nous avons déjà porté en Italie quatre-vingts millions.

— Dieu paternel ! s'écria-t-il, que de fois quarante écus ! Cet Italien-là nous subjugua donc, il y a deux siècles et demi ? Il nous imposa ce tribut ?

— Vraiment, répondis-je, il nous en imposait autrefois d'une façon bien plus onéreuse. Ce n'est là qu'une bagatelle en comparaison de ce qu'il leva longtemps sur notre pauvre nation et sur les autres pauvres nations de l'Europe. » Alors je lui racontai comment ces saintes usurpations s'étaient établies. Il sait un peu d'histoire ; il a du bon sens : il comprit aisément que nous avions été des esclaves auxquels il restait encore un petit bout de chaîne. Il parla longtemps avec énergie contre cet abus ; mais avec quel respect pour la religion en général ! Comme il révérait les évêques ! comme il leur souhaitait beaucoup de quarante écus, afin qu'ils les dépensassent dans leurs diocèses en bonnes œuvres !

Il voulait aussi que tous les curés de campagne eussent un nombre de quarante écus suffisant pour les faire vivre avec décence. « Il est triste, disait-il, qu'un curé soit obligé de disputer trois gerbes de blé à son ouaille, et qu'il ne soit pas largement payé par la province [2]. Il est honteux que ces messieurs soient toujours en procès avec leurs seigneurs. Ces contestations éternelles pour des droits imaginaires, pour des dîmes, détruisent la considération qu'on leur doit. Le malheureux cultivateur, qui a déjà payé aux préposés son dixième, et les deux sous pour livre, et la taille, et la capitation, et le rachat du logement des gens de guerre, après qu'il a logé des gens de guerre, etc., etc. ; cet infortuné, dis-je, qui se voit encore enlever le dixième de sa récolte par son curé, ne le regarde plus comme son pasteur, mais comme son écorcheur, qui lui arrache le peu de peau qui lui reste. Il sent bien qu'en lui enlevant la dixième gerbe de droit divin, on a la cruauté diabolique de ne pas lui tenir compte de

1. Voyez l'article ANNATES, tome XVII, page 258.
2. Voyez tome XVIII, page 303.

ce qu'il lui en a coûté pour faire croître cette gerbe. Que lui reste-t-il, pour lui et pour sa famille? Les pleurs, la disette, le découragement, le désespoir; et il meurt de fatigue et de misère. Si le curé était payé par la province, il serait la consolation de ses paroissiens, au lieu d'être regardé par eux comme leur ennemi. »

Ce digne homme s'attendrissait en prononçant ces paroles; il aimait sa patrie, et était idolâtre du bien public. Il s'écriait quelquefois: « Quelle nation que la française, si on voulait! »

Nous allâmes voir son fils, à qui sa mère, bien propre et bien lavée, présentait un gros téton blanc. L'enfant était fort joli. « Hélas! dit le père, te voilà donc, et tu n'as que vingt-trois ans de vie, et quarante écus à prétendre! »

X. — DES PROPORTIONS.

Le produit des extrêmes est égal au produit des moyens; mais deux sacs de blé volés ne sont pas à ceux qui les ont pris comme la perte de leur vie l'est à l'intérêt de la personne volée.

Le prieur de D***, à qui deux de ses domestiques de campagne avaient dérobé deux setiers de blé, vient de faire pendre les deux délinquants. Cette exécution lui a plus coûté que toute sa récolte ne lui a valu, et, depuis ce temps, il ne trouve plus de valets.

Si les lois avaient ordonné que ceux qui voleraient le blé de leur maître laboureraient son champ toute leur vie, les fers aux pieds et une sonnette au cou, attachée à un carcan, ce prieur aurait beaucoup gagné.

Il faut effrayer le crime: oui, sans doute; mais le travail forcé et la honte durable l'intimident plus que la potence.

Il y a quelques mois qu'à Londres un malfaiteur fut condamné à être transporté en Amérique pour y travailler aux sucreries avec les nègres. Tous les criminels en Angleterre, comme en bien d'autres pays, sont reçus à présenter requête au roi, soit pour obtenir grâce entière, soit pour diminution de peine. Celui-ci présenta requête pour être pendu: il alléguait qu'il haïssait mortellement le travail, et qu'il aimait mieux être étranglé une minute que de faire du sucre toute sa vie.

D'autres peuvent penser autrement, chacun a son goût; mais on a déjà dit[1], et il faut le répéter, qu'un pendu n'est bon à rien, et que les supplices doivent être utiles.

1. Voyez tome XIX, page 626; tome XX, page 456; et dans les *Mélanges*, année 1766, le paragraphe x du *Commentaire sur le livre Des Délits et des Peines*.

Il y a quelques années que l'on condamna dans la Tartarie[1] deux jeunes gens à être empalés, pour avoir regardé, leur bonnet sur la tête, passer une procession de lamas. L'empereur de la Chine[2], qui est un homme de beaucoup d'esprit, dit qu'il les aurait condamnés à marcher nu-tête à la procession pendant trois mois.

Proportionnez les peines aux délits, a dit le marquis Beccaria ; ceux qui ont fait les lois n'étaient pas géomètres.

Si l'abbé Guyon, ou Cogé, ou l'ex-jésuite Nonotte, ou l'ex-jésuite Patouillet, ou le prédicant La Beaumelle, font de misérables libelles où il n'y a ni vérité, ni raison, ni esprit, irez-vous les faire pendre, comme le prieur de D*** a fait pendre ses deux domestiques ; et cela, sous prétexte que les calomniateurs sont plus coupables que les voleurs?

Condamnerez-vous Fréron même aux galères, pour avoir insulté le bon goût, et pour avoir menti toute sa vie dans l'espérance de payer son cabaretier?

Ferez-vous mettre au pilori le sieur Larcher, parce qu'il a été très-pesant, parce qu'il a entassé erreur sur erreur, parce qu'il n'a jamais su distinguer aucun degré de probabilité, parce qu'il veut que, dans une antique et immense cité renommée par sa police et par la jalousie des maris, dans Babylone enfin, où les femmes étaient gardées par des eunuques, toutes les princesses allassent par dévotion donner publiquement leurs faveurs dans la cathédrale aux étrangers pour de l'argent? Contentons-nous de l'envoyer sur les lieux courir les bonnes fortunes ; soyons modérés en tout ; mettons de la proportion entre les délits et les peines.

Pardonnons à ce pauvre Jean-Jacques, lorsqu'il n'écrit que pour se contredire, lorsqu'après avoir donné une comédie sifflée[3] sur le théâtre de Paris, il injurie ceux[4] qui en font jouer à cent lieues de là ; lorsqu'il cherche des protecteurs[5], et qu'il les outrage ; lorsqu'il déclame contre les romans, et qu'il fait des romans dont le héros est un sot précepteur qui reçoit l'aumône d'une Suissesse à laquelle il a fait un enfant, et qui va dépenser son argent dans un bordel de Paris[6] ; laissons-le croire qu'il a surpassé Fénelon et

1. A Abbeville. (K.) — Voyez, dans les *Mélanges*, année 1766, la *Relation de la mort du chevalier de La Barre*.
2. Le roi de Prusse. (K.) — Voyez, dans la *Correspondance*, sa lettre du 7 d'auguste 1766.
3. *Narcisse, ou l'Amant de lui-même*, comédie en un acte et en prose, jouée une seule fois au Théâtre-Français, le 18 décembre 1752.
4. Voltaire.
5. Hume.
6. Voyez les *Lettres sur la Nouvelle Héloïse*.

Xénophon, en élevant un jeune homme de qualité dans le métier de menuisier: ces extravagantes platitudes ne méritent pas un décret de prise de corps[1]; les petites-maisons suffisent avec de bons bouillons, de la saignée, et du régime.

Je hais les lois de Dracon, qui punissaient également les crimes et les fautes, la méchanceté et la folie. Ne traitons point le jésuite Nonotte, qui n'est coupable que d'avoir écrit des bêtises et des injures, comme on a traité les jésuites Malagrida, Oldcorn, Garnet, Guignard, Gueret, et comme on devait traiter le jésuite Le Tellier[2], qui trompa son roi, et qui troubla la France. Distinguons principalement dans tout procès, dans toute contention, dans toute querelle, l'agresseur de l'outragé, l'oppresseur de l'opprimé. La guerre offensive est d'un tyran; celui qui se défend est un homme juste.

Comme j'étais plongé dans ces réflexions, l'homme aux quarante écus me vint voir tout en larmes. Je lui demandai avec émotion si son fils, qui devait vivre vingt-trois ans, était mort. « Non, dit-il, le petit se porte bien, et ma femme aussi; mais j'ai été appelé en témoignage contre un meunier à qui on a fait subir la question ordinaire et extraordinaire, et qui s'est trouvé innocent; je l'ai vu s'évanouir dans les tortures redoublées; j'ai entendu craquer ses os; j'entends encore ses cris et ses hurlements, ils me poursuivent; je pleure de pitié, et je tremble d'horreur. » Je me mis à pleurer et à frémir aussi, car je suis extrêmement sensible.

Ma mémoire alors me représenta l'aventure épouvantable des Calas: une mère vertueuse dans les fers, ses filles éplorées et fugitives, sa maison au pillage; un père de famille respectable brisé par la torture, agonisant sur la roue, et expirant dans les flammes; un fils chargé de chaînes, traîné devant les juges, dont un lui dit: « Nous venons de rouer votre père, nous allons vous rouer aussi. »

Je me souvins de la famille de Sirven[3], qu'un de mes amis rencontra dans des montagnes couvertes de glaces, lorsqu'elle

1. J.-J. Rousseau venait de rentrer en France, mais sous un faux nom, à cause de ce décret.
2. Sur Malagrida, voyez, tome XV, le chapitre xxxviii du *Précis du Siècle de Louis XV;* — sur Oldcorn et Garnet, voyez tome XIII, page 53; — sur Gueret et Guignard, voyez tome XII, page 557; — sur Le Tellier, voyez, tome XV, le chapitre xxxvii du *Siècle de Louis XIV;* et tomes XVI, page 68; XVII, page 177; XVIII, pages 47 et 379.
3. Voyez tome XVIII, page 281; et dans les *Mélanges*, année 1766, l'Avis au public.

fuyait la persécution d'un juge aussi inique qu'ignorant. « Ce juge, me dit-il, a condamné toute cette famille innocente au supplice, en supposant, sans la moindre apparence de preuve, que le père et la mère, aidés de deux de leurs filles, avaient égorgé et noyé la troisième, de peur qu'elle n'allât à la messe. » Je voyais à la fois, dans les jugements de cette espèce, l'excès de la bêtise, de l'injustice et de la barbarie.

Nous plaignions la nature humaine, l'homme aux quarante écus et moi. J'avais dans ma poche le discours d'un avocat général du Dauphiné[1], qui roulait en partie sur ces matières intéressantes; je lui en lus les endroits suivants :

« Certes, ce furent des hommes véritablement grands qui osèrent les premiers se charger de gouverner leurs semblables, et s'imposer le fardeau de la félicité publique; qui, pour le bien qu'ils voulaient faire aux hommes, s'exposèrent à leur ingratitude, et, pour le repos d'un peuple, renoncèrent au leur; qui se mirent, pour ainsi dire, entre les hommes et la Providence, pour leur composer, par artifice, un bonheur qu'elle semblait leur avoir refusé.

. .

« Quel magistrat, un peu sensible à ses devoirs, à la seule humanité, pourrait soutenir ces idées? Dans la solitude d'un cabinet pourra-t-il, sans frémir d'horreur et de pitié, jeter les yeux sur ces papiers, monuments infortunés du crime ou de l'innocence? Ne lui semble-t-il pas entendre des voix gémissantes sortir de ces fatales écritures, et le presser de décider du sort d'un citoyen, d'un époux, d'un père, d'une famille? Quel juge impitoyable (s'il est chargé d'un seul procès criminel) pourra passer de sang-froid devant une prison? C'est donc moi, dira-t-il, qui retiens dans ce détestable séjour mon semblable, peut-être mon égal, mon concitoyen, un homme enfin! c'est moi qui le lie tous les jours, qui ferme sur lui ces odieuses portes! Peut-être le désespoir s'est emparé de son âme; il pousse vers le ciel mon nom avec des malédictions, et sans doute il atteste contre moi le grand Juge qui nous observe et doit nous juger tous les deux.

. .

« Ici un spectacle effrayant se présente tout à coup à mes yeux; le juge se lasse d'interroger par la parole; il veut interroger par les supplices : impatient dans ses recherches, et peut-être

1. Servan, *Discours sur l'administration de la justice criminelle.*

irrité de leur inutilité, on apporte des torches, des chaînes, des leviers, et tous ces instruments inventés pour la douleur. Un bourreau vient se mêler aux fonctions de la magistrature, et termine par la violence un interrogatoire commencé par la liberté.

« Douce philosophie ! toi qui ne cherches la vérité qu'avec l'attention et la patience, t'attendais-tu que, dans ton siècle, on employât de tels instruments pour la découvrir ?

« Est-il bien vrai que nos lois approuvent cette méthode inconcevable, et que l'usage la consacre ?

. .

« Leurs lois imitent leurs préjugés; les punitions publiques sont aussi cruelles que les vengeances particulières, et les actes de leur raison ne sont guère moins impitoyables que ceux de leurs passions. Quelle est donc la cause de cette bizarre opposition ? C'est que nos préjugés sont anciens, et que notre morale est nouvelle ; c'est que nous sommes aussi pénétrés de nos sentiments qu'inattentifs à nos idées ; c'est que l'avidité des plaisirs nous empêche de réfléchir sur nos besoins, et que nous sommes plus empressés de vivre que de nous diriger ; c'est, en un mot, que nos mœurs sont douces, et qu'elles ne sont pas bonnes; c'est que nous sommes polis, et que nous ne sommes seulement pas humains. »

Ces fragments, que l'éloquence avait dictés à l'humanité, remplirent le cœur de mon ami d'une douce consolation. Il admirait avec tendresse. « Quoi ! disait-il dans son transport, on fait des chefs-d'œuvre en province! on m'avait dit qu'il n'y a que Paris dans le monde.

— Il n'y a que Paris, lui dis-je, où l'on fasse des opéras-comiques ; mais il y a aujourd'hui dans les provinces beaucoup de magistrats qui pensent avec la même vertu, et qui s'expriment avec la même force. Autrefois les oracles de la justice, ainsi que ceux de la morale, n'étaient que ridicules. Le docteur Balouard déclamait au barreau, et Arlequin dans la chaire. La philosophie est enfin venue, elle a dit : Ne parlez en public que pour dire des vérités neuves et utiles, avec l'éloquence du sentiment et de la raison.

« Mais si nous n'avons rien de neuf à dire? se sont écriés les parleurs. Taisez-vous alors, a répondu la philosophie ; tous ces vains discours d'appareil, qui ne contiennent que des phrases, sont comme le feu de la Saint-Jean, allumé le jour de l'année où

l'on a le moins besoin de se chauffer : il ne cause aucun plaisir, et il n'en reste pas même la cendre.

« Que toute la France lise les bons livres. Mais, malgré les progrès de l'esprit humain, on lit très-peu ; et, parmi ceux qui veulent quelquefois s'instruire, la plupart lisent très-mal. Mes voisins et mes voisines jouent, après dîner, un jeu anglais, que j'ai beaucoup de peine à prononcer, car on l'appelle *whisk*. Plusieurs bons bourgeois, plusieurs grosses têtes, qui se croient de bonnes têtes, vous disent avec un air d'importance que les livres ne sont bons à rien. Mais, messieurs les Welches, savez-vous que vous n'êtes gouvernés que par des livres ? Savez-vous que l'ordonnance civile, le code militaire, et l'Évangile, sont des livres dont vous dépendez continuellement ? Lisez, éclairez-vous ; ce n'est que par la lecture qu'on fortifie son âme ; la conversation la dissipe, le jeu la resserre.

— J'ai bien peu d'argent, me répondit l'homme aux quarante écus ; mais, si jamais je fais une petite fortune, j'achèterai des livres chez Marc-Michel Rey[1]. »

XI. — DE LA VÉROLE.

L'homme aux quarante écus demeurait dans un petit canton où l'on n'avait jamais mis de soldats en garnison depuis cent cinquante années[2]. Les mœurs, dans ce coin de terre inconnu, étaient pures comme l'air qui l'environne. On ne savait pas qu'ailleurs l'amour pût être infecté d'un poison destructeur, que les générations fussent attaquées dans leur germe, et que la nature, se contredisant elle-même, pût rendre la tendresse horrible et le plaisir affreux ; on se livrait à l'amour avec la sécurité de l'innocence. Des troupes vinrent, et tout changea.

Deux lieutenants, l'aumônier du régiment, un caporal, et un soldat de recrue qui sortait du séminaire, suffirent pour empoisonner douze villages en moins de trois mois. Deux cousines de l'homme aux quarante écus se virent couvertes de pustules calleuses ; leurs beaux cheveux tombèrent ; leur voix devint rauque ; les paupières de leurs yeux, fixes et éteints, se chargèrent d'une couleur livide, et ne se fermèrent plus pour laisser entrer le repos dans des membres disloqués, qu'une carie secrète commençait à

1. A Amsterdam. Cette librairie était l'officine de tous les ouvrages anticatholiques.
2. Voltaire semble faire allusion ici à la garnison que l'on mit dans Ferney pendant les troubles de Genève.

ronger comme ceux de l'Arabe Job, quoique Job n'eût jamais eu cette maladie.

Le chirurgien-major du régiment, homme d'une grande expérience, fut obligé de demander des aides à la cour pour guérir toutes les filles du pays. Le ministre de la guerre, toujours porté d'inclination à soulager le beau sexe, envoya une recrue de fraters, qui gâtèrent d'une main ce qu'ils rétablirent de l'autre.

L'homme aux quarante écus lisait alors l'histoire philosophique de *Candide*, traduite de l'allemand du docteur Ralph, qui prouve évidemment que tout est bien, et qu'il était absolument *impossible*, dans le meilleur des mondes *possibles*, que la vérole, la peste, la pierre, la gravelle, les écrouelles, la chambre de Valence[1], et l'Inquisition, n'entrassent dans la composition de l'univers, de cet univers uniquement fait pour l'homme, roi des animaux et image de Dieu, auquel on voit bien qu'il ressemble comme deux gouttes d'eau.

Il lisait, dans l'histoire véritable de *Candide*, que le fameux docteur Pangloss avait perdu dans le traitement un œil et une oreille[2]. « Hélas ! dit-il, mes deux cousines, mes deux pauvres cousines, seront-elles borgnes ou borgnesses et ess orillées?

— Non, lui dit le major consolateur; les Allemands ont la main lourde; mais, nous autres, nous guérissons les filles promptement, sûrement, et agréablement. »

En effet les deux jolies cousines en furent quittes pour avoir la tête enflée comme un ballon pendant six semaines, pour perdre la moitié de leurs dents, en tirant la langue d'un demi-pied, et pour mourir de la poitrine au bout de six mois.

Pendant l'opération, le cousin et le chirurgien-major raisonnèrent ainsi.

L'HOMME AUX QUARANTE ÉCUS.

Est-il possible, monsieur, que la nature ait attaché de si épouvantables tourments à un plaisir si nécessaire, tant de honte à tant de gloire, et qu'il y ait plus de risque à faire un enfant qu'à tuer un homme? Serait-il vrai au moins, pour notre consolation,

1. Les cours des aides, juges ordinaires et souverains des délits en matière d'impôts, n'étant ni assez expéditives ni assez sévères, au jugement des fermiers généraux, ils obtinrent d'un contrôleur des finances, nommé Orry, vers 1730, l'érection de trois ou quatre commissions souveraines, dont les juges, payés par eux, s'empressèrent de gagner leur argent. Un de ces juges, nommé Collot, a été presque aussi fameux que Baville, Laubardemont, Pierre d'Ancre, le duc d'Albe, et le prévôt de Louis XI, ont pu l'être dans leur temps. On établit une de ces chambres à Valence, et elle subsiste encore. (K.)

2. Voyez page 143.

que ce fléau diminue un peu sur la terre, et qu'il devienne moins dangereux de jour en jour?

LE CHIRURGIEN-MAJOR.

Au contraire, il se répand de plus en plus dans toute l'Europe chrétienne; il s'est étendu jusqu'en Sibérie; j'en ai vu mourir plus de cinquante personnes, et surtout un grand général d'armée et un ministre d'État fort sage[1]. Peu de poitrines faibles résistent à la maladie et au remède. Les deux sœurs, la petite et la grosse, se sont liguées encore plus que les moines pour détruire le genre humain.

L'HOMME AUX QUARANTE ÉCUS.

Nouvelle raison pour abolir les moines, afin que, remis au rang des hommes, ils réparent un peu le mal que font les deux sœurs. Dites-moi, je vous prie, si les bêtes ont la vérole.

LE CHIRURGIEN.

Ni la petite, ni la grosse, ni les moines, ne sont connus chez elles.

L'HOMME AUX QUARANTE ÉCUS.

Il faut donc avouer qu'elles sont plus heureuses et plus prudentes que nous dans ce meilleur des mondes.

LE CHIRURGIEN.

Je n'en ai jamais douté; elles éprouvent bien moins de maladies que nous : leur instinct est bien plus sûr que notre raison; jamais ni le passé ni l'avenir ne les tourmentent.

L'HOMME AUX QUARANTE ÉCUS.

Vous avez été chirurgien d'un ambassadeur de France en Turquie : y a-t-il beaucoup de vérole à Constantinople?

LE CHIRURGIEN.

Les Francs l'ont apportée dans le faubourg de Péra, où ils demeurent. J'y ai connu un capucin qui en était mangé comme Pangloss; mais elle n'est point parvenue dans la ville : les Francs n'y couchent presque jamais. Il n'y a presque point de filles publiques dans cette ville immense. Chaque homme riche a des femmes ou des esclaves de Circassie, toujours gardées, toujours surveillées, dont la beauté ne peut être dangereuse. Les Turcs appellent la vérole *le mal chrétien*, et cela redouble le profond mépris qu'ils ont pour notre théologie; mais, en récompense, ils ont la peste, maladie d'Égypte, dont ils font peu de cas, et qu'ils ne se donnent jamais la peine de prévenir.

1. L'année même où Voltaire écrivait ces lignes, un de ses amis les plus intrépides, Damilaville, mourut de la même maladie.

L'HOMME AUX QUARANTE ÉCUS.

En quel temps croyez-vous que ce fléau commença dans l'Europe?

LE CHIRURGIEN.

Au retour du premier voyage de Christophe Colomb chez des peuples innocents qui ne connaissaient ni l'avarice ni la guerre, vers l'an 1494. Ces nations, simples et justes, étaient attaquées de ce mal de temps immémorial, comme la lèpre régnait chez les Arabes et chez les Juifs, et la peste chez les Égyptiens. Le premier fruit que les Espagnols recueillirent de cette conquête du nouveau monde fut la vérole; elle se répandit plus promptement que l'argent du Mexique, qui ne circula que longtemps après en Europe. La raison en est que, dans toutes les villes, il y avait alors de belles maisons publiques appelées b......, établies par l'autorité des souverains pour conserver l'honneur des dames. Les Espagnols portèrent le venin dans ces maisons privilégiées dont les princes et les évêques tiraient les filles qui leur étaient nécessaires. On a remarqué qu'à Constance il y avait eu sept cent dix-huit filles[1] pour le service du concile qui fit brûler si dévotement Jean Hus et Jérôme de Prague.

On peut juger par ce seul trait avec quelle rapidité le mal parcourut tous les pays. Le premier seigneur qui en mourut fut l'illustrissime et révérendissime évêque et vice-roi de Hongrie, en 1499, que Bartholomeo Montanagua, grand médecin de Padoue, ne put guérir. Gualtieri assure que l'archevêque de Mayence Berthold de Henneberg, « attaqué de la grosse vérole, rendit son âme à Dieu en 1504 ». On sait que notre roi François Ier en mourut. Henri III la prit à Venise; mais le jacobin Jacques Clément prévint l'effet de la maladie.

Le parlement de Paris, toujours zélé pour le bien public, fut le premier qui donna un arrêt contre la vérole, en 1497[2]. Il défendit à tous les vérolés de rester dans Paris *sous peine de la hart;* mais, comme il n'était pas facile de prouver juridiquement aux bourgeois et bourgeoises qu'ils étaient en délit, cet arrêt n'eut pas plus d'effet que ceux qui furent rendus depuis contre l'émétique; et, malgré le parlement, le nombre des coupables augmenta toujours. Il est certain que, si on les avait exorcisés, au lieu de les faire pendre, il n'y en aurait plus aujourd'hui

1. Voyez tome XI, page 549.
2. En 1497 à commencer l'année au 1er janvier; mais le 6 mars 1496 selon la manière de compter du temps; voyez tome XIX, page 574.

sur la terre; mais c'est à quoi malheureusement on ne pensa jamais.

L'HOMME AUX QUARANTE ÉCUS.

Est-il bien vrai ce que j'ai lu dans *Candide*, que, parmi nous, quand deux armées de trente mille hommes chacune marchent ensemble en front de bandière, on peut parier qu'il y a vingt mille vérolés de chaque côté[1]?

LE CHIRURGIEN.

Il n'est que trop vrai. Il en est de même dans les licences de Sorbonne. Que voulez-vous que fassent de jeunes bacheliers à qui la nature parle plus haut et plus ferme que la théologie? Je puis vous jurer que, proportion gardée, mes confrères et moi nous avons traité plus de jeunes prêtres que de jeunes officiers.

L'HOMME AUX QUARANTE ÉCUS.

N'y aurait-il point quelque manière d'extirper cette contagion qui désole l'Europe? On a déjà tâché d'affaiblir le poison d'une vérole, ne pourra-t-on rien tenter sur l'autre?

LE CHIRURGIEN.

Il n'y aurait qu'un seul moyen, c'est que tous les princes de l'Europe se liguassent ensemble, comme dans les temps de Godefroi de Bouillon. Certainement une croisade contre la vérole serait beaucoup plus raisonnable que ne l'ont été celles qu'on entreprit autrefois si malheureusement contre Saladin, Melecsala, et les Albigeois. Il vaudrait bien mieux s'entendre pour repousser l'ennemi commun du genre humain que d'être continuellement occupé à guetter le moment favorable de dévaster la terre et de couvrir les champs de morts, pour arracher à son voisin deux ou trois villes et quelques villages. Je parle contre mes intérêts : car la guerre et la vérole font ma fortune; mais il faut être homme avant d'être chirurgien-major.

C'est ainsi que l'homme aux quarante écus se formait, comme on dit, *l'esprit et le cœur*[2]. Non-seulement il hérita de ses deux cousines, qui moururent en six mois ; mais il eut encore la succession d'un parent fort éloigné, qui avait été sous-fermier des hôpitaux des armées, et qui s'était fort engraissé en mettant les soldats blessés à la diète. Cet homme n'avait jamais voulu se marier ; il avait un assez joli sérail. Il ne reconnut aucun de ses parents, vécut dans la crapule, et mourut à Paris d'indigestion. C'était un homme, comme on voit, fort utile à l'État.

1. Voyez page 145.
2. Trait contre Rollin; voyez la note 2 de la page 69.

Notre nouveau philosophe fut obligé d'aller à Paris pour recueillir l'héritage de son parent. D'abord les fermiers du domaine le lui disputèrent. Il eut le bonheur de gagner son procès, et la générosité de donner aux pauvres de son canton, qui n'avaient pas leur contingent de quarante écus de rente, une partie des dépouilles du richard ; après quoi il se mit à satisfaire sa grande passion d'avoir une bibliothèque.

Il lisait tous les matins, faisait des extraits, et le soir il consultait les savants pour savoir en quelle langue le serpent avait parlé à notre bonne mère ; si l'âme est dans le corps calleux ou dans la glande pinéale ; si saint Pierre avait demeuré vingt-cinq ans à Rome[1] ; quelle différence spécifique est entre un trône et une domination, et pourquoi les nègres ont le nez épaté. D'ailleurs il se proposa de ne jamais gouverner l'État, et de ne faire aucune brochure contre les pièces nouvelles. On l'appelait M. André ; c'était son nom de baptême. Ceux qui l'ont connu rendent justice à sa modestie et à ses qualités, tant acquises que naturelles. Il a bâti une maison commode dans son ancien domaine de quatre arpents. Son fils sera bientôt en âge d'aller au collége ; mais il veut qu'il aille au collége d'Harcourt, et non à celui de Mazarin, à cause du professeur Cogé[2], qui fait des libelles, et parce qu'il ne faut pas qu'un professeur de collége fasse des libelles.

M{me} André lui a donné une fille fort jolie, qu'il espère marier à un conseiller de la cour des aides, pourvu que ce magistrat n'ait pas la maladie que le chirurgien-major veut extirper dans l'Europe chrétienne.

XII. — GRANDE QUERELLE.

Pendant le séjour de M. André à Paris, il y eut une querelle importante[3]. Il s'agissait de savoir si Marc-Antonin était un honnête homme, et s'il était en enfer ou en purgatoire, ou dans les limbes, en attendant qu'il ressuscitât. Tous les honnêtes gens prirent le parti de Marc-Antonin. Ils disaient : « Antonin a tou-

1. Voyez tome XX, pages 213 et 592.
2. François-Marie Coger, licencié en théologie, professeur d'éloquence au collége Mazarin, né en 1723, mort le 18 mai 1780, est auteur d'un *Examen du Bélisaire de Marmontel*, 1767, in-8°. Voltaire l'appelle *Mon Ravaillac*, dans la lettre à Damilaville, du 2 octobre 1767. Voyez aussi dans les *Mélanges*, année 1767, le chapitre XXII et la conclusion de la *Défense de mon oncle*, les *Anecdotes sur Bélisaire*, la *Lettre de Gerofle à Coger*, et la *Réponse catégorique au sieur Coger*.
3. La condamnation du *Bélisaire* de Marmontel. Voyez page 277.

jours été juste, sobre, chaste, bienfaisant. Il est vrai qu'il n'a pas en paradis une place aussi belle que celle de saint Antoine : car il faut des proportions, comme nous l'avons vu; mais certainement l'âme de l'empereur Antonin n'est point à la broche dans l'enfer. Si elle est en purgatoire, il faut l'en tirer; il n'y a qu'à dire des messes pour lui. Les jésuites n'ont plus rien à faire; qu'ils disent trois mille messes pour le repos de l'âme de Marc-Antonin; ils y gagneront, à quinze sous la pièce, deux mille deux cent cinquante livres. D'ailleurs, on doit du respect à une tête couronnée; il ne faut pas la damner légèrement. »

Les adversaires de ces bonnes gens prétendaient au contraire qu'il ne fallait accorder aucune composition à Marc-Antonin; qu'il était un hérétique; que les carpocratiens et les aloges n'étaient pas si méchants que lui; qu'il était mort sans confession; qu'il fallait faire un exemple; qu'il était bon de le damner pour apprendre à vivre aux empereurs de la Chine et du Japon, à ceux de Perse, de Turquie et de Maroc, aux rois d'Angleterre, de Suède, de Danemark, de Prusse, au stathouder de Hollande, et aux avoyers du canton de Berne, qui n'allaient pas plus à confesse que l'empereur Marc-Antonin; et qu'enfin c'est un plaisir indicible de donner des décrets contre des souverains morts, quand on ne peut en lancer contre eux de leur vivant, de peur de perdre ses oreilles.

La querelle devint aussi sérieuse que le fut autrefois celle des ursulines et des annonciades, qui disputèrent à qui porterait plus longtemps des œufs à la coque entre les fesses sans les casser. On craignit un schisme, comme du temps des cent et un contes de ma mère l'oie, et de certains billets payables au porteur dans l'autre monde[1]. C'est une chose bien épouvantable qu'un schisme : cela signifie division dans les opinions, et, jusqu'à ce moment fatal, tous les hommes avaient pensé de même.

M. André, qui est un excellent citoyen, pria les chefs des deux partis à souper. C'est un des bons convives que nous ayons; son humeur est douce et vive, sa gaieté n'est point bruyante; il est facile et ouvert; il n'a point cette sorte d'esprit qui semble vouloir étouffer celui des autres; l'autorité qu'il se concilie n'est due qu'à ses grâces, à sa modération, et à une physionomie ronde qui est tout à fait persuasive. Il aurait fait souper gaiement ensemble un Corse et un Génois[2], un représentant de Genève et un négatif[3], le

1. Les billets de confession; voyez tome XVIII, page 230.
2. Ils étaient en guerre au moment où Voltaire écrivait.
3. Voyez, tome IX, la *Guerre civile de Genève*.

muphti et un archevêque. Il fit tomber habilement les premiers coups que les disputants se portaient, en détournant la conversation, et en faisant un conte très-agréable qui réjouit également les damnants et les damnés. Enfin, quand ils furent un peu en pointe de vin, il leur fit signer que l'âme de l'empereur Marc-Antonin resterait *in statu quo*, c'est-à-dire je ne sais où, en attendant un jugement définitif.

Les âmes des docteurs s'en retournèrent dans leurs limbes paisiblement après le souper : tout fut tranquille. Cet accommodement fit un très-grand honneur à l'homme aux quarante écus ; et toutes les fois qu'il s'élevait une dispute bien acariâtre, bien virulente entre des gens lettrés ou non lettrés, on disait aux deux partis : « Messieurs, allez souper chez M. André. »

Je connais deux factions acharnées[1] qui, faute d'avoir été souper chez M. André, se sont attiré de grands malheurs.

XIII. — SCÉLÉRAT CHASSÉ.

La réputation qu'avait acquise M. André d'apaiser les querelles en donnant de bons soupers lui attira, la semaine passée, une singulière visite. Un homme noir, assez mal mis, le dos voûté, la tête penchée sur une épaule, l'œil hagard, les mains fort sales, vint le conjurer de lui donner à souper avec ses ennemis.

« Quels sont vos ennemis, lui dit M. André, et qui êtes-vous ?

— Hélas ! dit-il, j'avoue, monsieur, qu'on me prend pour un de ces maroufles qui font des libelles pour gagner du pain, et qui crient : *Dieu, Dieu, Dieu, religion, religion*, pour attraper quelque petit bénéfice. On m'accuse d'avoir calomnié les citoyens les plus véritablement religieux, les plus sincères adorateurs de la Divinité, les plus honnêtes gens du royaume. Il est vrai, monsieur, que, dans la chaleur de la composition, il échappe souvent aux gens de mon métier de petites inadvertances qu'on prend pour des erreurs grossières, des écarts que l'on qualifie de mensonges impudents. Notre zèle est regardé comme un mélange affreux de friponnerie et de fanatisme. On assure que, tandis que nous surprenons la bonne foi de quelques vieilles imbéciles, nous sommes le mépris et l'exécration de tous les honnêtes gens qui savent lire.

« Mes ennemis sont les principaux membres des plus illustres académies de l'Europe, des écrivains honorés, des citoyens bienfaisants. Je viens de mettre en lumière un ouvrage que j'ai inti-

1. Les jésuites et les jansénistes.

tulé *Antiphilosophique*[1]. Je n'avais que de bonnes intentions ; mais personne n'a voulu acheter mon livre. Ceux à qui je l'ai présenté l'ont jeté dans le feu, en me disant qu'il n'était pas seulement antiraisonnable, mais antichrétien et très-antihonnête.

— Eh bien ! lui dit M. André, imitez ceux à qui vous avez présenté votre libelle ; jetez-le dans le feu, et qu'il n'en soit plus parlé. Je loue fort votre repentir ; mais il n'est pas possible que je vous fasse souper avec des gens d'esprit qui ne peuvent être vos ennemis, attendu qu'ils ne vous liront jamais.

— Ne pourriez-vous pas du moins, monsieur, dit le cafard, me réconcilier avec les parents de feu M. de Montesquieu, dont j'ai outragé la mémoire pour glorifier le révérend P. Routh, qui vint assiéger ses derniers moments, et qui fut chassé de sa chambre ?

— Morbleu ! lui dit M. André, il y a longtemps que le révérend P. Routh est mort ; allez-vous-en souper avec lui. »

C'est un rude homme que M. André, quand il a affaire à cette espèce méchante et sotte. Il sentit que le cafard ne voulait souper chez lui avec des gens de mérite que pour engager une dispute, pour les aller ensuite calomnier, pour écrire contre eux, pour imprimer de nouveaux mensonges. Il le chassa de sa maison, comme on avait chassé Routh de l'appartement du président de Montesquieu[2].

On ne peut guère tromper M. André. Plus il était simple et naïf quand il était l'homme aux quarante écus, plus il est devenu avisé quand il a connu les hommes.

1. C'est le *Dictionnaire antiphilosophique,* dont il est parlé dans l'Avertissement de Beuchot en tête du tome XVII.

2. Il s'agit ici du jésuite Paulian, qui envoya un mauvais dictionnaire de physique à M. de Voltaire, en lui écrivant qu'il le regardait comme un des plus grands hommes de son siècle, et fit l'année d'après un dictionnaire antiphilosophique digne de son titre, dans lequel M. de Voltaire était insulté avec la grossièreté d'un moine et l'insolence d'un jésuite. Il n'est pas rigoureusement vrai que Routh ait été chassé de la chambre de Montesquieu mourant : on ne l'osa point, parce que les jésuites avaient encore du crédit ; mais il est très-vrai qu'il troubla les derniers moments de cet homme célèbre, qu'il voulut le forcer à lui livrer ses papiers, et qu'il ne put y réussir ; peu d'heures avant que Montesquieu expirât, on renvoya Routh et son compagnon ivres morts dans leur couvent. (K.) — Le P. Paulian est auteur d'un *Dictionnaire de physique,* 1761, trois volumes in-8°, et dont la dernière édition est en cinq volumes, ainsi que d'un *Dictionnaire philosophothéologique portatif,* dont Voltaire a parlé (*Dictionnaire philosophique,* troisième section du mot JULIEN). Mais c'est Chaudon qui est l'auteur du *Dictionnaire antiphilosophique,* dans la première édition duquel on trouve la *Lettre du R. P. Routh, jésuite, à monseigneur Gualterio, nonce de Sa Sainteté à Paris,* sur les derniers moments de Montesquieu ; voyez l'Avertissement de Beuchot, en tête du tome XVII.

XIV. — LE BON SENS DE M. ANDRÉ.

Comme le bon sens de M. André s'est fortifié depuis qu'il a une bibliothèque! Il vit avec les livres comme avec les hommes; il choisit, et il n'est jamais la dupe des noms. Quel plaisir de s'instruire et d'agrandir son âme pour un écu, sans sortir de chez soi!

Il se félicite d'être né dans un temps où la raison humaine commence à se perfectionner. « Que je serais malheureux, dit-il, si l'âge où je vis était celui du jésuite Garasse, du jésuite Guignard, ou du docteur Boucher, du docteur Aubry[1], du docteur Guincestre[2], ou des gens qui condamnaient aux galères ceux qui écrivaient contre les catégories d'Aristote[3] ! »

La misère avait affaibli les ressorts de l'âme de M. André; le bien-être leur a rendu leur élasticité. Il y a mille Andrés dans le monde auxquels il n'a manqué qu'un tour de roue de la fortune pour en faire des hommes d'un vrai mérite.

Il est aujourd'hui au fait de toutes les affaires de l'Europe, et surtout des progrès de l'esprit humain.

« Il me semble, me disait-il mardi dernier, que la Raison voyage à petites journées, du nord au midi, avec ses deux intimes amies, l'Expérience et la Tolérance. L'Agriculture et le Commerce l'accompagnent. Elle s'est présentée en Italie : mais la Congrégation de l'Indice[4] l'a repoussée. Tout ce qu'elle a pu faire a été d'envoyer secrètement quelques-uns de ses facteurs, qui ne laissent pas de faire du bien. Encore quelques années, et le pays des Scipions ne sera plus celui des Arlequins enfroqués.

1. Sur Garasse, voyez tome XVI, page 23; la scène II de l'acte deuxième du *Dépositaire;* dans les *Mélanges*, année 1764, le vingt-deuxième des *Articles extraits de la Gazette littéraire,* et, année 1767, l'article Théophile, dans la septième des *Lettres à Son Altesse monseigneur le prince de* ***;** — sur Guignard, voyez tome XII, page 557; — sur Boucher, voyez, tome VIII, une note du chant deuxième de *la Henriade;* et tome XV, page 551; — sur Aubry, voyez tome XII, page 555.

2. Jean Guincestre ou Wincestre, curé de Saint-Gervais, et ardent ligueur. Ce fut lui qui, le 1ᵉʳ janvier 1589, exigea des assistants à son sermon le serment de venger la mort des Guises, et apostropha le premier président de Harlay, assis dans l'œuvre, en ces termes : « Levez la main, monsieur le président; levez-la bien haut, encore plus haut, afin que le peuple la voie, » ce que le président fut contraint de faire. (B.)

3. En 1624, le parlement de Paris condamna au bannissement deux chimistes qui n'admettaient pas toutes les opinions d'Aristote ; voyez tome XVI, page 21.

4. On dit plus communément *Congrégation de l'Index*.

« Elle a de temps en temps de cruels ennemis en France ; mais elle y a tant d'amis qu'il faudra bien à la fin qu'elle y soit premier ministre.

« Quand elle s'est présentée en Bavière et en Autriche, elle a trouvé deux ou trois grosses têtes à perruque qui l'ont regardée avec des yeux stupides et étonnés. Ils lui ont dit : Madame, nous n'avons jamais entendu parler de vous ; nous ne vous connaissons pas. Messieurs, leur a-t-elle répondu, avec le temps vous me connaîtrez et vous m'aimerez [1]. Je suis très-bien reçue à Berlin, à Moscou, à Copenhague, à Stockholm. Il y a longtemps que, par le crédit de Locke, de Gordon, de Trenchard, de milord Shaftesbury, et de tant d'autres, j'ai reçu mes lettres de naturalité en Angleterre. Vous m'en accorderez un jour. Je suis la fille du Temps, et j'attends tout de mon père [2].

« Quand elle a passé sur les frontières de l'Espagne et du Portugal, elle a béni Dieu de voir que les bûchers de l'Inquisition n'étaient plus si souvent allumés ; elle a espéré beaucoup en voyant chasser les jésuites, mais elle a craint qu'en purgeant le pays des renards on ne le laissât exposé aux loups [3].

« Si elle fait encore des tentatives pour entrer en Italie, on croit qu'elle commencera par s'établir à Venise, et qu'elle séjournera dans le royaume de Naples, malgré toutes les liquéfactions

1. Et ce temps est venu. (*Note de Voltaire.*) — Cette note parut pour la première fois dans les éditions de Kehl. (B.) — Alors régnait, en Autriche, l'empereur Joseph II. Voyez la note à la fin des *Annales de l'Empire*, tome XIII.
2. C'est probablement ce passage de Voltaire qui a fourni l'idée de la fable que voici :

LE TEMPS ET LA VÉRITÉ.

Aux portes de la Sorbonne
La Vérité se montra;
Le syndic la rencontra :
« Que demandez-vous, la bonne ?
— Hélas ! l'hospitalité.
— Votre nom ? — La Vérité.
— Fuyez, dit-il en colère,
Ou sinon je monte en chaire,
Et crie à l'impiété.
— Vous me chassez, mais j'espère
Avoir mon tour, et j'attends :
Je suis la fille du Temps,
Et j'obtiens tout de mon père. »

Dans l'*Almanach des muses*, de 1791, cette pièce est signée *feu M. Devaux*, et datée de 1740. Cette date de 1740 est loin d'être authentique, et quelques personnes croient que l'abbé Devaux est le masque de l'abbé Lemonnier, né en 1721, mort en 1797. (B.)
3. Voyez la fable intitulée *les Renards et les Loups*, dans une lettre à Damilaville, du 19 juin 1763.

de ce pays-là¹, qui lui donnent des vapeurs. On prétend qu'elle a un secret infaillible pour détacher les cordons d'une couronne qui sont embarrassés, je ne sais comment, dans ceux d'une tiare, et pour empêcher les haquenées d'aller faire la révérence aux mules. »

Enfin la conversation de M. André me réjouit beaucoup, et plus je le vois, plus je l'aime.

XV. — D'UN BON SOUPER CHEZ M. ANDRÉ.

Nous soupâmes hier ensemble avec un docteur de Sorbonne, M. Pinto, célèbre juif², le chapelain de la chapelle réformée de l'ambassadeur batave, le secrétaire de M. le prince Gallitzin³, du rite grec, un capitaine suisse calviniste, deux philosophes, et trois dames d'esprit.

Le souper fut fort long, et cependant on ne disputa pas plus sur la religion que si aucun des convives n'en avait jamais eu : tant il faut avouer que nous sommes devenus polis ; tant on craint à souper de contrister ses frères ! Il n'en est pas ainsi du régent Cogé, et de l'ex-jésuite Nonotte, et de l'ex-jésuite Patouillet, et de l'ex-jésuite Rotalier⁴, et de tous les animaux de cette espèce. Ces croquants-là vous disent plus de sottises dans une brochure de deux pages que la meilleure compagnie de Paris ne peut dire de choses agréables et instructives dans un souper de quatre heures ; et, ce qu'il y a d'étrange, c'est qu'ils n'oseraient dire en face à personne ce qu'ils ont l'impudence d'imprimer.

La conversation roula d'abord sur une plaisanterie des *Lettres persanes*⁵, dans laquelle on répète, d'après plusieurs graves personnages, que le monde va non-seulement en empirant, mais en se dépeuplant tous les jours ; de sorte que si le proverbe *plus on est de fous, plus on rit* a quelque vérité, le rire sera incessamment banni de la terre.

Le docteur de Sorbonne assura qu'en effet le monde était réduit presque à rien. Il cita le père Petau, qui démontre qu'en

1. Sur la liquéfaction du sang de saint Janvier, voyez tome XIII, page 96.
2. C'est celui qui défendit ses coreligionnaires accusés par Voltaire de rogner les espèces. Voyez, dans la *Correspondance*, la lettre de Voltaire à Pinto, en date du 21 juillet 1762.
3. Représentant de la Russie à la cour de France.
4. C'est probablement le docteur Riballier, que Voltaire désigne sous le nom de Rotalier. (B.)
5. Lettre CXII.

moins de trois cents ans un seul des fils de Noé (je ne sais si c'est Sem ou Japhet) avait procréé de son corps une série d'enfants qui se montait à six cent vingt-trois milliards six cent douze millions trois cent cinquante-huit mille fidèles, l'an 285 après le déluge universel [1].

M. André demanda pourquoi, du temps de Philippe le Bel, c'est-à-dire environ trois cents ans après Hugues Capet, il n'y avait pas six cent vingt-trois milliards de princes de la maison royale? « C'est que la foi est diminuée, » dit le docteur de Sorbonne.

On parla beaucoup de Thèbes aux cent portes, et du million de soldats qui sortait par ces portes avec vingt mille chariots de guerre. « Serrez, serrez, disait M. André ; je soupçonne, depuis que je me suis mis à lire, que le même génie qui a écrit *Gargantua* écrivait autrefois toutes les histoires.

— Mais enfin, lui dit un des convives, Thèbes, Memphis, Babylone, Ninive, Troie, Séleucie, étaient de grandes villes, et n'existent plus.

— Cela est vrai, répondit le secrétaire de M. le prince Gallitzin ; mais Moscou, Constantinople, Londres, Paris, Amsterdam, Lyon qui vaut mieux que Troie, toutes les villes de France, d'Allemagne, d'Espagne, et du Nord, étaient alors des déserts. »

Le capitaine suisse, homme très-instruit, nous avoua que quand ses ancêtres voulurent quitter leurs montagnes et leurs précipices pour aller s'emparer, comme de raison, d'un pays plus agréable, César, qui vit de ses yeux le dénombrement de ces émigrants, trouva qu'il se montait à trois cent soixante et huit mille [2], en comptant les vieillards, les enfants, et les femmes. Aujourd'hui, le seul canton de Berne possède autant d'habitants : il n'est pas tout à fait la moitié de la Suisse, et je puis vous assurer que les treize cantons ont au delà de sept cent vingt mille âmes, en comptant les natifs, qui servent ou qui négocient en pays étrangers. Après cela, messieurs les savants, faites des calculs et des systèmes, ils seront aussi faux les uns que les autres.

Ensuite on agita la question si les bourgeois de Rome, du temps des césars, étaient plus riches que les bourgeois de Paris, du temps de M. Silhouette.

« Ah! ceci me regarde, dit M. André. J'ai été longtemps l'homme aux quarante écus ; je crois bien que les citoyens romains

1. Voyez tome XX, page 246.
2. Voyez tome XX, page 248.

en avaient davantage. Ces illustres voleurs de grand chemin avaient pillé les plus beaux pays de l'Asie, de l'Afrique, et de l'Europe. Ils vivaient fort splendidement du fruit de leurs rapines; mais enfin il y avait des gueux à Rome; et je suis persuadé que parmi ces vainqueurs du monde il y eut des gens réduits à quarante écus de rente comme je l'ai été.

— Savez-vous bien, lui dit un savant de l'Académie des inscriptions et belles-lettres, que Lucullus dépensait, à chaque souper qu'il donnait dans le salon d'Apollon, trente-neuf mille trois cent soixante et douze livres treize sous de notre monnaie courante; mais qu'Atticus, le célèbre épicurien Atticus, ne dépensait point par mois, pour sa table, au delà de deux cent trente-cinq livres tournois?

— Si cela est, dis-je, il était digne de présider à la confrérie de la lésine, établie depuis peu en Italie. J'ai lu comme vous, dans Florus, cette incroyable anecdote; mais apparemment que Florus n'avait jamais soupé chez Atticus, ou que son texte a été corrompu, comme tant d'autres, par les copistes. Jamais Florus ne me fera croire que l'ami de César et de Pompée, de Cicéron et d'Antoine, qui mangeaient souvent chez lui, en fût quitte pour un peu moins de dix louis d'or par mois.

Et voilà justement comme on écrit l'histoire [1]. »

M^{me} André, prenant la parole, dit au savant que, s'il voulait défrayer sa table pour dix fois autant, il lui ferait grand plaisir.

Je suis persuadé que cette soirée de M. André valait bien un mois d'Atticus; et les dames doutèrent fort que les soupers de Rome fussent plus agréables que ceux de Paris. La conversation fut très-gaie, quoique un peu savante. Il ne fut parlé ni des modes nouvelles, ni des ridicules d'autrui, ni de l'histoire scandaleuse du jour.

La question du luxe fut traitée à fond. On demanda si c'était le luxe qui avait détruit l'empire romain, et il fut prouvé que les deux empires d'Occident et d'Orient n'avaient été détruits que par la controverse et par les moines. En effet, quand Alaric prit Rome, on n'était occupé que de disputes théologiques; et quand Mahomet II prit Constantinople, les moines défendaient beaucoup plus l'éternité de la lumière du Thabor, qu'ils voyaient à leur nombril, qu'ils ne défendaient la ville contre les Turcs.

1. Vers de Voltaire, dans *Charlot,* acte I^{er}, scène VII.

Un de nos savants fit une réflexion qui me frappa beaucoup : c'est que ces deux grands empires sont anéantis, et que les ouvrages de Virgile, d'Horace, et d'Ovide, subsistent.

On ne fit qu'un saut du siècle d'Auguste au siècle de Louis XIV. Une dame demanda pourquoi, avec beaucoup d'esprit, on ne faisait plus guère aujourd'hui d'ouvrages de génie ?

M. André répondit que c'est parce qu'on en avait fait le siècle passé. Cette idée était fine et pourtant vraie ; elle fut approfondie. Ensuite on tomba rudement sur un Écossais, qui s'est avisé de donner des règles de goût et de critiquer les plus admirables endroits de Racine sans savoir le français[1]. On traita encore plus sévèrement un Italien nommé Denina, qui a dénigré l'*Esprit des lois* sans le comprendre, et qui surtout a censuré ce que l'on aime le mieux dans cet ouvrage[2].

Cela fit souvenir du mépris affecté que Boileau étalait pour le Tasse[3]. Quelqu'un des convives avança que le Tasse, avec ses défauts, était autant au-dessus d'Homère, que Montesquieu, avec ses défauts encore plus grands, est au-dessus du fatras de Grotius. On s'éleva contre ces mauvaises critiques, dictées par la haine nationale et le préjugé. Le signor Denina fut traité comme il le méritait, et comme les pédants le sont par les gens d'esprit.

On remarqua surtout avec beaucoup de sagacité que la plupart des ouvrages littéraires du siècle présent, ainsi que les conversations, roulent sur l'examen des chefs-d'œuvre du dernier siècle. Notre mérite est de discuter leur mérite. Nous sommes

1. Ce M. Home, grand juge d'Écosse, enseigne la manière de faire parler les héros d'une tragédie avec esprit ; et voici un exemple remarquable qu'il rapporte de la tragédie de *Henri IV*, du divin Shakespeare. Le divin Shakespeare introduit milord Falstaff, chef de justice, qui vient de prendre prisonnier le chevalier Jean Coleville, et qui le présente au roi :

« Sire, le voilà, je vous le livre ; je supplie Votre Grâce de faire enregistrer ce fait d'armes parmi les autres de cette journée, ou pardieu je le ferai mettre dans une ballade avec mon portrait à la tête ; on verra Coleville me baisant les pieds. Voilà ce que je ferai si vous ne rendez pas ma gloire aussi brillante qu'une pièce de deux sous dorée ; et alors vous me verrez, dans le clair ciel de la renommée, ternir votre splendeur comme la pleine lune efface les charbons éteints de l'élément de l'air, qui ne paraissent autour d'elle que comme des têtes d'épingle. »

C'est cet absurde et abominable galimatias, très-fréquent dans le divin Shakespeare, que M. Jean Home propose pour le modèle du bon goût et de l'esprit dans la tragédie. Mais en récompense M. Home trouve l'*Iphigénie* et la *Phèdre* de Racine extrêmement ridicules. (*Note de Voltaire.*)

2. Charles Denina, dont il est ici question, est mort le 5 décembre 1813. Il était né à Revel, en Piémont, dans l'année 1731.

3. Boileau, satire IX, 176.

comme des enfants déshérités qui font le compte du bien de leurs pères. On avoua que la philosophie avait fait de très-grands progrès ; mais que la langue et le style s'étaient un peu corrompus.

C'est le sort de toutes les conversations de passer d'un sujet à un autre. Tous ces objets de curiosité, de science, et de goût, disparurent bientôt devant le grand spectacle que l'impératrice de Russie et le roi de Pologne[1] donnaient au monde. Ils venaient de relever l'humanité écrasée, et d'établir la liberté de conscience dans une partie de la terre beaucoup plus vaste que ne le fut jamais l'empire romain. Ce service rendu au genre humain, cet exemple donné à tant de cours qui se croient politiques, fut célébré comme il devait l'être. On but à la santé de l'impératrice, du roi philosophe, et du primat philosophe, et on leur souhaita beaucoup d'imitateurs. Le docteur de Sorbonne même les admira : car il y a quelques gens de bon sens dans ce corps, comme il y eut autrefois des gens d'esprit chez les Béotiens.

Le secrétaire russe nous étonna par le récit de tous les grands établissements qu'on faisait en Russie. On demanda pourquoi on aimait mieux lire l'histoire de Charles XII, qui a passé sa vie à détruire, que celle de Pierre le Grand, qui a consumé la sienne à créer[2]. Nous conclûmes que la faiblesse et la frivolité sont la cause de cette préférence ; que Charles XII fut le don Quichotte du Nord, et que Pierre en fut le Solon ; que les esprits superficiels préfèrent l'héroïsme extravagant aux grandes vues d'un législateur ; que les détails de la fondation d'une ville leur plaisent moins que la témérité d'un homme qui brave dix mille Turcs avec ses seuls domestiques ; et qu'enfin la plupart des lecteurs aiment mieux s'amuser que de s'instruire. De là vient que cent femmes lisent les *Mille et une Nuits* contre une qui lit deux chapitres de Locke.

De quoi ne parla-t-on point dans ce repas, dont je me souviendrai longtemps ! Il fallut bien enfin dire un mot des acteurs et des actrices, sujet éternel des entretiens de table de Versailles et de Paris. On convint qu'un bon déclamateur était aussi rare qu'un bon poëte. Le souper finit par une chanson très-jolie qu'un des convives fit pour les dames. Pour moi, j'avoue que le banquet

1. Catherine II et Stanislas Poniatowski ; voyez, dans les *Mélanges,* année 1767, l'*Essai historique et critique sur les dissensions de la Pologne.*

2. Allusion au peu de succès que son *Histoire de Russie* avait obtenu. On préférait de beaucoup celle de *Charles XII.* Voyez, tome XVI, ces deux ouvrages.

de Platon ne m'aurait pas fait plus de plaisir que celui de M. et de M^me André.

Nos petits-maîtres et nos petites-maîtresses s'y seraient ennuyés sans doute : ils prétendent être la bonne compagnie ; mais ni M. André ni moi ne soupons jamais avec cette bonne compagnie-là.

FIN DE L'HOMME AUX QUARANTE ÉCUS.

LA PRINCESSE
DE BABYLONE

(1768)

CHAPITRE I[1].

DESCRIPTION DU PALAIS DU ROI DE BABYLONE, PÈRE DE LA BELLE BABYLONIENNE. PORTRAIT DE CETTE INCOMPARABLE BEAUTÉ. ORACLE QUI ORDONNE SON MARIAGE, ET A QUELLES CONDITIONS. TROIS ROIS SE PRÉSENTENT POUR L'OBTENIR. ARRIVÉE D'UN QUATRIÈME PRÉTENDANT.

Le vieux Bélus, roi de Babylone, se croyait le premier homme de la terre : car tous ses courtisans le lui disaient, et ses historiographes le lui prouvaient. Ce qui pouvait excuser en lui ce ridicule, c'est qu'en effet ses prédécesseurs avaient bâti Babylone plus de trente mille ans avant lui, et qu'il l'avait embellie. On sait que son palais et son parc, situés à quelques parasanges[2] de Babylone, s'étendaient entre l'Euphrate et le Tigre, qui baignaient ces rivages enchantés. Sa vaste maison, de trois mille pas de façade, s'élevait jusqu'aux nues. La plate-forme était entourée d'une balustrade de marbre blanc de cinquante pieds de hauteur, qui portait les statues colossales de tous les rois et de tous les grands hommes de l'empire. Cette plate-forme, composée de deux rangs de briques couvertes d'une épaisse surface de plomb d'une extrémité à l'autre, était chargée de douze pieds de terre,

1. Les sommaires placés en tête de chaque chapitre sont ceux de l'édition parue sous ce titre : *Voyages et Aventures d'une princesse babylonienne, pour servir de suite à ceux de Scarmentado, par un vieux philosophe qui ne radote pas toujours* (1 vol. in-8°. Genève, 1768).
2. Le parasange est une mesure itinéraire de Perse, qui équivaut à trois lieues de France. (*Note* de l'édition de 1768 avec sommaires.)

et sur cette terre on avait élevé des forêts d'oliviers, d'orangers, de citronniers, de palmiers, de girofliers, de cocotiers, de cannelliers, qui formaient des allées impénétrables aux rayons du soleil.

Les eaux de l'Euphrate, élevées par des pompes dans cent colonnes creusées, venaient dans ces jardins remplir de vastes bassins de marbre, et, retombant ensuite par d'autres canaux, allaient former dans le parc des cascades de six mille pieds de longueur, et cent mille jets d'eau dont la hauteur pouvait à peine être aperçue : elles retournaient ensuite dans l'Euphrate, dont elles étaient parties. Les jardins de Sémiramis, qui étonnèrent l'Asie plusieurs siècles après, n'étaient qu'une faible imitation de ces antiques merveilles : car, du temps de Sémiramis, tout commençait à dégénérer chez les hommes et chez les femmes.

Mais ce qu'il y avait de plus admirable à Babylone, ce qui éclipsait tout le reste, était la fille unique du roi, nommée Formosante. Ce fut d'après ses portraits et ses statues que dans la suite des siècles Praxitèle sculpta son Aphrodite, et celle qu'on nomma *la Vénus aux belles fesses*. Quelle différence, ô ciel! de l'original aux copies! Aussi Bélus était plus fier de sa fille que de son royaume. Elle avait dix-huit ans : il lui fallait un époux digne d'elle ; mais où le trouver? Un ancien oracle avait ordonné que Formosante ne pourrait appartenir qu'à celui qui tendrait l'arc de Nembrod. Ce Nembrod, le fort chasseur devant le Seigneur, avait laissé un arc de sept pieds babyloniques de haut, d'un bois d'ébène plus dur que le fer du mont Caucase, qu'on travaille dans les forges de Derbent ; et nul mortel, depuis Nembrod, n'avait pu bander cet arc merveilleux.

Il était dit encore que le bras qui aurait tendu cet arc tuerait le lion le plus terrible et le plus dangereux qui serait lâché dans le cirque de Babylone. Ce n'était pas tout : le bandeur de l'arc, le vainqueur du lion devait terrasser tous ses rivaux ; mais il devait surtout avoir beaucoup d'esprit, être le plus magnifique des hommes, le plus vertueux, et posséder la chose la plus rare qui fût dans l'univers entier.

Il se présenta trois rois qui osèrent disputer Formosante : le pharaon d'Égypte, le sha des Indes, et le grand kan des Scythes. Bélus assigna le jour, et le lieu du combat à l'extrémité de son parc, dans le vaste espace bordé par les eaux de l'Euphrate et du Tigre réunies. On dressa autour de la lice un amphithéâtre de marbre qui pouvait contenir cinq cent mille spectateurs. Vis-à-vis l'amphithéâtre était le trône du roi, qui devait paraître avec Formosante, accompagnée de toute la cour ; et à droite et à gauche

entre le trône et l'amphithéâtre, étaient d'autres trônes et d'autres siéges pour les trois rois et pour tous les autres souverains qui seraient curieux de venir voir cette auguste cérémonie.

Le roi d'Égypte arriva le premier, monté sur le bœuf Apis, et tenant en main le sistre d'Isis. Il était suivi de deux mille prêtres vêtus de robes de lin plus blanches que la neige, de deux mille eunuques, de deux mille magiciens, et de deux mille guerriers.

Le roi des Indes arriva bientôt après dans un char traîné par douze éléphants. Il avait une suite encore plus nombreuse et plus brillante que le pharaon d'Égypte.

Le dernier qui parut était le roi des Scythes. Il n'avait auprès de lui que des guerriers choisis, armés d'arcs et de flèches. Sa monture était un tigre superbe qu'il avait dompté, et qui était aussi haut que les plus beaux chevaux de Perse. La taille de ce monarque, imposante et majestueuse, effaçait celle de ses rivaux; ses bras nus, aussi nerveux que blancs, semblaient déjà tendre l'arc de Nembrod.

Les trois princes se prosternèrent d'abord devant Bélus et Formosante. Le roi d'Égypte offrit à la princesse les deux plus beaux crocodiles du Nil, deux hippopotames, deux zèbres, deux rats d'Égypte, et deux momies, avec les livres du grand Hermès, qu'il croyait être ce qu'il y avait de plus rare sur la terre.

Le roi des Indes lui offrit cent éléphants qui portaient chacun une tour de bois doré, et mit à ses pieds le *Veidam,* écrit de la main de Xaca[1] lui-même.

Le roi des Scythes, qui ne savait ni lire ni écrire, présenta cent chevaux de bataille couverts de housses de peaux de renards noirs.

La princesse baissa les yeux devant ses amants, et s'inclina avec des grâces aussi modestes que nobles.

Bélus fit conduire ces monarques sur les trônes qui leur étaient préparés. « Que n'ai-je trois filles! leur dit-il, je rendrais aujourd'hui six personnes heureuses. » Ensuite il fit tirer au sort à qui essayerait le premier l'arc de Nembrod. On mit dans un casque d'or les noms des trois prétendants. Celui du roi d'Égypte sortit le premier ; ensuite parut le nom du roi des Indes. Le roi scythe, en regardant l'arc et ses rivaux, ne se plaignit point d'être le troisième.

Tandis qu'on préparait ces brillantes épreuves, vingt mille pages et vingt mille jeunes filles distribuaient sans confusion des

1. Nom de Bouddha au Japon.

rafraîchissements aux spectateurs entre les rangs des siéges. Tout le monde avouait que les dieux n'avaient établi les rois que pour donner tous les jours des fêtes, pourvu qu'elles fussent diversifiées ; que la vie est trop courte pour en user autrement ; que les procès, les intrigues, la guerre, les disputes des prêtres, qui consument la vie humaine, sont des choses absurdes et horribles ; que l'homme n'est né que pour la joie ; qu'il n'aimerait pas les plaisirs passionnément et continuellement s'il n'était pas formé pour eux ; que l'essence de la nature humaine est de se réjouir, et que tout le reste est folie. Cette excellente morale n'a jamais été démentie que par les faits.

Comme on allait commencer ces essais, qui devaient décider de la destinée de Formosante, un jeune inconnu monté sur une licorne[1], accompagné de son valet monté de même, et portant sur le poing un gros oiseau, se présente à la barrière. Les gardes furent surpris de voir en cet équipage une figure qui avait l'air de la divinité. C'était, comme on a dit depuis, le visage d'Adonis sur le corps d'Hercule[2] ; c'était la majesté avec les grâces. Ses sourcils noirs et ses longs cheveux blonds, mélange de beautés inconnu[3] à Babylone, charmèrent l'assemblée ; tout l'amphithéâtre se leva pour le mieux regarder ; toutes les femmes de la cour fixèrent sur lui des regards étonnés ; Formosante elle-même, qui baissait les yeux, les releva et rougit ; les trois rois pâlirent. Tous les spectateurs, en comparant Formosante avec l'inconnu, s'écriaient : « Il n'y a dans le monde que ce jeune homme qui soit aussi beau que la princesse. »

Les huissiers, saisis d'étonnement, lui demandèrent s'il était roi. L'étranger répondit qu'il n'avait pas cet honneur, mais qu'il était venu de fort loin par curiosité pour voir s'il y avait des rois qui fussent dignes de Formosante. On l'introduisit dans le premier rang de l'amphithéâtre, lui, son valet, ses deux licornes, et son oiseau. Il salua profondément Bélus, sa fille, les trois rois, et toute

1. Animal fabuleux, de la grandeur d'un cheval, et portant au front une corne blanche.
2. Voltaire a répété cette expression dans le chapitre I[er] de *Jenny*. Il avait dit dans la *Pucelle*, chant X, vers 399 :

> Qui d'un Hercule eut la force en partage,
> Et d'Adonis le gracieux visage.

et dans *Ce qui plaît aux dames*, vers 25 :

> Force d'Hercule et grâces d'Adonis.

3. L'édition de 1768 avec sommaires porte : *mélange de beauté inconnue.*

l'assemblée; puis il prit place en rougissant. Ses deux licornes se couchèrent à ses pieds, son oiseau se percha sur son épaule, et son valet, qui portait un petit sac, se mit à côté de lui.

CHAPITRE II.

TOUS LES CONCURRENTS TENTENT D'ACCOMPLIR L'ORACLE; UN SEUL RÉUSSIT, ET NE CESSE PAS D'ÊTRE MODESTE. OISEAU MERVEILLEUX QU'IL DÉPUTE A FORMOSANTE AVEC UN SUPERBE PRÉSENT. QUEL ÉTAIT CE VAINQUEUR. SON DÉPART; CE QUI L'OCCASIONNE.

Les épreuves commencèrent. On tira de son étui d'or l'arc de Nembrod. Le grand maître des cérémonies, suivi de cinquante pages et précédé de vingt trompettes, le présenta au roi d'Égypte, qui le fit bénir par ses prêtres; et, l'ayant posé sur la tête du bœuf Apis, il ne douta pas de remporter cette première victoire.

Il descend au milieu de l'arène, il essaye, il épuise ses forces, il fait des contorsions qui excitent le rire de l'amphithéâtre, qui font même sourire Formosante. Son grand aumônier s'approcha de lui : « Que Votre Majesté, lui dit-il, renonce à ce vain honneur, qui n'est que celui des muscles et des nerfs; vous triompherez dans tout le reste : vous vaincrez le lion, puisque vous avez le sabre d'Osiris. La princesse de Babylone doit appartenir au prince qui a le plus d'esprit, et vous avez deviné des énigmes; elle doit épouser le plus vertueux, vous l'êtes, puisque vous avez été élevé par les prêtres d'Égypte; le plus généreux doit l'emporter, et vous avez donné les deux plus beaux crocodiles et les deux plus beaux rats qui soient dans le Delta; vous possédez le bœuf Apis et les livres d'Hermès, qui sont la chose la plus rare de l'univers : personne ne peut vous disputer Formosante.

— Vous avez raison, dit le roi d'Égypte »; et il se remit sur son trône.

On alla mettre l'arc entre les mains du roi des Indes. Il en eut des ampoules pour quinze jours, et se consola en présumant que le roi des Scythes ne serait pas plus heureux que lui.

Le Scythe mania l'arc à son tour. Il joignait l'adresse à la force : l'arc parut prendre quelque élasticité entre ses mains; il le fit un peu plier, mais jamais il ne put venir à bout de le tendre. L'amphithéâtre, à qui la bonne mine de ce prince inspirait des inclinations favorables, gémit de son peu de succès, et jugea que la belle princesse ne serait jamais mariée.

Alors le jeune inconnu descendit d'un saut dans l'arène, et, s'adressant au roi des Scythes : « Que Votre Majesté, lui dit-il, ne s'étonne point de n'avoir pas entièrement réussi. Ces arcs d'ébène se font dans mon pays; il n'y a qu'un certain tour à donner; vous avez beaucoup plus de mérite à l'avoir fait plier que je n'en peux avoir à le tendre. » Aussitôt il prit une flèche, l'ajusta sur la corde, tendit l'arc de Nembrod, et fit voler la flèche bien au delà des barrières. Un million de mains applaudit à ce prodige. Babylone retentit d'acclamations, et toutes les femmes disaient : « Quel bonheur qu'un si beau garçon ait tant de force ! »

Il tira ensuite de sa poche une petite lame d'ivoire, écrivit sur cette lame avec une aiguille d'or, attacha la tablette d'ivoire à l'arc, et présenta le tout à la princesse avec une grâce qui ravissait tous les assistants. Puis il alla modestement se remettre à sa place entre son oiseau et son valet. Babylone entière était dans la surprise; les trois rois étaient confondus, et l'inconnu ne paraissait pas s'en apercevoir.

Formosante fut encore plus étonnée en lisant sur la tablette d'ivoire attachée à l'arc ces petits vers en beau langage chaldéen :

> L'arc de Nembrod est celui de la guerre;
> L'arc de l'amour est celui du bonheur;
> Vous le portez. Par vous ce dieu vainqueur
> Est devenu le maître de la terre.
> Trois rois puissants, trois rivaux aujourd'hui,
> Osent prétendre à l'honneur de vous plaire :
> Je ne sais pas qui votre cœur préfère,
> Mais l'univers sera jaloux de lui.

Ce petit madrigal ne fâcha point la princesse. Il fut critiqué par quelques seigneurs de la vieille cour, qui dirent qu'autrefois dans le bon temps on aurait comparé Bélus au soleil, et Formosante à la lune, son cou à une tour, et sa gorge à un boisseau de froment. Ils dirent que l'étranger n'avait point d'imagination, et qu'il s'écartait des règles de la véritable poésie; mais toutes les dames trouvèrent les vers fort galants. Elles s'émerveillèrent qu'un homme qui bandait si bien un arc eût tant d'esprit. La dame d'honneur de la princesse lui dit : « Madame, voilà bien des talents en pure perte. De quoi serviront à ce jeune homme son esprit et l'arc de Bélus ?

— A le faire admirer, répondit Formosante.

— Ah! dit la dame d'honneur entre ses dents, encore un madrigal, et il pourrait bien être aimé. »

CHAPITRE II.

Cependant Bélus, ayant consulté ses mages, déclara qu'aucun des trois rois n'ayant pu bander l'arc de Nembrod, il n'en fallait pas moins marier sa fille, et qu'elle appartiendrait à celui qui viendrait à bout d'abattre le grand lion qu'on nourrissait exprès dans sa ménagerie.

Le roi d'Égypte, qui avait été élevé dans toute la sagesse de son pays, trouva qu'il était fort ridicule d'exposer un roi aux bêtes pour le marier. Il avouait que la possession de Formosante était d'un grand prix; mais il prétendait que, si le lion l'étranglait, il ne pourrait jamais épouser cette belle Babylonienne. Le roi des Indes entra dans les sentiments de l'Égyptien; tous deux conclurent que le roi de Babylone se moquait d'eux; qu'il fallait faire venir des armées pour le punir; qu'ils avaient assez de sujets qui se tiendraient fort honorés de mourir au service de leurs maîtres, sans qu'il en coûtât un cheveu à leurs têtes sacrées; qu'ils détrôneraient aisément le roi de Babylone, et qu'ensuite ils tireraient au sort la belle Formosante. Cet accord étant fait, les deux rois dépêchèrent chacun dans leur pays un ordre exprès d'assembler une armée de trois cent mille hommes pour enlever Formosante.

Cependant le roi des Scythes descendit seul dans l'arène, le cimeterre à la main. Il n'était pas éperdument épris des charmes de Formosante; la gloire avait été jusque-là sa seule passion; elle l'avait conduit à Babylone. Il voulait faire voir que si les rois de l'Inde et de l'Égypte étaient assez prudents pour ne se pas compromettre avec des lions, il était assez courageux pour ne pas dédaigner ce combat, et qu'il réparerait l'honneur du diadème. Sa rare valeur ne lui permit pas seulement de se servir du secours de son tigre. Il s'avance seul, légèrement armé, couvert d'un casque d'acier garni d'or, ombragé de trois queues de cheval blanches comme la neige.

On lâche contre lui le plus énorme lion qui ait jamais été nourri dans les montagnes de l'Anti-Liban. Ses terribles griffes semblaient capables de déchirer les trois rois à la fois, et sa vaste gueule de les dévorer. Ses affreux rugissements faisaient retentir l'amphithéâtre. Les deux fiers champions se précipitent l'un contre l'autre d'une course rapide. Le courageux Scythe enfonce son épée dans le gosier du lion; mais la pointe, rencontrant une de ces épaisses dents que rien ne peut percer, se brise en éclats, et le monstre des forêts, furieux de sa blessure, imprimait déjà ses ongles sanglants dans les flancs du monarque.

Le jeune inconnu, touché du péril d'un si brave prince, se jette dans l'arène plus prompt qu'un éclair; il coupe la tête du

lion avec la même dextérité qu'on a vu depuis dans nos carrousels de jeunes chevaliers adroits enlever des têtes de maures ou des bagues.

Puis, tirant une petite boîte, il la présente au roi scythe, en lui disant : « Votre Majesté trouvera dans cette petite boîte le véritable dictame qui croît dans mon pays. Vos glorieuses blessures seront guéries en un moment. Le hasard seul vous a empêché de triompher du lion ; votre valeur n'en est pas moins admirable. »

Le roi scythe, plus sensible à la reconnaissance qu'à la jalousie, remercia son libérateur, et, après l'avoir tendrement embrassé, rentra dans son quartier pour appliquer le dictame sur ses blessures.

L'inconnu donna la tête du lion à son valet ; celui-ci, après l'avoir lavée à la grande fontaine qui était au-dessous de l'amphithéâtre, et en avoir fait écouler tout le sang, tira un fer de son petit sac, arracha les quarante dents du lion, et mit à leur place quarante diamants d'une égale grosseur.

Son maître, avec sa modestie ordinaire, se remit à sa place ; il donna la tête du lion à son oiseau : « Bel oiseau, dit-il, allez porter aux pieds de Formosante ce faible hommage. » L'oiseau part, tenant dans une de ses serres le terrible trophée ; il le présente à la princesse en baissant humblement le cou, et en s'aplatissant devant elle. Les quarante brillants éblouirent tous les yeux. On ne connaissait pas encore cette magnificence dans la superbe Babylone : l'émeraude, la topaze, le saphir, et le pyrope, étaient regardés comme les plus précieux ornements. Bélus et toute la cour étaient saisis d'admiration. L'oiseau qui offrait ce présent les surprit encore davantage. Il était de la taille d'un aigle, mais ses yeux étaient aussi doux et aussi tendres que ceux de l'aigle sont fiers et menaçants. Son bec était couleur de rose, et semblait tenir quelque chose de la belle bouche de Formosante. Son cou rassemblait toutes les couleurs de l'iris, mais plus vives et plus brillantes. L'or en mille nuances éclatait sur son plumage. Ses pieds paraissaient un mélange d'argent et de pourpre ; et la queue des beaux oiseaux qu'on attela depuis au char de Junon n'approchait pas de la sienne.

L'attention, la curiosité, l'étonnement, l'extase de toute la cour, se partageaient entre les quarante diamants et l'oiseau. Il s'était perché sur la balustrade, entre Bélus et sa fille Formosante ; elle le flattait, le caressait, le baisait. Il semblait recevoir ses caresses avec un plaisir mêlé de respect. Quand la princesse lui

donnait des baisers, il les rendait, et la regardait ensuite avec des yeux attendris. Il recevait d'elle des biscuits et des pistaches, qu'il prenait de sa patte purpurine et argentée, et qu'il portait à son bec avec des grâces inexprimables.

Bélus, qui avait considéré les diamants avec attention, jugeait qu'une de ses provinces pouvait à peine payer un présent si riche. Il ordonna qu'on préparât pour l'inconnu des dons encore plus magnifiques que ceux qui étaient destinés aux trois monarques. « Ce jeune homme, disait-il, est sans doute le fils du roi de la Chine, ou de cette partie du monde qu'on nomme Europe, dont j'ai entendu parler, ou de l'Afrique, qui est, dit-on, voisine du royaume d'Égypte. »

Il envoya sur-le-champ son grand écuyer complimenter l'inconnu, et lui demander s'il était souverain ou fils de souverain d'un de ces empires, et pourquoi, possédant de si étonnants trésors, il était venu avec un valet et un petit sac.

Tandis que le grand écuyer avançait vers l'amphithéâtre pour s'acquitter de sa commission, arriva un autre valet sur une licorne. Ce valet, adressant la parole au jeune homme, lui dit : « Ormar, votre père touche à l'extrémité de sa vie, et je suis venu vous en avertir. » L'inconnu leva les yeux au ciel, versa des larmes, et ne répondit que par ce mot : « Partons. »

Le grand écuyer, après avoir fait les compliments de Bélus au vainqueur du lion, au donneur des quarante diamants, au maître du bel oiseau, demanda au valet de quel royaume était souverain le père de ce jeune héros. Le valet répondit : « Son père est un vieux berger qui est fort aimé dans le canton. »

Pendant ce court entretien l'inconnu était déjà monté sur sa licorne. Il dit au grand écuyer : « Seigneur, daignez me mettre aux pieds de Bélus et de sa fille. J'ose la supplier d'avoir grand soin de l'oiseau que je lui laisse; il est unique comme elle. » En achevant ces mots il partit comme un éclair; les deux valets le suivirent, et on le perdit de vue.

Formosante ne put s'empêcher de jeter un grand cri. L'oiseau, se retournant vers l'amphithéâtre où son maître avait été assis, parut très-affligé de ne le plus voir. Puis regardant fixement la princesse, et frottant doucement sa belle main de son bec, il sembla se vouer à son service.

Bélus, plus étonné que jamais, apprenant que ce jeune homme si extraordinaire était le fils d'un berger, ne put le croire. Il fit courir après lui; mais bientôt on lui rapporta que les licornes sur lesquelles ces trois hommes couraient ne pouvaient être

atteintes, et qu'au galop dont elles allaient elles devaient faire cent lieues par jour.

CHAPITRE III.

BEAUX RAISONNEMENTS DE LA COUR DE BABYLONE ET DE LA PRINCESSE ALDÉE SUR LE DÉPART DU VAINQUEUR ET SUR SA CONDITION. L'ORACLE EST CONSULTÉ DE NOUVEAU SUR LE MARIAGE DE FORMOSANTE; RÉPONSE AMBIGUË QU'IL FAIT.

Tout le monde raisonnait sur cette aventure étrange, et s'épuisait en vaines conjectures. Comment le fils d'un berger peut-il donner quarante gros diamants? Pourquoi est-il monté sur une licorne? On s'y perdait; et Formosante, en caressant son oiseau, était plongée dans une rêverie profonde.

La princesse Aldée, sa cousine issue de germain, très-bien faite, et presque aussi belle que Formosante, lui dit: « Ma cousine, je ne sais pas si ce jeune demi-dieu est le fils d'un berger; mais il me semble qu'il a rempli toutes les conditions attachées à votre mariage. Il a bandé l'arc de Nembrod, il a vaincu le lion, il a beaucoup d'esprit puisqu'il a fait pour vous un assez joli impromptu. Après les quarante énormes diamants qu'il vous a donnés, vous ne pouvez nier qu'il ne soit le plus généreux des hommes. Il possédait dans son oiseau ce qu'il y a de plus rare sur la terre. Sa vertu n'a point d'égale, puisque, pouvant demeurer auprès de vous, il est parti sans délibérer dès qu'il a su que son père était malade. L'oracle est accompli dans tous ses points, excepté dans celui qui exige qu'il terrasse ses rivaux; mais il a fait plus, il a sauvé la vie du seul concurrent qu'il pouvait craindre; et, quand il s'agira de battre les deux autres, je crois que vous ne doutez pas qu'il n'en vienne à bout aisément.

— Tout ce que vous dites est bien vrai, répondit Formosante; mais est-il possible que le plus grand des hommes, et peut-être même le plus aimable, soit le fils d'un berger? »

La dame d'honneur, se mêlant de la conversation, dit que très-souvent ce mot de berger était appliqué aux rois; qu'on les appelait *bergers*, parce qu'ils tondent de fort près leur troupeau; que c'était sans doute une mauvaise plaisanterie de son valet; que ce jeune héros n'était venu si mal accompagné que pour faire voir combien son seul mérite était au-dessus du faste des rois, et pour ne devoir Formosante qu'à lui-même. La prin-

cesse ne répondit qu'en donnant à son oiseau mille tendres baisers.

On préparait cependant un grand festin pour les trois rois et pour tous les princes qui étaient venus à la fête. La fille et la nièce du roi devaient en faire les honneurs. On portait chez les rois des présents dignes de la magnificence de Babylone. Bélus, en attendant qu'on servît, assembla son conseil sur le mariage de la belle Formosante ; et voici comme il parla en grand politique :

« Je suis vieux, je ne sais plus que faire, ni à qui donner ma fille. Celui qui la méritait n'est qu'un vil berger, le roi des Indes et celui d'Égypte sont des poltrons ; le roi des Scythes me conviendrait assez, mais il n'a rempli aucune des conditions imposées. Je vais encore consulter l'oracle. En attendant, délibérez, et nous conclurons suivant ce que l'oracle aura dit : car un roi ne doit se conduire que par l'ordre exprès des dieux immortels. »

Alors il va dans sa chapelle ; l'oracle lui répond en peu de mots, suivant sa coutume : « Ta fille ne sera mariée que quand elle aura couru le monde. » Bélus, étonné, revient au conseil, et rapporte cette réponse.

Tous les ministres avaient un profond respect pour les oracles ; tous convenaient ou feignaient de convenir qu'ils étaient le fondement de la religion ; que la raison doit se taire devant eux ; que c'est par eux que les rois règnent sur les peuples, et les mages sur les rois ; que sans les oracles il n'y aurait ni vertu ni repos sur la terre. Enfin, après avoir témoigné la plus profonde vénération pour eux, presque tous conclurent que celui-ci était impertinent, qu'il ne fallait pas lui obéir ; que rien n'était plus indécent pour une fille, et surtout pour celle du grand roi de Babylone, que d'aller courir sans savoir où ; que c'était le vrai moyen de n'être point mariée, ou de faire un mariage clandestin, honteux et ridicule ; qu'en un mot cet oracle n'avait pas le sens commun.

Le plus jeune des ministres, nommé Onadase, qui avait plus d'esprit qu'eux, dit que l'oracle entendait sans doute quelque pèlerinage de dévotion, et qu'il s'offrait à être le conducteur de la princesse. Le conseil revint à son avis ; mais chacun voulut servir d'écuyer. Le roi décida que la princesse pourrait aller à trois cents parasanges sur le chemin de l'Arabie, à un temple dont le saint avait la réputation de procurer d'heureux mariages aux filles, et que ce serait le doyen du conseil qui l'accompagnerait. Après cette décision on alla souper.

CHAPITRE IV.

MAGNIFIQUE SALON OÙ LE ROI DE BABYLONE DONNE UNE MAGNIFIQUE FÊTE. GENTILLESSE DE L'OISEAU MERVEILLEUX DONT IL A ÉTÉ PARLÉ. GALANTERIES DU ROI DE SCYTHIE A LA PRINCESSE ALDÉE. HONNÊTE PROPOSITION QU'IL LUI FAIT ; COMMENT ELLE EST REÇUE. PROMESSES QU'ILS SE FONT EN SE SÉPARANT.

Au milieu des jardins, entre deux cascades, s'élevait un salon ovale de trois cents pieds de diamètre, dont la voûte d'azur semée d'étoiles d'or représentait toutes les constellations avec les planètes, chacune à leur véritable place, et cette voûte tournait, ainsi que le ciel, par des machines aussi invisibles que le sont celles qui dirigent les mouvements célestes. Cent mille flambeaux enfermés dans des cylindres de cristal de roche éclairaient les dehors et l'intérieur de la salle à manger ; un buffet en gradins portait vingt mille vases ou plats d'or ; et vis-à-vis le buffet d'autres gradins étaient remplis de musiciens. Deux autres amphithéâtres étaient chargés, l'un, des fruits de toutes les saisons ; l'autre, d'amphores de cristal où brillaient tous les vins de la terre.

Les convives prirent leurs places autour d'une table de compartiments qui figuraient des fleurs et des fruits, tous en pierres précieuses. La belle Formosante fut placée entre le roi des Indes et celui d'Égypte, la belle Aldée auprès du roi des Scythes. Il y avait une trentaine de princes, et chacun d'eux était à côté d'une des plus belles dames du palais. Le roi de Babylone au milieu, vis-à-vis de sa fille, paraissait partagé entre le chagrin de n'avoir pu la marier, et le plaisir de la garder encore. Formosante lui demanda la permission de mettre son oiseau sur la table à côté d'elle. Le roi le trouva très-bon.

La musique, qui se fit entendre, donna une pleine liberté à chaque prince d'entretenir sa voisine. Le festin parut aussi agréable que magnifique. On avait servi devant Formosante un ragoût que le roi son père aimait beaucoup. La princesse dit qu'il fallait le porter devant Sa Majesté ; aussitôt l'oiseau se saisit du plat avec une dextérité merveilleuse, et va le présenter au roi. Jamais on ne fut plus étonné à souper. Bélus lui fit autant de caresses que sa fille. L'oiseau reprit ensuite son vol pour retourner auprès d'elle. Il déployait en volant une si belle queue, ses ailes étendues étalaient tant de brillantes couleurs, l'or de son plumage jetait un

éclat si éblouissant, que tous les yeux ne regardaient que lui. Tous les concertants cessèrent leur musique et devinrent immobiles. Personne ne mangeait, personne ne parlait : on n'entendait qu'un murmure d'admiration. La princesse de Babylone le baisa pendant tout le souper, sans songer seulement s'il y avait des rois dans le monde. Ceux des Indes et d'Égypte sentirent redoubler leur dépit et leur indignation, et chacun d'eux se promit bien de hâter la marche de ses trois cent mille hommes pour se venger.

Pour le roi des Scythes, il était occupé à entretenir la belle Aldée : son cœur altier, méprisant sans dépit les inattentions de Formosante, avait conçu pour elle plus d'indifférence que de colère. « Elle est belle, disait-il, je l'avoue ; mais elle me paraît de ces femmes qui ne sont occupées que de leur beauté, et qui pensent que le genre humain doit leur être bien obligé quand elles daignent se laisser voir en public. On n'adore point des idoles dans mon pays. J'aimerais mieux une laideron complaisante et attentive que cette belle statue. Vous avez, madame, autant de charmes qu'elle, et vous daignez au moins faire conversation avec les étrangers. Je vous avoue, avec la franchise d'un Scythe, que je vous donne la préférence sur votre cousine. » Il se trompait pourtant sur le caractère de Formosante : elle n'était pas si dédaigneuse qu'elle le paraissait ; mais son compliment fut très-bien reçu de la princesse Aldée. Leur entretien devint fort intéressant : ils étaient très-contents, et déjà sûrs l'un de l'autre avant qu'on sortît de table.

Après le souper, on alla se promener dans les bosquets. Le roi des Scythes et Aldée ne manquèrent pas de chercher un cabinet solitaire. Aldée, qui était la franchise même, parla ainsi à ce prince :

« Je ne hais point ma cousine, quoiqu'elle soit plus belle que moi, et qu'elle soit destinée au trône de Babylone : l'honneur de vous plaire me tient lieu d'attraits. Je préfère la Scythie avec vous à la couronne de Babylone sans vous ; mais cette couronne m'appartient de droit, s'il y a des droits dans le monde : car je suis de la branche aînée de Nembrod, et Formosante n'est que de la cadette. Son grand-père détrôna le mien, et le fit mourir.

— Telle est donc la force du sang dans la maison de Babylone! dit le Scythe. Comment s'appelait votre grand-père?

— Il se nommait Aldée, comme moi ; mon père avait le même nom : il fut relégué au fond de l'empire avec ma mère ; et Bélus, après leur mort, ne craignant rien de moi, voulut bien m'élever

auprès de sa fille; mais il a décidé que je ne serais jamais mariée.

— Je veux venger votre père, votre grand-père, et vous, dit le roi des Scythes. Je vous réponds que vous serez mariée; je vous enlèverai après-demain de grand matin, car il faut dîner demain avec le roi de Babylone, et je reviendrai soutenir vos droits avec une armée de trois cent mille hommes.

— Je le veux bien », dit la belle Aldée; et, après s'être donné leur parole d'honneur, ils se séparèrent.

CHAPITRE V.

L'OISEAU MERVEILLEUX PARLE A FORMOSANTE; IL LUI FAIT SON HISTOIRE. DESCRIPTION DU PAYS DES GANGARIDES, D'OÙ EST SON AMI APPELÉ AMAZAN. ENTREPRISE INFRUCTUEUSE D'UN ROI DES INDES SUR CETTE CONTRÉE. LEURS RICHESSES, LEURS GUERRES, LEUR RELIGION. CONSEILS DE L'OISEAU A LA PRINCESSE.

Il y avait longtemps que l'incomparable Formosante s'était allée coucher. Elle avait fait placer à côté de son lit un petit oranger dans une caisse d'argent pour y faire reposer son oiseau. Ses rideaux étaient fermés; mais elle n'avait nulle envie de dormir; son cœur et son imagination étaient trop éveillés. Le charmant inconnu était devant ses yeux; elle le voyait tirant une flèche avec l'arc de Nembrod; elle le contemplait coupant la tête du lion; elle récitait son madrigal; enfin elle le voyait s'échapper de la foule, monté sur sa licorne; alors elle éclatait en sanglots; elle s'écriait avec larmes : « Je ne le reverrai donc plus; il ne reviendra pas !

— Il reviendra, madame, lui répondit l'oiseau du haut de son oranger; peut-on vous avoir vue, et ne pas vous revoir ?

— O ciel! ô puissances éternelles! mon oiseau parle le pur chaldéen ! »

En disant ces mots, elle tire ses rideaux, lui tend les bras, se met à genoux sur son lit : « Êtes-vous un dieu descendu sur la terre? êtes-vous le grand Orosmade caché sous ce beau plumage? Si vous êtes un dieu, rendez-moi ce beau jeune homme.

— Je ne suis qu'un volatile, répliqua l'autre; mais je naquis dans le temps que toutes les bêtes parlaient encore, et que les oiseaux, les serpents, les ânesses, les chevaux, et les griffons, s'entretenaient familièrement avec les hommes. Je n'ai pas voulu

parler devant le monde, de peur que vos dames d'honneur ne me prissent pour un sorcier : je ne veux me découvrir qu'à vous. »

Formosante, interdite, égarée, enivrée de tant de merveilles, agitée de l'empressement de faire cent questions à la fois, lui demanda d'abord quel âge il avait. « Vingt-sept mille neuf cents ans et six mois, madame ; je suis de l'âge de la petite révolution du ciel que vos mages appellent *la précession des équinoxes,* et qui s'accomplit en près de vingt-huit mille de vos années. Il y a des révolutions infiniment plus longues : aussi nous avons des êtres beaucoup plus vieux que moi. Il y a vingt-deux mille ans que j'appris le chaldéen dans un de mes voyages ; j'ai toujours conservé beaucoup de goût pour la langue chaldéenne ; mais les autres animaux mes confrères ont renoncé à parler dans vos climats.

— Et pourquoi cela, mon divin oiseau ?

— Hélas ! c'est parce que les hommes ont pris enfin l'habitude de nous manger, au lieu de converser et de s'instruire avec nous. Les barbares! ne devaient-ils pas être convaincus qu'ayant les mêmes organes qu'eux, les mêmes sentiments, les mêmes besoins, les mêmes désirs, nous avions ce qui s'appelle *une âme* tout comme eux ; que nous étions leurs frères, et qu'il ne fallait cuire et manger que les méchants ? Nous sommes tellement vos frères que le grand Être, l'Être éternel et formateur, ayant fait un pacte avec les hommes [1], nous comprit expressément dans le traité. Il vous défendit de vous nourrir de notre sang, et à nous, de sucer le vôtre [2].

« Les fables de votre ancien Locman, traduites en tant de langues, seront un témoignage éternellement subsistant de l'heureux commerce que vous avez eu autrefois avec nous. Elles commencent toutes par ces mots : *Du temps que les bêtes parlaient* [3]. Il est vrai qu'il y a beaucoup de femmes parmi vous qui parlent toujours à leurs chiens ; mais ils ont résolu de ne point répondre depuis qu'on les a forcés à coups de fouet d'aller à la chasse, et d'être les complices du meurtre de nos anciens amis communs, les cerfs, les daims, les lièvres et les perdrix.

« Vous avez encore d'anciens poëmes dans lesquels les chevaux parlent, et vos cochers leur adressent la parole tous les jours; mais c'est avec tant de grossièreté, et en prononçant des mots si infâmes, que les chevaux, qui vous aimaient tant autrefois, vous détestent aujourd'hui.

1. Voyez le chapitre ix, v. 10 de la *Genèse ;* et le chapitre iii, v. 18 et 19 de l'*Ecclésiaste.* (*Note de Voltaire.*)
2. Chapitre ix, v. 4.
3. La Fontaine, livre IV, fable 1re.

« Le pays où demeure votre charmant inconnu, le plus parfait des hommes, est demeuré le seul où votre espèce sache encore aimer la nôtre et lui parler ; et c'est la seule contrée de la terre où les hommes soient justes.

— Et où est-il ce pays de mon cher inconnu ? Quel est le nom de ce héros ? Comment se nomme son empire ? Car je ne croirai pas plus qu'il est un berger que je ne crois que vous êtes une chauve-souris.

— Son pays, madame, est celui des Gangarides, peuple vertueux et invincible qui habite la rive orientale du Gange. Le nom de mon ami est Amazan. Il n'est pas roi, et je ne sais même s'il voudrait s'abaisser à l'être ; il aime trop ses compatriotes : il est berger comme eux. Mais n'allez pas vous imaginer que ces bergers ressemblent aux vôtres, qui, couverts à peine de lambeaux déchirés, gardent des moutons infiniment mieux habillés qu'eux ; qui gémissent sous le fardeau de la pauvreté, et qui payent à un exacteur la moitié des gages chétifs qu'ils reçoivent de leurs maîtres. Les bergers gangarides, nés tous égaux, sont les maîtres des troupeaux innombrables qui couvrent leurs prés éternellement fleuris. On ne les tue jamais : c'est un crime horrible vers le Gange de tuer et de manger son semblable. Leur laine, plus fine et plus brillante que la plus belle soie, est le plus grand commerce de l'Orient. D'ailleurs la terre des Gangarides produit tout ce qui peut flatter les désirs de l'homme. Ces gros diamants qu'Amazan a eu l'honneur de vous offrir sont d'une mine qui lui appartient. Cette licorne que vous l'avez vu monter est la monture ordinaire des Gangarides. C'est le plus bel animal, le plus fier, le plus terrible, et le plus doux qui orne la terre. Il suffirait de cent Gangarides et de cent licornes pour dissiper des armées innombrables. Il y a environ deux siècles qu'un roi des Indes fut assez fou pour vouloir conquérir cette nation : il se présenta suivi de dix mille éléphants et d'un million de guerriers. Les licornes percèrent les éléphants, comme j'ai vu sur votre table des mauviettes enfilées dans des brochettes d'or. Les guerriers tombaient sous le sabre des Gangarides comme les moissons de riz sont coupées par les mains des peuples de l'Orient. On prit le roi prisonnier avec plus de six cent mille hommes. On le baigna dans les eaux salutaires du Gange ; on le mit au régime du pays, qui consiste à ne se nourrir que de végétaux prodigués par la nature pour nourrir tout ce qui respire. Les hommes alimentés de carnage et abreuvés de liqueurs fortes ont tous un sang aigri et aduste qui les rend fous en cent manières différentes. Leur principale démence est la

fureur de verser le sang de leurs frères, et de dévaster des plaines fertiles pour régner sur des cimetières. On employa six mois entiers à guérir le roi des Indes de sa maladie. Quand les médecins eurent enfin jugé qu'il avait le pouls plus tranquille et l'esprit plus rassis, ils en donnèrent le certificat au conseil des Gangarides. Ce conseil, ayant pris l'avis des licornes, renvoya humainement le roi des Indes, sa sotte cour, et ses imbéciles guerriers, dans leur pays. Cette leçon les rendit sages, et, depuis ce temps, les Indiens respectèrent les Gangarides, comme les ignorants qui voudraient s'instruire respectent parmi vous les philosophes chaldéens, qu'ils ne peuvent égaler.

— A propos, mon cher oiseau, lui dit la princesse, y a-t-il une religion chez les Gangarides?

— S'il y en a une, madame! nous nous assemblons pour rendre grâces à Dieu, les jours de la pleine lune, les hommes dans un grand temple de cèdre, les femmes dans un autre, de peur des distractions; tous les oiseaux dans un bocage, les quadrupèdes sur une belle pelouse; nous remercions Dieu de tous les biens qu'il nous a faits. Nous avons surtout des perroquets qui prêchent à merveille.

« Telle est la patrie de mon cher Amazan; c'est là que je demeure; j'ai autant d'amitié pour lui qu'il vous a inspiré d'amour. Si vous m'en croyez, nous partirons ensemble, et vous irez lui rendre sa visite.

— Vraiment, mon oiseau, vous faites là un joli métier, répondit en souriant la princesse, qui brûlait d'envie de faire le voyage, et qui n'osait le dire.

— Je sers mon ami, dit l'oiseau; et, après le bonheur de vous aimer, le plus grand est celui de servir vos amours. »

Formosante ne savait plus où elle en était; elle se croyait transportée hors de la terre. Tout ce qu'elle avait vu dans cette journée, tout ce qu'elle voyait, tout ce qu'elle entendait, et surtout ce qu'elle sentait dans son cœur, la plongeait dans un ravissement qui passait de bien loin celui qu'éprouvent aujourd'hui les fortunés musulmans quand, dégagés de leurs liens terrestres, ils se voient dans le neuvième ciel entre les bras de leurs houris, environnés et pénétrés de la gloire et de la félicité célestes.

CHAPITRE VI.

SUITE DE LA CONVERSATION DE L'OISEAU MERVEILLEUX ET DE FORMOSANTE. MORT DE CET OISEAU. L'ORACLE EST CONSULTÉ ; SA RÉPONSE EST SI CONCISE QUE PERSONNE NE L'ENTEND.

Elle passa toute la nuit à parler d'Amazan. Elle ne l'appelait plus que son *berger*; et c'est depuis ce temps-là que les noms de *berger* et d'*amant* sont toujours employés l'un pour l'autre chez quelques nations. Tantôt elle demandait à l'oiseau si Amazan avait eu d'autres maîtresses. Il répondait que non, et elle était au comble de la joie. Tantôt elle voulait savoir à quoi il passait sa vie; et elle apprenait avec transport qu'il l'employait à faire du bien, à cultiver les arts, à pénétrer les secrets de la nature, à perfectionner son être. Tantôt elle voulait savoir si l'âme de son oiseau était de la même nature que celle de son amant; pourquoi il avait vécu près de vingt-huit mille ans, tandis que son amant n'en avait que dix-huit ou dix-neuf. Elle faisait cent questions pareilles, auxquelles l'oiseau répondait avec une discrétion qui irritait sa curiosié. Enfin, le sommeil ferma leurs yeux, et livra Formosante à la douce illusion des songes envoyés par les dieux, qui surpassent quelquefois la réalité même, et que toute la philosophie des Chaldéens a bien de la peine à expliquer.

Formosante ne s'éveilla que très-tard. Il était petit jour chez elle quand le roi son père entra dans sa chambre. L'oiseau reçut Sa Majesté avec une politesse respectueuse, alla au-devant de lui, battit des ailes, allongea son cou, et se remit sur son oranger.

Le roi s'assit sur le lit de sa fille, que ses rêves avaient encore embellie. Sa grande barbe s'approcha de ce beau visage, et après lui avoir donné deux baisers, il lui parla en ces mots : « Ma chère fille, vous n'avez pu trouver hier un mari, comme je l'espérais ; il vous en faut un pourtant : le salut de mon empire l'exige. J'ai consulté l'oracle, qui, comme vous savez, ne ment jamais, et qui dirige toute ma conduite ; il m'a ordonné de vous faire courir le monde. Il faut que vous voyagiez.

— Ah! chez les Gangarides sans doute », dit la princesse ; et en prononçant ces mots, qui lui échappaient, elle sentit bien qu'elle disait une sottise. Le roi, qui ne savait pas un mot de géographie, lui demanda ce qu'elle entendait par des Gangarides. Elle trouva aisément une défaite. Le roi lui apprit qu'il fallait faire un pèlerinage; qu'il avait nommé les personnes de sa suite, le

CHAPITRE VI.

doyen des conseillers d'État, le grand aumônier, une dame d'honneur, un médecin, un apothicaire, et son oiseau, avec tous les domestiques convenables.

Formosante, qui n'était jamais sortie du palais du roi son père, et qui jusqu'à la journée des trois rois et d'Amazan n'avait mené qu'une vie très-insipide dans l'étiquette du faste et dans l'apparence des plaisirs, fut ravie d'avoir un pèlerinage à faire. « Qui sait, disait-elle tout bas à son cœur, si les dieux n'inspireront pas à mon cher Gangaride le même désir d'aller à la même chapelle, et si je n'aurai pas le bonheur de revoir le pèlerin? » Elle remercia tendrement son père, en lui disant qu'elle avait eu toujours une secrète dévotion pour le saint chez lequel on l'envoyait.

Bélus donna un excellent dîner à ses hôtes; il n'y avait que des hommes. C'étaient tous gens fort mal assortis: rois, princes, ministres, pontifes, tous jaloux les uns des autres, tous pesant leurs paroles, tous embarrassés de leurs voisins et d'eux-mêmes. Le repas fut triste, quoiqu'on y bût beaucoup. Les princesses restèrent dans leurs appartements, occupées chacune de leur départ. Elles mangèrent à leur petit couvert. Formosante ensuite alla se promener dans les jardins avec son cher oiseau, qui, pour l'amuser, vola d'arbre en arbre en étalant sa superbe queue et son divin plumage.

Le roi d'Égypte, qui était chaud de vin, pour ne pas dire ivre, demanda un arc et des flèches à un de ses pages. Ce prince était à la vérité l'archer le plus maladroit de son royaume. Quand il tirait au blanc, la place où l'on était le plus en sûreté était le but où il visait; mais le bel oiseau, en volant aussi rapidement que la flèche, se présenta lui-même au coup, et tomba tout sanglant entre les bras de Formosante. L'Égyptien, en riant d'un sot rire, se retira dans son quartier. La princesse perça le ciel de ses cris, fondit en larmes, se meurtrit les joues et la poitrine. L'oiseau mourant lui dit tout bas : « Brûlez-moi, et ne manquez pas de porter mes cendres vers l'Arabie Heureuse, à l'orient de l'ancienne ville d'Aden ou d'Éden, et de les exposer au soleil sur un petit bûcher de girofle et de cannelle. » Après avoir proféré ces paroles, il expira. Formosante resta longtemps évanouie, et ne revit le jour que pour éclater en sanglots. Son père, partageant sa douleur et faisant des imprécations contre le roi d'Égypte, ne douta pas que cette aventure n'annonçât un avenir sinistre. Il alla vite consulter l'oracle de sa chapelle. L'oracle répondit : « Mélange de tout; mort vivant, infidélité et constance, perte et gain, calamités et bonheur. » Ni lui ni son conseil n'y purent rien comprendre; mais enfin il était satisfait d'avoir rempli ses devoirs de dévotion.

CHAPITRE VII.

FORMOSANTE REND LES HONNEURS FUNÈBRES A SON CHER OISEAU. LE ROI DE SCYTHIE ENLÈVE ALDÉE. LA BELLE PRINCESSE DE BABYLONE PART POUR L'ARABIE. DOUZE CENT MILLE HOMMES SE PRÉPARENT A DÉSOLER L'ASIE.

Sa fille, éplorée, pendant qu'il consultait l'oracle, fit rendre à l'oiseau les honneurs funèbres qu'il avait ordonnés, et résolut de le porter en Arabie au péril de ses jours. Il fut brûlé dans du lin incombustible avec l'oranger sur lequel il avait couché ; elle en recueillit la cendre dans un petit vase d'or tout entouré d'escarboucles et des diamants qu'on ôta de la gueule du lion. Que ne put-elle, au lieu d'accomplir ce devoir funeste, brûler tout en vie le détestable roi d'Égypte ! C'était là tout tout son désir. Elle fit tuer, dans son dépit, ses deux crocodiles, ses deux hippopotames, ses deux zèbres, ses deux rats, et fit jeter ses deux momies dans l'Euphrate ; si elle avait tenu son bœuf Apis, elle ne l'aurait pas épargné.

Le roi d'Égypte, outré de cet affront, partit sur-le-champ pour faire avancer ses trois cent mille hommes. Le roi des Indes, voyant partir son allié, s'en retourna le jour même, dans le ferme dessein de joindre ses trois cent mille Indiens à l'armée égyptienne. Le roi de Scythie délogea dans la nuit avec la princesse Aldée, bien résolu de venir combattre pour elle à la tête de trois cent mille Scythes, et de lui rendre l'héritage de Babylone, qui lui était dû, puisqu'elle descendait de la branche aînée.

De son côté la belle Formosante se mit en route à trois heures du matin avec sa caravane de pèlerins, se flattant bien qu'elle pourrait aller en Arabie exécuter les dernières volontés de son oiseau, et que la justice des dieux immortels lui rendrait son cher Amazan, sans qui elle ne pouvait plus vivre.

Ainsi, à son réveil, le roi de Babylone ne trouva plus personne. « Comme les grandes fêtes se terminent, disait-il, et comme elles laissent un vide étonnant dans l'âme, quand le fracas est passé. » Mais il fut transporté d'une colère vraiment royale lorsqu'il apprit qu'on avait enlevé la princesse Aldée. Il donna ordre qu'on éveillât tous ses ministres, et qu'on assemblât le conseil. En attendant qu'ils vinssent, il ne manqua pas de consulter son oracle ; mais il ne put jamais en tirer que ces paroles si célèbres depuis dans tout l'univers : *Quand on ne marie pas les filles, elles se marient elles-mêmes.*

Aussitôt l'ordre fut donné de faire marcher trois cent mille hommes contre le roi des Scythes. Voilà donc la guerre la plus terrible allumée de tous les côtés ; et elle fut produite par les plaisirs de la plus belle fête qu'on ait jamais donnée sur la terre. L'Asie allait être désolée par quatre armées de trois cent mille combattants chacune. On sent bien que la guerre de Troie, qui étonna le monde quelques siècles après, n'était qu'un jeu d'enfants en comparaison ; mais aussi on doit considérer que dans la querelle des Troyens il ne s'agissait que d'une vieille femme fort libertine qui s'était fait enlever deux fois, au lieu qu'ici il s'agissait de deux filles et d'un oiseau.

Le roi des Indes allait attendre son armée sur le grand et magnifique chemin qui conduisait alors en droiture de Babylone à Cachemire. Le roi des Scythes courait avec Aldée par la belle route qui menait au mont Immaüs. Tous ces chemins ont disparu dans la suite par le mauvais gouvernement. Le roi d'Égypte avait marché à l'occident, et s'avançait vers la petite mer Méditerranée, que les ignorants Hébreux ont depuis nommée *la Grande Mer*.

A l'égard de la belle Formosante, elle suivait le chemin de Bassora, planté de hauts palmiers qui fournissaient un ombrage éternel et des fruits dans toutes les saisons. Le temple où elle allait en pèlerinage était dans Bassora même. Le saint à qui ce temple avait été dédié était à peu près dans le goût de celui[1] qu'on adora depuis à Lampsaque. Non-seulement il procurait des maris aux filles, mais il tenait lieu souvent de mari. C'était le saint le plus fêté de toute l'Asie.

Formosante ne se souciait point du tout du saint de Bassora : elle n'invoquait que son cher berger gangaride, son bel Amazan. Elle comptait s'embarquer à Bassora, et entrer dans l'Arabie Heureuse pour faire ce que l'oiseau mort avait ordonné.

CHAPITRE VIII.

RENCONTRE MALENCONTREUSE DE FORMOSANTE DANS UNE HÔTELLERIE. DANGER QU'ELLE COURT. ARTIFICE DONT ELLE USE POUR S'EN GARANTIR. ELLE RETOURNE A BASSORA AVEC SA FEMME DE CHAMBRE.

A la troisième couchée, à peine était-elle entrée dans une hôtellerie où ses fourriers avaient tout préparé pour elle, qu'elle

1. Priape.

apprit que le roi d'Égypte y entrait aussi. Instruit de la marche de la princesse par ses espions, il avait sur-le-champ changé de route, suivi d'une nombreuse escorte. Il arrive ; il fait placer des sentinelles à toutes les portes; il monte dans la chambre de la belle Formosante, et lui dit : « Mademoiselle, c'est vous précisément que je cherchais ; vous avez fait très-peu de cas de moi lorsque j'étais à Babylone ; il est juste de punir les dédaigneuses et les capricieuses : vous aurez, s'il vous plaît, la bonté de souper avec moi ce soir ; vous n'aurez point d'autre lit que le mien, et je me conduirai avec vous selon que j'en serai content. »

Formosante vit bien qu'elle n'était pas la plus forte ; elle savait que le bon esprit consiste à se conformer à sa situation ; elle prit le parti de se délivrer du roi d'Égypte par une innocente adresse : elle le regarda du coin de l'œil, ce qui plusieurs siècles après s'est appelé *lorgner*; et voici comme elle lui parla avec une modestie, une grâce, une douceur, un embarras, et une foule de charmes qui auraient rendu fou le plus sage des hommes, et aveuglé le plus clairvoyant :

« Je vous avoue, monsieur, que je baissai toujours les yeux devant vous quand vous fîtes l'honneur au roi mon père de venir chez lui. Je craignais mon cœur, je craignais ma simplicité trop naïve : je tremblais que mon père et vos rivaux ne s'aperçussent de la préférence que je vous donnais, et que vous méritez si bien. Je puis à présent me livrer à mes sentiments. Je jure par le bœuf Apis, qui est, après vous, tout ce que je respecte le plus au monde, que vos propositions m'ont enchantée. J'ai déjà soupé avec vous chez le roi mon père ; j'y souperai encore bien ici sans qu'il soit de la partie : tout ce que je vous demande, c'est que votre grand aumônier boive avec nous, il m'a paru à Babylone un très-bon convive ; j'ai d'excellent vin de Chiras[1], je veux vous en faire goûter à tous deux. A l'égard de votre seconde proposition, elle est très-engageante; mais il ne convient pas à une fille bien née d'en parler : qu'il vous suffise de savoir que je vous regarde comme le plus grand des rois et le plus aimable des hommes. »

Ce discours fit tourner la tête au roi d'Égypte ; il voulut bien que l'aumônier fût en tiers. « J'ai encore une grâce à vous demander, lui dit la princesse ; c'est de permettre que mon apothicaire vienne me parler : les filles ont toujours de certaines petites incommodités qui demandent de certains soins, comme vapeurs de tête, battements de cœur, coliques, étouffements, auxquels il faut mettre

1. Schiraz ou Chiraz, ville de Perse, dont les vins blancs sont renommés.

un certain ordre dans de certaines circonstances ; en un mot, j'ai un besoin pressant de mon apothicaire, et j'espère que vous ne me refuserez pas cette légère marque d'amour.

— Mademoiselle, lui répondit le roi d'Égypte, quoiqu'un apothicaire ait des vues précisément opposées aux miennes, et que les objets de son art soient le contraire de ceux du mien, je sais trop bien vivre pour vous refuser une demande si juste : je vais ordonner qu'il vienne vous parler en attendant le souper, je conçois que vous devez être un peu fatiguée du voyage ; vous devez aussi avoir besoin d'une femme de chambre, vous pourrez faire venir celle qui vous agréera davantage ; j'attendrai ensuite vos ordres et votre commodité. »

Il se retira ; l'apothicaire et la femme de chambre nommée Irla arrivèrent. La princesse avait en elle une entière confiance ; elle lui ordonna de faire apporter six bouteilles de vin de Chiras pour le souper, et d'en faire boire de pareil à toutes les sentinelles qui tenaient ses officiers aux arrêts ; puis elle recommanda à l'apothicaire de faire mettre dans toutes les bouteilles certaines drogues de sa pharmacie qui faisaient dormir les gens vingt-quatre heures, et dont il était toujours pourvu. Elle fut ponctuellement obéie. Le roi revint avec le grand aumônier au bout d'une demi-heure : le souper fut très-gai ; le roi et le prêtre vidèrent les six bouteilles, et avouèrent qu'il n'y avait pas de si bon vin en Égypte ; la femme de chambre eut soin d'en faire boire aux domestiques qui avaient servi. Pour la princesse, elle eut grande attention de n'en point boire, disant que son médecin l'avait mise au régime. Tout fut bientôt endormi.

L'aumônier du roi d'Égypte avait la plus belle barbe que pût porter un homme de sa sorte. Formosante la coupa très-adroitement ; puis, l'ayant fait coudre à un petit ruban, elle l'attacha à son menton. Elle s'affubla de la robe du prêtre et de toutes les marques de sa dignité, habilla sa femme de chambre en sacristain de la déesse Isis ; enfin, s'étant munie de son urne et de ses pierreries, elle sortit de l'hôtellerie à travers les sentinelles, qui dormaient comme leur maître. La suivante avait eu soin de faire tenir à la porte deux chevaux prêts. La princesse ne pouvait mener avec elle aucun des officiers de sa suite : ils auraient été arrêtés par les grandes gardes.

Formosante et Irla passèrent à travers des haies de soldats qui, prenant la princesse pour le grand prêtre, l'appelaient *mon révérendissime père en Dieu*, et lui demandaient sa bénédiction. Les deux fugitives arrivent en vingt-quatre heures à Bassora, avant

que le roi fût éveillé. Elles quittèrent alors leur déguisement, qui eût pu donner des soupçons. Elles frétèrent au plus vite un vaisseau qui les porta, par le détroit d'Ormus, au beau rivage d'Éden, dans l'Arabie Heureuse. C'est cet Éden dont les jardins furent si renommés qu'on en fit depuis la demeure des justes; ils furent le modèle des champs Élysées, des jardins des Hespérides, et de ceux des îles Fortunées : car, dans ces climats chauds, les hommes n'imaginèrent point de plus grande béatitude que les ombrages et les murmures des eaux. Vivre éternellement dans les cieux avec l'Être suprême, ou aller se promener dans le jardin, dans le paradis, fut la même chose pour les hommes, qui parlent toujours sans s'entendre, et qui n'ont pu guère avoir encore d'idées nettes ni d'expressions justes.

CHAPITRE IX.

FORMOSANTE RESSUSCITE L'OISEAU MERVEILLEUX, ET RECONNAÎT LE PHÉNIX. ELLE PART POUR LE PAYS DES GANGARIDES DANS UN CANAPÉ. MANIÈRE AUSSI COMMODE QUE RAPIDE DONT ELLE VOYAGE.

Dès que la princesse se vit dans cette terre, son premier soin fut de rendre à son cher oiseau les honneurs funèbres qu'il avait exigés d'elle. Ses belles mains dressèrent un petit bûcher de girofle et de cannelle. Quelle fut sa surprise lorsqu'ayant répandu les cendres de l'oiseau sur ce bûcher, elle le vit s'enflammer de lui-même! Tout fut bientôt consumé. Il ne parut, à la place des cendres, qu'un gros œuf dont elle vit sortir son oiseau plus brillant qu'il ne l'avait jamais été. Ce fut le plus beau des moments que la princesse eût éprouvés dans toute sa vie; il n'y en avait qu'un qui pût lui être plus cher : elle le désirait, mais elle ne l'espérait pas.

« Je vois bien, dit-elle à l'oiseau, que vous êtes le phénix dont on m'avait tant parlé. Je suis prête à mourir d'étonnement et de joie. Je ne croyais point à la résurrection; mais mon bonheur m'en a convaincue.

— La résurrection, madame, lui dit le phénix, est la chose du monde la plus simple. Il n'est pas plus surprenant de naître deux fois qu'une. Tout est résurrection dans ce monde; les chenilles ressuscitent en papillons; un noyau mis en terre ressuscite en arbre; tous les animaux ensevelis dans la terre ressuscitent en herbes, en plantes, et nourrissent d'autres animaux dont ils font

bientôt une partie de la substance : toutes les particules qui composaient les corps sont changées en différents êtres. Il est vrai que je suis le seul à qui le puissant Orosmade ait fait la grâce de ressusciter dans sa propre nature. »

Formosante, qui, depuis le jour qu'elle vit Amazan et le phénix pour la première fois, avait passé toutes ses heures à s'étonner, lui dit : « Je conçois bien que le grand Être ait pu former de vos cendres un phénix à peu près semblable à vous ; mais que vous soyez précisément la même personne, que vous ayez la même âme, j'avoue que je ne le comprends pas bien clairement. Qu'est devenue votre âme pendant que je vous portais dans ma poche après votre mort ?

— Eh ! mon Dieu ! madame, n'est-il pas aussi facile au grand Orosmade de continuer son action sur une petite étincelle de moi-même que de commencer cette action ? Il m'avait accordé auparavant le sentiment, la mémoire et la pensée : il me les accorde encore ; qu'il ait attaché cette faveur à un atome de feu élémentaire caché dans moi, ou à l'assemblage de mes organes, cela ne fait rien au fond : le phénix et les hommes ignoreront toujours comment la chose se passe ; mais la plus grande grâce que l'Être suprême m'ait accordée est de me faire renaître pour vous. Que ne puis-je passer les vingt-huit mille ans que j'ai encore à vivre jusqu'à ma prochaine résurrection entre vous et mon cher Amazan !

— Mon phénix, lui repartit la princesse, songez que les premières paroles que vous me dîtes à Babylone, et que je n'oublierai jamais, me flattèrent de l'espérance de revoir ce cher berger que j'idolâtre : il faut absolument que nous allions ensemble chez les Gangarides, et que je le ramène à Babylone.

— C'est bien mon dessein, dit le phénix ; il n'y a pas un moment à perdre. Il faut aller trouver Amazan par le plus court chemin, c'est-à-dire par les airs. Il y a dans l'Arabie Heureuse deux griffons, mes amis intimes, qui ne demeurent qu'à cent cinquante milles d'ici : je vais leur écrire par la poste aux pigeons ; ils viendront avant la nuit. Nous aurons tout le temps de vous faire travailler un petit canapé commode avec des tiroirs où l'on mettra vos provisions de bouche. Vous serez très à votre aise dans cette voiture avec votre demoiselle. Les deux griffons sont les plus vigoureux de leur espèce ; chacun d'eux tiendra un des bras du canapé entre ses griffes ; mais, encore une fois, les moments sont chers. » Il alla sur-le-champ avec Formosante commander le canapé à un tapissier de sa connaissance. Il fut achevé en quatre heures. On mit dans les tiroirs des petits pains à la reine,

des biscuits meilleurs que ceux de Babylone, des poncires, des ananas, des cocos, des pistaches, et du vin d'Éden, qui l'emporte sur le vin de Chiras autant que celui de Chiras est au-dessus de celui de Surenne [1].

Le canapé était aussi léger que commode et solide. Les deux griffons arrivèrent dans Éden à point nommé. Formosante et Irla se placèrent dans la voiture. Les deux griffons l'enlevèrent comme une plume. Le phénix tantôt volait auprès, tantôt se perchait sur le dossier. Les deux griffons cinglèrent vers le Gange avec la rapidité d'une flèche qui fend les airs. On ne se reposait que la nuit pendant quelques moments pour manger, et pour faire boire un coup aux deux voituriers.

CHAPITRE X.

FORMOSANTE ARRIVE CHEZ LES GANGARIDES, ET DESCEND A L'HOTEL D'AMAZAN. BELLE COLLATION QU'ON LUI SERT. ELLE VISITE LA MÈRE DE SON AMANT. CONVERSATION QU'ELLES ONT ENSEMBLE. UN MERLE S'EN MÊLE AUSSI, ET CONTE L'HISTOIRE DE SES VOYAGES.

On arriva enfin chez les Gangarides. Le cœur de la princesse palpitait d'espérance, d'amour et de joie. Le phénix fit arrêter la voiture devant la maison d'Amazan : il demande à lui parler ; mais il y avait trois heures qu'il en était parti, sans qu'on sût où il était allé.

Il n'y a point de termes dans la langue même des Gangarides qui puissent exprimer le désespoir dont Formosante fut accablée. « Hélas ! voilà ce que j'avais craint, dit le phénix ; les trois heures que vous avez passées dans votre hôtellerie sur le chemin de Bassora avec ce malheureux roi d'Égypte vous ont enlevé peut-être pour jamais le bonheur de votre vie : j'ai bien peur que nous n'ayons perdu Amazan sans retour. »

1. Les vins de Surenne sont passés en proverbe. On croit assez communément qu'il s'agit des vins que produit le territoire du village de ce nom, qui est près de Paris. M. de Musset Pathay, auteur de la *Bibliographie agronomique*, publiée en 1810, nous apprend que : « Il y a aux environs de Vendôme, dans l'ancien patrimoine de Henri IV, une espèce de raisin que, dans le pays, on appelle *suren*; il produit un vin blanc très-agréable à boire.... Henri IV faisait venir de ce vin à la cour; il le trouvait très-bon. C'en fut assez pour qu'il parût délicieux aux courtisans ; et l'on but pendant le règne de ce monarque du vin de *suren*.... Louis XIII n'ayant pas pour le *suren* la prédilection du roi son père, ce vin passa de mode et perdit sa renommée. » L'erreur générale provient donc d'une homonymie. (B.)

Alors il demanda aux domestiques si on pouvait saluer madame sa mère. Ils répondirent que son mari était mort l'avant-veille, et qu'elle ne voyait personne. Le phénix, qui avait du crédit dans la maison, ne laissa pas de faire entrer la princesse de Babylone dans un salon dont les murs étaient revêtus de bois d'oranger à filets d'ivoire ; les sous-bergers et sous-bergères, en longues robes blanches, ceintes de garnitures aurore, lui servirent dans cent corbeilles de simple porcelaine cent mets délicieux, parmi lesquels on ne voyait aucun cadavre déguisé : c'était du riz, du sagou, de la semoule, du vermicelle, des macaronis, des omelettes, des œufs au lait, des fromages à la crème, des pâtisseries de toute espèce, des légumes, des fruits d'un parfum et d'un goût dont on n'a point d'idée dans les autres climats; c'était une profusion de liqueurs rafraîchissantes, supérieures aux meilleurs vins.

Pendant que la princesse mangeait, couchée sur un lit de roses, quatre pavons, ou paons, ou pans, heureusement muets, l'éventaient de leurs brillantes ailes ; deux cents oiseaux, cent bergers et cent bergères, lui donnèrent un concert à deux chœurs ; les rossignols, les serins, les fauvettes, les pinsons, chantaient le dessus avec les bergères ; les bergers faisaient la haute-contre et la basse : c'était en tout la belle et simple nature. La princesse avoua que, s'il y avait plus de magnificence à Babylone, la nature était mille fois plus agréable chez les Gangarides; mais, pendant qu'on lui donnait cette musique si consolante et si voluptueuse, elle versait des larmes ; elle disait à la jeune Irla sa compagne : « Ces bergers et ces bergères, ces rossignols et ces serins font l'amour, et moi, je suis privée du héros gangaride, digne objet de mes très-tendres et très-impatients désirs. »

Pendant qu'elle faisait ainsi collation, qu'elle admirait et qu'elle pleurait, le phénix disait à la mère d'Amazan : « Madame, vous ne pouvez vous dispenser de voir la princesse de Babylone; vous savez...

— Je sais tout, dit-elle, jusqu'à son aventure dans l'hôtellerie sur le chemin de Bassora ; un merle m'a tout conté ce matin ; et ce cruel merle est cause que mon fils, au désespoir, est devenu fou, et a quitté la maison paternelle.

— Vous ne savez donc pas, reprit le phénix, que la princesse m'a ressuscité ?

— Non, mon cher enfant ; je savais par le merle que vous étiez mort, et j'en étais inconsolable. J'étais si affligée de cette perte, de la mort de mon mari, et du départ précipité de mon fils, que j'avais fait défendre ma porte ; mais puisque la princesse de

Babylone me fait l'honneur de me venir voir, faites-la entrer au plus vite; j'ai des choses de la dernière conséquence à lui dire, et je veux que vous y soyez présent. » Elle alla aussitôt dans un autre salon au-devant de la princesse. Elle ne marchait pas facilement : c'était une dame d'environ trois cents années ; mais elle avait encore de beaux restes, et on voyait bien que vers les deux cent trente à quarante ans elle avait été charmante. Elle reçut Formosante avec une noblesse respectueuse, mêlée d'un air d'intérêt et de douleur qui fit sur la princesse une vive impression.

Formosante lui fit d'abord ses tristes compliments sur la mort de son mari. « Hélas ! dit la veuve, vous devez vous intéresser à sa perte plus que vous ne pensez.

— J'en suis touchée sans doute, dit Formosante; il était le père de..... » A ces mots elle pleura. « Je n'étais venue que pour lui et à travers bien des dangers. J'ai quitté pour lui mon père et la plus brillante cour de l'univers ; j'ai été enlevée par un roi d'Égypte, que je déteste. Échappée à ce ravisseur, j'ai traversé les airs pour venir voir ce que j'aime; j'arrive, et il me fuit ! » Les pleurs et les sanglots l'empêchèrent d'en dire davantage.

La mère lui dit alors : « Madame, lorsque le roi d'Égypte vous ravissait, lorsque vous soupiez avec lui dans un cabaret sur le chemin de Bassora, lorsque vos belles mains lui versaient du vin de Chiras, vous souvenez-vous d'avoir vu un merle qui voltigeait dans la chambre ?

— Vraiment oui, vous m'en rappelez la mémoire ; je n'y avais pas fait d'attention ; mais, en recueillant mes idées, je me souviens très-bien qu'au moment où le roi d'Égypte se leva de table pour me donner un baiser, le merle s'envola par la fenêtre en jetant un grand cri, et ne reparut plus.

— Hélas ! madame, reprit la mère d'Amazan, voilà ce qui fait précisément le sujet de nos malheurs ; mon fils avait envoyé ce merle s'informer de l'état de votre santé et de tout ce qui se passait à Babylone ; il comptait revenir bientôt se mettre à vos pieds et vous consacrer sa vie. Vous ne savez pas à quel excès il vous adore. Tous les Gangarides sont amoureux et fidèles ; mais mon fils est le plus passionné et le plus constant de tous. Le merle vous rencontra dans un cabaret ; vous buviez très-gaiement avec le roi d'Égypte et un vilain prêtre ; il vous vit enfin donner un tendre baiser à ce monarque, qui avait tué le phénix, et pour qui mon fils conserve une horreur invincible. Le merle à cette vue fut saisi d'une juste indignation ; il s'envola en maudissant vos funestes amours ; il est revenu aujourd'hui, il a tout conté ;

mais dans quels moments, juste ciel! dans le temps où mon fils pleurait avec moi la mort de son père et celle du phénix ; dans le temps qu'il apprenait de moi qu'il est votre cousin issu de germain !

— O ciel! mon cousin! madame, est-il possible? par quelle aventure? comment? quoi! je serais heureuse à ce point! et je serais en même temps assez infortunée pour l'avoir offensé!

CHAPITRE XI.

SUITE DU PRÉCÉDENT. FORMOSANTE EST CONVAINCUE QUE SON AMANT EST SON COUSIN. TOUS LES MERLES SONT EXILÉS DES BORDS DU GANGE. ELLE PREND AUSSITÔT LA POSTE POUR LE REJOINDRE A LA CHINE.

— Mon fils est votre cousin, vous dis-je, reprit la mère, et je vais bientôt vous en donner la preuve ; mais en devenant ma parente vous m'arrachez mon fils ; il ne pourra survivre à la douleur que lui a causée votre baiser donné au roi d'Égypte.

— Ah! ma tante, s'écria la belle Formosante, je jure par lui et par le puissant Orosmade que ce baiser funeste, loin d'être criminel, était la plus forte preuve d'amour que je pusse donner à votre fils. Je désobéissais à mon père pour lui. J'allais pour lui de l'Euphrate au Gange. Tombée entre les mains de l'indigne pharaon d'Égypte, je ne pouvais lui échapper qu'en le trompant. J'en atteste les cendres et l'âme du phénix, qui étaient alors dans ma poche ; il peut me rendre justice ; mais comment votre fils, né sur les bords du Gange, peut-il être mon cousin, moi dont la famille règne sur les bords de l'Euphrate depuis tant de siècles ?

— Vous savez, lui dit la vénérable Gangaride, que votre grand-oncle Aldée était roi de Babylone, et qu'il fut détrôné par le père de Bélus.

— Oui, madame.

— Vous savez que son fils Aldée avait eu de son mariage la princesse Aldée, élevée dans votre cour. C'est ce prince, qui, étant persécuté par votre père, vint se réfugier dans notre heureuse contrée, sous un autre nom ; c'est lui qui m'épousa ; j'en ai eu le jeune prince Aldée-Amazan, le plus beau, le plus fort, le plus courageux, le plus vertueux des mortels, et aujourd'hui le plus fou. Il alla aux fêtes de Babylone sur la réputation de votre beauté : depuis ce temps-là il vous idolâtre, et peut-être je ne reverrai jamais mon cher fils. »

Alors elle fit déployer devant la princesse tous les titres de la

maison des Aldées; à peine Formosante daigna les regarder. « Ah! madame, s'écria-t-elle, examine-t-on ce qu'on désire? Mon cœur vous en croit assez. Mais où est Aldée-Amazan? où est mon parent, mon amant, mon roi? où est ma vie? quel chemin a-t-il pris? J'irais le chercher dans tous les globes que l'Éternel a formés, et dont il est le plus bel ornement. J'irais dans l'étoile *Canope,* dans *Sheat,* dans *Aldebaram;* j'irais le convaincre de mon amour et de mon innocence. »

Le phénix justifia la princesse du crime que lui imputait le merle d'avoir donné par amour un baiser au roi d'Égypte; mais il fallait détromper Amazan et le ramener. Il envoie des oiseaux sur tous les chemins; il met en campagne les licornes: on lui rapporte enfin qu'Amazan a pris la route de la Chine. « Eh bien! allons à la Chine, s'écria la princesse; le voyage n'est pas long; j'espère bien vous ramener votre fils dans quinze jours au plus tard. » A ces mots, que de larmes de tendresse versèrent la mère gangaride et la princesse de Babylone! que d'embrassements! que d'effusion de cœur!

Le phénix commanda sur-le-champ un carrosse à six licornes. La mère fournit deux cents cavaliers, et fit présent à la princesse, sa nièce, de quelques milliers des plus beaux diamants du pays. Le phénix, affligé du mal que l'indiscrétion du merle avait causé, fit ordonner à tous les merles de vider le pays; et c'est depuis ce temps qu'il ne s'en trouve plus sur les bords du Gange.

CHAPITRE XII.

FORMOSANTE ET SA FEMME DE CHAMBRE ARRIVENT A LA CHINE; CE QU'ELLE Y VOIT DE REMARQUABLE; BEAU TRAIT DE FIDÉLITÉ D'AMAZAN. ELLE PART POUR LA SCYTHIE, OU ELLE RENCONTRE SA COUSINE ALDÉE. AMITIÉS RÉCIPROQUES QU'ELLES SE FONT SANS S'AIMER.

Les licornes, en moins de huit jours, amenèrent Formosante, Irla, et le phénix, à Cambalu, capitale de la Chine. C'était une ville plus grande que Babylone, et d'une espèce de magnificence toute différente. Ces nouveaux objets, ces mœurs nouvelles, auraient amusé Formosante si elle avait pu être occupée d'autre chose que d'Amazan.

Dès que l'empereur de la Chine eut appris que la princesse de Babylone était à une porte de la ville, il lui dépêcha quatre mille mandarins en robes de cérémonie; tous se prosternèrent

devant elle, et lui présentèrent chacun un compliment écrit en lettres d'or sur une feuille de soie pourpre. Formosante leur dit que si elle avait quatre mille langues, elle ne manquerait pas de répondre sur-le-champ à chaque mandarin; mais que, n'en ayant qu'une, elle les priait de trouver bon qu'elle s'en servît pour les remercier tous en général. Ils la conduisirent respectueusement chez l'empereur.

C'était le monarque de la terre le plus juste, le plus poli, et le plus sage. Ce fut lui qui, le premier, laboura un petit champ de ses mains impériales, pour rendre l'agriculture respectable à son peuple. Il établit, le premier, des prix pour la vertu. Les lois, partout ailleurs, étaient honteusement bornées à punir les crimes. Cet empereur venait de chasser de ses États une troupe de bonzes étrangers[1] qui étaient venus du fond de l'Occident, dans l'espoir insensé de forcer toute la Chine à penser comme eux, et qui, sous prétexte d'annoncer des vérités, avaient acquis déjà des richesses et des honneurs. Il leur avait dit, en les chassant, ces propres paroles enregistrées dans les annales de l'empire:

« Vous pourriez faire ici autant de mal que vous en avez fait ailleurs: vous êtes venus prêcher des dogmes d'intolérance chez la nation la plus tolérante de la terre. Je vous renvoie pour n'être jamais forcé de vous punir. Vous serez reconduits honorablement sur mes frontières; on vous fournira tout pour retourner aux bornes de l'hémisphère dont vous êtes partis. Allez en paix si vous pouvez être en paix, et ne revenez plus. »

La princesse de Babylone apprit avec joie ce jugement et ce discours; elle en était plus sûre d'être bien reçue à la cour, puisqu'elle était très-éloignée d'avoir des dogmes intolérants. L'empereur de la Chine, en dînant avec elle tête à tête, eut la politesse de bannir l'embarras de toute étiquette gênante; elle lui présenta le phénix, qui fut très-caressé de l'empereur, et qui se percha sur son fauteuil. Formosante, sur la fin du repas, lui confia ingénument le sujet de son voyage, et le pria de faire chercher dans Cambalu le bel Amazan, dont elle lui conta l'aventure, sans lui rien cacher de la fatale passion dont son cœur était enflammé pour ce jeune héros. « A qui en parlez-vous? lui dit l'empereur de la Chine; il m'a fait le plaisir de venir dans ma cour; il m'a enchanté, cet aimable Amazan: il est vrai qu'il est profondément affligé; mais ses grâces n'en sont que plus

1. Les jésuites; Voltaire a composé une *Relation du bannissement des jésuites de la Chine;* voyez les *Mélanges,* année 1768; et tome XVIII, page 152.

touchantes; aucun de mes favoris n'a plus d'esprit que lui; nul mandarin de robe n'a de plus vastes connaissances; nul mandarin d'épée n'a l'air plus martial et plus héroïque ; son extrême jeunesse donne un nouveau prix à tous ses talents; si j'étais assez malheureux, assez abandonné du Tien et du Changti pour vouloir être conquérant, je prierais Amazan de se mettre à la tête de mes armées, et je serais sûr de triompher de l'univers entier. C'est bien dommage que son chagrin lui dérange quelquefois l'esprit.

— Ah! monsieur, lui dit Formosante avec un air enflammé et un ton de douleur, de saisissement et de reproche, pourquoi ne m'avez-vous pas fait dîner avec lui? Vous me faites mourir; envoyez-le prier tout à l'heure,

— Madame, il est parti ce matin, et il n'a point dit dans quelle contrée il portait ses pas. »

Formosante se tourna vers le phénix: « Eh bien, dit-elle, phénix, avez-vous jamais vu une fille plus malheureuse que moi? Mais, monsieur, continua-t-elle, comment, pourquoi a-t-il pu quitter si brusquement une cour aussi polie que la vôtre, dans laquelle il me semble qu'on voudrait passer sa vie?

— Voici, madame, ce qui est arrivé. Une princesse du sang, des plus aimables, s'est éprise de passion pour lui, et lui a donné un rendez-vous chez elle à midi; il est parti au point du jour, et et il a laissé ce billet, qui a coûté bien des larmes à ma parente.

« Belle princesse du sang de la Chine, vous méritez un cœur
« qui n'ait jamais été qu'à vous ; j'ai juré aux dieux immortels de
« n'aimer jamais que Formosante, princesse de Babylone, et de
« lui apprendre comment on peut dompter ses désirs dans ses
« voyages; elle a eu le malheur de succomber avec un indigne
« roi d'Égypte : je suis le plus malheureux des hommes ; j'ai perdu
« mon père et le phénix, et l'espérance d'être aimé de Formosante ;
« j'ai quitté ma mère affligée, ma patrie, ne pouvant vivre un
« moment dans les lieux où j'ai appris que Formosante en aimait
« un autre que moi; j'ai juré de parcourir la terre et d'être fidèle.
« Vous me mépriseriez, et les dieux me puniraient, si je violais mon
« serment; prenez un amant, madame, et soyez aussi fidèle que
« moi. »

— Ah! laissez-moi cette étonnante lettre, dit la belle Formosante, elle fera ma consolation; je suis heureuse dans mon infortune. Amazan m'aime; Amazan renonce pour moi à la possession des princesses de la Chine; il n'y a que lui sur la terre capable de remporter une telle victoire; il me donne un grand exemple;

le phénix sait que je n'en avais pas besoin ; il est bien cruel d'être privée de son amant pour le plus innocent des baisers donné par pure fidélité. Mais enfin où est-il allé ? quel chemin a-t-il pris ? daignez me l'enseigner, et je pars. »

L'empereur de la Chine lui répondit qu'il croyait, sur les rapports qu'on lui avait faits, que son amant avait suivi une route qui menait en Scythie. Aussitôt les licornes furent attelées, et la princesse, après les plus tendres compliments, prit congé de l'empereur avec le phénix, sa femme de chambre Irla, et toute sa suite.

Dès qu'elle fut en Scythie, elle vit plus que jamais combien les hommes et les gouvernements diffèrent, et différeront toujours jusqu'au temps où quelque peuple plus éclairé que les autres communiquera la lumière de proche en proche après mille siècles de ténèbres, et qu'il se trouvera dans des climats barbares des âmes héroïques qui auront la force et la persévérance de changer les brutes en hommes. Point de villes en Scythie, par conséquent point d'arts agréables. On ne voyait que de vastes prairies et des nations entières sous des tentes et sur des chars. Cet aspect imprimait la terreur. Formosante demanda dans quelle tente ou dans quelle charrette logeait le roi. On lui dit que depuis huit jours il s'était mis en marche à la tête de trois cent mille hommes de cavalerie pour aller à la rencontre du roi de Babylone, dont il avait enlevé la nièce, la belle princesse Aldée. « Il a enlevé ma cousine ! s'écria Formosante ; je ne m'attendais pas à cette nouvelle aventure. Quoi ! ma cousine, qui était trop heureuse de me faire la cour, est devenue reine, et je ne suis pas encore mariée ! » Elle se fit conduire incontinent aux tentes de la reine.

Leur réunion inespérée dans ces climats lointains, les choses singulières qu'elles avaient mutuellement à s'apprendre, mirent dans leur entrevue un charme qui leur fit oublier qu'elles ne s'étaient jamais aimées ; elles se revirent avec transport ; une douce illusion se mit à la place de la vraie tendresse ; elles s'embrassèrent en pleurant, et il y eut même entre elles de la cordialité et de la franchise, attendu que l'entrevue ne se faisait pas dans un palais.

Aldée reconnut le phénix et la confidente Irla ; elle donna des fourrures de zibeline à sa cousine, qui lui donna des diamants. On parla de la guerre que les deux rois entreprenaient ; on déplora la condition des hommes, que des monarques envoient par fantaisie s'égorger pour des différends que deux honnêtes gens pourraient concilier en une heure ; mais surtout on s'entretint

du bel étranger vainqueur des lions, donneur des plus gros diamants de l'univers, faiseur de madrigaux, possesseur du phénix, devenu le plus malheureux des hommes sur le rapport d'un merle.

« C'est mon cher frère, disait Aldée.

— C'est mon amant! s'écriait Formosante; vous l'avez vu sans doute, il est peut-être encore ici; car, ma cousine, il sait qu'il est votre frère; il ne vous aura pas quittée brusquement comme il a quitté le roi de la Chine.

— Si je l'ai vu, grands dieux! reprit Aldée; il a passé quatre jours entiers avec moi. Ah! ma cousine, que mon frère est à plaindre! Un faux rapport l'a rendu absolument fou; il court le monde sans savoir où il va. Figurez-vous qu'il a poussé la démence jusqu'à refuser les faveurs de la plus belle Scythe de toute la Scythie. Il partit hier après lui avoir écrit une lettre dont elle a été désespérée. Pour lui, il est allé chez les Cimmériens.

— Dieu soit loué! s'écria Formosante; encore un refus en ma faveur! mon bonheur a passé mon espoir, comme mon malheur a surpassé toutes mes craintes. Faites-moi donner cette lettre charmante, que je parte, que je le suive, les mains pleines de ses sacrifices. Adieu, ma cousine; Amazan est chez les Cimmériens: j'y vole. »

Aldée trouva que la princesse sa cousine était encore plus folle que son frère Amazan; mais comme elle avait senti elle-même les atteintes de cette épidémie, comme elle avait quitté les délices et la magnificence de Babylone pour le roi des Scythes, comme les femmes s'intéressent toujours aux folies dont l'amour est cause, elle s'attendrit véritablement pour Formosante, lui souhaita un heureux voyage, et lui promit de servir sa passion si jamais elle était assez heureuse pour revoir son frère.

CHAPITRE XIII.

ARRIVÉE DE LA BELLE BABYLONIENNE DANS L'EMPIRE DES CIMMÉRIENS. RÉCEPTION QU'ON LUI FAIT. ÉLOGE DE L'IMPÉRATRICE DES CIMMÉRIENS. NOUVELLE FIDÉLITÉ D'AMAZAN.

Bientôt la princesse de Babylone et le phénix arrivèrent dans l'empire des Cimmériens[1], bien moins peuplé, à la vérité, que la Chine, mais deux fois plus étendu; autrefois semblable à la

1. La Russie.

Scythie, et devenu depuis quelque temps aussi florissant que les royaumes qui se vantaient d'instruire les autres États.

Après quelques jours de marche on entra dans une très-grande ville[1] que l'impératrice régnante[2] faisait embellir; mais elle n'y était pas : elle voyageait alors des frontières de l'Europe à celles de l'Asie pour connaître ses États par ses yeux, pour juger des maux et porter les remèdes, pour accroître les avantages, pour semer l'instruction.

Un des principaux officiers de cette ancienne capitale, instruit de l'arrivée de la Babylonienne et du phénix, s'empressa de rendre ses hommages à la princesse, et de lui faire les honneurs du pays, bien sûr que sa maîtresse, qui était la plus polie et la plus magnifique des reines, lui saurait gré d'avoir reçu une si grande dame avec les mêmes égards qu'elle aurait prodigués elle-même.

On logea Formosante au palais, dont on écarta une foule importune de peuple; on lui donna des fêtes ingénieuses. Le seigneur cimmérien, qui était un grand naturaliste, s'entretint beaucoup avec le phénix dans les temps où la princesse était retirée dans son appartement. Le phénix lui avoua qu'il avait autrefois voyagé chez les Cimmériens, et qu'il ne reconnaissait plus le pays. « Comment de si prodigieux changements, disait-il, ont-ils pu être opérés dans un temps si court? Il n'y a pas trois cents ans que je vis ici la nature sauvage dans toute son horreur; j'y trouve aujourd'hui les arts, la splendeur, la gloire et la politesse.

— Un seul homme[3] a commencé ce grand ouvrage, répondit le Cimmérien; une femme l'a perfectionné; une femme a été meilleure législatrice que l'Isis des Égyptiens et la Cérès des Grecs La plupart des législateurs ont eu un génie étroit et despotique qui a resserré leurs vues dans le pays qu'ils ont gouverné; chacun a regardé son peuple comme étant seul sur la terre, ou comme devant être l'ennemi du reste de la terre. Ils ont formé des institutions pour ce seul peuple, introduit des usages pour lui seul, établi une religion pour lui seul. C'est ainsi que les Égyptiens, si fameux par des monceaux de pierres, se sont abrutis et déshonorés par leurs superstitions barbares. Ils croient les autres nations profanes, ils ne communiquent point avec elles; et, excepté la cour, qui s'élève quelquefois au-dessus des préjugés vulgaires, il n'y a pas un Égyptien qui voulût manger dans un plat dont un

1. Moscou.
2. Catherine II a régné de 1762 à 1796.
3. Pierre I^{er}; son histoire est au tome XVI de la présente édition.

étranger se serait servi. Leurs prêtres sont cruels et absurdes. Il vaudrait mieux n'avoir point de lois, et n'écouter que la nature, qui a gravé dans nos cœurs les caractères du juste et de l'injuste, que de soumettre la société à des lois si insociables.

« Notre impératrice embrasse des projets entièrement opposés : elle considère son vaste État, sur lequel tous les méridiens viennent se joindre, comme devant correspondre à tous les peuples qui habitent sous ces différents méridiens. La première de ses lois a été la tolérance de toutes les religions, et la compassion pour toutes les erreurs. Son puissant génie a connu que si les cultes sont différents, la morale est partout la même ; par ce principe elle a lié sa nation à toutes les nations du monde, et les Cimmériens vont regarder le Scandinavien et le Chinois comme leurs frères. Elle a fait plus : elle a voulu que cette précieuse tolérance, le premier lien des hommes, s'établît chez ses voisins[1] ; ainsi elle a mérité le titre de mère de la patrie, et elle aura celui de bienfaitrice du genre humain, si elle persévère.

« Avant elle, des hommes malheureusement puissants envoyaient des troupes de meurtriers ravir à des peuplades inconnues et arroser de leur sang les héritages de leurs pères : on appelait ces assassins des héros ; leur brigandage était de la gloire. Notre souveraine a une autre gloire : elle a fait marcher des armées pour apporter la paix, pour empêcher les hommes de se nuire, pour les forcer à se supporter les uns les autres ; et ses étendards ont été ceux de la concorde publique. »

Le phénix, enchanté de tout ce que lui apprenait ce seigneur, lui dit : « Monsieur, il y a vingt-sept mille neuf cents années et sept mois que je suis au monde ; je n'ai encore rien vu de comparable à ce que vous me faites entendre. » Il lui demanda des nouvelles de son ami Amazan ; le Cimmérien lui conta les mêmes choses qu'on avait dites à la princesse chez les Chinois et chez les Scythes. Amazan s'enfuyait de toutes les cours qu'il visitait sitôt qu'une dame lui avait donné un rendez-vous auquel il craignait de succomber. Le phénix instruisit bientôt Formosante de cette nouvelle marque de fidélité qu'Amazan lui donnait : fidélité d'autant plus étonnante qu'il ne pouvait pas soupçonner que sa princesse en fût jamais informée.

1. Il s'agit ici des affaires polonaises. Voyez l'*Essai sur les dissensions des Églises de Pologne*, dans les *Fragments sur l'Histoire*.

CHAPITRE XIV.

AMAZAN PASSE EN SCANDINAVIE, EN SARMATIE. CE QU'IL VOIT DANS CES CONTRÉES, AINSI QU'EN GERMANIE. IL DONNE PARTOUT L'EXEMPLE DE LA FIDÉLITÉ.

Il était parti pour la Scandinavie[1]. Ce fut dans ces climats que des spectacles nouveaux frappèrent encore ses yeux. Ici la royauté et la liberté subsistaient ensemble par un accord qui paraît impossible dans d'autres États ; les agriculteurs avaient part à la législation, aussi bien que les grands du royaume ; et un jeune prince[2] donnait les plus grandes espérances d'être digne de commander à une nation libre. Là c'était quelque chose de plus étrange : le seul roi[3] qui fût despotique de droit sur la terre par un contrat formel avec son peuple était en même temps le plus jeune et le plus juste des rois.

Chez les Sarmates[4], Amazan vit un philosophe[5] sur le trône : on pouvait l'appeler le roi de l'anarchie, car il était le chef de cent mille petits rois dont un seul pouvait d'un mot anéantir les résolutions de tous les autres. Éole n'avait pas plus de peine à contenir tous les vents, qui se combattent sans cesse, que ce monarque n'en avait à concilier les esprits : c'était un pilote environné d'un éternel orage ; et cependant le vaisseau ne se brisait pas, car le prince était un excellent pilote.

En parcourant tous ces pays si différents de sa patrie, Amazan refusait constamment toutes les bonnes fortunes qui se présentaient à lui, toujours désespéré du baiser que Formosante avait donné au roi d'Égypte, toujours affermi dans son inconcevable résolution de donner à Formosante l'exemple d'une fidélité unique et inébranlable.

La princesse de Babylone avec le phénix le suivait partout à la piste, et ne le manquait jamais que d'un jour ou deux, sans que l'un se lassât de courir, et sans que l'autre perdît un moment à le suivre.

1. La Suède.
2. Le prince royal, qui, trois ans plus tard, fut Gustave III.
3. Le roi de Danemark Christian VII.
4. En Pologne.
5. Stanislas Poniatowski, né en 1732, élu roi de Pologne en 1764. Ce fut sous son règne qu'eurent lieu (depuis la publication de *la Princesse de Babylone*) : en 1773, le démembrement, ou premier partage ; et vingt ans après, le second partage, ou anéantissement de la Pologne. Stanislas mourut en 1798.

Ils traversèrent ainsi toute la Germanie ; ils admirèrent les progrès que la raison et la philosophie faisaient dans le Nord : tous les princes y étaient instruits, tous autorisaient la liberté de penser ; leur éducation n'avait point été confiée à des hommes qui eussent intérêt de les tromper, ou qui fussent trompés eux-mêmes : on les avait élevés dans la connaissance de la morale universelle, et dans le mépris des superstitions ; on avait banni dans tous ces États un usage insensé, qui énervait et dépeuplait plusieurs pays méridionaux : cette coutume était d'enterrer tout vivants, dans de vastes cachots, un nombre infini des deux sexes éternellement séparés l'un de l'autre, et de leur faire jurer de n'avoir jamais de communication ensemble. Cet excès de démence, accrédité pendant des siècles, avait dévasté la terre autant que les guerres les plus cruelles.

Les princes du Nord avaient à la fin compris que, si on voulait avoir des haras, il ne fallait pas séparer les plus forts chevaux des cavales. Ils avaient détruit aussi des erreurs non moins bizarres et non moins pernicieuses. Enfin les hommes osaient être raisonnables dans ces vastes pays, tandis qu'ailleurs on croyait encore qu'on ne peut les gouverner qu'autant qu'ils sont imbéciles.

CHAPITRE XV.

FORMOSANTE, SUIVANT TOUJOURS SON AMANT, MANQUE DE L'ATTEINDRE CHEZ LES BATAVES. ELLE VEUT PASSER, APRÈS LUI, DANS L'ÎLE D'ALBION ; MAIS MALHEUREUSEMENT DES VENTS CONTRAIRES LA RETIENNENT AU PORT.

Amazan arriva chez les Bataves ; son cœur éprouva dans son chagrin une douce satisfaction d'y retrouver quelque faible image du pays des heureux Gangarides ; la liberté, l'égalité, la propreté, l'abondance, la tolérance ; mais les dames du pays étaient si froides qu'aucune ne lui fit d'avances comme on lui en avait fait partout ailleurs ; il n'eut pas la peine de résister. S'il avait voulu attaquer ces dames, il les aurait toutes subjuguées l'une après l'autre, sans être aimé d'aucune ; mais il était bien éloigné de songer à faire des conquêtes.

Formosante fut sur le point de l'attraper chez cette nation insipide : il ne s'en fallut que d'un moment.

Amazan avait entendu parler chez les Bataves avec tant d'éloges d'une certaine île, nommée Albion, qu'il s'était déterminé

à s'embarquer, lui et ses licornes, sur un vaisseau qui, par un vent d'orient favorable, l'avait porté en quatre heures au rivage de cette terre plus célèbre que Tyr et que l'île Atlantide.

La belle Formosante, qui l'avait suivi au bord de la Duina, de la Vistule, de l'Elbe, du Véser, arrive enfin aux bouches du Rhin, qui portait alors ses eaux rapides dans la mer Germanique.

Elle apprend que son cher amant a vogué aux côtes d'Albion; elle croit voir son vaisseau; elle pousse des cris de joie dont toutes les dames bataves furent surprises, n'imaginant pas qu'un jeune homme pût causer tant de joie; et à l'égard du phénix, elles n'en firent pas grand cas, parce qu'elles jugèrent que ses plumes ne pourraient probablement se vendre aussi bien que celles des canards et des oisons de leurs marais. La princesse de Babylone loua ou nolisa deux vaisseaux pour la transporter avec tout son monde dans cette bienheureuse île, qui allait posséder l'unique objet de tous ses désirs, l'âme de sa vie, le dieu de son cœur.

Un vent funeste d'occident s'éleva tout à coup dans le moment même où le fidèle et malheureux Amazan mettait pied à terre en Albion : les vaisseaux de la princesse de Babylone ne purent démarrer. Un serrement de cœur, une douleur amère, une mélancolie profonde, saisirent Formosante : elle se mit au lit, dans sa douleur, en attendant que le vent changeât; mais il souffla huit jours entiers avec une violence desespérante. La princesse, pendant ce siècle de huit jours, se faisait lire par Irla des romans : ce n'est pas que les Bataves en sussent faire; mais, comme ils étaient les facteurs de l'univers, ils vendaient l'esprit des autres nations, ainsi que leurs denrées. La princesse fit acheter chez Marc-Michel Rey[1] tous les contes que l'on avait écrits chez les Ausoniens et chez les Welches[2], et dont le débit était défendu sagement chez ces peuples pour enrichir les Bataves; elle espérait qu'elle trouverait dans ces histoires quelque aventure qui ressemblerait à la sienne, et qui charmerait sa douleur. Irla lisait, le phénix disait son avis, et la princesse ne trouvait rien dans *la Paysanne parvenue*, ni dans *Tansaï*, ni dans *le Sofa*, ni dans *les Quatre Facardins*[3], qui eût le moindre rapport à ses aventures;

1. Libraire d'Amsterdam.
2. En Italie et en France.
3. Dans l'édition de 1768 avec sommaires, au lieu de ces mots : *ni dans les Quatre Facardins*, on lit : *ni dans Candide*. Cette variante est-elle une épigramme d'un ennemi de Voltaire? est-ce une plaisanterie de Voltaire pour donner l'idée qu'il n'était pas l'auteur de *la Princesse de Babylone?* Je n'ose prononcer. (B.) — *La Paysanne parvenue* est du chevalier de Mouhy; *Tansaï* et *le Sofa* sont de Crébillon fils, et Hamilton est auteur des *Quatre Facardins*.

elle interrompait à tout moment la lecture pour demander de quel côté venait le vent.

CHAPITRE XVI.

AMAZAN RENCONTRE SUR LA ROUTE D'ALBION UN MILORD AUQUEL IL REND SERVICE. SINGULIÈRE CONVERSATION QU'ILS ONT ENSEMBLE. LA FEMME DU MILORD ALBIONIEN DEVIENT AMOUREUSE D'AMAZAN.

Cependant Amazan était déjà sur le chemin de la capitale d'Albion, dans son carrosse à six licornes, et rêvait à sa princesse. Il aperçut un équipage versé dans un fossé; les domestiques s'étaient écartés pour aller chercher du secours; le maître de l'équipage restait tranquillement dans sa voiture, ne témoignant pas la plus légère impatience, et s'amusant à fumer, car on fumait alors : il se nommait milord *What-then*, ce qui signifie à peu près milord *Qu'importe* en la langue dans laquelle je traduis ces mémoires.

Amazan se précipita pour lui rendre service; il releva tout seul la voiture, tant sa force était supérieure à celle des autres hommes. Milord Qu'importe se contenta de dire : « Voilà un homme bien vigoureux. »

Des rustres du voisinage, étant accourus, se mirent en colère de ce qu'on les avait fait venir inutilement, et s'en prirent à l'étranger : ils le menacèrent en l'appelant *chien d'étranger*, et ils voulurent le battre.

Amazan en saisit deux de chaque main, et les jeta à vingt pas; les autres le respectèrent, le saluèrent, lui demandèrent pour boire : il leur donna plus d'argent qu'ils n'en avaient jamais vu. Milord Qu'importe lui dit : « Je vous estime; venez dîner avec moi dans ma maison de campagne, qui n'est qu'à trois milles »; il monta dans la voiture d'Amazan, parce que la sienne était dérangée par la secousse.

Après un quart d'heure de silence, il regarda un moment Amazan, et lui dit : *How d'ye do;* à la lettre : *Comment faites-vous faire?* et dans la langue du traducteur : *Comment vous portez-vous?* ce qui ne veut rien dire du tout en aucune langue; puis il ajouta : « Vous avez là six jolies licornes »; et il se remit à fumer.

Le voyageur lui dit que ses licornes étaient à son service; qu'il venait avec elles du pays des Gangarides; et il en prit occasion

CHAPITRE XVI.

de lui parler de la princesse de Babylone, et du fatal baiser qu'elle avait donné au roi d'Égypte. A quoi l'autre ne répliqua rien du tout, se souciant très-peu qu'il y eût dans le monde un roi d'Égypte et une princesse de Babylone. Il fut encore un quart d'heure sans parler; après quoi il redemanda à son compagnon *comment il faisait faire*, et si on mangeait du bon *roast-beef* dans le pays des Gangarides. Le voyageur lui répondit avec sa politesse ordinaire qu'on ne mangeait point ses frères sur les bords du Gange. Il lui expliqua le système qui fut, après tant de siècles, celui de Pythagore, de Porphyre, de Jamblique. Sur quoi milord s'endormit, et ne fit qu'un somme jusqu'à ce qu'on fût arrivé à sa maison.

Il avait une femme jeune et charmante, à qui la nature avait donné une âme aussi vive et aussi sensible que celle de son mari était indifférente. Plusieurs seigneurs albioniens étaient venus ce jour-là dîner avec elle. Il y avait des caractères de toutes les espèces : car le pays n'ayant presque jamais été gouverné que par des étrangers, les familles venues avec ces princes avaient toutes apporté des mœurs différentes. Il se trouva dans la compagnie des gens très-aimables, d'autres d'un esprit supérieur, quelques-uns d'une science profonde.

La maîtresse de la maison n'avait rien de cet air emprunté et gauche, de cette roideur, de cette mauvaise honte qu'on reprochait alors aux jeunes femmes d'Albion ; elle ne cachait point, par un maintien dédaigneux et par un silence affecté, la stérilité de ses idées et l'embarras humiliant de n'avoir rien à dire : nulle femme n'était plus engageante. Elle reçut Amazan avec la politesse et les grâces qui lui étaient naturelles. L'extrême beauté de ce jeune étranger, et la comparaison soudaine qu'elle fit entre lui et son mari, la frappèrent d'abord sensiblement.

On servit. Elle fit asseoir Amazan à côté d'elle, et lui fit manger des puddings de toute espèce, ayant su de lui que les Gangarides ne se nourrissaient de rien qui eût reçu des dieux le don céleste de la vie. Sa beauté, sa force, les mœurs des Gangarides, les progrès des arts, la religion et le gouvernement, furent le sujet d'une conversation aussi agréable qu'instructive pendant le repas, qui dura jusqu'à la nuit, et pendant lequel milord Qu'importe but beaucoup et ne dit mot.

Après le dîner, pendant que milady versait du thé et qu'elle dévorait des yeux le jeune homme, il s'entretenait avec un membre du parlement : car chacun sait que dès lors il y avait un parlement, et qu'il s'appelait *wittenagemoth*, ce qui signifie *l'assemblée des gens d'esprit*. Amazan s'informait de la constitution, des

mœurs, des lois, des forces, des usages, des arts, qui rendaient ce pays si recommandable ; et ce seigneur lui parlait en ces termes :

CHAPITRE XVII.

UN SÉNATEUR ALBIONIEN RACONTE A AMAZAN L'HISTOIRE DE SON PAYS. LA FEMME DU MILORD DONNE UN RENDEZ-VOUS A AMAZAN, QUI N'Y RÉPOND QUE PAR DU RESPECT. LE MILORD S'EN MOQUE, ET AMAZAN S'EN RETOURNE EN BATAVIE.

« Nous avons longtemps marché tout nus, quoique le climat ne soit pas chaud. Nous avons été longtemps traités en esclaves par des gens[1] venus de l'antique terre de Saturne, arrosée des eaux du Tibre ; mais nous nous sommes fait nous-mêmes beaucoup plus de maux que nous n'en avions essuyé de nos premiers vainqueurs. Un de nos rois[2] poussa la bassesse jusqu'à se déclarer sujet d'un prêtre qui demeurait aussi sur les bords du Tibre, et qu'on appelait *le vieux des sept montagnes :* tant la destinée de ces sept montagnes a été longtemps de dominer sur une grande partie de l'Europe habitée alors par des brutes !

« Après ces temps d'avilissement sont venus des siècles de férocité et d'anarchie. Notre terre, plus orageuse que les mers qui l'environnent, a été saccagée et ensanglantée par nos discordes ; plusieurs têtes couronnées ont péri par le dernier supplice ; plus de cent princes du sang des rois ont fini leurs jours sur l'échafaud ; on a arraché le cœur à tous leurs adhérents, et on en a battu leurs joues[3]. C'était au bourreau qu'il appartenait d'écrire l'histoire de notre île, puisque c'était lui qui avait terminé toutes les grandes affaires.

« Il n'y a pas longtemps que, pour comble d'horreur, quelques personnes portant un manteau noir[4], et d'autres qui mettaient une chemise blanche par-dessus leur jaquette[5], ayant été mordues par des chiens enragés, communiquèrent la rage à la nation entière. Tous les citoyens furent ou meurtriers ou égorgés, ou bourreaux ou suppliciés, ou déprédateurs ou esclaves, au nom du ciel et en cherchant le Seigneur.

1. Les Romains.
2. Jean sans Terre.
3. Voltaire pense surtout ici aux partisans de Charles-Édouard. Voyez, tome XV, le *Precis du Siècle de Louis XV,* chapitre xxv.
4. Les puritains. Voyez tome XIII, page 56 et suiv.
5. Les prêtres anglicans. Voyez le chapitre clxxx de l'*Essai sur les Mœurs.*

« Qui croirait que de cet abîme épouvantable, de ce chaos de dissensions, d'atrocités, d'ignorance et de fanatisme, il est enfin résulté le plus parfait gouvernement peut-être qui soit aujourd'hui dans le monde ? Un roi honoré et riche, tout-puissant pour faire le bien, impuissant pour faire le mal, est à la tête d'une nation libre, guerrière, commerçante et éclairée. Les grands d'un côté, et les représentants des villes de l'autre, partagent la législation avec le monarque.

« On avait vu, par une fatalité singulière, le désordre, les guerres civiles, l'anarchie et la pauvreté, désoler le pays quand les rois affectaient le pouvoir arbitraire. La tranquillité, la richesse, la félicité publique, n'ont régné chez nous que quand les rois ont reconnu qu'ils n'étaient pas absolus. Tout était subverti quand on disputait sur des choses inintelligibles ; tout a été dans l'ordre quand on les a méprisées. Nos flottes victorieuses portent notre gloire sur toutes les mers, et les lois mettent en sûreté nos fortunes : jamais un juge ne peut les expliquer arbitrairement ; jamais on ne rend un arrêt qui ne soit motivé. Nous punirions comme des assassins des juges qui oseraient envoyer à la mort un citoyen sans manifester les témoignages qui l'accusent et la loi qui le condamne.

« Il est vrai qu'il y a toujours chez nous deux partis qui se combattent avec la plume et avec des intrigues ; mais aussi ils se réunissent toujours quand il s'agit de prendre les armes pour défendre la patrie et la liberté. Ces deux partis veillent l'un sur l'autre ; ils s'empêchent mutuellement de violer le dépôt sacré des lois ; ils se haïssent, mais ils aiment l'État : ce sont des amants jaloux qui servent à l'envi la même maîtresse.

« Du même fonds d'esprit qui nous a fait connaître et soutenir les droits de la nature humaine nous avons porté les sciences au plus haut point où elles puissent parvenir chez les hommes. Vos Égyptiens, qui passent pour de si grands mécaniciens ; vos Indiens, qu'on croit de si grands philosophes ; vos Babyloniens, qui se vantent d'avoir observé les astres pendant quatre cent trente mille années ; les Grecs, qui ont écrit tant de phrases et si peu de choses, ne savent précisément rien en comparaison de nos moindres écoliers, qui ont étudié les découvertes de nos grands maîtres. Nous avons arraché plus de secrets à la nature dans l'espace de cent années que le genre humain n'en avait découvert dans la multitude des siècles[1].

1. Allusion aux découvertes de Halley, de Newton, etc.

« Voilà au vrai l'état où nous sommes. Je ne vous ai caché ni le bien, ni le mal, ni nos opprobres, ni notre gloire ; et je n'ai rien exagéré. »

Amazan, à ce discours, se sentit pénétré du désir de s'instruire dans ces sciences sublimes dont on lui parlait ; et si sa passion pour la princesse de Babylone, son respect filial pour sa mère, qu'il avait quittée, et l'amour de sa patrie, n'eussent fortement parlé à son cœur déchiré, il aurait voulu passer sa vie dans l'île d'Albion ; mais ce malheureux baiser donné par sa princesse au roi d'Égypte ne lui laissait pas assez de liberté dans l'esprit pour étudier les hautes sciences.

« Je vous avoue, dit-il, que m'étant imposé la loi de courir le monde et de m'éviter moi-même, je serais curieux de voir cette antique terre de Saturne, ce peuple du Tibre et des sept montagnes à qui vous avez obéi autrefois ; il faut, sans doute, que ce soit le premier peuple de la terre.

— Je vous conseille de faire ce voyage, lui répondit l'Albionien, pour peu que vous aimiez la musique et la peinture. Nous allons très-souvent nous-mêmes porter quelquefois notre ennui vers les sept montagnes. Mais vous serez bien étonné en voyant les descendants de nos vainqueurs. »

Cette conversation fut longue. Quoique le bel Amazan eût la cervelle un peu attaquée, il parlait avec tant d'agréments, sa voix était si touchante, son maintien si noble et si doux, que la maîtresse de la maison ne put s'empêcher de l'entretenir à son tour tête à tête. Elle lui serra tendrement la main, en lui parlant, et en le regardant avec des yeux humides et étincelants qui portaient les désirs dans tous les ressorts de la vie. Elle le retint à souper et à coucher. Chaque instant, chaque parole, chaque regard, enflammèrent sa passion. Dès que tout le monde fut retiré, elle lui écrivit un petit billet, ne doutant pas qu'il ne vînt lui faire la cour dans son lit, tandis que milord Qu'importe dormait dans le sien. Amazan eut encore le courage de résister : tant un grain de folie produit d'effets miraculeux dans une âme forte et profondément blessée !

Amazan, selon sa coutume, fit à la dame une réponse respectueuse, par laquelle il lui représentait la sainteté de son serment, et l'obligation étroite où il était d'apprendre à la princesse de Babylone à dompter ses passions ; après quoi il fit atteler ses licornes, et repartit pour la Batavie, laissant toute la compagnie émerveillée de lui, et la dame du logis désespérée. Dans l'excès de sa douleur, elle laissa traîner la lettre d'Amazan ; milord Qu'im-

porte la lut le lendemain matin. « Voilà, dit-il en levant les épaules, de bien plates niaiseries » ; et il alla chasser au renard avec quelques ivrognes du voisinage.

Amazan voguait déjà sur la mer, muni d'une carte géographique dont lui avait fait présent le savant Albionien qui s'était entretenu avec lui chez milord Qu'importe. Il voyait avec surprise une grande partie de la terre sur une feuille de papier.

Ses yeux et son imagination s'égaraient dans ce petit espace ; il regardait le Rhin, le Danube, les Alpes du Tyrol, marqués alors par d'autres noms, et tous les pays par où il devait passer avant d'arriver à la ville des sept montagnes ; mais surtout il jetait les yeux sur la contrée des Gangarides, sur Babylone, où il avait vu sa chère princesse, et sur le fatal pays de Bassora, où elle avait donné un baiser au roi d'Égypte. Il soupirait, il versait des larmes; mais il convenait que l'Albionien, qui lui avait fait présent de l'univers en raccourci, n'avait pas eu tort en disant qu'on était mille fois plus instruit sur les bords de la Tamise que sur ceux du Nil, de l'Euphrate, et du Gange.

Comme il retournait en Batavie, Formosante volait vers Albion avec ses deux vaisseaux, qui cinglaient à pleines voiles ; celui d'Amazan et celui de la princesse se croisèrent, se touchèrent presque : les deux amants étaient près l'un de l'autre, et ne pouvaient s'en douter. Ah! s'ils l'avaient su! Mais l'impérieuse destinée ne le permit pas.

CHAPITRE XVIII.

AMAZAN TRAVERSE LA GERMANIE, PASSE A VENISE. CE QU'IL Y REMARQUE. IL ARRIVE A LA VILLE DES SEPT MONTAGNES. CE QU'IL Y REMARQUE DE SINGULIER.

Sitôt qu'Amazan fut débarqué sur le terrain égal et fangeux de la Batavie, il partit comme un éclair pour la ville aux sept montagnes. Il fallut traverser la partie méridionale de la Germanie. De quatre milles en quatre milles on trouvait un prince et une princesse, des filles d'honneur, et des gueux. Il était étonné des coquetteries que ces dames et ces filles d'honneur lui faisaient partout avec la bonne foi germanique, et il n'y répondait que par de modestes refus. Après avoir franchi les Alpes, il s'embarqua sur la mer de Dalmatie, et aborda dans une ville qui ne ressemblait à rien du tout de ce qu'il avait vu jusqu'alors. La mer for-

mait les rues, les maisons étaient bâties dans l'eau. Le peu de places publiques qui ornaient cette ville était couvert d'hommes et de femmes qui avaient un double visage, celui que la nature leur avait donné, et une face de carton mal peint, qu'ils appliquaient par-dessus : en sorte que la nation semblait composée de spectres. Les étrangers qui venaient dans cette contrée commençaient par acheter un visage, comme on se pourvoit ailleurs de bonnets et de souliers. Amazan dédaigna cette mode contre nature ; il se présenta tel qu'il était. Il y avait dans la ville douze mille filles enregistrées dans le grand livre de la république ; filles utiles à l'État, chargées du commerce le plus avantageux et le plus agréable qui ait jamais enrichi une nation. Les négociants ordinaires envoyaient à grands frais et à grands risques des étoffes dans l'Orient ; ces belles négociantes faisaient sans aucun risque un trafic toujours renaissant de leurs attraits. Elles vinrent toutes se présenter au bel Amazan, et lui offrir le choix. Il s'enfuit au plus vite en prononçant le nom de l'incomparable princesse de Babylone, et en jurant par les dieux immortels qu'elle était plus belle que toutes les douze mille filles vénitiennes. « Sublime friponne, s'écriait-il dans ses transports, je vous apprendrai à être fidèle ! »

Enfin les ondes jaunes du Tibre, des marais empestés, des habitants hâves, décharnés et rares, couverts de vieux manteaux troués qui laissaient voir leur peau sèche et tannée, se présentèrent à ses yeux, et lui annoncèrent qu'il était à la porte de la ville aux sept montagnes, de cette ville de héros et de législateurs qui avaient conquis et policé une grande partie du globe.

Il s'était imaginé qu'il verrait à la porte triomphale cinq cents bataillons commandés par des héros, et, dans le sénat, une assemblée de demi-dieux, donnant des lois à la terre ; il trouva, pour toute armée, une trentaine de gredins montant la garde avec un parasol, de peur du soleil. Ayant pénétré jusqu'à un temple qui lui parut très-beau, mais moins que celui de Babylone, il fut assez surpris d'y entendre une musique exécutée par des hommes qui avaient des voix de femmes.

« Voilà, dit-il, un plaisant pays que cette antique terre de Saturne ! J'ai vu une ville où personne n'avait son visage ; en voici une autre où les hommes n'ont ni leur voix ni leur barbe. » On lui dit que ces chantres n'étaient plus hommes, qu'on les avait dépouillés de leur virilité afin qu'ils chantassent plus agréablement les louanges d'une prodigieuse quantité de gens de mérite. Amazan ne comprit rien à ce discours. Ces messieurs le prièrent de chanter ; il chanta un air gangaride avec sa grâce ordinaire.

Sa voix était une très-belle haute-contre. « Ah! monsignor, lui dirent-ils, quel charmant soprano vous auriez!... Ah! si...
— Comment, si? Que prétendez-vous dire?
— Ah! monsignor!...
— Eh bien?
— Si vous n'aviez point de barbe! » Alors ils lui expliquèrent très-plaisamment, et avec des gestes fort comiques, selon leur coutume, de quoi il était question. Amazan demeura tout confondu. « J'ai voyagé, dit-il, et jamais je n'ai entendu parler d'une telle fantaisie. »

Lorsqu'on eut bien chanté, le vieux des sept montagnes alla en grand cortége à la porte du temple; il coupa l'air en quatre avec le pouce élevé, deux doigts étendus et deux autres pliés, en disant ces mots dans une langue qu'on ne parlait plus : *A la ville et à l'univers*[1]. Le Gangaride ne pouvait comprendre que deux doigts pussent atteindre si loin.

Il vit bientôt défiler toute la cour du maître du monde: elle était composée de graves personnages, les uns en robes rouges, les autres en violet; presque tous regardaient le bel Amazan en adoucissant les yeux; ils lui faisaient des révérences, et se disaient l'un à l'autre : *San Martino, che bel ragazzo! San Pancratio, che bel fanciullo!*

Les *ardents*[2], dont le métier était de montrer aux étrangers les curiosités de la ville, s'empressèrent de lui faire voir des masures où un muletier ne voudrait pas passer la nuit, mais qui avaient été autrefois de dignes monuments de la grandeur d'un peuple roi. Il vit encore des tableaux de deux cents ans, et des statues de plus de vingt siècles, qui lui parurent des chefs-d'œuvre. « Faites-vous encore de pareils ouvrages?

— Non, Votre Excellence, lui répondit un des ardents; mais nous méprisons le reste de la terre, parce que nous conservons ces raretés. Nous sommes des espèces de fripiers qui tirons notre gloire des vieux habits qui restent dans nos magasins. »

Amazan voulut voir le palais du prince : on l'y conduisit. Il vit des hommes en violet qui comptaient l'argent des revenus de l'État: tant d'une terre située sur le Danube, tant d'une autre sur la Loire, ou sur le Guadalquivir, ou sur la Vistule[3]. « Oh! oh! dit Amazan après avoir consulté sa carte de géographie, votre maître possède donc toute l'Europe comme ces anciens héros des sept montagnes?

1. *Urbi et orbi.* (*Note de Voltaire.*)
2. Ordre de saint Antoine.
3. Voyez, dans le *Dictionnaire philosophique*, l'article ANNATES.

— Il doit posséder l'univers entier de droit divin, lui répondit un violet ; et même il a été un temps où ses prédécesseurs ont approché de la monarchie universelle ; mais leurs successeurs ont la bonté de se contenter aujourd'hui de quelque argent que les rois leurs sujets leur font payer en forme de tribut.

— Votre maître est donc en effet le roi des rois ? C'est donc là son titre ? dit Amazan.

— Non, Votre Excellence ; son titre est *serviteur des serviteurs ;* il est originairement poissonnier et portier[1], et c'est pourquoi les emblèmes de sa dignité sont des clefs et des filets ; mais il donne toujours des ordres à tous les rois. Il n'y a pas longtemps qu'il envoya cent et un commandements à un roi du pays des Celtes, et le roi obéit.

— Votre poissonnier, dit Amazan, envoya donc cinq ou six cent mille hommes pour faire exécuter ses cent et une volontés ?

— Point du tout, Votre Excellence ; notre saint maître n'est point assez riche pour soudoyer dix mille soldats ; mais il a quatre à cinq cent mille prophètes divins distribués dans les autres pays. Ces prophètes de toutes couleurs sont, comme de raison, nourris aux dépens des peuples ; ils annoncent de la part du ciel que mon maître peut avec ses clefs ouvrir et fermer toutes les serrures, et surtout celles des coffres-forts. Un prêtre normand[2], qui avait auprès du roi dont je vous parle la charge de confident de ses pensées, le convainquit qu'il devait obéir sans réplique aux cent et une pensées de mon maître : car il faut que vous sachiez qu'une des prérogatives du *vieux des sept montagnes* est d'avoir toujours raison, soit qu'il daigne parler, soit qu'il daigne écrire.

— Parbleu, dit Amazan, voilà un singulier homme ! je serais curieux de dîner avec lui.

— Votre Excellence, quand vous seriez roi, vous ne pourriez manger à sa table ; tout ce qu'il pourrait faire pour vous, ce serait de vous en faire servir une à côté de lui plus petite et plus basse que la sienne. Mais, si vous voulez avoir l'honneur de lui parler, je lui demanderai audience pour vous, moyennant la *buona mancia*[3], que vous aurez la bonté de me donner.

— Très volontiers », dit le Gangaride.

Le violet s'inclina. « Je vous introduirai demain, dit-il ; vous ferez trois génuflexions, et vous baiserez les pieds du *vieux des*

1. Allusion à saint Pierre, pêcheur et portier du paradis.
2. Le Tellier ; voyez, tome XV, le chapitre xxxvii du *Siècle de Louis XIV*.
3. Bonne étrenne.

sept montagnes. » A ces mots, Amazan fit de si prodigieux éclats de rire qu'il fut près de suffoquer ; il sortit en se tenant les côtés, et rit aux larmes pendant tout le chemin, jusqu'à ce qu'il fût arrivé à son hôtellerie, où il rit encore très-longtemps.

A son dîner, il se présenta vingt hommes sans barbe et vingt violons qui lui donnèrent un concert. Il fut courtisé le reste de la journée par les seigneurs les plus importants de la ville : ils lui firent des propositions encore plus étranges que celle de baiser les pieds du *vieux des sept montagnes.* Comme il était extrêmement poli, il crut d'abord que ces messieurs le prenaient pour une dame, et les avertit de leur méprise avec l'honnêteté la plus circonspecte. Mais, étant pressé un peu vivement par deux ou trois des plus déterminés violets, il les jeta par les fenêtres, sans croire faire un grand sacrifice à la belle Formosante. Il quitta au plus vite cette ville des maîtres du monde, où il fallait baiser un vieillard à l'orteil, comme si sa joue était à son pied, et où l'on n'abordait les jeunes gens qu'avec des cérémonies encore plus bizarres.

CHAPITRE XIX.

AMAZAN ARRIVE A LA CAPITALE DES GAULES. TABLEAU DE CE QU'IL Y REMARQUE. SA FIDÉLITÉ FAIT NAUFRAGE DEVANT UNE FILLE D'AFFAIRE, DANS LES BRAS DE LAQUELLE IL EST SURPRIS PAR FORMOSANTE.

De province en province, ayant toujours repoussé les agaceries de toute espèce, toujours fidèle à la princesse de Babylone, toujours en colère contre le roi d'Égypte, ce modèle de constance parvint à la capitale nouvelle des Gaules. Cette ville avait passé, comme tant d'autres, par tous les degrés de la barbarie, de l'ignorance, de la sottise et de la misère. Son premier nom[1] avait été *la boue* et *la crotte*; ensuite elle avait pris celui d'Isis, du culte d'Isis parvenu jusque chez elle. Son premier sénat avait été une compagnie de bateliers. Elle avait été longtemps esclave des héros déprédateurs des sept montagnes ; et, après quelques siècles, d'autres héros brigands, venus de la rive ultérieure du Rhin, s'étaient emparés de son petit terrain.

Le temps, qui change tout, en avait fait une ville dont la moitié était très-noble et très-agréable, l'autre un peu grossière et ridicule : c'était l'emblème de ses habitants. Il y avait dans son en-

1. *Lutetia,* dérivé de *lutum,* qui signifie boue.

ceinte environ cent mille personnes au moins qui n'avaient rien à faire qu'à jouer et à se divertir. Ce peuple d'oisifs jugeait des arts que les autres cultivaient. Ils ne savaient rien de ce qui se passait à la cour ; quoiqu'elle ne fût qu'à quatre petits milles d'eux, il semblait qu'elle en fût à six cents milles au moins. La douceur de la société, la gaieté, la frivolité, étaient leur importante et leur unique affaire ; on les gouvernait comme des enfants à qui l'on prodigue les jouets pour les empêcher de crier. Si on leur parlait des horreurs qui avaient, deux siècles auparavant, désolé leur patrie, et des temps épouvantables où la moitié de la nation avait massacré l'autre pour des sophismes, ils disaient qu'en effet cela n'était pas bien, et puis ils se mettaient à rire et à chanter des vaudevilles.

Plus les oisifs étaient polis, plaisants, et aimables, plus on observait un triste contraste entre eux et des compagnies d'occupés.

Il était, parmi ces occupés, ou qui prétendaient l'être, une troupe de sombres fanatiques, moitié absurdes, moitié fripons, dont le seul aspect contristait la terre, et qui l'auraient bouleversée, s'ils l'avaient pu, pour se donner un peu de crédit ; mais la nation des oisifs, en dansant et en chantant, les faisait rentrer dans leurs cavernes, comme les oiseaux obligent les chats-huants à se replonger dans les trous des masures.

D'autres occupés, en plus petit nombre, étaient les conservateurs d'anciens usages barbares contre lesquels la nature effrayée réclamait à haute voix ; ils ne consultaient que leurs registres rongés des vers. S'ils y voyaient une coutume insensée et horrible, ils la regardaient comme une loi sacrée. C'est par cette lâche habitude de n'oser penser par eux-mêmes, et de puiser leurs idées dans les débris des temps où l'on ne pensait pas, que, dans la ville des plaisirs, il était encore des mœurs atroces. C'est par cette raison qu'il n'y avait nulle proportion entre les délits et les peines. On faisait quelquefois souffrir mille morts à un innocent pour lui faire avouer un crime qu'il n'avait pas commis.

On punissait une étourderie de jeune homme comme on aurait puni un empoisonnement ou un parricide. Les oisifs en poussaient des cris perçants, et le lendemain ils n'y pensaient plus, et ne parlaient que de modes nouvelles.

Ce peuple avait vu s'écouler un siècle entier pendant lequel les beaux-arts s'élevèrent à un degré de perfection qu'on n'aurait jamais osé espérer ; les étrangers venaient alors, comme à Babylone, admirer les grands monuments d'architecture, les prodiges des jardins, les sublimes efforts de la sculpture et de la peinture.

Ils étaient enchantés d'une musique qui allait à l'âme sans étonner les oreilles.

La vraie poésie, c'est-à-dire celle qui est naturelle et harmonieuse, celle qui parle au cœur autant qu'à l'esprit, ne fut connue de la nation que dans cet heureux siècle. De nouveaux genres d'éloquence déployèrent des beautés sublimes. Les théâtres surtout retentirent de chefs-d'œuvre dont aucun peuple n'approcha jamais. Enfin le bon goût se répandit dans toutes les professions, au point qu'il y eut de bons écrivains même chez les druides.

Tant de lauriers, qui avaient levé leurs têtes jusqu'aux nues, se séchèrent bientôt dans une terre épuisée. Il n'en resta qu'un très-petit nombre dont les feuilles étaient d'un vert pâle et mourant. La décadence fut produite par la facilité de faire et par la paresse de bien faire, par la satiété du beau et par le goût du bizarre. La vanité protégea des artistes qui ramenaient les temps de la barbarie ; et cette même vanité, en persécutant les talents véritables, les força de quitter leur patrie ; les frelons firent disparaître les abeilles.

Presque plus de véritables arts, presque plus de génie ; le mérite consistait à raisonner à tort et à travers sur le mérite du siècle passé : le barbouilleur des murs d'un cabaret critiquait savamment les tableaux des grands peintres ; les barbouilleurs de papier défiguraient les ouvrages des grands écrivains. L'ignorance et le mauvais goût avaient d'autres barbouilleurs à leurs gages. On répétait les mêmes choses dans cent volumes sous des titres différents. Tout était ou dictionnaire ou brochure. Un gazetier druide[1] écrivait deux fois par semaine les annales obscures de quelques énergumènes ignorés de la nation, et de prodiges célestes opérés dans des galetas par de petits gueux et de petites gueuses ; d'autres ex-druides, vêtus de noir, près de mourir de colère et de faim, se plaignaient dans cent écrits qu'on ne leur permît plus de tromper les hommes, et qu'on laissât ce droit à des boucs vêtus de gris. Quelques archi-druides imprimaient des libelles diffamatoires.

Amazan ne savait rien de tout cela ; et, quand il l'aurait su, il ne s'en serait guère embarrassé, n'ayant la tête remplie que de la princesse de Babylone, du roi de l'Égypte, et de son serment inviolable de mépriser toutes les coquetteries des dames, dans quelque pays que le chagrin conduisît ses pas.

1. On appelait *Gazette ecclésiastique* le journal intitulé *Nouvelles ecclésiastiques, ou Mémoires pour servir à l'histoire de la constitution* Unigenitus, et qui parut dans le format in-4°, de 1713 à 1803. (B.)

Toute la populace légère, ignorante, et toujours poussant à l'excès cette curiosité naturelle au genre humain, s'empressa longtemps auprès de ses licornes ; les femmes, plus sensées, forcèrent les portes de son hôtel pour contempler sa personne.

Il témoigna d'abord à son hôte quelque désir d'aller à la cour ; mais des oisifs de bonne compagnie, qui se trouvèrent là par hasard, lui dirent que ce n'était plus la mode, que les temps étaient bien changés, et qu'il n'y avait plus de plaisirs qu'à la ville. Il fut invité le soir même à souper par une dame[1] dont l'esprit et les talents étaient connus hors de sa patrie, et qui avait voyagé dans quelques pays[2] où Amazan avait passé. Il goûta fort cette dame et la société rassemblée chez elle. La liberté y était décente, la gaieté n'y était point bruyante, la science n'y avait rien de rebutant, et l'esprit rien d'apprêté. Il vit que le nom de bonne compagnie n'est pas un vain nom, quoiqu'il soit souvent usurpé. Le lendemain il dîna dans une société non moins aimable, mais beaucoup plus voluptueuse. Plus il fut satisfait des convives, plus on fut content de lui. Il sentit son cœur s'amollir et se dissoudre comme les aromates de son pays se fondent doucement à un feu modéré, et s'exhalent en parfums délicieux.

Après le dîner, on le mena à un spectacle enchanteur, condamné par les druides parce qu'il leur enlevait les auditeurs dont ils étaient le plus jaloux. Ce spectacle était un composé de vers agréables, de chants délicieux, de danses qui exprimaient les mouvements de l'âme, et de perspectives qui charmaient les yeux en les trompant. Ce genre de plaisir, qui rassemblait tant de genres, n'était connu que sous un nom étranger : il s'appelait *opéra*, ce qui signifiait autrefois dans la langue des sept montagnes *travail, soin, occupation, industrie, entreprise, besogne, affaire*. Cette affaire l'enchanta. Une fille surtout le charma par sa voix mélodieuse et par les grâces qui l'accompagnaient : cette fille d'affaire, après le spectacle, lui fut présentée par ses nouveaux amis. Il lui fit présent d'une poignée de diamants. Elle en fut si reconnaissante qu'elle ne put le quitter du reste du jour. Il soupa avec elle, et, pendant le repas, il oublia sa sobriété ; et, après le repas, il oublia son serment d'être toujours insensible à la beauté, et inexorable aux tendres coquetteries. Quel exemple de la faiblesse humaine !

La belle princesse de Babylone arrivait alors avec le phénix, sa

1. M^me Geoffrin, dont la maison était le lieu de rendez-vous des philosophes.
2. En Pologne, où elle était allée voir le roi Stanislas Poniatowski.

femme de chambre Irla, et ses deux cents cavaliers gangarides montés sur leurs licornes. Il fallut attendre assez longtemps pour qu'on ouvrît les portes. Elle demanda d'abord si le plus beau des hommes, le plus courageux, le plus spirituel et le plus fidèle, était encore dans cette ville. Les magistrats virent bien qu'elle voulait parler d'Amazan. Elle se fit conduire à son hôtel ; elle entra, le cœur palpitant d'amour: toute son âme était pénétrée de l'inexprimable joie de revoir enfin dans son amant le modèle de la constance. Rien ne put l'empêcher d'entrer dans sa chambre ; les rideaux étaient ouverts: elle vit le bel Amazan dormant entre les bras d'une jolie brune. Ils avaient tous deux un très-grand besoin de repos.

CHAPITRE XX.

FORMOSANTE, DÉSESPÉRÉE DE CE QU'ELLE A VU, QUITTE LES GAULES, ET VOUDRAIT Y ÊTRE ENCORE. AMAZAN, INCONSOLABLE DE SON INFIDÉLITÉ, COURT APRÈS FORMOSANTE.

Formosante jeta un cri de douleur qui retentit dans toute la maison, mais qui ne put éveiller ni son cousin ni la fille d'affaire. Elle tomba pâmée entre les bras d'Irla. Dès qu'elle eut repris ses sens, elle sortit de cette chambre fatale avec une douleur mêlée de rage. Irla s'informa quelle était cette jeune demoiselle qui passait des heures si douces avec le bel Amazan. On lui dit que c'était une fille d'affaire fort complaisante, qui joignait à ses talents celui de chanter avec assez de grâce. « O juste ciel, ô puissant Orosmade ! s'écriait la belle princesse de Babylone tout en pleurs, par qui suis-je trahie, et pour qui! Ainsi donc celui qui a refusé pour moi tant de princesses m'abandonne pour une farceuse des Gaules! Non, je ne pourrai survivre à cet affront.

— Madame, lui dit Irla, voilà comme sont faits tous les jeunes gens d'un bout du monde à l'autre : fussent-ils amoureux d'une beauté descendue du ciel, ils lui feraient, dans de certains moments, des infidélités pour une servante de cabaret.

— C'en est fait, dit la princesse, je ne le reverrai de ma vie ; partons dans l'instant même, et qu'on attelle mes licornes. »

Le phénix la conjura d'attendre au moins qu'Amazan fût éveillé, et qu'il pût lui parler. « Il ne le mérite pas, dit la princesse ; vous m'offenseriez cruellement : il croirait que je vous ai prié de lui faire des reproches, et que je veux me raccommoder avec lui. Si vous m'aimez, n'ajoutez pas cette injure à l'injure qu'il m'a faite. »

Le phénix, qui après tout devait la vie à la fille du roi de Babylone, ne put lui désobéir. Elle repartit avec tout son monde.

« Où allons-nous, madame? lui demanda Irla.

— Je n'en sais rien, répondit la princesse ; nous prendrons le premier chemin que nous trouverons: pourvu que je fuie Amazan pour jamais, je suis contente. »

Le phénix, qui était plus sage que Formosante, parce qu'il était sans passion, la consolait en chemin; il lui remontrait avec douceur qu'il était triste de se punir pour les fautes d'un autre; qu'Amazan lui avait donné des preuves assez éclatantes et assez nombreuses de fidélité pour qu'elle pût lui pardonner de s'être oublié un moment; que c'était un juste à qui la grâce d'Orosmade avait manqué; qu'il n'en serait que plus constant désormais dans l'amour et dans la vertu ; que le désir d'expier sa faute le mettrait au-dessus de lui-même; qu'elle n'en serait que plus heureuse; que plusieurs grandes princesses avant elle avaient pardonné de semblables écarts, et s'en étaient bien trouvées. Il lui en rapportait des exemples, et il possédait tellement l'art de conter que le cœur de Formosante fut enfin plus calme et plus paisible; elle aurait voulu n'être point sitôt partie : elle trouvait que ses licornes allaient trop vite, mais elle n'osait revenir sur ses pas; combattue entre l'envie de pardonner et celle de montrer sa colère, entre son amour et sa vanité, elle laissait aller ses licornes; elle courait le monde selon la prédiction de l'oracle de son père.

Amazan, à son réveil, apprend l'arrivée et le départ de Formosante et du phénix ; il apprend le désespoir et le courroux de la princesse; on lui dit qu'elle a juré de ne lui pardonner jamais. « Il ne me reste plus, s'écria-t-il, qu'à la suivre et à me tuer à ses pieds. »

Ses amis de la bonne compagnie des oisifs accoururent au bruit de cette aventure ; tous lui remontrèrent qu'il valait infiniment mieux demeurer avec eux; que rien n'était comparable à la douce vie qu'ils menaient dans le sein des arts et d'une volupté tranquille et délicate; que plusieurs étrangers et des rois mêmes avaient préféré ce repos, si agréablement occupé et si enchanteur, à leur patrie et à leur trône; que d'ailleurs sa voiture était brisée, et qu'un sellier lui en faisait une à la nouvelle mode ; que le meilleur tailleur de la ville lui avait déjà coupé une douzaine d'habits du dernier goût; que les dames les plus spirituelles et les plus aimables de la ville, chez qui on jouait très-bien la comédie, avaient retenu chacune leur jour pour lui donner des fêtes. La fille d'affaire, pendant ce temps-là, prenait son chocolat

à sa toilette, riait, chantait, et faisait des agaceries au bel Amazan, qui s'aperçut enfin qu'elle n'avait pas le sens d'un oison.

Comme la sincérité, la cordialité, la franchise, ainsi que la magnanimité et le courage, composaient le caractère de ce grand prince, il avait conté ses malheurs et ses voyages à ses amis; ils savaient qu'il était cousin issu de germain de la princesse; ils étaient informés du baiser funeste donné par elle au roi d'Égypte. « On se pardonne, lui dirent-ils, ces petites frasques entre parents, sans quoi il faudrait passer sa vie dans d'éternelles querelles. » Rien n'ébranla son dessein de courir après Formosante; mais, sa voiture n'étant pas prête, il fut obligé de passer trois jours parmi les oisifs dans les fêtes et dans les plaisirs; enfin il prit congé d'eux en les embrassant, en leur faisant accepter les diamants de son pays les mieux montés, en leur recommandant d'être toujours légers et frivoles, puisqu'ils n'en étaient que plus aimables et plus heureux. « Les Germains, disait-il, sont les vieillards de l'Europe; les peuples d'Albion sont les hommes faits; les habitants de la Gaule sont les enfants, et j'aime à jouer avec eux. »

CHAPITRE XXI.

AMAZAN VOLE AU DELA DES PYRÉNÉES. IL RENCONTRE LE PHÉNIX, QUI LUI RACONTE LE MALHEUR DE FORMOSANTE. AMAZAN LA DÉLIVRE DU DANGER D'ÊTRE BRULÉE, ET ANÉANTIT LES BRULEURS. IL SE RÉCONCILIE AVEC FORMOSANTE.

Ses guides n'eurent pas de peine à suivre la route de la princesse; on ne parlait que d'elle et de son gros oiseau. Tous les habitants étaient encore dans l'enthousiasme de l'admiration. Les peuples de la Dalmatie et de la Marche d'Ancône éprouvèrent depuis une surprise moins délicieuse quand ils virent une maison voler dans les airs; les bords de la Loire, de la Dordogne, de la Garonne, de la Gironde, retentissaient encore d'acclamations.

Quand Amazan fut au pied des Pyrénées, les magistrats et les druides du pays lui firent danser malgré lui un tambourin; mais sitôt qu'il eut franchi les Pyrénées, il ne vit plus de gaieté ni de joie. S'il entendit quelques chansons de loin à loin, elles étaient toutes sur un ton triste : les habitants marchaient gravement avec des grains enfilés et un poignard à leur ceinture. La nation, vêtue de noir, semblait être en deuil. Si les domestiques d'Amazan

interrogeaient les passants, ceux-ci répondaient par signes ; si on entrait dans une hôtellerie, le maître de la maison enseignait aux gens en trois paroles qu'il n'y avait rien dans la maison, et qu'on pouvait envoyer chercher à quelques milles les choses dont on avait un besoin pressant.

Quand on demandait à ces silenciaires s'ils avaient vu passer la belle princesse de Babylone, ils répondaient avec moins de brièveté : « Nous l'avons vue, elle n'est pas si belle : il n'y a de beau que les teints basanés ; elle étale une gorge d'albâtre qui est la chose du monde la plus dégoûtante, et qu'on ne connaît presque point dans nos climats. »

Amazan avançait vers la province arrosée du Bétis. Il ne s'était pas écoulé plus de douze mille années depuis que ce pays avait été découvert par les Tyriens, vers le même temps qu'ils firent la découverte de la grande île Atlantique, submergée quelques siècles après. Les Tyriens cultivèrent la Bétique, que les naturels du pays laissaient en friche, prétendant qu'ils ne devaient se mêler de rien, et que c'était aux Gaulois leurs voisins à venir cultiver leurs terres. Les Tyriens avaient amené avec eux des Palestins[1], qui, dès ce temps-là, couraient dans tous les climats, pour peu qu'il y eût de l'argent à gagner. Ces Palestins, en prêtant sur gages à cinquante pour cent, avaient attiré à eux presque toutes les richesses du pays. Cela fit croire aux peuples de la Bétique que les Palestins étaient sorciers ; et tous ceux qui étaient accusés de magie étaient brûlés sans miséricorde par une compagnie de druides qu'on appelait *les rechercheurs*, ou *les anthropokaies*[2]. Ces prêtres les revêtaient d'abord d'un habit de masque, s'emparaient de leurs biens, et récitaient dévotement les propres prières des Palestins tandis qu'on les cuisait à petit feu *por l'amor de Dios*.

La princesse de Babylone avait mis pied à terre dans la ville qu'on appela depuis *Sevilla*. Son dessein était de s'embarquer sur le Bétis pour retourner par Tyr à Babylone revoir le roi Bélus son père, et oublier, si elle pouvait, son infidèle amant, ou bien le demander en mariage. Elle fit venir chez elle deux Palestins qui faisaient toutes les affaires de la cour. Ils devaient lui fournir trois

1. Palestins désigne les Juifs originaires de la Palestine ou Judée.
2. Le mot *anthropokaies* est irrégulièrement formé. Il faudrait *anthropokaustes*, qui signifie *brûleurs d'hommes*, et non *rechercheurs*, comme le donne à penser Voltaire, qui probablement n'aura pas osé traduire le mot. (B.) — Cette faute a été relevée par Larcher dans son *Supplément à la Philosophie de l'histoire*, page 292 de la seconde édition.

CHAPITRE XXI.

vaisseaux. Le phénix fit avec eux tous les arrangements nécessaires, et convint du prix après avoir un peu disputé.

L'hôtesse était fort dévote, et son mari, non moins dévot, était familier, c'est-à-dire espion des druides rechercheurs anthropokaies; il ne manqua pas de les avertir qu'il avait dans sa maison une sorcière et deux Palestins qui faisaient un pacte avec le diable, déguisé en gros oiseau doré. Les rechercheurs, apprenant que la dame avait une prodigieuse quantité de diamants, la jugèrent incontinent sorcière ; ils attendirent la nuit pour renfermer les deux cents cavaliers et les licornes, qui dormaient dans de vastes écuries, car les rechercheurs sont poltrons.

Après avoir bien barricadé les portes, ils se saisirent de la princesse et d'Irla; mais ils ne purent prendre le phénix, qui s'envola à tire d'ailes : il se doutait bien qu'il trouverait Amazan sur le chemin des Gaules à Sevilla.

Il le rencontra sur la frontière de la Bétique, et lui apprit le désastre de la princesse. Amazan ne put parler : il était trop saisi, trop en fureur. Il s'arme d'une cuirasse d'acier damasquinée d'or, d'une lance de douze pieds, de deux javelots, et d'une épée tranchante appelée *la fulminante*, qui pouvait fendre d'un seul coup des arbres, des rochers et des druides ; il couvre sa belle tête d'un casque d'or ombragé de plumes de héron et d'autruche. C'était l'ancienne armure de Magog, dont sa sœur Aldée lui avait fait présent dans son voyage en Scythie ; le peu de suivants qui l'accompagnaient montent comme lui chacun sur sa licorne.

Amazan, en embrassant son cher phénix, ne lui dit que ces tristes paroles : « Je suis coupable; si je n'avais pas couché avec une fille d'affaire dans la ville des oisifs, la belle princesse de Babylone ne serait pas dans cet état épouvantable; courons aux anthropokaies. »

Il entre bientôt dans Sevilla : quinze cents alguazils gardaient les portes de l'enclos où les deux cents Gangarides et leurs licornes étaient renfermés sans avoir à manger; tout était préparé pour le sacrifice qu'on allait faire de la princesse de Babylone, de sa femme de chambre Irla, et des deux riches Palestins. Le grand anthropokaie, entouré de ses petits anthropokaies, était déjà sur son tribunal sacré; une foule de Sévillois portant des grains enfilés à leurs ceintures joignaient les deux mains sans dire un mot, et l'on amenait la belle princesse, Irla, et les deux Palestins, les mains liées derrière le dos et vêtus d'un habit de masque.

Le phénix entre par une lucarne dans la prison où les Gangarides commençaient déjà à enfoncer les portes. L'invincible

Amazan les brisait en dehors. Ils sortent tout armés, tous sur leurs licornes ; Amazan se met à leur tête. Il n'eut pas de peine à renverser les alguazils, les familiers, les prêtres anthropokaies; chaque licorne en perçait des douzaines à la fois. La fulminante d'Amazan coupait en deux tous ceux qu'il rencontrait ; le peuple fuyait en manteau noir et en fraise sale, toujours tenant à la main ses grains bénits *por l'amor de Dios*.

Amazan saisit de sa main le grand rechercheur sur son tribunal, et le jette sur le bûcher qui était préparé à quarante pas ; il y jeta aussi les autres petits rechercheurs l'un après l'autre. Il se prosterne ensuite aux pieds de Formosante. « Ah ! que vous êtes aimable, dit-elle, et que je vous adorerais si vous ne m'aviez pas fait une infidélité avec une fille d'affaire ! »

Tandis qu'Amazan faisait sa paix avec la princesse, tandis que les Gangarides entassaient dans le bûcher les corps de tous les anthropokaies, et que les flammes s'élevaient jusqu'aux nues, Amazan vit de loin comme une armée qui venait à lui. Un vieux monarque, la couronne en tête, s'avançait sur un char traîné par huit mules attelées avec des cordes ; cent autres chars suivaient. Ils étaient accompagnés de graves personnages en manteau noir et en fraise, montés sur de très-beaux chevaux ; une multitude de gens à pied suivait en cheveux gras et en silence.

D'abord Amazan fit ranger autour de lui ses Gangarides, et s'avança, la lance en arrêt. Dès que le roi[1] l'aperçut, il ôta sa couronne, descendit de son char, embrassa l'étrier d'Amazan, et lui dit : « Homme envoyé de Dieu, vous êtes le vengeur du genre humain, le libérateur de ma patrie, mon protecteur. Ces monstres sacrés dont vous avez purgé la terre étaient mes maîtres au nom du *vieux des sept montagnes* ; j'étais forcé de souffrir leur puissance criminelle. Mon peuple m'aurait abandonné si j'avais voulu seulement modérer leurs abominables atrocités. D'aujourd'hui je respire, je règne, et je vous le dois. »

Ensuite il baisa respectueusement la main de Formosante, et la supplia de vouloir bien monter avec Amazan, Irla, et le phénix, dans son carrosse à huit mules. Les deux Palestins, banquiers de la cour, encore prosternés à terre de frayeur et de reconnaissance, se relevèrent, et la troupe des licornes suivit le roi de la Bétique dans son palais.

Comme la dignité du roi d'un peuple grave exigeait que ses

1. Charles III. Son ministre d'Aranda venait de rogner jusqu'au vif, comme dit Voltaire, les griffes de l'Inquisition. (G. A.)

mules allassent au petit pas, Amazan et Formosante eurent le temps de lui conter leurs aventures. Il entretint aussi le phénix; il l'admira et le baisa cent fois. Il comprit combien les peuples d'Occident, qui mangeaient les animaux, et qui n'entendaient plus leur langage, étaient ignorants, brutaux et barbares ; que les seuls Gangarides avaient conservé la nature et la dignité primitive de l'homme ; mais il convenait surtout que les plus barbares des mortels étaient ces rechercheurs anthropokaies, dont Amazan venait de purger le monde. Il ne cessait de le bénir et de le remercier. La belle Formosante oubliait déjà l'aventure de la fille d'affaire, et n'avait l'âme remplie que de la valeur du héros qui lui avait sauvé la vie. Amazan, instruit de l'innocence du baiser donné au roi d'Égypte, et de la résurrection du phénix, goûtait une joie pure, et était enivré du plus violent amour.

CHAPITRE XXII.

LES DEUX AMANTS PRENNENT LE PARTI DE RETOURNER A BABYLONE. LE ROI DE LA BÉTIQUE LEUR DONNE DES TROUPES POUR LES ACCOMPAGNER. ILS ARRIVENT A TYR, ET PASSENT EN ÉGYPTE. LE ROI D'ÉTHIOPIE LEUR DONNE DES FÊTES, ET DEVIENT AMOUREUX DE FORMOSANTE. AMAZAN PUNIT CE SOUVERAIN, ET ÉPOUSE FORMOSANTE A BABYLONE.

On dîna au palais, et on y fit assez mauvaise chère. Les cuisiniers de la Bétique étaient les plus mauvais de l'Europe ; Amazan conseilla d'en faire venir des Gaules. Les musiciens du roi exécutèrent pendant le repas cet air célèbre qu'on appela dans la suite des siècles *les Folies d'Espagne*. Après le repas on parla d'affaires.

Le roi demanda au bel Amazan, à la belle Formosante et au beau phénix, ce qu'ils prétendaient devenir. « Pour moi, dit Amazan, mon intention est de retourner à Babylone, dont je suis l'héritier présomptif, et de demander à mon oncle Bélus ma cousine issue de germaine, l'incomparable Formosante, à moins qu'elle n'aime mieux vivre avec moi chez les Gangarides.

— Mon dessein, dit la princesse, est assurément de ne jamais me séparer de mon cousin issu de germain ; mais je crois qu'il convient que je me rende auprès du roi mon père, d'autant plus qu'il ne m'a donné permission que d'aller en pèlerinage à Bassora, et que j'ai couru le monde.

— Pour moi, dit le phénix, je suivrai partout ces deux tendres et généreux amants.

— Vous avez raison, dit le roi de la Bétique ; mais le retour à Babylone n'est pas si aisé que vous le pensez. Je sais tous les jours des nouvelles de ce pays-là par les vaisseaux tyriens, et par mes banquiers palestins, qui sont en correspondance avec tous les peuples de la terre. Tout est en armes vers l'Euphrate et le Nil. Le roi de Scythie redemande l'héritage de sa femme, à la tête de trois cent mille guerriers tous à cheval. Le roi d'Égypte et le roi des Indes désolent aussi les bords du Tigre et de l'Euphrate, chacun à la tête de trois cent mille hommes, pour se venger de ce qu'on s'est moqué d'eux. Pendant que le roi d'Égypte est hors de son pays, son ennemi le roi d'Éthiopie ravage l'Égypte avec trois cent mille hommes, et le roi de Babylone n'a encore que six cent mille hommes sur pied pour se défendre.

« Je vous avoue, continua le roi, que lorsque j'entends parler de ces prodigieuses armées que l'Orient vomit de son sein, et de leur étonnante magnificence ; quand je les compare à nos petits corps de vingt à trente mille soldats, qu'il est si difficile de vêtir et de nourrir, je suis tenté de croire que l'Orient a été fait bien longtemps avant l'Occident. Il semble que nous soyons sortis avant-hier du chaos, et hier de la barbarie.

— Sire, dit Amazan, les derniers venus l'emportent quelquefois sur ceux qui sont entrés les premiers dans la carrière. On pense dans mon pays que l'homme est originaire de l'Inde, mais je n'en ai aucune certitude.

— Et vous, dit le roi de la Bétique au phénix, qu'en pensez-vous ?

— Sire, répondit le phénix, je suis encore trop jeune pour être instruit de l'antiquité. Je n'ai vécu qu'environ vingt-sept mille ans ; mais mon père, qui avait vécu cinq fois cet âge, me disait qu'il avait appris de son père que les contrées de l'Orient avaient toujours été plus peuplées et plus riches que les autres. Il tenait de ses ancêtres que les générations de tous les animaux avaient commencé sur les bords du Gange. Pour moi, je n'ai pas la vanité d'être de cette opinion ; je ne puis croire que les renards d'Albion, les marmottes des Alpes, et les loups de la Gaule, viennent de mon pays ; de même que je ne crois pas que les sapins et les chênes de vos contrées descendent des palmiers et des cocotiers des Indes.

— Mais d'où venons-nous donc ? dit le roi.

— Je n'en sais rien, dit le phénix ; je voudrais seulement savoir où la belle princesse de Babylone et mon cher ami Amazan pourront aller.

— Je doute fort, repartit le roi, qu'avec ses deux cents licornes il soit en état de percer à travers tant d'armées de trois cent mille hommes chacune.

— Pourquoi non ? » dit Amazan.

Le roi de la Bétique sentit le sublime du pourquoi non ; mais il crut que le sublime seul ne suffisait pas contre des armées innombrables. « Je vous conseille, dit-il, d'aller trouver le roi d'Éthiopie ; je suis en relation avec ce prince noir par le moyen de mes Palestins ; je vous donnerai des lettres pour lui : puisqu'il est l'ennemi du roi d'Égypte, il sera trop heureux d'être fortifié par votre alliance. Je puis vous aider de deux mille hommes très-sobres et très-braves ; il ne tiendra qu'à vous d'en engager autant chez les peuples qui demeurent, ou plutôt qui sautent au pied des Pyrénées, et qu'on appelle *Vasques* ou *Vascons*. Envoyez un de vos guerriers sur une licorne avec quelques diamants : il n'y a point de Vascon qui ne quitte le castel, c'est-à-dire la chaumière de son père, pour vous servir. Ils sont infatigables, courageux et plaisants; vous en serez très-satisfait. En attendant qu'ils soient arrivés, nous vous donnerons des fêtes, et nous vous préparerons des vaisseaux. Je ne puis trop reconnaître le service que vous m'avez rendu. »

Amazan jouissait du bonheur d'avoir retrouvé Formosante, et de goûter en paix dans sa conversation tous les charmes de l'amour réconcilié, qui valent presque ceux de l'amour naissant.

Bientôt une troupe fière et joyeuse de Vascons arriva en dansant au tambourin ; l'autre troupe fière et sérieuse de Bétiquois était prête. Le vieux roi tanné embrassa tendrement les deux amants ; il fit charger leurs vaisseaux d'armes, de lits, de jeux d'échecs, d'habits noirs, de golilles[1], d'ognons, de moutons, de poules, de farine, et de beaucoup d'ail, en leur souhaitant une heureuse traversée, un amour constant, et des victoires.

La flotte aborda le rivage où l'on dit que tant de siècles après la Phénicienne Didon, sœur d'un Pygmalion, épouse d'un Sichée, ayant quitté cette ville de Tyr, vint fonder la superbe ville de Carthage, en coupant un cuir de bœuf en lanières, selon le témoignage des plus graves auteurs de l'antiquité, lesquels n'ont jamais conté de fables, et selon les professeurs qui ont écrit pour les petits garçons ; quoique après tout il n'y ait jamais eu personne à Tyr qui se soit appelé Pygmalion, ou Didon, ou Sichée, qui sont des noms entièrement grecs, et quoique enfin il n'y eût point de roi à Tyr en ces temps-là.

1. Collet espagnol.

La superbe Carthage n'était point encore un port de mer; il n'y avait là que quelques Numides qui faisaient sécher des poissons au soleil. On côtoya la Byzacène et les Syrtes, les bords fertiles où furent depuis Cyrène et la grande Chersonèse.

Enfin on arriva vers la première embouchure du fleuve sacré du Nil. C'est à l'extrémité de cette terre fertile que le port de Canope recevait déjà les vaisseaux de toutes les nations commerçantes, sans qu'on sût si le dieu Canope avait fondé le port, ou si les habitants avaient fabriqué le dieu, ni si l'étoile Canope avait donné son nom à la ville, ou si la ville avait donné le sien à l'étoile. Tout ce qu'on en savait, c'est que la ville et l'étoile étaient fort anciennes, et c'est tout ce qu'on peut savoir de l'origine des choses, de quelque nature qu'elles puissent être.

Ce fut là que le roi d'Éthiopie, ayant ravagé toute l'Égypte, vit débarquer l'invincible Amazan et l'adorable Formosante. Il prit l'un pour le dieu des combats, et l'autre pour la déesse de la beauté. Amazan lui présenta la lettre de recommandation du roi de la Bétique. Le roi d'Éthiopie donna d'abord des fêtes admirables, suivant la coutume indispensable des temps héroïques; ensuite on parla d'aller exterminer les trois cent mille hommes du roi d'Égypte, les trois cent mille de l'empereur des Indes, et les trois cent mille du grand kan des Scythes, qui assiégeaient l'immense, l'orgueilleuse, la voluptueuse ville de Babylone.

Les deux mille Bétiquois qu'Amazan avait amenés avec lui dirent qu'ils n'avaient que faire du roi d'Éthiopie pour secourir Babylone; que c'était assez que leur roi leur eût ordonné d'aller la délivrer; qu'il suffisait d'eux pour cette expédition.

Les Vascons dirent qu'ils en avaient bien fait d'autres; qu'ils battraient tout seuls les Égyptiens, les Indiens et les Scythes, et qu'ils ne voulaient marcher avec les soldats de la Bétique qu'à condition que ceux-ci seraient à l'arrière-garde.

Les deux cents Gangarides se mirent à rire des prétentions de leurs alliés, et ils soutinrent qu'avec cent licornes seulement ils feraient fuir tous les rois de la terre. La belle Formosante les apaisa par sa prudence et par ses discours enchanteurs. Amazan présenta au monarque noir ses Gangarides, ses licornes, les Bétiquois, les Vascons, et son bel oiseau.

Tout fut prêt bientôt pour marcher par Memphis, par Héliopolis, par Arsinoé, par Pétra, par Artémite, par Sora, par Apamée, pour aller attaquer les trois rois, et pour faire cette guerre mémorable devant laquelle toutes les guerres que les hommes ont faites depuis n'ont été que des combats de coqs et de cailles.

CHAPITRE XXII.

Chacun sait comment le roi d'Éthiopie devint amoureux de la belle Formosante, et comment il la surprit au lit, lorsqu'un doux sommeil fermait ses longues paupières. On se souvient qu'Amazan, témoin de ce spectacle, crut voir le jour et la nuit couchant ensemble. On n'ignore pas qu'Amazan, indigné de l'affront, tira soudain sa fulminante, qu'il coupa la tête perverse du nègre insolent, et qu'il chassa tous les Éthiopiens d'Égypte. Ces prodiges ne sont-ils pas écrits dans le livre des chroniques d'Égypte? La renommée a publié de ses cent bouches les victoires qu'il remporta sur les trois rois avec ses guerriers de la Bétique, ses Vascons et ses licornes. Il rendit la belle Formosante à son père; il délivra toute la suite de sa maîtresse, que le roi d'Égypte avait réduite en esclavage. Le grand kan des Scythes se déclara son vassal, et son mariage avec la princesse Aldée fut confirmé. L'invincible et généreux Amazan, reconnu pour héritier du royaume de Babylone, entra dans la ville en triomphe avec le phénix, en présence de cent rois tributaires. La fête de son mariage surpassa en tout celle que le roi Bélus avait donnée. On servit à table le bœuf Apis rôti. Le roi d'Égypte et celui des Indes donnèrent à boire aux deux époux, et ces noces furent célébrées par cinq cents grands poëtes de Babylone [1].

O muses! qu'on invoque toujours au commencement de son ouvrage, je ne vous implore qu'à la fin. C'est en vain qu'on me reproche de dire grâces sans avoir dit *benedicite*. Muses! vous n'en serez pas moins mes protectrices. Empêchez que des continuateurs [2] téméraires ne gâtent par leurs fables les vérités que j'ai enseignées aux mortels dans ce fidèle récit, ainsi qu'ils ont osé falsifier *Candide, l'Ingénu,* et les chastes aventures de la chaste Jeanne, qu'un ex-capucin a défigurées par des vers dignes des capucins, dans des éditions bataves. Qu'ils ne fassent pas ce tort à mon typographe, chargé d'une nombreuse famille, et qui possède à peine de quoi avoir des caractères, du papier et de l'encre.

O muses! imposez silence au détestable Cogé [3], professeur de bavarderie au collége Mazarin, qui n'a pas été content des discours moraux de Bélisaire et de l'empereur Justinien, et qui a écrit de vilains libelles diffamatoires contre ces deux grands hommes.

1. L'édition de 1768 avec sommaires se termine ici.
2. Il existe une continuation de *Candide*. Je n'en connais point de l'*Ingénu*. (B.) — Voyez l'Avertissement de Beuchot, en tête de ce volume.
3. Voyez la note 2 de la page 357.

Mettez un bâillon au pédant Larcher, qui, sans savoir un mot de l'ancien babylonien, sans avoir voyagé comme moi sur les bords de l'Euphrate et du Tigre, a eu l'imprudence de soutenir que la belle Formosante, fille du plus grand roi du monde, et la princesse Aldée, et toutes les femmes de cette respectable cour, allaient coucher avec tous les palefreniers de l'Asie pour de l'argent, dans le grand temple de Babylone, par principe de religion[1]. Ce libertin de collège, votre ennemi et celui de la pudeur, accuse les belles Égyptiennes de Mendès de n'avoir aimé que des boucs, se proposant en secret, par cet exemple, de faire un tour en Égypte pour avoir enfin de bonnes aventures.

Comme il ne connaît pas plus le moderne que l'antique, il insinue, dans l'espérance de s'introduire auprès de quelque vieille, que notre incomparable Ninon, à l'âge de quatre-vingts ans, coucha avec l'abbé Gédoin, de l'Académie française et de celle des inscriptions et belles-lettres. Il n'a jamais entendu parler de l'abbé de Châteauneuf, qu'il prend pour l'abbé Gédoin. Il ne connaît pas plus Ninon que les filles de Babylone.

Muses, filles du ciel, votre ennemi Larcher fait plus : il se répand en éloges sur la pédérastie ; il ose dire que tous les bambins de mon pays sont sujets à cette infamie. Il croit se sauver en augmentant le nombre des coupables.

Nobles et chastes muses, qui détestez également le pédantisme et la pédérastie, protégez-moi contre maître Larcher !

Et vous, maître Aliboron, dit Fréron, ci-devant soi-disant jésuite, vous dont le Parnasse est tantôt à Bicêtre et tantôt au cabaret du coin ; vous à qui l'on a rendu tant de justice sur tous les théâtres de l'Europe dans l'honnête comédie de *l'Écossaise;* vous, digne fils du prêtre Desfontaines, qui naquîtes de ses amours avec un de ces beaux enfants qui portent un fer et un bandeau comme le fils de Vénus[2], et qui s'élancent comme lui dans les airs, quoiqu'ils n'aillent jamais qu'au haut des cheminées ; mon cher Aliboron, pour qui j'ai toujours eu tant de tendresse, et qui m'avez fait rire un mois de suite du temps de cette *Écossaise*, je vous recommande ma princesse de Babylone ; dites-en bien du mal afin qu'on la lise.

1. Voyez dans les *Mélanges,* année 1767, le chapitre II de la *Défense de mon oncle.*

2. Voyez, dans la *Correspondance*, la lettre à Thieriot, du 5 juin 1738, contenant une épigramme qui commence ainsi :

> Un ramoneur à face basanée
> Le fer en main, les yeux ceints d'un bandeau.

Je ne vous oublierai point ici, gazetier ecclésiastique, illustre orateur des convulsionnaires, père de l'Église fondée par l'abbé Bécherand[1] et par Abraham Chaumeix; ne manquez pas de dire dans vos feuilles, aussi pieuses qu'éloquentes et sensées, que la princesse de Babylone est hérétique, déiste et athée. Tâchez surtout d'engager le sieur Riballier à faire condamner la princesse de Babylone par la Sorbonne; vous ferez grand plaisir à mon libraire, à qui j'ai donné cette petite histoire pour ses étrennes.

1. L'abbé Bécherand, entièrement oublié aujourd'hui, avait une jambe plus courte que l'autre, et, pour tâcher de l'allonger, allait gambader sur le tombeau du diacre Pâris. Ce fut lui qui, le premier, eut des convulsions, en 1731. Il fut, en février 1732, arrêté et mis à Saint-Lazare. Il n'eut sa liberté que le 5 avril de la même année. (B.) — Voyez l'article Convulsions, tome XVIII, page 268; et sur Chaumeix, tome X, page 127, tome XVII, page 5, tome XVIII, page 269, et tome XX, page 321.

FIN DE LA PRINCESSE DE BABYLONE.

LES
LETTRES D'AMABED

TRADUITES PAR L'ABBÉ TAMPONET[1]

(1769)

PREMIÈRE LETTRE

D'AMABED A SHASTASID, GRAND BRAME DE MADURÉ.

A Bénarès, le second du mois de la souris, l'an
du renouvellement du monde 115652 [2].

Lumière de mon âme, père de mes pensées, toi qui conduis les hommes dans les voies de l'Éternel, à toi, savant Shastasid, respect et tendresse.

Je me suis déjà rendu la langue chinoise si familière, suivant tes sages conseils, que je lis avec fruit leurs cinq Kings, qui me semblent égaler en antiquité notre *Shasta*, dont tu es l'interprète, les sentences du premier Zoroastre, et les livres de l'Égyptien Thaut.

1. Le nom de Tamponet, qu'on lit ici, est celui d'un docteur en Sorbonne qui avait censuré la thèse de l'abbé de Prades en 1752; or, en ce moment, la Sorbonne s'apprêtait à condamner un autre ouvrage philosophique, le *Belisaire*, de Marmontel. Le nom de Tamponet était donc bien à l'ordre du jour.

On trouve encore, sous le nom de ce docteur, les *Questions de Zapata*.

2. Cette date répond à l'année de notre ère vulgaire 1512, deux ans après qu'Alphonse d'Albuquerque eut pris Goa. Il faut savoir que les brames comptaient 111100 années depuis la rébellion et la chute des êtres célestes, et 4552 ans depuis la promulgation du *Shasta*, leur premier livre sacré : ce qui faisait 115652 pour l'année correspondante à notre année 1512, temps auquel régnaient : Babar, dans le Mogol; Ismael Sophi, en Perse; Sélim, en Turquie; Maximilien Ier, en Allemagne; Louis XII, en France; Jules II, à Rome; Jeanne la Folle, en Espagne; Emmanuel, en Portugal. (*Note de Voltaire.*)

Il paraît à mon âme, qui s'ouvre toujours devant toi, que ces écrits et ces cultes n'ont rien pris les uns des autres : car nous sommes les seuls à qui Brama, confident de l'Éternel, ait enseigné la rébellion des créatures célestes, le pardon que l'Éternel leur accorde, et la formation de l'homme ; les autres n'ont rien dit, ce me semble, de ces choses sublimes.

Je crois surtout que nous ne tenons rien, ni nous, ni les Chinois, des Égyptiens. Ils n'ont pu former une société policée et savante que longtemps après nous, puisqu'il leur a fallu dompter leur Nil avant de pouvoir cultiver les campagnes et bâtir leurs villes.

Notre *Shasta* divin n'a, je l'avoue, que quatre mille cinq cent cinquante-deux ans d'antiquité ; mais il est prouvé par nos monuments que cette doctrine avait été enseignée de père en fils plus de cent siècles avant la publication de ce sacré livre. J'attends sur cela les instructions de ta paternité.

Depuis la prise de Goa par les Portugais[1], il est venu quelques docteurs d'Europe à Bénarès. Il y en a un à qui j'enseigne la langue indienne ; il m'apprend en récompense un jargon qui a cours dans l'Europe, et qu'on nomme l'*italien*. C'est une plaisante langue. Presque tous les mots se terminent en *a*, en *e*, en *i*, et en *o* ; je l'apprends facilement, et j'aurai bientôt le plaisir de lire les livres européans.

Ce docteur s'appelle le P. *Fa tutto* ; il paraît poli et insinuant ; je l'ai présenté à *Charme des yeux*, la belle Adaté, que mes parents et les tiens me destinent pour épouse ; elle apprend l'italien avec moi. Nous avons conjugué ensemble le verbe *j'aime* dès le premier jour. Il nous a fallu deux jours pour tous les autres verbes. Après elle, tu es le mortel le plus près de mon cœur. Je prie Birma et Brama de conserver tes jours jusqu'à l'âge de cent trente ans, passé lequel la vie n'est plus qu'un fardeau.

RÉPONSE

DE SHASTASID.

J'ai reçu ta lettre, esprit enfant de mon esprit. Puisse Drugha[2], montée sur son dragon, étendre toujours sur toi ses dix bras vainqueurs des vices !

1. Les Portugais se sont emparés de Goa en 1510.
2. Drugha est le mot indien qui signifie vertu. Elle est représentée avec dix

Il est vrai, et nous n'en devons tirer aucune vanité, que nous sommes le peuple de la terre le plus anciennement policé. Les Chinois eux-mêmes n'en disconviennent pas. Les Égyptiens sont un peuple tout nouveau qui fut enseigné lui-même par les Chaldéens. Ne nous glorifions pas d'être les plus anciens, et songeons à être toujours les plus justes.

Tu sauras, mon cher Amabed, que depuis très-peu de temps une faible image de notre révélation sur la chute des êtres célestes et le renouvellement du monde a pénétré jusqu'aux Occidentaux. Je trouve, dans une traduction arabe d'un livre syriaque, qui n'est composé que depuis environ quatorze cents ans, ces propres paroles : « L'Éternel tient liées de chaînes éternelles, jusqu'au grand jour du jugement, les puissances célestes qui ont souillé leur dignité première[1]. » L'auteur cite en preuve un livre composé par un de leurs premiers hommes, nommé Énoch. Tu vois par là que les nations barbares n'ont jamais été éclairées que par un rayon faible et trompeur qui s'est égaré vers eux du sein de notre lumière.

Mon cher fils, je crains mortellement l'irruption des barbares d'Europe dans nos heureux climats. Je sais trop quel est cet Albuquerque qui est venu des bords de l'Occident dans ce pays cher à l'astre du jour. C'est un des plus illustres brigands qui aient désolé la terre. Il s'est emparé de Goa contre la foi publique ; il a noyé dans leur sang des hommes justes et paisibles. Ces Occidentaux habitent un pays pauvre qui ne leur produit que très-peu de soie, point de coton, point de sucre, nulle épicerie. La terre même dont nous fabriquons la porcelaine leur manque. Dieu leur a refusé le cocotier, qui ombrage, loge, vêtit, nourrit, abreuve les enfants de Brama. Ils ne connaissent qu'une liqueur qui leur fait perdre la raison. Leur vraie divinité est l'or ; ils vont chercher ce dieu à une autre extrémité du monde.

Je veux croire que ton docteur est un homme de bien ; mais l'Éternel nous permet de nous défier de ces étrangers. S'ils sont moutons à Bénarès, on dit qu'ils sont tigres dans les contrées où les Européans se sont établis.

bras, et montée sur un dragon pour combattre les vices, qui sont l'intempérance, l'incontinence, le larcin, le meurtre, l'injure, la médisance, la calomnie, la fainéantise, la résistance à ses père et mère, l'ingratitude. C'est cette figure que plusieurs missionnaires ont prise pour le diable. (*Note de Voltaire.*)

1. On voit que Shastasid avait lu notre *Bible* en arabe, et qu'il avait en vue l'épître de saint Jude, où se trouvent en effet ces paroles au verset 6. Le livre apocryphe qui n'a jamais existé est celui d'Énoch, cité par saint Jude au verset 14. (*Id.*)

Puissent ni la belle Adaté ni toi n'avoir jamais à se plaindre du P. Fa tutto! Mais un secret pressentiment m'alarme. Adieu. Que bientôt Adaté, unie à toi par un saint mariage, puisse goûter dans tes bras les joies célestes!

Cette lettre te parviendra par un banian[1], qui ne partira qu'à la pleine lune de l'éléphant.

DEUXIÈME LETTRE

D'AMABED A SHASTASID.

Père de mes pensées, j'ai eu le temps d'apprendre ce jargon d'Europe avant que ton marchand banian ait pu arriver sur le rivage du Gange. Le P. Fa tutto me témoigne toujours une amitié sincère. En vérité je commence à croire qu'il ne ressemble point aux perfides dont tu crains, avec raison, la méchanceté. La seule chose qui pourrait me donner de la défiance, c'est qu'il me loue trop, et qu'il ne loue jamais assez Charme des yeux; mais d'ailleurs il me paraît rempli de vertu et d'onction. Nous avons lu ensemble un livre de son pays, qui m'a paru bien étrange. C'est une histoire universelle du monde entier[2], dans laquelle il n'est pas dit un mot de notre antique empire, rien des immenses contrées au delà du Gange, rien de la Chine, rien de la vaste Tartarie. Il faut que les auteurs, dans cette partie de l'Europe, soient bien ignorants. Je les compare à des villageois qui parlent avec emphase de leurs chaumières, et qui ne savent pas où est la capitale; ou plutôt à ceux qui pensent que le monde finit aux bornes de leur horizon.

Ce qui m'a le plus surpris, c'est qu'ils comptent les temps depuis la création de leur monde tout autrement que nous. Mon docteur européan m'a montré un de ses almanachs sacrés, par lequel ses compatriotes sont à présent dans l'année de leur création 5552, ou dans l'année 6244, ou bien dans l'année 6940[3], comme on voudra. Cette bizarrerie m'a surpris. Je lui ai demandé comment on pouvait avoir trois époques différentes de la même aventure. « Tu ne peux, lui ai-je dit, avoir à la fois trente ans, quarante ans, et cinquante ans. Comment ton monde peut-il avoir

1. Commerçant en gros de l'Inde.
2. *Discours sur l'histoire universelle*, par Bossuet.
3. C'est la différence du texte hébreu, du samaritain et des Septante. (*Note de Voltaire.*)

trois dates qui se contrarient ? » Il m'a répondu que ces trois dates se trouvent dans le même livre, et qu'on est obligé chez eux de croire les contradictions pour humilier la superbe de l'esprit.

Ce même livre traite d'un premier homme qui s'appelait Adam, d'un Caïn, d'un Mathusalem, d'un Noé qui planta des vignes après que l'océan eut submergé tout le globe ; enfin d'une infinité de choses dont je n'ai jamais entendu parler, et que je n'ai lues dans aucun de nos livres. Nous en avons ri, la belle Adaté et moi, en l'absence du P. Fa tutto : car nous sommes trop bien élevés et trop pénétrés de tes maximes pour rire des gens en leur présence.

Je plains ces malheureux d'Europe, qui n'ont été créés que depuis 6940 ans tout au plus, tandis que notre ère est de 115652 années. Je les plains davantage de manquer de poivre, de cannelle, de girofle, de thé, de café, de soie, de coton, de vernis, d'encens, d'aromates, et de tout ce qui peut rendre la vie agréable : il faut que la Providence les ait longtemps oubliés ; mais je les plains encore plus de venir de si loin, parmi tant de périls, ravir nos denrées, les armes à la main. On dit qu'ils ont commis à Calicut des cruautés épouvantables pour du poivre : cela fait frémir la nature indienne, qui est en tout différente de la leur, car leurs poitrines et leurs cuisses sont velues. Ils portent de longues barbes, leurs estomacs sont carnassiers. Ils s'enivrent avec le jus fermenté de la vigne, plantée, disent-ils, par leur Noé. Le P. Fa tutto lui-même, tout poli qu'il est, a égorgé deux petits poulets ; il les a fait cuire dans une chaudière, et il les a mangés impitoyablement. Cette action barbare lui a attiré la haine de tout le voisinage, que nous n'avons apaisé qu'avec peine. Dieu me pardonne ! je crois que cet étranger aurait mangé nos vaches sacrées, qui nous donnent du lait, si on l'avait laissé faire. Il a bien promis qu'il ne commettrait plus de meurtres envers les poulets, et qu'il se contenterait d'œufs frais, de laitage, de riz, de nos excellents légumes, de pistaches, de dattes, de cocos, de gâteaux, d'amandes, de biscuits, d'ananas, d'oranges, et de tout ce que produit notre climat béni de l'Éternel.

Depuis quelques jours, il paraît plus attentif auprès de Charme des yeux. Il a même fait pour elle deux vers italiens qui finissent en o. Cette politesse me plaît beaucoup, car tu sais que mon bonheur est qu'on rende justice à ma chère Adaté.

Adieu. Je me mets à tes pieds, qui t'ont toujours conduit dans la voie droite, et je baise tes mains, qui n'ont jamais écrit que la vérité.

RÉPONSE

DE SHASTASID.

Mon cher fils en Birma, en Brama, je n'aime point ton Fa tutto, qui tue des poulets, et qui fait des vers pour ta chère Adaté. Veuille Birma rendre vains mes soupçons!

Je puis te jurer qu'on n'a jamais connu son Adam ni son Noé dans aucune partie du monde, tout récents qu'ils sont. La Grèce même, qui était le rendez-vous de toutes les fables quand Alexandre approcha de nos frontières, n'entendit jamais parler de ces noms-là. Je ne m'étonne pas que des amateurs du vin, tels que les peuples occidentaux, fassent un si grand cas de celui qui, selon eux, planta la vigne; mais sois sûr que Noé a été ignoré de toute l'antiquité connue.

Il est vrai que du temps d'Alexandre il y avait dans un coin de la Phénicie un petit peuple de courtiers et d'usuriers, qui avait été longtemps esclave à Babylone. Il se forgea une histoire pendant sa captivité, et c'est dans cette seule histoire qu'il ait jamais été question de Noé. Quand ce petit peuple obtint depuis des priviléges dans Alexandrie, il y traduisit ses annales en grec. Elles furent ensuite traduites en arabe, et ce n'est que dans nos derniers temps que nos savants en ont eu quelque connaissance; mais cette histoire est aussi méprisée par eux que la misérable horde qui l'a écrite[1].

Il serait plaisant, en effet, que tous les hommes, qui sont frères, eussent perdu leurs titres de famille, et que ces titres ne se retrouvassent que dans une petite branche composée d'usuriers et de lépreux. J'ai peur, mon cher ami, que les concitoyens de ton P. Fa tutto, qui ont, comme tu me le mandes, adopté ces idées, ne soient aussi insensés, aussi ridicules, qu'ils sont intéressés, perfides, et cruels.

Épouse au plus tôt ta charmante Adaté, car, encore une fois, je crains les Fa tutto plus que les Noé.

1. On voit bien que Shastasid parle ici en brame qui n'a pas le don de la foi, et à qui la grâce a manqué. (*Note de Voltaire.*)

TROISIÈME LETTRE

D'AMABED A SHASTASID.

Béni soit à jamais Birma, qui a fait l'homme pour la femme! Sois béni, ô cher Shastasid, qui t'intéresses tant à mon bonheur! Charme des yeux est à moi; je l'ai épousée. Je ne touche plus à la terre; je suis dans le ciel : il n'a manqué que toi à cette divine cérémonie. Le docteur Fa tutto a été témoin de nos saints engagements; et, quoiqu'il ne soit pas de notre religion, il n'a fait nulle difficulté d'écouter nos chants et nos prières : il a été fort gai au festin des noces. Je succombe à ma félicité. Tu jouis d'un autre bonheur: tu possèdes la sagesse; mais l'incomparable Adaté me possède. Vis longtemps heureux, sans passions, tandis que la mienne m'absorbe dans une mer de voluptés. Je ne puis t'en dire davantage : je revole dans les bras d'Adaté.

QUATRIÈME LETTRE

D'AMABED A SHASTASID.

Cher ami, cher père, nous partons, la tendre Adaté et moi, pour te demander ta bénédiction. Notre félicité serait imparfaite si nous ne remplissions pas ce devoir de nos cœurs; mais, le croirais-tu? nous passons par Goa, dans la compagnie de Coursom, le célèbre marchand, et de sa femme. Fa tutto dit que Goa est devenue la plus belle ville de l'Inde; que le grand Albuquerque nous recevra comme des ambassadeurs; qu'il nous donnera un vaisseau à trois voiles pour nous conduire à Maduré[1]. Il a persuadé ma femme, et j'ai voulu le voyage dès qu'elle l'a voulu. Fa tutto nous assure qu'on parle italien plus que portugais à Goa. Charme des yeux brûle d'envie de faire usage d'une langue qu'elle vient d'apprendre : je partage tous ses goûts. On dit qu'il y a eu des gens qui ont eu deux volontés; mais Adaté et moi nous n'en avons qu'une, parce que nous n'avons qu'une âme à nous deux. Enfin nous partons demain avec la douce espérance de verser dans tes bras, avant deux mois, des larmes de tendresse et de joie.

1. Ville située au sud de la presqu'île de l'Inde.

PREMIÈRE LETTRE

D'ADATÉ A SHASTASID.

A Goa, le 5 du mois du tigre, l'an du
renouvellement du monde 115652.

Birma, entends mes cris, vois mes pleurs, sauve mon cher époux! Brama, fils de Birma, porte ma douleur et ma crainte à ton père! Généreux Shastasid, plus sage que nous, tu avais prévu nos malheurs. Mon cher Amabed, ton disciple, mon tendre époux, ne t'écrira plus; il est dans une fosse que les barbares appellent *prison*. Des gens que je ne puis définir, on les nomme ici *inquisitori*[1], je ne sais ce que ce mot signifie; ces monstres, le lendemain de notre arrivée, saisirent mon mari et moi, et nous mirent chacun dans une fosse séparée, comme si nous étions morts; mais si nous l'étions, il fallait du moins nous ensevelir ensemble. Je ne sais ce qu'ils ont fait de mon cher Amabed. J'ai dit à mes anthropophages: « Où est Amabed? Ne le tuez pas, et tuez-moi. » Ils ne m'ont rien répondu. « Où est-il? pourquoi m'avez-vous séparée de lui! » Ils ont gardé le silence: ils m'ont enchaînée. J'ai depuis une heure un peu plus de liberté; le marchand Coursom a trouvé moyen de me faire tenir du papier de coton, un pinceau et de l'encre. Mes larmes imbibent tout, ma main tremble, mes yeux s'obscurcissent, je me meurs.

DEUXIÈME LETTRE

D'ADATÉ A SHASTASID

ÉCRITE DE LA PRISON DE L'INQUISITION.

Divin Shastasid, je fus hier longtemps évanouie; je ne pus achever ma lettre: je la pliai quand je repris un peu mes sens; je la mis dans mon sein, qui n'allaitera pas les enfants que j'espérais avoir d'Amabed. Je mourrai avant que Birma m'ait accordé la fécondité.

Ce matin, au point du jour, sont entrés dans ma fosse deux spectres armés de hallebardes, portant au cou des grains enfilés,

1. Au XVIII^e siècle, l'inquisition de Goa existait encore.

et ayant sur la poitrine quatre petites bandes rouges croisées. Ils m'ont prise par les mains, toujours sans me rien dire, et m'ont menée dans une chambre où il y avait pour tous meubles une grande table, cinq chaises, et un grand tableau qui représentait un homme tout nu, les bras étendus et les pieds joints.

Aussitôt entrent cinq personnages vêtus de robes noires avec une chemise par-dessus leur robe, et deux longs pendants d'étoffe bigarrée par-dessus leur chemise. Je suis tombée à terre de frayeur; mais quelle a été ma surprise! J'ai vu le P. Fa tutto parmi ces cinq fantômes. Je l'ai vu, il a rougi; mais il m'a regardée d'un air de douceur et de compassion qui m'a un peu rassurée pour un moment. « Ah! P. Fa tutto, ai-je dit, où suis-je? Qu'est devenu Amabed? Dans quelle gouffre m'avez-vous jetée? On dit qu'il y a des nations qui se nourrissent de sang humain: va-t-on nous tuer? va-t-on nous dévorer? » Il ne m'a répondu qu'en levant les yeux et les mains au ciel; mais avec une attitude si douloureuse et si tendre que je ne savais plus que penser.

Le président de ce conseil des muets a enfin délié sa langue, et m'a adressé la parole; il m'a dit ces mots: « Est-il vrai que vous avez été baptisée? » J'étais si abîmée dans mon étonnement et dans ma douleur que d'abord je n'ai pu répondre. Il a recommencé la même question d'une voix terrible. Mon sang s'est glacé, et ma langue s'est attachée à mon palais. Il a répété les mêmes mots pour la troisième fois, et à la fin j'ai dit: « Oui; » car il ne faut jamais mentir. J'ai été baptisée dans le Gange comme tous les fidèles enfants de Brama le sont, comme tu le fus, divin Shastasid, comme l'a été mon cher et malheureux Amabed. Oui, je suis baptisée, c'est ma consolation, c'est ma gloire. Je l'ai avoué devant ces spectres.

A peine cette parole *oui*, symbole de la vérité, est sortie de ma bouche, qu'un des cinq monstres noirs et blancs s'est écrié: *Apostata!* les autres ont répété: *Apostata!* Je ne sais ce que ce mot veut dire; mais ils l'ont prononcé d'un ton si lugubre et si épouvantable que mes trois doigts sont en convulsion en te l'écrivant.

Alors le P. Fa tutto, prenant la parole et me regardant toujours avec des yeux bénins, les a assurés que j'avais dans le fond de bons sentiments, qu'il répondait de moi, que la grâce opérerait, qu'il se chargerait de ma conscience; et il a fini son discours, auquel je ne comprenais rien, par ces paroles: *Io la converterò*. Cela signifie en italien, autant que j'en puis juger: *Je la retournerai*.

« Quoi! disais-je en moi-même, il me retournera! Qu'entend-il par me retourner! Veut-il dire qu'il me rendra à ma patrie? Ah! Père Fa tutto, lui ai-je dit, retournez donc le jeune Amabed, mon tendre époux, rendez-moi mon âme, rendez-moi ma vie. »

Alors il a baissé les yeux; il a parlé en secret aux quatre fantômes dans un coin de la chambre. Ils sont partis avec les deux hallebardiers. Tous ont fait une profonde révérence au tableau qui représente un homme tout nu; et le P. Fa tutto est resté seul avec moi.

Il m'a conduite dans une chambre assez propre, et m'a promis que, si je voulais m'abandonner à ses conseils, je ne serais plus enfermée dans une fosse. « Je suis désespéré comme vous, m'a-t-il dit, de tout ce qui est arrivé. Je m'y suis opposé autant que j'ai pu, mais nos saintes lois m'ont lié les mains; enfin, grâce au ciel et à moi, vous êtes libre dans une bonne chambre dont vous ne pouvez pas sortir. Je viendrai vous y voir souvent; je vous consolerai; je travaillerai à votre félicité présente et future.

— Ah! lui ai-je répondu, il n'y a que mon cher Amabed qui puisse la faire, cette félicité, et il est dans une fosse! Pourquoi y est-il enterré? Pourquoi y ai-je été plongée? Qui sont ces spectres qui m'ont demandé si j'avais été baignée? Où m'avez-vous conduite? M'avez-vous trompée? Est-ce vous qui êtes la cause de ces horribles cruautés? Faites-moi venir le marchand Coursom, qui est de mon pays et homme de bien. Rendez-moi ma suivante, ma compagne, mon amie Déra, dont on m'a séparée: est-elle aussi dans un cachot pour avoir été baignée? Qu'elle vienne; que je revoie Amabed, ou que je meure! »

Il a répondu à mes discours et aux sanglots qui les entrecoupaient par des protestations de service et de zèle dont j'ai été touchée. Il m'a promis qu'il m'instruirait des causes de toute cette épouvantable aventure, et qu'il obtiendrait qu'on me rendît ma pauvre Déra, en attendant qu'il pût parvenir à délivrer mon mari. Il m'a plainte; j'ai vu même ses yeux un peu mouillés: enfin, au son d'une cloche, il est sorti de ma chambre en me prenant la main, et en la mettant sur son cœur. C'est le signe visible, comme tu le sais, de la sincérité, qui est invisible. Puisqu'il a mis ma main sur son cœur, il ne me trompera pas. Eh! pourquoi me tromperait-il? Que lui ai-je fait pour me persécuter? Nous l'avons si bien traité à Bénarès, mon mari et moi! Je lui ai fait tant de présents quand il m'enseignait l'italien! Il a fait des vers italiens pour moi; il ne peut pas me haïr. Je le regarderai comme mon bienfaiteur s'il me rend mon malheureux époux,

si nous pouvons tous deux sortir de cette terre envahie et habitée par des anthropophages, si nous pouvons venir embrasser tes genoux à Maduré, et recevoir tes saintes bénédictions.

TROISIÈME LETTRE

D'ADATÉ A SHASTASID.

Tu permets sans doute, généreux Shastasid, que je t'envoie le journal de mes infortunes inouïes ; tu aimes Amabed, tu prends pitié de mes larmes, tu lis avec intérêt dans un cœur percé de toutes parts, qui te déploie ses inconsolables afflictions.

On m'a rendu mon amie Déra, et je pleure avec elle. Les monstres l'avaient descendue dans une fosse, comme moi. Nous n'avons nulle nouvelle d'Amabed. Nous sommes dans la même maison, et il y a entre nous un espace infini, un chaos impénétrable. Mais voici des choses qui vont faire frémir ta vertu, et qui déchireront ton âme juste.

Ma pauvre Déra a su, par un de ces deux satellites qui marchent toujours devant les cinq anthropophages, que cette nation a un baptême comme nous. J'ignore comment nos sacrés rites ont pu parvenir jusqu'à eux. Ils ont prétendu que nous avions été baptisés suivant les rites de leur secte. Ils sont si ignorants qu'ils ne savent pas qu'ils tiennent de nous le baptême depuis très-peu de siècles. Ces barbares se sont imaginé que nous étions de leur secte, et que nous avions renoncé à leur culte. Voilà ce que voulait dire ce mot *apostata*, que les anthropophages faisaient retentir à mes oreilles avec tant de férocité. Ils disent que c'est un crime horrible et digne des plus grands supplices d'être d'une autre religion que la leur. Quand le P. Fa tutto leur disait: *Io la converterò*, je la retournerai, il entendait qu'il me ferait retourner à la religion des brigands. Je n'y conçois rien ; mon esprit est couvert d'un nuage, comme mes yeux. Peut-être mon désespoir trouble mon entendement, mais je ne puis comprendre comment ce Fa tutto, qui me connaît si bien, a pu dire qu'il me ramènerait à une religion que je n'ai jamais connue, et qui est aussi ignorée dans nos climats que l'étaient les Portugais quand ils sont venus pour la première fois dans l'Inde chercher du poivre les armes à la main. Nous nous perdons dans nos conjectures, la bonne Déra et moi. Elle soupçonne le P. Fa tutto de quelques desseins secrets ; mais me préserve Birma de former un jugement téméraire!

J'ai voulu écrire au grand brigand Albuquerque pour implorer sa justice, et pour lui demander la liberté de mon cher mari; mais on m'a dit qu'il était parti pour aller surprendre Bombay et le piller. Quoi! venir de si loin dans le dessein de ravager nos habitations et de nous tuer! et cependant ces monstres sont baptisés comme nous! On dit pourtant que cet Albuquerque a fait quelques belles actions. Enfin je n'ai plus d'espérance que dans l'Être des êtres, qui doit punir le crime et protéger l'innocence. Mais j'ai vu ce matin un tigre qui dévorait deux agneaux. Je tremble de n'être pas assez précieuse devant l'Être des êtres pour qu'il daigne me secourir.

QUATRIÈME LETTRE

D'ADATÉ A SHASTASID.

Il sort de ma chambre, ce P. Fa tutto. Quelle entrevue! quelle complication de perfidies, de passions, et de noirceurs! Le cœur humain est donc capable de réunir tant d'atrocités! Comment les écrirai-je à un juste?

Il tremblait quand il est entré. Ses yeux étaient baissés; j'ai tremblé plus que lui. Bientôt il s'est rassuré. « Je ne sais pas, m'a-t-il dit, si je pourrai sauver votre mari. Les juges ont ici quelquefois de la compassion pour les jeunes femmes; mais ils sont bien sévères pour les hommes. — Quoi! la vie de mon mari n'est pas en sûreté? » Je suis tombée en faiblesse. Il a cherché des eaux spiritueuses pour me faire revenir; il n'y en avait point. Il a envoyé ma bonne Déra en acheter à l'autre bout de la rue chez un banian. Cependant il m'a délacée pour donner passage aux vapeurs qui m'étouffaient. J'ai été étonnée, en revenant à moi, de trouver ses mains sur ma gorge et sa bouche sur la mienne. J'ai jeté un cri affreux; je me suis reculée d'horreur. Il m'a dit : « Je prenais de vous un soin que la charité commande. Il fallait que votre gorge fût en liberté, et je m'assurais de votre respiration. — Ah! prenez soin que mon mari respire. Est-il encore dans cette fosse horrible? — Non, m'a-t-il répondu; j'ai eu, avec bien de la peine, le crédit de le faire transférer dans un cachot plus commode. — Mais, encore une fois, quel est son crime? quel est le mien? d'où vient cette épouvantable inhumanité? pourquoi violer envers nous les droits de l'hospitalité, celui des

gens, celui de la nature? — C'est notre sainte religion qui exige de nous ces petites sévérités. Vous et votre mari vous êtes accusés d'avoir renoncé tous deux à notre baptême. »

Je me suis écriée alors : « Que voulez-vous dire ? Nous n'avons jamais été baptisés à votre mode; nous l'avons été dans le Gange, au nom de Brama. Est-ce vous qui avez persuadé cette exécrable imposture aux spectres qui m'ont interrogée ? Quel pouvait être votre dessein ? »

Il a rejeté bien loin cette idée. Il m'a parlé de vertu, de vérité, de charité; il a presque dissipé un moment mes soupçons, en m'assurant que ces spectres sont des gens de bien, des hommes de Dieu, des juges de l'âme, qui ont partout de saints espions, et principalement auprès des étrangers qui abordent dans Goa. Ces espions ont, dit-il, juré à ses confrères, les juges de l'âme, devant le tableau de l'homme tout nu, qu'Amabed et moi nous avons été baptisés à la mode des brigands portugais, qu'Amabed est *apostato*, et que je suis *apostata*.

O vertueux Shastasid! ce que j'entends, ce que je vois de moment en moment me saisit d'épouvante, depuis la racine des cheveux jusqu'à l'ongle du petit doigt du pied.

« Quoi ! vous êtes, ai-je dit au P. Fa tutto, un des cinq hommes de Dieu, un des juges de l'âme ? — Oui, ma chère Adaté; oui, Charme des yeux, je suis un des cinq dominicains délégués par le vice-dieu de l'univers pour disposer souverainement des âmes et des corps. — Qu'est-ce qu'un dominicain? qu'est-ce qu'un vice-dieu? — Un dominicain est un prêtre, enfant de saint Dominique, inquisiteur pour la foi; et un vice-dieu est un prêtre que Dieu a choisi pour le représenter, pour jouir de dix millions de roupies[1] par an, et pour envoyer dans toute la terre des dominicains vicaires du vicaire de Dieu. »

J'espère, grand Shastasid, que tu m'expliqueras ce galimatias infernal, ce mélange incompréhensible d'absurdités et d'horreurs, d'hypocrisie et de barbarie.

Fa tutto me disait tout cela avec un air de componction, avec un ton de vérité qui, dans un autre temps, aurait pu produire quelque effet sur mon âme simple et ignorante. Tantôt il levait les yeux au ciel, tantôt il les arrêtait sur moi. Ils étaient animés et remplis d'attendrissement ; mais cet attendrissement jetait dans tout mon corps un frissonnement d'horreur et de crainte. Amabed est continuellement dans ma bouche comme dans mon cœur.

1. La roupie d'or vaut 38 francs 72 centimes.

« Rendez-moi mon cher Amabed ! » c'était le commencement, le milieu, et la fin de tous mes discours.

Ma bonne Déra arrive dans ce moment ; elle m'apporte des eaux de cinnamum et d'amomum[1]. Cette charmante créature a trouvé le moyen de remettre au marchand Coursom mes trois lettres précédentes. Coursom part cette nuit ; il sera dans peu de jours à Maduré. Je serai plainte du grand Shastasid ; il versera des pleurs sur le sort de mon mari ; il me donnera des conseils ; un rayon de sa sagesse pénétrera dans la nuit de mon tombeau.

RÉPONSE

DU BRAME SHASTASID AUX TROIS LETTRES PRÉCÉDENTES D'ADATÉ.

Vertueuse et infortunée Adaté, épouse de mon cher disciple Amabed, Charme des yeux, les miens ont versé sur tes trois lettres des ruisseaux de larmes. Quel démon ennemi de la nature a déchaîné du fond des ténèbres de l'Europe les monstres à qui l'Inde est en proie ! Quoi ! tendre épouse de mon cher disciple, tu ne vois pas que le P. Fa tutto est un scélérat qui t'a fait tomber dans le piége ! Tu ne vois pas que c'est lui seul qui a fait enfermer ton mari dans une fosse, et qui t'y a plongée toi-même pour que tu lui eusses l'obligation de t'en avoir tirée ! Que n'exigera-t-il pas de ta reconnaissance ! Je tremble avec toi : je donne part de cette violation du droit des gens à tous les pontifes de Brama, à tous les omras, à tous les raïas, aux nababs, au grand empereur des Indes lui-même, le sublime Babar, roi des rois, cousin du soleil et de la lune, fils de Mirsamachamed, fils de Semcor, fils d'Abouchaïd, fils de Miracha, fils de Timur, afin qu'on s'oppose de tous côtés aux brigandages des voleurs d'Europe. Quelle profondeur de scélératesse ! Jamais les prêtres de Timur, de Gengis-kan, d'Alexandre, d'Ogus-kan, de Sésac, de Bacchus, qui tour à tour vinrent subjuguer nos saintes et paisibles contrées, ne permirent de pareilles horreurs hypocrites ; au contraire, Alexandre laissa partout des marques éternelles de sa générosité. Bacchus ne fit que du bien : c'était le favori du ciel ; une colonne de feu conduisait son armée pendant la nuit, et une nuée marchait devant elle pendant

1. Le cinnamum est la cannelle d'aujourd'hui, et l'amomum est un fruit sec dont les graines renferment une huile aromatique.

le jour[1]; il traversait la mer Rouge à pied sec ; il commandait au soleil et à la lune de s'arrêter quand il le fallait ; deux gerbes de rayons divins sortaient de son front ; l'ange exterminateur était debout à ses côtés, mais il employait toujours l'ange de la joie. Votre Albuquerque, au contraire, n'est venu qu'avec des moines, des fripons de marchands, et des meurtriers. Coursom le juste m'a confirmé le malheur d'Amabed et le vôtre. Puissé-je avant ma mort vous sauver tous deux, ou vous venger! Puisse l'éternel Birma vous tirer des mains du moine Fa tutto! Mon cœur saigne des blessures du vôtre.

N. B. Cette lettre ne parvint à Charme des yeux que longtemps après, lorsqu'elle partit de la ville de Goa.

CINQUIÈME LETTRE

D'ADATÉ AU GRAND BRAME SHASTASID.

De quels termes oserai-je me servir pour t'exprimer mon nouveau malheur ? Comment la pudeur pourra-t-elle parler de la honte? Birma a vu le crime, et il l'a souffert! Que deviendrai-je? La fosse où j'étais enterrée est bien moins horrible que mon état.

Le P. Fa tutto est entré ce matin dans ma chambre, tout parfumé, et couvert d'une simarre de soie légère. J'étais dans mon lit. « Victoire ! m'a-t-il dit, l'ordre de délivrer votre mari est signé. » A ces mots, les transports de la joie se sont emparés de tous mes sens ; je l'ai nommé *mon protecteur, mon père ;* il s'est penché vers

1. Il est indubitable que les fables concernant Bacchus étaient fort communes en Arabie et en Grèce, longtemps avant que les nations fussent informées si les Juifs avaient une histoire ou non. Josèphe avoue même que les Juifs tinrent toujours leurs livres cachés à leurs voisins. Bacchus était révéré en Égypte, en Arabie, en Grèce, longtemps avant que le nom de Moïse pénétrât dans ces contrées. Les anciens vers orphiques appellent Bacchus *Misa* ou *Mosa*. Il fut élevé sur la montagne de Nisa, qui est précisément le mont Sina; il s'enfuit vers la mer Rouge ; il y rassembla une armée, et passa avec elle cette mer à pied sec. Il arrêta le soleil et la lune ; son chien le suivit dans toutes ses expéditions, et le nom de *Caleb,* l'un des conquérants hébreux, signifie *chien.*

Les savants ont beaucoup disputé, et ne sont pas convenus si Moïse est antérieur à Bacchus, ou Bacchus à Moïse. Ils sont tous deux de grands hommes; mais Moïse, en frappant un rocher avec sa baguette, n'en fit sortir que de l'eau; au lieu que Bacchus, en frappant la terre de son thyrse, en fit sortir du vin. C'est de là que toutes les chansons de table célèbrent Bacchus, et qu'il n'y a peut-être pas deux chansons en faveur de Moïse. (*Note de Voltaire.*)

Voyez, sur Bacchus et Moïse, la note, tome XI, page 80.

moi : il m'a embrassée. J'ai cru d'abord que c'était une caresse innocente, un témoignage chaste de ses bontés pour moi; mais, dans le même instant, écartant ma couverture, dépouillant sa simarre, se jetant sur moi comme un oiseau de proie sur une colombe, me pressant du poids de son corps, ôtant de ses bras nerveux tout mouvement à mes faibles bras, arrêtant sur mes lèvres ma voix plaintive par des baisers criminels, enflammé, invincible, inexorable... quel moment! et pourquoi ne suis-je pas morte!

Déra, presque nue, est venue à mon secours; mais lorsque rien ne pouvait plus me secourir qu'un coup de tonnerre : ô Providence de Birma ! il n'a point tonné, et le détestable Fa tutto a fait pleuvoir dans mon sein la brûlante rosée de son crime. Non, Drugha[1] elle-même, avec ses dix bras célestes, n'aurait pu déranger ce Mosasor[2] indomptable.

Ma chère Déra le tirait de toutes ses forces; mais figurez-vous un passereau qui becqueterait le bout des plumes d'un vautour acharné sur une tourterelle : c'est l'image du P. Fa tutto, de Déra, et de la pauvre Adaté.

Pour se venger des importunités de Déra, il la saisit elle-même, la renverse d'une main en me retenant de l'autre ; il la traite comme il m'a traitée, sans miséricorde; ensuite il sort fièrement comme un maître qui a châtié deux esclaves, et nous dit : « Sachez que je vous punirai ainsi toutes deux quand vous ferez les mutines. »

Nous sommes restées, Déra et moi, un quart d'heure sans oser dire un mot, sans oser nous regarder. Enfin Déra s'est écriée : « Ah! ma chère maîtresse, quel homme! tous les gens de son espèce sont-ils aussi cruels que lui?»

Pour moi, je ne pensais qu'au malheureux Amabed. On m'a promis de me le rendre, et on ne me le rend point. Me tuer, c'était l'abandonner; ainsi je ne me suis pas tuée.

Je ne m'étais nourrie depuis un jour que de ma douleur. On ne nous a point apporté à manger à l'heure accoutumée. Déra s'en étonnait, et s'en plaignait. Il me paraissait bien honteux de manger après ce qui nous était arrivé : cependant nous avions un appétit dévorant ; rien ne venait, et après nous être pâmées de douleur nous nous évanouissions de faim.

1. Voyez la note 2 de la page 436.
2. Ce Mosasor est l'un des principaux anges rebelles qui combattirent contre l'Éternel, comme le rapporte l'*Autorashasta,* le plus ancien livre des brachmanes; et c'est là probablement l'origine de la guerre des Titans et de toutes les fables imaginées depuis sur ce modèle. (*Note de Voltaire.*)

Enfin, sur le soir, on nous a servi une tourte de pigeonneaux, une poularde et deux perdrix, avec un seul petit pain ; et, pour comble d'outrage, une bouteille de vin sans eau. C'est le tour le plus sanglant qu'on puisse jouer à deux femmes comme nous, après tout ce que nous avions souffert ; mais que faire? je me suis mise à genoux : O Birma! ô Vistnou! ô Brama! vous savez que l'âme n'est point souillée de ce qui entre dans le corps ; si vous m'avez donné une âme, pardonnez-lui la nécessité funeste où est mon corps de n'être pas réduit aux légumes ; je sais que c'est un péché horrible de manger du poulet ; mais on nous y force. Puissent tant de crimes retomber sur la tête du P. Fa tutto! Qu'il soit, après sa mort, changé en une jeune malheureuse Indienne ; que je sois changée en dominicain ; que je lui rende tous les maux qu'il m'a faits, et que je sois plus impitoyable encore pour lui qu'il ne l'a été pour moi! Ne sois point scandalisé ; pardonne, vertueux Shastasid! nous nous sommes mises à table : qu'il est dur d'avoir des plaisirs qu'on se reproche!

Postcrit. Immédiatement après dîner, j'écris au modérateur de Goa, qu'on appelle le corrégidor[1]. Je lui demande la liberté d'Amabed et la mienne ; je l'instruis de tous les crimes du P. Fa tutto. Ma chère Déra dit qu'elle lui fera parvenir ma lettre par cet alguazil des inquisiteurs pour la foi, qui vient quelquefois la voir dans mon antichambre, et qui a pour elle beaucoup d'estime. Nous verrons ce que cette démarche hardie pourra produire.

SIXIÈME LETTRE

D'ADATÉ.

Le croirais-tu, sage instructeur des hommes? il y a des justes à Goa, et don Jéronimo le corrégidor en est un. Il a été touché de mon malheur et de celui d'Amabed. L'injustice le révolte, le crime l'indigne. Il s'est transporté avec des officiers de justice à la prison qui nous renferme. J'apprends qu'on appelle ce repaire *le palais du saint-office;* mais, ce qui t'étonnera, on lui a refusé l'entrée. Les cinq spectres, suivis de leurs hallebardiers, se sont présentés à la porte, et ont dit à la justice : « Au nom de Dieu tu n'entreras pas ici. — J'entrerai au nom du roi, a dit le corrégidor ; c'est un cas royal. — C'est un cas sacré, ont répondu les

1. Littéralement *correcteur.* C'est le premier juge de la province.

spectres. » Don Jéronimo le juste a dit : « Je dois interroger Amabed, Adaté, Déra, et le P. Fa tutto. — Interroger un inquisiteur, un dominicain ! s'est écrié le chef des spectres; c'est un sacrilége : *scommunicao, scommunicao* [1] ! » On dit que ce sont des mots terribles, et qu'un homme sur qui on les a prononcés meurt ordinairement au bout de trois jours.

Les deux partis se sont échauffés ; ils étaient prêts d'en venir aux mains ; enfin ils s'en sont rapportés à l'obispo de Goa. Un obispo est à peu près parmi ces barbares ce que tu es chez les enfants de Brama : c'est un intendant de leur religion ; il est vêtu de violet, et il porte aux mains des souliers violets[2] ; il a sur la tête, les jours de cérémonie, un pain de sucre fendu en deux. Cet homme a décidé que les deux partis avaient également tort, et qu'il n'appartenait qu'à leur vice-dieu de juger le P. Fa tutto. Il a été convenu qu'on l'enverrait par-devant sa divinité avec Amabed et moi, et ma fidèle Déra.

Je ne sais où demeure ce vice, si c'est dans le voisinage du grand-lama, ou en Perse ; mais n'importe, je vais revoir Amabed ; j'irais avec lui au bout du monde, au ciel, en enfer. J'oublie dans ce moment ma fosse, ma prison, les violences de Fa tutto, ses perdrix, que j'ai eu la lâcheté de manger, et son vin, que j'ai eu la faiblesse de boire.

SEPTIÈME LETTRE

D'ADATÉ.

Je l'ai revu, mon tendre époux ; on nous a réunis ; je l'ai tenu dans mes bras : il a effacé la tache du crime dont cet abominable Fa tutto m'avait souillée ; semblable à l'eau sainte du Gange [3], qui lave toutes les macules des âmes, il m'a rendu une nouvelle vie. Il n'y a que cette pauvre Déra qui reste encore profanée ; mais tes prières et tes bénédictions remettront son innocence dans tout son éclat.

On nous fait partir demain sur un vaisseau qui fait voile pour Lisbonne : c'est la patrie du fier Albuquerque ; c'est là sans doute qu'habite ce vice-dieu qui doit juger entre Fa tutto et nous : s'il

1. Je l'excommunie.
2. Toutes les éditions portent : *aux mains des souliers violets*. Adaté appelle ainsi les gants violets des évêques. (B.)
3. Voyez tome XI, page 18 ; et tome XII, page 438.

est vice-dieu, comme tout le monde l'assure ici, il est bien certain qu'il condamnera Fa tutto. C'est une petite consolation ; mais je cherche bien moins la punition de ce terrible coupable que le bonheur du tendre Amabed.

Quelle est donc la destinée des faibles mortels, de ces feuilles que les vents emportent! Nous sommes nés, Amabed et moi, sur les bords du Gange ; on nous emmène en Portugal ; on va nous juger dans un monde inconnu, nous qui sommes nés libres! Reverrons-nous jamais notre patrie ? Pourrons-nous accomplir le pèlerinage que nous méditons vers ta personne sacrée ?

Comment pourrons-nous, moi et ma chère Déra, être enfermées dans le même vaisseau avec le P. Fa tutto? Cette idée me fait trembler. Heureusement j'aurai mon brave époux pour me défendre ; mais que deviendra Déra, qui n'a point de mari? Enfin nous nous recommandons à la Providence.

Ce sera désormais mon cher Amabed qui t'écrira : il fera le journal de nos destins ; il te peindra la nouvelle terre et les nouveaux cieux que nous allons voir. Puisse Brama conserver longtemps ta tête rase et l'entendement divin qu'il a placé dans la moelle de ton cerveau!

PREMIÈRE LETTRE

D'AMABED A SHASTASID, APRÈS SA CAPTIVITÉ.

Je suis donc encore au nombre des vivants ! c'est donc moi qui t'écris, divin Shastasid ! j'ai tout su, et tu sais tout. Charme des yeux n'a point été coupable ; elle ne peut l'être : la vertu est dans le cœur, et non ailleurs. Ce rhinocéros de Fa tutto, qui avait cousu à sa peau celle du renard, soutient hardiment qu'il nous a baptisés, Adaté et moi, dans Bénarès, à la mode de l'Europe ; que je suis *apostato*, et que Charme des yeux est *apostata*. Il jure, par l'homme nu qui est peint ici sur presque toutes les murailles, qu'il est injustement accusé d'avoir violé ma chère épouse et sa jeune Déra : Charme des yeux, de son côté, et la douce Déra, jurent qu'elles ont été violées. Les esprits européans ne peuvent percer ce sombre abîme : ils disent tous qu'il n'y a que leur vice-dieu qui puisse y rien connaître, attendu qu'il est infaillible.

Don Jéronimo, le corrégidor, nous fait tous embarquer demain pour comparaître devant cet être extraordinaire qui ne se trompe jamais. Ce grand-juge des barbares ne siége point à Lisbonne,

mais beaucoup plus loin, dans une ville magnifique qu'on nomme Roume. Ce nom est absolument inconnu chez nos Indiens. Voilà un terrible voyage. A quoi les enfants de Brama sont-ils exposés dans cette courte vie !

Nous avons pour compagnons de voyage des marchands d'Europe, des chanteuses, deux vieux officiers des troupes du roi de Portugal, qui ont gagné beaucoup d'argent dans notre pays, des prêtres du vice-dieu, et quelques soldats.

C'est un grand bonheur pour nous d'avoir appris l'italien, qui est la langue courante de tous ces gens-là : car comment pourrions-nous entendre le jargon portugais? Mais, ce qui est horrible, c'est d'être dans la même barque avec un Fa tutto. On nous fait coucher ce soir à bord, pour démarrer demain au lever du soleil. Nous aurons une petite chambre de six pieds de long sur quatre de large pour ma femme et pour Déra. On dit que c'est une faveur insigne. Il faut faire ses petites provisions de toute espèce. C'est un bruit, c'est un tintamarre inexprimable. La foule du peuple se précipite pour nous regarder. Charme des yeux est en larmes ; Déra tremble : il faut s'armer de courage. Adieu ; adresse pour nous tes saintes prières à l'Éternel, qui créa les malheureux mortels il y a juste cent quinze mille six cent cinquante-deux révolutions annuelles du soleil autour de la terre, ou de la terre autour du soleil.

DEUXIÈME LETTRE

D'AMABED, PENDANT SA ROUTE.

Après un jour de navigation, le vaisseau s'est trouvé vis-à-vis Bombay, dont l'exterminateur Albuquerque, qu'on appelle ici *le Grand*, s'est emparé. Aussitôt un bruit infernal s'est fait entendre : notre vaisseau a tiré neuf coups de canon ; on lui en a répondu autant des remparts de la ville. Charme des yeux et la jeune Déra ont cru être à leur dernier jour. Nous étions couverts d'une fumée épaisse. Croirais-tu, sage Shastasid, que ce sont là des politesses? C'est la façon dont ces barbares se saluent. Une chaloupe a apporté des lettres pour le Portugal : alors nous avons fait voile dans la grande mer, laissant à notre droite les embouchures du grand fleuve Zonboudipo, que les barbares appellent l'Indus.

Nous ne voyons plus que les airs, nommés ciel par ces brigands,

si peu dignes du ciel, et cette grande mer que l'avarice et la cruauté leur ont fait traverser.

Cependant le capitaine paraît un homme honnête et prudent. Il ne permet pas que le P. Fa tutto soit sur le tillac quand nous y prenons le frais ; et lorsqu'il est en haut, nous nous tenons en bas. Nous sommes comme le jour et la nuit, qui ne paraissent jamais ensemble sur le même horizon. Je ne cesse de réfléchir sur la destinée qui se joue des malheureux mortels. Nous voguons sur la mer des Indes avec un dominicain, pour aller être jugés dans Roume, à six mille lieues de notre patrie.

Il y a dans le vaisseau un personnage considérable qu'on nomme l'aumônier. Ce n'est pas qu'il fasse l'aumône ; au contraire on lui donne de l'argent pour dire des prières dans une langue qui n'est ni la portugaise ni l'italienne, et que personne de l'équipage n'entend ; peut-être ne l'entend-il pas lui-même, car il est toujours en dispute sur le sens des paroles avec le P. Fa tutto. Le capitaine m'a dit que cet aumônier est franciscain, et que, l'autre étant dominicain, ils sont obligés en conscience de n'être jamais du même avis. Leurs sectes sont ennemies jurées l'une de l'autre ; aussi sont-ils vêtus tout différemment pour marquer la différence de leurs opinions.

Le franciscain s'appelle Fa molto ; il me prête des livres italiens concernant la religion du vice-dieu devant qui nous comparaîtrons. Nous lisons ces livres, ma chère Adaté et moi ; Déra assiste à la lecture. Elle y a eu d'abord de la répugnance, craignant de déplaire à Brama ; mais plus nous lisons, plus nous nous fortifions dans l'amour des saints dogmes que tu enseignes aux fidèles.

TROISIÈME LETTRE

DU JOURNAL D'AMABED.

Nous avons lu avec l'aumônier des épîtres d'un des grands saints de la religion italienne et portugaise. Son nom est Paul. Toi, qui possèdes la science universelle, tu connais Paul sans doute. C'est un grand homme : il a été renversé de cheval par une voix, et aveuglé par un trait de lumière ; il se vante d'avoir été comme moi au cachot ; il ajoute qu'il a eu cinq fois trente-neuf coups de fouet, ce qui fait en tout cent quatre-vingt-quinze écourgées sur les fesses ; plus, trois fois des coups de bâton, sans spécifier le nombre ; plus, il dit qu'il a été lapidé une fois : cela

est violent, car on n'en revient guère; plus, il jure qu'il a été un jour et une nuit au fond de la mer. Je le plains beaucoup ; mais, en récompense, il a été ravi au troisième ciel. Je t'avoue, illuminé Shastasid, que je voudrais en faire autant, dussé-je acheter cette gloire par cent quatre-vingt-quinze coups de verges bien appliqués sur le derrière :

> Il est beau qu'un mortel jusques aux cieux s'élève ;
> Il est beau même d'en tomber,

comme dit un de nos plus aimables poëtes indiens, qui est quelquefois sublime[1].

Enfin je vois qu'on a conduit comme moi Paul à Roume pour être jugé. Quoi donc ! mon cher Shastasid, Roume a donc jugé tous les mortels dans tous les temps? Il faut certainement qu'il y ait dans cette ville quelque chose de supérieur au reste de la terre : tous les gens qui sont dans le vaisseau ne jurent que par Roume ; on faisait tout à Goa au nom de Roume.

Je te dirai bien plus, le Dieu de notre aumônier Fa molto, qui est le même que celui de Fa tutto, naquit et mourut dans un pays dépendant de Roume, et il paya le tribut au zamorain qui régnait dans cette ville. Tout cela ne te paraît-il pas bien surprenant? Pour moi, je crois rêver, et que tous les gens qui m'entourent rêvent aussi.

Notre aumônier Fa molto nous a lu des choses encore plus merveilleuses. Tantôt c'est un âne qui parle, tantôt c'est un de leurs saints qui passe trois jours et trois nuits dans le ventre d'une baleine, et qui en sort de fort mauvaise humeur. Ici c'est un prédicateur qui s'en va prêcher dans le ciel, monté sur un char de feu traîné par quatre chevaux de feu ; un docteur passe la mer à pied sec, suivi de deux ou trois millions d'hommes qui s'enfuient avec lui ; un autre docteur arrête le soleil et la lune ; mais cela ne me surprend point : tu m'as appris que Bacchus en avait fait autant.

Ce qui me fait le plus de peine, à moi qui me pique de propreté et d'une grande pudeur, c'est que le dieu de ces gens-là ordonne à un de ses prédicateurs[2] de manger de la matière louable sur son pain ; et à un autre, de coucher pour de l'argent avec des filles de joie[3], et d'en avoir des enfants.

1. Quinault, *Phaëton*, IV, II.
2. Voyez Ézéchiel, chapitre IV. (*Note de Voltaire.*)
3. Osée, chapitre I^{er}. (*Id.*)

Il y a bien pis. Ce savant homme nous a fait remarquer deux sœurs, Oolla et Ooliba¹. Tu les connais bien, puisque tu as tout lu. Cet article a fort scandalisé ma femme : le blanc de ses yeux en a rougi. J'ai remarqué que la bonne Déra était tout en feu à ce paragraphe. Il faut certainement que ce franciscain Fa molto soit un gaillard. Cependant il a fermé son livre dès qu'il a vu combien Charme des yeux et moi nous étions effarouchés, et il est sorti pour aller méditer sur le texte.

Il m'a laissé son livre sacré ; j'en ai lu quelques pages au hasard. O Brama ! ô justice éternelle ! quels hommes que tous ces gens-là² ! ils couchent tous avec leurs servantes dans leur vieillesse. L'un fait des infamies à sa belle-mère³, l'autre à sa belle-fille⁴. Ici c'est une ville tout entière qui veut absolument traiter un pauvre prêtre comme une jolie fille⁵ ; là deux demoiselles de condition enivrent leur père⁶, couchent avec lui l'une après l'autre, et en ont des enfants.

Mais ce qui m'a le plus épouvanté, le plus saisi d'horreur, c'est que les habitants d'une ville magnifique à qui leur Dieu députa deux êtres éternels qui sont sans cesse au pied de son trône, deux esprits purs, resplendissants d'une lumière divine... ma plume frémit comme mon âme..... le dirai-je? oui, ces habitants firent tout ce qu'ils purent pour violer ces messagers de Dieu⁷. Quel péché abominable avec des hommes! mais avec des anges! cela est-il possible ? Cher Shastasid, bénissons Birma, Vistnou, et Brama ; remercions-les de n'avoir jamais connu ces inconcevables turpitudes. On dit que le conquérant Alexandre voulut autrefois introduire cette coutume si pernicieuse⁸ parmi nous ; qu'il polluait publiquement son mignon Éphestion. Le ciel l'en punit;

1. Ézéchiel, chapitre XVI. « Tes tétons ont paru, ton poil a commencé à croître ; je t'ai couverte, tu as ouvert tes cuisses à tous les passants..., etc. » ; et chapitre XXIII : « Elle a recherché ceux qui ont le membre d'un âne, et déch...... comme des chevaux. » (*Note de Voltaire.*)

2. Voyez l'histoire d'Abraham, de Jacob, etc. (*Id.*)

3. Le patriarche Ruben couche avec Bala, concubine de son père; *Genèse*, chapitre XXXV. (*Id.*)

4. Le patriarche Juda couche avec Thamar, sa bru; *Genèse*, chapitre XXXVIII. (*Id.*)

5. Un lévite, de la tribu d'Ephraïm, arrivant dans la tribu de Benjamin, les Benjamites veulent le forcer, et assouvissent leurs désirs sur sa femme, qui en meurt; *Juges*, chapitre XIX. (*Id.*)

6. Les filles de Lot; *Genèse*, chapitre XIX. (*Id.*)

7. Sodome; *Genèse*, chapitre XIX. (*Id.*)

8. Toutes les éditions données du vivant de l'auteur, et les éditions de Kehl, portent *superstitieuse*. J'ai cru pouvoir admettre la correction indiquée dans l'*errata* de l'édition de Kehl. (B.)

Éphestion et lui périrent à la fleur de leur âge. Je te salue, maître de mon âme, esprit de mon esprit. Adaté, la triste Adaté se recommande à tes prières.

QUATRIÈME LETTRE

D'AMABED A SHASTASID.

Du cap qu'on appelle Bonne-Espérance, le 15 du mois du rhinocéros.

Il y a longtemps que je n'ai étendu mes feuilles de coton sur une planche, et trempé mon pinceau dans la laque noire délayée[1], pour te rendre un compte fidèle. Nous avons laissé loin derrière nous à notre droite le détroit de Babelmandel, qui entre dans la fameuse mer Rouge, dont les flots se séparèrent autrefois, et s'amoncelèrent comme des montagnes pour laisser passer Bacchus et son armée[2]. Je regrettais qu'on n'eût point mouillé aux côtes de l'Arabie Heureuse, ce pays presque aussi beau que le nôtre, dans lequel Alexandre voulait établir le siège de son empire et l'entrepôt du commerce du monde. J'aurais voulu voir cet Aden ou Éden, dont les jardins sacrés furent si renommés dans l'antiquité ; ce Moka fameux par le café, qui ne croît jusqu'à présent que dans cette province ; Mecca, où le grand prophète des musulmans établit le siège de son empire, et où tant de nations de l'Asie, de l'Afrique, et de l'Europe, viennent tous les ans baiser une pierre noire descendue du ciel, qui n'envoie pas souvent de pareilles pierres aux mortels ; mais il ne nous est pas permis de contenter notre curiosité. Nous voguons toujours pour arriver à Lisbonne, et de là à Roume.

Nous avons déjà passé la ligne équinoxiale ; nous sommes descendus à terre au royaume de Mélinde, où les Portugais ont un port considérable. Notre équipage y a embarqué de l'ivoire, de l'ambre gris, du cuivre, de l'argent, et de l'or. Nous voici parvenus au grand Cap : c'est le pays des Hottentots. Ces peuples ne paraissent pas descendus des enfants de Brama. La nature y a donné aux femmes un tablier que forme leur peau ; ce tablier couvre leur joyau, dont les Hottentots sont idolâtres, et pour

1. L'édition originale, l'édition in-4°, l'édition encadrée, portent : *la laque noir délayée;* ce qui est une faute. Dans l'édition de Kehl on a mis : *le laque noir delaye*. (B.)
2. Voyez la note de la page 449.

lequel ils font des madrigaux et des chansons. Ces peuples vont tout nus. Cette mode est fort naturelle; mais elle ne me paraît ni honnête ni habile. Un Hottentot est bien malheureux : il n'a plus rien à désirer quand il a vu sa Hottentote par-devant et par-derrière. Le charme des obstacles lui manque; il n'y a plus rien de piquant pour lui. Les robes de nos Indiennes, inventées pour être troussées, marquent un génie bien supérieur. Je suis persuadé que le sage Indien à qui nous devons le jeu des échecs et celui du trictrac imagina aussi les ajustements des dames pour notre félicité.

Nous resterons deux jours à ce cap, qui est la borne du monde, et qui semble séparer l'Orient de l'Occident. Plus je réfléchis sur la couleur de ces peuples, sur le gloussement[1] dont ils se servent pour se faire entendre au lieu d'un langage articulé, sur leur figure, sur le tablier de leurs dames, plus je suis convaincu que cette race ne peut avoir la même origine que nous.

Notre aumônier prétend que les Hottentots, les Nègres et les Portugais, descendent du même père. Cette idée est bien ridicule; j'aimerais autant qu'on me dît que les poules, les arbres, et l'herbe de ce pays-là, viennent des poules, des arbres et de l'herbe de Bénarès ou de Pékin.

CINQUIÈME LETTRE

D'AMABED.

Du 16 au soir, au cap dit de *Bonne-Espérance*.

Voici bien une autre aventure. Le capitaine se promenait avec Charme des yeux et moi sur un grand plateau au pied duquel la mer du Midi vient briser ses vagues. L'aumônier Fa molto a conduit notre jeune Déra tout doucement dans une petite maison nouvellement bâtie, qu'on appelle *un cabaret*. La pauvre fille n'y entendait point finesse, et croyait qu'il n'y avait rien à craindre, parce que cet aumônier n'est pas dominicain. Bientôt nous avons entendu des cris. Figure-toi que le père Fa tutto a été jaloux

1. On lit *gloussement* dans quelques éditions récentes; mais toutes les éditions du vivant de l'auteur et les éditions de Kehl portent *glossement*. A cette occasion je remarquerai, une fois pour toutes, que Voltaire étant réduit à employer les presses étrangères, ce n'est probablement pas à lui qu'il faut reprocher certaines locutions. (B.)

de ce tête-à-tête. Il est entré dans le cabaret en furieux ; il y avait deux matelots, qui ont été jaloux aussi. C'est une terrible passion que la jalousie. Les deux matelots et les deux prêtres avaient beaucoup bu de cette liqueur qu'ils disent avoir été inventée par leur Noé, et dont nous prétendons que Bacchus est l'auteur : présent funeste, qui pourrait être utile s'il n'était pas si facile d'en abuser. Les Européans disent que ce breuvage leur donne de l'esprit : comment cela peut-il être, puisqu'il leur ôte la raison ?

Les deux hommes de mer et les deux bonzes d'Europe se sont gourmés violemment, un matelot donnant sur Fa tutto, celui-ci sur l'aumônier, ce franciscain sur l'autre matelot, qui rendait ce qu'il recevait ; tous quatre changeant de main à tout moment, deux contre deux, trois contre un, tous contre tous, chacun jurant, chacun tirant à soi notre infortunée, qui jetait des cris lamentables. Le capitaine est accouru au bruit ; il a frappé indifféremment sur les quatre combattants ; et pour mettre Déra en sûreté, il l'a menée dans son quartier, où elle est enfermée avec lui depuis deux heures. Les officiers et les passagers, qui sont tous fort polis, se sont assemblés autour de nous, et nous ont assuré que les deux moines (c'est ainsi qu'ils les appellent) seraient punis sévèrement par le vice-dieu dès qu'ils seraient arrivés à Roume. Cette espérance nous a un peu consolés.

Au bout de deux heures le capitaine est revenu en nous ramenant Déra avec des civilités et des compliments dont ma chère femme a été très-contente. O Brama ! qu'il arrive d'étranges choses dans les voyages, et qu'il serait bien plus sage de rester chez soi !

SIXIÈME LETTRE

D'AMABED, PENDANT SA ROUTE.

Je ne t'ai point écrit depuis l'aventure de notre petite Déra. Le capitaine, pendant la traversée, a toujours eu pour elle des bontés très-distinguées. J'avais peur qu'il ne redoublât de civilités pour ma femme ; mais elle a feint d'être grosse de quatre mois. Les Portugais regardent les femmes grosses comme des personnes sacrées qu'il n'est pas permis de chagriner. C'est du moins une bonne coutume qui met en sûreté le cher honneur d'Adaté. Le dominicain a eu ordre de ne se présenter jamais devant nous, et il a obéi.

Le franciscain, quelques jours après la scène du cabaret, vint nous demander pardon. Je le tirai à part. Je lui demandai comment, ayant fait vœu de chasteté, il avait pu s'émanciper à ce point. Il me répondit : « Il est vrai que j'ai fait ce vœu ; mais si j'avais promis que mon sang ne coulerait jamais dans mes veines, et que mes ongles et mes cheveux ne croîtraient pas, vous m'avouerez que je ne pourrais accomplir cette promesse. Au lieu de nous faire jurer d'être chastes, il fallait nous forcer à l'être, et rendre tous les moines eunuques. Tant qu'un oiseau a ses plumes, il vole ; le seul moyen d'empêcher un cerf de courir est de lui couper les jambes. Soyez très-sûr que les prêtres vigoureux comme moi, et qui n'ont point de femmes, s'abandonnent malgré eux à des excès qui font rougir la nature, après quoi ils vont célébrer les saints mystères. »

J'ai beaucoup appris dans la conversation avec cet homme. Il m'a instruit de tous les mystères de sa religion, qui m'ont tous étonné. « Le révérend P. Fa tutto, m'a-t-il dit, est un fripon qui ne croit pas un mot de tout ce qu'il enseigne ; pour moi, j'ai des doutes violents ; mais je les écarte ; je me mets un bandeau sur les yeux ; je repousse mes pensées, et je marche comme je puis dans la carrière que je cours. Tous les moines sont réduits à cette alternative : ou l'incrédulité leur fait détester leur profession, ou la stupidité la leur rend supportable. »

Croirais-tu bien qu'après ces aveux, il m'a proposé de me faire chrétien ? Je lui ai dit : « Comment pouvez-vous me présenter une religion dont vous n'êtes pas persuadé vous-même, à moi qui suis né dans la plus ancienne religion du monde, à moi dont le culte existait cent quinze mille trois cents ans pour le moins, de votre aveu, avant qu'il y eût des franciscains dans le monde ?

— Ah ! mon cher Indien, m'a-t-il dit, si je pouvais réussir à vous rendre chrétien, vous et la belle Adaté, je ferais crever de dépit ce maraud de dominicain, qui ne croit pas à l'immaculée conception de la Vierge ! Vous feriez ma fortune ; je pourrais devenir *obispo*[1] : ce serait une bonne action, et Dieu vous en saurait gré. »

C'est ainsi, divin Shastasid, que parmi ces barbares d'Europe on trouve des hommes qui sont un composé d'erreur, de faiblesse, de cupidité et de bêtise, et d'autres qui sont des coquins conséquents et endurcis. J'ai fait part de ces conversations à Charme

1. *Obispo* est le mot portugais qui signifie *episcopus*, *évêque*, en langage gaulois. Ce mot n'est dans aucun des quatre Évangiles. (*Note de Voltaire.*)

des yeux : elle a souri de pitié. Qui l'eût cru que ce serait dans un vaisseau, en voguant vers les côtes d'Afrique, que nous apprendrions à connaître les hommes !

SEPTIÈME LETTRE

D'AMABED.

Quel beau climat que ces côtes méridionales ! mais quels vilains habitants ! quelles brutes ! Plus la nature a fait pour nous, moins nous faisons pour elle. Nul art n'est connu chez tous ces peuples. C'est une grande question parmi eux s'ils sont descendus des singes, ou si les singes sont venus d'eux. Nos sages ont dit que l'homme est l'image de Dieu[1] : voilà une plaisante image de l'Être éternel qu'un nez noir épaté, avec peu ou point d'intelligence ! Un temps viendra, sans doute, où ces animaux sauront bien cultiver la terre, l'embellir par des maisons et par des jardins, et connaître la route des astres : il faut du temps pour tout. Nous datons, nous autres, notre philosophie de cent quinze mille six cent cinquante-deux ans : en vérité, sauf le respect que je te dois, je pense que nous nous trompons ; il me semble qu'il faut bien plus de temps pour être arrivés au point où nous sommes. Mettons seulement vingt mille ans pour inventer un langage tolérable, autant pour écrire par le moyen d'un alphabet, autant pour la métallurgie, autant pour la charrue et la navette, autant pour la navigation ; et combien d'autres arts encore exigent-ils de siècles ! Les Chaldéens datent de quatre cent mille ans, et ce n'est pas encore assez.

Le capitaine a acheté, sur un rivage qu'on nomme Angola, six nègres qu'on lui a vendus pour le prix courant de six bœufs. Il faut que ce pays-là soit bien plus peuplé que le nôtre, puisqu'on y vend les hommes si bon marché ; mais aussi comment une si abondante population s'accorde-t-elle avec tant d'ignorance ?

Le capitaine a quelques musiciens auprès de lui : il leur a ordonné de jouer de leurs instruments, et aussitôt ces pauvres nègres se sont mis à danser avec presque autant de justesse que nos éléphants. Est-il possible qu'aimant la musique ils n'aient pas su inventer le violon, pas même la musette ? Tu me diras, grand Shastasid, que l'industrie des éléphants mêmes n'a pas pu

1. La *Genèse*, I, 27, dit que l'homme a été créé *à l'image de Dieu*.

parvenir à cet effort, et qu'il faut attendre. A cela je n'ai rien à répliquer.

HUITIÈME LETTRE

D'AMABED.

L'année est à peine révolue, et nous voici à la vue de Lisbonne, sur le fleuve du Tage, qui depuis longtemps a la réputation de rouler de l'or dans ses flots. S'il est ainsi, d'où vient donc que les Portugais vont en chercher si loin? Tous ces gens d'Europe répondent qu'on n'en peut trop avoir. Lisbonne est, comme tu me l'avais dit, la capitale d'un très-petit royaume. C'est la patrie de cet Albuquerque qui nous a fait tant de mal. J'avoue qu'il y a quelque chose de grand dans ces Portugais, qui ont subjugué une partie de nos belles contrées. Il faut que l'envie d'avoir du poivre donne de l'industrie et du courage.

Nous espérions, Charme des yeux et moi, entrer dans la ville; mais on ne l'a pas permis, parce qu'on dit que nous sommes prisonniers du vice-dieu, et que le dominicain Fa tutto, le franciscain aumônier Fa molto, Déra, Adaté et moi, nous devons tous être jugés à Roume.

On nous a fait passer sur un autre vaisseau qui part pour la ville du vice-dieu.

Le capitaine est un vieux Espagnol différent en tout du Portugais, qui en usait si poliment avec nous. Il ne parle que par monosyllabes, et encore très-rarement ; il porte à sa ceinture des grains enfilés qu'il ne cesse de compter : on dit que c'est une grande marque de vertu.

Déra regrette fort l'autre capitaine ; elle trouve qu'il était bien plus civil. On a remis à l'Espagnol une grosse liasse de papiers, pour instruire notre procès en cour de Roume. Un scribe du vaisseau l'a lue à haute voix. Il prétend que le P. Fa tutto sera condamné à ramer dans une des galères du vice-dieu, et que l'aumônier Fa molto aura le fouet en arrivant. Tout l'équipage est de cet avis; le capitaine a serré les papiers sans rien dire. Nous mettons à la voile. Que Brama ait pitié de nous, et qu'il te comble de ses faveurs ! Brama est juste ; mais c'est une chose bien singulière qu'étant né sur le rivage du Gange j'aille être jugé à Roume. On assure pourtant que la même chose est arrivée à plus d'un étranger.

NEUVIÈME LETTRE

D'AMABED.

Rien de nouveau ; tout l'équipage est silencieux et morne comme le capitaine. Tu connais le proverbe indien : *Tout se conforme aux mœurs du maître.* Nous avons passé une mer qui n'a que neuf mille pas de large entre deux montagnes ; nous sommes entrés dans une autre mer semée d'îles. Il y en a une fort singulière[1] : elle est gouvernée par des religieux chrétiens qui portent un habit court et un chapeau, et qui font vœu de tuer tous ceux qui portent un bonnet et une robe. Ils doivent aussi faire l'oraison. Nous avons mouillé dans une île plus grande et fort jolie, qu'on nomme Sicile ; elle était bien plus belle autrefois : on parle de villes admirables dont on ne voit plus que les ruines. Elle fut habitée par des dieux, des déesses, des géants, des héros ; on y forgeait la foudre. Une déesse nommée Cérès la couvrit de riches moissons. Le vice-dieu a changé tout cela ; on y voit beaucoup de processions et de coupeurs de bourse.

DIXIÈME LETTRE

D'AMABED.

Enfin nous voici sur la terre sacrée du vice-dieu. J'avais lu dans le livre de l'aumônier que ce pays était d'or et d'azur ; que les murailles étaient d'émeraudes et de rubis ; que les ruisseaux étaient d'huile ; les fontaines, de lait ; les campagnes, couvertes de vignes dont chaque cep produisait cent tonneaux de vin[2]. Peut-être trouverons-nous tout cela quand nous serons auprès de Roume.

Nous avons abordé avec beaucoup de peine dans un petit port fort incommode, qu'on appelle *la cité vieille*[3]. Elle tombe en ruines, et est fort bien nommée.

1. L'île de Malte, d'où les chevaliers tiraient leur nom. L'existence politique de ces religieux prit fin en 1798.

2. Il veut apparemment parler de la sainte Jérusalem décrite dans le livre exact de l'*Apocalypse*, dans Justin, dans Tertullien, Irénée, et autres grands personnages ; mais on voit bien que ce pauvre brame n'en avait qu'une idée très-imparfaite. (*Note de Voltaire.*)

3. Civita-Vecchia.

On nous a donné, pour nous conduire, des charrettes attelées par des bœufs. Il faut que ces bœufs viennent de loin, car la terre à droite et à gauche n'est point cultivée : ce ne sont que des marais infects, des bruyères, des landes stériles. Nous n'avons vu dans le chemin que des gens couverts de la moitié d'un manteau, sans chemise, qui nous demandaient l'aumône fièrement. Ils ne se nourrissent, nous a-t-on dit, que de petits pains très-plats qu'on leur donne *gratis* le matin, et ne s'abreuvent que d'eau bénite.

Sans ces troupes de gueux, qui font cinq ou six mille pas pour obtenir, par leurs lamentations, la trentième partie d'une roupie, ce canton serait une désert affreux. On nous avertit même que quiconque y passe la nuit est en danger de mort. Apparemment que Dieu est fâché contre son vicaire, puisqu'il lui a donné un pays qui est le cloaque de la nature. J'apprends que cette contrée a été autrefois très-belle et très-fertile, et qu'elle n'est devenue si misérable que depuis le temps où ces vicaires s'en sont mis en possession.

Je t'écris, sage Shastasid, sur ma charrette, pour me désennuyer. Adaté est bien étonnée. Je t'écrirai dès que je serai dans Roume.

ONZIÈME LETTRE

D'AMABED.

Nous y voilà, nous y sommes, dans cette ville de Roume. Nous arrivâmes hier en plein jour, *le trois du mois de la brebis*, qu'on dit ici le 15 mars 1513. Nous avons d'abord éprouvé tout le contraire de ce que nous attendions.

A peine étions-nous à la porte dite de Saint-Pancrace[1], que nous avons vu deux troupes de spectres, dont l'une est vêtue comme notre aumônier, et l'autre comme le P. Fa tutto. Elles avaient chacune une bannière à leur tête, et un grand bâton sur lequel était sculpté un homme tout nu, dans la même attitude que celui de Goa. Elles marchaient deux à deux, et chantaient un air à faire bâiller toute une province. Quand cette procession fut parvenue à notre charrette, une troupe cria: « C'est saint Fa tutto ! » l'autre: « C'est saint Fa molto ! » On baisa leurs robes, le peuple se mit à genoux. « Combien avez-vous converti d'Indiens, mon

1. C'était autrefois la porte du Janicule ; voyez comme la nouvelle Rome l'emporte sur l'ancienne. (*Note de Voltaire.*)

révérend père? — Quinze mille sept cents, disait l'un. — Onze mille neuf cents, disait l'autre. — Bénie soit la vierge Marie! » Tout le monde avait les yeux sur nous, tout le monde nous entourait. « Sont-ce là de vos catéchumènes, mon révérend père? — Oui, nous les avons baptisés. — Vraiment ils sont bien jolis. *Gloire dans les hauts! Gloire dans les hauts* [1] ! »

Le P. Fa tutto et le P. Fa molto furent conduits, chacun par sa procession, dans une maison magnifique ; pour nous, nous allâmes à l'auberge : le peuple nous y suivit en criant *Cazzo, Cazzo,* en nous donnant des bénédictions, en nous baisant les mains ; en donnant mille éloges à ma chère Adaté, à Déra, et à moi-même. Nous ne revenions pas de notre surprise.

A peine fûmes-nous dans notre auberge qu'un homme vêtu d'un robe violette, accompagné de deux autres en manteau noir, vint nous féliciter sur notre arrivée. La première chose qu'il fit fut de nous offrir de l'argent de la part de la *propaganda*, si nous en avions besoin. Je ne sais pas ce que c'est que cette propagande. Je lui répondis qu'il nous en restait encore avec beaucoup de diamants ; en effet, j'avais eu le soin de cacher toujours ma bourse et une boîte de brillants dans mon caleçon. Aussitôt cet homme se prosterna presque devant moi, et me traita d'*excellence*.

« Son Excellence la signora Adaté n'est-elle pas bien fatiguée du voyage? Ne va-t-elle pas se coucher? Je crains de l'incommoder, mais je serai toujours à ses ordres. Le signor Amabed peut disposer de moi, je lui enverrai un *cicéron*[2] qui sera à son service ; il n'a qu'à commander. Veulent-ils tous deux, quand ils seront reposés, me faire l'honneur de venir prendre le rafraîchissement chez moi? J'aurai l'honneur de leur envoyer un carrosse. »

Il faut avouer, mon divin Shastasid, que les Chinois ne sont pas plus polis que cette nation occidentale. Ce seigneur se retira. Nous dormîmes six heures, la belle Adaté et moi. Quand il fut nuit, le carrosse vint nous prendre ; nous allâmes chez cet homme civil. Son appartement était illuminé et orné de tableaux bien plus agréables que celui de l'homme tout nu que nous avions vu à Goa. Une très-nombreuse compagnie nous accabla de caresses, nous admira d'être Indiens, nous félicita d'être baptisés, et nous offrit ses services pour tout le temps que nous voudrions rester à Roume.

1. *Gloria in excelsis,* paroles de la messe.
2. On sait qu'on appelle à Rome *cicérons* ceux qui font métier de montrer aux étrangers les antiquailles. (*Note de Voltaire.*)

Nous voulions demander justice du P. Fa tutto; on ne nous donna pas le temps d'en parler. Enfin nous fûmes reconduits, étonnés, confondus d'un tel accueil, et n'y comprenant rien.

DOUZIÈME LETTRE

D'AMABED.

Aujourd'hui nous avons reçu des visites sans nombre, et une princesse de Piombino nous a envoyé deux écuyers nous prier de venir dîner chez elle. Nous y sommes allés dans un équipage magnifique; l'homme violet s'y est trouvé. J'ai su que c'est un des seigneurs, c'est-à-dire un des valets du vice-dieu qu'on appelle préférés, *prelati*. Rien n'est plus aimable, plus honnête que cette princesse de Piombino. Elle m'a placé à table à côté d'elle. Notre répugnance à manger des pigeons romains et des perdrix l'a fort surprise. Le préféré nous a dit que, puisque nous étions baptisés, il fallait manger des perdrix et boire du vin de Montepulciano; que tous les vice-dieu en usaient ainsi; que c'était la marque essentielle d'un véritable chrétien.

La belle Adaté a répondu avec sa naïveté ordinaire qu'elle n'était pas chrétienne, qu'elle avait été baptisée dans le Gange. « Eh! mon Dieu! madame, a dit le préféré, dans le Gange, ou dans le Tibre, ou dans un bain, qu'importe? Vous êtes des nôtres. Vous avez été convertie par le P. Fa tutto; c'est pour nous un honneur que nous ne voulons pas perdre. Voyez quelle supériorité notre religion a sur la vôtre! » et aussitôt il a couvert nos assiettes d'ailes de gelinottes. La princesse a bu à notre santé et à notre salut. On nous a pressés avec tant de grâce, on a dit tant de bons mots, on a été si poli, si gai, si séduisant, qu'enfin, ensorcelés par le plaisir (j'en demande pardon à Brama), nous avons fait, Adaté et moi, la meilleure chère du monde, avec un ferme propos de nous laver dans le Gange jusqu'aux oreilles, à notre retour, pour effacer notre péché. On n'a pas douté que nous ne fussions chrétiens. « Il faut, disait la princesse, que ce P. Fa tutto soit un grand missionnaire; j'ai envie de le prendre pour mon confesseur. » Nous rougissions et nous baissions les yeux, ma pauvre femme et moi.

De temps en temps la signora Adaté faisait entendre que nous venions pour être jugés par le vice-dieu, et qu'elle avait la plus grande envie de le voir. « Il n'y en a point, nous a dit la prin-

cesse ; il est mort[1], et on est occupé à présent à en faire un autre : dès qu'il sera fait on vous présentera à Sa Sainteté. Vous serez témoin de la plus auguste fête que les hommes puissent jamais voir, et vous en serez le plus bel ornement. » Adaté a répondu avec esprit ; et la princesse s'est prise d'un grand goût pour elle.

Sur la fin du repas nous avons eu une musique qui était, si j'ose le dire, supérieure à celle de Bénarès et de Maduré.

Après dîner, la princesse a fait atteler quatre chars dorés : elle nous a fait monter dans le sien. Elle nous a fait voir de beaux édifices, des statues, des peintures. Le soir, on a dansé. Je comparais secrètement cette réception charmante avec le cul de basse-fosse où nous avions été renfermés dans Goa, et je comprenais à peine comment le même gouvernement, la même religion, pouvaient avoir tant de douceur et d'agrément dans Roume, et exercer au loin tant d'horreurs.

TREIZIÈME LETTRE

D'AMABED.

Tandis que cette ville est partagée sourdement en petites factions pour élire un vice-dieu, que ces factions, animées de la plus forte haine, se ménagent toutes avec une politesse qui ressemble à l'amitié, que le peuple regarde les Pères Fa tutto et Fa molto comme les favoris de la Divinité, qu'on s'empresse autour de nous avec une curiosité respectueuse, je fais, mon cher Shastasid, de profondes réflexions sur le gouvernement de Roume.

Je le compare au repas que nous a donné la princesse de Piombino. La salle était propre, commode, et parée ; l'or et l'argent brillaient sur les buffets ; la gaieté, l'esprit et les grâces, animaient les convives ; mais, dans les cuisines, le sang et la graisse coulaient ; les peaux des quadrupèdes, les plumes des oiseaux et leurs entrailles pêle-mêle amoncelées, soulevaient le cœur, et répandaient l'infection.

Telle est, ce me semble, la cour romaine ; polie et flatteuse chez elle, ailleurs brouillonne et tyrannique. Quand nous disons que nous espérons avoir justice de Fa tutto, on se met doucement à rire ; on nous dit que nous sommes trop au-dessus de ces baga-

1. Jules II étant mort dans la nuit du 20 au 21 février 1513, Léon X fut élu le 11 mars suivant.

telles; que le gouvernement nous considère trop pour souffrir que nous gardions le souvenir d'une telle facétie; que les Fa tutto et les Fa molto sont des espèces de singes élevés avec soin pour faire des tours de passe-passe devant le peuple; et on finit par des protestations de respect et d'amitié pour nous. Quel parti veux-tu que nous prenions, grand Shastasid? Je crois que le plus sage est de rire comme les autres, et d'être poli comme eux. Je veux étudier Roume, elle en vaut la peine.

QUATORZIÈME LETTRE

D'AMABED.

Il y a un assez grand intervalle entre ma dernière lettre et la présente. J'ai lu, j'ai vu, j'ai conversé, j'ai médité. Je te jure qu'il n'y eut jamais sur la terre une contradiction plus énorme qu'entre le gouvernement romain et sa religion. J'en parlais hier à un théologien du vice-dieu. Un théologien est, dans cette cour, ce que sont les derniers valets dans une maison : ils font la grosse besogne, portent les ordures, et, s'ils y trouvent quelque chiffon qui puisse servir, ils le mettent à part pour le besoin.

Je lui disais : « Votre Dieu est né dans une étable entre un bœuf et un âne; il a été élevé, a vécu, est mort dans la pauvreté; il a ordonné expressément la pauvreté à ses disciples; il leur a déclaré qu'il n'y aurait parmi eux ni premier ni dernier, et que celui qui voudrait commander aux autres les servirait : cependant je vois ici qu'on fait exactement tout le contraire de ce que veut votre Dieu. Votre culte même est tout différent du sien. Vous obligez les hommes à croire des choses dont il n'a pas dit un seul mot.

— Tout cela est vrai, m'a-t-il répondu. Notre Dieu n'a pas commandé à nos maîtres formellement de s'enrichir aux dépens des peuples, et de ravir le bien d'autrui ; mais il l'a commandé virtuellement. Il est né entre un bœuf et un âne; mais trois rois sont venus l'adorer dans une écurie. Les bœufs et les ânes figurent les peuples que nous enseignons, et les trois rois figurent tous les monarques qui sont à nos pieds. Ses disciples étaient dans l'indigence : donc nos maîtres doivent aujourd'hui regorger de richesses, car, si ces premiers vice-dieu n'eurent besoin que d'un écu, ceux d'aujourd'hui ont un besoin pressant de dix millions d'écus; or, être pauvre, c'est n'avoir précisément que le néces-

saire ; donc nos maîtres, n'ayant pas même le nécessaire, accomplissent la loi de la pauvreté à la rigueur.

« Quant aux dogmes, notre Dieu n'écrivit jamais rien, et nous savons écrire ; donc c'est à nous d'écrire les dogmes ; aussi les avons-nous fabriqués avec le temps selon le besoin. Par exemple nous avons fait du mariage le signe visible d'une chose invisible : cela fait que tous les procès suscités pour cause de mariage ressortissent de tous les coins de l'Europe à notre tribunal de Roume, parce que nous seuls pouvons voir des choses invisibles. C'est une source abondante de trésors qui coule dans notre chambre sacrée des finances pour étancher la soif de notre pauvreté. »

Je lui demandai si la chambre sacrée n'avait pas encore d'autres ressources. « Nous n'y avons pas manqué, dit-il ; nous tirons parti des vivants et des morts. Par exemple, dès qu'une âme est trépassée nous l'envoyons dans une infirmerie ; nous lui faisons prendre médecine dans l'apothicairerie des âmes ; et vous ne sauriez croire combien cette apothicairerie nous vaut d'argent.

— Comment cela, monsignor ? car il me semble que la bourse d'une âme est d'ordinaire assez mal garnie.

— Cela est vrai, signor ; mais elles ont des parents qui sont bien aises de retirer leurs parents morts de l'infirmerie, et de les faire placer dans un lieu plus agréable. Il est triste pour une âme de passer toute une éternité à prendre médecine. Nous composons avec les vivants : ils achètent la santé des âmes de leurs défunts parents, les uns plus cher, les autres à meilleur compte, selon leurs facultés. Nous leur délivrons des billets pour l'apothicairerie. Je vous assure que c'est un de nos meilleurs revenus.

— Mais, monsignor, comment ces billets parviennent-ils aux âmes ? »

Il se mit à rire. « C'est l'affaire des parents, dit-il ; et puis ne vous ai-je pas dit que nous avons un pouvoir incontestable sur les choses invisibles ? »

Ce monsignor me paraît bien dessalé ; je me forme beaucoup avec lui, et je me sens déjà tout autre.

QUINZIÈME LETTRE

D'AMABED.

Tu dois savoir, mon cher Shastasid, que le cicéron à qui monsignor m'a recommandé, et dont je t'ai dit un mot dans mes

précédentes lettres, est un homme fort intelligent qui montre aux étrangers les curiosités de l'ancienne Roume et de la nouvelle. L'une et l'autre, comme tu le vois, ont commandé aux rois ; mais les premiers Romains acquirent leur pouvoir par leur épée, et les derniers par leur plume. La discipline militaire donna l'empire aux césars, dont tu connais l'histoire ; la discipline monastique donne une autre espèce d'empire à ces vice-dieu qu'on appelle *papes*. On voit des processions dans la même place où l'on voyait autrefois des triomphes. Les cicérons expliquent tout cela aux étrangers ; ils leur fournissent des livres et des filles. Pour moi, qui ne veux pas faire d'infidélité à ma belle Adaté, tout jeune que je suis, je me borne aux livres, et j'étudie principalement la religion du pays, qui me divertit beaucoup.

Je lisais avec mon cicéron l'histoire de la vie du dieu du pays : elle est fort extraordinaire. C'était un homme qui séchait des figuiers d'une seule parole[1], qui changeait l'eau en vin[2], et qui noyait des cochons[3]. Il avait beaucoup d'ennemis : tu sais qu'il était né dans une bourgade appartenante à l'empereur de Roume. Ses ennemis étaient malins ; ils lui demandèrent un jour s'ils devaient payer le tribut à l'empereur ; il leur répondit : Rendez au prince ce qui est au prince ; mais rendez à Dieu ce qui est à Dieu[4]. Cette réponse me paraît sage ; nous en parlions, mon cicéron et moi, lorsque monsignor est entré. Je lui ai dit beaucoup de bien de son dieu, et je l'ai prié de m'expliquer comment sa chambre des finances observait ce précepte en prenant tout pour elle, et ne donnant rien à l'empereur : car tu dois savoir que, bien que les Romains aient un vice-dieu, ils ont un empereur aussi auquel même ils donnent le titre de roi des Romains. Voici ce que cet homme très-avisé m'a répondu :

« Il est vrai que nous avons un empereur ; mais il ne l'est qu'en peinture. Il est banni de Roume ; il n'y a pas seulement une maison ; nous le laissons habiter auprès d'un grand fleuve[5] qui est gelé quatre mois de l'année, dans un pays dont le langage écorche nos oreilles. Le véritable empereur est le pape, puisqu'il règne dans la capitale de l'empire. Ainsi *Rendez à l'empereur* veut dire *Rendez au pape* ; *Rendez à Dieu* signifie encore *Rendez au pape*, puisqu'en effet il est vice-dieu. Il est seul le maître de tous

1. Matthieu, xxi, 19.
2. Jean, ii, 7-9.
3. Matthieu, viii, 32 ; Marc, v, 13 ; Luc, viii, 33.
4. Matthieu, xxii, 21 ; Marc, xii, 17 ; Luc, xx, 25
5. Le Danube.

les cœurs et de toutes les bourses. Si l'autre empereur qui demeure sur un grand fleuve osait seulement dire un mot, alors nous soulèverions contre lui tous les habitants des rives du grand fleuve, qui sont pour la plupart un gros corps sans esprit, et nous armerions contre lui les autres rois, qui partageraient avec nous[1] ses dépouilles. »

Te voilà au fait, divin Shastasid, de l'esprit de Roume. Le pape est en grand ce que le dalaï-lama est en petit : s'il n'est pas immortel comme le lama, il est tout-puissant pendant sa vie, ce qui vaut bien mieux. Si quelquefois on lui résiste, si on le dépose, si on lui donne des soufflets, ou si même on le tue[2] entre les bras de sa maîtresse, comme il est arrivé quelquefois, ces inconvénients n'attaquent jamais son divin caractère. On peut lui donner cent coups d'étrivières ; mais il faut toujours croire tout ce qu'il dit. Le pape meurt ; la papauté est immortelle. Il y a eu trois ou quatre vice-dieu à la fois qui disputaient cette place. Alors la divinité était partagée entre eux : chacun en avait sa part ; chacun était infaillible dans sa part.

J'ai demandé à monsignor par quel art sa cour est parvenue à gouverner toutes les autres cours. « Il faut peu d'art, me dit-il, aux gens d'esprit pour conduire les sots. » J'ai voulu savoir si on ne s'était jamais révolté contre les décisions du vice-dieu. Il m'a avoué qu'il y avait eu des hommes assez téméraires pour lever les yeux ; mais qu'on les leur avait crevés aussitôt, ou qu'on avait exterminé ces misérables, et que ces révoltes n'avaient jamais servi jusqu'à présent qu'à mieux affermir l'infaillibilité sur le trône de la vérité.

On vient enfin de nommer un nouveau vice-dieu. Les cloches sonnent, on frappe les tambours, les trompettes éclatent, le canon tire, cent mille voix lui répondent. Je t'informerai de tout ce que j'aurai vu.

1. Toutes les éditions du vivant de l'auteur, et les éditions de Kehl, portent *avec lui*. La correction *avec nous* a été proposée par M. Decroix, dans un *errata* manuscrit. (B.)

2. Jean VIII, assassiné à coups de marteau par un mari jaloux ;

Jean X, amant de Théodora, étranglé dans son lit ;

Étienne VIII, enfermé au château qu'on appelle aujourd'hui *Saint-Ange ;*

Étienne IX, sabré au visage par les Romains ;

Jean XII, déposé par l'empereur Othon I{er}, assassiné chez une de ses maîtresses ;

Benoît V, exilé par l'empereur Othon I{er} ;

Benoît VII, étranglé par le bâtard de Jean X ;

Benoît IX, qui acheta le pontificat, lui troisième, et revendit sa part, etc. Ils étaient tous infaillibles. (*Note de Voltaire.*)

SEIZIÈME LETTRE

D'AMABED.

Ce fut le 25 du mois du crocodile, et le 13 de la planète de Mars, comme on dit ici, que des hommes vêtus de rouge et inspirés élurent l'homme infaillible devant qui je dois être jugé, aussi bien que Charme des yeux, en qualité d'*apostata*.

Ce dieu en terre s'appelle *Leone*[1], dixième du nom. C'est un très-bel homme de trente-quatre à trente-cinq ans, et fort aimable; les femmes sont folles de lui. Il était attaqué d'un mal immonde qui n'est bien connu encore qu'en Europe, mais dont les Portugais commencent à faire part à l'Indoustan. On croyait qu'il en mourrait, et c'est pourquoi on l'a élu, afin que cette sublime place fût bientôt vacante; mais il est guéri, et il se moque de ceux qui l'ont nommé.

Rien n'a été si magnifique que son couronnement; il y a dépensé cinq millions de roupies pour subvenir aux nécessités de son dieu, qui a été si pauvre. Je n'ai pu t'écrire dans le fracas de nos fêtes: elles se sont succédé si rapidement, il a fallu passer par tant de plaisirs, que le loisir a été impossible.

Le vice-dieu Leone a donné des divertissements dont tu n'as point d'idée. Il y en a un surtout, qu'on appelle *comédie*, qui me plaît beaucoup plus que tous les autres ensemble. C'est une représentation de la vie humaine; c'est un tableau vivant: les personnages parlent et agissent; ils exposent leurs intérêts; ils développent leurs passions; ils remuent l'âme des spectateurs.

La comédie que je vis avant-hier chez le pape est intitulée *la Mandragora*[2]. Le sujet de la pièce est un jeune homme adroit qui veut coucher avec la femme de son voisin. Il engage avec de l'argent un moine, un Fa tutto ou un Fa molto, à séduire sa maîtresse et à faire tomber son mari dans un piége ridicule. On se moque tout le long de la pièce de la religion que l'Europe professe, dont Roume est le centre, et dont le siége papal est le trône. De tels plaisirs te paraîtront peut-être indécents, mon cher et pieux Shastasid. Charme des yeux en a été scandalisée; mais la comédie est si jolie que le plaisir l'a emporté sur le scandale.

1. Léon X; voyez le chapitre CXXVII de l'*Essai sur les Mœurs*, tome XII, page 275.
2. *La Mandragora* est de Machiavel; voyez ce que Voltaire en dit tome XII, page 246.

Les festins, les bals, les belles cérémonies de la religion, les danseurs de corde, se sont succédé tour à tour sans interruption. Les bals surtout sont fort plaisants. Chaque personne invitée au bal met un habit étranger et un visage de carton par-dessus le sien. On tient sous ce déguisement des propos à faire éclater de rire. Pendant les repas il y a toujours une musique très-agréable ; enfin c'est un enchantement.

On m'a conté qu'un vice-dieu prédécesseur de Leone, nommé Alexandre, sixième du nom, avait donné aux noces d'une de ses bâtardes une fête bien plus extraordinaire. Il y fit danser cinquante filles toutes nues[1]. Les brachmanes n'ont jamais institué de pareilles danses : tu vois que chaque pays a ses coutumes. Je t'embrasse avec respect, et je te quitte pour aller danser avec ma belle Adaté. Que Birma te comble de bénédictions.

DIX-SEPTIÈME LETTRE

D'AMABED.

Vraiment, mon grand brame, tous les vice-dieu n'ont pas été si plaisants que celui-ci. C'est un plaisir de vivre sous sa domination. Le défunt, nommé Jules, était d'un caractère différent ; c'était un vieux soldat turbulent qui aimait la guerre comme un fou ; toujours à cheval, toujours le casque en tête, distribuant des bénédictions et des coups de sabre, attaquant tous ses voisins, damnant leurs âmes, et tuant leurs corps, autant qu'il le pouvait : il est mort d'un accès de colère. Quel diable de vice-dieu on avait là ! Croirais-tu bien qu'avec un morceau de papier il s'imaginait dépouiller les rois de leurs royaumes ? Il s'avisa de détrôner de cette manière le roi d'un pays assez beau, qu'on appelle la France. Ce roi était un fort bon homme : il passe ici pour un sot, parce qu'il n'a pas été heureux. Ce pauvre prince fut obligé d'assembler un jour les plus savants hommes de son royaume[2] pour leur demander s'il lui était permis de se défendre

1. Voyez dans les *Mélanges*, année 1768, l'opuscule intitulé *les Droits des hommes*, etc. ; et tome XII, page 183.
2. Le pape Jules II excommunia le roi de France Louis XII, en 1510. Il mit le royaume de France en interdit, et le donna au premier qui voudrait s'en saisir. Cette excommunication et cette interdiction furent réitérées en 1512. On a peine à concevoir aujourd'hui cet excès d'insolence et de ridicule. Mais depuis Grégoire VII, il n'y eut presque aucun évêque de Rome qui ne fît ou ne voulût faire

contre un vice-dieu qui le détrônait avec du papier. C'est être bien bon que de faire une question pareille! J'en témoignais ma surprise au monsignor violet qui m'a pris en amitié. « Est-il possible, lui disais-je, qu'on soit si sot en Europe? — J'ai bien peur, me dit-il, que les vice-dieu n'abusent tant de la complaisance des hommes qu'à la fin ils leur donneront de l'esprit. »

Il faudra donc qu'il y ait des révolutions dans la religion de l'Europe. Ce qui te surprendra, docte et pénétrant Shastasid, c'est qu'il ne s'en fit point sous le vice-dieu Alexandre, qui régnait avant Jules. Il faisait assassiner, pendre, noyer, empoisonner impunément tous les seigneurs ses voisins. Un de ses cinq bâtards fut l'instrument de cette foule de crimes à la vue de toute l'Italie[1]. Comment les peuples persistèrent-ils dans la religion de ce monstre! c'est celui-là même qui faisait danser les filles sans aucun ornement superflu. Ses scandales devaient inspirer le mépris, ses barbaries devaient aiguiser contre lui mille poignards: cependant il vécut honoré et paisible dans sa cour. La raison en est, à mon avis, que les prêtres gagnaient à tous ses crimes, et que les peuples n'y perdaient rien. Dès qu'on vexera trop les peuples, ils briseront leurs liens. Cent coups de bélier n'ont pu ébranler le colosse, un caillou le jettera par terre. C'est ce que disent ici les gens déliés qui se piquent de prévoir.

Enfin les fêtes sont finies; il n'en faut pas trop: rien ne lasse comme les choses extraordinaires devenues communes. Il n'y a que les besoins renaissants qui puissent donner du plaisir tous les jours. Je me recommande à tes saintes prières.

DIX-HUITIÈME LETTRE

D'AMABED.

L'infaillible nous a voulu voir en particulier, Charme des yeux et moi. Notre monsignor nous a conduits dans son palais.

et défaire des souverains, selon son bon plaisir. Tous les souverains méritaient cet infâme traitement, puisqu'ils avaient été assez imbéciles pour fortifier eux-mêmes chez leurs sujets l'opinion de l'infaillibilité du pape, et son pouvoir sur toutes les Églises. Ils s'étaient donné eux-mêmes des fers qu'il était très-difficile de briser. Le gouvernement fut partout un chaos formé par la superstition. La raison n'a pénétré que très-tard chez les peuples de l'Occident : elle a guéri quelques blessures que cette superstition, ennemie du genre humain, avait faites aux hommes; mais il en reste encore de profondes cicatrices. (*Note de Voltaire.*)

1. Voyez tome XII, pages 183-184, 187-192.

Il nous a fait mettre à genoux trois fois. Le vice-dieu nous a fait baiser son pied droit en se tenant les côtés de rire. Il nous a demandé si le P. Fa tutto nous avait convertis, et si en effet nous étions chrétiens. Ma femme a répondu que le P. Fa tutto était un insolent; et le pape s'est mis à rire encore plus fort. Il a donné deux baisers à ma femme et à moi aussi.

Ensuite il nous a fait asseoir à côté de son petit lit de baise-pieds. Il nous a demandé comment on faisait l'amour à Bénarès, à quel âge on mariait communément les filles, si le grand Brama avait un sérail. Ma femme rougissait; je répondais avec une modestie respectueuse : ensuite il nous a congédiés, en nous recommandant le christianisme, en nous embrassant, et en nous donnant de petites claques sur les fesses en signe de bonté. Nous avons rencontré en sortant les Pères Fa tutto et Fa molto, qui nous ont baisé le bas de la robe. Le premier moment, qui commande toujours à l'âme, nous a fait d'abord reculer avec horreur, ma femme et moi; mais le violet nous a dit : « Vous n'êtes pas encore entièrement formés; ne manquez pas de faire mille caresses à ces bons Pères : c'est un devoir essentiel dans ce pays-ci d'embrasser ses plus grands ennemis; vous les ferez empoisonner, si vous pouvez, à la première occasion; mais, en attendant, vous ne pouvez leur marquer trop d'amitié. » Je les embrassai donc, mais Charme des yeux leur fit une révérence fort sèche, et Fa tutto la lorgnait du coin de l'œil en s'inclinant jusqu'à terre devant elle. Tout ceci est un enchantement; nous passons nos jours à nous étonner. En vérité je doute que Maduré soit plus agréable que Roume.

DIX-NEUVIÈME LETTRE

D'AMABED.

Point de justice du P. Fa tutto. Hier notre jeune Déra s'avisa d'aller le matin, par curiosité, dans un petit temple. Le peuple était à genoux; un brame du pays, vêtu magnifiquement, se courbait sur une table; il tournait le derrière au peuple. On dit qu'il faisait Dieu. Dès qu'il eut fait Dieu, il se montra par-devant. Déra fit un cri, et dit : « Voilà le coquin qui m'a violée ! » Heureusement, dans l'excès de sa douleur et de sa surprise, elle prononça ces paroles en indien. On m'assure que si le peuple les avait comprises, la canaille se serait jetée sur elle comme sur une sorcière. Fa tutto lui répondit en italien : « Ma fille, la grâce de

la vierge Marie soit avec vous! parlez plus bas. » Elle revint tout éperdue nous conter la chose. Nos amis nous ont conseillé de ne nous jamais plaindre. Ils nous ont dit que Fa tutto est un saint, et qu'il ne faut jamais mal parler des saints. Que veux-tu? ce qui est fait est fait. Nous prenons en patience tous les agréments qu'on nous fait goûter dans ce pays-ci. Chaque jour nous apprend des choses dont nous ne nous doutions pas. On se forme beaucoup par les voyages.

Il est venu à la cour de Leone un grand poëte. Son nom est messer Ariosto : il n'aime pas les moines ; voici comme il parle d'eux :

> Non sa quel che sia amor, non sa che vaglia
> La caritade ; e quindi avvien che i frati
> Sono si ingorda e si crudel canaglia [1].

Cela veut dire en indien :

> Modermen sebar eso
> La te ben sofa meso.

Tu sens quelle supériorité la langue indienne, qui est si antique, conservera toujours sur tous les jargons nouveaux de l'Europe : nous exprimons en quatre mots ce qu'ils ont de la peine à faire entendre en dix. Je conçois bien que cet Ariosto dise que les moines sont de la canaille ; mais je ne sais pourquoi il prétend qu'ils ne connaissent point l'amour : hélas! nous en savons des nouvelles. Peut-être entend-il qu'ils jouissent et qu'ils n'aiment point.

VINGTIÈME LETTRE

D'AMABED.

Il y a quelques jours, mon cher grand brame, que je ne t'ai écrit. Les empressements dont on nous honore en sont la cause. Notre monsignor nous donna un excellent repas, avec deux jeunes gens vêtus de rouge de la tête aux pieds. Leur dignité est *cardinal,* comme qui dirait *gond de porte :* l'un est le cardinal Sacripante, et l'autre le cardinal Faquinetti. Ils sont les premiers de la terre après le vice-dieu : aussi sont-ils intitulés *vicaires du*

1. Arioste, satire sur le mariage.

vicaire. Leur droit, qui est sans doute droit divin, est d'être égaux aux rois et supérieurs aux princes [1], et d'avoir surtout d'immenses richesses. Ils méritent bien tout cela, vu la grande utilité dont ils sont au monde.

Ces deux gentilshommes, en dînant avec nous, proposèrent de nous mener passer quelques jours à leurs maisons de campagne : car c'est à qui nous aura. Après s'être disputé la préférence le plus plaisamment du monde, Faquinetti s'est emparé de la belle Adaté, et j'ai été le partage de Sacripante, à condition qu'ils changeraient le lendemain, et que le troisième jour nous nous rassemblerions tous quatre. Déra était du voyage. Je ne sais comment te conter ce qui nous est arrivé ; je vais pourtant essayer de m'en tirer.

Ici finit le manuscrit des lettres d'Amabed. On a cherché dans toutes les bibliothèques de Maduré et de Bénarès la suite de ces lettres ; il est sûr qu'elle n'existe pas.

Ainsi, supposé que quelque malheureux faussaire imprime jamais le reste des aventures des deux jeunes Indiens, *nouvelles Lettres d'Amabed, nouvelles Lettres de Charme des yeux, Réponses du grand brame Shastasid*, le lecteur peut être sûr qu'on le trompe et qu'on l'ennuie, comme il est arrivé cent fois en cas pareil.

1. Voyez le vers cité, tome XV, page 445. Guy-Patin, dans sa lettre du 7 juin 1650, définit ainsi le cardinal : *Est animal rubrum, callidum et rapax, capax et vorax omnium beneficiorum.*

FIN DES LETTRES D'AMABED.

AVENTURE

DE

LA MÉMOIRE

(1773)

Le genre humain pensant, c'est-à-dire la cent millième partie du genre humain tout au plus, avait cru longtemps, ou du moins avait souvent répété que nous n'avions d'idées que par nos sens, et que la mémoire est le seul instrument par lequel nous puissions joindre deux idées et deux mots ensemble.

C'est pourquoi Jupiter, représentant la nature, fut amoureux de Mnémosyne, déesse de la mémoire, dès le premier moment qu'il la vit ; et de ce mariage naquirent les neuf muses, qui furent les inventrices de tous les arts.

Ce dogme, sur lequel sont fondées toutes nos connaissances, fut reçu universellement, et même la Nonsobre[1] l'embrassa dès qu'elle fut née, quoique ce fût une vérité.

Quelque temps après vint un argumenteur, moitié géomètre, moitié chimérique[2], lequel argumenta contre les cinq sens et contre la mémoire ; et il dit au petit nombre du genre humain pensant : « Vous vous êtes trompés jusqu'à présent, car vos sens sont inutiles, car les idées sont innées chez vous avant qu'aucun de vos sens pût agir, car vous aviez toutes les notions nécessaires lorsque vous vîntes au monde ; vous saviez tout sans avoir jamais rien senti ; toutes vos idées, nées avec vous, étaient présentes à votre intelligence, nommée âme, sans le secours de la mémoire. Cette mémoire n'est bonne à rien. »

1. Anagramme de *Sorbonne*.
2. Malebranche.

La Nonsobre condamna cette proposition, non parce qu'elle était ridicule, mais parce qu'elle était nouvelle : cependant, lorsque ensuite un Anglais[1] se fut mis à prouver, et même longuement, qu'il n'y avait point d'idées innées, que rien n'était plus nécessaire que les cinq sens, que la mémoire servait beaucoup à retenir les choses reçues par les cinq sens, elle condamna ses propres sentiments, parce qu'ils étaient devenus ceux d'un Anglais. En conséquence elle ordonna au genre humain de croire désormais aux idées innées, et de ne plus croire aux cinq sens et à la mémoire. Le genre humain, au lieu d'obéir, se moqua de la Nonsobre, laquelle se mit en telle colère qu'elle voulut faire brûler un philosophe : car ce philosophe avait dit qu'il est impossible d'avoir une idée complète d'un fromage à moins d'en avoir vu et d'en avoir mangé ; et même le scélérat osa avancer que les hommes et les femmes n'auraient jamais pu travailler en tapisserie s'ils n'avaient pas eu des aiguilles et des doigts pour les enfiler.

Les liolisteois[2] se joignirent à la Nonsobre pour la première fois de leur vie, et les séjanistes[3], ennemis mortels des liolisteois, se réunirent pour un moment à eux : ils appelèrent à leur secours les anciens dicastériques, qui étaient de grands philosophes ; et tous ensemble, avant de mourir, proscrivirent la mémoire et les cinq sens, et l'auteur qui avait dit du bien de ces six choses.

Un cheval se trouva présent au jugement que prononcèrent ces messieurs, quoiqu'il ne fût pas de la même espèce, et qu'il y eût entre lui et eux plusieurs différences, comme celle de la taille, de la voix, de l'égalité des crins et des oreilles ; ce cheval, dis-je, qui avait du sens aussi bien que des sens, en parla un jour à Pégase dans mon écurie ; et Pégase alla raconter aux muses cette histoire avec sa vivacité ordinaire.

Les muses, qui depuis cent ans avaient singulièrement favorisé le pays longtemps barbare où cette scène se passait, furent extrêmement scandalisées ; elles aimaient tendrement Mémoire ou Mnémosyne leur mère, à laquelle ces neuf filles sont redevables de tout ce qu'elles savent. L'ingratitude des hommes les irrita. Elles ne firent point de satires contre les anciens dicastériques, les liolisteois, les séjanistes et la Nonsobre, parce que les satires

1. Locke.
2. Les loyolistes ou jésuites, dont le fondateur est Ignace de Loyola.
3. Les jansénistes.

ne corrigent personne, irritent les sots, et les rendent encore plus méchants. Elles imaginèrent un moyen de les éclairer en les punissant. Les hommes avaient blasphémé la mémoire; les muses leur ôtèrent ce don des dieux, afin qu'ils apprissent une bonne fois ce qu'on est sans son secours.

Il arriva donc qu'au milieu d'une belle nuit tous les cerveaux s'appesantirent, de façon que le lendemain matin tout le monde se réveilla sans avoir le moindre souvenir du passé. Quelques dicastériques, couchés avec leurs femmes, voulurent s'approcher d'elles par un reste d'instinct indépendant de la mémoire. Les femmes, qui n'ont eu que très-rarement l'instinct d'embrasser leurs maris, rejetèrent leurs caresses dégoûtantes avec aigreur. Les maris se fâchèrent, les femmes crièrent, et la plupart des ménages en vinrent aux coups.

Messieurs, trouvant un bonnet carré, s'en servirent pour certains besoins que ni la mémoire ni le bon sens ne soulagent. Mesdames employèrent les pots de leur toilette aux mêmes usages; les domestiques, ne se souvenant plus du marché qu'ils avaient fait avec leurs maîtres, entrèrent dans leurs chambres sans savoir où ils étaient; mais, comme l'homme est né curieux, ils ouvrirent tous les tiroirs; et comme l'homme aime naturellement l'éclat de l'argent et de l'or, sans avoir pour cela besoin de mémoire, ils prirent tout ce qu'ils en trouvèrent sous la main. Les maîtres voulurent crier au voleur; mais l'idée de voleur étant sortie de leur cerveau, le mot ne put arriver sur leur langue. Chacun ayant oublié son idiome articulait des sons informes. C'était bien pis qu'à Babel, où chacun inventait sur-le-champ une langue nouvelle. Le sentiment inné dans le sens des jeunes valets pour les jolies femmes agit si puissamment que ces insolents se jetèrent étourdiment sur les premières femmes ou filles qu'ils trouvèrent, soit cabaretières, soit présidentes; et celles-ci, ne se souvenant plus des leçons de pudeur, les laissèrent faire en toute liberté.

Il fallut dîner; personne ne savait plus comment il fallait s'y prendre. Personne n'avait été au marché ni pour vendre ni pour acheter. Les domestiques avaient pris les habits des maîtres, et les maîtres ceux des domestiques. Tout le monde se regardait avec des yeux hébétés. Ceux qui avaient le plus de génie pour se procurer le nécessaire (et c'étaient les gens du peuple) trouvèrent un peu à vivre : les autres manquèrent de tout. Le premier président, l'archevêque, allaient tout nus, et leurs palefreniers étaient les uns en robes rouges, les autres en dalmatiques : tout était confondu, tout allait périr de misère et de faim, faute de s'entendre.

Au bout de quelques jours les muses eurent pitié de cette pauvre race : elles sont bonnes, quoiqu'elles fassent sentir quelquefois leur colère aux méchants ; elles supplièrent donc leur mère de rendre à ces blasphémateurs la mémoire, qu'elle leur avait ôtée. Mnémosyne descendit au séjour des contraires, dans lequel on l'avait insultée avec tant de témérité, et leur parla en ces mots :

« Imbéciles, je vous pardonne ; mais ressouvenez-vous que sans les sens il n'y a point de mémoire, et que sans la mémoire il n'y a point d'esprit. »

Les dicastériques la remercièrent assez sèchement, et arrêtèrent qu'on lui ferait des remontrances. Les séjanistes mirent toute cette aventure dans leur gazette ; on s'aperçut qu'ils n'étaient pas encore guéris. Les liolisteois en firent une intrigue de cour. Maître Cogé, tout ébahi de l'aventure, et n'y entendant rien, dit à ses écoliers de cinquième ce bel axiome : « Non magis musis quam hominibus infensa est ista quæ vocatur memoria[1]. »

[1]. Ce conte est une allusion aux arrêts du Parlement, aux censures de la Sorbonne, aux libelles des jansénistes, aux intrigues des jésuites, en faveur des idées innées, que tous avaient combattues dans leur nouveauté ; on sait qu'il est de la nature des théologiens de persécuter les opinions philosophiques de leur siècle, et d'arranger leur religion sur les opinions philosophiques du siècle précédent. (K.)

— Quant à l'axiome de Cogé, voyez le *Discours de M⁰ Belleguier* (dans les *Mélanges*, année 1773).

FIN DE L'AVENTURE DE LA MÉMOIRE.

LE
TAUREAU BLANC

TRADUIT DU SYRIAQUE

PAR M. MAMAKI,

INTERPRÈTE DU ROI D'ANGLETERRE POUR LES LANGUES ORIENTALES

(1774)

CHAPITRE I.

COMMENT LA PRINCESSE AMASIDE RENCONTRE UN BŒUF.

La jeune princesse Amaside, fille d'Amasis, roi de Tanis en Égypte, se promenait sur le chemin de Péluse avec les dames de sa suite. Elle était plongée dans une tristesse profonde ; les larmes coulaient de ses beaux yeux. On sait quel était le sujet de sa douleur, et combien elle craignait de déplaire au roi son père par sa douleur même. Le vieillard Mambrès, ancien mage et eunuque des pharaons, était auprès d'elle, et ne la quittait presque jamais. Il la vit naître, il l'éleva, il lui enseigna tout ce qu'il est permis à une belle princesse de savoir des sciences de l'Égypte. L'esprit d'Amaside égalait sa beauté ; elle était aussi sensible, aussi tendre que charmante, et c'était cette sensibilité qui lui coûtait tant de pleurs.

La princesse était âgée de vingt-quatre ans ; le mage Mambrès en avait environ treize cents. C'était lui, comme on sait, qui avait eu avec le grand Moïse cette dispute fameuse dans laquelle la victoire fut longtemps balancée entre ces deux profonds philosophes. Si Mambrès succomba, ce ne fut que par la protection visible des puissances célestes, qui favorisèrent son rival : il fallut des dieux pour vaincre Mambrès. L'âge affaiblit cette tête si supé-

rieure aux autres têtes, et cette puissance qui avait résisté à la puissance universelle ; mais il lui resta toujours un grand fonds de raison : il ressemblait à ces bâtiments immenses de l'antique Égypte, dont les ruines attestent la grandeur. Mambrès était encore fort bon pour le conseil ; et, quoiqu'un peu vieux, il avait l'âme très-compatissante.

Amasis le fit surintendant de la maison de sa fille ; et il s'acquittait de cette charge avec sa sagesse ordinaire : la belle Amaside l'attendrissait par ses soupirs. « O mon amant ! mon jeune et cher amant ! s'écriait-elle quelquefois ; ô le plus grand des vainqueurs, le plus accompli, le plus beau des hommes ! quoi ! depuis près de sept ans tu as disparu de la terre ! quel dieu t'a enlevé à ta tendre Amaside ? L'univers aurait célébré et pleuré ton trépas. Tu n'es point mort, les savants prophètes de l'Égypte en conviennent ; mais tu es mort pour moi, je suis seule sur la terre, elle est déserte. Par quel étrange prodige as-tu abandonné ton trône et ta maîtresse ? Ton trône ! il était le premier du monde, et c'est peu de chose ; mais moi, qui t'adore, ô mon cher Na...! » Elle allait achever. « Tremblez de prononcer ce nom fatal, lui dit le sage Mambrès, ancien eunuque et mage des pharaons. Vous seriez peut-être décelée par quelqu'une de vos dames du palais. Elles vous sont toutes très-dévouées, et toutes les belles dames se font sans doute un mérite de servir les passions des belles princesses ; mais enfin il peut se trouver une indiscrète, et même à toute force une perfide. Vous savez que le roi votre père, qui d'ailleurs vous aime, a juré de vous faire couper le cou si vous prononciez ce nom terrible, toujours prêt à vous échapper. Pleurez, mais taisez-vous. Cette loi est bien dure, mais vous n'avez pas été élevée dans la sagesse égyptienne pour ne savoir pas commander à votre langue. Songez qu'Harpocrate, l'un de nos plus grands dieux, a toujours le doigt sur sa bouche. » La belle Amaside pleura, et ne parla plus.

Comme elle avançait en silence vers les bords du Nil, elle aperçut de loin, sous un bocage baigné par le fleuve, une vieille femme couverte de lambeaux gris, assise sur un tertre. Elle avait auprès d'elle une ânesse, un chien, un bouc. Vis-à-vis d'elle était un serpent qui n'était pas comme les serpents ordinaires, car ses yeux étaient aussi tendres qu'animés ; sa physionomie était noble et intéressante ; sa peau brillait des couleurs les plus vives et les plus douces. Un énorme poisson, à moitié plongé dans le fleuve, n'était pas la moins étonnante personne de la compagnie. Il y avait sur une branche un corbeau et un pigeon. Toutes

ces créatures semblaient avoir ensemble une conversation assez animée.

« Hélas! dit la princesse tout bas, ces gens-là parlent sans doute de leurs amours, et il ne m'est pas permis de prononcer le nom de ce que j'aime! »

La vieille tenait à la main une chaîne légère d'acier, longue de cent brasses, à laquelle était attaché un taureau qui paissait dans la prairie. Ce taureau était blanc, fait au tour, potelé, léger même, ce qui est bien rare. Ses cornes étaient d'ivoire. C'était ce qu'on vit jamais de plus beau dans son espèce. Celui de Pasiphaé, celui dont Jupiter prit la figure pour enlever Europe, n'approchaient pas de ce superbe animal. La charmante génisse en laquelle Isis fut changée aurait à peine été digne de lui.

Dès qu'il vit la princesse, il courut vers elle avec la rapidité d'un jeune cheval arabe qui franchit les vastes plaines et les fleuves de l'antique Saana, pour s'approcher de la brillante cavale qui règne dans son cœur, et qui fait dresser ses oreilles. La vieille faisait ses efforts pour le retenir; le serpent semblait l'épouvanter par ses sifflements; le chien le suivait et lui mordait ses belles jambes; l'ânesse traversait son chemin, et lui détachait des ruades pour le faire retourner. Le gros poisson remontait le Nil, et, s'élançant hors de l'eau, menaçait de le dévorer; le bouc restait immobile et saisi de crainte; le corbeau voltigeait autour de la tête du taureau, comme s'il eût voulu s'efforcer de lui crever les yeux. La colombe seule l'accompagnait par curiosité, et lui applaudissait par un doux murmure.

Un spectacle si extraordinaire rejeta Mambrès dans ses sérieuses pensées. Cependant le taureau blanc, tirant après lui sa chaîne et la vieille, était déjà parvenu auprès de la princesse, qui était saisie d'étonnement et de peur. Il se jette à ses pieds, il les baise, il verse des larmes, il la regarde avec des yeux où régnait un mélange inouï de douleur et de joie. Il n'osait mugir, de peur d'effaroucher la belle Amaside. Il ne pouvait parler. Un faible usage de la voix accordé par le ciel à quelques animaux lui était interdit; mais toutes ses actions étaient éloquentes. Il plut beaucoup à la princesse. Elle sentit qu'un léger amusement pouvait suspendre pour quelques moments les chagrins les plus douloureux. « Voilà, disait-elle, un animal bien aimable; je voudrais l'avoir dans mon écurie. »

A ces mots, le taureau plia les quatre genoux, et baisa la terre. « Il m'entend! s'écria la princesse; il me témoigne qu'il veut m'appartenir. Ah! divin mage, divin eunuque, donnez-moi cette con-

solation, achetez ce beau chérubin[1] ; faites le prix avec la vieille, à laquelle il appartient sans doute. Je veux que cet animal soit à moi ; ne me refusez pas cette consolation innocente. » Toutes les dames du palais joignirent leurs instances aux prières de la princesse. Mambrès se laissa toucher, et alla parler à la vieille.

CHAPITRE II.

COMMENT LE SAGE MAMBRÈS, CI-DEVANT SORCIER DE PHARAON, RECONNUT UNE VIEILLE, ET COMME IL FUT RECONNU PAR ELLE.

« Madame, lui dit-il, vous savez que les filles, et surtout les princesses, ont besoin de se divertir. La fille du roi est folle de votre taureau ; je vous prie de nous le vendre, vous serez payée argent comptant.

— Seigneur, lui répondit la vieille, ce précieux animal n'est point à moi. Je suis chargée, moi et toutes les bêtes que vous avez vues, de le garder avec soin, d'observer toutes ses démarches, et d'en rendre compte. Dieu me préserve de vouloir jamais vendre cet animal impayable ! »

Mambrès, à ce discours, se sentit éclairé de quelques traits d'une lumière confuse qu'il ne démêlait pas encore. Il regarda la vieille au manteau gris avec plus d'attention : « Respectable dame, lui dit-il, ou je me trompe, ou je vous ai vue autrefois.

— Je ne me trompe pas, répondit la vieille ; je vous ai vu, seigneur, il y a sept cents ans, dans un voyage que je fis de Syrie en Égypte, quelques mois après la destruction de Troie, lorsque Hiram régnait à Tyr, et Nephel Kerès sur l'antique Égypte.

— Ah ! madame, s'écria le vieillard, vous êtes l'auguste pythonisse d'Endor.

— Et vous, seigneur, lui dit la pythonisse en l'embrassant, vous êtes le grand Mambrès d'Égypte.

— O rencontre imprévue ! jour mémorable ! décrets éternels ! dit Mambrès ; ce n'est pas, sans doute, sans un ordre de la Providence universelle que nous nous retrouvons dans cette prairie sur les rivages du Nil, près de la superbe ville de Tanis. Quoi ! c'est vous, madame, qui êtes si fameuse sur les bords de votre petit Jourdain, et la première personne du monde pour faire venir des ombres.

1. *Chérub,* en chaldéen et en syriaque, signifie un *bœuf.* (*Note de Voltaire.*)

— Quoi! c'est vous, seigneur, qui êtes si fameux pour changer les baguettes en serpents, le jour en ténèbres, et les rivières en sang!

— Oui, madame; mais mon grand âge affaiblit une partie de mes lumières et de ma puissance. J'ignore d'où vous vient ce beau taureau blanc, et qui sont ces animaux qui veillent avec vous autour de lui. »

La vieille se recueillit, leva les yeux au ciel, puis répondit en ces termes : « Mon cher Mambrès, nous sommes de la même profession; mais il m'est expressément défendu de vous dire quel est ce taureau. Je puis vous satisfaire sur les autres animaux. Vous les reconnaîtrez aisément aux marques qui les caractérisent. Le serpent est celui qui persuada Ève de manger une pomme, et d'en faire manger à son mari. L'ânesse est celle qui parla dans un chemin creux à Balaam, votre contemporain. Le poisson qui a toujours sa tête hors de l'eau est celui qui avala Jonas il y a quelques années. Ce chien est celui qui suivit l'ange Raphaël et le jeune Tobie dans le voyage qu'ils firent à Ragès en Médie, du temps du grand Salmanazar. Ce bouc est celui qui expie tous les péchés d'une nation; ce corbeau et ce pigeon sont ceux qui étaient dans l'arche de Noé : grand événement, catastrophe universelle, que presque toute la terre ignore encore! Vous voilà au fait. Mais pour le taureau, vous n'en saurez rien. »

Mambrès écoutait avec respect. Puis il dit : « L'Éternel révèle ce qu'il veut et à qui il veut, illustre pythonisse. Toutes ces bêtes, qui sont commises avec vous à la garde du taureau blanc, ne sont connues que de votre généreuse et agréable nation, qui est elle-même inconnue à presque tout le monde. Les merveilles que vous et les vôtres, et moi et les miens, nous avons opérées, seront un jour un grand sujet de doute et de scandale pour les faux sages. Heureusement elles trouveront croyance chez les sages véritables qui seront soumis aux voyants dans une petite partie du monde, et c'est tout ce qu'il faut. »

Comme il prononçait ces paroles, la princesse le tira par la manche, et lui dit : « Mambrès, est-ce que vous ne m'achèterez pas mon taureau? » Le mage, plongé dans une rêverie profonde, ne répondit rien; et Amaside versa des larmes.

Elle s'adressa alors elle-même à la vieille, et lui dit : « Ma bonne, je vous conjure par tout ce que vous avez de plus cher au monde, par votre père, par votre mère, par votre nourrice, qui sans doute vivent encore, de me vendre non-seulement votre taureau, mais aussi votre pigeon, qui lui paraît fort affectionné.

Pour vos autres bêtes, je n'en veux point ; mais je suis fille à tomber malade de vapeurs si vous ne me vendez ce charmant taureau blanc, qui fera toute la douceur de ma vie. »

La vieille lui baisa respectueusement les franges de sa robe de gaze, et lui dit : « Princesse, mon taureau n'est point à vendre, votre illustre mage en est instruit. Tout ce que je pourrais faire pour votre service, ce serait de le mener paître tous les jours près de votre palais, vous pourriez le caresser, lui donner des biscuits, le faire danser à votre aise. Mais il faut qu'il soit continuellement sous les yeux de toutes les bêtes qui m'accompagnent, et qui sont chargées de sa garde. S'il ne veut point s'échapper, elles ne lui feront point de mal ; mais s'il essaye encore de rompre sa chaîne, comme il a fait dès qu'il vous a vue, malheur à lui ! je ne répondrais pas de sa vie. Ce gros poisson que vous voyez l'avalerait infailliblement, et le garderait plus de trois jours dans son ventre ; ou bien ce serpent, qui vous a paru peut-être assez doux et assez aimable, lui pourrait faire une piqûre mortelle. »

Le taureau blanc, qui entendait à merveille tout ce que disait la vieille, mais qui ne pouvait parler, accepta toutes ses propositions d'un air soumis. Il se coucha à ses pieds, mugit doucement, et, regardant Amaside avec tendresse, il semblait lui dire : « Venez me voir quelquefois sur l'herbe. » Le serpent prit alors la parole, et lui dit : « Princesse, je vous conseille de faire aveuglément tout ce que mademoiselle d'Endor vient de vous dire. » L'ânesse dit aussi son mot, et fut de l'avis du serpent. Amaside était affligée que ce serpent et cette ânesse parlassent si bien, et qu'un beau taureau, qui avait les sentiments si nobles et si tendres, ne pût les exprimer. « Hélas ! rien n'est plus commun à la cour, disait-elle tout bas ; on y voit tous les jours de beaux seigneurs qui n'ont point de conversation, et des malotrus qui parlent avec assurance.

— Ce serpent n'est point un malotru, dit Mambrès ; ne vous y trompez pas : c'est peut-être la personne de la plus grande considération. »

Le jour baissait, la princesse fut obligée de s'en retourner, après avoir bien promis de revenir le lendemain à la même heure. Ses dames du palais étaient émerveillées, et ne comprenaient rien à ce qu'elles avaient vu et entendu. Mambrès faisait ses réflexions. La princesse, songeant que le serpent avait appelé la vieille mademoiselle, conclut au hasard qu'elle était pucelle, et sentit quelque affliction de l'être encore : affliction respectable, qu'elle cachait avec autant de scrupule que le nom de son amant.

CHAPITRE III.

COMMENT LA BELLE AMASIDE EUT UN SECRET ENTRETIEN AVEC UN BEAU SERPENT.

La belle princesse recommanda le secret à ses dames sur ce qu'elles avaient vu. Elles le promirent toutes, et en effet le gardèrent un jour entier. On peut croire qu'Amaside dormit peu cette nuit. Un charme inexplicable lui rappelait sans cesse l'idée de son beau taureau. Dès qu'elle put être en liberté avec son sage Mambrès, elle lui dit : « O sage! cet animal me tourne la tête.

— Il occupe beaucoup la mienne, dit Mambrès. Je vois clairement que ce chérubin est fort au-dessus de son espèce. Je vois qu'il y a là un grand mystère, mais je crains un événement funeste. Votre père Amasis est violent et soupçonneux; toute cette affaire exige que vous vous conduisiez avec la plus grande prudence.

— Ah! dit la princesse, j'ai trop de curiosité pour être prudente; c'est la seule passion qui puisse se joindre dans mon cœur à celle qui me dévore pour l'amant que j'ai perdu. Quoi! ne pourrai-je savoir ce que c'est que ce taureau blanc qui excite dans moi un trouble si inouï?

— Madame, lui répondit Mambrès, je vous ai avoué déjà que ma science baisse à mesure que mon âge avance; mais je me trompe fort, ou le serpent est instruit de ce que vous avez tant d'envie de savoir. Il a de l'esprit; il s'explique en bons termes; il est accoutumé depuis longtemps à se mêler des affaires des dames.

— Ah! sans doute, dit Amaside, c'est ce beau serpent de l'Égypte, qui, en se mettant la queue dans la bouche, est le symbole de l'éternité, qui éclaire le monde dès qu'il ouvre les yeux, et qui l'obscurcit dès qu'il les ferme.

— Non, madame.

— C'est donc le serpent d'Esculape?

— Encore moins.

— C'est peut-être Jupiter sous la forme d'un serpent?

— Point du tout.

— Ah! je vois, c'est votre baguette, que vous changeâtes autrefois en serpent?

— Non, vous dis-je, madame; mais tous ces serpents-là sont de la même famille. Celui-là a beaucoup de réputation dans son pays : il y passe pour le plus habile serpent qu'on ait jamais vu. Adressez-vous à lui. Toutefois je vous avertis que c'est une

entreprise fort dangereuse. Si j'étais à votre place, je laisserais à le taureau, l'ânesse, le serpent, le poisson, le chien, le bouc, le corbeau, et la colombe. Mais la passion vous emporte ; tout ce que je puis faire est d'en avoir pitié, et de trembler. »

La princesse le conjura de lui procurer un tête-à-tête avec le serpent. Mambrès, qui était bon, y consentit ; et, en réfléchissant toujours profondément, il alla trouver sa pythonisse. Il lui exposa la fantaisie de sa princesse avec tant d'insinuation qu'il la persuada.

La vieille lui dit donc qu'Amaside était la maîtresse ; que le serpent savait très-bien vivre ; qu'il était fort poli avec les dames ; qu'il ne demandait pas mieux que de les obliger, et qu'il se trouverait au rendez-vous.

Le vieux mage revint apporter à la princesse cette bonne nouvelle ; mais il craignait encore quelque malheur, et faisait toujours ses réflexions. « Vous voulez parler au serpent, madame ; ce sera quand il plaira à Votre Altesse. Souvenez-vous qu'il faut beaucoup le flatter, car tout animal est pétri d'amour-propre, et surtout lui. On dit même qu'il fut chassé autrefois d'un beau lieu pour son excès d'orgueil.

— Je ne l'ai jamais ouï dire, repartit la princesse.

— Je le crois bien, reprit le vieillard. » Alors il lui apprit tous les bruits qui avaient couru sur ce serpent si fameux. « Mais, madame, quelque aventure singulière qui lui soit arrivée, vous ne pouvez arracher son secret qu'en le flattant. Il passe dans un pays voisin pour avoir joué autrefois un tour pendable aux femmes ; il est juste qu'à son tour une femme le séduise.

— J'y ferai mon possible », dit la princesse.

Elle partit donc avec ses dames du palais et le bon mage eunuque. La vieille alors faisait paître le taureau blanc assez loin. Mambrès laissa Amaside en liberté, et alla entretenir sa pythonisse. La dame d'honneur causa avec l'ânesse ; les dames de compagnie s'amusèrent avec le bouc, le chien, le corbeau, et la colombe. Pour le gros poisson, qui faisait peur à tout le monde, il se replongea dans le Nil par ordre de la vieille.

Le serpent alla aussitôt au-devant de la belle Amaside dans le bocage, et ils eurent ensemble cette conversation :

LE SERPENT.

Vous ne sauriez croire combien je suis flatté, madame, de l'honneur que Votre Altesse daigne me faire.

LA PRINCESSE.

Monsieur, votre grande réputation, la finesse de votre physionomie, et le brillant de vos yeux, m'ont aisément déterminée à

rechercher ce tête-à-tête. Je sais, par la voix publique (si elle n'est point trompeuse), que vous avez été un grand seigneur dans le ciel empyrée.

LE SERPENT.

Il est vrai, madame, que j'y avais une place assez distinguée. On prétend que je suis un favori disgracié : c'est un bruit qui a couru d'abord dans l'Inde[1]. Les brachmanes sont les premiers qui ont donné une longue histoire de mes aventures. Je ne doute pas que des poëtes du Nord n'en fassent un jour un poëme épique bien bizarre[2], car, en vérité, c'est tout ce qu'on en peut faire; mais je ne suis pas tellement déchu que je n'aie encore dans ce globe-ci un domaine très-considérable. J'oserais presque dire que toute la terre m'appartient.

LA PRINCESSE.

Je le crois, monsieur, car on dit que vous avez le talent de persuader tout ce que vous voulez, et c'est régner que de plaire.

LE SERPENT.

J'éprouve, madame, en vous voyant et en vous écoutant, que vous avez sur moi cet empire qu'on m'attribue sur tant d'autres âmes.

LA PRINCESSE.

Vous êtes, je le crois, un animal vainqueur. On prétend que vous avez subjugué bien des dames, et que vous commençâtes par notre mère commune, dont j'ai oublié le nom.

LE SERPENT.

On me fait tort : je lui donnai le meilleur conseil du monde. Elle m'honorait de sa confiance. Mon avis fut qu'elle et son mari devaient se gorger du fruit de l'arbre de la science. Je crus plaire en cela au Maître des choses. Un arbre si nécessaire au genre humain ne me paraissait pas planté pour être inutile. Le Maître aurait-il voulu être servi par des ignorants et des idiots? L'esprit n'est-il pas fait pour s'éclairer, pour se perfectionner? Ne faut-il pas connaître le bien et le mal pour faire l'un et pour éviter l'autre? Certainement on me devait des remerciements.

LA PRINCESSE.

Cependant on dit qu'il vous en arriva mal. C'est apparemment depuis ce temps-là que tant de ministres ont été punis d'avoir donné de bons conseils, et que tant de vrais savants et de grands

1. Les brachmanes furent en effet les premiers qui imaginèrent une révolte dans le ciel, et cette fable servit longtemps après de canevas à l'histoire de la guerre des géants contre les dieux, et à quelques autres histoires. (*Note de Voltaire*.)
2. Le *Paradis perdu*, de Milton.

génies ont été persécutés pour avoir écrit des choses utiles au genre humain.

LE SERPENT.

Ce sont apparemment mes ennemis, madame, qui vous ont fait ces contes. Ils vont criant que je suis mal en cour. Une preuve que j'y ai un très-grand crédit, c'est qu'eux-mêmes avouent que j'entrai dans le conseil quand il fut question d'éprouver le bonhomme Job, et que j'y fus encore appelé quand on prit la résolution de tromper un certain roitelet nommé Achab[1] : ce fut moi seul qu'on chargea de cette commission.

LA PRINCESSE.

Ah! monsieur, je ne crois pas que vous soyez fait pour tromper. Mais, puisque vous êtes toujours dans le ministère, puis-je vous demander une grâce? J'espère qu'un seigneur si aimable ne me refusera pas.

LE SERPENT.

Madame, vos prières sont des lois. Qu'ordonnez-vous?

LA PRINCESSE.

Je vous conjure de me dire ce que c'est que ce beau taureau blanc pour qui j'éprouve dans moi des sentiments incompréhensibles, qui m'attendrissent, et qui m'épouvantent. On m'a dit que vous daigneriez m'en instruire.

LE SERPENT.

Madame, la curiosité est nécessaire à la nature humaine, et surtout à votre aimable sexe : sans elle on croupirait dans la plus honteuse ignorance. J'ai toujours satisfait, autant que je l'ai pu, la curiosité des dames. On m'accuse de n'avoir eu cette complaisance que pour faire dépit au Maître des choses. Je vous jure que mon seul but serait de vous obliger ; mais la vieille a dû vous avertir qu'il y a quelque danger pour vous dans la révélation de ce secret.

LA PRINCESSE.

Ah! c'est ce qui me rend encore plus curieuse.

LE SERPENT.

Je reconnais là toutes les belles dames à qui j'ai rendu service.

LA PRINCESSE.

Si vous êtes sensible, si tous les êtres se doivent des secours mutuels, si vous avez pitié d'une infortunée, ne me refusez pas.

1. Troisième livre *des Rois*, chapitre XXII, v. 21 et 22. Le Seigneur dit qu'il trompera Achab, roi d'Israël, afin qu'il marche en Ramoth de Galaad, et qu'il y tombe. Et un esprit s'avança et se présenta devant le Seigneur, et lui dit : « C'est moi qui le tromperai. » Et le Seigneur lui dit : « Comment? Oui, tu le tromperas ; et tu prévaudras. Va, et fais ainsi. » (*Note de Voltaire.*)

LE SERPENT.

Vous me fendez le cœur; il faut vous satisfaire; mais ne m'interrompez pas.

LA PRINCESSE.

Je vous le promets.

LE SERPENT.

Il y avait un jeune roi, beau, fait à peindre, amoureux, aimé.....

LA PRINCESSE.

Un jeune roi! beau, fait à peindre, amoureux, aimé! et de qui? et quel était ce roi? quel âge avait-il? qu'est-il devenu? où est-il? où est son royaume? quel est son nom?

LE SERPENT.

Ne voilà-t-il pas que vous m'interrompez, quand j'ai commencé à peine. Prenez garde : si vous n'avez pas plus de pouvoir sur vous-même, vous êtes perdue.

LA PRINCESSE.

Ah! pardon, monsieur, cette indiscrétion ne m'arrivera plus; continuez, de grâce.

LE SERPENT.

Ce grand roi, le plus aimable et le plus valeureux des hommes, victorieux partout où il avait porté ses armes, rêvait souvent en dormant; et, quand il oubliait ses rêves, il voulait que ses mages s'en ressouvinssent, et qu'ils lui apprissent ce qu'il avait rêvé, sans quoi il les faisait tous pendre, car rien n'est plus juste. Or il y a bientôt sept ans qu'il songea un beau songe dont il perdit la mémoire en se réveillant; et un jeune Juif, plein d'expérience, lui ayant expliqué son rêve, cet aimable roi fut soudain changé en bœuf[1]; car.....

LA PRINCESSE.

Ah! c'est mon cher Nabu.....

Elle ne put achever; elle tomba évanouie. Mambrès, qui écoutait de loin, la vit tomber, et la crut morte.

CHAPITRE IV.

COMMENT ON VOULUT SACRIFIER LE BŒUF ET EXORCISER LA PRINCESSE.

Mambrès courut à elle en pleurant. Le serpent est attendri : il ne peut pleurer, mais il siffle d'un ton lugubre; il crie : « Elle

1. Toute l'antiquité employait indifféremment les termes de *bœuf* et de *taureau*. (*Note de Voltaire*.)

est morte!» L'ânesse répète : « Elle est morte »! le corbeau le redit ; tous les autres animaux paraissaient saisis de douleur, excepté le poisson de Jonas, qui a toujours été impitoyable. La dame d'honneur, les dames du palais, arrivent et s'arrachent les cheveux. Le taureau blanc, qui paissait au loin, et qui entend leurs clameurs, court au bosquet, et entraîne la vieille avec lui en poussant des mugissements dont les échos retentissent. En vain toutes les dames versaient sur Amaside expirante leurs flacons d'eau de rose, d'œillet, de myrte, de benjoin, de baume de la Mecque, de cannelle, d'amomum, de girofle, de muscade, d'ambre gris : elle n'avait donné aucun signe de vie ; mais, dès qu'elle sentit le beau taureau blanc à ses côtés, elle revint à elle plus fraîche, plus belle, plus animée que jamais. Elle donna cent baisers à cet animal charmant, qui penchait languissamment sa tête sur son sein d'albâtre. Elle l'appelle : « Mon maître, mon roi, mon cœur, ma vie. » Elle passe ses bras d'ivoire autour de ce cou plus blanc que la neige. La paille légère s'attache moins fortement à l'ambre, la vigne à l'ormeau, le lierre au chêne. On entendait le doux murmure de ses soupirs; on voyait ses yeux, tantôt étincelants d'une tendre flamme, tantôt offusqués par ces larmes précieuses que l'amour fait répandre.

On peut juger dans quelle surprise la dame d'honneur d'Amaside et les dames de compagnie étaient plongées. Dès qu'elles furent rentrées au palais, elles racontèrent toutes à leurs amants cette aventure étrange, et chacune avec des circonstances différentes, qui en augmentaient la singularité, et qui contribuent toujours à la variété de toutes les histoires.

Dès qu'Amasis, roi de Tanis, en fut informé, son cœur royal fut saisi d'une juste colère. Tel fut le courroux de Minos quand il sut que sa fille Pasiphaé prodiguait ses tendres faveurs au père du minotaure. Ainsi frémit Junon lorsqu'elle vit Jupiter son époux caresser la belle vache Io, fille du fleuve Inachus. Amasis fit enfermer la belle Amaside dans sa chambre, et mit une garde d'eunuques noirs à sa porte ; puis il assembla son conseil secret.

Le grand mage Mambrès y présidait, mais il n'avait plus le même crédit qu'autrefois. Tous les ministres d'État conclurent que le taureau blanc était un sorcier. C'était tout le contraire : il était ensorcelé ; mais on se trompe toujours à la cour dans ces affaires délicates.

On conclut à la pluralité des voix qu'il fallait exorciser la princesse, et sacrifier le taureau blanc et la vieille.

Le sage Mambrès ne voulut point choquer l'opinion du roi et

du conseil. C'était à lui qu'appartenait le droit de faire les exorcismes ; il pouvait les différer sous un prétexte très-plausible. Le dieu Apis venait de mourir à Memphis. Un dieu bœuf meurt comme un autre. Il n'était permis d'exorciser personne en Égypte jusqu'à ce qu'on eût trouvé un autre bœuf qui pût remplacer le défunt.

Il fut donc arrêté dans le conseil qu'on attendrait la nomination qu'on devait faire du nouveau dieu à Memphis.

Le bon vieillard Mambrès sentait à quel péril sa chère princesse était exposée : il voyait quel était son amant. Les syllabes Nabu, qui lui étaient échappées, avaient décelé tout le mystère aux yeux de ce sage.

La dynastie[1] de Memphis appartenait alors aux Babyloniens : ils conservaient ce reste de leurs conquêtes passées, qu'ils avaient faites sous le plus grand roi du monde, dont Amasis était l'ennemi mortel. Mambrès avait besoin de toute sa sagesse pour se bien conduire parmi tant de difficultés. Si le roi Amasis découvrait l'amant de sa fille, elle était morte : il l'avait juré. Le grand, le jeune, le beau roi dont elle était éprise, avait détrôné son père, qui n'avait repris son royaume de Tanis que depuis près de sept ans qu'on ne savait ce qu'était devenu l'adorable monarque, le vainqueur et l'idole des nations, le tendre et généreux amant de la charmante Amaside. Mais aussi, en sacrifiant le taureau, on faisait mourir infailliblement la belle Amaside de douleur.

Que pouvait faire Mambrès dans des circonstances si épineuses ? Il va trouver sa chère nourrissonne au sortir du conseil, et lui dit : « Ma belle enfant, je vous servirai ; mais je vous le répète, on vous coupera le cou si vous prononcez jamais le nom de votre amant.

— Ah ! que m'importe mon cou, dit la belle Amaside, si je ne puis embrasser celui de Nabucho… ! Mon père est un bien méchant homme ! non-seulement il refusa de me donner un beau prince que j'idolâtre, mais il lui déclara la guerre ; et, quand il a été vaincu par mon amant, il a trouvé le secret de le changer en bœuf. A-t-on jamais vu une malice plus effroyable ? Si mon père n'était pas mon père, je ne sais pas ce que je lui ferais.

1. Dynastie signifie proprement puissance. Ainsi on peut se servir de ce mot, malgré les cavillations de Larcher. Dynastie vient du phénicien *dunast ;* et Larcher est un ignorant qui ne sait ni le phénicien, ni le syriaque, ni le cophte. (*Note de Voltaire.*) — Dans le chapitre VII de la *Défense de mon oncle* (voyez les *Mélanges*, année 1767), Voltaire avait parlé des *dames de la dynastie de Mendès.* Sur quoi Larcher, dans sa *Réponse à la Défense de mon oncle*, avait dit, page 37 : « On n'a jamais pris en grec le terme de *dynastie* pour les États du dynaste, et encore moins en français. En cette dernière langue, c'est une suite de rois de la même famille. »

— Ce n'est pas votre père qui lui a joué ce cruel tour, dit le sage Mambrès, c'est un Palestin, un de nos anciens ennemis, un habitant d'un petit pays compris dans la foule des États que votre auguste amant a domptés pour les policer. Ces métamorphoses ne doivent point vous surprendre ; vous savez que j'en faisais autrefois de plus belles : rien n'était plus commun alors que ces changements qui étonnent aujourd'hui les sages. L'histoire véritable que nous avons lue ensemble nous a enseigné que Lycaon, roi d'Arcadie, fut changé en loup. La belle Calisto, sa fille, fut changée en ourse; Io, fille d'Inachus, notre vénérable Isis, en vache ; Daphné, en laurier; Syrinx, en flûte. La belle Édith, femme de Loth, le meilleur, le plus tendre père qu'on ait jamais vu, n'est-elle pas devenue dans notre voisinage une grande statue de sel très-belle et très-piquante, qui a conservé toutes les marques de son sexe, et qui a régulièrement ses ordinaires[1] chaque mois, comme l'attestent les grands hommes qui l'ont vue? J'ai été témoin de ce changement dans ma jeunesse. J'ai vu cinq puissantes villes, dans le séjour du monde le plus sec et le plus aride, transformées tout à coup en un beau lac. On ne marchait dans mon jeune temps que sur des métamorphoses.

« Enfin, madame, si les exemples peuvent adoucir votre peine, souvenez-vous que Vénus a changé les Cérastes en bœufs.

— Je le sais, dit la malheureuse princesse, mais les exemples consolent-ils? Si mon amant était mort, me consolerais-je par l'idée que tous les hommes meurent[2]?

— Votre peine peut finir, dit le sage ; et puisque votre tendre amant est devenu bœuf, vous voyez bien que de bœuf il peut devenir homme. Pour moi, il faudrait que je fusse changé en tigre ou en crocodile, si je n'employais pas le peu de pouvoir qui me reste pour le service d'une princesse digne des adorations de la terre, pour la belle Amaside, que j'ai élevée sur mes genoux, et que sa fatale destinée met à des épreuves si cruelles. »

1. Tertullien, dans son poëme de *Sodome*, dit :

> Dicitur et vivens alio sub corpore sexus
> Munificos solito dispungere sanguine menses.

Saint Irénée, livre IV, dit : *Per naturalia ea quæ sunt consuetudinis feminæ ostendens.* (*Note de Voltaire.*)

2. Voyez *les Deux Consolés*, page 123.

CHAPITRE V.

COMMENT LE SAGE MAMBRÈS SE CONDUISIT SAGEMENT.

Le divin Mambrès ayant dit à la princesse tout ce qu'il fallait pour la consoler, et ne l'ayant point consolée, courut aussitôt à la vieille. « Ma camarade, lui dit-il, notre métier est beau, mais il est bien dangereux ; vous courez risque d'être pendue, et votre bœuf d'être brûlé, ou noyé, ou mangé. Je ne sais point ce qu'on fera de vos autres bêtes, car, tout prophète que je suis, je sais bien peu de choses ; mais cachez soigneusement le serpent et le poisson ; que l'un ne mette pas sa tête hors de l'eau, et que l'autre ne sorte pas de son trou. Je placerai le bœuf dans une de mes écuries à la campagne ; vous y serez avec lui, puisque vous dites qu'il ne vous est pas permis de l'abandonner. Le bouc émissaire pourra dans l'occasion servir d'expiatoire ; nous l'enverrons dans le désert chargé des péchés de la troupe ; il est accoutumé à cette cérémonie, qui ne lui fait aucun mal, et l'on sait que tout s'expie avec un bouc qui se promène. Je vous prie seulement de me prêter tout à l'heure le chien de Tobie, qui est un lévrier fort agile, l'ânesse de Balaam, qui court mieux qu'un dromadaire, le corbeau et le pigeon de l'arche, qui volent très-rapidement. Je veux les envoyer en ambassade à Memphis pour une affaire de la dernière conséquence. »

La vieille repartit au mage : « Seigneur, vous pouvez disposer à votre gré du chien de Tobie, de l'ânesse de Balaam, du corbeau et du pigeon de l'arche, et du bouc émissaire ; mais mon bœuf ne peut coucher dans une écurie. Il est dit qu'il doit être attaché à une chaîne d'acier, « être toujours mouillé de la rosée, et brouter « l'herbe sur la terre [1], et que sa portion sera avec les bêtes sau- « vages ». Il m'est confié, je dois obéir. Que penseraient de moi Daniel, Ézéchiel et Jérémie, si je confiais mon bœuf à d'autres qu'à moi-même ? Je vois que vous savez le secret de cet étrange animal : je n'ai pas à me reprocher de vous l'avoir révélé. Je vais le conduire loin de cette terre impure, vers le lac Sirbon, loin des cruautés du roi de Tanis. Mon poisson et mon serpent me défendront : je ne crains personne quand je sers mon maître. »

Le sage Mambrès repartit ainsi : « Ma bonne, la volonté de

1. Daniel, chapitre v. (*Note de Voltaire.*)

Dieu soit faite! pourvu que je retrouve notre taureau blanc, il ne m'importe ni du lac de Sirbon, ni du lac de Mœris, ni du lac de Sodome; je ne veux que lui faire du bien, et à vous aussi. Mais pourquoi m'avez-vous parlé de Daniel, d'Ézéchiel et de Jérémie?

— Ah! seigneur, reprit la vieille, vous savez aussi bien que moi l'intérêt qu'ils ont eu dans cette grande affaire : mais je n'ai point de temps à perdre; je ne veux point être pendue; je ne veux point que mon taureau soit brûlé, ou noyé, ou mangé. Je m'en vais auprès du lac de Sirbon par Canope, avec mon serpent et mon poisson. Adieu! »

Le taureau la suivit tout pensif, après avoir témoigné au bienfaisant Mambrès la reconnaissance qu'il lui devait.

Le sage Mambrès était dans une cruelle inquiétude. Il voyait bien qu'Amasis, roi de Tanis, désespéré de la folle passion de sa fille pour cet animal, et la croyant ensorcelée, ferait poursuivre partout le malheureux taureau, et qu'il serait infailliblement brûlé, en qualité de sorcier, dans la place publique de Tanis, ou livré au poisson de Jonas, ou rôti, ou servi sur table. Il voulait, à quelque prix que ce fût, épargner ce désagrément à la princesse.

Il écrivit une lettre au grand prêtre de Memphis, son ami, en caractères sacrés, sur du papier d'Égypte qui n'était pas encore en usage. Voici les propres mots de sa lettre :

« Lumière du monde, lieutenant d'Isis, d'Osiris et d'Horus, chef des circoncis, vous dont l'autel est élevé, comme de raison, au-dessus de tous les trônes; j'apprends que votre dieu le bœuf Apis est mort. J'en ai un autre à votre service. Venez vite avec vos prêtres le reconnaître, l'adorer, et le conduire dans l'écurie de votre temple. Qu'Isis, Osiris et Horus, vous aient en leur sainte et digne garde; et vous, messieurs les prêtres de Memphis, en leur sainte garde !

« Votre affectionné ami,

« Mambrès. »

Il fit quatre duplicata de cette lettre, de crainte d'accident, et les enferma dans des étuis de bois d'ébène le plus dur. Puis, appelant à lui quatre courriers qu'il destinait à ce message (c'était l'ânesse, le chien, le corbeau et le pigeon), il dit à l'ânesse: «Je sais avec quelle fidélité vous avez servi Balaam, mon confrère; servez-moi de même. Il n'y a point d'onocrotale qui vous égale à la course; allez, ma chère amie, rendez ma lettre en main propre, et revenez. » L'ânesse lui répondit : « Comme j'ai servi

Balaam, je servirai monseigneur; j'irai et je reviendrai. » Le sage lui mit le bâton d'ébène dans la bouche, et elle partit comme un trait.

Puis il fit venir le chien de Tobie, et lui dit : « Chien fidèle, et plus prompt à la course qu'Achille aux pieds légers, je sais ce que vous avez fait pour Tobie, fils de Tobie, lorsque vous et l'ange Raphaël vous l'accompagnâtes de Ninive à Ragès en Médie, et de Ragès à Ninive, et qu'il rapporta à son père dix talents[1] que l'esclave Tobie père avait prêtés à l'esclave Gabelus ; car ces esclaves étaient fort riches. Portez à son adresse cette lettre, qui est plus précieuse que dix talents d'argent. » Le chien lui répondit : « Seigneur, si j'ai suivi autrefois le messager Raphaël, je puis tout aussi bien faire votre commission. » Mambrès lui mit la lettre dans la gueule. Il en dit autant à la colombe ; elle lui répondit : « Seigneur, si j'ai rapporté un rameau dans l'arche, je vous apporterai de même votre réponse. » Elle prit la lettre dans son bec. On les perdit tous trois de vue en un instant.

Puis il dit au corbeau : « Je sais que vous avez nourri le grand prophète Élie[2], lorsqu'il était caché auprès du torrent Carith, si fameux dans toute la terre. Vous lui apportiez tous les jours de bon pain et des poulardes grasses ; je ne vous demande que de porter cette lettre à Memphis. »

Le corbeau répondit en ces mots : « Il est vrai, seigneur, que je portais tous les jours à dîner au grand prophète Élie, le Thesbite, que j'ai vu monter dans l'atmosphère sur un char de feu traîné par quatre chevaux de feu, quoique ce ne soit pas la coutume ; mais je prenais toujours la moitié du dîner pour moi. Je veux bien porter votre lettre, pourvu que vous m'assuriez de deux bons repas chaque jour, et que je sois payé d'avance en argent comptant pour ma commission. »

Mambrès, en colère, dit à cet animal : « Gourmand et malin, je ne suis pas étonné qu'Apollon, de blanc que tu étais comme un cygne, t'ait rendu noir comme une taupe, lorsque dans les plaines de Thessalie tu trahis la belle Coronis, malheureuse mère d'Esculape. Eh! dis-moi donc, mangeais-tu tous les jours des aloyaux et des poulardes quand tu fus dix mois dans l'arche ?

— Monsieur, nous y faisions très-bonne chère, repartit le corbeau. On servait du rôti deux fois par jour à tous les volatiles de mon espèce, qui ne vivent que de chair, comme à vautours,

1. Vingt mille écus argent de France, au cours de ce jour. (*Note de Voltaire.*)
2. Troisième livre des *Rois,* chapitre XVII. (*Id.*)

milans, aigles, buses, éperviers, ducs, émouchets, faucons, hiboux, et à la foule innombrable des oiseaux de proie. On garnissait avec une profusion bien plus grande les tables des lions, des léopards, des tigres, des panthères, des onces, des hyènes, des loups, des ours, des renards, des fouines, et de tous les quadrupèdes carnivores. Il y avait dans l'arche huit personnes de marque, et les seules qui fussent au monde, continuellement occupées du soin de notre table et de notre garde-robe, savoir : Noé et sa femme, qui n'avaient guère plus de six cents ans, leurs trois fils et leurs trois épouses. C'était un plaisir de voir avec quel soin, quelle propreté nos huit domestiques servaient plus de quatre mille convives du plus grand appétit, sans compter les peines prodigieuses qu'exigeaient dix à douze mille autres personnes, depuis l'éléphant et la girafe jusqu'aux vers à soie et aux mouches. Tout ce qui m'étonne, c'est que notre pourvoyeur Noé soit inconnu à toutes les nations, dont il est la tige ; mais je ne m'en soucie guère. Je m'étais déjà trouvé à une pareille fête[1] chez le roi de Thrace Xissutre. Ces choses-là arrivent de temps en temps pour l'instruction des corbeaux. En un mot, je veux faire bonne chère, et être très-bien payé en argent comptant. »

Le sage Mambrès se garda bien de donner sa lettre à une bête si difficile et si bavarde. Ils se séparèrent fort mécontents l'un de l'autre.

Il fallait cependant savoir ce que deviendrait le beau taureau, et ne pas perdre la piste de la vieille et du serpent. Mambrès ordonna à des domestiques intelligents et affidés de les suivre ; et, pour lui, il s'avança en litière sur le bord du Nil, toujours faisant des réflexions.

« Comment se peut-il, disait-il en lui-même, que ce serpent soit le maître de presque toute la terre, comme il s'en vante, et comme tant de doctes l'avouent, et que cependant il obéisse à une vieille ? Comment est-il quelquefois appelé au conseil de là-haut, tandis qu'il rampe sur la terre ? Pourquoi entre-t-il tous les jours dans le corps des gens par sa seule vertu, et que tant de sages prétendent l'en déloger avec des paroles ? Enfin comment passe-t-il chez un petit peuple du voisinage pour avoir perdu le genre humain, et comment le genre humain n'en sait-il rien ? Je

1. Bérose, auteur chaldéen, rapporte en effet que la même aventure advint au roi de Thrace Xissutre : elle était même encore plus merveilleuse, car son arche avait cinq stades de long sur deux de large. Il s'est élevé une grande dispute entre les savants pour démêler lequel est le plus ancien du roi Xissutre ou de Noé. (*Note de Voltaire.*)

suis bien vieux, j'ai étudié toute ma vie : mais je vois là une foule d'incompatibilités que je ne puis concilier. Je ne saurais expliquer ce qui m'est arrivé à moi-même, ni les grandes choses que j'ai faites autrefois, ni celles dont j'ai été témoin. Tout bien pesé, je commence à soupçonner que ce monde-ci subsiste de contradictions : *Rerum concordia discors*, comme disait autrefois mon maître Zoroastre en sa langue [1]. »

Tandis qu'il était plongé dans cette métaphysique obscure, comme l'est toute métaphysique, un batelier, en chantant une chanson à boire, amarra un petit bateau près de la rive. On en vit sortir trois graves personnages à demi vêtus de lambeaux crasseux et déchirés, mais conservant sous ces livrées de la pauvreté l'air le plus majestueux et le plus auguste. C'étaient Daniel, Ézéchiel, et Jérémie.

CHAPITRE VI.

COMMENT MAMBRÈS RENCONTRA TROIS PROPHÈTES, ET LEUR DONNA UN BON DÎNER.

Ces trois grands hommes, qui avaient la lumière prophétique sur le visage, reconnurent le sage Mambrès pour un de leurs confrères, à quelques traits de cette même lumière qui lui restaient encore, et se prosternèrent devant son palanquin. Mambrès les reconnut aussi pour prophètes encore plus à leurs habits qu'aux traits de feu qui partaient de leurs têtes augustes. Il se douta bien qu'ils venaient savoir des nouvelles du taureau blanc ; et, usant de sa prudence ordinaire, il descendit de sa voiture, et avança quelques pas au-devant d'eux avec une politesse mêlée de dignité. Il les releva, fit dresser des tentes et apprêter un dîner dont il jugea que les trois prophètes avaient grand besoin.

Il fit inviter la vieille, qui n'était encore qu'à cinq cents pas. Elle se rendit à l'invitation, et arriva menant toujours le taureau blanc en laisse.

On servit deux potages, l'un de bisque, l'autre à la reine ; les entrées furent une tourte de langues de carpes, des foies de lottes et de brochets, des poulets aux pistaches, des innocents aux truffes et aux olives, deux dindonneaux au coulis d'écrevisses, de mousserons et de morilles, et un chipolata. Le rôti fut composé de faisandeaux, de perdreaux, de gelinottes, de cailles

[1]. Horace, I, épître xii, vers 19.

et d'ortolans, avec quatre salades. Au milieu était un surtout dans le dernier goût. Rien ne fut plus délicat que l'entremets ; rien de plus magnifique, de plus brillant et de plus ingénieux que le dessert.

Au reste, le discret Mambrès avait eu grand soin que dans ce repas il n'y eût ni pièce de bouilli, ni aloyau, ni langue, ni palais de bœuf, ni tétines de vache, de peur que l'infortuné monarque, assistant de loin au dîner, ne crût qu'on lui insultât.

Ce grand et malheureux prince broutait l'herbe auprès de la tente. Jamais il ne sentit plus cruellement la fatale révolution qui l'avait privé du trône pour sept années entières. « Hélas ! disait-il en lui-même, ce Daniel, qui m'a changé en taureau, et cette sorcière de pythonisse, qui me garde, font la meilleure chère du monde ; et moi, le souverain de l'Asie, je suis réduit à manger du foin et à boire de l'eau. »

On but beaucoup de vin d'Engaddi, de Tadmor et de Chiras. Quand les prophètes et la pythonisse furent un peu en pointe de vin, on se parla avec plus de confiance qu'aux premiers services. « J'avoue, dit Daniel, que je ne faisais pas si bonne chère quand j'étais dans la fosse aux lions.

— Quoi ! monsieur, on vous a mis dans la fosse aux lions ? dit Mambrès ; et comment n'avez-vous pas été mangé ?

— Monsieur, dit Daniel, vous savez que les lions ne mangent jamais de prophètes.

— Pour moi, dit Jérémie, j'ai passé toute ma vie à mourir de faim ; je n'ai jamais fait un bon repas qu'aujourd'hui. Si j'avais à renaître, et si je pouvais choisir mon état, j'avoue que j'aimerais cent fois mieux être contrôleur général, ou évêque à Babylone, que prophète à Jérusalem. »

Ézéchiel dit : « Il me fut ordonné une fois de dormir trois cent quatre-vingt-dix jours de suite sur le côté gauche, et de manger pendant tout ce temps-là du pain d'orge, de millet, de vesces, de fèves et de froment, couvert de[1]..... je n'ose pas dire. Tout ce que je pus obtenir, ce fut de ne le couvrir que de bouse de vache. J'avoue que la cuisine du seigneur Mambrès est plus délicate. Cependant le métier de prophète a du bon ; et la preuve en est que mille gens s'en mêlent.

— A propos, dit Mambrès, expliquez-moi ce que vous entendez par votre Oolla et par votre Ooliba, qui faisaient tant de cas des chevaux et des ânes.

1. Ézéchiel, chapitre IV. (*Note de Voltaire.*)

— Ah! répondit Ézéchiel, ce sont des fleurs de rhétorique. »

Après ces ouvertures de cœur, Mambrès parla d'affaires. Il demanda aux trois pèlerins pourquoi ils étaient venus dans les États du roi de Tanis. Daniel prit la parole : il dit que le royaume de Babylone avait été en combustion depuis que Nabuchodonosor avait disparu ; qu'on avait persécuté tous les prophètes, selon l'usage de la cour ; qu'ils passaient leur vie tantôt à voir des rois à leurs pieds, tantôt à recevoir cent coups d'étrivières ; qu'enfin ils avaient été obligés de se réfugier en Égypte, de peur d'être lapidés. Ézéchiel et Jérémie parlèrent aussi très-longtemps dans un fort beau style, qu'on pouvait à peine comprendre. Pour la pythonisse, elle avait toujours l'œil sur son animal. Le poisson de Jonas se tenait dans le Nil, vis-à-vis de la tente, et le serpent se jouait sur l'herbe.

Après le café, on alla se promener sur le bord du Nil. Alors le taureau blanc, apercevant les trois prophètes ses ennemis, poussa des mugissements épouvantables ; il se jeta impétueusement sur eux, il les frappa de ses cornes, et, comme les prophètes n'ont jamais que la peau sur les os, il les aurait percés d'outre en outre, et leur aurait ôté la vie ; mais le Maître des choses, qui voit tout et qui remédie à tout, les changea sur-le-champ en pies ; et ils continuèrent à parler comme auparavant. La même chose arriva depuis aux Piérides, tant la fable a imité l'histoire.

Ce nouvel incident produisait de nouvelles réflexions dans l'esprit du sage Mambrès. « Voilà, disait-il, trois grands prophètes changés en pies : cela doit nous apprendre à ne pas trop parler, et à garder toujours une discrétion convenable. » Il concluait que sagesse vaut mieux qu'éloquence, et pensait profondément selon sa coutume, lorsqu'un grand et terrible spectacle vint frapper ses regards.

CHAPITRE VII.

LE ROI DE TANIS ARRIVE. SA FILLE ET LE TAUREAU VONT ÊTRE SACRIFIÉS.

Des tourbillons de poussière s'élevaient du midi au nord. On entendait le bruit des tambours, des trompettes, des fifres, des psaltérions, des cythares, des sambuques ; plusieurs escadrons avec plusieurs bataillons s'avançaient, et Amasis, roi de Tanis, était à leur tête sur un cheval caparaçonné d'une housse écarlate brochée d'or, et les hérauts criaient : « Qu'on prenne le taureau blanc, qu'on le lie, qu'on le jette dans le Nil, et qu'on le donne à

manger au poisson de Jonas : car le roi mon seigneur, qui est juste, veut se venger du taureau blanc, qui a ensorcelé sa fille. »

Le bon vieillard Mambrès fit plus de réflexions que jamais. Il vit bien que le malin corbeau était allé tout dire au roi, et que la princesse courait grand risque d'avoir le cou coupé. Il dit au serpent : « Mon cher ami, allez vite consoler la belle Amaside, ma nourrissonne ; dites-lui qu'elle ne craigne rien, quelque chose qui arrive, et faites-lui des contes pour charmer son inquiétude, car les contes amusent toujours les filles, et ce n'est que par des contes qu'on réussit dans le monde. »

Puis il se prosterna devant Amasis, roi de Tanis, et lui dit : « O roi! vivez à jamais. Le taureau blanc doit être sacrifié, car Votre Majesté a toujours raison ; mais le Maître des choses a dit : « Ce taureau ne doit être mangé par le poisson de Jonas qu'après « que Memphis aura trouvé un dieu pour mettre à la place de « son dieu qui est mort. » Alors vous serez vengé, et votre fille sera exorcisée, car elle est possédée. Vous avez trop de piété pour ne pas obéir aux ordres du Maître des choses. »

Amasis, roi de Tanis, resta tout pensif ; puis il dit : « Le bœuf Apis est mort ; Dieu veuille avoir son âme ! Quand croyez-vous qu'on aura trouvé un autre bœuf pour régner sur la féconde Égypte?

— Sire, dit Mambrès, je ne vous demande que huit jours. »

Le roi, qui était très-dévot, dit : « Je les accorde, et je veux rester ici huit jours ; après quoi je sacrifierai le séducteur de ma fille » ; et il fit venir ses tentes, ses cuisiniers, ses musiciens, et resta huit jours en ce lieu, comme il est dit dans Manéthon.

La vieille était au désespoir de voir que le taureau qu'elle avait en garde n'avait plus que huit jours à vivre. Elle faisait apparaître toutes les nuits des ombres au roi pour le détourner de sa cruelle résolution ; mais le roi ne se souvenait plus le matin des ombres qu'il avait vues la nuit, de même que Nabuchodonosor avait oublié ses songes.

CHAPITRE VIII.

COMMENT LE SERPENT FIT DES CONTES A LA PRINCESSE POUR LA CONSOLER.

Cependant le serpent contait des histoires à la belle Amaside pour calmer ses douleurs. Il lui disait comment il avait guéri autrefois tout un peuple de la morsure de certains petits ser-

pents, en se montrant seulement au bout d'un bâton. Il lui apprenait les conquêtes d'un héros qui fit un si beau contraste avec Amphion, architecte de Thèbes en Béotie. Cet Amphion faisait venir les pierres de taille au son du violon : un rigodon et un menuet lui suffisaient pour bâtir une ville ; mais l'autre les détruisait au son du cornet à bouquin ; il fit pendre trente et un rois très-puissants dans un canton de quatre lieues de long et de large ; il fit pleuvoir de grosses pierres du haut du ciel sur un bataillon d'ennemis fuyant devant lui ; et, les ayant ainsi exterminés, il arrêta le soleil et la lune en plein midi, pour les exterminer encore entre Gabaon et Aïalon sur le chemin de Bethoron, à l'exemple de Bacchus, qui avait arrêté le soleil et la lune dans son voyage aux Indes.

La prudence que tout serpent doit avoir ne lui permit pas de parler à la belle Amaside du puissant bâtard Jephté, qui coupa le cou à sa fille parce qu'il avait gagné une bataille ; il aurait jeté trop de terreur dans le cœur de la belle princesse ; mais il lui conta les aventures du grand Samson, qui tuait mille Philistins avec une mâchoire d'âne, qui attachait ensemble trois cents renards par la queue, et qui tomba dans les filets d'une fille moins belle, moins tendre et moins fidèle que la charmante Amaside.

Il lui raconta les amours malheureux de Sichem et de l'agréable Dina, âgée de six ans, et les amours plus fortunés de Booz et de Ruth, ceux de Juda avec sa bru Thamar, ceux de Loth avec ses deux filles qui ne voulaient pas que le monde finît, ceux d'Abraham et de Jacob avec leurs servantes, ceux de Ruben avec sa mère, ceux de David et de Bethsabée, ceux du grand roi Salomon : enfin tout ce qui pouvait dissiper la douleur d'une belle princesse.

CHAPITRE IX.

COMMENT LE SERPENT NE LA CONSOLA POINT.

« Tous ces contes-là m'ennuient, répondit la belle Amaside, qui avait de l'esprit et du goût. Ils ne sont bons que pour être commentés chez les Irlandais par ce fou d'Abbadie, ou chez les Welches par ce phrasier d'Houteville [1]. Les contes qu'on pouvait

[1]. On a de l'abbé Houteville un ouvrage intitulé *la Vérité de la religion chrétienne prouvée par les faits*, 1722, in-4°, réimprimé en 1740, trois volumes. (B.) — Voyez sur Houteville, tome XX, pages 416 et 437.

faire à la quadrisaïeule de la quadrisaïeule de ma grand'mère ne sont plus bons pour moi, qui ai été élevée par le sage Mambrès, et qui ai lu l'*Entendement humain* du philosophe égyptien nommé Locke, et *la Matrone d'Éphèse*. Je veux qu'un conte soit fondé sur la vraisemblance, et qu'il ne ressemble pas toujours à un rêve. Je désire qu'il n'ait rien de trivial ni d'extravagant. Je voudrais surtout que, sous le voile de la fable, il laissât entrevoir aux yeux exercés quelque vérité fine qui échappe au vulgaire. Je suis lasse du soleil et de la lune dont une vieille dispose à son gré, des montagnes qui dansent, des fleuves qui remontent à leur source, et des morts qui ressuscitent ; mais surtout quand ces fadaises sont écrites d'un style ampoulé et inintelligible, cela me dégoûte horriblement. Vous sentez qu'une fille qui craint de voir avaler son amant par un gros poisson, et d'avoir elle-même le cou coupé par son propre père, a besoin d'être amusée ; mais tâchez de m'amuser selon mon goût.

— Vous m'imposez là une tâche bien difficile, répondit le serpent. J'aurais pu autrefois vous faire passer quelques quarts d'heure assez agréables ; mais j'ai perdu depuis quelque temps l'imagination et la mémoire. Hélas ! où est le temps où j'amusais les filles ! Voyons cependant si je pourrai me souvenir de quelque conte moral pour vous plaire.

« Il y a vingt-cinq mille ans que le roi Gnaof et la reine Patra étaient sur le trône de Thèbes aux cent portes. Le roi Gnaof était fort beau, et la reine Patra encore plus belle ; mais ils ne pouvaient avoir d'enfants. Le roi Gnaof proposa un prix pour celui qui enseignerait la meilleure méthode de perpétuer la race royale.

« La faculté de médecine et l'académie de chirurgie firent d'excellents traités sur cette question importante : pas un ne réussit. On envoya la reine aux eaux ; elle fit des neuvaines ; elle donna beaucoup d'argent au temple de Jupiter Ammon, dont vient le sel ammoniac : tout fut inutile. Enfin un jeune prêtre de vingt-cinq ans se présenta au roi, et lui dit : « Sire, je crois savoir faire « la conjuration qui opère ce que Votre Majesté désire avec tant « d'ardeur. Il faut que je parle en secret à l'oreille de madame « votre femme ; et, si elle ne devient féconde, je consens d'être « pendu. — J'accepte votre proposition », dit le roi Gnaof. On ne laissa la reine et le prêtre qu'un quart d'heure ensemble. La reine devint grosse, et le roi voulut faire pendre le prêtre.

— Mon Dieu ! dit la princesse, je vois où cela mène : ce conte est trop commun ; je vous dirai même qu'il alarme ma pudeur.

Contez-moi quelque fable bien vraie, bien avérée, et bien morale, dont je n'aie jamais entendu parler, pour achever *de me former l'esprit et le cœur*, comme dit le professeur égyptien Linro¹.

— En voici une, madame, dit le beau serpent, qui est des plus authentiques.

« Il y avait trois prophètes, tous trois également ambitieux et dégoûtés de leur état. Leur folie était de vouloir être rois : car il n'y a qu'un pas du rang de prophète à celui de monarque, et l'homme aspire toujours à monter tous les degrés de l'échelle de la fortune. D'ailleurs leurs goûts, leurs plaisirs, étaient absolument différents. Le premier prêchait admirablement ses frères assemblés, qui lui battaient des mains ; le second était fou de la musique, et le troisième aimait passionnément les filles. L'ange Ithuriel vint se présenter à eux, un jour qu'ils étaient à table, et qu'ils s'entretenaient des douceurs de la royauté.

« Le Maître des choses, leur dit l'ange, m'envoie vers vous pour
« récompenser votre vertu. Non-seulement vous serez rois, mais
« vous satisferez continuellement vos passions dominantes. Vous,
« premier prophète, je vous fais roi d'Égypte, et vous tiendrez
« toujours votre conseil, qui applaudira à votre éloquence et à
« votre sagesse ; vous, second prophète, vous régnerez sur la Perse,
« et vous entendrez continuellement une musique divine ; et vous,
« troisième prophète, je vous fais roi de l'Inde, et je vous donne
« une maîtresse charmante, qui ne vous quittera jamais. »

« Celui qui eut l'Égypte en partage commença par assembler son conseil privé, qui n'était composé que de deux cents sages. Il leur fit, selon l'étiquette, un long discours, qui fut très-applaudi, et le monarque goûta la douce satisfaction de s'enivrer de louanges qui n'étaient corrompues par aucune flatterie.

« Le conseil des affaires étrangères succéda au conseil privé. Il fut beaucoup plus nombreux ; et un nouveau discours reçut encore plus d'éloges. Il en fut de même des autres conseils. Il n'y eut pas un moment de relâche aux plaisirs et à la gloire du prophète roi d'Égypte. Le bruit de son éloquence remplit toute la terre.

« Le prophète roi de Perse commença par se faire donner un opéra italien dont les chœurs étaient chantés par quinze cents châtrés. Leurs voix lui remuaient l'âme jusqu'à la moelle des os, où elle réside. A cet opéra en succédait un autre, et à ce second un troisième, sans interruption.

1. Anagramme de Rolin (Rollin) ; voyez la note 2 de la page 69.

« Le roi de l'Inde s'enferma avec sa maîtresse, et goûta une volupté parfaite avec elle. Il regardait comme le souverain bonheur la nécessité de la caresser toujours, et il plaignait le triste sort de ses deux confrères, dont l'un était réduit à tenir toujours son conseil, et l'autre à être toujours à l'opéra.

« Chacun d'eux, au bout de quelques jours, entendit par la fenêtre des bûcherons qui sortaient d'un cabaret pour aller couper du bois dans la forêt voisine, et qui tenaient sous le bras leurs douces amies dont ils pouvaient changer à volonté. Nos rois prièrent Ithuriel de vouloir bien intercéder pour eux auprès du Maître des choses, et de les faire bûcherons.

— Je ne sais pas, interrompit la tendre Amaside, si le Maître des choses leur accorda leur requête, et je ne m'en soucie guère ; mais je sais bien que je ne demanderais rien à personne si j'étais enfermée tête à tête avec mon amant, avec mon cher Nabuchodonosor. »

Les voûtes du palais retentirent de ce grand nom. D'abord Amaside n'avait prononcé que Na, ensuite Nabu, puis Nabucho ; mais, à la fin, la passion l'emporta ; elle prononça le nom fatal tout entier, malgré le serment qu'elle avait fait au roi son père. Toutes les dames du palais répétèrent Nabuchodonosor, et le malin corbeau ne manqua pas d'en aller avertir le roi. Le visage d'Amasis, roi de Tanis, fut troublé, parce que son cœur était plein de trouble. Et voilà comment le serpent, qui était le plus prudent et le plus subtil des animaux, faisait toujours du mal aux femmes en croyant bien faire.

Or Amasis en courroux envoya sur-le-champ chercher sa fille Amaside par douze de ses alguazils, qui sont toujours prêts à exécuter toutes les barbaries que le roi commande, et qui disent pour raison : « Nous sommes payés pour cela. »

CHAPITRE X.

COMMENT ON VOULUT COUPER LE COU A LA PRINCESSE, ET COMMENT ON NE LE LUI COUPA POINT.

Dès que la princesse fut arrivée toute tremblante au camp du roi son père, il lui dit : « Ma fille, vous savez qu'on fait mourir toutes les princesses qui désobéissent au roi leur père, sans quoi un royaume ne pourrait être bien gouverné. Je vous avais défendu de proférer le nom de votre amant Nabuchodonosor, mon en-

CHAPITRE X.

nemi mortel, qui m'avait détrôné, il y a bientôt sept ans, et qui a disparu de la terre. Vous avez choisi à sa place un taureau blanc, et vous avez crié Nabuchodonosor! Il est juste que je vous coupe le cou. »

La princesse lui répondit: « Mon père, soit fait selon votre volonté; mais donnez-moi du temps pour pleurer ma virginité.

— Cela est juste, dit le roi Amasis; c'est une loi établie chez tous les princes éclairés et prudents. Je vous donne toute la journée pour pleurer votre virginité, puisque vous dites que vous l'avez. Demain, qui est le huitième jour de mon campement, je ferai avaler le taureau blanc par le poisson, et je vous couperai le cou à neuf heures du matin. »

La belle Amaside alla donc pleurer le long du Nil, avec ses dames du palais, tout ce qui lui restait de virginité. Le sage Mambrès réfléchissait à côté d'elle, et comptait les heures et les moments. « Eh bien! mon cher Mambrès, lui dit-elle, vous avez changé les eaux du Nil en sang, selon la coutume, et vous ne pouvez changer le cœur d'Amasis mon père, roi de Tanis! Vous souffrirez qu'il me coupe le cou demain à neuf heures du matin!

— Cela dépendra, répondit le réfléchissant Mambrès, de la diligence de mes courriers. »

Le lendemain, dès que les ombres des obélisques et des pyramides marquèrent sur la terre la neuvième heure du jour, on lia le taureau blanc pour le jeter au poisson de Jonas, et on apporta au roi son grand sabre. « Hélas! hélas! disait Nabuchodonosor dans le fond de son cœur, moi, le roi, je suis bœuf depuis près de sept ans, et à peine j'ai retrouvé ma maîtresse qu'on me fait manger par un poisson. »

Jamais le sage Mambrès n'avait fait des réflexions si profondes. Il était absorbé dans ses tristes pensées, lorsqu'il vit de loin tout ce qu'il attendait. Une foule innombrable approchait. Les trois figures d'Isis, d'Osiris, et d'Horus, unies ensemble, avançaient portées sur un brancard d'or et de pierreries par cent sénateurs de Memphis, et précédées de cent filles jouant du sistre sacré. Quatre mille prêtres, la tête rasée et couronnée de fleurs, étaient montés chacun sur un hippopotame. Plus loin paraissaient dans la même pompe la brebis de Thèbes, le chien de Bubaste, le chat de Phœbé, le crocodile d'Arsinoé, le bouc de Mendès, et tous les dieux inférieurs de l'Égypte, qui venaient rendre hommage au grand bœuf, au grand dieu Apis, aussi puissant qu'Isis, Osiris, et Horus, réunis ensemble.

Au milieu de tous ces demi-dieux, quarante prêtres portaient

une énorme corbeille remplie d'ognons sacrés, qui n'étaient pas tout à fait des dieux, mais qui leur ressemblaient beaucoup.

Aux deux côtés de cette file de dieux suivis d'un peuple innombrable marchaient quarante mille guerriers, le casque en tête, le cimeterre sur la cuisse gauche, le carquois sur l'épaule, l'arc à la main.

Tous les prêtres chantaient en chœur, avec une harmonie qui élevait l'âme et qui l'attendrissait :

> Notre bœuf est au tombeau,
> Nous en aurons un plus beau.

Et, à chaque pause, on entendait résonner les sistres, les castagnettes, les tambours de basque, les psaltérions, les cornemuses, les harpes, et les sambuques.

CHAPITRE XI.

COMMENT LA PRINCESSE ÉPOUSA SON BŒUF.

Amasis, roi de Tanis, surpris de ce spectacle, ne coupa point le cou à sa fille : il remit son cimeterre dans son fourreau. Mambrès lui dit : « Grand roi ! l'ordre des choses est changé ; il faut que Votre Majesté donne l'exemple. O roi ! déliez vous-même promptement le taureau blanc, et soyez le premier à l'adorer. » Amasis obéit, et se prosterna avec tout son peuple. Le grand prêtre de Memphis présenta au nouveau bœuf Apis la première poignée de foin. La princesse Amaside attachait à ses belles cornes des festons de roses, d'anémones, de renoncules, de tulipes, d'œillets, et d'hyacinthes. Elle prenait la liberté de le baiser, mais avec un profond respect. Les prêtres jonchaient de palmes et de fleurs le chemin par lequel on le conduisait à Memphis ; et le sage Mambrès, faisant toujours ses réflexions, disait tout bas à son ami le serpent : « Daniel a changé cet homme en bœuf, et j'ai changé ce bœuf en dieu. »

On s'en retournait à Memphis dans le même ordre. Le roi de Tanis, tout confus, suivait la marche. Mambrès, l'air serein et recueilli, était à son côté. La vieille suivait tout émerveillée ; elle était accompagnée du serpent, du chien, de l'ânesse, du corbeau, de la colombe, et du bouc émissaire. Le grand poisson remontait le Nil. Daniel, Ézéchiel, et Jérémie, transformés en pies, fermaient la marche.

CHAPITRE XI.

Quand on fut arrivé aux frontières du royaume, qui n'étaient pas fort loin, le roi Amasis prit congé du bœuf Apis, et dit à sa fille : « Ma fille, retournons dans nos États, afin que je vous y coupe le cou, ainsi qu'il a été résolu dans mon cœur royal, parce que vous avez prononcé le nom de Nabuchodonosor, mon ennemi, qui m'avait détrôné il y a sept ans. Lorsqu'un père a juré de couper le cou à sa fille, il faut qu'il accomplisse son serment, sans quoi il est précipité pour jamais dans les enfers, et je ne veux pas me damner pour l'amour de vous. »

La belle princesse répondit en ces mots au roi Amasis : « Mon cher père, allez couper le cou à qui vous voudrez; mais ce ne sera pas à moi. Je suis sur les terres d'Isis, d'Osiris, d'Horus, et d'Apis; je ne quitterai point mon beau taureau blanc ; je le baiserai tout le long du chemin, jusqu'à ce que j'aie vu son apothéose dans la grande écurie de la sainte ville de Memphis : c'est une faiblesse pardonnable à une fille bien née. »

A peine eut-elle prononcé ces paroles que le bœuf Apis s'écria : « Ma chère Amaside, je t'aimerai toute ma vie ! » C'était pour la première fois qu'on avait entendu parler Apis en Égypte depuis quarante mille ans qu'on l'adorait. Le serpent et l'ânesse s'écrièrent : « Les sept années sont accomplies ! » et les trois pies répétèrent : « Les sept années sont accomplies ! » Tous les prêtres d'Égypte levèrent les mains au ciel. On vit tout d'un coup le dieu perdre ses deux jambes de derrière ; ses deux jambes de devant se changèrent en deux jambes humaines ; deux beaux bras charnus, musculeux et blancs, sortirent de ses épaules; son mufle de taureau fit place au visage d'un héros charmant ; il redevint le plus bel homme de la terre, et dit : « J'aime mieux être l'amant d'Amaside que dieu. Je suis Nabuchodonosor, roi des rois. »

Cette nouvelle métamorphose étonna tout le monde, hors le réfléchissant Mambrès ; mais, ce qui ne surprit personne, c'est que Nabuchodonosor épousa sur-le-champ la belle Amaside en présence de cette grande assemblée.

Il conserva le royaume de Tanis à son beau-père, et fit de belles fondations pour l'ânesse, le serpent, le chien, la colombe, et même pour le corbeau, les trois pies et le gros poisson : montrant à tout l'univers qu'il savait pardonner comme triompher. La vieille eut une grosse pension. Le bouc émissaire fut envoyé pour un jour dans le désert, afin que tous les péchés passés fussent expiés; après quoi on lui donna douze chèvres pour sa récompense. Le sage Mambrès retourna dans son palais faire des réflexions. Nabuchodonosor, après l'avoir embrassé, gouverna tranquillement le

royaume de Memphis, celui de Babylone, de Damas, de Balbec, de Tyr, la Syrie, l'Asie Mineure, la Scythie, les contrées de Chiras, de Mosok, du Tubal, de Madaï, de Gog, de Magog, de Javan, la Sogdiane, la Bactriane, les Indes, et les Iles.

Les peuples de cette vaste monarchie criaient tous les matins : « Vive le grand Nabuchodonosor, roi des rois, qui n'est plus bœuf! » Et depuis ce fut une coutume dans Babylone que toutes les fois que le souverain, ayant été grossièrement trompé par ses satrapes, ou par ses mages, ou par ses trésoriers, ou par ses femmes, reconnaissait enfin ses erreurs, et corrigeait sa mauvaise conduite, tout le peuple criait à sa porte : « Vive notre grand roi, qui n'est plus bœuf! »

FIN DE L'HISTOIRE DU TAUREAU BLANC.

ÉLOGE HISTORIQUE
DE LA RAISON

PRONONCÉ DANS UNE ACADÉMIE DE PROVINCE

PAR M. DE CHAMBON.

(1774)

Érasme fit, au XVIe siècle, l'éloge de la Folie. Vous m'ordonnez de vous faire l'éloge de la Raison. Cette Raison n'est fêtée en effet tout au plus que deux cents ans après son ennemie, souvent beaucoup plus tard ; et il y a des nations chez lesquelles on ne l'a point encore vue.

Elle était si inconnue chez nous du temps de nos druides qu'elle n'avait pas même de nom dans notre langue. César ne l'apporta ni en Suisse, ni à Autun, ni à Paris, qui n'était alors qu'un hameau de pêcheurs, et lui-même ne la connut guère.

Il avait tant de grandes qualités que la Raison ne put trouver de place dans la foule. Ce magnanime insensé sortit de notre pays dévasté pour aller dévaster le sien, et pour se faire donner vingt-trois coups de poignard par vingt-trois autres illustres enragés qui ne le valaient pas à beaucoup près.

Le Sicambre Clodvich ou Clovis vint environ cinq cents années après exterminer une partie de notre nation, et subjuguer l'autre. On n'entendit parler de raison ni dans son armée ni dans nos malheureux petits villages, si ce n'est de la raison du plus fort.

Nous croupîmes longtemps dans cette horrible et avilissante barbarie. Les croisades ne nous en tirèrent pas. Ce fut à la fois la folie la plus universelle, la plus atroce, la plus ridicule et la plus malheureuse. L'abominable folie de la guerre civile et sacrée qui extermina tant de gens de la langue de *oc* et de la langue

de *oïl*[1] succéda à ces croisades lointaines. La Raison n'avait garde de se trouver là. Alors la Politique régnait à Rome; elle avait pour ministres ses deux sœurs, la Fourberie et l'Avarice. On voyait l'Ignorance, le Fanatisme, la Fureur, courir sous ses ordres dans l'Europe; la Pauvreté les suivait partout; la Raison se cachait dans un puits avec la Vérité sa fille. Personne ne savait où était ce puits; et, si l'on s'en était douté, on y serait descendu pour égorger la fille et la mère.

Après que les Turcs eurent pris Constantinople et redoublé les malheurs épouvantables de l'Europe, deux ou trois Grecs[2], en s'enfuyant, tombèrent dans ce puits, ou plutôt dans cette caverne, demi-morts de fatigue, de faim et de peur.

La Raison les reçut avec humanité, leur donna à manger sans distinction de viandes : chose qu'ils n'avaient jamais connue à Constantinople. Ils reçurent d'elle quelques instructions en petit nombre : car la Raison n'est pas prolixe. Elle leur fit jurer qu'ils ne découvriraient pas le lieu de sa retraite. Ils partirent, et arrivèrent, après bien des courses, à la cour de Charles-Quint et de François Ier.

On les y reçut comme des jongleurs qui venaient faire des tours de souplesse pour amuser l'oisiveté des courtisans et des dames dans les intervalles de leurs rendez-vous. Les ministres daignèrent les regarder dans les moments de relâche qu'ils pouvaient donner au torrent des affaires. Ils furent même accueillis par l'empereur et par le roi de France, qui jetèrent sur eux un coup d'œil en passant, lorsqu'ils allaient chez leurs maîtresses. Mais ils firent plus de fruit dans de petites villes où ils trouvèrent de bons bourgeois, qui avaient encore, je ne sais comment, quelque lueur de sens commun.

Ces faibles lueurs s'éteignirent dans toute l'Europe parmi les guerres civiles qui la désolèrent. Deux ou trois étincelles de raison ne pouvaient pas éclairer le monde au milieu des torches ardentes et des bûchers que le fanatisme alluma pendant tant d'années. La Raison et sa fille se cachèrent plus que jamais.

Les disciples de leurs premiers apôtres se turent, excepté quelques-uns que furent assez inconsidérés pour prêcher la raison déraisonnablement et à contre-temps : il leur en coûta la vie comme à Socrate; mais personne n'y fit attention[3]. Rien n'est si

1. C'est-à-dire tant de gens du sud et du nord de la Loire.
2. Les Lascaris.
3. Étienne Dolet, Vanini, etc.

désagréable que d'être pendu obscurément. On fut occupé si longtemps des Saint-Barthélemy, des massacres d'Irlande, des échafauds de la Hongrie, des assassinats des rois, qu'on n'avait ni assez de temps ni assez de liberté d'esprit pour penser aux menus crimes et aux calamités secrètes qui inondaient le monde d'un bout à l'autre.

La Raison, informée de ce qui se passait par quelques exilés qui se refugièrent dans sa retraite, fut touchée de pitié, quoiqu'elle ne passe pas pour être fort tendre. Sa fille, qui est plus hardie qu'elle, l'encouragea à voir le monde, et à tâcher de le guérir. Elles parurent, elles parlèrent ; mais elles trouvèrent tant de méchants intéressés à les contredire, tant d'imbéciles aux gages de ces méchants, tant d'indifférents uniquement occupés d'eux-mêmes et du moment présent, qui ne s'embarrassaient ni d'elles ni de leurs ennemis, qu'elles regagnèrent sagement leur asile.

Cependant quelques semences des fruits qu'elles portent toujours avec elles, et qu'elles avaient répandues, germèrent sur la terre, et même sans pourir [1].

Enfin il y a quelque temps qu'il leur prit envie d'aller à Rome en pèlerinage, déguisées et cachant leur nom, de peur de l'Inquisition. Dès qu'elles furent arrivées, elles s'adressèrent au cuisinier du pape Ganganelli, Clément XIV. Elles savaient que c'était le cuisinier de Rome le moins occupé. On peut dire même qu'il était, après vos confesseurs, messieurs, l'homme le plus désœuvré de sa profession.

Ce bonhomme, après avoir donné aux deux pèlerines un dîner presque aussi frugal que celui du pape, les introduisit chez Sa Sainteté, qu'elles trouvèrent lisant les *Pensées de Marc-Aurèle*. Le pape reconnut les masques, les embrassa cordialement, malgré l'étiquette. « Mesdames, leur dit-il, si j'avais pu imaginer que vous fussiez sur la terre, je vous aurais fait la première visite. »

Après les compliments, on parla d'affaires. Dès le lendemain, Ganganelli abolit la bulle *In cœna Domini*, l'un des plus grands monuments de la folie humaine, qui avait si longtemps outragé tous les potentats [2]. Le surlendemain, il prit la résolution de détruire la compagnie [3] de Garasse, de Guignard, de Garnet, de Busem-

1. Voyez la note 2 de la page 339.
2. Tous les ans, le jeudi saint, on publiait à Rome la bulle *In cœna Domini* (voyez tome XVIII, page 42). Clément XIV supprima cette publication.
3. Le bref de Clément XIV qui prononce la dissolution de la société des jésuites est du 21 juillet 1773. Une bulle de Pie VII, du 7 auguste 1814, l'a rétablie.

baum, de Malagrida, de Paulian, de Patouillet, de Nonotte ; et l'Europe battit des mains. Le surlendemain, il diminua les impôts, dont le peuple se plaignait. Il encouragea l'agriculture et tous les arts ; il se fit aimer de tous ceux qui passaient pour les ennemis de sa place. On eût dit alors dans Rome qu'il n'y avait qu'une nation et qu'une loi dans le monde.

Les deux pèlerines, très-étonnées et très-satisfaites, prirent congé du pape, qui leur fit présent non d'agnus et de reliques, mais d'une bonne chaise de poste pour continuer leur voyage. La Raison et la Vérité n'avaient pas été jusque-là dans l'habitude d'avoir leurs aises.

Elles visitèrent toute l'Italie, et furent surprises d'y trouver, au lieu du machiavélisme, une émulation entre les princes et les républiques, depuis Parme jusqu'à Turin, à qui rendrait ses sujets plus gens de bien, plus riches, et plus heureux.

« Ma fille, disait la Raison à la Vérité, voici, je crois, notre règne qui pourrait bien commencer à advenir après notre longue prison. Il faut que quelques-uns des prophètes qui sont venus nous visiter dans notre puits aient été bien puissants en paroles et en œuvres, pour changer ainsi la face de la terre. Vous voyez que tout vient tard ; il fallait passer par les ténèbres de l'ignorance et du mensonge avant de rentrer dans votre palais de lumière, dont vous avez été chassée avec moi pendant tant de siècles. Il nous arrivera ce qui est arrivé à la Nature : elle a été couverte d'un méchant voile, et toute défigurée pendant des siècles innombrables. A la fin il est venu un Galilée, un Copernic, un Newton, qui l'ont montrée presque nue, et qui en ont rendu les hommes amoureux. »

En conversant ainsi, elles arrivèrent à Venise. Ce qu'elles y considérèrent avec le plus d'attention, ce fut un procurateur de Saint-Marc, qui tenait une grande paire de ciseaux devant une table toute couverte de griffes, de becs, et de plumes noires.

« Ah ! s'écria la Raison, Dieu me pardonne, *illustrissimo signore*, je crois que voilà une de mes paires de ciseaux que j'avais apportés dans mon puits, lorsque je m'y réfugiai avec ma fille ! Comment Votre Excellence les a-t-elle eus, et qu'en faites-vous ?

— *Illustrissima signora*, lui répondit le procurateur, il se peut que les ciseaux aient appartenu autrefois à Votre Excellence ; mais ce fut un nommé Fra-Paolo[1] qui nous les apporta il y a longtemps,

1. Pietro Sarpi, dit Fra-Paolo, historien (1552-1623), défendit sa patrie contre les prétentions du saint-siége. Son *Histoire du concile de Trente* est célèbre. (G. A.)

et nous nous en servons pour couper les griffes de l'Inquisition, que vous voyez étalées sur cette table.

« Ces plumes noires appartenaient à des harpies qui venaient manger le dîner de la république ; nous leur rognons tous les jours les ongles et le bout du bec. Sans cette précaution elles auraient fini par tout avaler : il ne serait rien resté pour les sages grands, ni pour les *pregadi*, ni pour les citadins.

« Si vous passez par la France, vous trouverez peut-être à Paris votre autre paire de ciseaux chez un ministre espagnol[1] qui s'en servait au même usage que nous dans son pays, et qui sera un jour béni du genre humain. »

Les voyageuses, après avoir assisté à l'opéra vénitien, partirent pour l'Allemagne. Elles virent avec satisfaction ce pays, qui du temps de Charlemagne n'était qu'une forêt immense entrecoupée de marais, maintenant couvert de villes florissantes et tranquilles ; ce pays, peuplé de souverains autrefois barbares et pauvres, devenus tous polis et magnifiques ; ce pays, qui n'avait eu dans les temps antiques que des sorcières pour prêtres, immolant alors des hommes sur des pierres grossièrement creusées ; ce pays, qui ensuite avait été inondé de son sang pour savoir au juste si la chose était *in, cum, sub*[2], ou non ; ce pays, qui enfin recevait dans son sein trois religions ennemies, étonnées de vivre paisiblement ensemble. « Dieu soit béni ! dit la Raison ; ces gens-ci sont venus enfin à moi, à force de démence. » On les introduisit chez une impératrice[3] qui était bien plus que raisonnable, car elle était bienfaisante. Les pèlerines furent si contentes d'elle qu'elles ne prirent pas garde à quelques usages qui les choquèrent ; mais elles furent toutes deux amoureuses de l'empereur son fils[4].

Leur étonnement redoubla quand elles furent en Suède. « Quoi ! disaient-elles, une révolution si difficile, et cependant si prompte ! si périlleuse, et pourtant si paisible[5] ! et depuis ce grand jour pas un seul jour perdu sans faire du bien, et tout cela dans l'âge qui est si rarement celui de la raison ! Que nous

1. Le comte d'Aranda (D. Pierre-Paul Abarca de Bolea), ministre espagnol de 1765 à 1775, ambassadeur en France de 1775 à 1784, mort en 1794. Voltaire lui avait donné, en 1770, un article dans ses *Questions sur l'Encyclopédie ;* voyez tome XVII, page 344.
2. Question de la consubstantialité.
3. Marie-Thérèse.
4. Joseph II.
5. Coup d'État de Gustave III, en 1772.

avons bien fait de sortir de notre cache quand ce grand événement saisissait d'admiration l'Europe entière ! »

De là elles passèrent vite par la Pologne. « Ah ! ma mère, quel contraste ! s'écria la Vérité. Il me prend envie de regagner mon puits. Voilà ce que c'est que d'avoir écrasé toujours la portion du genre humain la plus utile, et d'avoir traité les cultivateurs plus mal qu'ils ne traitent leurs animaux de labourage. Ce chaos de l'anarchie ne pouvait se débrouiller autrement que par une ruine : on l'avait assez clairement prédite. Je plains un monarque vertueux, sage, et humain[1] ; et j'ose espérer qu'il sera heureux, puisque les autres rois commencent à l'être, et que vos lumières se communiquent de proche en proche.

« Allons voir, continua-t-elle, un changement plus favorable et plus surprenant. Allons dans cette immense région hyperborée qui était si barbare il y a quatre-vingts ans, et qui est aujourd'hui si éclairée et si invincible. Allons contempler celle[2] qui a achevé le miracle d'une création nouvelle... » Elles y coururent, et avouèrent qu'on ne leur en avait pas assez dit.

Elles ne cessaient d'admirer combien le monde était changé depuis quelques années. Elles en concluaient que peut-être un jour le Chili et les Terres Australes seraient le centre de la politesse et du bon goût, et qu'il faudrait aller au pôle antarctique pour apprendre à vivre.

Quand elles furent en Angleterre, la Vérité dit à sa mère : « Il me semble que le bonheur de cette nation n'est point fait comme celui des autres ; elle a été plus folle, plus fanatique, plus cruelle, et plus malheureuse qu'aucune de celles que je connais ; et la voilà qui s'est fait un gouvernement unique, dans lequel on a conservé tout ce que la monarchie a d'utile, et tout ce qu'une république a de nécessaire. Elle est supérieure dans la guerre, dans les lois, dans les arts, dans le commerce. Je la vois seulement embarrassée de l'Amérique septentrionale[3], qu'elle a conquise à un bout de l'univers, et des plus belles provinces de l'Inde, subjuguées à l'autre bout. Comment portera-t-elle ces deux fardeaux de sa félicité ?

— Le poids est lourd, dit la Raison ; mais, pour peu qu'elle m'écoute, elle trouvera des leviers qui le rendront très-léger. »

1. Stanislas-Auguste, roi en 1764, et sous le règne duquel eut lieu, en 1795, le partage de la Pologne.
2. L'impératrice Catherine II, avec qui Voltaire était en correspondance.
3. Boston, l'année précédente (1773), venait de donner le signal de l'insurrection.

Enfin la Raison et la Vérité passèrent par la France : elles y avaient déjà fait quelques apparitions, et en avaient été chassées.

« Vous souvient-il, disait la Vérité à sa mère, de l'extrême envie que nous eûmes de nous établir chez les Français dans les beaux jours de Louis XIV ? Mais les querelles impertinentes des jésuites et des jansénistes nous firent enfuir bientôt. Les plaintes continuelles des peuples ne nous rappelèrent pas. J'entends à présent les acclamations de vingt millions d'hommes qui bénissent le ciel. Les uns disent : « Cet avénement est d'autant plus « joyeux que nous n'en payons pas la joie[1]. » Les autres crient : « Le luxe n'est que vanité. Les doubles emplois, les dépenses « superflues, les profits excessifs, vont être retranchés » ; et ils ont raison. « Tout impôt va être aboli » ; et ils ont tort, car il faut que chaque particulier paye pour le bonheur général.

« Les lois vont être uniformes. » Rien n'est plus à désirer ; mais rien n'est plus difficile. « On va répartir aux indigents qui « travaillent, et surtout aux pauvres officiers, les biens immenses « de certains oisifs qui ont fait vœu de pauvreté. Ces gens de « main-morte n'auront plus eux-mêmes des esclaves de main- « morte. On ne verra plus des huissiers de moines chasser de la « maison paternelle des orphelins réduits à la mendicité, pour « enrichir de leurs dépouilles un couvent jouissant des droits « seigneuriaux, qui sont les droits des anciens conquérants. On « ne verra plus des familles entières demandant vainement l'au- « mône à la porte de ce couvent qui les dépouille. » Plût à Dieu ! rien n'est plus digne d'un roi. Le roi de Sardaigne a détruit chez lui cet abus abominable. Fasse le ciel que cet abus soit exterminé en France !

« N'entendez-vous pas, ma mère, toutes ces voix qui disent : « Les mariages de cent mille familles utiles à l'État ne seront « plus réputés concubinages ; et les enfants ne seront plus décla- « rés bâtards par la loi ? » La nature, la justice, et vous, ma mère, tout demande sur ce grand objet un règlement sage qui soit compatible avec le repos de l'État et avec les droits de tous les hommes.

« On rendra la profession de soldat si honorable que l'on « ne sera plus tenté de déserter. » La chose est possible, mais délicate.

1. Louis XVI, dès le mois de mai 1774, rendit une ordonnance par laquelle il faisait remise du *droit de joyeux avénement*.

On appelait ainsi certaines impositions extraordinaires qui se percevaient à l'avénement d'un roi. (B.)

« Les petites fautes ne seront point punies comme de grands
« crimes, parce qu'il faut de la proportion à tout. Une loi bar-
« bare [1], obscurément énoncée, mal interprétée, ne fera plus périr
« sous des barres de fer et dans les flammes des enfants indis-
« crets et imprudents, comme s'ils avaient assassiné leurs pères
« et leurs mères. » Ce devrait être le premier axiome de la jus-
tice criminelle.

« Les biens d'un père de famille ne seront plus confisqués,
« parce que les enfants ne doivent point mourir de faim pour les
« fautes de leur père, et que le roi n'a nul besoin de cette misé-
« rable confiscation. » A merveille! et cela est digne de la magna-
nimité du souverain.

« La torture, inventée autrefois par les voleurs de grands
« chemins pour forcer les volés à découvrir leurs trésors, et
« employée aujourd'hui chez un petit nombre de nations pour
« sauver le coupable robuste, et pour perdre l'innocent faible de
« corps et d'esprit, ne sera plus en usage que dans les crimes de
« lèse-société au premier chef, et seulement pour avoir révélation
« des complices. Mais ces crimes ne se commettront jamais. »
On ne peut mieux.

« Voilà les vœux que j'entends faire partout ; et j'écrirai
tous ces grands changements dans mes annales, moi qui suis
la Vérité.

« J'entends encore proférer autour de moi, dans tous les tribu-
naux, ces paroles remarquables : « Nous ne citerons plus jamais
« les deux puissances, parce qu'il ne peut en exister qu'une :
« celle du roi ou de la loi dans une monarchie ; celle de la nation
« dans une république. La puissance divine est d'une nature si
« différente et si supérieure qu'elle ne doit pas être compromise
« par un mélange profane avec les lois humaines. L'infini ne
« peut se joindre au fini. Grégoire VII fut le premier qui osa
« appeler l'infini à son secours dans ses guerres jusqu'alors
« inouïes contre Henri IV, empereur trop fini ; j'entends trop
« borné. Ces guerres ont ensanglanté l'Europe bien longtemps ;
« mais enfin on a séparé ces deux êtres vénérables qui n'ont rien
« de commun, et c'est le seul moyen d'être en paix. »

« Ces discours, que tiennent tous les ministres des lois, me

1. L'édit de Louis XIV, de décembre 1666, contre les blasphémateurs, sur lequel fut basée la condamnation de La Barre ; voyez dans les *Mélanges*, année 1766, la *Relation de la mort du chevalier de La Barre;* et dans la *Correspondance*, la note des éditeurs de Kehl sur la lettre du roi de Prusse, du 7 auguste 1766.

paraissent bien forts. Je sais qu'on ne reconnaît deux puissances ni à la Chine, ni dans l'Inde, ni en Perse, ni à Constantinople, ni à Moscou, ni à Londres, etc... Mais je m'en rapporte à vous, ma mère. Je n'écrirai rien que ce que vous aurez dicté. »

La Raison lui répondit : « Ma fille, vous sentez bien que je désire à peu près les mêmes choses et bien d'autres. Tout cela demande du temps et de la réflexion. J'ai toujours été très-contente quand, dans mes chagrins, j'ai obtenu une partie des soulagements que je voulais. Je suis aujourd'hui trop heureuse.

« Vous souvenez-vous du temps où presque tous les rois de la terre, étant dans une profonde paix, s'amusaient à jouer aux énigmes ; et où la belle reine de Saba venait proposer tête à tête des logogriphes à Salomon ?

— Oui, ma mère ; c'était un bon temps, mais il n'a pas duré.

— Eh bien! reprit la mère, celui-ci est infiniment meilleur. On ne songeait alors qu'à montrer un peu d'esprit ; et je vois que depuis dix à douze ans on s'est appliqué dans l'Europe aux arts et aux vertus nécessaires, qui adoucissent l'amertume de la vie. Il semble en général qu'on se soit donné le mot pour penser plus solidement qu'on n'avait fait pendant des milliers de siècles. Vous, qui n'avez jamais pu mentir, dites-moi quel temps vous auriez choisi ou préféré au temps où nous sommes pour vous habituer en France.

— J'ai la réputation, répondit la fille, d'aimer à dire des choses assez dures aux gens chez qui je me trouve, et vous savez que j'y ai toujours été forcée ; mais j'avoue que je n'ai que du bien à dire du temps présent, en dépit de tant d'auteurs qui ne louent que le passé.

« Je dois instruire la postérité que c'est dans cet âge que les hommes ont appris à se garantir d'une maladie affreuse et mortelle, en se la donnant moins funeste [1] ; à rendre la vie à ceux qui la perdent dans les eaux [2] ; à gouverner et à braver le tonnerre [3] ; à suppléer au point fixe qu'on désire en vain d'occident

1. Louis XVI, peu après son avénement au trône, se fit inoculer, ainsi que ses frères le comte de Provence, depuis Louis XVIII, et le comte d'Artois, depuis Charles X (voyez tome XV, le chapitre XLI du *Précis du Siècle de Louis XV*). L'inoculation fut alors tellement en vogue que les inoculateurs ne pouvaient suffire au nombre de ceux qui les appelaient.
2. C'est à Philippe-Nicolas Pia, né en 1721, mort en 1799, que l'on doit l'établissement des secours pour les noyés.
3. L'invention des paratonnerres est de Benjamin Franklin, qui se trouvait à Paris quand Voltaire y vint en 1778 ; voyez, dans le tome I*er*, la *Vie de Voltaire*, par Condorcet.

en orient [1]. On a fait plus en morale : on a osé demander justice aux lois contre des lois qui avaient condamné la vertu au supplice ; et cette justice a été quelquefois obtenue. Enfin on a osé prononcer le mot de tolérance.

— Eh bien ! ma chère fille, jouissons de ces beaux jours ; restons ici, s'ils durent ; et, si les orages surviennent, retournons dans notre puits. »

1. Je crois que Voltaire fait allusion ici au problème de la précession des équinoxes, résolu par d'Alembert. (G. A.) — Voyez, du reste, pour compléter cet *Éloge historique de la Raison*, les deux derniers chapitres du *Précis du Siècle de Louis XV*, tome XV.

FIN DE L'ÉLOGE DE LA RAISON.

HISTOIRE DE JENNI

OU

L'ATHÉE ET LE SAGE

PAR M. SHERLOC

TRADUIT PAR M. DE LA CAILLE[1]

(1775)

CHAPITRE I.

Vous me demandez, monsieur, quelques détails sur notre ami le respectable Freind, et sur son étrange fils. Le loisir dont je jouis enfin après la retraite de milord Peterborough me permet de vous satisfaire. Vous serez aussi étonné que je l'ai été, et vous partagerez tous mes sentiments.

Vous n'avez guère vu ce jeune et malheureux Jenni, ce fils unique de Freind, que son père mena avec lui en Espagne lorsqu'il était chapelain de notre armée, en 1705. Vous partîtes pour Alep avant que milord assiégeât Barcelone; mais vous avez raison de me dire que Jenni était de la figure la plus aimable et la plus engageante, et qu'il annonçait du courage et de l'esprit. Rien n'est plus vrai; on ne pouvait le voir sans l'aimer. Son père l'avait d'abord destiné à l'Église; mais le jeune homme ayant marqué de la répugnance pour cet état, qui demande tant d'art, de ména-

[1]. « Nous n'avons cru devoir faire aucune remarque sur cet ouvrage, par des raisons que devineront sans peine ceux qui connaissent le but que l'auteur avait en l'écrivant. » Ainsi s'exprime Condorcet dans l'édition de Kehl. L'*Histoire de Jenni* est dirigée contre les doctrines des encyclopédistes, doctrines propres à Condorcet lui-même.

gement, et de finesse, ce père sage aurait cru faire un crime et une sottise de forcer la nature.

Jenni n'avait pas encore vingt ans. Il voulut absolument servir en volontaire à l'attaque du Mont-Joui, que nous emportâmes, et où le prince de Hesse fut tué. Notre pauvre Jenni, blessé, fut prisonnier et mené dans la ville. Voici un récit très-fidèle de ce qui lui arriva depuis l'attaque de Mont-Joui jusqu'à la prise de Barcelone. Cette relation est d'une Catalane un peu trop libre et trop naïve; de tels écrits ne vont point jusqu'au cœur du sage. Je pris cette relation chez elle lorsque j'entrai dans Barcelone à la suite de milord Peterborough. Vous la lirez sans scandale comme un portrait fidèle des mœurs du pays.

AVENTURE D'UN JEUNE ANGLAIS NOMMÉ JENNI, ÉCRITE DE LA MAIN DE DONA LAS NALGAS.

Lorsqu'on nous dit que les mêmes sauvages qui étaient venus, par l'air, d'une île inconnue nous prendre Gibraltar, venaient assiéger notre belle ville de Barcelone, nous commençâmes par faire des neuvaines à la sainte Vierge de Manrèze[1] : ce qui est assurément la meilleure manière de se défendre.

Ce peuple, qui venait nous attaquer de si loin, s'appelle d'un nom qu'il est difficile de prononcer, car c'est *English*. Notre révérend père inquisiteur don Jeronimo Bueno Caracucarador prêcha contre ces brigands. Il lança contre eux une excommunication majeure dans Notre-Dame d'Elpino[2]. Il nous assura que les English avaient des queues de singes, des pattes d'ours, et des têtes de perroquets; qu'à la vérité ils parlaient quelquefois comme les hommes, mais qu'ils sifflaient presque toujours; que de plus ils étaient notoirement hérétiques; que la sainte Vierge, qui est très-favorable aux autres pécheurs et pécheresses, ne pardonnait jamais aux hérétiques, et que par conséquent ils seraient tous infailliblement exterminés, surtout s'ils se présentaient devant le Mont-Joui. A peine avait-il fini son sermon que nous apprîmes que le Mont-Joui était pris d'assaut.

Le soir, on nous conta qu'à cet assaut nous avions blessé un jeune English, et qu'il était entre nos mains. On cria dans toute la ville : *vittoria, vittoria*, et on fit des illuminations.

La dona Boca Vermeja, qui avait l'honneur d'être maîtresse

1. Manrèze est une ville à onze lieues de Barcelone.
2. Titre de la cathédrale de Barcelone.

CHAPITRE I.
525

du révérend père inquisiteur, eut une extrême envie de voir comment un animal english et hérétique était fait. C'était mon intime amie : j'étais aussi curieuse qu'elle. Mais il fallut attendre qu'il fût guéri de sa blessure ; ce qui ne tarda pas.

Nous sûmes bientôt après qu'il devait prendre les bains chez mon cousin germain Elvob, le baigneur, qui est, comme on sait, le meilleur chirurgien de la ville. L'impatience de voir ce monstre redoubla dans mon amie Boca Vermeja. Nous n'eûmes point de cesse, point de repos, nous n'en donnâmes point à mon cousin le baigneur, jusqu'à ce qu'il nous eût cachées dans une petite garde-robe, derrière une jalousie par laquelle on voyait la baignoire. Nous y entrâmes sur la pointe du pied, sans faire aucun bruit, sans parler, sans oser respirer, précisément dans le temps que l'English sortait de l'eau. Son visage n'était pas tourné vers nous ; il ôta un petit bonnet sous lequel étaient renoués ses cheveux blonds, qui descendirent en grosses boucles sur la plus belle chute de reins que j'aie vue de ma vie ; ses bras, ses cuisses, ses jambes, me parurent d'un charnu, d'un fini, d'une élégance qui approche, à mon gré, l'Apollon du Belvédère de Rome, dont la copie est chez mon oncle le sculpteur.

Dona Boca Vermeja était extasiée de surprise et d'enchantement. J'étais saisie comme elle ; je ne pus m'empêcher de dire : *Oh ! che hermoso muchacho*[1] *!* Ces paroles, qui m'échappèrent, firent tourner le jeune homme. Ce fut bien pis alors ; nous vîmes le visage d'Adonis sur le corps d'un jeune Hercule[2]. Il s'en fallut peu que dona Boca Vermeja ne tombât à la renverse, et moi aussi. Ses yeux s'allumèrent et se couvrirent d'une légère rosée, à travers laquelle on entrevoyait des traits de flamme. Je ne sais ce qui arriva aux miens.

Quand elle fut revenue à elle : « Saint Jacques, me dit-elle, et sainte Vierge ! est-ce ainsi que sont faits les hérétiques ? Eh ! qu'on nous a trompées ! »

Nous sortîmes le plus tard que nous pûmes. Boca Vermeja fut bientôt éprise du plus violent amour pour le monstre hérétique. Elle est plus belle que moi, je l'avoue ; et j'avoue aussi que je me sentis doublement jalouse. Je lui représentai qu'elle se damnait en trahissant le révérend père inquisiteur don Jeronimo Bueno Caracucarador pour un English. « Ah ! ma chère Las Nalgas, me dit-elle (car Las Nalgas est mon nom), je trahirais Melchisedech

1. « Oh ! quel beau garçon ! »
2. Voyez la note 2 de la page 372.

pour ce beau jeune homme. » Elle n'y manqua pas, et, puisqu'il faut tout dire, je donnai secrètement plus de la dîme des offrandes.

Un des familiers de l'Inquisition, qui entendait quatre messes par jour pour obtenir de Notre-Dame de Manrèze la destruction des English, fut instruit de nos actes de dévotion. Le révérend P. don Caracucarador nous donna le fouet à toutes deux. Il fit saisir notre cher English par vingt-quatre alguazils de la sainte Hermandad. Jenni en tua cinq, et fut pris par les dix-neuf qui restaient. On le fit reposer dans un caveau bien frais. Il fut destiné à être brûlé le dimanche suivant en cérémonie, orné d'un grand san-benito et d'un bonnet en pain de sucre, en l'honneur de notre Sauveur et de la vierge Marie sa mère. Don Caracucarador prépara un beau sermon; mais il ne put le prononcer, car le dimanche même la ville fut prise à quatre heures du matin.

Ici finit le récit de dona Las Nalgas. C'était une femme qui ne manquait pas d'un certain esprit que les Espagnols appellent *agudezza*.

CHAPITRE II.

SUITE DES AVENTURES DU JEUNE ANGLAIS JENNI ET DE CELLES DE MONSIEUR SON PÈRE, DOCTEUR EN THÉOLOGIE, MEMBRE DU PARLEMENT ET DE LA SOCIÉTÉ ROYALE.

Vous savez quelle admirable conduite tint le comte de Peterborough dès qu'il fut maître de Barcelone; comme il empêcha le pillage; avec quelle sagacité prompte il mit ordre à tout; comme il arracha la duchesse de Popoli des mains de quelques soldats allemands ivres, qui la volaient et qui la violaient. Mais vous peindrez-vous bien la surprise, la douleur, l'anéantissement, la colère, les larmes, les transports de notre ami Freind, quand il apprit que Jenni était dans les cachots du saint-office, et que son bûcher était préparé? Vous savez que les têtes les plus froides sont les plus animées dans les grandes occasions. Vous eussiez vu ce père, que vous avez connu si grave et si imperturbable, voler à l'antre de l'Inquisition plus vite que nos chevaux de race ne courent à Newmarket. Cinquante soldats, qui le suivaient hors d'haleine, étaient toujours à deux cents pas de lui. Il arrive, il entre dans la caverne. Quel moment! que de pleurs et que de joie! Vingt victimes destinées à la même cérémonie que Jenni

CHAPITRE II.

sont délivrées. Tous ces prisonniers s'arment; tous se joignent à nos soldats; ils démolissent le saint-office en dix minutes et déjeunent sur ses ruines avec le vin et les jambons des inquisiteurs.

Au milieu de ce fracas, et des fanfares, et des tambours, et du retentissement de quatre cents canons qui annonçaient notre victoire à la Catalogne, notre ami Freind avait repris la tranquillité que vous lui connaissez. Il était calme comme l'air dans un beau jour après un orage. Il élevait à Dieu un cœur aussi serein que son visage, lorsqu'il vit sortir du soupirail d'une cave un spectre noir en surplis, qui se jeta à ses pieds et qui lui criait miséricorde.

« Qui es-tu? lui dit notre ami; viens-tu de l'enfer?

— A peu près, répondit l'autre; je suis don Jeronimo Bueno Caracucarador, inquisiteur pour la foi; je vous demande très-humblement pardon d'avoir voulu cuire monsieur votre fils en place publique: je le prenais pour un juif.

— Eh! quand il serait juif, répondit notre ami avec son sang-froid ordinaire, vous sied-il bien, monsieur Caracucarador, de cuire des gens parce qu'ils sont descendus d'une race qui habitait autrefois un petit canton pierreux tout près du désert de Syrie? Que vous importe qu'un homme ait un prépuce ou qu'il n'en ait pas, et qu'il fasse sa pâque dans la pleine lune rousse, ou le dimanche d'après? Cet homme est juif, donc il faut que je le brûle, et tout son bien m'appartient : voilà un très-mauvais argument; on ne raisonne point ainsi dans la Société royale de Londres.

« Savez-vous bien, monsieur Caracucarador, que Jésus-Christ était juif, qu'il naquit, vécut, et mourut juif; qu'il fit sa pâque en juif dans la pleine lune; que tous ses apôtres étaient juifs; qu'ils allèrent dans le temple juif après son malheur, comme il est dit expressément; que les quinze premiers évêques secrets de Jérusalem étaient juifs[1]? Mon fils ne l'est pas, il est anglican : quelle idée vous a passé par la tête de le brûler? »

L'inquisiteur Caracucarador, épouvanté de la science de M. Freind, et toujours prosterné à ses pieds, lui dit : « Hélas! nous ne savions rien de tout cela dans l'université de Salamanque. Pardon, encore une fois; mais la véritable raison est que monsieur votre fils m'a pris ma maîtresse Boca Vermeja.

— Ah! s'il vous a pris votre maîtresse, repartit Freind, c'est autre chose : il ne faut jamais prendre le bien d'autrui. Il n'y a

1. Voyez tome XX, page 593.

pourtant pas là une raison suffisante, comme dit Leibnitz, pour brûler un jeune homme : il faut proportionner les peines aux délits. Vous autres, chrétiens de delà la mer britannique en tirant vers le sud, vous avez plus tôt fait cuire un de vos frères, soit le conseiller Anne Dubourg, soit Michel Servet, soit tous ceux qui furent ards sous Philippe II surnommé *le Discret*, que nous ne faisons rôtir un roast-beef à Londres. Mais qu'on m'aille chercher Mlle Boca Vermeja, et que je sache d'elle la vérité. »

Boca Vermeja fut amenée pleurante, et embellie par ses larmes comme c'est l'usage. « Est-il vrai, mademoiselle, que vous aimiez tendrement don Caracucarador, et que mon fils Jenni vous ait prise à force ?

— A force ! monsieur l'Anglais ! c'était assurément du meilleur de mon cœur. Je n'ai jamais rien vu de si beau et de si aimable que monsieur votre fils ; et je vous trouve bien heureux d'être son père. C'est moi qui lui ai fait toutes les avances ; il les mérite bien : je le suivrai jusqu'au bout du monde, si le monde a un bout. J'ai toujours, dans le fond de mon âme, détesté ce vilain inquisiteur ; il m'a fouettée presque jusqu'au sang, moi et Mlle Las Nalgas. Si vous voulez me rendre la vie douce, vous ferez pendre ce scélérat de moine à ma fenêtre, tandis que je jurerai à monsieur votre fils un amour éternel : heureuse si je pouvais jamais lui donner un fils qui vous ressemble ! »

En effet, pendant que Boca Vermeja prononçait ces paroles naïves, milord Peterborough envoyait chercher l'inquisiteur Caracucarador pour le faire pendre. Vous ne serez pas surpris quand je vous dirai que M. Freind s'y opposa fortement. « Que votre juste colère, dit-il, respecte votre générosité : il ne faut jamais faire mourir un homme que quand la chose est absolument nécessaire pour le salut du prochain. Les Espagnols diraient que les Anglais sont des barbares qui tuent tous les prêtres qu'ils rencontrent. Cela pourrait faire grand tort à monsieur l'archiduc, pour lequel vous venez de prendre Barcelone. Je suis assez content que mon fils soit sauvé, et que ce coquin de moine soit hors d'état d'exercer ses fonctions inquisitoriales. » Enfin le sage et charitable Freind en dit tant que milord se contenta de faire fouetter Caracucarador, comme ce misérable avait fouetté miss Boca Vermeja et miss Las Nalgas.

Tant de clémence toucha le cœur des Catalans. Ceux qui avaient été délivrés des cachots de l'Inquisition conçurent que notre religion valait infiniment mieux que la leur. Ils demandèrent presque tous à être reçus dans l'Église anglicane ; et même quelques bache-

liers de l'université de Salamanque, qui se trouvaient dans Barcelone, voulurent être éclairés. La plupart le furent bientôt. Il n'y en eut qu'un seul, nommé don Inigo y Medroso y Comodios y Papalamiendo, qui fut un peu rétif.

Voici le précis de la dispute honnête que notre cher ami Freind et le bachelier don Papalamiendo eurent ensemble en présence de milord Peterborough. On appela cette conversation familière le dialogue des *Mais*. Vous verrez aisément pourquoi, en le lisant.

CHAPITRE III.

PRÉCIS DE LA CONTROVERSE DES MAIS ENTRE M. FREIND ET DON INIGO Y MEDROSO Y COMODIOS Y PAPALAMIENDO, BACHELIER DE SALAMANQUE.

LE BACHELIER.

Mais, monsieur, malgré toutes les belles choses que vous venez de me dire, vous m'avouerez que votre Église anglicane, si respectable, n'existait pas avant don Luther et avant don Oecolampade. Vous êtes tout nouveau, donc vous n'êtes pas de la maison.

FREIND.

C'est comme si on me disait que je ne suis pas le petit-fils de mon grand-père, parce qu'un collatéral, demeurant en Italie, s'était emparé de son testament et de mes titres. Je les ai heureusement retrouvés, et il est clair que je suis le petit-fils de mon grand-père. Nous sommes, vous et moi, de la même famille, à cela près que nous autres Anglais nous lisons le testament de notre grand-père dans notre propre langue, et qu'il vous est défendu de le lire dans la vôtre. Vous êtes esclaves d'un étranger, et nous ne sommes soumis qu'à notre raison.

LE BACHELIER.

Mais si votre raison vous égare?.... car enfin vous ne croyez point à notre université de Salamanque, laquelle a déclaré l'infaillibilité du pape, et son droit incontestable sur le passé, le présent, le futur, et le paulo-post-futur.

FREIND.

Hélas! les apôtres n'y croyaient pas non plus. Il est écrit que ce Pierre, qui renia son maître Jésus, fut sévèrement tancé par Paul. Je n'examine point ici lequel des deux avait tort ; ils l'avaient peut-être tous deux, comme il arrive dans presque toutes les querelles ; mais enfin il n'y a pas un seul endroit dans les *Actes des*

apôtres où Pierre soit regardé comme le maître de ses compagnons et du paulo-post-futur.

LE BACHELIER.

Mais certainement saint Pierre fut archevêque de Rome, car Sanchez nous enseigne que ce grand homme y arriva du temps de Néron, et qu'il y occupa le trône archiépiscopal pendant vingt-cinq ans sous ce même Néron, qui n'en régna que treize. De plus il est de foi, et c'est don Grillandus[1], le prototype de l'Inquisition, qui l'affirme (car nous ne lisons jamais la sainte *Bible*), il est de foi, dis-je, que saint Pierre était à Rome une certaine année; car il date une de ses lettres de Babylone; car, puisque Babylone est visiblement l'anagramme de Rome, il est clair que le pape est de droit divin le maître de toute la terre; car, de plus, tous les licenciés de Salamanque ont démontré que Simon Vertu-Dieu, premier sorcier, conseiller d'État de l'empereur Néron, envoya faire des compliments par son chien à saint Simon Barjone, autrement dit saint Pierre, dès qu'il fut à Rome; que saint Pierre, n'étant pas moins poli, envoya aussi son chien complimenter Simon Vertu-Dieu; qu'ensuite ils jouèrent à qui ressusciterait le plus tôt un cousin germain de Néron[2]; que Simon Vertu-Dieu ne ressuscita son mort qu'à moitié, et que Simon Barjone gagna la partie en ressuscitant le cousin tout à fait; que Vertu-Dieu voulut avoir sa revanche en volant dans les airs comme saint Dédale, et que saint Pierre lui cassa les deux jambes en le faisant tomber. C'est pourquoi saint Pierre reçut la couronne du martyre, la tête en bas et les jambes en haut[3] : donc il est démontré *a posteriori* que notre saint-père le pape doit régner sur tous ceux qui ont des couronnes sur la tête, et qu'il est le maître du passé, du présent, et de tous les futurs du monde.

FREIND.

Il est clair que toutes ces choses arrivèrent dans le temps où Hercule, d'un tour de main, sépara les deux montagnes, Calpé et Abila, et passa le détroit de Gibraltar dans son gobelet[4]; mais ce n'est pas sur ces histoires, tout authentiques qu'elles sont, que nous fondons notre religion : c'est sur l'Évangile.

1. Paul Grillandus (beau nom pour un inquisiteur, dit Voltaire, tome XVII, note 1, p. 346) est auteur d'un *Tractatus de hæreticis et sortilegiis*, Lyon, 1536, in-8°.
2. Voyez tome XI, page 224.
3. Toute cette histoire est racontée par Abdias, Marcel et Hégésippe; Eusèbe en rapporte une partie. (*Note de Voltaire.*) — Voyez la *Relation de Marcel*, dans la *Collection d'anciens évangiles* (*Mélanges*, année 1769).
4. Voyez, dans les *Mélanges*, année 1769, *les Adorateurs*.

CHAPITRE III.

LE BACHELIER.

Mais, monsieur, sur quels endroits de l'Évangile? Car j'ai lu une partie de cet Évangile dans nos cahiers de théologie. Est-ce sur l'ange descendu des nuées pour annoncer à Marie qu'elle sera engrossée par le Saint-Esprit? Est-ce sur le voyage des trois rois et d'une étoile? sur le massacre de tous les enfants du pays? sur la peine que prit le diable d'emporter Dieu dans le désert, au faîte du temple et à la cime d'une montagne, dont on découvrait tous les royaumes de la terre? sur le miracle de l'eau changée en vin à une noce de village? sur le miracle de deux mille cochons que le diable noya dans un lac par ordre de Jésus? sur...

FREIND.

Monsieur, nous respectons toutes ces choses, parce qu'elles sont dans l'Évangile, et nous n'en parlons jamais, parce qu'elles sont trop au-dessus de la faible raison humaine.

LE BACHELIER.

Mais on dit que vous n'appelez jamais la sainte Vierge mère de Dieu.

FREIND.

Nous la révérons, nous la chérissons; mais nous croyons qu'elle se soucie peu des titres qu'on lui donne ici-bas. Elle n'est jamais nommée mère de Dieu dans l'Évangile. Il y eut une grande dispute, en 431, à un concile d'Éphèse, pour savoir si Marie était *théotocos*, et si, Jésus-Christ étant Dieu à la fois et fils de Marie, il se pouvait que Marie fût à la fois fille de Dieu le Père, et mère de Dieu le Fils, qui ne font qu'un Dieu. Nous n'entrons point dans ces querelles d'Éphèse, et la Société royale de Londres ne s'en mêle pas.

LE BACHELIER.

Mais, monsieur, vous me donnez là du théotocos! qu'est-ce que théotocos, s'il vous plaît?

FREIND.

Cela signifie mère de Dieu. Quoi! vous êtes bachelier de Salamanque, et vous ne savez pas le grec?

LE BACHELIER.

Mais le grec, le grec! de quoi cela peut-il servir à un Espagnol? Mais, monsieur, croyez-vous que Jésus ait une nature, une personne et une volonté? ou deux natures, deux personnes, et deux volontés? ou une volonté, une nature, et deux personnes? ou deux volontés, deux personnes, et une nature? ou...

FREIND.

Ce sont encore les affaires d'Éphèse; cela ne nous importe en rien.

LE BACHELIER.

Mais qu'est-ce donc qui vous importe? Pensez-vous qu'il n'y ait que trois personnes en Dieu, ou qu'il y ait trois dieux en une personne? La seconde personne procède-t-elle de la première personne, et la troisième procède-t-elle des deux autres, ou de la seconde *intrinsecus*, ou de la première seulement? Le Fils a-t-il tous les attributs du Père, excepté la paternité? et cette troisième personne vient-elle par infusion, ou par identification, ou par spiration?

FREIND.

L'Évangile n'agite pas cette question, et jamais saint Jean n'écrit le nom de Trinité.

LE BACHELIER.

Mais vous me parlez toujours de l'Évangile, et jamais de saint Bonaventure, ni d'Albert le Grand, ni de Tambourini, ni de Grillandus, ni d'Escobar.

FREIND.

C'est que je ne suis ni dominicain, ni cordelier, ni jésuite; je me contente d'être chrétien.

LE BACHELIER.

Mais si vous êtes chrétien, dites-moi, en conscience, croyez-vous que le reste des hommes soit damné éternellement?

FREIND.

Ce n'est point à moi à mesurer la justice de Dieu et sa miséricorde.

LE BACHELIER.

Mais enfin, si vous êtes chrétien, que croyez-vous donc?

FREIND.

Je crois, avec Jésus-Christ, qu'il faut aimer Dieu et son prochain, pardonner les injures et réparer ses torts. Croyez-moi, adorez Dieu, soyez juste et bienfaisant: voilà tout l'homme. Ce sont là les maximes de Jésus. Elles sont si vraies qu'aucun législateur, aucun philosophe n'a jamais eu d'autres principes avant lui, et qu'il est impossible qu'il y en ait d'autres. Ces vérités n'ont jamais eu et ne peuvent avoir pour adversaires que nos passions.

LE BACHELIER.

Mais..... ah! ah! à propos de passions, est-il vrai que vos évêques, vos prêtres, et vos diacres, vous êtes tous mariés?

FREIND.

Cela est très-vrai. Saint Joseph, qui passa pour être père de Jésus, était marié. Il eut pour fils Jacques le Mineur, surnommé

CHAPITRE III.

Oblia, frère de notre Seigneur; lequel, après la mort de Jésus, passa sa vie dans le temple. Saint Paul, le grand saint Paul, était marié.

LE BACHELIER.

Mais Grillandus et Molina disent le contraire.

FREIND.

Molina et Grillandus diront tout ce qu'ils voudront, j'aime mieux croire saint Paul lui-même, car il dit dans sa première aux Corinthiens [1] : « N'avons-nous pas le droit de boire et de manger à vos dépens? N'avons-nous pas le droit de mener avec nous nos femmes, notre sœur, comme font les autres apôtres et les frères de notre Seigneur et Céphas? Va-t-on jamais à la guerre à ses dépens? Quand on a planté une vigne, n'en mange-t-on pas le fruit? etc. »

LE BACHELIER.

Mais, monsieur, est-il bien vrai que saint Paul ait dit cela?

FREIND.

Oui, il a dit cela, et il en a dit bien d'autres.

LE BACHELIER.

Mais quoi! ce prodige, cet exemple de la grâce efficace!...

FREIND.

Il est vrai, monsieur, que sa conversion était un grand prodige. J'avoue que, suivant les *Actes des apôtres*, il avait été le plus cruel satellite des ennemis de Jésus. Les *Actes* disent qu'il servit à lapider saint Étienne; il dit lui-même que, quand les Juifs faisaient mourir un suivant de Jésus, c'était lui qui portait la sentence, *detuli sententiam* [2]. J'avoue qu'Abdias, son disciple, et Jules Africain, son traducteur, l'accusent aussi d'avoir fait mourir Jacques Oblia, frère de notre Seigneur [3]; mais ses fureurs rendent sa conversion plus admirable, et ne l'ont pas empêché de trouver une femme. Il était marié, vous dis-je, comme saint Clément d'Alexandrie le déclare expressément.

LE BACHELIER.

Mais c'était donc un digne homme, un brave homme que saint Paul! Je suis fâché qu'il ait assassiné saint Jacques et saint Étienne, et fort surpris qu'il ait voyagé au troisième ciel; mais poursuivez, je vous prie.

1. Chapitre ix. (*Note de Voltaire.*)
2. *Actes*, chapitre xxvi. (*Id.*)
3. Histoire apostolique d'Abdias. Traduction de Jules Africain, livre VI, page 595 et suiv. (*Id.*)

FREIND.

Saint Pierre, au rapport de saint Clément d'Alexandrie, eut des enfants, et même on compte parmi eux une sainte Pétronille. Eusèbe, dans son *Histoire de l'Église,* dit que saint Nicolas, l'un des premiers disciples, avait une très-belle femme, et que les apôtres lui reprochèrent d'en être trop occupé, et d'en paraître jaloux... « Messieurs, leur dit-il, la prenne qui voudra, je vous la cède[1]. »

Dans l'économie juive, qui devait durer éternellement, et à laquelle cependant a succédé l'économie chrétienne, le mariage était non-seulement permis, mais expressément ordonné aux prêtres, puisqu'ils devaient être de la même race; et le célibat était une espèce d'infamie.

Il faut bien que le célibat ne fût pas regardé comme un état bien pur et bien honorable par les premiers chrétiens, puisque parmi les hérétiques anathématisés dans les premiers conciles on trouve principalement ceux qui s'élevaient contre le mariage des prêtres, comme saturniens, basilidiens, montanistes, encratistes, et autres *ens* et *istes*[2]. Voilà pourquoi la femme d'un saint Grégoire de Nazianze accoucha d'un autre saint Grégoire de Nazianze, et qu'elle eut le bonheur inestimable d'être femme et mère d'un canonisé, ce qui n'est pas même arrivé à sainte Monique, mère de saint Augustin.

Voilà pourquoi je pourrais vous nommer autant et plus d'anciens évêques mariés que vous n'avez autrefois eu d'évêques et de papes concubinaires, adultères, ou pédérastes: ce qu'on ne trouve plus aujourd'hui en aucun pays. Voilà pourquoi l'Église grecque, mère de l'Église latine, veut encore que les curés soient mariés. Voilà enfin pourquoi, moi qui vous parle, je suis marié, et j'ai le plus bel enfant du monde.

Et dites-moi, mon cher bachelier, n'avez-vous pas dans votre Église sept sacrements de compte fait, qui sont tous des signes visibles d'une chose invisible? Or un bachelier de Salamanque jouit des agréments du baptême dès qu'il est né; de la confirmation dès qu'il a des culottes; de la confession dès qu'il a fait quelques fredaines; de la communion, quoique un peu différente de la nôtre, dès qu'il a treize ou quatorze ans; de l'ordre quand il est tondu sur le haut de la tête, et qu'on lui donne un bénéfice de vingt, ou trente, ou quarante mille piastres de rente; enfin

1. Eusèbe, livre III, chapitre xxx. (*Note de Voltaire.*)
2. C'est ce qu'on lit dans une édition de 1776 et dans les éditions de Kehl. Une édition de 1775 porte : « autres *ens et ites.* » C'est d'après l'erratum, quelquefois téméraire, de Kehl, que les éditeurs récents ont mis: autres *en* istes *et en* ites. (B.)

de l'extrême-onction quand il est malade. Faut-il le priver du sacrement de mariage quand il se porte bien ? surtout après que Dieu lui-même a marié Adam et Ève; Adam, le premier des bacheliers du monde, puisqu'il avait la science infuse, selon votre école; Ève, la première bachelière, puisqu'elle tâta de l'arbre de la science avant son mari.

LE BACHELIER.

Mais, s'il est ainsi, je ne dirai plus *mais*. Voilà qui est fait, je suis de votre religion : je me fais anglican. Je veux me marier à une femme honnête qui fera toujours semblant de m'aimer, tant que je serai jeune, qui aura soin de moi dans ma vieillesse, et que j'enterrerai proprement si je lui survis : cela vaut mieux que de cuire des hommes et de déshonorer des filles, comme a fait mon cousin don Caracucarador, inquisiteur pour la foi.

Tel est le précis fidèle de la conversation qu'eurent ensemble le docteur Freind et le bachelier don Papalamiendo, nommé depuis par nous Papa Dexando. Cet entretien curieux fut rédigé par Jacob Hulf, l'un des secrétaires de milord.

Après cet entretien, le bachelier me tira à part et me dit : « Il faut que cet Anglais, que j'avais cru d'abord anthropophage, soit un bien bon homme, car il est théologien, et il ne m'a point dit d'injures. » Je lui appris que M. Freind était tolérant, et qu'il descendait de la fille de Guillaume Penn, le premier des tolérants, et le fondateur de Philadelphie. « Tolérant et Philadelphie ! s'écria-t-il ; je n'avais jamais entendu parler de ces sectes-là. » Je le mis au fait : il ne pouvait me croire, il pensait être dans un autre univers, et il avait raison.

CHAPITRE IV.

RETOUR A LONDRES; JENNI COMMENCE A SE CORROMPRE.

Tandis que notre digne philosophe Freind éclairait ainsi les Barcelonais, et que son fils Jenni enchantait les Barcelonaises, milord Peterborough fut perdu dans l'esprit de la reine Anne, et dans celui de l'archiduc, pour leur avoir donné Barcelone. Les courtisans lui reprochèrent d'avoir pris cette ville contre toutes les règles, avec une armée moins forte de moitié que la garnison. L'archiduc en fut d'abord très-piqué, et l'ami Freind fut obligé d'imprimer l'apologie du général. Cependant cet archiduc, qui

était venu conquérir le royaume d'Espagne, n'avait pas de quoi payer son chocolat. Tout ce que la reine Anne lui avait donné était dissipé. Montecuculli dit dans ses Mémoires qu'il faut trois choses pour faire la guerre : 1° de l'argent; 2° de l'argent; 3° de l'argent. L'archiduc écrivit de Guadalaxara, où il était le 11 auguste 1706, à milord Peterborough, une grande lettre signée *yo el rey*, par laquelle il le conjurait d'aller sur-le-champ à Gênes lui chercher, sur son crédit, cent mille livres sterling pour régner [1]. Voilà donc notre Sertorius devenu banquier génois de général d'armée. Il confia sa détresse à l'ami Freind : tous deux allèrent à Gênes ; je les suivis, car vous savez que mon cœur me mène. J'admirai l'habileté et l'esprit de conciliation de mon ami dans cette affaire délicate. Je vis qu'un bon esprit peut suffire à tout; notre grand Locke était médecin : il fut le seul métaphysicien de l'Europe, et il rétablit les monnaies d'Angleterre.

Freind, en trois jours, trouva les cent mille livres sterling, que la cour de Charles VI mangea en moins de trois semaines. Après quoi il fallut que le général, accompagné de son théologien, allât se justifier à Londres, en plein parlement, d'avoir conquis la Catalogne contre les règles, et de s'être ruiné pour le service de la cause commune. L'affaire traîna en longueur et en aigreur, comme toutes les affaires de parti.

Vous savez que M. Freind avait été député en parlement avant d'être prêtre, et qu'il est le seul à qui l'on ait permis d'exercer ces deux fonctions incompatibles. Or, un jour que Freind méditait un discours qu'il devait prononcer dans la chambre des communes, dont il était un digne membre, on lui annonça une dame espagnole qui demandait à lui parler pour affaire pressante. C'était dona Boca Vermeja elle-même. Elle était tout en pleurs ; notre bon ami lui fit servir à déjeuner. Elle essuya ses larmes, déjeuna, et lui parla ainsi :

« Il vous souvient, mon cher monsieur, qu'en allant à Gênes vous ordonnâtes à monsieur votre fils Jenni de partir de Barcelone pour Londres, et d'aller s'installer dans l'emploi de clerc de l'échiquier que votre crédit lui a fait obtenir. Il s'embarqua sur le *Triton* avec le jeune bachelier don Papa Dexando, et quelques autres que vous aviez convertis. Vous jugez bien que je fus du voyage avec ma bonne amie Las Nalgas. Vous savez que vous m'avez permis d'aimer monsieur votre fils, et que je l'adore...

1. Elle est imprimée dans l'apologie du comte de Peterborough, par le docteur Freind, page 143, chez Jonas Bourer. (*Note de Voltaire.*)

— Moi, mademoiselle! je ne vous ai point permis ce petit commerce ; je l'ai toléré : cela est bien différent. Un bon père ne doit être ni le tyran de son fils ni son mercure. La fornication entre deux personnes libres a été peut-être autrefois une espèce de droit naturel dont Jenni peut jouir avec discrétion sans que je m'en mêle ; je ne le gêne pas plus sur ses maîtresses que sur son dîner et sur son souper : s'il s'agissait d'un adultère, j'avoue que je serais plus difficile, parce que l'adultère est un larcin ; mais pour vous, mademoiselle, qui ne faites tort à personne, je n'ai rien à vous dire.

— Eh bien! monsieur, c'est d'adultère qu'il s'agit. Le beau Jenni m'abandonne pour une jeune mariée qui n'est pas si belle que moi. Vous sentez bien que c'est une injure atroce.

— Il a tort », dit alors M. Freind.

Boca Vermeja, en versant quelques larmes, lui conta comment Jenni avait été jaloux, ou fait semblant d'être jaloux du bachelier; comment M^{me} Clive-Hart, jeune mariée très-effrontée, très-emportée, très-masculine, très-méchante, s'était emparée de son esprit ; comment il vivait avec des libertins non craignant Dieu ; comment enfin il méprisait sa fidèle Boca Vermeja pour la coquine de Clive-Hart, parce que la Clive-Hart avait une nuance ou deux de blancheur et d'incarnat au-dessus de la pauvre Boca Vermeja.

« J'examinerai cette affaire-là à loisir, dit le bon Freind ; il faut que j'aille en parlement pour celle de milord Peterborough. » Il alla donc en parlement : je l'y entendis prononcer un discours ferme et serré, sans aucun lieu commun, sans épithète, sans ce que nous appelons des phrases ; il n'*invoquait* point un témoignage, une loi ; il les attestait, il les citait, il les réclamait ; il ne disait point qu'on avait *surpris la religion* de la cour en accusant milord Peterborough d'avoir hasardé les troupes de la reine Anne, parce que ce n'était pas une affaire de religion ; il ne prodiguait pas à une conjecture le nom de démonstration ; il ne manquait pas de respect à l'auguste assemblée du parlement par de fades plaisanteries bourgeoises ; il n'appelait pas milord Peterborough son client, parce que le mot de client signifie un homme de la bourgeoisie protégé par un sénateur. Freind parlait avec autant de modestie que de fermeté : on l'écoutait en silence ; on ne l'interrompait qu'en disant : « *Hear him, hear him*; écoutez-le, écoutez-le. » La chambre des communes vota qu'on remercierait le comte de Peterborough au lieu de le condamner. Milord obtint la même justice de la cour des pairs, et se prépara à repartir avec son cher Freind pour aller donner le royaume d'Espagne à

l'archiduc : ce qui n'arriva pourtant pas, par la raison que rien n'arrive dans ce monde précisément comme on le veut.

Au sortir du parlement nous n'eûmes rien de plus pressé que d'aller nous informer de la conduite de Jenni. Nous apprîmes en effet qu'il menait une vie débordée et crapuleuse avec M^me Clive-Hart et une troupe de jeunes athées, d'ailleurs gens d'esprit, à qui leurs débauches avaient persuadé que « l'homme n'a rien au-dessus de la bête; qu'il naît et meurt comme la bête; qu'ils sont également formés de terre ; qu'ils retournent également à la terre ; et qu'il n'y a rien de bon et de sage que de se réjouir dans ses œuvres, et de vivre avec celle que l'on aime, comme le conclut Salomon à la fin de son chapitre troisième du *Coheleth*, que nous nommons *Ecclésiaste* ».

Ces idées leur étaient principalement insinuées par un nommé Wirburton[1], méchant garnement très-impudent. J'ai lu quelque chose des manuscrits de ce fou : Dieu nous préserve de les voir imprimés un jour ! Wirburton prétend que Moïse ne croyait pas à l'immortalité de l'âme ; et comme en effet Moïse n'en parla jamais, il en conclut que c'est la seule preuve que sa mission était divine. Cette conclusion absurde fait malheureusement conclure que la secte juive était fausse ; les impies en concluent par conséquent que la nôtre, fondée sur la juive, est fausse aussi, et que cette nôtre, qui est la meilleure de toutes, étant fausse, toutes les autres sont encore plus fausses; qu'ainsi il n'y a point de religion. De là quelques gens viennent à conclure qu'il n'y a point de Dieu ; ajoutez à ces conclusions que ce petit Wirburton est un intrigant et un calomniateur. Voyez quel danger !

Un autre fou nommé Needham, qui est en secret jésuite, va bien plus loin. Cet animal, comme vous le savez d'ailleurs, et comme on vous l'a tant dit[2], s'imagine qu'il a créé des anguilles avec de la farine de seigle et du jus de mouton ; que sur-le-champ ces anguilles en ont produit d'autres sans accouplement. Aussitôt nos philosophes décident qu'on peut faire des hommes avec de la farine de froment et du jus de perdrix, parce qu'ils doivent avoir une origine plus noble que celle des anguilles ; ils prétendent que ces hommes en produiront d'autres incontinent ; qu'ainsi ce n'est point Dieu qui a fait l'homme ; que tout s'est fait de soi-même ; qu'on peut très-bien se passer de Dieu ; qu'il n'y a point

1. Il n'est pas difficile de deviner qui Voltaire désigne ici. Il n'a changé qu'une lettre ; voyez la note 1 de la page suivante.

2. Voyez ci-dessus, page 333 ; et dans les *Mélanges*, année 1768, le chapitre XIII des *Singularités de la nature*.

de Dieu. Jugez quels ravages le *Coheleth* mal entendu, et Wirburton[1] et Needham bien entendus, peuvent faire dans de jeunes cœurs tout pétris de passions, et qui ne raisonnent que d'après elles.

Mais, ce qu'il y avait de pis, c'est que Jenni avait des dettes par-dessus les oreilles ; il les payait d'une étrange façon. Un de ses créanciers était venu le jour même lui demander cent guinées pendant que nous étions en parlement. Le beau Jenni, qui jusque-là paraissait très-doux et très-poli, s'était battu avec lui, et lui avait donné pour tout payement un bon coup d'épée. On craignait que le blessé n'en mourût : Jenni allait être mis en prison et risquait d'être pendu, malgré la protection de milord Peterborough.

CHAPITRE V.

ON VEUT MARIER JENNI.

Il vous souvient, mon cher ami, de la douleur et de l'indignation qu'avait ressenties le vénérable Freind quand il apprit que son cher Jenni était à Barcelone dans les prisons du saint-office ; croyez qu'il fut saisi d'un plus violent transport en apprenant les déportements de ce malheureux enfant, ses débauches, ses dissipations, sa manière de payer ses créanciers, et son danger d'être pendu. Mais Freind se contint. C'est une chose étonnante que l'empire de cet excellent homme sur lui-même. Sa raison commande à son cœur, comme un bon maître à un bon domestique. Il fait tout à propos, et agit prudemment avec autant de célérité que les imprudents se déterminent. « Il n'est pas temps, dit-il, de prêcher Jenni ; il faut le tirer du précipice. »

Vous saurez que notre ami avait touché la veille une très-grosse somme de la succession de George Hubert, son oncle. Il va chercher lui-même notre grand chirurgien Cheselden[2]. Nous le trouvons heureusement, nous allons ensemble chez le créancier blessé. M. Freind fait visiter sa plaie, elle n'était pas mortelle.

1. Warburton, évêque de Glocester, auteur d'un livre intitulé *la Légation de Moïse;* il en est beaucoup question dans plusieurs ouvrages de M. de Voltaire, contre qui Warburton a écrit avec ce ton de supériorité que les érudits, qui ne savent que ce qu'ont pensé les autres, ne manquent jamais de prendre avec les hommes de génie. (K.)
2. Voyez ce que Voltaire dit de Cheselden, tomes XVIII, page 404 ; XX, page 504 ; et dans le tome XIV, le chapitre XXXIII du *Siècle de Louis XIV.*

Il donne au patient les cent guinées pour premier appareil, et cinquante autres en forme de réparation ; il lui demande pardon pour son fils ; il lui exprime sa douleur avec tant de tendresse, avec tant de vérité, que ce pauvre homme, qui était dans son lit, l'embrasse en versant des larmes, et veut lui rendre son argent. Ce spectacle étonnait et attendrissait le jeune M. Cheselden, qui commence à se faire une grande réputation, et dont le cœur est aussi bon que son coup d'œil et sa main sont habiles. J'étais ému, j'étais hors de moi ; je n'avais jamais tant révéré, tant aimé notre ami.

Je lui demandai, en retournant à sa maison, s'il ne ferait pas venir son fils chez lui, s'il ne lui représenterait pas ses fautes. « Non, dit-il ; je veux qu'il les sente avant que je lui en parle. Soupons ce soir tous deux ; nous verrons ensemble ce que l'honnêteté m'oblige de faire. Les exemples corrigent bien mieux que les réprimandes. »

J'allai, en attendant le souper, chez Jenni ; je le trouvai, comme je pense que tout homme est après son premier crime, pâle, l'œil égaré, la voix rauque et entrecoupée, l'esprit agité, répondant de travers à tout ce qu'on lui disait. Enfin je lui appris ce que son père venait de faire. Il resta immobile, me regarda fixement, puis se détourna un moment pour verser quelques larmes. J'en augurai bien ; je conçus une grande espérance que Jenni pourrait être un jour très-honnête homme. J'allais me jeter à son cou, lorsque M^me Clive-Hart entra avec un jeune étourdi de ses amis, nommé Birton.

« Eh bien ! dit la dame en riant, est-il vrai que tu as tué un homme aujourd'hui ? C'était apparemment quelque ennuyeux ; il est bon de délivrer le monde de ces gens-là. Quand il te prendra envie d'en tuer quelque autre, je te prie de donner la préférence à mon mari, car il m'ennuie furieusement. »

Je regardais cette femme des pieds jusqu'à la tête. Elle était belle ; mais elle me parut avoir quelque chose de sinistre dans la physionomie. Jenni n'osait répondre, et baissait les yeux, parce que j'étais là. « Qu'as-tu donc, mon ami ? lui dit Birton, il semble que tu aies fait quelque mal ; je viens te remettre ton péché. Tiens, voici un petit livre que je viens d'acheter chez Lintot ; il prouve, comme deux et deux font quatre, qu'il n'y a ni Dieu, ni vice, ni vertu : cela est consolant. Buvons ensemble. »

A cet étrange discours je me retirai au plus vite. Je fis sentir discrètement à M. Freind combien son fils avait besoin de sa présence et de ses conseils. « Je le conçois comme vous, dit ce bon

père; mais commençons par payer ses dettes. » Toutes furent acquittées dès le lendemain matin. Jenni vint se jeter à ses pieds. Croiriez-vous bien que le père ne lui fit aucun reproche? Il l'abandonna à sa conscience, et lui dit seulement : « Mon fils, souvenez-vous qu'il n'y a point de bonheur sans la vertu. »

Ensuite il maria Boca Vermeja avec le bachelier de Catalogne, pour qui elle avait un penchant secret, malgré les larmes qu'elle avait répandues pour Jenni : car tout cela s'accorde merveilleusement chez les femmes. On dit que c'est dans leurs cœurs que toutes les contradictions se rassemblent. C'est, sans doute, parce qu'elles ont été pétries originairement d'une de nos côtes.

Le généreux Freind paya la dot des deux mariés; il plaça bien tous ses nouveaux convertis, par la protection de milord Peterborough : car ce n'est pas assez d'assurer le salut des gens, il faut les faire vivre.

Ayant dépêché toutes ces bonnes actions avec ce sang-froid actif qui m'étonnait toujours, il conclut qu'il n'y avait d'autre parti à prendre pour remettre son fils dans le chemin des honnêtes gens que de le marier avec une personne bien née qui eût de la beauté, des mœurs, de l'esprit, et même un peu de richesse; que c'était le seul moyen de détacher Jenni de cette détestable Clive-Hart, et des gens perdus qu'il fréquentait.

J'avais entendu parler de Mlle Primerose, jeune héritière élevée par milady Hervey, sa parente. Milord Peterborough m'introduisit chez milady Hervey. Je vis miss Primerose, et je jugeai qu'elle était bien capable de remplir toutes les vues de mon ami Freind. Jenni, dans sa vie débordée, avait un profond respect pour son père, et même de la tendresse. Il était touché principalement de ce que son père ne lui faisait aucun reproche de sa conduite passée. Ses dettes payées sans l'en avertir, des conseils sages donnés à propos et sans réprimandes, des marques d'amitié échappées de temps en temps sans aucune familiarité qui eût pu les avilir : tout cela pénétrait Jenni, né sensible et avec beaucoup d'esprit. J'avais toutes les raisons de croire que la fureur de ses désordres céderait aux charmes de Primerose et aux étonnantes vertus de mon ami.

Milord Peterborough lui-même présenta d'abord le père, et ensuite Jenni chez milady Hervey. Je remarquai que l'extrême beauté de Jenni fit d'abord une impression profonde sur le cœur de Primerose : car je la vis baisser les yeux, les relever, et rougir. Jenni ne parut que poli, et Primerose avoua à milady Hervey qu'elle eût bien souhaité que cette politesse fût de l'amour.

Peu à peu notre beau jeune homme démêla tout le mérite de cette incomparable fille, quoiqu'il fût subjugué par l'infâme Clive-Hart. Il était comme cet Indien invité par un ange à cueillir un fruit céleste, et retenu par les griffes d'un dragon. Ici le souvenir de ce que j'ai vu me suffoque. Mes pleurs mouillent mon papier. Quand j'aurai repris mes sens, je reprendrai le fil de mon histoire.

CHAPITRE VI.

AVENTURE ÉPOUVANTABLE.

On était prêt à conclure le mariage de la belle Primerose avec le beau Jenni. Notre ami Freind n'avait jamais goûté une joie plus pure; je la partageais. Voici comment elle fut changée en un désastre que je puis à peine comprendre.

La Clive-Hart aimait Jenni en lui faisant continuellement des infidélités. C'est le sort, dit-on, de toutes les femmes qui, en méprisant trop la pudeur, ont renoncé à la probité. Elle trahissait surtout son cher Jenni pour son cher Birton et pour un autre débauché de la même trempe. Ils vivaient ensemble dans la crapule; et, ce qui ne se voit peut-être que dans notre nation, c'est qu'ils avaient tous de l'esprit et de la valeur. Malheureusement ils n'avaient jamais plus d'esprit que contre Dieu. La maison de Mme Clive-Hart était le rendez-vous des athées. Encore s'ils avaient été des athées gens de bien, comme Épicure et Leontium, comme Lucrèce et Memmius, comme Spinosa, qu'on dit avoir été un des plus honnêtes hommes de la Hollande; comme Hobbes, si fidèle à son infortuné monarque Charles Ier.... Mais !....

Quoi qu'il en soit, Clive-Hart, jalouse avec fureur de la tendre et innocente Primerose, sans être fidèle à Jenni, ne put souffrir cet heureux mariage. Elle médite une vengeance dont je ne crois pas qu'il y ait d'exemple dans notre ville de Londres, où nos pères cependant ont vu tant de crimes de tant d'espèces.

Elle sut que Primerose devait passer devant sa porte en revenant de la Cité, où cette jeune personne était allée faire des emplettes avec sa femme de chambre. Elle prend ce temps pour faire travailler à un petit canal souterrain qui conduisait l'eau dans ses offices.

Le carrosse de Primerose fut obligé, en revenant, de s'arrêter vis-à-vis cet embarras. La Clive-Hart se présente à elle, la prie de descendre, de se reposer, d'accepter quelques rafraîchissements,

CHAPITRE VI.

en attendant que le chemin soit libre. La belle Primerose tremblait à cette proposition ; mais Jenni était dans le vestibule. Un mouvement involontaire, plus fort que la réflexion, la fit descendre. Jenni courait au-devant d'elle, et lui donnait déjà la main. Elle entre ; le mari de la Clive-Hart était un ivrogne imbécile, odieux à sa femme autant que soumis, à charge même par ses complaisances. Il présente d'abord, en balbutiant, des rafraîchissements à la demoiselle qui honore sa maison, il en boit après elle. La dame Clive-Hart les emporte sur-le-champ, et en fait présenter d'autres. Pendant ce temps la rue est débarrassée. Primerose remonte en carrosse et rentre chez sa mère.

Au bout d'un quart d'heure elle se plaint d'un mal de cœur et d'un étourdissement. On croit que ce petit dérangement n'est que l'effet du mouvement du carrosse ; mais le mal augmente de moment en moment, et le lendemain elle était à la mort. Nous courûmes chez elle, M. Freind et moi. Nous trouvâmes cette charmante créature, pâle, livide, agitée de convulsions, les lèvres retirées, les yeux tantôt éteints, tantôt étincelants, et toujours fixes. Des taches noires défiguraient sa belle gorge et son beau visage. Sa mère était évanouie à côté de son lit. Le secourable Cheselden prodiguait en vain toutes les ressources de son art. Je ne vous peindrai point le désespoir de Freind, il était inexprimable. Je vole au logis de la Clive-Hart. J'apprends que son mari vient de mourir, et que la femme a déserté la maison. Je cherche Jenni ; on ne le trouve pas. Une servante me dit que sa maîtresse s'est jetée aux pieds de Jenni, et l'a conjuré de ne la pas abandonner dans son malheur ; qu'elle est partie avec Jenni et Birton, et qu'on ne sait où elle est allée.

Écrasé de tant de coups si rapides et si multipliés, l'esprit bouleversé par des soupçons horribles que je chassais et qui revenaient, je me traîne dans la maison de la mourante. « Cependant, me disais-je à moi-même, si cette abominable femme s'est jetée aux genoux de Jenni, si elle l'a prié d'avoir pitié d'elle, il n'est donc point complice. Jenni est incapable d'un crime si lâche, si affreux, qu'il n'a eu nul intérêt, nul motif de commettre, qui le priverait d'une femme adorable et de sa fortune, qui le rendrait exécrable au genre humain : faible, il se sera laissé subjuguer par une malheureuse dont il n'aura pas connu les noirceurs. Il n'a point vu comme moi Primerose expirante ; il n'aurait pas quitté le chevet de son lit pour suivre l'empoisonneuse de sa femme. » Dévoré de ces pensées, j'entre en frissonnant chez celle que je craignais de ne plus trouver en vie : elle respirait ; le vieux Clive-

Hart avait succombé en un moment, parce que son corps était usé par les débauches ; mais la jeune Primerose était soutenue par un tempérament aussi robuste que son âme était pure. Elle m'aperçut, et d'une voix tendre elle me demanda où était Jenni. A ce mot j'avoue qu'un torrent de larmes coula de mes yeux. Je ne pus lui répondre. Je ne pus parler au père. Il fallut la laisser enfin entre les mains fidèles qui la servaient.

Nous allâmes instruire milord de ce désastre. Vous connaissez son cœur : il est aussi tendre pour ses amis que terrible pour ses ennemis. Jamais homme ne fut plus compatissant avec une physionomie plus dure. Il se donna autant de peine pour secourir la mourante, pour découvrir l'asile de Jenni et de sa scélérate, qu'il en avait pris pour donner l'Espagne à l'archiduc. Toutes nos recherches furent inutiles. Je crus que Freind en mourrait. Nous volions tantôt chez Primerose, dont l'agonie était longue, tantôt à Rochester, à Douvres, à Portsmouth ; on envoyait des courriers partout, on était partout, on errait à l'aventure, comme des chiens de chasse qui ont perdu la voie ; et cependant la mère infortunée de l'infortunée Primerose voyait d'heure en heure mourir sa fille.

Enfin nous apprenons qu'une femme assez jeune et assez belle, accompagnée de trois jeunes gens et de quelques valets, s'est embarquée à Newport dans le comté de Pembroke, sur un petit vaisseau qui était à la rade, plein de contrebandiers, et que ce bâtiment est parti pour l'Amérique septentrionale.

Freind, à cette nouvelle, poussa un profond soupir ; puis, tout à coup se recueillant et me serrant la main : « Il faut, dit-il, que j'aille en Amérique. » Je lui répondis en l'admirant et en pleurant : « Je ne vous quitterai pas ; mais que pourrez-vous faire ?

— Ramener mon fils unique, dit-il, à sa patrie et à la vertu, ou m'ensevelir auprès de lui. » Nous ne pouvions douter en effet aux indices qu'on nous donna que ce ne fût Jenni qui s'était embarqué avec cette horrible femme et Birton, et les garnements du cortége.

Le bon père, ayant pris son parti, dit adieu à milord Peterborough, qui retourna bientôt en Catalogne ; et nous allâmes fréter à Bristol un vaisseau pour la rivière de Delaware et pour la baie de Maryland. Freind concluait que ces parages étant au milieu des possessions anglaises, il fallait y diriger sa navigation, soit que son fils fût vers le sud, soit qu'il eût marché vers le septentrion. Il se munit d'argent, de lettres de change, et de vivres, laissant à Londres un domestique affidé, chargé de lui donner des nouvelles par les vaisseaux qui allaient toutes les semaines dans le Maryland ou dans la Pensylvanie.

Nous partîmes ; les gens de l'équipage, en voyant la sérénité sur le visage de Freind, croyaient que nous faisions un voyage de plaisir ; mais, quand il n'avait que moi pour témoin, ses soupirs m'expliquaient assez sa douleur profonde. Je m'applaudissais quelquefois en secret de l'honneur de consoler une si belle âme. Un vent d'ouest nous retint longtemps à la hauteur des Sorlingues. Nous fûmes obligés de diriger notre route vers la Nouvelle-Angleterre. Que d'informations nous fîmes sur toute la côte ! que de temps et de soins perdus ! Enfin un vent de nord-est s'étant levé, nous tournâmes vers Maryland. C'est là qu'on nous dépeignit Jenni, la Clive-Hart, et leurs compagnons.

Ils avaient séjourné sur la côte pendant plus d'un mois, et avaient étonné toute la colonie par des débauches et des magnificences inconnues jusqu'alors dans cette partie du globe ; après quoi ils étaient disparus, et personne ne savait de leurs nouvelles.

Nous avançâmes dans la baie avec le dessein d'aller jusqu'à Baltimore prendre de nouvelles informations.

CHAPITRE VII.

CE QUI ARRIVA EN AMÉRIQUE.

Nous trouvâmes dans la route, sur la droite, une habitation très-bien entendue. C'était une maison basse, commode et propre, entre une grange spacieuse et une vaste étable, le tout entouré d'un jardin où croissaient tous les fruits du pays. Cet enclos appartenait à un vieillard qui nous invita à descendre dans sa retraite. Il n'avait pas l'air d'un Anglais, et nous jugeâmes bientôt à son accent qu'il était étranger. Nous ancrâmes ; nous descendîmes ; ce bonhomme nous reçut avec cordialité, et nous donna le meilleur repas qu'on puisse faire dans le nouveau monde.

Nous lui insinuâmes discrètement notre désir de savoir à qui nous avions l'obligation d'être si bien reçus. « Je suis, dit-il, un de ceux que vous appelez sauvages : je naquis sur une des montagnes bleues qui bordent cette contrée, et que vous voyez à l'occident. Un gros vilain serpent à sonnette m'avait mordu dans mon enfance sur une de ces montagnes ; j'étais abandonné ; j'allais mourir. Le père de milord Baltimore d'aujourd'hui me rencontra, me mit entre les mains de son médecin, et je lui dus la vie. Je lui rendis bientôt ce que je lui devais, car je lui sauvai la sienne dans un combat contre une horde voisine. Il me donna pour récompense cette habitation, où je vis heureux. »

M. Freind lui demanda s'il était de la religion du lord Baltimore. « Moi! dit-il, je suis de la mienne ; pourquoi voudriez-vous que je fusse de la religion d'un autre homme? » Cette réponse courte et énergique nous fit rentrer un peu en nous-mêmes. « Vous avez donc, lui dis-je, votre dieu et votre loi ?

— Oui, nous répondit-il avec une assurance qui n'avait rien de la fierté ; mon dieu est là », et il montra le ciel ; « ma loi est là-dedans », et il mit la main sur son cœur. M. Freind fut saisi d'admiration, et, me serrant la main : « Cette pure nature, me dit-il, en sait plus que tous les bacheliers qui ont raisonné avec nous dans Barcelone. »

Il était pressé d'apprendre, s'il se pouvait, quelque nouvelle certaine de son fils Jenni. C'était un poids qui l'oppressait. Il demanda si on n'avait pas entendu parler de cette bande de jeunes gens qui avaient fait tant de fracas dans les environs. « Comment! dit le vieillard, si on m'en a parlé! Je les ai vus, je les ai reçus chez moi, et ils ont été si contents de ma réception qu'ils sont partis avec une de mes filles. »

Jugez quel fut le frémissement et l'effroi de mon ami à ce discours. Il ne put s'empêcher de s'écrier dans son premier mouvement : « Quoi! votre fille a été enlevée par mon fils!

— Bon Anglais, lui repartit le vieillard, ne te fâche point ; je suis très-aise que celui qui est parti de chez moi avec ma fille soit ton fils, car il est beau, bien fait, et paraît courageux. Il ne m'a point enlevé ma chère Parouba : car il faut que tu saches que Parouba est son nom, parce que Parouba est le mien. S'il m'avait pris ma Parouba, ce serait un vol ; et mes cinq enfants mâles, qui sont à présent à la chasse dans le voisinage, à quarante ou cinquante milles d'ici, n'auraient pas souffert cet affront. C'est un grand péché de voler le bien d'autrui. Ma fille s'en est allée de son plein gré avec ces jeunes gens ; elle a voulu voir le pays : c'est une petite satisfaction qu'on ne doit pas refuser à une personne de son âge. Ces voyageurs me la rendront avant qu'il soit un mois ; j'en suis sûr, car ils me l'ont promis. » Ces paroles m'auraient fait rire, si la douleur où je voyais mon ami plongé n'avait pas pénétré mon âme, qui en était tout occupée.

Le soir, tandis que nous étions prêts à partir et à profiter du vent, arrive un des fils de Parouba tout essoufflé, la pâleur, l'horreur et le désespoir sur le visage. « Qu'as-tu donc, mon fils? d'où viens-tu? Je te croyais à la chasse ; que t'est-il arrivé? Es-tu blessé par quelque bête sauvage?

— Non, mon père, je ne suis point blessé, mais je me meurs.

CHAPITRE VII.

— Mais d'où viens-tu, encore une fois, mon cher fils?

— De quarante milles d'ici sans m'arrêter; mais je suis mort. »

Le père, tout tremblant, le fait reposer. On lui donne des restaurants; nous nous empressons autour de lui, ses petits frères, ses petites sœurs, M. Freind, et moi, et nos domestiques. Quand il eut repris ses sens, il se jeta au cou du bon vieillard Parouba. « Ah! dit-il en sanglotant, ma sœur Parouba est prisonnière de guerre, et probablement va être mangée. »

Le bonhomme Parouba tomba par terre à ces paroles. M. Freind, qui était père aussi, sentit ses entrailles s'émouvoir. Enfin Parouba le fils nous apprit qu'une troupe de jeunes Anglais fort étourdis avaient attaqué par passe-temps des gens de la montagne bleue. « Ils avaient, dit-il, avec eux une très-belle femme et sa suivante; et je ne sais comment ma sœur se trouvait dans cette compagnie. La belle Anglaise a été tuée et mangée; ma sœur a été prise, et sera mangée tout de même. Je viens ici chercher du secours contre les gens de la montagne bleue; je veux les tuer, les manger à mon tour, reprendre ma chère sœur, ou mourir. »

Ce fut alors à M. Freind de s'évanouir; mais l'habitude de se commander à lui-même le soutint. « Dieu m'a donné un fils, me dit-il; il reprendra le fils et le père quand le moment d'exécuter ses décrets éternels sera venu. Mon ami, je serais tenté de croire que Dieu agit quelquefois par une providence particulière, soumise à ses lois générales, puisqu'il punit en Amérique des crimes commis en Europe, et que la scélérate Clive-Hart est morte comme elle devait mourir. Peut-être le souverain fabricateur de tant de mondes aura-t-il arrangé les choses de façon que les grands forfaits commis dans un globe sont expiés quelquefois dans ce globe même. Je n'ose le croire, mais je le souhaite; et je le croirais si cette idée n'était pas contre toutes les règles de la bonne métaphysique. »

Après des réflexions si tristes sur de si fatales aventures, fort ordinaires en Amérique, Freind prit son parti incontinent selon sa coutume. « J'ai un bon vaisseau, dit-il à son hôte, il est bien approvisionné; remontons le golfe avec la marée le plus près que nous pourrons des montagnes bleues. Mon affaire la plus pressée est à présent de sauver votre fille. Allons vers vos anciens compatriotes; vous leur direz que je viens leur apporter le calumet de la paix, et que je suis le petit-fils de Penn : ce nom seul suffira. »

A ce nom de Penn, si révéré dans toute l'Amérique boréale, le

bon Parouba et son fils sentirent les mouvements du plus profond respect et de la plus chère espérance. Nous nous embarquons, nous mettons à la voile, nous abordons en trente-six heures auprès de Baltimore.

A peine étions-nous à la vue de cette petite place, alors presque déserte, que nous découvrîmes de loin une troupe nombreuse d'habitants des montagnes bleues qui descendaient dans la plaine, armés de casse-têtes, de haches, et de ces mousquets que les Européans leur ont si sottement vendus pour avoir des pelleteries. On entendait déjà leurs hurlements effroyables. D'un autre côté s'avançaient quatre cavaliers suivis de quelques hommes de pied. Cette petite troupe nous prit pour des gens de Baltimore qui venaient les combattre. Les cavaliers courent sur nous à bride abattue, le sabre à la main. Nos compagnons se préparaient à les recevoir. M. Freind, ayant regardé fixement les cavaliers, frissonna un moment ; mais, reprenant tout à coup son sang-froid ordinaire : « Ne bougez, mes amis, nous dit-il d'une voix attendrie ; laissez-moi agir seul. » Il s'avance en effet seul, sans armes, à pas lents, vers la troupe. Nous voyons en un moment le chef abandonner la bride de son cheval, se jeter à terre, et tomber prosterné. Nous poussons un cri d'étonnement ; nous approchons : c'était Jenni lui-même qui baignait de larmes les pieds de son père, qu'il embrassait de ses mains tremblantes. Ni l'un ni l'autre ne pouvait parler. Birton et les deux jeunes cavaliers qui l'accompagnaient descendirent de cheval. Mais Birton, conservant son caractère, lui dit : « Pardieu ! notre cher Freind, je ne t'attendais pas ici. Toi et moi nous sommes faits pour les aventures ; pardieu ! je suis bien aise de te voir. »

Freind, sans daigner lui répondre, se tourna vers l'armée des montagnes bleues qui s'avançait. Il marche à elle avec le seul Parouba, qui lui servait d'interprète. « Compatriotes, leur dit Parouba, voici le descendant de Penn qui vous apporte le calumet de la paix. »

A ces mots, le plus ancien du peuple répondit, en élevant les mains et les yeux au ciel : « Un fils de Penn ! que je baise ses pieds et ses mains, et ses parties sacrées de la génération[1] ! Qu'il puisse faire une longue race de Penn ! que les Penn vivent à jamais ! le grand Penn est notre Manitou, notre dieu. Ce fut presque le seul des gens d'Europe qui ne nous trompa point, qui ne s'empara point de nos terres par la force. Il acheta le pays

1. Voyez tome XVII, page 44.

que nous lui cédâmes; il le paya libéralement; il entretint chez nous la concorde; il apporta des remèdes pour le peu de maladies que notre commerce avec les gens d'Europe nous communiquait; il nous enseigna des arts que nous ignorions. Jamais nous ne fumâmes contre lui ni contre ses enfants le calumet de la guerre; nous n'avons avec les Penn que le calumet de l'adoration. »

Ayant parlé ainsi au nom de son peuple, il courut en effet baiser les pieds et les mains de M. Freind; mais il s'abstint de parvenir aux parties sacrées dès qu'on lui dit que ce n'était pas l'usage en Angleterre, et que chaque pays a ses cérémonies.

Freind fit apporter sur-le-champ une trentaine de jambons, autant de grands pâtés et de poulardes à la daube, deux cents gros flacons de vin de Pontac qu'on tira du vaisseau; il plaça à côté de lui le commandant des montagnes bleues. Jenni et ses compagnons furent du festin; mais Jenni aurait voulu être cent pieds sous terre. Son père ne lui disait mot; et ce silence augmentait encore sa honte.

Birton, à qui tout était égal, montrait une gaieté évaporée. Freind, avant qu'on se mît à manger, dit au bon Parouba : « Il nous manque ici une personne bien chère, c'est votre fille. » Le commandant des montagnes bleues la fit venir sur-le-champ; on ne lui avait fait aucun outrage; elle embrassa son père et son frère, comme si elle fût revenue de la promenade.

Je profitai de la liberté du repas pour demander par quelle raison les guerriers des montagnes bleues avaient tué et mangé M^me Clive-Hart, et n'avaient rien fait à la fille de Parouba. « C'est parce que nous sommes justes, répondit le commandant. Cette fière Anglaise était de la troupe qui nous attaqua; elle tua un des nôtres d'un coup de pistolet par derrière. Nous n'avons rien fait à la Parouba dès que nous avons su qu'elle était la fille d'un de nos anciens camarades, et qu'elle n'était venue ici que pour s'amuser : il faut rendre à chacun selon ses œuvres. »

Freind fut touché de cette maxime, mais il représenta que la coutume de manger des femmes était indigne de si braves gens, et qu'avec tant de vertu on ne devait pas être anthropophage.

Le chef des montagnes nous demanda alors ce que nous faisions de nos ennemis lorsque nous les avions tués. « Nous les enterrons, lui répondis-je.

— J'entends, dit-il; vous les faites manger par les vers. Nous voulons avoir la préférence; nos estomacs sont une sépulture plus honorable. »

Birton prit plaisir à soutenir l'opinion des montagnes bleues. Il dit que la coutume de mettre son prochain au pot ou à la broche était la plus ancienne et la plus naturelle, puisqu'on l'avait trouvée établie dans les deux hémisphères; qu'il était par conséquent démontré que c'était là une idée innée; qu'on avait été à la chasse aux hommes avant d'aller à la chasse aux bêtes, par la raison qu'il était bien plus aisé de tuer un homme que de tuer un loup; que si les Juifs, dans leurs livres si longtemps ignorés, ont imaginé qu'un nommé Caïn tua un nommé Abel, ce ne put être que pour le manger; que ces Juifs eux-mêmes avouent nettement s'être nourris plusieurs fois de chair humaine[1]; que, selon les meilleurs historiens, les Juifs dévorèrent les chairs sanglantes des Romains assassinés par eux en Égypte, en Chypre, en Asie, dans leurs révoltes contre les empereurs Trajan et Adrien.

Nous lui laissâmes débiter ces dures plaisanteries, dont le fond pouvait malheureusement être vrai, mais qui n'avaient rien de l'atticisme grec et de l'urbanité romaine.

Le bon Freind, sans lui répondre, adressa la parole aux gens du pays. Parouba l'interprétait phrase à phrase. Jamais le grave Tillotson ne parla avec tant d'énergie; jamais l'insinuant Smalridge[2] n'eut des grâces si touchantes. Le grand secret est de démontrer avec éloquence. Il leur démontra donc que ces festins où l'on se nourrit de la chair de ses semblables sont des repas de vautours, et non pas d'hommes; que cette exécrable coutume inspire une férocité destructive du genre humain; que c'était la raison pour laquelle ils ne connaissaient ni les consolations de la société, ni la culture de la terre; enfin ils jurèrent par leur grand Manitou qu'ils ne mangeraient plus ni hommes ni femmes.

Freind, dans une seule conversation, fut leur législateur; c'était Orphée qui apprivoisait les tigres. Les jésuites ont beau s'attribuer des miracles dans leurs Lettres curieuses et édifiantes, qui sont rarement l'un et l'autre, ils n'égaleront jamais notre ami Freind.

Après avoir comblé de présents les seigneurs des montagnes bleues, il ramena dans son vaisseau le bonhomme Parouba vers sa demeure. Le jeune Parouba fut du voyage avec sa sœur; les autres frères avaient poursuivi leur chasse du côté de la Caroline. Jenni, Birton, et leurs camarades, s'embarquèrent dans le

1. Voyez dans les *Mélanges,* année 1761, la *Lettre de M. Clocpitre à M. Eratou.*

2. Tillotson et Smalridge sont deux prédicateurs anglais : Voltaire en a déjà parlé; voyez tome XIX, page 38.

vaisseau ; le sage Freind persistait toujours dans sa méthode de ne faire aucun reproche à son fils quand ce garnement avait fait quelque mauvaise action ; il le laissait s'examiner lui-mêm et dévorer son cœur, comme dit Pythagore. Cependant il reprit trois fois la lettre qu'on lui avait apportée d'Angleterre ; et, en la relisant, il regardait son fils, qui baissait toujours les yeux ; et on lisait sur le visage de ce jeune homme le respect et le repentir.

Pour Birton, il était aussi gai et aussi désinvolte[1] que s'il était revenu de la comédie : c'était un caractère à peu près dans le goût du feu comte de Rochester, extrême dans la débauche, dans la bravoure, dans ses idées, dans ses expressions, dans sa philosophie épicurienne, n'étant attaché à rien, sinon aux choses extraordinaires, dont il se dégoûtait bien vite ; ayant cette sorte d'esprit qui tient les vraisemblances pour des démonstrations ; plus savant, plus éloquent qu'aucun jeune homme de son âge, mais ne s'étant jamais donné la peine de rien approfondir.

Il échappa à M. Freind, en dînant avec nous dans le vaisseau, de me dire : « En vérité, mon ami, j'espère que Dieu inspirera des mœurs plus honnêtes à ces jeunes gens, et que l'exemple terrible de la Clive-Hart les corrigera. »

Birton, ayant entendu ces paroles, lui dit d'un ton un peu dédaigneux : « J'étais depuis longtemps très-mécontent de cette méchante Clive-Hart : je ne me soucie pas plus d'elle que d'une poularde grasse qu'on aurait mise à la broche ; mais, en bonne foi, pensez-vous qu'il existe, je ne sais où, un être continuellement occupé à faire punir toutes les méchantes femmes, et tous les hommes pervers qui peuplent et dépeuplent les quatre parties de notre petit monde ? Oubliez-vous que notre détestable Marie, fille de Henri VIII, fut heureuse jusqu'à sa mort ? et cependant elle avait fait périr dans les flammes plus de huit cents citoyens et citoyennes sur le seul prétexte qu'ils ne croyaient ni à la transsubstantiation ni au pape. Son père, presque aussi barbare qu'elle, et son mari, plus profondément méchant, vécurent dans les plaisirs. Le pape Alexandre VI, plus criminel qu'eux tous, fut aussi le plus fortuné : tous ses crimes lui réussirent, et il mourut à soixante et douze ans, puissant, riche, courtisé de tous les rois. Où est donc le dieu juste et vengeur ? Non, pardieu ! il n'y a point de dieu. »

M. Freind, d'un air austère, mais tranquille, lui dit : « Monsieur, vous ne devriez pas, ce me semble, jurer par Dieu même

1. De l'italien *disinvolto*, dégagé ; *disinvoltura*, bonne grâce.

que ce Dieu n'existe pas. Songez que Newton et Locke n'ont prononcé jamais ce nom sacré sans un air de recueillement et d'adoration secrète qui a été remarqué de tout le monde.

— Pox[1] ! repartit Birton ; je me soucie bien de la mine que deux hommes ont faite. Quelle mine avait donc Newton quand il commentait l'*Apocalypse ?* et quelle grimace faisait Locke lorsqu'il racontait la longue conversation d'un perroquet avec le prince Maurice ? »

Alors Freind prononça ces belles paroles d'or qui se gravèrent dans mon cœur : « Oublions les rêves des grands hommes, et souvenons-nous des vérités qu'ils nous ont enseignées. » Cette réponse engagea une dispute réglée, plus intéressante que la conversation avec le bachelier de Salamanque ; je me mis dans un coin, j'écrivis en notes tout ce qui fut dit : on se rangea autour des deux combattants ; le bonhomme Parouba, son fils, et surtout sa fille, les compagnons des débauches de Jenni, écoutaient, le cou tendu, les yeux fixés ; et Jenni, la tête baissée, les deux coudes sur ses genoux, les mains sur ses yeux, semblait plongé dans la plus profonde méditation.

Voici mot à mot la dispute.

CHAPITRE VIII.

DIALOGUE DE FREIND ET DE BIRTON SUR L'ATHÉISME.

FREIND.

Je ne vous répéterai pas, monsieur, les arguments métaphysiques de notre célèbre Clarke. Je vous exhorte seulement à les relire ; ils sont plus faits pour vous éclairer que pour vous toucher : je ne veux vous apporter que des raisons qui peut-être parleront plus à votre cœur.

BIRTON.

Vous me ferez plaisir ; je veux qu'on m'amuse et qu'on m'intéresse ; je hais les sophismes : les disputes métaphysiques ressemblent à des ballons remplis de vent, que les combattants se renvoient. Les vessies crèvent, l'air en sort, il ne reste rien.

FREIND.

Peut-être, dans les profondeurs du respectable arien Clarke,

1. Espèce d'exclamation, sale et grossière, des libertins. (*Note de M. Decroix.*)
— Voyez page 561.

y a-t-il quelques obscurités, quelques vessies; peut-être s'est-il trompé sur la réalité de l'infini actuel et de l'espace, etc.; peut-être, en se faisant commentateur de Dieu, a-t-il imité quelquefois les commentateurs d'Homère, qui lui supposent des idées auxquelles Homère ne pensa jamais.

A ces mots d'infini, d'espace, d'Homère, de commentateurs, le bonhomme Parouba et sa fille, et quelques Anglais même, voulurent aller prendre l'air sur le tillac ; mais Freind ayant promis d'être intelligible, ils demeurèrent; et moi, j'expliquais tout bas à Parouba quelques mots un peu scientifiques que des gens nés sur les montagnes bleues ne pouvaient entendre aussi commodément que des docteurs d'Oxford et de Cambridge.

L'ami Freind continua donc ainsi :

Il serait triste que, pour être sûr de l'existence de Dieu, il fût nécessaire d'être un profond métaphysicien : il n'y aurait tout au plus en Angleterre qu'une centaine d'esprits bien versés ou renversés dans cette science ardue du pour et du contre qui fussent capables de sonder cet abîme, et le reste de la terre entière croupirait dans une ignorance invincible, abandonné en proie à ses passions brutales, gouverné par le seul instinct, et ne raisonnant passablement que sur les grossières notions de ses intérêts charnels. Pour savoir s'il est un dieu, je ne vous demande qu'une chose, c'est d'ouvrir les yeux.

BIRTON.

Ah! je vous vois venir : vous recourez à ce vieil argument tant rebattu que le soleil tourne sur son axe en vingt-cinq jours et demi, en dépit de l'absurde Inquisition de Rome; que la lumière nous arrive réfléchie de Saturne en quatorze minutes, malgré les suppositions absurdes de Descartes ; que chaque étoile fixe est un soleil comme le nôtre, environné de planètes; que tous ces astres innombrables, placés dans les profondeurs de l'espace, obéissent aux lois mathématiques découvertes et démontrées par le grand Newton ; qu'un catéchiste annonce Dieu aux enfants, et que Newton le prouve aux sages, comme le dit un philosophe *frenchman*, persécuté dans son drôle de pays pour l'avoir dit[1].

1. Voltaire. C'est un anachronisme : les événements se passent au commencement du xviiie siècle, et c'est plus tard que Voltaire a dit ce qu'il rapporte ici; voyez tome XVII, pages 458 et 476; tome XX, page 500; et dans les *Mélanges*, année 1767, la dixième des *Lettres à Son Altesse le prince de* ***; année 1768, le paragraphe v des *Remontrances à A.-J. Rustan*.

Ne vous tourmentez pas à m'étaler cet ordre constant qui règne dans toutes les parties de l'univers: il faut bien que tout ce qui existe soit dans un ordre quelconque; il faut bien que la matière plus rare s'élève sur la plus massive, que le plus fort en tout sens presse le plus faible, que ce qui est poussé avec plus de mouvement coure plus vite; tout s'arrange ainsi de soi-même. Vous auriez beau, après avoir bu une pinte de vin comme Esdras, me parler comme lui neuf cent soixante heures de suite sans fermer la bouche, je ne vous en croirais pas davantage. Voudriez-vous que j'adoptasse un Être éternel, infini et immuable, qui s'est plu, dans je ne sais quel temps, à créer de rien des choses qui changent à tout moment, et à faire des araignées pour éventrer des mouches? Voudriez-vous que je disse, avec ce bavard impertinent de Nieuwentyt, que « Dieu nous a donné des oreilles pour avoir la foi, parce que la foi vient par ouï-dire »? Non, non, je ne croirai point à des charlatans qui ont vendu cher leurs drogues à des imbéciles; je m'en tiens au petit livre d'un *frenchman* qui dit que rien n'existe et ne peut exister, sinon la nature; que la nature fait tout, que la nature est tout, qu'il est impossible et contradictoire qu'il existe quelque chose au delà du tout; en un mot, je ne crois qu'à la nature[1].

FREIND.

Et si je vous disais qu'il n'y a point de nature, et que dans nous, autour de nous, et à cent mille millions de lieues, tout est art sans aucune exception.

BIRTON.

Comment! tout est art! en voici bien d'une autre!

FREIND.

Presque personne n'y prend garde; cependant rien n'est plus vrai. Je vous dirai toujours : Servez-vous de vos yeux, et vous reconnaîtrez, vous adorerez un Dieu. Songez comment ces globes immenses, que vous voyez rouler dans leur immense carrière, observent les lois d'une profonde mathématique: il y a donc un grand Mathématicien que Platon appelait l'éternel Géomètre. Vous admirez ces machines d'une nouvelle invention, qu'on appelle *oreri*, parce que milord Orery les a mises à la mode en protégeant l'ouvrier par ses libéralités : c'est une très-faible copie de notre monde planétaire et de ses révolutions. La période même du changement des solstices et des équinoxes, qui nous amène

1. Il s'agit du *Système de la nature*, fort postérieur au siége de Barcelone et aux aventures de Jenni. (K.) — Voyez la note 2 de la page 567.

de jour en jour une nouvelle étoile polaire, cette période, cette course si lente d'environ vingt-six mille ans, n'a pu être exécutée par des mains humaines dans nos oreri. Cette machine est très-imparfaite : il faut la faire tourner avec une manivelle ; cependant c'est un chef-d'œuvre de l'habileté de nos artisans. Jugez donc quelle est la puissance, quel est le génie de l'éternel Architecte, si l'on peut se servir de ces termes impropres si mal assortis à l'Être suprême.

Je donnai une légère idée d'un oreri à Parouba. Il dit : « S'il y a du génie dans cette copie, il faut bien qu'il y en ait dans l'original : je voudrais voir un oreri ; mais le ciel est plus beau. » Tous les assistants, Anglais et Américains, entendant ces mots, furent également frappés de la vérité, et levèrent les mains au ciel. Birton demeura tout pensif, puis il s'écria : « Quoi! tout serait art, et la nature ne serait que l'ouvrage d'un suprême Artisan! serait-il possible? » Le sage Freind continua ainsi :

Portez à présent vos yeux sur vous-même ; examinez avec quel art étonnant, et jamais assez connu, tout y est construit en dedans et en dehors pour tous vos usages et pour tous vos désirs ; je ne prétends pas faire ici une leçon d'anatomie ; vous savez assez qu'il n'y a pas un viscère qui ne soit nécessaire, et qui ne soit secouru dans ses dangers par le jeu continuel des viscères voisins. Les secours dans le corps sont si artificieusement préparés de tous côtés qu'il n'y a pas une seule veine qui n'ait ses valvules, ses écluses, pour ouvrir au sang des passages. Depuis la racine des cheveux jusqu'aux orteils des pieds, tout est art, tout est préparation, moyen, et fin. Et, en vérité, on ne peut que se sentir de l'indignation contre ceux qui osent nier les véritables causes finales, et qui ont assez de mauvaise foi ou de fureur pour dire que la bouche n'est pas faite pour parler et pour manger ; que ni les yeux ne sont merveilleusement disposés pour voir, ni les oreilles pour entendre, ni les parties de la génération pour engendrer[1] : cette audace est si folle que j'ai peine à la comprendre.

Avouons que chaque animal rend témoignage au suprême Fabricateur.

La plus petite herbe suffit pour confondre l'intelligence humaine, et cela est si vrai qu'il est impossible aux efforts de

1. Voyez tome XVIII, pages 103-104.

tous les hommes réunis de produire un brin de paille si le germe n'est pas dans la terre ; et il ne faut pas dire que les germes pourrissent pour produire[1], car ces bêtises ne se disent plus.

L'assemblée sentit la vérité de ces preuves plus vivement que tout le reste, parce qu'elles étaient plus palpables. Birton disait entre ses dents : « Faudra-t-il se soumettre à reconnaître un dieu ? Nous verrons cela, pardieu ! c'est une affaire à examiner. » Jenni rêvait toujours profondément, et était touché, et notre Freind acheva sa phrase :

Non, mes amis, nous ne faisons rien ; nous ne pouvons rien faire : il nous est donné d'arranger, d'unir, de désunir, de nombrer, de peser, de mesurer ; mais faire ! quel mot ! Il n'y a que l'Être nécessaire, l'Être existant éternellement par lui-même, qui fasse : voilà pourquoi les charlatans qui travaillent à la pierre philosophale sont de si grands imbéciles, ou de si grands fripons. Ils se vantent de créer de l'or, et ils ne pourraient pas créer de la crotte.

Avouons donc, mes amis, qu'il est un Être suprême, nécessaire, incompréhensible, qui nous a faits.

BIRTON.

Et où est-il, cet Être ? S'il y en a un, pourquoi se cache-t-il ? Quelqu'un l'a-t-il jamais vu ? Doit-on se cacher quand on a fait du bien ?

FREIND.

Avez-vous jamais vu Christophe Wren, qui a bâti Saint-Paul de Londres ? Cependant il est démontré que cet édifice est l'ouvrage d'un architecte très-habile.

BIRTON.

Tout le monde conçoit aisément que Wren a bâti avec beaucoup d'argent ce vaste édifice, où Burgess nous endort quand il prêche. Nous savons bien pourquoi et comment nos pères ont élevé ce bâtiment ; mais pourquoi et comment un dieu aurait-il créé de rien cet univers ? Vous savez l'ancienne maxime de toute l'antiquité : *Rien ne peut rien créer, rien ne retourne à rien*[2]. C'est

1. C'est ce que disent, saint Paul dans son *Épître aux Corinthiens*, xv, 36, et saint Jean, xii, 24.

2. C'est le vers de Perse, iii, 84 :

Ex nihilo nihil, in nihilum nil posse reverti ;

qui est le résumé de la doctrine de Lucrèce.

une vérité dont personne n'a jamais douté. Votre *Bible* même dit expressément que votre dieu fit le ciel et la terre[1], quoique le ciel, c'est-à-dire l'assemblage de tous les astres, soit beaucoup plus supérieur à la terre que cette terre ne l'est au plus petit des grains de sable; mais votre *Bible* n'a jamais dit que Dieu fit le ciel et la terre avec rien du tout : elle ne prétend point que le Seigneur ait fait la femme de rien. Il la pétrit fort singulièrement d'une côte qu'il arracha à son mari. Le chaos existait, selon la *Bible* même, avant la terre : donc la matière était aussi éternelle que votre dieu.

Il s'éleva alors un petit murmure dans l'assemblée ; on disait : « Birton pourrait bien avoir raison » ; mais Freind répondit :

Je vous ai, je pense, prouvé qu'il existe une intelligence suprême, une puissance éternelle à qui nous devons une vie passagère : je ne vous ai point promis de vous expliquer le pourquoi et le comment. Dieu m'a donné assez de raison pour comprendre qu'il existe; mais non assez pour savoir au juste si la matière lui a été éternellement soumise, ou s'il l'a fait naître dans le temps. Que vous importe l'éternité ou la création de la matière, pourvu que vous reconnaissiez un dieu, un maître de la matière et de vous ? Vous me demandez où Dieu est : je n'en sais rien ; et je ne le dois pas savoir. Je sais qu'il est ; je sais qu'il est notre maître, qu'il fait tout, que nous devons tout attendre de sa bonté.

BIRTON.

De sa bonté ! vous vous moquez de moi. Vous m'avez dit : Servez-vous de vos yeux ; et moi je vous dis : Servez-vous des vôtres. Jetez seulement un coup d'œil sur la terre entière, et jugez si votre dieu serait bon.

M. Freind sentit bien que c'était là le fort de la dispute, et que Birton lui préparait un rude assaut ; il s'aperçut que les auditeurs, et surtout les Américains, avaient besoin de prendre haleine pour écouter, et lui pour parler. Il se recommanda à Dieu ; on alla se promener sur le tillac ; on prit ensuite du thé dans le yacht, et la dispute réglée recommença.

1. *Genèse*, I, I.

CHAPITRE IX.

SUR L'ATHÉISME.

BIRTON.

Pardieu! monsieur, vous n'aurez pas si beau jeu sur l'article de la bonté que vous l'avez eu sur la puissance et sur l'industrie; je vous parlerai d'abord des énormes défauts de ce globe, qui sont précisément l'opposé de cette industrie tant vantée; ensuite je mettrai sous vos yeux les crimes et les malheurs perpétuels des habitants, et vous jugerez de l'affection paternelle que, selon vous, le maître a pour eux.

Je commence par vous dire que les gens de Glocestershire, mon pays, quand ils ont fait naître des chevaux dans leurs haras, les élèvent dans de beaux pâturages, leur donnent ensuite une bonne écurie, et de l'avoine et de la paille à foison; mais, s'il vous plaît, quelle nourriture et quel abri avaient tous ces pauvres Américains du Nord quand nous les avons découverts après tant de siècles? Il fallait qu'ils courussent trente et quarante milles pour avoir de quoi manger. Toute la côte boréale de notre ancien monde languit à peu près sous la même nécessité; et depuis la Laponie suédoise jusqu'aux mers septentrionales du Japon, cent peuples traînent leur vie, aussi courte qu'insupportable, dans une disette affreuse, au milieu de leurs neiges éternelles.

Les plus beaux climats sont exposés sans cesse à des fléaux destructeurs. Nous y marchons sur des précipices enflammés, recouverts de terrains fertiles qui sont des piéges de mort. Il n'y a point d'autres enfers sans doute, et ces enfers se sont ouverts mille fois sous nos pas.

On nous parle d'un déluge universel, physiquement impossible, et dont tous les gens sensés rient; mais du moins on nous console en nous disant qu'il n'a duré que dix mois : il devait éteindre ces feux qui depuis ont détruit tant de villes florissantes. Votre saint Augustin nous apprend qu'il y eut cent villes entières d'embrasées et d'abîmées en Libye par un seul tremblement de terre; ces volcans ont bouleversé toute la belle Italie. Pour comble de maux, les tristes habitants de la zone glaciale ne sont pas exempts de ces gouffres souterrains; les Islandais, toujours menacés, voient la faim devant eux, cent pieds de glace et cent pieds de flamme à droite et à gauche sur leur mont Hécla : car tous les grands volcans sont placés sur ces montagnes hideuses.

On a beau nous dire que ces montagnes de deux mille toises de hauteur ne sont rien par rapport à la terre, qui a trois mille lieues de diamètre; que c'est un grain de la peau d'une orange sur la rondeur de ce fruit, que ce n'est pas un pied sur trois mille. Hélas! qui sommes-nous donc, si les hautes montagnes ne font sur la terre que la figure d'un pied sur trois mille pieds, et de quatre pouces sur mille pieds? Nous sommes donc des animaux absolument imperceptibles; et cependant nous sommes écrasés par tout ce qui nous environne, quoique notre infinie petitesse, si voisine du néant, semblât devoir nous mettre à l'abri de tous les accidents. Après cette innombrable quantité de villes détruites, rebâties, et détruites encore comme des fourmilières, que dirons-nous de ces mers de sable qui traversent le milieu de l'Afrique, et dont les vagues brûlantes, amoncelées par les vents, ont englouti des armées entières? A quoi servent ces vastes déserts à côté de la belle Syrie? déserts si affreux, si inhabitables, que ces animaux féroces appelés *Juifs* se crurent dans le paradis terrestre quand ils passèrent de ces lieux d'horreur dans un coin de terre dont on pouvait cultiver quelques arpents.

Ce n'est pas encore assez que l'homme, cette noble créature, ait été si mal logé, si mal vêtu, si mal nourri pendant tant de siècles; il naît entre de l'urine et de la matière fécale pour respirer deux jours; et, pendant ces deux jours, composés d'espérances trompeuses et de chagrins réels, son corps, formé avec un art inutile, et en proie à tous les maux qui résultent de cet art même: il vit entre la peste et la vérole; la source de son être est empoisonnée; il n'y a personne qui puisse mettre dans sa mémoire la liste de toutes les maladies qui nous poursuivent; et le médecin des urines en Suisse prétend les guérir toutes!

Pendant que Birton parlait ainsi, la compagnie était tout attentive et tout émue; le bonhomme Parouba disait : « Voyons comme notre docteur se tirera de là »; Jenni même laissa échapper ces paroles à voix basse : « Ma foi, il a raison; j'étais bien sot de m'être laissé toucher des discours de mon père. » M. Freind laissa passer cette première bordée, qui frappait toutes les imaginations, puis il dit :

Un jeune théologien répondrait par des sophismes à ce torrent de tristes vérités, et vous citerait saint Basile et saint Cyrille, qui n'ont que faire ici; pour moi, messieurs, je vous avouerai sans détour qu'il y a beaucoup de mal physique sur la terre; je n'en

diminue pas l'existence ; mais M. Birton l'a trop exagérée. Je m'en rapporte à vous, mon cher Parouba ; votre climat est fait pour vous, et il n'est pas si mauvais, puisque ni vous ni vos compatriotes n'avez jamais voulu le quitter. Les Esquimaux, les Islandais, les Lapons, les Ostiaks, les Samoyèdes, n'ont jamais voulu sortir du leur. Les rangifères, ou rennes, que Dieu leur a donnés pour les nourrir, les vêtir, et les traîner, meurent quand on les transporte dans une autre zone. Les Lapons mêmes aussi meurent dans les climats un peu méridionaux : le climat de la Sibérie est trop chaud pour eux ; ils se trouveraient brûlés dans le parage où nous sommes.

Il est clair que Dieu a fait chaque espèce d'animaux et de végétaux pour la place dans laquelle ils se perpétuent. Les nègres, cette espèce d'hommes si différente de la nôtre, sont tellement nés pour leur patrie que des milliers de ces animaux noirs se sont donné la mort quand notre barbare avarice les a transportés ailleurs. Le chameau et l'autruche vivent commodément dans les sables de l'Afrique ; le taureau et ses compagnes bondissent dans les pays gras où l'herbe se renouvelle continuellement pour leur nourriture ; la cannelle et le girofle ne croissent qu'aux Indes ; le froment n'est bon que dans le peu de pays où Dieu le fait croître. On a d'autres nourritures dans toute votre Amérique, depuis la Californie jusqu'au détroit de Lemaire ; nous ne pouvons cultiver la vigne dans notre fertile Angleterre, non plus qu'en Suède et en Canada. Voilà pourquoi ceux qui fondent dans quelques pays l'essence de leurs rites religieux sur du pain et du vin n'ont consulté que leur climat ; ils font très-bien, eux, de remercier Dieu de l'aliment et de la boisson qu'ils tiennent de sa bonté ; et vous ferez très-bien, vous Américains, de lui rendre grâce de votre maïs, de votre manioc et de votre cassave. Dieu, dans toute la terre, a proportionné les organes et les facultés des animaux, depuis l'homme jusqu'au limaçon, au lieu où il leur a donné la vie : n'accusons donc pas toujours la Providence, quand nous lui devons souvent des actions de grâces.

Venons aux fléaux, aux inondations, aux volcans, aux tremblements de terre. Si vous ne considérez que ces calamités, si vous ne ramassez qu'un assemblage affreux de tous les accidents qui ont attaqué quelques roues de la machine de cet univers, Dieu est un tyran à vos yeux ; si vous faites attention à ses innombrables bienfaits, Dieu est un père. Vous me citez saint Augustin le rhéteur, qui, dans son livre des miracles, parle de cent villes englouties à la fois en Libye ; mais songez que cet Africain, qui

passa sa vie à se contredire, prodiguait dans ses écrits la figure de l'exagération : il traitait les tremblements de terre comme la grâce efficace, et la damnation éternelle de tous les petits enfants morts sans baptême. N'a-t-il pas dit, dans son trente-septième sermon, avoir vu en Éthiopie des races d'hommes pourvues d'un grand œil au milieu du front, comme les cyclopes, et des peuples entiers sans tête?

Nous, qui ne sommes pas Pères de l'Église, nous ne devons aller ni au delà ni en deçà de la vérité : cette vérité est que, sur cent mille habitations, on en peut compter tout au plus une détruite chaque siècle par les feux nécessaires à la formation de ce globe.

Le feu est tellement nécessaire à l'univers entier que, sans lui, il n'y aurait sur la terre ni animaux, ni végétaux, ni minéraux : il n'y aurait ni soleil ni étoiles dans l'espace. Ce feu, répandu sous la première écorce de la terre, obéit aux lois générales établies par Dieu même; il est impossible qu'il n'en résulte quelques désastres particuliers : or on ne peut pas dire qu'un artisan soit un mauvais ouvrier quand une machine immense, formée par lui seul, subsiste depuis tant de siècles sans se déranger. Si un homme avait inventé une machine hydraulique qui arrosât toute une province et la rendît fertile, lui reprocheriez-vous que l'eau qu'il vous donnerait noyât quelques insectes?

Je vous ai prouvé que la machine du monde est l'ouvrage d'un être souverainement intelligent et puissant : vous, qui êtes intelligents, vous devez l'admirer; vous, qui êtes comblés de ses bienfaits, vous devez l'aimer.

Mais les malheureux, dites-vous, condamnés à souffrir toute leur vie, accablés de maladies incurables, peuvent-ils l'admirer et l'aimer? Je vous dirai, mes amis, que ces maladies si cruelles viennent presque toutes de notre faute, ou de celle de nos pères, qui ont abusé de leurs corps; et non de la faute du grand Fabricateur. On ne connaissait guère de maladie que celle de la décrépitude dans toute l'Amérique septentrionale, avant que nous vous y eussions apporté cette eau de mort que nous appelons *eau-de-vie*, et qui donne mille maux divers à quiconque en a trop bu. La contagion secrète des Caraïbes, que vous autres jeunes gens appelez *pox*, n'était qu'une indisposition légère dont nous ignorons la source, et qu'on guérissait en deux jours, soit avec du gaïac, soit avec du bouillon de tortue; l'incontinence des Européans transplanta dans le reste du monde cette incommodité, qui prit parmi nous un caractère si funeste, et qui est devenue un fléau

si abominable. Nous lisons que le pape Léon X, un archevêque de Mayence nommé Henneberg, le roi de France François I{er}, en moururent.

La petite vérole, née dans l'Arabie Heureuse, n'était qu'une faible éruption, une ébullition passagère sans danger, une simple dépuration du sang : elle est devenue mortelle en Angleterre, comme dans tant d'autres climats; notre avarice l'a portée dans ce nouveau monde; elle l'a dépeuplé.

Souvenons-nous que, dans le poëme de Milton, ce benêt d'Adam demande à l'ange Gabriel s'il vivra longtemps. Oui, lui répond l'ange, si tu observes la grande règle *Rien de trop*. Observez tous cette règle, mes amis; oseriez-vous exiger que Dieu vous fît vivre sans douleur des siècles entiers pour prix de votre gourmandise, de votre ivrognerie, de votre incontinence, de votre abandonnement à d'infâmes passions qui corrompent le sang, et qui abrégent nécessairement la vie?

J'approuvai cette réponse, Parouba en fut assez content; mais Birton ne fut pas ébranlé, et je remarquai dans les yeux de Jenni qu'il était encore très-indécis. Birton répliqua en ces termes :

Puisque vous vous êtes servi de lieux communs mêlés avec quelques réflexions nouvelles, j'emploierai aussi un lieu commun auquel on n'a jamais pu répondre que par des fables et du verbiage. S'il existait un dieu si puissant, si bon, il n'aurait pas mis le mal sur la terre; il n'aurait pas dévoué ses créatures à la douleur et au crime. S'il n'a pu empêcher le mal, il est impuissant; s'il l'a pu et ne l'a pas voulu, il est barbare [1].

Nous n'avons des annales que d'environ huit mille années, conservées chez les brachmanes; nous n'en avons que d'environ cinq mille ans chez les Chinois; nous ne connaissons rien que d'hier; mais dans cet hier tout est horreur. On s'est égorgé d'un bout de la terre à l'autre, et on a été assez imbécile pour donner le nom de grands hommes, de héros, de demi-dieux, de dieux même, à ceux qui ont fait assassiner le plus grand nombre des hommes leurs semblables.

Il restait dans l'Amérique deux grandes nations civilisées [2] qui

1. Ce dilemme est d'Épicure; voyez dans les *Mélanges*, année 1772, le paragraphe XVIII de : *Il faut prendre un parti;* Voltaire a souvent cité ce dilemme : voyez tome XI, page 94; tome XX, pages 296-300; et dans les *Mélanges*, année 1777, le second des *Dialogues d'Évhémère*.
2. Les Péruviens et les Mexicains.

CHAPITRE IX.

commençaient à jouir des douceurs de la paix : les Espagnols arrivent, et en massacrent douze millions ; ils vont à la chasse aux hommes avec des chiens [1], et Ferdinand, roi de Castille, assigne une pension à ces chiens pour l'avoir si bien servi. Les héros vainqueurs du nouveau monde, qui massacrent tant d'innocents désarmés et nus, font servir sur leur table des gigots d'hommes et de femmes, des fesses, des avant-bras, des mollets en ragoût. Ils font rôtir sur des brasiers le roi Gatimozin au Mexique [2] ; ils courent au Pérou convertir le roi Atabalipa [3]. Un nommé Almagro, prêtre, fils de prêtre, condamné à être pendu en Espagne pour avoir été voleur de grand chemin, vient, avec un nommé Pizarro, signifier au roi, par la voix d'un autre prêtre, qu'un troisième prêtre, nommé Alexandre VI, souillé d'incestes, d'assassinats, et d'homicides, a donné, de son plein gré, *proprio motu*, et de sa pleine puissance, non-seulement le Pérou, mais la moitié du nouveau monde, au roi d'Espagne ; qu'Atabalipa doit sur-le-champ se soumettre, sous peine d'encourir l'indignation des apôtres saint Pierre et saint Paul. Et, comme ce roi n'entendait pas la langue latine plus que le prêtre qui lisait la bulle, il fut déclaré sur-le-champ incrédule et hérétique : on fit pendre Atabalipa, comme on avait brûlé Gatimozin ; on massacra sa nation, et tout cela pour ravir de la boue jaune endurcie, qui n'a servi qu'à dépeupler l'Espagne et à l'appauvrir, car elle lui a fait négliger la véritable boue, qui nourrit les hommes quand elle est cultivée.

Çà, mon cher monsieur Freind, si l'être fantastique et ridicule qu'on appelle le diable avait voulu faire des hommes à son image, les aurait-il formés autrement ? Cessez donc d'attribuer à un dieu un ouvrage si abominable.

Cette tirade fit revenir toute l'assemblée au sentiment de Birton. Je voyais Jenni en triompher en secret ; il n'y eut pas jusqu'à la jeune Parouba qui ne fût saisie d'horreur contre le prêtre Almagro, contre le prêtre qui avait lu la bulle en latin, contre le prêtre Alexandre VI, contre tous les chrétiens qui avaient commis tant de crimes inconcevables par dévotion, et pour voler de l'or. J'avoue que je tremblai pour l'ami Freind : je désespérais de sa cause ; voici pourtant comme il répondit sans s'étonner :

1. Voyez tome XII, pages 384 et 401.
2. *Ibidem*, pages 395-396.
3. *Ibidem*, pages 398-400.

Mes amis, souvenez-vous toujours qu'il existe un Être suprême ; je vous l'ai prouvé, vous en êtes convenus, et, après avoir été forcés d'avouer qu'il est, vous vous efforcez de lui trouver des imperfections, des vices, des méchancetés.

Je suis bien loin de vous dire, comme certains raisonneurs, que les maux particuliers forment le bien général. Cette extravagance est trop ridicule. Je conviens avec douleur qu'il y a beaucoup de mal moral et de mal physique ; mais, puisque l'existence de Dieu est certaine, il est aussi très-certain que tous ces maux ne peuvent empêcher que Dieu existe. Il ne peut être méchant, car quel intérêt aurait-il à l'être ? Il y a des maux horribles, mes amis ; eh bien ! n'en augmentons pas le nombre. Il est impossible qu'un Dieu ne soit pas bon ; mais les hommes sont pervers : ils font un détestable usage de la liberté que ce grand Être leur a donnée et dû leur donner, c'est-à-dire de la puissance d'exécuter leurs volontés, sans quoi ils ne seraient que de pures machines formées par un être méchant pour être brisées par lui.

Tous les Espagnols éclairés conviennent qu'un petit nombre de leurs ancêtres abusa de cette liberté jusqu'à commettre des crimes qui font frémir la nature. Don Carlos, second du nom (de qui M. l'archiduc puisse être le successeur!), a réparé, autant qu'il a pu, les atrocités auxquelles les Espagnols s'abandonnèrent sous Ferdinand et sous Charles-Quint.

Mes amis, si le crime est sur la terre, la vertu y est aussi.

BIRTON.

Ha ! ha ! ha ! la vertu ! voilà une plaisante idée ; pardieu ! je voudrais bien savoir comment la vertu est faite, et où l'on peut la trouver.

A ces paroles je ne me contins pas ; j'interrompis Birton à mon tour. « Vous la trouverez chez M. Freind, lui dis-je, chez le bon Parouba, chez vous-même, quand vous aurez nettoyé votre cœur des vices qui le couvrent. » Il rougit, Jenni aussi ; puis Jenni baissa les yeux, et parut sentir des remords. Son père le regarda avec quelque compassion, et poursuivit ainsi son discours :

FREIND.

Oui, mes chers amis, il y eut toujours des vertus, s'il y eut des crimes. Athènes vit des Socrate, si elle vit des Anitus ; Rome eut des Caton, si elle eut des Sylla ; Caligula, Néron, effrayèrent la terre par leurs atrocités ; mais Titus, Trajan, Antonin le Pieux, Marc-Aurèle, la consolèrent par leur bienfaisance : mon ami

Sherloc dira en peu de mots au bon Parouba ce qu'étaient les gens dont je parle. J'ai heureusement mon Épictète dans ma poche : cet Épictète n'était qu'un esclave, mais égal à Marc-Aurèle par ses sentiments. Écoutez, et puissent tous ceux qui se mêlent d'enseigner les hommes écouter ce qu'Épictète se dit à lui-même ! « C'est Dieu qui m'a créé, je le porte dans moi ; oserais-je le déshonorer par des pensées infâmes, par des actions criminelles, par d'indignes désirs ? » Sa vie fut conforme à ses discours. Marc-Aurèle, sur le trône de l'Europe et de deux autres parties de notre hémisphère, ne pensa pas autrement que l'esclave Épictète : l'un ne fut jamais humilié de sa bassesse, l'autre ne fut jamais ébloui de sa grandeur ; et, quand ils écrivirent leurs pensées, ce fut pour eux-mêmes et pour leurs disciples, et non pour être loués dans des journaux. Et, à votre avis, Locke, Newton, Tillotson, Penn, Clarke, le bonhomme qu'on appelle *the man of Ross*[1], tant d'autres dans notre île et hors de notre île, que je pourrais vous citer, n'ont-ils pas été des modèles de vertu ?

Vous m'avez parlé, monsieur Birton, des guerres aussi cruelles qu'injustes dont tant de nations se sont rendues coupables ; vous avez peint les abominations des chrétiens au Mexique et au Pérou, vous pouvez y ajouter la Saint-Barthélemy de France, et les massacres d'Irlande ; mais n'est-il pas des peuples entiers qui ont toujours eu l'effusion du sang en horreur ? Les brachmanes n'ont-ils pas donné de tout temps cet exemple au monde ? Et, sans sortir du pays où nous sommes, n'avons-nous pas auprès de nous la Pensylvanie, où nos primitifs, qu'on défigure en vain par le nom de quakers, ont toujours détesté la guerre ? N'avons-nous pas la Caroline, où le grand Locke a dicté ses lois ? Dans ces deux patries de la vertu, tous les citoyens sont égaux, toutes les consciences sont libres, toutes les religions sont bonnes, pourvu qu'on adore un dieu ; tous les hommes y sont frères. Vous avez vu, monsieur Birton, comme au seul nom d'un descendant de Penn les habitants des montagnes bleues, qui pouvaient vous exterminer, ont mis bas les armes. Ils ont senti ce que c'est que la vertu, et vous vous obstinez à l'ignorer ! Si la terre produit des poisons comme des aliments salutaires, voudrez-vous ne vous nourrir que de poisons ?

BIRTON.

Ah ! monsieur, pourquoi tant de poisons ? Si Dieu a tout fait,

1. Jean Kyrl, né en 1634, mort en 1724, que Pope (troisième épître) appelle *l'homme de Ross*.

ils sont son ouvrage ; il est le maître de tout ; il fait tout, il dirige la main de Cromwell qui signe la mort de Charles I*er* ; il conduit le bras du bourreau qui lui tranche la tête : non, je ne puis admettre un dieu homicide.

FREIND.

Ni moi non plus. Écoutez, je vous prie ; vous conviendrez avec moi que Dieu gouverne le monde par des lois générales. Selon ces lois, Cromwell, monstre de fanatisme et d'hypocrisie, résolut la mort de Charles I*er* pour son intérêt, que tous les hommes aiment nécessairement, et qu'ils n'entendent pas tous également. Selon les lois du mouvement établies par Dieu même, le bourreau coupa la tête de ce roi ; mais certainement Dieu n'assassina pas Charles I*er* par un acte particulier de sa volonté. Dieu ne fut ni Cromwell, ni Jeffreys, ni Ravaillac, ni Balthazar Gérard, ni le frère prêcheur Jacques Clément. Dieu ne commet, ni n'ordonne, ni ne permet le crime ; mais il a fait l'homme, et il fait les lois du mouvement ; ces lois éternelles du mouvement sont également exécutées par la main de l'homme charitable, qui secourt le pauvre, et par la main du scélérat, qui égorge son frère. De même que Dieu n'éteignit point son soleil et n'engloutit point l'Espagne sous la mer pour punir Cortez, Almagro, et Pizzaro, qui avaient inondé de sang humain la moitié d'un hémisphère ; de même aussi il n'envoie point une troupe d'anges à Londres, et ne fait point descendre du ciel cent mille tonneaux de vin de Bourgogne, pour faire plaisir à ses chers Anglais quand ils ont fait une bonne action. Sa providence générale serait ridicule si elle descendait dans chaque moment à chaque individu ; et cette vérité est si palpable que jamais Dieu ne punit sur-le-champ un criminel par un coup éclatant de sa toute-puissance ; il laisse luire son soleil sur les bons et sur les méchants. Si quelques scélérats sont morts immédiatement après leurs crimes, ils sont morts par les lois générales qui président au monde. J'ai lu dans le gros livre d'un *frenchman* nommé Mézerai que Dieu avait fait mourir notre grand Henri V de la fistule à l'anus parce qu'il avait osé s'asseoir sur le trône du roi très-chrétien ; non, il mourut parce que les lois générales émanées de la toute-puissance avaient tellement arrangé la matière que la fistule à l'anus devait terminer la vie de ce héros. Tout le physique d'une mauvaise action est l'effet des lois générales imprimées par la main de Dieu à la matière ; tout le mal moral de l'action criminelle est l'effet de la liberté dont l'homme abuse.

Enfin, sans nous plonger dans les brouillards de la méta-

physique, souvenons-nous que l'existence de Dieu est démontrée ; il n'y a plus à disputer sur son existence. Otez Dieu au monde, l'assassinat de Charles I^{er} en devient-il plus légitime ? Son bourreau vous en sera-t-il plus cher ? Dieu existe, il suffit ; s'il existe, il est juste : soyez donc justes.

BIRTON.

Votre petit argument sur le concours de Dieu a de la finesse et de la force, quoiqu'il ne disculpe pas Dieu entièrement d'être l'auteur du mal physique et du mal moral. Je vois que la manière dont vous excusez Dieu fait quelque impression sur l'assemblée ; mais ne pouvait-il pas faire en sorte que ses lois générales n'entraînassent pas tant de malheurs particuliers ? Vous m'avez prouvé un Être éternel et puissant, et, Dieu me pardonne ! j'ai craint un moment que vous ne me fissiez croire en Dieu ; mais j'ai de terribles objections à vous faire. Allons, Jenni, prenons courage ; ne nous laissons point abattre [1].

Et vous, monsieur Freind, qui parlez si bien, avez-vous lu le livre intitulé *le Bon Sens* [2] ?

FREIND.

Oui, je l'ai lu, et je ne suis point de ceux qui condamnent tout dans leurs adversaires. Il y a dans ce livre des vérités bien exposées ; mais elles sont gâtées par un grand défaut. L'auteur veut continuellement détruire le dieu de Scot, d'Albert, de Bonaventure, le dieu des ridicules scolastiques et des moines. Remarquez qu'il n'ose pas dire un mot contre le dieu de Socrate, de Platon, d'Épictète, de Marc-Aurèle ; contre le dieu de Newton et de Locke, j'ose dire contre le mien. Il perd son temps à déclamer contre des superstitions absurdes et abominables dont tous les honnêtes gens sentent aujourd'hui le ridicule et l'horreur. C'est comme si on écrivait contre la nature parce que les tourbillons de Descartes l'ont défigurée ; c'est comme si on disait que le bon goût n'existe pas parce que la plupart des auteurs n'ont point de goût. Celui qui a fait le livre du *Bon Sens* croit avoir attaqué Dieu ; et, en cela, il manque tout à fait de bon sens ; il n'a écrit que contre certains prêtres anciens et modernes. Croit-il avoir

1. C'est ici que finit ce chapitre dans les éditions de 1775 et 1776. (B.)
2. Ouvrage qui parut en même temps que le *Système de la nature*. M. de Voltaire a grande raison. L'auteur de cet ouvrage prouve très-bien que la plupart des philosophes, en voulant pénétrer la nature de Dieu, en ont donné des idées absurdes ; mais cela ne détruit point les preuves de son existence, qui peuvent être tirées de l'ordre de l'univers. (K.) — Le *Système de la nature* est de 1770 ; voyez tome XVIII, pages 97 et suiv., et 374. *Le Bon Sens, ou Idées naturelles opposées aux idées surnaturelles*, 1772, in-12, est aussi attribué au baron d'Holbach

anéanti le maître pour avoir redit qu'il a été souvent servi par des fripons?

BIRTON.

Écoutez, nous pourrions nous rapprocher. Je pourrais respecter le maître, si vous m'abandonniez les valets. J'aime la vérité : faites-la-moi voir, et je l'embrasse.

CHAPITRE X.

SUR L'ATHÉISME.

La nuit était venue, elle était belle, l'atmosphère était une voûte d'azur transparent, semée d'étoiles d'or ; ce spectacle touche toujours les hommes, et leur inspire une douce rêverie : le bon Parouba admirait le ciel, comme un Allemand admire Saint-Pierre de Rome, ou l'opéra de Naples, quand il le voit pour la première fois. « Cette voûte est bien hardie, disait Parouba à Freind »; et Freind lui disait : « Mon cher Parouba, il n'y a point de voûte ; ce cintre bleu n'est autre chose qu'une étendue de vapeurs, de nuages légers, que Dieu a tellement disposés et combinés avec la mécanique de vos yeux qu'en quelque endroit que vous soyez vous êtes toujours au centre de votre promenade, et vous voyez ce qu'on nomme le ciel, et qui n'est point le ciel, arrondi sur votre tête.

— Et ces étoiles, monsieur Freind?

— Ce sont, comme je vous l'ai déjà dit[1], autant de soleils autour desquels tournent d'autres mondes; loin d'être attachées à cette voûte bleue, souvenez-vous qu'elles en sont à des distances différentes et prodigieuses : cette étoile, que vous voyez, est à douze cents millions de mille pas de notre soleil. » Alors il lui montra le télescope qu'il avait apporté : il lui fit voir nos planètes, Jupiter avec ses quatre lunes, Saturne avec ses cinq lunes[2] et son inconcevable anneau lumineux; « c'est la même lumière, lui disait-il, qui part de tous ces globes, et qui arrive à nos yeux : de cette planète-ci, en un quart d'heure; de cette étoile-ci, en six mois. » Parouba se mit à genoux et dit : « Les cieux annoncent Dieu. » Tout l'équipage était autour du vénérable Freind, regardait, et admirait. Le coriace Birton avança sans rien regarder, et parla ainsi :

1. Voyez page 553.
2. Depuis l'époque où écrivait M. de Voltaire, Herschel, en 1789, a découvert deux nouveaux satellites ou lunes à Saturne. (K.)

BIRTON.

Eh bien, soit! il y a un Dieu, je vous l'accorde; mais qu'importe à vous et à moi? Qu'y a-t-il entre l'Être infini et nous autres vers de terre? Quel rapport peut-il exister de son essence à la nôtre? Épicure, en admettant des dieux dans les planètes, avait bien raison d'enseigner qu'ils ne se mêlaient nullement de nos sottises et de nos horreurs; que nous ne pouvions ni les offenser ni leur plaire; qu'ils n'avaient nul besoin de nous, ni nous d'eux : vous admettez un dieu plus digne de l'esprit humain que les dieux d'Épicure et que tous ceux des Orientaux et des Occidentaux. Mais si vous disiez, comme tant d'autres, que ce dieu a formé le monde et nous pour sa gloire; qu'il exigea autrefois des sacrifices de bœufs pour sa gloire; qu'il apparut, pour sa gloire, sous notre forme de bipèdes, etc.; vous diriez, ce me semble, une chose absurde, qui ferait rire tous les gens qui pensent. L'amour de la gloire n'est autre chose que de l'orgueil, et l'orgueil n'est que de la vanité; un orgueilleux est un fat que Shakespeare jouait sur son théâtre : cette épithète ne peut pas plus convenir à Dieu que celle d'injuste, de cruel, d'inconstant. Si Dieu a daigné faire, ou plutôt arranger l'univers, ce ne doit être que dans la vue d'y faire des heureux. Je vous laisse à penser s'il est venu à bout de ce dessein, le seul pourtant qui pût convenir à la nature divine.

FREIND.

Oui, sans doute, il y a réussi avec toutes les âmes honnêtes : elles seront heureuses un jour, si elles ne le sont pas aujourd'hui.

BIRTON.

Heureuses! quel rêve! quel conte de Peau d'âne! où? quand? comment? qui vous l'a dit?

FREIND.

Sa justice.

BIRTON.

N'allez-vous pas me dire, après tant de déclamateurs, que nous vivrons éternellement quand nous ne serons plus; que nous possédons une âme immortelle, ou plutôt qu'elle nous possède, après nous avoir avoué que les Juifs eux-mêmes, les Juifs, auxquels vous vous vantez d'avoir été subrogés, n'ont jamais soupçonné seulement cette immortalité de l'âme jusqu'au temps d'Hérode? Cette idée d'une âme immortelle avait été inventée par les brachmanes, adoptée par les Perses, les Chaldéens, les Grecs, ignorée très-longtemps de la malheureuse petite horde judaïque, mère des plus infâmes superstitions. Hélas! monsieur, savons-nous seulement si nous avons une âme? Savons-nous si les ani-

maux, dont le sang fait la vie, comme il fait la nôtre, qui ont comme nous des volontés, des appétits, des passions, des idées, de la mémoire, de l'industrie ; savez-vous, dis-je, si ces êtres, aussi incompréhensibles que nous, ont une âme, comme on prétend que nous en avons une?

J'avais cru jusqu'à présent qu'il est dans la nature une force active dont nous tenons le don de vivre dans tout notre corps, de marcher par nos pieds, de prendre par nos mains, de voir par nos yeux, d'entendre par nos oreilles, de sentir par nos nerfs, de penser par notre tête, et que tout cela était ce que nous appelons l'âme : mot vague qui ne signifie au fond que le principe inconnu de nos facultés. J'appellerai Dieu, avec vous, ce principe intelligent et puissant qui anime la nature entière ; mais a-t-il daigné se faire connaître à nous?

FREIND.

Oui, par ses œuvres.

BIRTON.

Nous a-t-il dicté ses lois? nous a-t-il parlé?

FREIND.

Oui, par la voix de votre conscience. N'est-il pas vrai que si vous aviez tué votre père et votre mère, cette conscience vous déchirerait par des remords aussi affreux qu'involontaires? Cette vérité n'est-elle pas sentie et avouée par l'univers entier? Descendons maintenant à de moindres crimes. Y en a-t-il un seul qui ne vous effraye au premier coup d'œil, qui ne vous fasse pâlir la première fois que vous le commettez, et qui ne laisse dans votre cœur l'aiguillon du repentir?

BIRTON.

Il faut que je l'avoue.

FREIND.

Dieu vous a donc expressément ordonné, en parlant à votre cœur, de ne vous souiller jamais d'un crime évident. Et quant à toutes ces actions équivoques, que les uns condamnent et que les autres justifient, qu'avons-nous de mieux à faire que de suivre cette grande loi du premier des Zoroastres, tant remarquée de nos jours par un auteur français [1] : « Quand tu ne sais si l'action que tu médites est bonne ou mauvaise, abstiens-toi » ?

1. Voltaire lui-même ; voyez tome XVII, page 557 ; tome XVIII, page 236 ; tome XIX, page 549 ; tome XX, pages 345 et 616 ; et dans les *Mélanges*, année 1768, une des notes sur le *Discours de l'empereur Julien*, et le dialogue A B C, dixième entretien ; année 1771, *Lettres de Memmius*, n° 19.

CHAPITRE X.

BIRTON.

Cette maxime est admirable; c'est sans doute ce qu'on a jamais dit de plus beau, c'est-à-dire de plus utile en morale; et cela me ferait presque penser que Dieu a suscité de temps en temps des sages qui ont enseigné la vertu aux hommes égarés. Je vous demande pardon d'avoir raillé de la vertu.

FREIND.

Demandez-en pardon à l'Être éternel, qui peut la récompenser éternellement, et punir les transgresseurs.

BIRTON.

Quoi! Dieu me punirait éternellement de m'être livré à des passions qu'il m'a données!

FREIND.

Il vous a donné des passions avec lesquelles on peut faire du bien et du mal. Je ne vous dis pas qu'il vous punira à jamais, ni comment il vous punira, car personne n'en peut rien savoir; je vous dis qu'il le peut. Les brachmanes furent les premiers qui imaginèrent une prison éternelle pour les substances célestes qui s'étaient révoltées contre Dieu dans son propre palais : il les enferma dans une espèce d'enfer qu'ils appelaient *ondera*; mais, au bout de quelques milliers de siècles, il adoucit leurs peines, les mit sur la terre, et les fit hommes; c'est de là que vint notre mélange de vices et de vertus, de plaisirs et de calamités. Cette imagination est ingénieuse; la fable de *Pandore* et de *Prométhée* l'est encore davantage. Des nations grossières ont imité grossièrement la belle fable de *Pandore*; ces inventions sont des rêves de la philosophie orientale; tout ce que je puis vous dire, c'est que, si vous avez commis des crimes en abusant de votre liberté, il vous est impossible de prouver que Dieu soit incapable de vous en punir : je vous en défie.

BIRTON.

Attendez; vous pensez que je ne peux pas vous démontrer qu'il est impossible au grand Être de me punir : par ma foi, vous avez raison; j'ai fait ce que j'ai pu pour me prouver que cela était impossible, et je n'en suis jamais venu à bout. J'avoue que j'ai abusé de ma liberté, et que Dieu peut m'en châtier; mais, pardieu! je ne serai pas puni quand je ne serai plus.

FREIND.

Le meilleur parti que vous ayez à prendre est d'être honnête homme tandis que vous existez.

BIRTON.

D'être honnête homme pendant que j'existe?... oui, je l'avoue; oui, vous avez raison : c'est le parti qu'il faut prendre.

Je voudrais, mon cher ami, que vous eussiez été témoin de l'effet que firent les discours de Freind sur tous les Anglais et sur tous les Américains. Birton, si évaporé et si audacieux, prit tout à coup un air recueilli et modeste ; Jenni, les yeux mouillés de larmes, se jeta aux genoux de son père, et son père l'embrassa. Voici enfin la dernière scène de cette dispute si épineuse et si intéressante.

CHAPITRE XI.

DE L'ATHÉISME.

BIRTON.

Je conçois bien que le grand Être, le maître de la nature, est éternel ; mais nous, qui n'étions pas hier, pouvons-nous avoir la folle hardiesse de prétendre à une éternité future ? Tout périt sans retour autour de nous, depuis l'insecte dévoré par l'hirondelle jusqu'à l'éléphant mangé des vers.

FREIND.

Non, rien ne périt, tout change ; les germes impalpables des animaux et des végétaux subsistent, se développent, et perpétuent les espèces. Pourquoi ne voudriez-vous pas que Dieu conservât le principe qui vous fait agir et penser, de quelque nature qu'il puisse être ? Dieu me garde de faire un système, mais certainement il y a dans nous quelque chose qui pense et qui veut : ce quelque chose, que l'on appelait autrefois une monade, ce quelque chose est imperceptible. Dieu nous l'a donnée, ou peut-être, pour parler plus juste, Dieu nous a donnés à elle. Êtes-vous bien sûr qu'il ne peut la conserver ? Songez, examinez ; pouvez-vous m'en fournir quelque démonstration ?

BIRTON.

Non ; j'en ai cherché dans mon entendement, dans tous les livres des athées, et surtout dans le troisième chant de Lucrèce ; j'avoue que je n'ai jamais trouvé que des vraisemblances.

FREIND.

Et, sur ces simples vraisemblances, nous nous abandonnerions à toutes nos passions funestes ! Nous vivrions en brutes, n'ayant pour règle que nos appétits, et pour frein que la crainte des autres hommes rendus éternellement ennemis les uns des autres par cette crainte mutuelle ! car on veut toujours détruire ce qu'on craint. Pensez-y bien, monsieur Birton ; réfléchissez-y sérieusement, mon fils Jenni : n'attendre de Dieu ni châtiment

ni récompense, c'est être véritablement athée. A quoi servirait l'idée d'un dieu qui n'aurait sur vous aucun pouvoir? C'est comme si l'on disait : Il y a un roi de la Chine qui est très-puissant; je réponds : Grand bien lui fasse ; qu'il reste dans son manoir et moi dans le mien : je ne me soucie pas plus de lui qu'il ne se soucie de moi ; il n'a plus de juridiction sur ma personne qu'un chanoine de Windsor n'en a sur un membre de notre parlement; alors je suis mon dieu à moi-même, je sacrifie le monde entier à mes fantaisies si j'en trouve l'occasion ; je suis sans loi, je ne regarde que moi. Si les autres êtres sont moutons, je me fais loup ; s'ils sont poules, je me fais renard.

Je suppose, ce qu'à Dieu ne plaise, que toute notre Angleterre soit athée par principes ; je conviens qu'il pourra se trouver plusieurs citoyens qui, nés tranquilles et doux, assez riches pour n'avoir pas besoin d'être injustes, gouvernés par l'honneur, et par conséquent attentifs à leur conduite, pourront vivre ensemble en société : ils cultiveront les beaux-arts, par qui les mœurs s'adoucissent ; ils pourront vivre dans la paix, dans l'innocente gaieté des honnêtes gens; mais l'athée pauvre et violent, sûr de l'impunité, sera un sot s'il ne vous assassine pas pour voler votre argent. Dès lors tous les liens de la société sont rompus, tous les crimes secrets inondent la terre, comme les sauterelles, à peine d'abord aperçues, viennent ravager les campagnes : le bas peuple ne sera qu'une horde de brigands, comme nos voleurs, dont on ne pend pas la dixième partie à nos sessions ; ils passent leur misérable vie dans des tavernes avec des filles perdues, il les battent, ils se battent entre eux ; ils tombent ivres au milieu de leurs pintes de plomb dont ils se sont cassé la tête ; ils se réveillent pour voler et pour assassiner ; ils recommencent chaque jour ce cercle abominable de brutalités.

Qui retiendra les grands et les rois dans leurs vengeances, dans leur ambition, à laquelle ils veulent tout immoler? Un roi athée est plus dangereux qu'un Ravaillac fanatique.

Les athées fourmillaient en Italie au XV[e] siècle; qu'en arriva-t-il? Il fut aussi commun d'empoisonner que de donner à souper, et d'enfoncer un stylet dans le cœur de son ami que de l'embrasser; il y eut des professeurs du crime, comme il y a aujourd'hui des maîtres de musique et de mathématiques. On choisissait exprès les temples pour y assassiner les princes au pied des autels. Le pape Sixte IV et un archevêque de Florence[1] firent assassiner

1. Salviati; voyez tome XLII, pages 168 et suiv.

ainsi les deux princes les plus accomplis de l'Europe. (Mon cher Sherloc, dites, je vous prie, à Parouba et à ses enfants ce que c'est qu'un pape et un archevêque, et dites-leur surtout qu'il n'est plus de pareils monstres.) Mais continuons. Un duc de Milan fut assassiné de même au milieu d'une église[1]. On ne connaît que trop les étonnantes horreurs d'Alexandre VI[2]. Si de telles mœurs avaient subsisté, l'Italie aurait été plus déserte que ne l'a été le Pérou après son invasion.

La croyance d'un dieu rémunérateur des bonnes actions, punisseur des méchantes, pardonneur des fautes légères, est donc la croyance la plus utile au genre humain : c'est le seul frein des hommes puissants, qui commettent insolemment les crimes publics ; c'est le seul frein des hommes qui commettent adroitement les crimes secrets. Je ne vous dis pas, mes amis, de mêler à cette croyance nécessaire des superstitions qui la déshonoreraient, et qui même pourraient la rendre funeste : l'athée est un monstre qui ne dévorera que pour apaiser sa faim ; le superstitieux est un autre monstre qui déchirera les hommes par devoir. J'ai toujours remarqué qu'on peut guérir un athée, mais on ne guérit jamais le superstitieux radicalement ; l'athée est un homme d'esprit qui se trompe mais qui pense par lui-même, le superstitieux est un sot brutal qui n'a jamais eu que les idées des autres, l'athée violera Iphigénie prête d'épouser Achille, mais le fanatique l'égorgera pieusement sur l'autel, et croira que Jupiter lui en aura beaucoup d'obligation ; l'athée dérobera un vase d'or dans une église pour donner à souper à des filles de joie, mais le fanatique célébrera un auto-da-fé dans cette église, et chantera un cantique juif à plein gosier, en faisant brûler des juifs. Oui, mes amis, l'athéisme et le fanatisme sont les deux pôles d'un univers de confusion et d'horreur. La petite zone de la vertu est entre ces deux pôles : marchez d'un pas ferme dans ce sentier ; croyez un dieu bon, et soyez bons. C'est tout ce que les grands législateurs Locke et Penn demandent à leurs peuples.

Répondez-moi, monsieur Birton, vous et vos amis ; quel mal peut vous faire l'adoration d'un dieu jointe au bonheur d'être honnête homme ? Nous pouvons tous être attaqués d'une maladie mortelle au moment où je vous parle : qui de nous alors ne voudrait pas avoir vécu dans l'innocence ? Voyez comme notre méchant

1. Voyez tome XII, page 167.
2. Voyez *ibid.*, page 83 ; et dans les *Melanges*, année 1768, l'opuscule intitulé *les Droits des hommes*, etc.

Richard III meurt dans Shakespeare ; comme les spectres de tous ceux qu'il a tués viennent épouvanter son imagination. Voyez comme expire Charles IX de France après sa Saint-Barthélemy ! Son chapelain a beau lui dire qu'il a bien fait, son crime le déchire, son sang jaillit par ses pores[1], et tout le sang qu'il fit couler crie contre lui. Soyez sûr que de tous ces monstres il n'en est aucun qui n'ait vécu dans les tourments du remords, et qui n'ait fini dans la rage du désespoir.

CHAPITRE XII.

RETOUR EN ANGLETERRE. MARIAGE DE JENNI.

Birton et ses amis ne purent tenir davantage : ils se jetèrent aux genoux de Freind. « Oui, dit Birton, je crois en Dieu et en vous. »

On était déjà près de la maison de Parouba. On y soupa, mais Jenni ne put souper : il se tenait à l'écart, il fondait en larmes ; son père alla le chercher pour le consoler. « Ah ! lui dit Jenni, je ne méritais pas d'avoir un père tel que vous ; je mourrai de douleur d'avoir été séduit par cette abominable Clive-Hart : je suis la cause, quoique innocente, de la mort de Primerose, et tout à l'heure, quand vous nous avez parlé d'empoisonnement, un frisson m'a saisi ; j'ai cru voir Clive-Hart présentant le breuvage horrible à Primerose. O ciel ! ô Dieu ! comment ai-je pu avoir l'esprit assez aliéné pour suivre une créature si coupable ! Mais elle me trompa ; j'étais aveugle ; je ne fus détrompé que peu de temps avant qu'elle fût prise par les sauvages : elle me fit presque l'aveu de son crime dans un mouvement de colère ; depuis ce moment je l'eus en horreur, et, pour mon supplice, l'image de Primerose est sans cesse devant mes yeux ; je la vois, je l'entends ; elle me dit : Je suis morte, parce que je t'aimais. »

M. Freind se mit à sourire d'un sourire de bonté dont Jenni ne put comprendre le motif ; son père lui dit qu'une vie irréprochable pouvait seule réparer les fautes passées : il le ramena à table comme un homme qu'on vient de retirer des flots où il se noyait ; je l'embrassai, je le flattai, je lui donnai du courage : nous étions tous attendris. Nous appareillâmes le lendemain pour retourner en Angleterre, après avoir fait des présents à toute la

1. Voyez tome XII, page 526.

famille de Parouba : nos adieux furent mêlés de larmes sincères ; Birton et ses camarades, qui n'avaient jamais été qu'évaporés, semblaient déjà raisonnables.

Nous étions en pleine mer quand Freind dit à Jenni en ma présence : « Eh bien ! mon fils, le souvenir de la belle, de la vertueuse et tendre Primerose, vous est donc toujours cher? » Jenni se désespéra à ces paroles ; les traits d'un repentir inutile et éternel perçaient son cœur, et je craignis qu'il ne se précipitât dans la mer. « Eh bien ! lui dit Freind, consolez-vous ; Primerose est vivante, et elle vous aime. »

Freind en effet en avait reçu des nouvelles sûres de son domestique affidé, qui lui écrivait par tous les vaisseaux qui partaient pour le Maryland. M. Mead[1], qui a depuis acquis une si grande réputation pour la connaissance de tous les poisons, avait été assez heureux pour tirer Primerose des bras de la mort. M. Freind fit voir à son fils cette lettre qu'il avait relue tant de fois, et avec tant d'attendrissement.

Jenni passa en un moment de l'excès du désespoir à celui de la félicité. Je ne vous peindrai point les effets de ce changement si subit : plus j'en fus saisi, moins je puis les exprimer ; ce fut le plus beau moment de la vie de Jenni. Birton et ses camarades partagèrent une joie si pure. Que vous dirai-je enfin ? l'excellent Freind leur a servi de père à tous ; les noces du beau Jenni et de la belle Primerose se sont faites chez le docteur Mead ; nous avons marié aussi Birton, qui était tout changé. Jenni et lui sont aujourd'hui les plus honnêtes gens de l'Angleterre. Vous conviendrez qu'un sage peut guérir des fous.

1. Né en 1673, mort en 1754. Il pratiqua l'un des premiers l'inoculation de la petite vérole, et est auteur d'un *Mechanical Account of poisons*, 1702.

FIN DE L'HISTOIRE DE JENNI.

LES OREILLES

DU COMTE

DE CHESTERFIELD

ET

LE CHAPELAIN GOUDMAN

(1775)

CHAPITRE I.

Ah! la fatalité gouverne irrémissiblement toutes les choses de ce monde. J'en juge, comme de raison, par mon aventure.

Milord Chesterfield, qui m'aimait fort, m'avait promis de me faire du bien. Il vaquait un bon *preferment*[1] à sa nomination. Je cours du fond de ma province à Londres ; je me présente à milord ; je le fais souvenir de ses promesses ; il me serre la main avec amitié, et me dit qu'en effet j'ai bien mauvais visage. Je lui réponds que mon plus grand mal est la pauvreté. Il me réplique qu'il veut me faire guérir, et me donne sur-le-champ une lettre pour M. Sidrac, près de Guildhall.

Je ne doute pas que M. Sidrac ne soit celui qui doit m'expédier les provisions de ma cure. Je vole chez lui. M. Sidrac, qui était le chirurgien de milord, se met incontinent en devoir de me sonder, et m'assure que, si j'ai la pierre, il me taillera très-heureusement.

Il faut savoir que milord avait entendu que j'avais un grand mal à la vessie, et qu'il avait voulu, selon sa générosité ordinaire,

1. *Preferment* signifie *bénéfice* en anglais. (*Note de Voltaire.*)

me faire tailler à ses dépens. Il était sourd, aussi bien que monsieur son frère, et je n'en étais pas encore instruit.

Pendant le temps que je perdis à défendre ma vessie contre M. Sidrac, qui voulait me sonder à toute force, un des cinquante-deux compétiteurs qui prétendaient au même bénéfice arriva chez milord, demanda ma cure, et l'emporta.

J'étais amoureux de miss Fidler, que je devais épouser dès que je serais curé ; mon rival eut ma place et ma maîtresse.

Le comte, ayant appris mon désastre et sa méprise, me promit de tout réparer ; mais il mourut deux jours après.

M. Sidrac me fit voir, clair comme le jour, que mon bon protecteur ne pouvait pas vivre une minute de plus, vu la constitution présente de ses organes, et me prouva que sa surdité[1] ne venait que de l'extrême sécheresse de la corde et du tambour de son oreille. Il m'offrit même d'endurcir mes deux oreilles avec de l'esprit-de-vin, de façon à me rendre plus sourd qu'aucun pair du royaume.

Je compris que M. Sidrac était un très-savant homme. Il m'inspira du goût pour la science de la nature. Je voyais d'ailleurs que c'était un homme charitable qui me taillerait gratis dans l'occasion, et qui me soulagerait dans tous les accidents qui pourraient m'arriver vers le col de la vessie.

Je me mis donc à étudier la nature sous sa direction, pour me consoler de la perte de ma cure et de ma maîtresse.

CHAPITRE II.

Après bien des observations sur la nature, faites avec mes cinq sens, des lunettes, des microscopes, je dis un jour à M. Sidrac : « On se moque de nous ; il n'y a point de nature, tout est art. C'est par un art admirable que toutes les planètes dansent régulièrement autour du soleil, tandis que le soleil fait la roue sur lui-même. Il faut assurément que quelqu'un d'aussi savant que la Société royale de Londres ait arrangé les choses de manière que le carré des révolutions de chaque planète soit toujours proportionnel à la racine du cube de leur distance à leur centre ; et il faut être sorcier pour le deviner.

1. Voyez, dans la *Correspondance*, la lettre de Voltaire à Chesterfield, du 24 septembre 1771.

« Le flux et le reflux de notre Tamise me paraît l'effet constant d'un art non moins profond et non moins difficile à connaître.

« Animaux, végétaux, minéraux, tout me paraît arrangé avec poids, mesure, nombre, mouvement. Tout est ressort, levier, poulie, machine hydraulique, laboratoire de chimie, depuis l'herbe jusqu'au chêne, depuis la puce jusqu'à l'homme, depuis un grain de sable jusqu'à nos nuées.

« Certainement il n'y a que de l'art, et la nature est une chimère.

— Vous avez raison, me répondit M. Sidrac, mais vous n'en avez pas les gants; cela a déjà été dit par un rêveur delà la Manche[1], mais on n'y a pas fait attention.

— Ce qui m'étonne, et ce qui me plaît le plus, c'est que, par cet art incompréhensible, deux machines en produisent toujours une troisième; et je suis bien fâché de n'en avoir pas fait une avec miss Fidler; mais je vois bien qu'il était arrangé de toute éternité que miss Fidler emploierait une autre machine que moi.

— Ce que vous dites, me répliqua M. Sidrac, a été encore dit, et tant mieux : c'est une probabilité que vous pensez juste. Oui, il est fort plaisant que deux êtres en produisent un troisième; mais cela n'est pas vrai de tous les êtres. Deux roses ne produisent point une troisième rose en se baisant; deux cailloux, deux métaux, n'en produisent pas un troisième; et cependant un métal, une pierre, sont des choses que toute l'industrie humaine ne saurait faire. Le grand, le beau miracle continuel, est qu'un garçon et une fille fassent un enfant ensemble, qu'un rossignol fasse un rossignolet à sa rossignole, et non pas à une fauvette. Il faudrait passer la moitié de sa vie à les imiter, et l'autre moitié à bénir celui qui inventa cette méthode. Il y a dans la génération mille secrets tout à fait curieux. Newton dit que la nature se ressemble partout : *Natura est ubique sibi consona*. Cela est faux en amour; les poissons, les reptiles, les oiseaux, ne font point l'amour comme nous : c'est une variété infinie. La fabrique des êtres sentants et agissants me ravit. Les végétaux ont aussi leur prix. Je m'étonne toujours qu'un grain de blé jeté en terre en produise plusieurs autres.

— Ah! lui dis-je comme un sot que j'étais encore, c'est que le blé doit mourir pour naître, comme on l'a dit dans l'école[2]. »

M. Sidrac me reprit en riant avec beaucoup de circonspection.

1. *Dictionnaire philosophique*, article Nature. (*Note de Voltaire.*)
2. Saint Paul, *aux Corinthiens*, xv, 36; et saint Jean, xii, 24.

« Cela était vrai du temps de l'école, dit-il ; mais le moindre laboureur sait bien aujourd'hui que la chose est absurde.

— Ah ! monsieur Sidrac, je vous demande pardon ; mais j'ai été théologien, et on ne se défait pas tout d'un coup de ses habitudes. »

CHAPITRE III.

Quelque temps après ces conversations entre le pauvre prêtre Goudman et l'excellent anatomiste Sidrac, ce chirurgien le rencontra dans le parc Saint-James, tout pensif, tout rêveur, et l'air plus embarrassé qu'un algébriste qui vient de faire un faux calcul. « Qu'avez-vous ? lui dit Sidrac ; est-ce la vessie ou le côlon qui vous tourmente ?

— Non, dit Goudman, c'est la vésicule du fiel. Je viens de voir passer dans un bon carrosse l'évêque de Glocester[1], qui est un pédant bavard et insolent ; j'étais à pied, et cela m'a irrité. J'ai songé que si je voulais avoir un évêché dans ce royaume, il y a dix mille à parier contre un que je ne l'aurais pas, attendu que nous sommes dix mille prêtres en Angleterre. Je suis sans aucune protection depuis la mort de milord Chesterfield, qui était sourd. Posons que les dix mille prêtres anglicans aient chacun deux protecteurs, il y aurait en ce cas vingt mille à parier contre un que je n'aurais pas l'évêché. Cela fâche quand on y fait attention.

« Je me suis souvenu qu'on m'avait proposé autrefois d'aller aux grandes Indes en qualité de mousse ; on m'assurait que j'y ferais une grande fortune, mais je ne me sentis pas propre à devenir un jour amiral. Et, après avoir examiné toutes les professions, je suis resté prêtre sans être bon à rien.

— Ne soyez plus prêtre, lui dit Sidrac, et faites-vous philosophe. Ce métier n'exige ni ne donne des richesses. Quel est votre revenu ?

— Je n'ai que trente guinées de rente, et, après la mort de ma vieille tante, j'en aurai cinquante.

— Allons, mon cher Goudman, c'est assez pour vivre libre et pour penser. Trente guinées font six cent trente schellings : c'est près de deux schellings par jour. Philips n'en voulait qu'un seul. On peut, avec ce revenu assuré, dire tout ce qu'on pense de la compagnie des Indes, du parlement, de nos colonies, du roi, de

1. Warburton. (*Note de Voltaire.*)

l'être en général, de l'homme, et de Dieu, ce qui est un grand amusement. Venez dîner avec moi, cela vous épargnera de l'argent; nous causerons, et votre faculté pensante aura le plaisir de se communiquer à la mienne par le moyen de la parole : ce qui est une chose merveilleuse que les hommes n'admirent pas assez. »

CHAPITRE IV.

CONVERSATION DU DOCTEUR GOUDMAN ET DE L'ANATOMISTE SIDRAC SUR L'AME ET SUR QUELQUE AUTRE CHOSE.

GOUDMAN.

Mais, mon cher Sidrac, pourquoi dites-vous toujours *ma faculté pensante?* Que ne dites-vous mon âme, tout court? Cela serait plus tôt fait, et je vous entendrais tout aussi bien.

SIDRAC.

Et moi, je ne m'entendrais pas. Je sens bien, je sais bien que Dieu m'a donné la faculté de penser et de parler; mais je ne sens ni ne sais s'il m'a donné un être qu'on appelle âme.

GOUDMAN.

Vraiment, quand j'y réfléchis, je vois que je n'en sais rien non plus, et que j'ai été longtemps assez hardi pour croire le savoir. J'ai remarqué que les peuples orientaux appelèrent l'âme d'un nom qui signifiait la vie. A leur exemple, les Latins entendirent d'abord par *anima* la vie de l'animal. Chez les Grecs on disait la respiration de l'âme. Cette respiration est un souffle. Les Latins traduisirent le mot *souffle* par *spiritus*: de là le mot qui répond à *esprit* chez presque toutes les nations modernes. Comme personne n'a jamais vu ce souffle, cet esprit, on en a fait un être que personne ne peut voir ni toucher. On a dit qu'il logeait dans notre corps sans y tenir de place, qu'il remuait nos organes sans les atteindre. Que n'a-t-on pas dit? Tous nos discours, à ce qu'il me semble, ont été fondés sur des équivoques. Je vois que le sage Locke a bien senti dans quel chaos ces équivoques de toutes les langues avaient plongé la raison humaine. Il n'a fait aucun chapitre sur l'âme dans le seul livre de métaphysique raisonnable[1] qu'on ait jamais écrit. Et si, par hasard, il prononce ce mot en quelques endroits, ce mot ne signifie chez lui que notre intelligence.

1. *Essai sur l'Entendement humain.*

En effet tout le monde sent bien qu'il a une intelligence, qu'il reçoit des idées, qu'il en assemble, qu'il en décompose; mais personne ne sent qu'il ait dans lui un autre être qui lui donne du mouvement, des sensations et des pensées. Il est, au fond, ridicule de prononcer des mots qu'on n'entend pas, et d'admettre des êtres dont on ne peut avoir la plus légère connaissance.

SIDRAC.

Nous voilà donc déjà d'accord sur une chose qui a été un objet de dispute pendant tant de siècles.

GOUDMAN.

Et j'admire que nous soyons d'accord.

SIDRAC.

Cela n'est pas étonnant, nous cherchons le vrai de bonne foi. Si nous étions sur les bancs de l'école, nous argumenterions comme les personnages de Rabelais. Si nous vivions dans les siècles de ténèbres affreuses qui enveloppèrent si longtemps l'Angleterre, l'un de nous deux ferait peut-être brûler l'autre. Nous sommes dans un siècle de raison; nous trouvons aisément ce qui nous paraît la vérité, et nous osons la dire.

GOUDMAN.

Oui, mais j'ai peur que cette vérité ne soit bien peu de chose. Nous avons fait en mathématiques des prodiges qui étonneraient Apollonius et Archimède, et qui les rendraient nos écoliers; mais en métaphysique, qu'avons-nous trouvé? Notre ignorance.

SIDRAC.

Et n'est-ce rien? Vous convenez que le grand Être vous a donné une faculté de sentir et de penser, comme il a donné à vos pieds la faculté de marcher, à vos mains le pouvoir de faire mille ouvrages, à vos viscères le pouvoir de digérer, à votre cœur le pouvoir de pousser votre sang dans vos artères. Nous tenons tout de lui; nous n'avons rien pu nous donner, et nous ignorerons toujours la manière dont le maître de l'univers s'y prend pour nous conduire. Pour moi, je lui rends grâce de m'avoir appris que je ne sais rien des premiers principes.

On a toujours recherché comment l'âme agit sur le corps. Il fallait d'abord savoir si nous en avions une. Ou Dieu nous a fait ce présent, ou il nous a communiqué quelque chose qui en est l'équivalent. De quelque manière qu'il s'y soit pris, nous sommes sous sa main. Il est notre maître, voilà tout ce que je sais.

GOUDMAN.

Mais, au moins, dites-moi ce que vous en soupçonnez. Vous

avez disséqué des cerveaux, vous avez vu des embryons et des fœtus: y avez-vous découvert quelque apparence d'âme?

SIDRAC.

Pas la moindre, et je n'ai jamais pu comprendre comment un être immatériel, immortel, logeait pendant neuf mois inutilement caché dans une membrane puante entre de l'urine et des excréments. Il m'a paru difficile de concevoir que cette prétendue âme simple existât avant la formation de son corps: car à quoi aurait-elle servi pendant des siècles sans être âme humaine? Et puis comment imaginer un être simple, un être métaphysique, qui attend pendant une éternité le moment d'animer de la matière pendant quelques minutes? Que devient cet être inconnu si le fœtus qu'il doit animer meurt dans le ventre de sa mère?

Il m'a paru encore plus ridicule que Dieu créât une âme au moment qu'un homme couche avec une femme. Il m'a semblé blasphématoire que Dieu attendît la consommation d'un adultère, d'un inceste, pour récompenser ces turpitudes en créant des âmes en leur faveur. C'est encore pis quand on me dit que Dieu tire du néant des âmes immortelles pour leur faire souffrir éternellement des tourments incroyables. Quoi! brûler des êtres simples, des êtres qui n'ont rien de brûlable! Comment nous y prendrions-nous pour brûler un son de voix, un vent qui vient de passer? Encore ce son, ce vent, étaient matériels dans le petit moment de leur passage; mais un esprit pur, une pensée, un doute? Je m'y perds. De quelque côté que je me tourne, je ne trouve qu'obscurité, contradiction, impossibilité, ridicule, rêveries, impertinence, chimères, absurdité, bêtise, charlatanerie.

Mais je suis à mon aise quand je me dis : Dieu est le maître. Celui qui fait graviter des astres innombrables les uns vers les autres, celui qui fit la lumière est bien assez puissant pour nous donner des sentiments et des idées, sans que nous ayons besoin d'un petit atome étranger, invisible, appelé *âme*.

Dieu a donné certainement du sentiment, de la mémoire, de l'industrie à tous les animaux. Il leur a donné la vie, et il est bien aussi beau de faire présent de la vie que de faire présent d'une âme. Il est assez reçu que les animaux vivent; il est démontré qu'ils ont le sentiment, puisqu'ils ont les organes du sentiment. Or, s'ils ont tout cela sans âme, pourquoi voulons-nous à toute force en avoir une?

GOUDMAN.

Peut-être c'est par vanité. Je suis persuadé que si un paon pouvait parler, il se vanterait d'avoir une âme, et il dirait que

son âme est dans sa queue. Je me sens très-enclin à soupçonner avec vous que Dieu nous a faits mangeants, buvants, marchants, dormants, sentants, pensants, pleins de passions, d'orgueil, et de misère, sans nous dire un mot de son secret. Nous n'en savons pas plus sur cet article que ce paon dont je parle; et celui qui a dit que nous naissons, vivons, et mourons sans savoir comment, a dit une grande vérité.

Celui[1] qui nous appelle les marionnettes de la Providence me paraît nous avoir bien définis, car enfin, pour que nous existions il faut une infinité de mouvements. Or nous n'avons pas fait le mouvement; ce n'est pas nous qui en avons établi les lois. Il y a quelqu'un qui, ayant fait la lumière, la fait mouvoir du soleil à nos yeux, et y arriver en sept minutes. Ce n'est que par le mouvement que mes cinq sens sont remués; ce n'est que par mes cinq sens que j'ai des idées : donc c'est l'Auteur du mouvement qui me donne mes idées. Et, quand il me dira de quelle manière il me les donne, je lui rendrai de très-humbles actions de grâces. Je lui en rends déjà beaucoup de m'avoir permis de contempler pendant quelques années le magnifique spectacle de ce monde, comme disait Épictète. Il est vrai qu'il pouvait me rendre plus heureux, et me faire avoir un bon bénéfice et ma maîtresse miss Fidler; mais enfin, tel que je suis avec mes six cent trente schellings de rente, je lui ai encore bien de l'obligation.

SIDRAC.

Vous dites que Dieu pouvait vous donner un bon bénéfice, et qu'il pouvait vous rendre plus heureux que vous n'êtes. Il y a des gens qui ne vous passeraient pas cette proposition. Eh! ne vous souvenez-vous pas que vous-même vous vous êtes plaint de la fatalité? Il n'est pas permis à un homme qui a voulu être curé de se contredire. Ne voyez-vous pas que, si vous aviez eu la cure et la femme que vous demandiez, ce serait vous qui auriez fait un enfant à miss Fidler, et non pas votre rival? L'enfant dont elle aurait accouché aurait pu être mousse, devenir amiral, gagner une bataille navale à l'embouchure du Gange, et achever de détrôner le Grand Mogol. Cela seul aurait changé la constitution de l'univers. Il aurait fallu un monde tout différent du nôtre pour que votre compétiteur n'eût pas la cure, pour qu'il n'épousât pas miss Fidler, pour que vous ne fussiez pas réduit à six cent trente schellings, en attendant la mort de votre tante.

1. Voltaire.

CHAPITRE IV.

Tout est enchaîné; et Dieu n'ira pas rompre la chaîne éternelle pour mon ami Goudman.

GOUDMAN.

Je ne m'attendais pas à ce raisonnement quand je parlais de fatalité; mais enfin, si cela est ainsi, Dieu est donc esclave tout comme moi?

SIDRAC.

Il est esclave de sa volonté, de sa sagesse, des propres lois qu'il a faites, de sa nature nécessaire. Il ne peut les enfreindre, parce qu'il ne peut être faible, inconstant, volage comme nous, et que l'Être nécessairement éternel ne peut être une girouette.

GOUDMAN.

Monsieur Sidrac, cela pourrait mener tout droit à l'irréligion : car, si Dieu ne peut rien changer aux affaires de ce monde, à quoi bon chanter ses louanges, à quoi bon lui adresser des prières?

SIDRAC.

Eh! qui vous dit de prier Dieu et de le louer? Il a vraiment bien affaire de vos louanges et de vos placets! On loue un homme parce qu'on le croit vain; on le prie quand on le croit faible, et qu'on espère le faire changer d'avis. Faisons notre devoir envers Dieu, adorons-le, soyons justes : voilà nos vraies louanges, nos vraies prières.

GOUDMAN.

Monsieur Sidrac, nous avons embrassé bien du terrain, car, sans compter miss Fidler, nous examinons si nous avons une âme, s'il y a un Dieu, s'il peut changer, si nous sommes destinés à deux vies, si... Ce sont là de profondes études, et peut-être je n'y aurais jamais pensé si j'avais été curé. Il faut que j'approfondisse ces choses nécessaires et sublimes puisque je n'ai rien à faire.

SIDRAC.

Eh bien! demain le docteur Grou vient dîner chez moi : c'est un médecin fort instruit; il a fait le tour du monde avec MM. Banks et Solander [1]; il doit certainement connaître Dieu et l'âme, le vrai et le faux, le juste et l'injuste, bien mieux que ceux qui ne sont jamais sortis de Covent-Garden. De plus, le docteur Grou a vu presque toute l'Europe dans sa jeunesse; il a été témoin de cinq ou six révolutions en Russie; il a fréquenté le bacha comte

1. Daniel Solander, compatriote et élève de Linné, est mort en 1781. Il avait, avec Joseph Banks, mort en 1820, accompagné Cook dans son premier voyage autour du monde. (B.) — Ces savants partirent en 1768 pour O'Taïti sous le commandement de Cook, avec mission d'observer le passage de Vénus sur le disque du soleil. (G. A.)

de Bonneval, qui était devenu, comme on sait, un parfait musulman à Constantinople. Il a été lié avec le prêtre papiste Mac-Carthy, Irlandais, qui se fit couper le prépuce à l'honneur de Mahomet, et avec notre presbytérien écossais Ramsay, qui en fit autant, et qui ensuite servit en Russie, et fut tué dans une bataille contre les Suédois en Finlande. Enfin il a conversé avec le révérend P. Malagrida, qui a été brûlé depuis à Lisbonne, parce que la sainte Vierge lui avait révélé tout ce qu'elle avait fait lorsqu'elle était dans le ventre de sa mère sainte Anne.

Vous sentez bien qu'un homme comme M. Grou, qui a vu tant de choses, doit être le plus grand métaphysicien du monde. A demain donc chez moi à dîner.

GOUDMAN.

Et après-demain encore, mon cher Sidrac : car il faut plus d'un dîner pour s'instruire.

CHAPITRE V.

Le lendemain, les trois penseurs dînèrent ensemble ; et comme ils devenaient un peu plus gais sur la fin du repas, selon la coutume des philosophes qui dînent, on se divertit à parler de toutes les misères, de toutes les sottises, de toutes les horreurs qui affligent le genre animal, depuis les terres australes jusqu'auprès du pôle arctique, et depuis Lima jusqu'à Méaco. Cette diversité d'abominations ne laisse pas d'être fort amusante. C'est un plaisir que n'ont point les bourgeois casaniers et les vicaires de paroisse, qui ne connaissent que leur clocher, et qui croient que tout le reste de l'univers est fait comme *exchange-alley* à Londres, ou comme la rue de la Huchette à Paris.

« Je remarque, dit le docteur Grou, que, malgré la variété infinie répandue sur ce globe, cependant tous les hommes que j'ai vus, soit noirs à laine, soit noirs à cheveux, soit bronzés, soit rouges, soit bis, qui s'appellent blancs, ont également deux jambes, deux yeux, et une tête sur leurs épaules, quoi qu'en ait dit saint Augustin, qui, dans son trente-septième sermon, assure qu'il a vu des acéphales, c'est-à-dire des hommes sans tête, des monocules qui n'ont qu'un œil, et des monopèdes qui n'ont qu'une jambe. Pour des anthropophages, j'avoue qu'on en regorge, et que tout le monde l'a été.

« On m'a souvent demandé si les habitants de ce pays immense

nommé la Nouvelle-Zélande, qui sont aujourd'hui les plus barbares de tous les barbares, étaient baptisés. J'ai répondu que je n'en savais rien, que cela pouvait être; que les Juifs, qui étaient plus barbares qu'eux, avaient eu deux baptêmes au lieu d'un, le baptême de justice et le baptême de domicile.

— Vraiment, je les connais, dit M. Goudman, et j'ai eu sur cela de grandes disputes avec ceux qui croient que nous avons inventé le baptême. Non, messieurs, nous n'avons rien inventé, nous n'avons fait que rapetasser. Mais, dites-moi, je vous prie, monsieur Grou, de quatre-vingts ou cent religions que vous avez vues en chemin, laquelle vous a paru la plus agréable : est-ce celle des Zélandais ou celle des Hottentots ?

M. GROU.

C'est celle de l'île d'Otaïti, sans aucune comparaison. J'ai parcouru les deux hémisphères; je n'ai rien vu comme Otaïti et sa religieuse reine. C'est dans Otaïti que la nature habite. Je n'ai vu ailleurs que des masques; je n'ai vu que des fripons qui trompent des sots, des charlatans qui escamotent l'argent des autres pour avoir de l'autorité, et qui escamotent de l'autorité pour avoir de l'argent impunément; qui vous vendent des toiles d'araignée pour manger vos perdrix; qui vous promettent richesses et plaisirs quand il n'y aura plus personne, afin que vous tourniez la broche pendant qu'ils existent.

Pardieu! il n'en est pas de même dans l'île d'Aïti, ou d'Otaïti. Cette île est bien plus civilisée que celle de Zélande et que le pays des Cafres, et, j'ose dire, que notre Angleterre, parce que la nature l'a favorisée d'un sol plus fertile; elle lui a donné l'arbre à pain, présent aussi utile qu'admirable, qu'elle n'a fait qu'à quelques îles de la mer du Sud. Otaïti possède d'ailleurs beaucoup de volailles, de légumes et de fruits. On n'a pas besoin dans un tel pays de manger son semblable; mais il y a un besoin plus naturel, plus doux, plus universel, que la religion d'Otaïti ordonne de satisfaire en public. C'est de toutes les cérémonies religieuses la plus respectable sans doute; j'en ai été témoin, aussi bien que tout l'équipage de notre vaisseau. Ce ne sont point ici des fables de missionnaires, telles qu'on en trouve quelquefois dans les *Lettres édifiantes et curieuses* des révérends pères jésuites. Le docteur Jean Hawkesworth[1] achève actuellement de faire imprimer nos découvertes dans l'hémisphère méridional. J'ai

1. Hawkesworth, né en 1715 ou 1719, mort en 1773, a été le rédacteur du premier *Voyage de Cook*, qui parut en 1773.

toujours accompagné M. Banks, ce jeune homme si estimable qui a consacré son temps et son bien à observer la nature vers le pôle antarctique, tandis que MM. Dakins et Wood revenaient des ruines de Palmyre et de Balbek [1], où ils avaient fouillé les plus anciens monuments des arts, et que M. Hamilton apprenait aux Napolitains étonnés l'histoire naturelle de leur mont Vésuve [2]. Enfin j'ai vu avec MM. Banks, Solander, Cook, et cent autres, ce que je vais vous raconter.

La princesse Obéira, reine de l'île Otaïti... »

Alors on apporta le café, et, dès qu'on l'eut pris, M. Grou continua ainsi son récit.

CHAPITRE VI.

« La princesse Obéira, dis-je, après nous avoir comblés de présents avec une politesse digne d'une reine d'Angleterre, fut curieuse d'assister un matin à notre service anglican. Nous le célébrâmes aussi pompeusement que nous pûmes. Elle nous invita au sien l'après-dîner; c'était le 14 mai 1769. Nous la trouvâmes entourée d'environ mille personnes des deux sexes rangées en demi-cercle, et dans un silence respectueux. Une jeune fille très-jolie, simplement parée d'un déshabillé galant, était couchée sur une estrade qui servait d'autel. La reine Obéira ordonna à un beau garçon d'environ vingt ans d'aller sacrifier. Il prononça une espèce de prière, et monta sur l'autel. Les deux sacrificateurs étaient à demi nus. La reine, d'un air majestueux, enseignait à la jeune victime la manière la plus convenable de consommer le sacrifice. Tous les Otaïtiens étaient si attentifs et si respectueux qu'aucun de nos matelots n'osa troubler la cérémonie par un rire indécent. Voilà ce que j'ai vu, vous dis-je; voilà tout ce que notre équipage a vu: c'est à vous d'en tirer les conséquences.

— Cette fête sacrée ne m'étonne pas, dit le docteur Goudman. Je suis persuadé que c'est la première fête que les hommes aient jamais célébrée, et je ne vois pas pourquoi on ne prierait pas

1. Robert Wood et Dawkins ont publié les *Ruines de Palmyre*, Londres, 1753, in-folio, réimprimées à Paris, 1819, in-4°, et les *Ruines de Balbec*, Londres, 1757, in-folio.
2. Voyez, dans la *Correspondance*, la lettre du 17 juin 1773, au chevalier Hamilton.

Dieu lorsqu'on va faire un être à son image, comme nous le prions avant les repas qui servent à soutenir notre corps. Travailler à faire naître une créature raisonnable est l'action la plus noble et la plus sainte. C'est ainsi que pensaient les premiers Indiens, qui révérèrent le Lingam, symbole de la génération ; les anciens Égyptiens, qui portaient en procession le Phallus ; les Grecs, qui érigèrent des temples à Priape. S'il est permis de citer la misérable petite nation juive, grossière imitatrice de tous ses voisins, il est dit dans ses livres que ce peuple adora Priape, et que la reine mère du roi juif Asa fut sa grande prêtresse [1].

« Quoi qu'il en soit, il est très-vraisemblable que jamais aucun peuple n'établit ni ne put établir un culte par libertinage. La débauche s'y glisse quelquefois dans la suite des temps ; mais l'institution en est toujours innocente et pure. Nos premières agapes, dans lesquelles les garçons et les filles se baisaient modestement sur la bouche, ne dégénérèrent qu'assez tard en rendez-vous et en infidélités ; et plût à Dieu que je pusse sacrifier avec miss Fidler devant la reine Obéira en tout bien et en tout honneur! Ce serait assurément le plus beau jour et la plus belle action de ma vie. »

M. Sidrac, qui avait jusque-là gardé le silence, parce que MM. Goudman et Grou avaient toujours parlé, sortit enfin de sa taciturnité, et dit : « Tout ce que je viens d'entendre me ravit en admiration. La reine Obéira me paraît la première reine de l'hémisphère méridional ; je n'ose dire des deux hémisphères. Mais parmi tant de gloire et tant de félicité, il y a un article qui me fait frémir, et dont M. Goudman vous a dit un mot auquel vous n'avez pas répondu. Est-il vrai, monsieur Grou, que le capitaine Wallis, qui mouilla dans cette île fortunée avant vous, y porta les deux plus horribles fléaux de la terre, les deux véroles?

— Hélas! reprit M. Grou, ce sont les Français qui nous en accusent, et nous en accusons les Français. M. Bougainville dit que ce sont ces maudits Anglais qui ont donné la vérole à la reine Obéira ; et M. Cook prétend que cette reine ne l'a acquise que de M. Bougainville lui-même. Quoi qu'il en soit, la vérole ressemble aux beaux-arts : on ne sait point qui en fut l'inventeur ; mais, à la longue, ils font le tour de l'Europe, de l'Asie, de l'Afrique et de l'Amérique.

1. Troisième livre des *Rois*, chapitre xv ; et *Paralipomènes*, II, chapitre xv. (*Note de Voltaire.*)

— Il y a longtemps que j'exerce la chirurgie, dit Sidrac, et j'avoue que je dois à cette vérole la plus grande partie de ma fortune ; mais je ne la déteste pas moins. Madame Sidrac me la communiqua dès la première nuit de ses noces ; et, comme c'est une femme excessivement délicate sur ce qui peut entamer son honneur, elle publia dans tous les papiers publics de Londres qu'elle était à la vérité attaquée du mal immonde, mais qu'elle l'avait apporté du ventre de madame sa mère, et que c'était une ancienne habitude de famille.

« A quoi pensa ce qu'on appelle *la nature*, quand elle versa ce poison dans les sources de la vie ? On l'a dit, et je le répète, c'est la plus énorme et la plus détestable de toutes les contradictions. Quoi ! l'homme a été fait, dit-on, à l'image de Dieu,

Finxit in effigiem moderantum cuncta deorum [1] :

et c'est dans les vaisseaux spermatiques de cette image qu'on a mis la douleur, l'infection, et la mort ! Que deviendra ce beau vers de milord Rochester : « L'amour ferait adorer Dieu dans un « pays d'athées ? »

— Hélas ! dit alors le bon Goudman, j'ai peut-être à remercier la Providence de n'avoir pas épousé ma chère miss Fidler : car sait-on ce qui serait arrivé ? On n'est jamais sûr de rien dans ce monde. En tout cas, monsieur Sidrac, vous m'avez promis votre aide dans tout ce qui concernerait ma vessie.

— Je suis à votre service, répondit Sidrac ; mais il faut chasser ces mauvaises pensées. »

Goudman, en parlant ainsi, semblait prévoir sa destinée.

CHAPITRE VII.

Le lendemain, les trois philosophes agitèrent la grande question : « Quel est le premier mobile de toutes les actions des hommes ? » Goudman, qui avait toujours sur le cœur la perte de son bénéfice et de sa bien-aimée, dit que le principe de tout était l'amour et l'ambition. Grou, qui avait vu plus de pays, dit que c'était l'argent ; et le grand anatomiste Sidrac assura que c'était la chaise percée. Les deux convives demeurèrent tout étonnés ; et voici comme le savant Sidrac prouva sa thèse.

1. Ovide, *Métam.*, I, 83.

« J'ai toujours observé que toutes les affaires de ce monde dépendaient de l'opinion et de la volonté d'un principal personnage, soit roi, soit premier ministre, soit premier commis : or cette opinion et cette volonté sont l'effet immédiat de la manière dont les esprits animaux se filtrent dans le cervelet, et de là dans la moelle allongée : ces esprits animaux dépendent de la circulation du sang ; ce sang dépend de la formation du chyle ; ce chyle s'élabore dans le réseau du mésentère ; ce mésentère est attaché aux intestins par des filets très-déliés ; ces intestins, s'il m'est permis de le dire, sont remplis de merde : or, malgré les trois fortes tuniques dont chaque intestin est vêtu, il est percé comme un crible ; car tout est à jour dans la nature, et il n'y a grain de sable si imperceptible qui n'ait plus de cinq cents pores. On ferait passer mille aiguilles à travers un boulet de canon si on en trouvait d'assez fines et d'assez fortes. Qu'arrive-t-il donc à un homme constipé? Les éléments les plus ténus, les plus délicats de sa merde se mêlent au chyle dans les veines d'Azellius, vont à la veine-porte et dans le réservoir de Pecquet ; elles passent dans la sous-clavière ; elles entrent dans le cœur de l'homme le plus galant, de la femme la plus coquette. C'est une rosée d'étron desséchée qui court dans tout son corps. Si cette rosée inonde les parenchymes, les vaisseaux, et les glandes d'un atrabilaire, sa mauvaise humeur devient férocité ; le blanc de ses yeux est d'un sombre ardent ; ses lèvres sont collées l'une sur l'autre ; la couleur de son visage a des teintes brouillées ; il semble qu'il vous menace : ne l'approchez pas, et, si c'est un ministre d'État, gardez-vous de lui présenter une requête ; il ne regarde tout papier que comme un secours dont il voudrait bien se servir selon l'ancien et abominable usage des gens d'Europe. Informez-vous adroitement de son valet de chambre favori si monseigneur a poussé sa selle le matin.

« Ceci est plus important qu'on ne pense. La constipation a produit quelquefois les scènes les plus sanglantes. Mon grand-père, qui est mort centenaire, était apothicaire de Cromwell ; il m'a conté souvent que Cromwell n'avait pas été à la garde-robe depuis huit jours lorsqu'il fit couper la tête à son roi.

« Tous les gens un peu instruits des affaires du continent savent que l'on avertit souvent le duc de Guise le Balafré de ne pas fâcher Henri III en hiver pendant un vent de nord-est. Ce monarque n'allait alors à la garde-robe qu'avec une difficulté extrême. Ses matières lui montaient à la tête ; il était capable, dans ces temps-là, de toutes les violences. Le duc de Guise ne

crut pas un si sage conseil : que lui en arriva-t-il ? son frère et lui furent assassinés.

« Charles IX, son prédécesseur, était l'homme le plus constipé de son royaume. Les conduits de son côlon et de son rectum étaient si bouchés qu'à la fin son sang jaillit par ses pores. On ne sait que trop que ce tempérament aduste fut une des principales causes de la Saint-Barthélemy.

« Au contraire les personnes qui ont de l'embonpoint, les entrailles veloutées, le cholédoque [1] coulant, le mouvement péristaltique aisé et régulier, qui s'acquittent tous les matins, dès qu'elles ont déjeuné, d'une bonne selle aussi aisément qu'on crache ; ces personnes favorites de la nature sont douces, affables, gracieuses, prévenantes, compatissantes, officieuses. Un non dans leur bouche a plus de grâce qu'un oui dans la bouche d'un constipé.

« La garde-robe a tant d'empire qu'un dévoiement rend souvent un homme pusillanime. La dyssenterie ôte le courage. Ne proposez pas à un homme affaibli par l'insomnie, par une fièvre lente, et par cinquante déjections putrides, d'aller attaquer une demi-lune en plein jour. C'est pourquoi je ne puis croire que toute notre armée eut la dyssenterie à la bataille d'Azincourt, comme on le dit, et qu'elle remporta la victoire culottes bas. Quelques soldats auront eu le dévoiement pour s'être gorgés de mauvais raisins dans la route, et les historiens auront dit que toute l'armée malade se battit à cul nu ; et que, pour ne pas le montrer aux petits-maîtres français, elle les battit *à plate couture*, selon l'expression du jésuite Daniel.

Et voilà justement comme on écrit l'histoire [2].

« C'est ainsi que les Français ont tous répété, les uns après les autres, que notre grand Édouard III se fit livrer six bourgeois de Calais, la corde au cou, pour les faire pendre, parce qu'ils avaient osé soutenir le siège avec courage, et que sa femme obtient enfin leur pardon par ses larmes. Ces romanciers ne savent pas que c'était la coutume dans ces temps barbares que les bourgeois se présentassent devant leur vainqueur, la corde au cou, quand ils l'avaient arrêté trop longtemps devant une bicoque. Mais certainement le généreux Édouard n'avait nulle envie de serrer le cou de

1. Canal sécrétoire de la bile.
2. Vers de Voltaire dans *Charlot*, acte I^{er}, scène VII.

ces six otages, qu'il combla de présents et d'honneurs. Je suis las de toutes les fadaises dont tant d'historiens prétendus ont farci leurs chroniques, et de toutes les batailles qu'ils ont si mal décrites. J'aime autant croire que Gédéon remporta une victoire signalée avec trois cents cruches. Je ne lis plus, Dieu merci, que l'histoire naturelle, pourvu qu'un Burnet, et un Wiston, et un Woodward, ne m'ennuient plus de leurs maudits systèmes ; qu'un Maillet ne me dise plus que la mer d'Irlande a produit le mont Caucase, et que notre globe est de verre ; pourvu qu'on ne me donne pas de petits joncs aquatiques pour des animaux voraces, et le corail pour des insectes [1] ; pourvu que des charlatans ne me donnent pas insolemment leurs rêveries pour des vérités. Je fais plus de cas d'un bon régime qui entretient mes humeurs en équilibre, et qui me procure une digestion louable et un sommeil plein. Buvez chaud quand il gèle, buvez frais dans la canicule ; rien de trop ni de trop peu en tout genre ; digérez, dormez, ayez du plaisir ; et moquez-vous du reste. »

CHAPITRE VIII.

Comme M. Sidrac proférait ces sages paroles, on vint avertir M. Goudman que l'intendant du feu comte de Chesterfield était à la porte dans son carrosse, et demandait à lui parler pour une affaire très-pressante. Goudman court pour recevoir les ordres de M. l'intendant, qui, l'ayant prié de monter, lui dit :

« Monsieur, vous savez sans doute ce qui arriva à M. et à M^{me} Sidrac la première nuit de leurs noces ?

— Oui, monsieur ; il me contait tout à l'heure cette petite aventure.

— Eh bien ! il en est arrivé autant à la belle mademoiselle Fidler et à monsieur le curé, son mari. Le lendemain ils se sont battus ; le surlendemain ils se sont séparés, et on a ôté à monsieur le curé son bénéfice. J'aime la Fidler, je sais qu'elle vous aime ; elle ne me hait pas. Je suis au-dessus de la petite disgrâce qui est cause de son divorce ; je suis amoureux et intrépide. Cédez-moi miss Fidler, et je vous fais avoir la cure, qui vaut cent cinquante guinées de revenu. Je ne vous donne que dix minutes pour y rêver.

[1] Voyez les notes des *Singularités de la nature*, chapitres II et XX; dans les *Mélanges*, année 1768.

— Monsieur, la proposition est délicate : je vais consulter mes philosophes Sidrac et Grou ; je suis à vous sans tarder. »

Il revole à ses deux conseillers. « Je vois, dit-il, que la digestion ne décide pas seule des affaires de ce monde, et que l'amour, l'ambition, l'argent, y ont beaucoup de part. » Il leur expose le cas, les prie de le déterminer sur-le-champ. Tous deux conclurent qu'avec cent cinquante guinées il aurait toutes les filles de sa paroisse, et encore miss Fidler par-dessus le marché.

Goudman sentit la sagesse de cette décision ; il eut la cure, il eut miss Fidler en secret, ce qui était bien plus doux que de l'avoir pour femme. M. Sidrac lui prodigua ses bons offices dans l'occasion : il est devenu un des plus terribles prêtres de l'Angleterre, et il est plus persuadé que jamais de la fatalité qui gouverne toutes les choses de ce monde.

FIN DES ROMANS.

TABLE

DES MATIÈRES CONTENUES DANS CE VOLUME.

	Pages.
AVERTISSEMENT pour la présente édition.	III
AVERTISSEMENT de Beuchot.	VII
LE MONDE COMME IL VA, VISION DE BABOUC, écrite par lui-même. (1746).	1
LE CROCHETEUR BORGNE. (1746)	17
COSI-SANCTA. (1746).	25
ZADIG, ou LA DESTINÉE, HISTOIRE ORIENTALE. (1747).	31
ÉPITRE DÉDICATOIRE de Zadig à la sultane Sheraa, par Sadi. Le 10 du mois de schewal, l'an 837 de l'hégire	31
CHAP. I. Le borgne	33
— II. Le nez	35
— III. Le chien et le cheval	37
— IV. L'envieux	40
— V. Les généreux	43
— VI. Le ministre	45
— VII. Les disputes et les audiences	48
— VIII. La jalousie	51
— IX. La femme battue	54
— X. L'esclavage.	57
— XI. Le bûcher	59
— XII. Le souper	61
— XIII. Le rendez-vous	64
— XIV. La danse	66
— XV. Les yeux bleus	69
— XVI. Le brigand	71
— XVII. Le pêcheur	74
— XVIII. Le basilic	77
— XIX. Les combats	82
— XX. L'ermite	86
— XXI. Les énigmes	91
MEMNON, ou LA SAGESSE HUMAINE. (1750)	95
AVERTISSEMENT de l'Auteur	95
BABABEC ET LES FAKIRS. (1750).	101
MICROMÉGAS, HISTOIRE PHILOSOPHIQUE. (1752.).	105
CHAP. I. Voyage d'un habitant du monde de l'étoile Sirius dans la planète de Saturne	105
— II. Conversation de l'habitant de Sirius avec celui de Saturne.	108
— III. Voyage des deux habitants de Sirius et de Saturne	110
— IV. Ce qui leur arrive sur le globe de la terre	112
— V. Expériences et raisonnements des deux voyageurs.	114
— VI. Ce qui leur arriva avec les hommes	116
— VII. Conversation avec les hommes.	118

TABLE DES MATIÈRES.

		Pages.
LES DEUX CONSOLÉS. (1756)		123
HISTOIRE DES VOYAGES DE SCARMENTADO, écrite par lui-même. (1756)		125
SONGE DE PLATON. (1756)		133
CANDIDE, ou L'OPTIMISME, traduit de l'allemand de M. le docteur Ralph, avec les additions qu'on a trouvées dans la poche du docteur, lorsqu'il mourut à Minden, l'an de grâce 1759		137
Chap. I.	Comment Candide fut élevé dans un beau château, et comment il fut chassé d'icelui	137
— II.	Ce que devint Candide parmi les Bulgares	139
— III.	Comment Candide se sauva d'entre les Bulgares, et ce qu'il devint	141
— IV.	Comment Candide rencontra son ancien maître de philosophie, le docteur Pangloss, et ce qu'il en advint	143
— V.	Tempête, naufrage, tremblement de terre, et ce qui advint du docteur Pangloss, de Candide et de l'anabaptiste Jacques	146
— VI.	Comment on fit un bel auto-da-fé pour empêcher les tremblements de terre, et comment Candide fut fessé	148
— VII.	Comment une vieille prit soin de Candide, et comment il retrouva ce qu'il aimait	149
— VIII.	Histoire de Cunégonde	151
— IX.	Ce qui advint de Cunégonde, de Candide, du grand inquisiteur et d'un juif	153
— X.	Dans quelle détresse Candide, Cunégonde et la vieille, arrivent à Cadix, et de leur embarquement	155
— XI.	Histoire de la vieille	156
— XII.	Suite des malheurs de la vieille	159
— XIII.	Comment Candide fut obligé de se séparer de la belle Cunégonde et de la vieille	162
— XIV.	Comment Candide et Cacambo furent reçus chez les jésuites du Paraguai	164
— XV.	Comment Candide tua le frère de sa chère Cunégonde	167
— XVI.	Ce qui advint aux deux voyageurs avec deux filles, deux singes, et les sauvages nommés Oreillons	169
— XVII.	Arrivée de Candide et de son valet au pays d'Eldorado, et ce qu'ils y virent	172
— XVIII.	Ce qu'ils virent dans le pays d'Eldorado	175
— XIX.	Ce qui leur arriva à Surinam, et comment Candide fit connaissance avec Martin	179
XX.	Ce qui arriva sur mer à Candide et à Martin	183
— XXI.	Candide et Martin approchent des côtes de France et raisonnent	185
— XXII.	Ce qui arriva en France à Candide et à Martin	187
— XXIII.	Candide et Martin vont sur les côtes d'Angleterre; ce qu'ils y voient	196
— XXIV.	De Paquette et de frère Giroflée	197
— XXV.	Visite chez le seigneur Pococurante, noble vénitien	201
— XXVI.	D'un souper que Candide et Martin firent avec six étrangers, et qui ils étaient	205
— XXVII.	Voyage de Candide à Constantinople	208
— XXVIII.	Ce qui arriva à Candide, à Cunégonde, à Pangloss, à Martin, etc	211

TABLE DES MATIÈRES.

Pages.

Chap. XXIX.	Comment Candide retrouva Cunégonde et la vieille	213
— XXX.	Conclusion	214

HISTOIRE D'UN BON BRAMIN. (1759) 219
LE BLANC ET LE NOIR. (1764) 223
JEANNOT ET COLIN. (1764) 235
AVENTURE INDIENNE. (1766) 243
LES AVEUGLES JUGES DES COULEURS. (1766) 245
L'INGÉNU, histoire véritable tirée des manuscrits du P. Quesnel. (1767) 247

Chap. I.	Comment le prieur de Notre-Dame de la Montagne et mademoiselle sa sœur rencontrèrent un Huron	247
— II.	Le Huron, nommé l'Ingénu, reconnu de ses parents.	252
— III.	Le Huron, nommé l'Ingénu, converti	255
— IV.	L'Ingénu baptisé	258
— V.	L'Ingénu amoureux	260
— VI.	L'Ingénu court chez sa maîtresse, et devient furieux	263
— VII.	L'Ingénu repousse les Anglais	265
— VIII.	L'Ingénu va en cour. Il soupe en chemin avec des huguenots	267
— IX.	Arrivée de l'Ingénu à Versailles. Sa réception à la cour	269
— X.	L'Ingénu enfermé à la Bastille avec un janséniste	272
— XI.	Comment l'Ingénu développe son génie	276
— XII.	Ce que l'Ingénu pense des pièces de théâtre	279
— XIII.	La belle Saint-Yves va à Versailles	280
— XIV.	Progrès de l'esprit de l'Ingénu	284
— XV.	La belle Saint-Yves résiste à des propositions délicates	286
— XVI.	Elle consulte un jésuite	288
— XVII.	Elle succombe par vertu	290
— XVIII.	Elle délivre son amant et un janséniste	291
— XIX.	L'Ingénu, la belle Saint-Yves et leurs parents, sont rassemblés	294
— XX.	La belle Saint-Yves meurt, et ce qui en arrive	299

L'HOMME AUX QUARANTE ÉCUS. (1768) 305

Avertissement des éditeurs de l'édition de Kehl		305
I.	Désastre de l'homme aux quarante écus	308
II.	Entretien avec un géomètre	311
III.	Aventure avec un carme	324
IV.	Audience de M. le contrôleur général	325
V.	Lettre à l'homme aux quarante écus	327
VI.	Nouvelles douleurs occasionnées par les nouveaux systèmes	330
VII.	Mariage de l'homme aux quarante écus	334
VIII.	L'homme aux quarante écus, devenu père, raisonne sur les moines	340
IX.	Des impôts payés à l'étranger	345
X.	Des proportions	347
XI.	De la vérole	352
XII.	Grande querelle	357
XIII.	Scélérat chassé	359
XIV.	Le bon sens de M. André	361
XV.	D'un bon souper chez M. André	363

LA PRINCESSE DE BABYLONE (1768) 369

Chap. I. Description du palais du roi de Babylone, père de la belle Babylonienne. Portrait de cette incomparable beauté. Oracle qui ordonne son mariage, et à quelles conditions. Trois rois se présentent pour l'obtenir. Arrivée d'un quatrième prétendant 369

Chap. II. Tous les concurrents tentent d'accomplir l'oracle; un seul

TABLE DES MATIÈRES.

Pages.

réussit, et ne cesse pas d'être modeste. Oiseau merveilleux qu'il députe à Formosante avec un superbe présent. Quel était ce vainqueur. Son départ; ce qui l'occasionne 373

Chap. III. Beaux raisonnements de la cour de Babylone et de la princesse Aldée sur le départ du vainqueur et sur sa condition. L'oracle est consulté de nouveau sur le mariage de Formosante; réponse ambiguë qu'il fait. 378

Chap. IV. Magnifique salon où le roi de Babylone donne une magnifique fête. Gentillesse de l'oiseau merveilleux dont il a été parlé. Galanteries du roi de Scythie à la princesse Aldée. Honnête proposition qu'il lui fait; comment elle est reçue. Promesses qu'ils se font en se séparant. 380

Chap. V. L'oiseau merveilleux parle à Formosante; il lui fait son histoire. Description du pays des Gangarides, d'où est son ami appelé Amazan. Entreprise infructueuse d'un roi des Indes sur cette contrée. Leurs richesses, leurs guerres, leur religion. Conseils de l'oiseau à la princesse. 382

Chap. VI. Suite de la conversation de l'oiseau merveilleux et de Formosante. Mort de cet oiseau. L'oracle est consulté; sa réponse est si concise que personne ne l'entend 386

Chap. VII. Formosante rend les honneurs funèbres à son cher oiseau. Le roi de Scythie enlève Aldée. La belle princesse de Babylone part pour l'Arabie. Douze cent mille hommes se préparent à désoler l'Asie. 388

Chap. VIII. Rencontre malencontreuse de Formosante dans une hôtellerie. Danger qu'elle court. Artifice dont elle use pour s'en garantir. Elle retourne à Bassora avec sa femme de chambre 389

Chap. IX. Formosante ressuscite l'oiseau merveilleux, et reconnaît le phénix. Elle part pour le pays des Gagnarides dans un canapé. Manière aussi commode que rapide dont elle voyage 392

Chap. X. Formosante arrive chez les Gangarides, et descend à l'hôtel d'Amazan. Belle collation qu'on lui sert. Elle visite la mère de son amant. Conversation qu'elles ont ensemble. Un merle s'en mêle aussi, et conte l'histoire de ses voyages............. 394

Chap. XI. Suite du précédent. Formosante est convaincue que son amant est son cousin. Tous les merles sont exilés des bords du Gange. Elle prend aussitôt la poste pour le rejoindre à la Chine 397

Chap. XII. Formosante et sa femme de chambre arrivent à la Chine; ce qu'elle y voit de remarquable; beau trait de fidélité d'Amazan. Elle part pour la Scythie, où elle rencontre sa cousine Aldée. Amitiés réciproques qu'elles se font sans s'aimer 398

Chap. XIII. Arrivée de la belle Babylonienne dans l'empire des Cimmériens. Réception qu'on lui fait. Éloge de l'impératrice des Cimmériens. Nouvelle fidélité d'Amazan. 402

Chap. XIV. Amazan passe en Scandinavie, en Sarmatie. Ce qu'il voit dans ces contrées, ainsi qu'en Germanie. Il donne partout l'exemple de la fidélité. 405

Chap. XV. Formosante, suivant toujours son amant, manque de l'atteindre chez les Bataves. Elle veut passer, après lui, dans l'île d'Albion; mais malheureusement des vents contraires la retiennent au port. . 406

Chap. XVI. Amazan rencontre sur la route d'Albion un milord auquel il rend service. Singulière conversation qu'ils ont ensemble. La femme du milord albionien devient amoureuse d'Amazan 408

Chap. XVII. Un sénateur albionien raconte à Amazan l'histoire de son pays. La femme du milord donne un rendez-vous à Amazan, qui n'y répond que par du respect. Le milord s'en moque, et Amazan s'en retourne en Batavie 410

Chap. XVIII. Amazan traverse la Germanie, passe à Venise, ce qu'il y

TABLE DES MATIÈRES.

remarque. Il arrive à la ville des sept montagnes, ce qu'il y remarque de singulier . 413
Chap. XIX. Amazan arrive à la capitale des Gaules. Tableau de ce qu'il y remarque. Sa fidélité fait naufrage devant une fille d'affaire, dans les bras de laquelle il est surpris par Formosante. 417
Chap. XX. Formosante, désespérée de ce qu'elle a vu, quitte les Gaules, et voudrait y être encore. Amazan, inconsolable de son infidélité, court après Formosante 421
Chap. XXI. Amazan vole au delà des Pyrénées. Il rencontre le phénix, qui lui raconte le malheur de Formosante. Amazan la délivre du danger d'être brûlée, et anéantit les brûleurs. Il se réconcilie avec Formosante. 423
Chap. XXII. Les deux amants prennent le parti de retourner à Babylone. Le roi de la Bétique leur donne des troupes pour les accompagner. Ils arrivent à Tyr et passent en Égypte. Le roi d'Éthiopie leur donne des fêtes, et devient amoureux de Formosante. Amazan punit ce souverain, et épouse Formosante à Babylone. 427

LES LETTRES D'AMABED, traduites par l'abbé Tamponet. (1769). . . 435
Lettre I^{re} d'Amabed à Shastasid, grand brame de Maduré. 435
Réponse de Shastasid. 436
Lettre II d'Amabed à Shastasid. 438
Réponse de Shatasid. 440
Lettre III d'Amabed à Shastasid. 441
— IV d'Amabed à Shastasid. 441
Lettre I^{re} d'Adaté à Shastasid. 442
— II d'Adaté à Shastasid, écrite de la prison de l'Inquisition. . 442
— III d'Adaté à Shastasid. 445
— IV d'Adaté à Shastasid. 446
Réponse du brame Shastasid aux trois lettres précédentes d'Adaté. . 448
Lettre V d'Adaté au grand brame Shastasid. 449
— VI d'Adaté. 451
— VII d'Adaté. 452
Lettre I^{re} d'Amabed à Shastasid, après sa captivité. 453
— II d'Amabed, pendant sa route. 454
— III du journal d'Amabed. 455
— IV d'Amabed à Shatasid. 458
— V d'Amabed. 459
— VI d'Amabed, pendant sa route. 460
— VII d'Amabed. 462
— VIII d'Amabed. 463
— IX d'Amabed. 464
— X d'Amabed. 464
— XI d'Amabed. 465
— XII d'Amabed. 467
— XIII d'Amabed. 468
— XIV d'Amabed. 469
— XV d'Amabed. 470
— XVI d'Amabed. 473
— XVII d'Amabed. 474
— XVIII d'Amabed. 475
— XIX d'Amabed. 476
— XX d'Amabed. 477

AVENTURE DE LA MÉMOIRE. 479
LE TAUREAU BLANC. (1774). 483

TABLE DES MATIÈRES.

	Pages
Chap. I. Comment la princesse Amaside rencontre un bœuf.	483
— II. Comment le sage Mambrès, ci-devant sorcier de Pharaon, reconnut une vieille, et comme il fut reconnu par elle.	486
— III. Comment la belle Amaside eut un secret entretien avec un beau serpent.	489
— IV. Comment on voulut sacrifier le bœuf et exorciser la princesse.	493
V. Comment le sage Mambrès se conduisit sagement.	497
— VI. Comment Mambrès recontra trois prophètes, et leur donna un bon dîner.	501
— VII. Le roi de Tanis arrive. Sa fille et le taureau vont être sacrifiés.	503
— VIII. Comment le serpent fit des contes à la princesse pour la consoler.	504
— IX. Comment le serpent ne la consola point.	505
— X. Comment on voulut couper le cou à la princesse, et comment on ne le lui coupa point.	508
— XI. Comment la princesse épousa son bœuf.	510

ÉLOGE HISTORIQUE DE LA RAISON (1774). 513

HISTOIRE DE JENNI, ou L'ATHÉE ET LE SAGE (1775). 523

Chap. I.	523
Aventure d'un jeune Anglais nommé Jenni, écrite de la main de dona Las Nalgas	524
— II. Suite des aventures du jeune Anglais Jenni, et de celles de monsieur son père, docteur en théologie, membre du parlement et de la Société royale.	526
— III. Précis de la controverse des Mais, entre M. Freind et don Inigo y Medroso y Comodios y Papalamiendo, bachelier de Salamanque.	529
— IV. Retour à Londres; Jenni commence à se corrompre.	535
— V. On veut marier Jenni.	530
— VI. Aventure épouvantable.	542
— VII. Ce qui arriva en Amérique.	545
— VIII. Dialogue de Freind et de Birton sur l'athéisme.	552
— IX. Sur l'athéisme.	558
— X. Sur l'athéisme.	568
— XI. De l'athéisme.	572
— XII. Retour en Angleterre. Mariage de Jenni.	575

LES OREILLES DU COMTE DE CHESTERFIELD, et LE CHAPELAIN GOUDMAN. (1775). 577

Chap. I.	577
— II.	578
— III.	580
— IV. Conversation du docteur Goudman et de l'anatomiste Sidrac, sur l'âme et sur quelque autre chose.	581
— V.	586
— VI.	588
— VII.	590
— VIII.	593

FIN DE LA TABLE DU TOME XXI.

PARIS. — Impr. J. CLAYE. — A. QUANTIN et C⁰, rue St-Benoît.

www.ingramcontent.com/pod-product-compliance
Lightning Source LLC
Chambersburg PA
CBHW060404230426
43663CB00008B/1388